# 越境するコモンズ

## 資源共有の思想をまなぶ

秋道智彌 著



臨川書店

扉写真――インドネシア・ケイ諸島における魚毒漁
（撮影　秋道智彌）

# 越境するコモンズ
## 資源共有の思想をまなぶ

目次

# 序章　コモンズとなわばりの思想

目の前におかれた皿に、いかにも美味なステーキがあり、どうぞお召し上がりくださいとの表示があるとしよう。空腹状態の自分しかその場にいなければ、遠慮することなくその肉を胃袋におさめるだろう。ところが自分以外に、おなじように腹をすかせた人が周囲に九人いたとする。こうした場合、生理的な欲望の前に、一〇人の誰もが自分ひとりでその肉を独占したいとおもうのがふつうである。読者の想像力にゆだねるしかないが、つぎに起こるであろうシナリオは以下のどちらかに尽きる。

一つ目は、肉を一〇人で公平に分配する提案が誰となくから出され、多少の議論があっても公平な分配が最終的に決まる場合である。もう一つは、肉をわが物にしたいとする欲望がぶつかりあい、果てしない争奪合戦が一〇人の間で繰り広げられる場合である。倫理観からすれば、前者のシナリオは妥当かつ理性的である。そして後者は、自分のことしか考えない利己主義として糾弾される。以上は平等・不平等にかかわる解釈論である(1)。

前者の場合が望ましいに決まっているが、実際には後者に類する出来事が世界中で頻繁に起こっている。肉の分配についての平等主義は、かぎられた資源を関係者間で共有する思想にほかならない。一方、肉の争奪は資源を独占する思惑にほかならず、関係者を排除する欲望が背景にあるといってよい。どちらかに決着したとしても、人間は本来、両極端の考えを心にもっているのではないか。このことを**図序-1**で示しておこう。**図序-1A**は平等分配と争奪合戦を両極とするものである。これにたいして、**図序-1B**は、たがいに異なるとはいえ、両者が近接した関係にあることを示している。似て非なる考えが人間の心のなかに同居していることを表している。物事の善悪や倫理観についても、**図序-1B**のような場合のあることを読者によく考えていただけたらとおもう

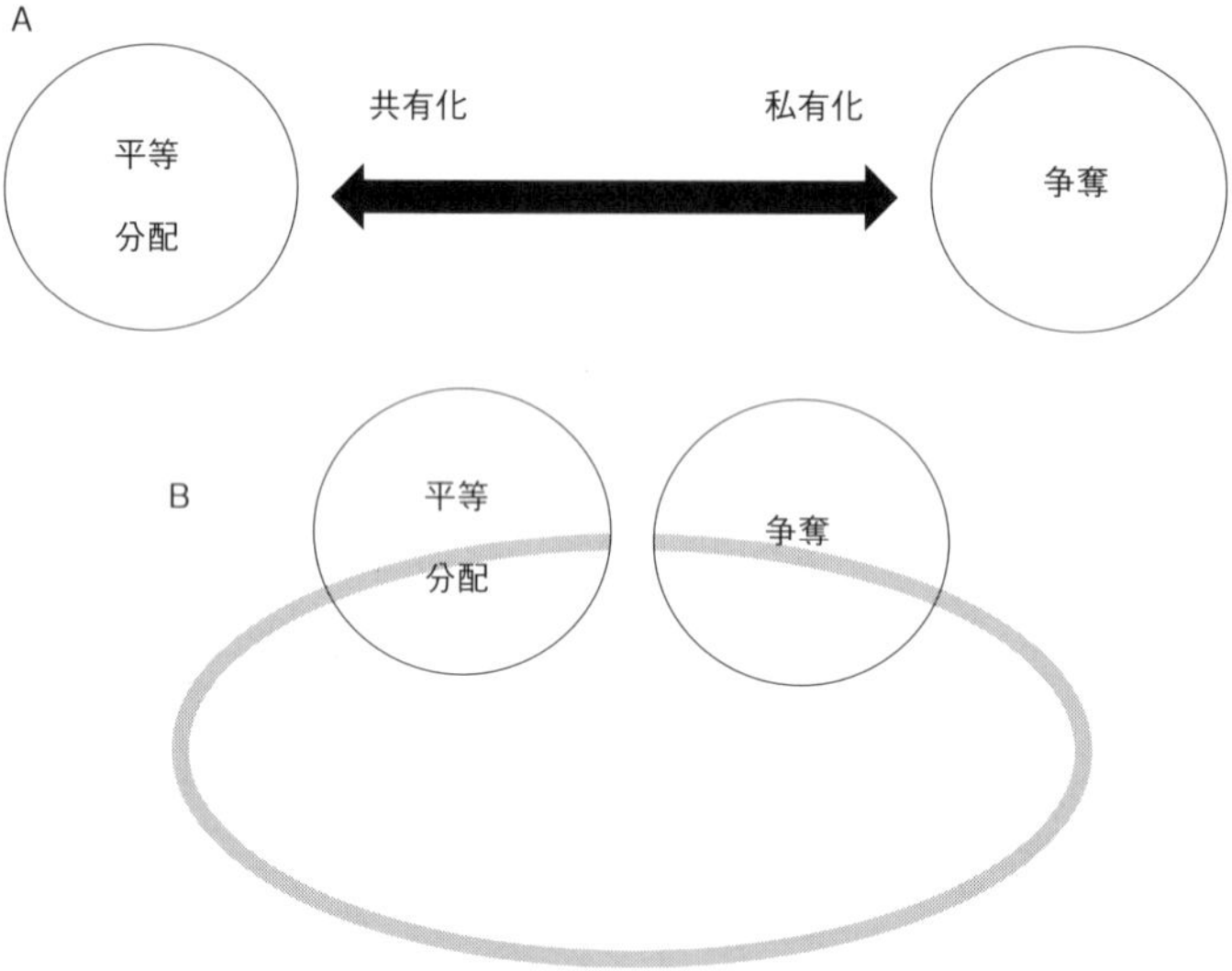


**図序－1**　肉の分配と所有をめぐる二つの関係性

（図序－1）。

## コモンズとなわばりは二律背反か

本書の冒頭で提起したいのは、前述の例にあるように、人間がかぎられた資源を利用するさい、どのように考え、分配についてどのような方策を具体化するのかという問題意識のありかたである。大胆にいえば、前者は共有、つまり分かちあうコモンズの思想であり、後者は相手を排除するなわばりの思想にほかならない。

そこで、「コモンズ」と「なわばり」の二つの概念を主軸として設定し、対峙する二つの思想の相関関係についてさまざまな事例をもとに検証してみたいと考えた。人間行動からすれば、前者と後者を二律背反的にとらえがちである。では、平等分配を「共有化」、なわばりを広義の「私有化」と考え、**図序－1A**に示したように共有と私有とを対立したものと想定することははたして妥当であろうか。

わたしは本書のテーマであるコモンズとなわばりについて、これまでいくつかの書を刊行してきた。一九九九年、昭和堂からシリーズ「人間と環境」の第1巻として

『自然はだれのものか』を上梓した。この書の副題は「「コモンズの悲劇」を超えて」である。[2] 少しさかのぼった一九九五年には『なわばりの文化史―海・山・川の資源と民俗社会』を小学館から出版した。[3] いずれも本書を執筆する一六〜二〇年前の刊行物であるが、それ以降の問題意識の広がりや関連分野の研究の展開、事例研究の蓄積もある。そこで序章では、コモンズとなわばりについて、先行研究を踏まえてその研究の意義をあきらかにしておきたい。

## 第1節　コモンズ論の地平

コモンズとはなにか。英語のコモンズ（commons）は、英国の歴史や法と密接なかかわりがある。コモン・ランドは「共有地」であり、共同で家畜を飼育する土地を指す。コモン・ローは「英国の法体系」で、大陸の法体系や教会法とは異なる。

では、輸入されたコモンズの用語を本書でそのまま適用して有効だろうか。天平宝字《てんぴょうほうじ》元（七五七）年制定の『養老律令』の雑令《ぞうりょう》には、「山川藪沢之利、公私共之」とあり、山野、河川、湿地の資源は朝廷や官吏だけでなく、平民も利用した。公私共利は古代日本のコモンズ思想であった。中世から近代にいたるまで、森林や草地のおおくは村むらの入会地であった。

海でも元文二（一七三七）年の「評定所御定書《おさだめがき》」に「磯猟は地付根付次第、沖は入会」とあり、寛保元（一七四二）年の『律令要略』でも山野河海への入会規約が示されている。日本にもコモンズに相当する共有と入会の慣習や制度があったことは明白であり、時代からしても英国のコモン・ランド以前にさかのぼる。

こうした点を踏まえれば、コモンズの概念を汎用できそうだ。そのうえで本書のタイトルを「越境するコモンズ」とした意味は、共有（地）のありかたや制度が時代や地域により大きく異なり、また変容する動態に注目したからだ。コモンズは自然と文化の領域に深くかかわっており、人類史と文明論の枠組からもあきらかにすべきと考えた。

## 1．所有論と共有・私有

### 共有制から私有制へ

最初に、コモンズに関する諸問題を人類学史のなかで検討しておこう。一九世紀中葉、L・H・モーガンは『古代社会』のなかで、人類の歴史を技術、物質文化、経済、婚姻制度、親族組織、社会制度などが段階的な発展を経てきたものとする壮大な説を提起した(4)。そのなかで、野蛮時代には食物採集、火の使用、漁撈、弓矢の製作と狩猟などを基盤とする経済生活があり、血族婚から母系的なプナルア婚(5)がおこなわれ、財産は共有とされた。つぎに、土器製作、農耕と牧畜の開始、鉄器製作などを特徴とする未開時代の段階では、母系制は持続するが対偶婚(6)がおこなわれた。未開時代の前期には財産は共有されていたが、中期になると農耕・牧畜の開始とともに父系制にもとづく家父長制度（一夫多妻）が支配的となった。そして財産制度については、従来の共有制から私有制が生まれた。未開時代の後期には鉄器が発明され、婚姻も一夫多妻制から一夫一妻制度が生まれた。国家が登場したのもこの時代である。さらに文明時代になると、文字の発明や各地における諸国家の成立などの特徴がみられるようになった。以上がモーガンによる社会進化過程の概要である。人類学者のM・ブロックは、資本主義を超克したあとに社会主義が生まれるとするマルキシズムの図式からすれば、共有制が私有制に先行したとするモーガンの説はマルキシズムを正当化するうえで重要な論拠になったと論じている(7)。

F・エンゲルスはモーガンのシェーマを踏まえつつも、原始共産制から奴隷制をへて封建制にいたる社会進化の道筋を示した(8)。エンゲルスとモーガンのテーゼのちがいについてはいろいろな議論があるが、本論では深く立ち入らない。問題となるのは私有制の起源をめぐるエンゲルスの論である。エンゲルスは、人類社会の発展過程で、私有財産制が牧畜民社会から発生したと説明している。つまり、ドメスティケーション（家畜化）の過程で、飼養される家畜の私有化が私有財産の起源になったと想定した。牧畜民社会における私有財産制の発生が歴史的に必然とする考え方には、いくつもの批判や議論がある。また、エンゲルスの論では、農耕社会における私有財産制の発生についての議論がなされていない。人類社会の発展論の観点から共有論と私有論について論じたエンゲルスの理論は現代における知見とそぐわない面が多々あることはあきらかである。

## 所有にかかわる権利

まずここで、所有に関する権利をあらわすいくつかの用語について整理しておこう。所有権は英語でオーナーシップ（ownership）ないしプロプリエタリー・ライツ（proprietary rights）である。日本の民法では、所有権は「対象物を自由に使用し（使用権）、収益を得て（収益権）処分する（可処分権）権利」を指す。処分権がなくとも、対象物を現実に支配する場合の権利が占有権（ライツ・オブ・ポゼッション rights of possession）である。また、専有権はエクスクルーシブ・ライツ（exclusive rights）を指す。日本の民法でいう「専有部分」は分割所有権に関するものである。[9] 用益権はユーサフラクト（usufruct）とよばれ、対象への処分権はないが、利用し、収益をあげる権利を指す。第2章で取り上げる保有権はテニュア（tenure）のことであり、所有権の有無によらず、用益権、占有権、専有権を含む包括的な概念である。

ただし、以上述べた所有にかかわる諸権利は、主体が誰であり、所有の対象となる「もの」が何であり、どのような脈絡や状況で言及するのかによって可変的であり、単一概念により規定されるものではない。たとえば、アフリカにおける土地の所有についてみれば、登記された所有者のみが決まれば事足りるとするような単純なものではなく、土地に関するさまざまな権利はそれを利用する複数の階層化された人間によって規定される。[10]

オセアニアでも、社会人類学者のW・H・グッドエナフは用益権を「父の集団から贈与された土地を一時的に保有する権利」として、土地そのものにたいする権利ではなく、その土地を耕やして耕作地としたり、樹木を植えたりする権利とした。(11)社会人類学では、ある集団の成員が土地を使用、占有、所有、管理および処分するさまざまな権利をその社会の出自規定との関係から探ろうとする。権利を獲得するうえで、出自規定が人びとをどのように類別しているのか、さらに共通の出自カテゴリーに属する人びとであっても、諸権利が不均等に配分されるとしたら、そこにどのような規制がはたらいているかを問題意識とした議論がなされている。(12)日本の漁業地理学では、漁場における用益権・占有権の通時的な研究があり、(13)人類学や法学だけが所有問題をあつかってきたのではない。たしかに、物権としての漁業権には多様な権利関係の実態があり、本書でも漁場利用の用益権については第3章で詳細に取り上げる。のちにコモンズ論でふれるE・オストロムもわたしとの討論で、コモンズ研究にとり「権利の束」をあきらかにすることが肝要であることを相互に了解したが、すでにアフリカ研究でP・ボハナンとL・ボハナンが同様の指摘をしている。(14)

## 総有と共有

日本では村落共同体などが、一定の山林原野や水面において土地・水面を保有し、伐木・採草・キノコ狩り・採貝・採藻・捕魚などを共同しておこなう慣習的な物権が入会権である。入会権は共有制を示すものであるとして、入会地における個人の持分権や共有物権の分割請求などのちがいにより、大きく総有《そうゆう》、合有《ごうゆう》、共有に分けて議論されている。

日本の民法では、総有では各々の共同所有者は、使用・収益権をもつ。ただし、個人の持分権《もちぶんけん》や分割請求はできない。総有は共有者間に地縁や血縁などによる人的なつながりがある場合で、団体的な拘束を受ける。個人の持分の処分や分割請求はできない。民法第二六三条にある入会権が典型的な例である。合有は民法上の共同所有者が共同目的をもって、その目的達成のために団体を組織して目的物を所有する場合で、ある程度の人的なつながりがある。また、持分の譲渡や分割請求は団体による規制を受ける。各自の持分はあるが、その処分は制限を受け、持分の分割請求は団体存続中は認められない。多くの組合が有する財産がこの対象となる。最後の共有は共有者間の関係がない場合で、各人の持分の譲渡は自由であり、いつでも持分の分割請求ができる。たまたま個人が偶然的に共同所有している状態に過ぎない。民法で規定される共有はほとんどこの場合のことを指す。

総有制に関して、一九七〇～一九八〇年代における石垣島新空港反対闘争において、総有制の積極的な意義を強調する意見があった。さらに、現代の巨大開発への疑問、東日本大震災からの復興の取り組みの効率化、少子化・高齢化の時代に対応した都市開発の切り札として総有論を取り上げた提案が五十嵐敬喜によりなされている。わたしも震災復興をもとに総有制の積極的な意義を同書のなかで取り上げた(15)。ここで、総有制のもつ現代的な意義を踏まえておきたい。

## 2. 平等化と分配

### 食物分配をめぐって

寺嶋秀明は、「人はなぜ平等化にこだわるのか」とする問題提起を踏まえて、アフリカの狩猟採集民の事例を丁寧に取り上げた(16)。ここで所有と分配の関係について周知しておこう。狩猟採集民は所有と分配に関する問題について絶好の研究対象であった。というのは、狩猟・採集によって獲得された食物は平等に分配されることが数多く報告されているからである(17)。平等分配の背景には、狩猟採集民には所有観や所有欲が欠落しているとする考えがあったが、むしろ所有にたいする観念はふつうであり、独占を回避させるメカニズムが社会内にあると指摘されている(18)。それとともに、平等分配の傾向はあらゆる狩猟採集民にみられるのではなく、移動性に優れ、簡単な狩猟具を用いて入手した食料を数日以内に消費する即時的報酬システム（immediate return system）の社会に限定

表序-1　狩猟採集民の食物分配の類型論（Testart 1987）

| | オーストラリア狩猟採集民型 | 非オーストラリア狩猟採集民型 |
|---|---|---|
| 民族集団 | アボリジニ | イヌイット、サン（クン・グイ・ガナ）、アカ・ピグミー |
| 分配の担当者 | ハンター以外 | ハンター自身 |
| 分配の範囲 | ハンターの姻族、義理の父、義理の兄弟、その次がハンターの兄弟。ハンターは残り物を得るのみ。 | ハンター（エゴ）から近い親族関係者、遠い親族へと同心円状に分配。 |

される[19]。

　A・テスタールは食物分配のありかたを狩猟採集民社会で比較検討し、オーストラリア狩猟採集民型と非オーストラリア狩猟採集民型に類型化した（表序-1）。いずれの場合であっても、分配が社会の成員間に広くおよぶ。食物分配は集団内における食料の平準化を実現し、捕獲の変動や狩猟能力の個体差を軽減し、平等主義や社会関係の維持機能をもつ[20]。

　チンパンジーにおける食物分配を狩猟採集民のブッシュマンと対照する議論が北村光二によってなされている。北村によると、食物の所有者が消費を抑制する前提が分配である点でチンパンジーとブッシュマンとで差異がない。しかし、チンパンジーでは非所有者からの要求がなければ分配は起こらないが、ブッシュマンでは獲得した食物をその場で消費せずに居住地に持ち帰り、非所有者と共食する。非所有者は食物をあからさまに要求する行為も抑制される、社会的な互恵性のある点が顕著に異なっている[21]。

## 共有と私有の二元論を超えて

　共有とする発想と私有化する発想は対極的とうつるが、肉の消費についての例で述べたように、両者はじつは近接した関係にあり、相互に変換する可能性がある。対極的な性格だけを強調する必要はさらさらない（図序-1）。

　前述したように、共有制が時代的にみて私有制に先行するとする論拠はじつのところ乏しい。さらに、共有と私有だけの問題ですべてが片づくわけではない。というのは、所有制度を私有と共有だけの問題として単純化しすぎるとおもうからである。平たくいえば、共有制から私有制への転換が起こったとして、ある社会において利用される領域がすべからく共有されるか、私有化されると断言できるだろうか。

ある地域に着目して考えると、さまざまな所有形態が「共存」していた可能性はどうしても棄却したくない。つまり、共有制の社会であっても、そのすべての領域で共有ないし共同利用の原理が貫徹されるのではなく、個人の取り分を保証するメカニズムがあったのではないか。私有制度が顕著な社会でも、すべてが個人のものになるとする教条的な発想はにわかに信じがたい。この点から、名義上の所有形態と事実上の所有形態を区別しておくことがさしあたり肝要であろう。前者は名目上の（ディ・ジュール de juur）、後者は事実上の（ディ・ファクト de facto）所有形態と称される。

さらに、中心となる国家の支配的な所有制度や観念があるとして、辺境や植民地などの地域社会において地域固有の観念や慣習法などとのせめぎあいや拮抗する関係のなかで所有に関する問題を考察することは、所有にかかわる平凡な制度史研究や文化変容の研究を超える可能性がある。[22]

「共有のなかの私有」あるいは「私有のなかの共有」に関する発想は、前述のセーガン、マルクス・エンゲルスの単線的な社会進化論とは大きく異なる歴史認識上の仮説である。ただし、先史時代あるいは古代における史実がないとする指摘にたいして、それなりの先史考古学的・歴史的な事実を挙げておく必要があるだろう。この点については次節で検討する。

「共有と私有」の二極説の呪縛から解放されるためには、共有地でも私有地でもない領域の存在をきちんと位置づけておくことが必要である。これには大きく、誰でもがアクセスできる無所有の自由領域と、誰もがアクセスすることのできない禁止領域が相当する。[23] いずれにせよ、両者は共有地と私有地の二元的な区分からはみ出た世界ということになる。ここまで議論を進めることで、前述した共有―私有の二元論だけでは限界のあることは明白だろう。

## 第2節　なわばり論の地平

### 1. なわばりと人類

なわばり論にはコモンズ論にくらべてそれほど大きな学説史が背景にあるわけではない。しかし、なわばり論は生物学との比較対照が重要な課題であり、この点はコモンズ論とは一線を画する。なわばりはもともと動物行動学の用語で「テリトリー territory」にあたる。広義には「空間的な距離をおくこと」を指すが、繁殖や摂食の行動について「自己防衛のための空間占拠」の意味で使われることもある。たとえば、アユが摂食のさいに他個体を自分のなわばりから排除する行動を指す(24)。鳥類では、ウグイスのオスが繁殖行動の一環として音声を発し、自分のいる範囲を同種の他個体に知らせる場合がそうだ(25)。なわばりの主張は音声を通じて以外に、匂い付け（センティングあるいはマーキング）によっておこなわれる場合が多くの動物で知られている。

人間の場合、なわばりはいろいろな場面でみられる。R・サックスによる人間のなわばり論やE・T・ホールによるプロクセミクス（proxemics）論がよく知られている(26)。ホールによれば、個体間の距離は状況におうじて異なった意味づけがなされる。すなわち、密接距離（四五センチ以内）、個人距離（四五～一二〇センチ）、社会距離（一二〇～三六〇センチ）、公共距離（三六〇センチ以上）がその類型である（**図序-2**）。距離をおくことはふつうスペーシング（spacing）とよばれる。

日本についての例を挙げると、花見や列車の自由席、あるいは露天商における場所取りや仕切り場所など枚挙にいとまない。日本語の「シマ」もなわばりを表わす用語であり、沖縄では「シマ」は島のことではなく自分の

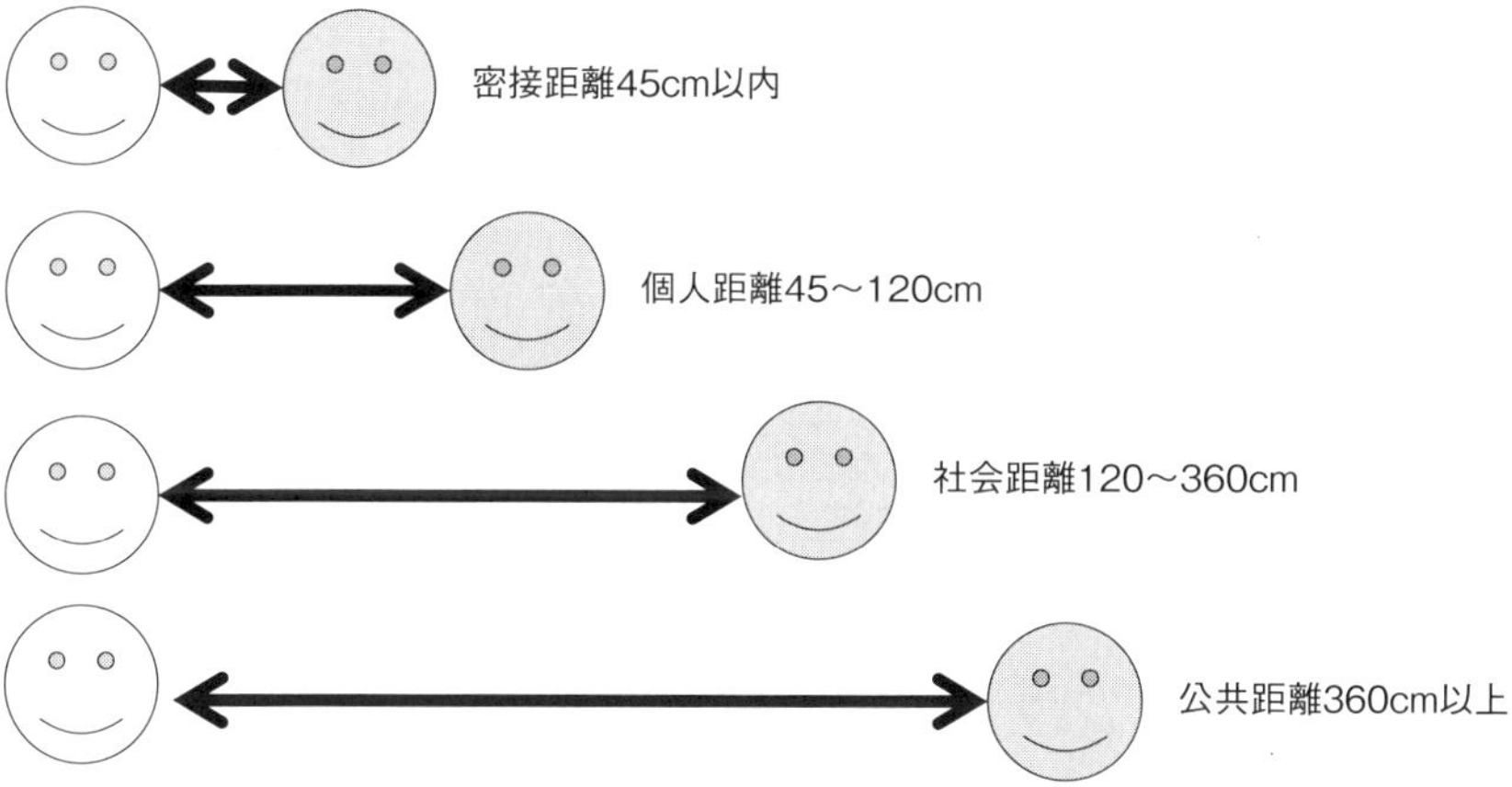


**図序-2**　人間のなわばりに関するE・T・ホールの仮説

属する地域社会を指した。人びとのシマにたいする意識はたいへん強固であり、時として部外者を排除する暴力事件もが起こっている。沖縄におけるシマは、本土の村落部におけるムラ社会の閉鎖性、強固な地域的紐帯とも通底する特質となっている。人類学では、狩猟採集民のように移動と離合集散を繰り返すバンド集団が占有する空間をなわばりとして論じる研究が進められてきた[27]。

なわばりは宗教的ないとなみのなかでも顕著にみられる。たとえば、日本の神社や民間信仰において、日常空間とカミのいる聖なる空間を区別し、その境界を結界によって標示するならわしが古くからあった。注連縄《しめなわ》や木、石、像、モニュメントを通して、聖と俗の領域の境界をしめす事例はじつに多い[28]。

以上のように、人間社会におけるなわばりの現象は日常から非日常まで幅広く見られる。なわばりの大きさは個人間の身体的な距離から、数百平方キロ以上に広がる地理的な領域まで変異に富んでいる。しかも、動物の繁殖や索餌のためのなわばり制と類似の機能をもつと考えられる事例があり、社会生物学的なアプローチからの議論が可能である。なわばり論を包括的な視点から論じるため、以下に挙げた六つの説明理論を提示しておこう。

## 2. コスト・ベネフィット説

一九六八年に『マン・ザ・ハンター』という論文集が刊行された。[29] 現存する世界中の狩猟採集民について、生業技術、経済、人口、社会組織、移動などについて広範に論じたものであり、アフリカのカラハリ砂漠でクン・ブッシュマン（サン）の調査をおこなったR・B・リーとやはりアフリカでゲラダヒヒの調査をおこなったI・ドゥヴォアが編者となり、M・サーリンズ、J・スチュアート、C・ターンブル、C・レヴィ=ストロースなど著名な人類学者が執筆した。日本からは東京大学の渡辺仁がアイヌの事例を報告した。[30] シンポジウムのなかでも、狩猟採集民のなわばり制度についての議論があった。なわばりの大きさはどのようにして決まるのか。狩猟採集民の場合、自然界から季節におうじて食料資源を獲得しなければならない。その場合、なわばり内で食料を獲得するためのコスト（労働時間とエネルギー消費）にたいしてどれくらいのベネフィット（見返りとしての食料）をえられるのか。コストをC、ベネフィットをBとし、その効率をEとすれば、EはB／Cとしてあらわすことができる。人間の場合、Eの値は一・〇よりも大きくなるはずだ。ところが、前述のリーは、クン・ブッシュマン狩猟採集民の場合、Eの値はほとんど一・〇に近いと試算した。[31] なわばりの大きさは、利用可能な資源量とそれを獲得できる予測可能性の大小で決まるとする考えがコスト・ベネフィット説の骨子である。

現代における狩猟採集民の研究から、なわばりと集団との関係について二つの類型がE・キャシュダンによって提示されている。[32] キャシュダンは、なわばりの外縁部で侵入を防衛するタイプと、なわばり内部で資源の利用を社会的に規制することで防衛するタイプがあるとした。前者には、北米ではカリフォルニア・インディアン、大盆地に居住するパイユート、南米パラグワァイのグアヤキ・インディアン、北海道アイヌ、スリランカのヴェッダなどが含まれる。なわばりの大きさは五〇〇平方キロ以内の小さなもので、なわばりの周縁には結界を表示する目印があり、外部者が侵入すると攻撃の対象となる。また、なわばり内における資源密度は高い特徴がある。

後者にはオーストラリアのアボリジニ、アラスカのエスキモー、米国北部からカナダ東部に広く分布するアルゴンキン・インディアン、カラハリ砂漠のブッシュマンなどが含まれる。オーストラリアの人類学者N・ピーターソンはアボリジニのなわばりは三〇〇〇平方キロ以上に達する大きなもので、なわばり内の集団間で社会的な紐帯を通した相互依存関係が基盤となっていると指摘している。(33)なわばりは排他的な性格をもつのではなく、なわばり間での人的な交流があり、広大な領域内に分散する資源についての情報交換が生活上の重要な戦略ともなっている。なわばりについては狩猟採集民だけにかぎらず、都市や現代の行政区などを含めた理論と実践に関するいくつもの論が展開している。(34)

## 3. ストレス説

動物社会では同種個体が狭い領域に極度に過密な状態下にあると、正常な社会行動が阻害されることがある。攻撃性、常軌を逸した性行動、異常行動、母子関係の放棄、非社会的な行動などが報告されている。ストレスに起因する病気が動物の生存に重くのしかかることもある。人間の場合、異常な人口増加、都市化によって、動物にみられるのと類似のストレス症候群がみられるようになった。東京の満員電車はストレス以外の何物でもなく、ちょっとした接触でいさかいが起こるし、痴漢扱いされる懸念もある。生物学的あるいは社会的な要因にせよ、混み合い（クラウディング crowding）が生理的にも心理的にもストレスを増長することは明白だろう。生理学・病理学の分野におけるストレス説では、生体が有害な影響をおよぼすストレッサー要因にさらされたとき、副腎皮質ホルモンの分泌が増加し、つぎに全身の防衛反応が起こり抵抗力の増大した状態が維持される。しかし、このあとで平衡状態が失われて病気になるとするH・セリエのストレス説が知られている。(35)

混み合い状態がストレスを人間社会にあたえると、抵抗力の増した状態、つまり混み合いに堪える何らかのメカニズムが生起する。たとえば、混み合いによって個人の取り分が少なくなると、それに耐えるためのメカニズムが社会的に作られるとしよう。つまり、資源の分配や消費量に制限が設けられ、結果として摂取エネルギー・タンパク量が減少し　集団の再生産構造にもマイナスの影響がおよぶと、社会の混乱や集団としての生存が危機に陥る。このような過程が短絡的に進むとはいえないが、ストレスにたいする集団の感知能力と対応が一元的ではなく、最終的にストレスに起因する病気を発現するシナリオが社会現象としても想定しうる。

以上の点から、なわばりを設けることで不必要な緊張やストレスを軽減することができる。たとえば、資源を獲得するうえで何の制限もなく自由に活動できるならば、ストレスは生じない。しかし、資源の分布が偏り、資源量も十分ではなくなると、かぎられた資源を求めて集団間での争いが発生する。ただし、なわばりを設定することで一時的にストレスが減じるが、なわばりの防衛が徹底していないと、あらたにそのなわばり内における資源利用のルールが遵守されない場合や、外部から不法侵入した個人による違法採取が起こる。あるいは、資源量が限定されることで、未成熟個体や必要以上の捕獲が起こる懸念も生じる。なわばり内の資源管理が適正に機能しないと、新たなストレスが発生する。つまり、なわばりはストレスにたいして「諸刃の剣」の意味を帯びており、なわばりのもつ生態学的、社会的な意味が時間的に変化すると考えるのがストレス説の特徴である。ストレス説にこだわるわけは、なわばりの設定がプラスとマイナスの両面をかかえるからである。相も変わらずなわばりをめぐる争いや違法な侵入、ひいては自然の荒廃が一向になくならない点への疑問からも、なわばり制がストレス説につながる意味について考えておきたい。

## 4．採食・繁殖説

人類進化の過程で、繁殖や摂餌をめぐって個体あるいは集団のなわばり行動がどのように展開してきたのだろうか。この問題については、現生の狩猟採集民だけでなく、類人猿の調査研究が有力な論点をあたえてくれる。(36)たとえば、チンパンジーは集団として明確ななわばりをもって行動する。他の集団のチンパンジー個体がなわばり内に入ると、攻撃をしかけてくる。報告にもあるように、他集団の個体が殺されることもある。(37)

これにたいして、チンパンジーとおなじチンパンジー属（*Pan*）のボノボは、西アフリカのコンゴ盆地に生息し、近接する集団と敵対するのではなく、緊張が発生しても性行為を通じてそれを鎮め、ある集団のオスが別の集団の間に入って性交をする例が観察されている。

ゴリラの場合、オスが単独の場合、オス一頭とメス複数頭からなる群れ、複数のオスとメスからなる群れなどが観察されている。ローランドゴリラの場合、生まれたオスが群れのなかでメスと交尾しようとすると、そのチチ親が威嚇して交尾を抑制するため、若いオスが群れを離脱することがある。こうしてオス一頭と複数のメスからなる群れごとに遊動を繰り返すことになる。群れ同士はたがいに敵対関係にあり、チンパンジーのようになわばりをもたずに、たがいに接触を忌避する傾向が報告されている。

ボルネオ島とスマトラ島に生息するオランウータンは、樹上性の類人猿で比較的単独行動をする。オスは一ないし二頭のメスとともに一〇平方キロ程度の行動圏を採食しながら遊動する。オス、メスともにはっきりとしたなわばりをもたないが、オスとメスの行動圏が近接しており、繁殖上、有利な意味があるとされる。

## 5. 所有説

なわばりは、ふつう土地や海面などの空間を占有することを指す。占有は英語でポゼッション（possession）であり、所有の有無にかかわらない。一方、所有物は英語でプロパティー（property）であり、そのなかには土地、水、物品、儀礼、知識、社会的紐帯などさまざまなものが含まれる。人間がモノであれ、土地であれ、それを占有しようとする動機には、自己がそのモノを支配したいと考えるからであり、自己とそのモノや土地と同一化しようとする認識のありかたが背景にあると言明したのはエソロジストのアイブル＝アイベスフェルトである。所有や占有を動物行動学の立場から論じた点が注目される。さらに、占有したものが仲間や子どもに分配される行動について、共有の意味を考えるヒントが提示された。すなわち、ケニヤのゴンベ保護区におけるチンパンジーの観察報告をおこなったW・C・マックグルーの例で、三八一回（八六％）、母親から子どもにバナナがあたえられ、四七回（一〇％）、オスから親戚関係のないメスにバナナが分けあたえられた。[38] このことから、食物を占有した優位な個体がそれを独占するのではなく、劣位にある個体に分配していることがわかった。分配を受けようとする個体は相手からバナナを奪うのではなく、相手を尊敬するしぐさを通じて分与される。人間の分配行動がチンパンジーの場合と異なる点は北村光二が指摘した通りである。

## 6. 象徴説

象徴説は、儀礼や宗教的な意味合いから形成されるなわばりとその意義を位置づけるものである。この点で、前述した資源獲得を前面に押し出したなわばり論とは決定的にちがう。たとえば、カミがいるとされる領域と人間の領域を区別するためにさまざまな結界を標示して二つの領域を峻別することがある。結界を標示するうえで、

写真序-1　日本の神社における井戸を結界とする注連縄

注連縄や囲い、一本のモニュメントが建てられる。境界の両側で聖なる空間と俗の空間、ないし日常・非日常空間が区別される[39]（写真序-1）。聖俗の空間的な区別だけでなく、権力者の属する空間と平民のいる空間や宗教以外の世俗的な権利関係を差異化するうえでもなわばりが設定されることがある。

結界を張ることで生じる内と外、つまり現実の「ケ」の生活空間をさえぎる境界についてふれておこう。日本の古代・中世における境界には、国境、郡境、荘境などがあるが、その他にも、畦、道、橋、山、川、谷、海、葦原、神社、墓などが挙げられる。海に境界が存在していたことは、一〇一九（寛仁三）年、大宰権帥の藤原隆家が、刀伊《とい》が入寇《にゅうこう》したさい、味方の兵船に「日本の境を限りて、襲撃すべし。新羅の境に入るべからず。」と訓令していることからもあきらかである。

結界は本来仏教用語であるが、宗教面だけに限定されず社会生活とも密接な関係をもつ。聖俗の世界を結界で明示する方法は、資源領域や集団の生活圏の境界を示す標示装置となんら変わることがない。一本の棒や木にくくられた縄が聖なる空間との境界を示すとともに、資源利用上の境界を示す道具ないしは装置として用いられる点は、なわばりが普遍的な意味をもっていることを示している。古代から中世に描かれ

写真序−2　インドネシアにおける資源利用禁止区域の境界を示す標示。ココヤシの葉を使う（アルー諸島）

た荘園図や絵図を分析した黒田日出男は、黒山《くろやま》として描かれた領域を、権力の支配や住民の生活領域から隔絶された境界の場として位置づけている。[40]

## 注連縄

注連縄は宗教的な意味合いをもつ結界標示装置であり、神社で広く用いられる。ただし、注連縄に類する境界の標示装置は、日本以外の地域でも広範にみられる。たとえば、東南アジア・オセアニア地域ではある集団が禁漁ないし禁採取を標示するため、木にヤシの若葉を括りつけることや、村の中央部の広場におかれた台にヤシの葉を編んだロープを標示する事例を広くみることができる（写真序−2）。韓国では、クムジュル（禁縄）やウェンセキ（左縄）とよばれる左巻きの注連縄を、新生児が生まれた家の戸口や玄関に張りめぐらす慣行がある。注連縄の歴史は古い。注連縄を張ることで、その場所とその奥の空間を峻別する意味があり、いわば線的な標示によって空間的ななわばりを標示する機能をもっていた。一方、日本の古代には、四至《しいし》、つまりなわばりの東西南北の境界に標示することがおこなわれた。このことを「四至に牓示《ぼうじ》を打つ」と称した。

四至の標示が絵図に示されることがある。著名なものとしては、七五六（天平勝宝八）年六月九日に作成された「東大寺山堺四至図《さんかいしいしず》」がある。[41] また、佐賀県の武雄《たけお》神社（武雄市武雄町）にある「四至実検状」（九五一〈天暦五〉年二月）（武雄社社域の検分書）は武雄神社の社領を記したものであり、肥前國杵嶋《きじま》西郷　五所社内武雄宮四至領として、「東限　長嶋大路鎮祭隈、南限　犬飼横尾妙見西太和、西限　布留恵野井牟多大溝、北限　宮埼登長道」とある。この文書は佐賀県内に残る最古の古文書でもある。

四至に牓示を打つ以外にも、さまざまな境界標示の方法があった。たとえば、中世期に田畑の境界に神木を立てることや、荘園の境界を示すために「懸札《かけふだ》」を使った可能性が指摘されている(42)。また、なわばりの標示に埋炭《まいたん》が用いられた例がある(43)。

民俗的な例では、なわばりを表示するためにさまざまな結界標示装置が用いられ、それを確認する行為がいとなまれる。たとえば、鹿児島県肝属《きもつき》郡錦江《きんこう》町城元《しろもと》の河上神社で毎年一月三日におこなわれる御神幸《ごしんこう》祭では、他郷との境の四カ所に御神幸があり、そこで神事がおこなわれる。各所で持参のシバを立てて注連縄を張り、腹にやりを刺したワラ人形をおいて、悪霊や病魔が入り込まないように祈願する。同県鹿屋市の田崎神社（七狩長《ななかりおさ》田貫《たぬき》神社《じんじゃ》）で毎年二月一七日におこなわれる「しか祭り」では、狩長《かりおさ》の狩猟範囲を確認するために、その領域の要所要所を祓い鎮めて歩く。神輿は鳥居の外に出ると、軽トラックの荷台に載せられ、打馬、祓川、大浦、郷ノ原、新栄の御旅所を約一〇キロの行程で廻る。

## 結界と無縁

網野善彦は境界論のなかで、結界を通じて日常・非日常空間の境界には特別な意味をもつ場が形成される点に注目した(44)。網野はこの空間領域を無縁の世界と位置づけた。たとえば、「市」がそうだ。市は日常の世界と非日常の世界が出会う場であり、さまざまな種類の人間やモノ、情報が集まる。市は山野、坂、浜辺、中州において開かれることが多い(45)。

市だけでなく、境界領域が遊郭、処刑場、家畜の処理場、葬送の場とされた例が川の中洲である。都市部の中洲は現在では埋め立てられるか大きく様変わりしているが、かつては中洲があった都市部の河川は多い。たとえ

図序-3　「みつまたわかれの淵」。1856（安政3）年、歌川広重の「江戸名所百景」の57景。中洲に水生植物（ヨシ）が描かれている。

ば、近世期の江戸には隅田川に中洲があった現在の日本橋中洲で、日本橋界隈は隅田川（大川）、小名木《おなぎ》川、箱崎川の合流地点であり、みつまた（三派、三ツ俣、三つ股）とよばれた。一七七一（明和八）年ころから隅田川の埋め立てが開始され、数年後の一七七三（安永元）年に中洲新地が完成した。その後、中洲は歓楽地として発展した(46)。ただし、中洲の造成によって隅田川の川幅が狭まったために上流域で洪水が多発することになった。こうしたなかで松平定信を中心とした寛政の改革によって、それまでの奢侈を戒め、町民にも倹約を促す政策が実施された。その影響で中洲も廃止され、一七八九（寛政元）年に取り壊された。

のち一八五六（安政三）年筆になる歌川広重の「江戸名所百景」のなかの五七景として「みつまたわかれの淵」があるが、中洲に相当する部分が水生植物（ヨシ）の繁茂する場として描かれている（図序-3）。寛政の改革から六七年後に川の生態系が元のように復活したことを読み取ることができる。中洲を無縁の場、遊興の場とする事例が時代とともに変化した点にも着目しておきたい。

## 7．入会説

なわばり論で最後に検討したいのが入会説である。入会は、村落共同体が森林や海域において、集団間で相互に木材、柴草、キノコ、海藻などの資源を共同で利用する慣行を指す。入会権はその権利を指し、一般に認められた物権を意味する。

入会が認められた領域に関与できる集団はあらかじめ決まっており、特定の集団による排他的な利用ではなく、複数の集団が参加する形態を意味する。この点でせまい意味でのなわばりは適合しない。入会の場を特定の複数集団が合法的に利用する空間とすれば、協議のうえで形成された拡大的ななわばりと見なすことができる。

漁業においては、入会の例を多く認めることができる。たとえば、明治期以降、沖縄の糸満漁民は各地で協定を結び、入漁を果たしている[47]。地域のなわばりが入漁を通じて一定程度、破られたとみるか、ルースななわばり（外部者を一部、受け入れるという意味で）と見なすかは考え方の違いによるだろう。

入会領域においてはコモンズ的な共同利用が実現されるが、その背景は多様であり、入会領域に参入する集団の誰もが共通の意識をもっているとはかぎらない。紛争を回避するために入会となった場合は、なわばり争いを解決する方策といえる。ただし、国家による裁定として入会が決められた場合と、地域間での紛争や緊張関係を経て入会が調停策とされた場合とでは意味合いが異なる。この点で、コモンズの思想がトップダウン的な発想か、ボトムアップ的な協議の帰結であるのかが興味の対象となる。この点から、入会の問題はコモンズ思想を精査するよりどころになる。

以上、なわばり論について、コスト・ベネフィット説、ストレス説、採食・繁殖説、象徴説、所有説、入会説の六つの仮設から取り上げたが、それぞれの考え方は独自に議論すべき点と、相互に関連する部分がある。コモンズ論との関係でいえば、なわばり領域に他者（なわばりの外部者）をどの程度受け入れるかには、生態学的、心理学的、社会学的、歴史的な要因が複合的に関与しているおり、なわばり内の資源や価値づけを他者と共有できるかの判断に大きく関与していることがわかった。

## 第3節　コモンズの思想

### 1．西洋のコモンズ論

本書は、自然と文化を超える思想に着目して論じるものである。本論の展開上、中心概念として注目したのがコモンズの思想である。コモンズは英語で共有（地）の意味であり、人類史上、私有制に先行する共有制や中世ヨーロッパにおける三圃制度[48]で例証された古典概念である。しかし、現代的な枠組では、一九六八年に出版されたG・ハーディンによる「共有地の悲劇論[49]」以来、共有地の資源をめぐる野放図な介入により悲劇が発生するとのシナリオが提示され、今日における資源利用のモデル論とされてきた。

#### ハーディン説をめぐって

ハーディンの提起した「共有地の悲劇」論では、共有地の牧草資源をコモンズ、つまり誰もが自由にアクセスできるものとする前提があった。オープン・アクセスの原則とコモンズをおなじものとする発想がハーディン説の背景にあり、共有資源の自由利用が資源の枯渇や自然破壊につながるとする解釈が盛行するもととなった。それぞれの牧夫は適正な数の家畜を導入することによって牧草資源を持続的に利用するようなことは無関係であり、自分の利益のみを追求した結果、「共有地の悲劇」が発生すると考えられた。こうした事態を回避するためには、牧草地の私有化ないしは最大限の公共物、すなわち国家による管理方策がシナリオとして示された（前掲49）。

ハーディン説が公刊される一四年前、漁業経済学者のH・S・ゴードンは公海における資源利用について、「共有の悲劇」が発生する可能性を指摘している[50]。ハーディンが牧草地を例としたのにたいして、ゴードンは誰のものでもない公海の資源を取り上げた。また、D・H・コールは二〇〇四年に、資源の管理と枯渇に関してハーディン説が単純な経済学説に偏しているとしてコモンズとアクセス権が混同されていると指摘した[51]。その例として、タブー期間中における禁漁が資源保護に寄与する場合や、利害関係者間における政治的ガバナンス、共有資源の利用に関するメンバー間の立場のちがい、魚類の季節的な回遊による資源変動などが関与するとした。

## オストロムと共同体基盤型の資源管理

ハーディンの立論から二二年後、D・フィニーらによって「共有地の悲劇論の二二年後」と題する論文が『ヒューマン・エコロジー』誌に掲載された[52]。四人の共著者の内、二人は米国、もう二人はカナダの研究者である。本論文では、世界中のさまざまな事例から、共有地ないし共有制度が資源の枯渇にいたることなく機能してきたことが提示された。共有であれば、資源が枯渇するとしたハーディンの予測モデルにはあてはまらない事例として、資源へのアクセスを制限し、あるいは事前にさまざまな取り決めに関する慣行のあることが詳細にしめされた。こうした事例は、共有地だけでなく私有地や国有地においてもみられることから、ハーディンのモデルを再考する大きな契機となった。付言すれば、漁撈民社会の例として、われわれが刊行した『西太平洋における海のしきたり論』（英文）も引用されている[53]。

同年、インディアナ大学のE・オストロムによる『コモンズの統治』が刊行された[54]。本書のなかで、ハーディンのコモンズ論を再考するうえで、共同体基盤型の資源管理方策が重要として八つの設計原則が提示された。それらは、（1）明確な境界性をもつこと、（2）地域に応じた設計と条項を一致させること、（3）集団的に方策を選択すること、（4）モニター（監督）できること、（5）段階的に是認すること、（6）紛争裁決の仕組み、（7）組織すべき最低限の権利を認知していること、（8）計画が入れ子構造にあること、である。以上の設計原則は一般論すぎるとの批判が相次いだ[55]。

わたしは、オストロムの設計原則を、利害関係者、ローカル・ルール、国家による紛争解決策の三つのコラム

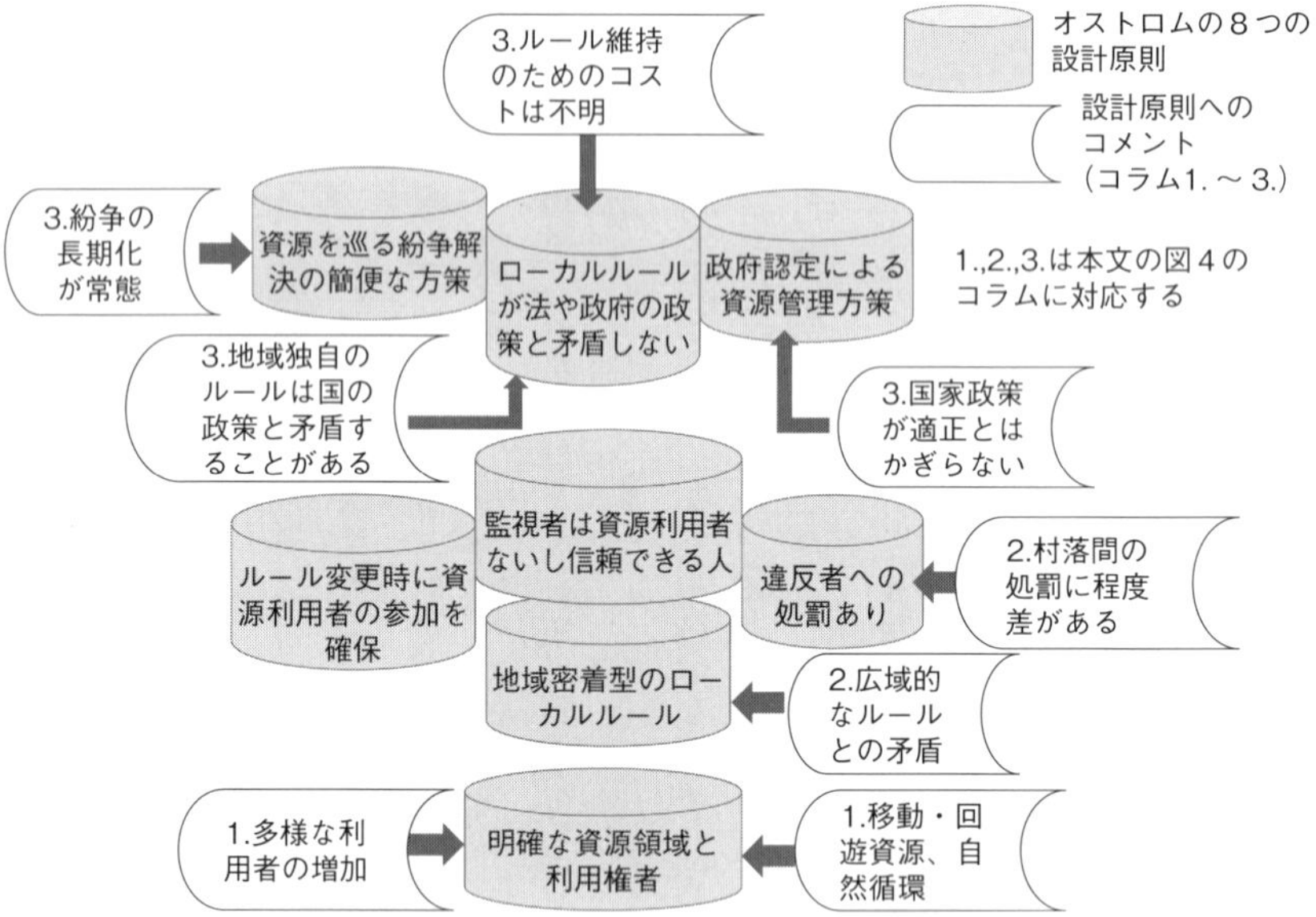


**図序-4**　E・オストロムの８つの設計原則と問題点

に分けて、それぞれ問題点を提示した。まず、利害関係者については、共有資源の境界性をア・プリオリに設定できない場合がある。回遊する魚類・鳥類や地下水について利害関係者が特定できないことがある。資源の分布様式が季節的に変わる場合、利害関係者の数が変動するうえ、外部からの違法な資源利用なども考慮する必要がある（**図序-4**のコラム１）。

ローカル・ルールについては、地域固有の規則が適用されることは望ましいが、近隣の他集団との間で不一致のことがある。規則違反者にたいする罰則や反則金の額がちがうと、ルール自体への不満が生じ、指導者への信頼感が損なわれることがある。また、ローカル・ルールの標準となる条項がかならずしも国ないし国際機関などが決めた条例や取り決めと整合しない場合がある。そうなると、地域と国家との間で査定のちがいが紛争の元となる。地域の慣習法と国が決めた法的な枠組が一致しない場合がその例である。両者を調整のうえ矛盾のないようにするためには多大なコストと時間を要する（**図序-4**のコラム２）。

その点から、国家の法体系が地域の多様な実情にあうように、適正な方策を考案する必要がある。さらに、地域と国家間での紛争解決には、状況に応じたアドホックな対応が必要であり、これに反して簡便な方策を提示するだけなら紛争は長期化し、より根深い矛盾をさらけ出すことになりかねない（図序-4のコラム3）。

要するに、八つの設計原則は示唆に富むものであるが、具体的な詳細が示されていないので、今後ともに具体例を踏まえた検証の必要がある。

資源の乱獲、生物多様性の保全、先進国による途上国の資源搾取と支配からの脱却を、地域に独自の資源管理を通じて達成するための原則が提示され、オストロムは二〇〇九年、ノーベル経済学賞を受賞した。わたしは第二回国際コモンズ学会が開催された二〇〇二年、マニラでオストロムから著書の『コモンズの統治』を頂戴し、その後日本でもお会いする機会を得た。二〇一三年に山梨県富士吉田市で開催された第一四回国際コモンズ学会にわたしはM・マッキーン（米国・デューク大学）と共同議長を務めたが、開催前にオストロムの訃報に接した。出席いただく予定をしていたが、叶わぬ夢となった。ただし、先述した「共有の悲劇論の二二年後」の共同執筆者であるB・マッケイ（米国・ルトジャー大学）やF・ベルケス（カナダ・マックギル大学）にはお会いできた。一九九〇年から二三年後、ハーディン論からじつに四五年が経過していたことになる。また、同大会にはニューヨークからM・ヘラー（コロンビア・ロー・スクール）を招聘し、先述のマッケイとともに基調講演をいただいた。

## アンチ・コモンズ論とアンダー・ユース

ヘラーのアンチ・コモンズ論について紹介しておこう。ハーディンの議論は資源利用からすると、オーバー・ユース（過剰利用）としての「コモンズの悲劇論」である。これにたいして、アンダー・ユースのコモンズ論とでもよべる「アンチ・コモンズ論」がヘラーにより一九九六年に論文として出版された(56)。大都市や高速道路における交通渋滞の例を挙げよう。日本では、盆・暮れ時期、高速道路で数十キロにおよぶ渋滞が発生する。あまりに多くの人間が公共の高速道路を使うために、大渋滞と疲労困憊が結果として残る。この場合、コモンズとしての公共の道路が機能不全におちいることになる。こうした状況は「アンダー・ユース」の悲劇といってよい。発着便数のたいへん多い飛行場を考えても、離発着便のちょっとした遅れが累積し、とんでもなく長時間の遅滞が発生する。過密な航空スケジュールゆえに空港が正常な機能を果たさなくなるのもアンチ・コモンズの例である。[57] オーバー・ユースとアンダー・ユースのコモンズ論はミラー・イメージ（鏡像）の関係にある。道路、病院、市場などは私有化になじまない社会的共通資本でもある。[58]

## 2．日本のコモンズ論

日本のコモンズ研究は西欧に追従してきたのではない。日本のコモンズ論では伝統的に農林水産業における入会地問題を中心に法制史、林政史、歴史学、政治経済学、社会学、漁業経済史などの分野で精力的な研究がおこなわれてきた。[59] 入会地問題は小繋事件のように裁判訴訟になるなど、社会的な影響面でも注目されてきた。小《こ》繋《つなぎ》（岩手県二戸郡一戸町）における小繋《こつなぎ》山の入会権をめぐり、明治期の地租改正以降、あらゆる森林を官有ないし民有とし、慣行としてあった共有制を否定するものであり、民有化（個人の私有林）することへの反発がもともとあった。小繋事件に類することは東南アジアでも近年起こっており、日本だけの特殊事情ではない。[60] ただし、民俗学の分野では各地の入会慣行についての研究がおこなわれてきたが、自然と文化の枠組から位置づけられることはなかった。

### コモンズと公地公民

日本の歴史研究では、本書であつかう公、私、共に関する所有制度面での研究蓄積がずいぶんある。たとえば、古代日本では、六四六（大化二）年、大化の改新によりそれまでの私地私有制度が抜本的に公地公民制に転換される。大化の詔以前には、天皇家は全国各地に屯倉《みやけ》とよばれる直轄地を有していた。屯倉では私的に名代《なしろ》・子代《こしろ》の集団をもち、支配した。一方、豪族も田荘《たどころ》とよばれる経済的な拠点を保有していた。豪族は自らの経済基盤を支える部曲《かきべ》とよばれる平民を支配していた。大化の改新により、こうした私的所有・支配は終焉し、天皇がすべての土地と人民を所有・支配する公地公民制へと移行した。しかし、朝廷は大化改新後も豪族が田荘を領有し、部曲を支配することを認めており、私的所有の大原則が貫徹された訳ではなかった。さらに、公地公民制の基礎となる班田収授法《はんでんしゅうじゅのほう》における口分田《くぶんでん》は本来、朝廷より六年に一回、六歳以上の男性へ一段（約二四アール）、女性へはその三分の二（約一六アール）が支給され、その収穫物から徴税となる租《そ》を上納するように定めたものであった。しかし律令制の成立する八世紀当初、朝廷から平民に分与される土地はもともと天皇のもの（公地）であるとはみなされず、私有地に相当するものと考えられていた[61]。

その後、七二三（養老七）年に、三世一身法《さんぜいっしんのほう》が発布された。これは、新規開拓の墾田を奨励するため、開墾者から三世代にわたってその墾田の私有化を認めるものであった。そののち、七四三（天平一五）年には、墾田永《こんでんえい》年私財法《ねんしざいほう》が発布され、新たに開拓された墾田は永久に私有化されることとなった。公地とされた口分田が「公田」と認められるのはこの法令以降のことである。いずれにせよ、公地では定められた耕作地において平民による農耕がおこなわれた。そして、収穫物を貢納品として納めることを義務づける公地公民制度が古代にはあった。

## 山野河海とコモンズ史

公地公民にたいして、自然界の山川藪沢《さんせんそうたく》においては、「公私共利」の原則があり、貴族や上流階級の人びととともに平民もがその資源を利用することができた。山川藪沢はコモンズにほかならなかったが、この領域が古代から中世に移行する過程で、山野河海《さんやかかい》として位置づけられる変化が起こる。これはコモンズ領域における資源が

商品経済のなかに再編成されていく過程を示すものであるとの指摘が井原今朝男によってなされている。(62)

のちに、「公私共利」の土地や海面、河川流域が有力な寺社や貴族によって私的に囲い込まれる事態が頻繁に発生した。ここで詳述しないがさらに時代を経て、近世期の太閤検地（一五八二～一五九八年）と明治期の地租改正（一八七五年）は日本のコモンズ史研究にとり時代の転機となった。太閤検地では、従来の山野河海にたいする課税は高外《たかがい》であったが、小物成や運上《うんじょう》として現物納が義務付けられた。(63)もともとコモンズとされてきた山野河海では田畑にくらべて境界があいまいであり、近世期には多くの相論が発生することとなった。公と私の制度史は古代から現代にいたるまで、なわばりとコモンズ研究にとり重要な情報を提供してくれる。

**なわばりと聖地**

なわばりと聖地禁制に関連する制度についていえば、皇室は特権的な禁漁・禁猟・禁伐採の領域を定めていた。それが標野《しめの》あるいは禁野《きんの》であり、七世紀後半以降、公私共利の原則を法的に確立していくさいに決められた。『万葉集』巻一の二〇には「あかねさす紫野行き標野行き野守は見ずや君が袖振る」とあり、天智天皇が蒲生野《かまふの》（滋賀県蒲生郡）で遊猟《みかり》をしたさい（六六八年五月五日）、額田大君《ぬかだのおおきみ》が謳ったもので、標野で狩猟・採集がおこなわれた。また『万葉集』巻一の四には、「たまきはる宇智（うち）の大野に馬並（な）めて朝踏ますらむその草深《くさふか》野《の》」（中皇命《なかつすめらみこと》）とある。この場合も、舒明天皇が遊猟をした「宇智の大野」は金剛山麓の丘陵地帯から吉野川畔にいたる地域で狩猟場とされた。「大野」は人里はなれた奥地にある原野を指す。

禁野は、畿内各地や、美濃国（岐阜県南部）、備前国（岡山県東南部）につくられた。禁野は平安中期の『西宮《さいぐう》記《き》』の臨時五に、「一所々事　禁野　北野〈有二別當少將一〉交野〈以二百濟王一爲二撿校一〉宇陀野」とあり、山城国（京都府南部）の北野、河内国（大阪府南東部、北・中・南河内）の交野《かたの》、大和国（奈良県）の宇陀野《うだの》が禁野とされたことが記載されている。

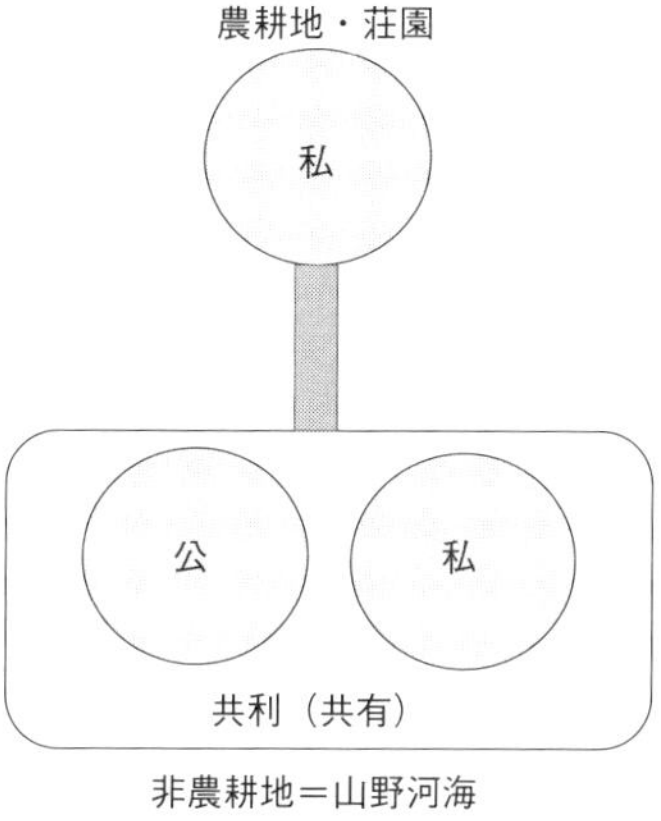


図序－5　日本の古代における公・私・共の世界

河川の場合が禁河であり、埴河《はしかわ》（京都市の高野川）、葛野川《かどのがわ》（京都市の桂川）は天皇家に献上するアユを獲る川として一般の漁撈は禁じられた。六八九（持統三）年に摂津国（大阪府北部・兵庫県東部）では、武庫海《むこのうみ》一〇〇〇歩《ぶ》（＝一・八一八キロ）において漁撈をおこなうことが禁止された。この海域は天皇に直属する特権集団が皇室のために漁をおこなう領域とされた。この例は、皇室の特権的な領域で、聖地と位置づけることもできる。『西宮記』にも、「（恒例第三）／十二月／廿日、進物所請雑物（押鮎煎塩鮎鯛醤腸漬鮑《贄殿、》猪宍《内膳、》とあり、御贄として利用された海川の産物が特権漁民により、一般禁漁の領域で漁獲されていたことはまちがいない。

以上のように、日本の古代・中世では、田畑や豪族・寺社の私領などの私有地以外に、公私ともに利用できる共有の場や天皇のみが利用できる禁野・禁河領域があった。公私共利の領域が私有化される変化が起こったように、所有にかかわる制度が歴史や状況におうじて変容ないし転換した。公私の関係は農耕分野と非農耕分野できわめて異質であり、公、私、共の世界が農耕地と非農耕地をキーワードとして峻別されていたことがわかる（**図序－5**）。

## コモンズと民俗学

日本民俗学のなかで、入会、共有地、山の神信仰、狩猟伝承、伐木儀礼など、日本人が育んできた伝承とカミや木霊《こだま》にたいする信仰実践は重要な研究対象であり、全国各地で精力的な研究が展開してきた。最近、『日本のコモンズ思想』のなかで野本寛一は、古代から現代にいたる時間軸を見据えて、事例研究を丹念に渉猟し、その集積から浮かび上がる日本のコモンズ思想に光をあてた。(64) クマやイノシシ、シカの狩猟、魚毒漁、刈敷《かりしき》や牛馬の飼料となる秣《まぐさ》の利用などには、共同利用、平等分配、共同体による山の口の規制など、コモンズ的な自然とのつきあい方が具体的に埋め込まれており、日本の文化を掘り起こす貴重な素材を提供してくれる。

民俗学は現代社会にとり、過去の伝承を語るだけの学とする意見もあったが、過去の遺産を研究するのみの退行主義に安住しているのではない。前述した論文で、野本は福島県南会津郡只見町や同県大沼郡三島町などで従来から利用されてきた山葡萄の皮を使った籠が工芸品として注目され、ネット上でも販売されていることにふれ、山葡萄の資源に「止め山」や「山の口あけ」を設ける事態が起こったことを指摘している。ヤマブドウは只見地方の伝統的な民具であるだけではない。一九九二年、青森県の三内丸山遺跡から紀元前四五〇〇年ころのヤマブドウ皮製の網代《あじろ》編みポシェットが見つかった。ヤマブドウの種子が大型であることから、野生種を使っただけでなく栽培・ないし半栽培されていた可能性が示唆されている。先史時代から民俗例を経て現代まで、ヤマブドウと日本人とのかかわりの連続性が示されたことで、民俗学の重要性が浮かび上がった。(65) 民俗学からコモンズ論を照射する視点は菅豊によってもサケや川をめぐる民俗の研究で如実に示されており、(66) 過去の歴史から現在、そして未来へとつなぐ視座を民俗学がもちつづける意義を確認しておきたい。

また、先進国の日本でコモンズは消滅したとする考えが西洋で流布したことがあったが、M・マッキーンによる富士山麓の恩賜林組合によるコモンズ的運動の研究が欧米で知られるにいたりにわかに注目を集めた。わたしも日本の沿岸漁業において、コモンズ的な海面利用が前近代から継承されてきたことを論じた。(67)

従来は地域の共有林や入会漁場など、管理と運用主体が地域共同体の成員に限定されるローカル・コモンズに関する研究が主流を占めてきた。二一世紀の今日、地域で起こっている事象と、地球規模での温暖化や水の過不足をめぐる環境問題、TPPにおける経済のグローバル化と農家の対応など、コモンズをめぐる問題はスケールを超えて連動し、あるいはつながっていることがわかってきた。地域におけるコモンズの研究の意義を地球全体の枠組で考察することが必要不可欠となってきたのである。したがって、日本におけるコモンズ研究を世界のなかであらためてとらえなおす絶好の機会となっている。

## 第４節　自然と文化を超えて

本書は人間が自然に存在する多様な種類の資源を利用するさいの制度や規制、あるいは資源管理の方策などを具体的な事例から検証しようとするものであり、その背景となる自然観、あるいは文化のありかたについて基本的な理解をえておくことが必要不可欠となる。コモンズとなわばりの研究のなかで、環境あるいは自然そのもののとらえ方について検討しておこう。

### 1．環境とはなにか(68)

環境という用語は、漢語として唐代の正史である『新唐書』のなかで使われたのが初見である。時代は北宋の嘉祐六（一〇六〇）年にあたる。日本では明治以後、英語のエンヴァイロンメント（environment）の翻訳語として、主体である人間と客体としての周囲の世界を区別するうえで導入された。英語の前身は、フランス語のミリユ（milieu）である。フランスの哲学者であるＡ・コントは「すべての有機体の生存に必要な外部条件の全体」としてミリユを定義づけて生物学に導入した。これが英語でエンヴァイロンメント、ドイツ語ではウムゲーブング（Umgebung）となった。日本ではおもに英語、ドイツ語の環境概念が導入された。学問分野にもよるが、環境という用語は二〇世紀初頭あたりから地理学、人種学、動植物学、歴史学などで用いられるようになり、今日のように普及した。

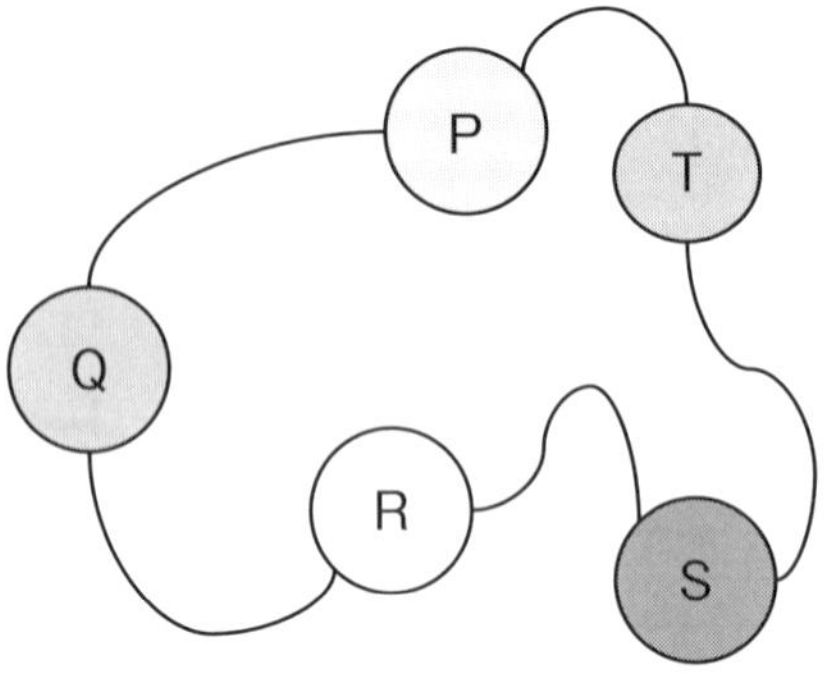


**図序-6**　環をめぐる要素間の関係

環境を表すドイツ語は先に挙げたウムゲーブングである。ウム（Um）は「まわり」、ゲーブング（Gebung）は「与えられているもの」の意味である。ドイツのJ・von・ユクスキュルは、環境として重要な点は身のまわりにただ存在する環境（ウムゲーブング）ではなく、それぞれの動物が意味を与えたものとして構築している世界、すなわちウムヴェルト（Umwelt）こそが重要と考えた。ヴェルト（Welt）は「世界」の意味である。すべての生物に共通したウムゲーブングは存在しない。すなわち、すべての生物にとって共通して「よい」環境というものはない。大切なのは個々の生物にとっての環境世界なのだ。日本語の環境という用語は、漢語に依拠しながら、西洋的な考えを組み合わせて定着した。ドイツ語でいう「周囲の世界」あるいは「意味ある外的世界」は前者が客体論、後者が主体論として大きなちがいがあるものの、漢語にはそのことが反映されていない。そこで注目したのが漢語の環境を構成する「環」と「境」のもつ意味である。

**環の意味**

環境の環は、循環、環状線、金環食などの用語が示すように、「連鎖」、「つながり」、「輪」を表す。**図序-6**では、P、Q、R、S、Tの要素が順番につながって輪となっている（**図序-6**）。この場合、それぞれの要素をつなぐ線の意味をいろいろと検討することができる。たとえば、水循環の例では、山に降った雨（P）が地表や地下に浸透し、表層水や地下水（Q）となって流れ、下流域に達する。その一部は大気中に蒸散する。地下水は一部、地上部や海底で湧出する。川から海に入った水（R）は一部が蒸散して大気になる（S）。ふたたび大気中の

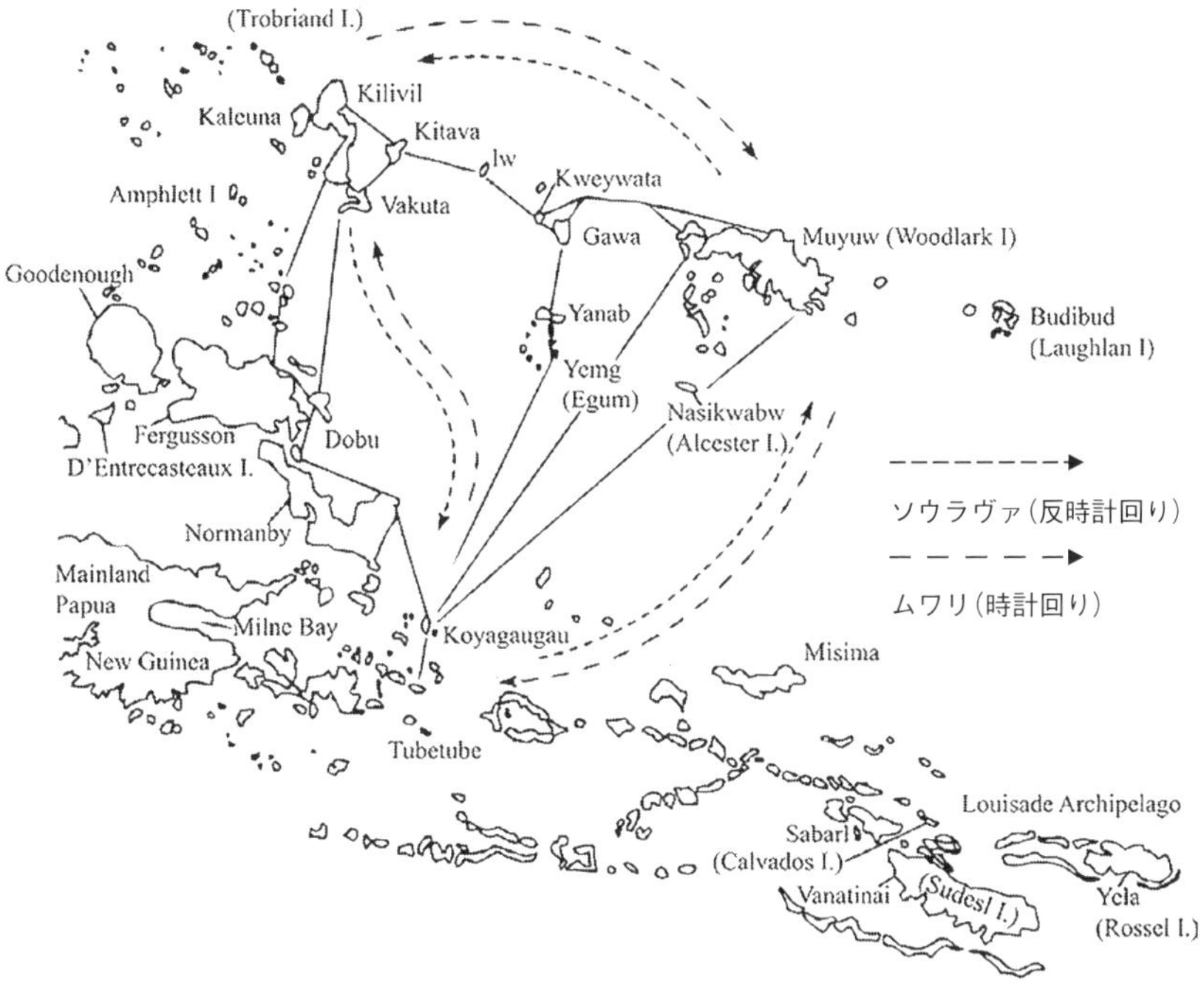


図序-7　クラ・リング（Kula ring）

水蒸気（T）は雨や雪となって地上に達する。このようにして、水は形と場所を変えながら地球上を循環する。

　社会現象の例を挙げよう。メラネシアのマッシム地域にあるトロブリアンド諸島では、ムワリとよばれるイモガイ製の腕輪とソウラヴァとよばれる貝製ビーズがそれぞれ時計回り、反時計周りに島から島へと儀礼的な交易を通じて循環する（**図序-7**、**写真序-3a、3b**）。これには、船首部に赤や白の色で鮮やかな装飾を施したマサワとよばれる帆走カヌーが利用される（**写真序-3c**）。いかにも単純な図からの説明であるが、要するに地球上の自然および社会・文化現象には、多様な形態と種類の循環が組み込まれて存在する。

　複雑なつながりの系が生命現象に存在する。ゲノムから細胞、組織、器官、個体のレベルで個々の要素は下位から上位へとつながっている。さらに、個体同士の結びつ

b

a

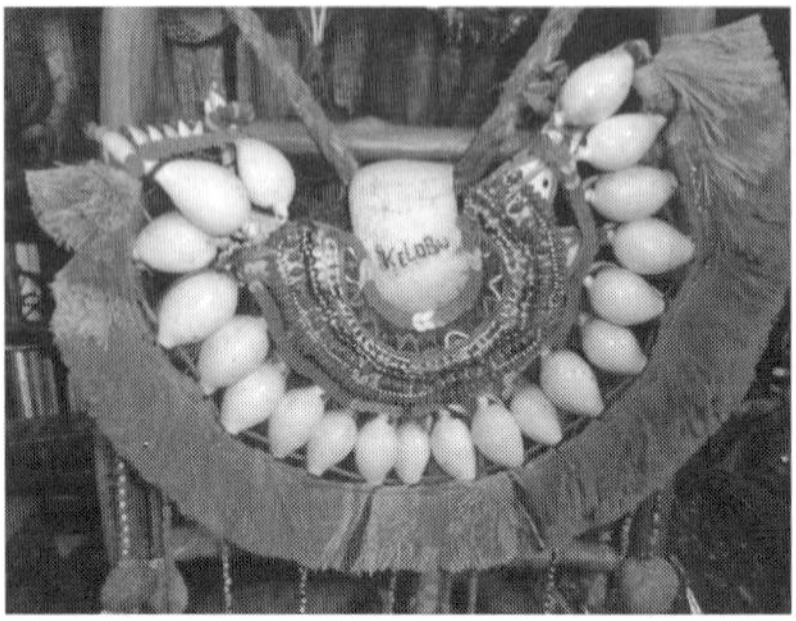

写真序-３ a，b　クラ交易で用いられる財貨。イモガイ製のムワリ（mwali）（a）とウミギク製のソウラヴァ（soulava）（b）。ムワリは時計回りに、ソウラヴァは反時計回りに循環する。

c

写真序-３ c　クラ交易で用いられるアウトリッガー・カヌー、マサワ（masawa）（トロブリアンド諸島・パプアニューギニア）

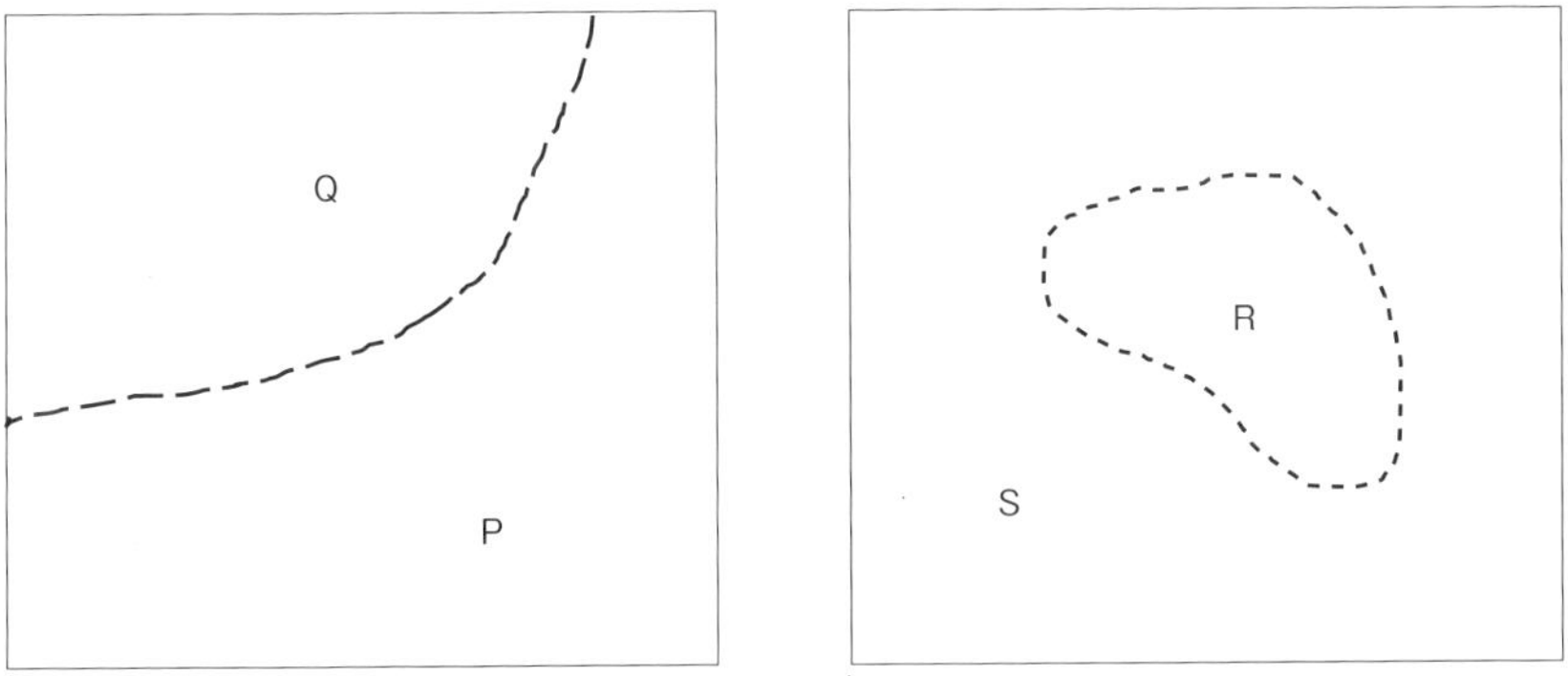


a　b

**図序-8**　境界により区別される二つの世界
境界線によるＰとＱの断絶（ａ）、境界領域によるＲとＳの断絶（ｂ）

きは、つがい、家族、群れ、個体群などを構成する要素となる。同種間だけでなく、食う・食われる関係や、寄生・共生関係を通じて異種間のつながりが実現する。こうして、群集や生態系を構成する個々の生物種の個体は複雑な関係を通じてたがいに結ばれている。

生物進化についても、すでに絶滅した生物や現存するものまでを含め、多種多様な生物が生まれた。とすれば、あらゆる生命体はたがいに結ばれているともいえる。

さらに、人間社会における文化や社会を構成する個々の文化の要素がある。道具、技術、経済組織、社会組織、政治組織、宗教的な職能者、カミの世界もたがいに多様な関係性を通じて結ばれている。具体的なモノの利用、資源の分配、婚姻を通じた社会関係、儀礼を通じた超自然的な世界とのつながりなど、さまざまな関係性を人間社会にみいだすことができる。連鎖とつながりは大気や水などの自然現象から生物現象、人間の社会や文化に遍在し、通底する普遍的な現象であることはたしかだろう。

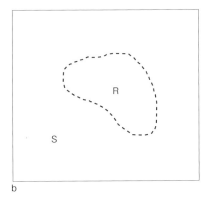

## 境の意味

これにたいして、環境の境は、境界、越境の用語にあるように、「さかい目」、「分断」を示す。境には、英語でバウンダリ（boundary）、エッジ（edge）などの用語が相当する。ちなみに、ドイツ語で境界はグレンツェ（Grenze）であり、ゲルマン語のなかでスラヴ系の起源をもつ。スラヴ祖語はgranica である。「さかい目」は二つの異なった領域を作り出す。たとえば図序-8で、境界の手前（P）と向こう側（Q）では世界が異なる（図序-8 a）。さらに境界で閉じられた領域を設定すると、境界の内側（R）と外側（S）とで、やはり世界が異なる（図序-8 b）。図序-8 bにおけるRの領域を広義の「なわばり」と称することにしたい。なわばりの境界も、内と外だけでなく、自己と非自己、聖と俗など、さまざまな現象を識別する標識ないし装置となる。

以上述べたように、環境の意味から「連鎖」と「境界」の二つの異なった位相を抽出できる。だが、環と境を別々に議論しようというのではない。むしろ、なわばりとコモンズの考察に環と境の意味を取り込んでみたい。

## 2. 共生概念について

共生という標語が広く流布するようになり、さまざまな分野で使われている。そもそも共生は生態学の学術用語である。共生を英語で表現した場合、いくつもの意味の異なる用語があてはまる。

共生は生態学の分野でシンバイオーシス（symbiosis）と称される。シンバイオーシスは、ギリシャ語でも「共に生きる」ことを示す用語で、異種が相互作用を通じてともに生きることを意味する。ただし、現在では共生の中身を異種間関係としてみると、双方が利益を得る場合、一方が多くの利益を得るが他方は利益とは無関係の場合、そして一方のみが利益を得て、他方は従属的な他者依存の関係をもつ場合とに区別されている。双方が利益を得る場合が相利共生（ミューチュアリズム mutualism）、他方が利益を得るが、他方は利害が発生しない場合を片利共生（コメンサリズム commensalism）、一方のみが利益を得るが他方はマイナスの影響を受ける場合が寄生（パラサイティズム parasitism）とよんで区別する。

**写真序-4**　セイタカアワダチソウ（*Solidago altissima*）（京都市北区・上賀茂）片害共生の例。

このほか、片害共生（アンタゴニズム antagonism）があり、一時的に一方が利益を得るが、そのうち自らの利益も台無しになる場合を指している。たとえば、秋に見られる黄色い花のセイタカアワダチソウは根から他の植物の生育を抑制する物質を分泌することで群落を作ることができるが、自分の種子発芽も抑制するので最終的には自分の利益にはならない（**写真序-4**）。

共生は二種間関係に注目した概念であり、かつては相利共生のみを真の共生とする主張があった。しかし、生態系全体を考慮すると、ある種が複合的な共生関係をもっている場合があり、生物の進化や変異を考えて生態系に拡張する考えもある。一方、個体間の共生（エクソジーナス）だけでなく、生物種の個体内に別の生物種が共生する体内細菌の場合（エンドジーナス）があり、共生概念は生物だけにかぎっても多様である。

安倍浩は仏教用語としての共生《ぐうしょう》に着目し、自生《じしょう》（自分で存在すること）と、他生《たしょう》（他のものによって生じさせられること）にたいして、共生《ぐうしょう》は、自生と他生が合わさった事態、つまり自分で存在しながら、同時に他のものによっても生じさせられていることを指すとしている[69]。

榊原健太郎は酒宴や宴会などを意味するコンヴィヴィアリティー（conviviality）の概念を援用しつつ、共生について論じている。この考えはI・イリイチによって提唱されたもので、共生の概念を拡張して考えるもので興味深い[70]。

わたしは本論で共生概念を取り上げるにあたり、自然界の資源を利用する主体である人間が自然界の動植物をどのように認識しているかについての観点からどれだけ共生についての思想を深める議論ができるかに配慮したいと考えた[71]。

**無心の思想**

二〇一五年の夏、京都の嵐山近郊にある臨済宗華厳寺を訪れた。寺では年中、鈴虫が鳴いていることで知られており、通称、鈴虫寺の愛称で呼ばれている。桂紹寿住職との話で、先々代の住職が座禅を夜間にするときに鈴虫の音を聞いて、鈴虫は誰かのために、あるいは誰かを利するために鳴くのではないと考えられた。当時の住職は、鈴虫はただ季節が来たから鳴くのであって、メスを引き寄せるためにオスが鳴くのではないと言明されたようだ。鈴虫のオスは季節が来るとただ無心に鳴くのであると[72]。

ここで、チョウと花との関係を考えてみよう。花の受粉に昆虫や鳥などが大きな役割を果たすことはよく知られている。受粉を成功させるために、より目だつ色の花を咲かせること、においをもとに昆虫を惹きつけることがあり、花と昆虫や鳥との共進化が生態学や進化生物学で議論されてきた。それ自体納得のいく説明であり、生命の神秘を実感することもできる。しかし、花と昆虫や鳥類はたがいを利するためにだけあらゆる機能を発達させてきたのであろうか。遺伝学で淘汰という概念がある。遺伝的に淘汰される形質があって、それが生き残ったとする生命観は科学の世界ではふつうの理解とされている。しかしながら、かつて良寛和尚は「花無心招蝶　蝶無心尋花」（道徳経）、つまり「花無心にして蝶を招き、蝶無心にして花を訪ぬ」と語った。花は故あって蝶を呼び寄せたのではないし、蝶は下心があって花に近づいたのではない」ということが明快に語られている。花とチョウとの関係は共生という概念、ないしは共進化という概念でうまく説明されているようにみえる。しかし、それは花やチョウのおもいとは別の、人による解釈に過ぎない。花やチョウのおもいは知るべくもないし、聞いてみるわけにもいかない。花とチョウの関係を生物学的な共生関係として説明することがなされたとしても、チョウと花はその解釈のとおりに生きているのではないとする発想は、つぎに触れるA・ベルクの主体性論と通底する。

## 主体性と共生

無心の思想を共生の概念に引きつけて考えれば、どのようなことがみえてくるだろうか。その問いは、「つながり」に関する関係性をどのように考えるかということと、自然における主体性のありかたをどのように考えるかについての思索に置き換えることができる。

まず、関係性とつながりについて考えてみよう。生物種のつながりをAとBとの関係としてみれば、共生の例にあるようにAとBがともに利益を得る場合、Aが利益を得て、Bが何の影響も受けない場合、Aが得をしてBが不利益を蒙る三つの場合を想定することができる。共生関係以外に、食べる―食べられる関係が広範に存在する。以上の生物学的な類型論では、二者の関係性は客観的なつながりを指している。

ところが、**表序-2**に示したように、人間と動物の関係にはさまざまな類型が存在する。たとえば、狩猟・採集・漁撈を通じた動物の捕食、人間が捕食ないし攻撃される場合、家畜（家禽）化、獣害、ペット、娯楽、趣味、鑑賞、崇拝、寄生、無関心などがそうである。おなじ動物でも、人に害をくわえる場合と畏敬の対象とされる場合（クマ・サメ）、食用として捕獲されるとともに崇拝の対象となる場合（ウミガメ・ヒクイドリ・クジラ）、食用になるとともに鑑賞の対象となる場合（ハタやメガネモチノウオ）、食用とともに趣味や娯楽の対象とされる場合（ニ

表序-2　人間と動物の関係性に関する類型

| 関係性 | 実例 |
|---|---|
| 捕食 | 狩猟・漁撈・採集による（ライオン・クマ・ゾウ・ワニ・マグロ・ナマコ・アサリ・タガメ・スズメバチ） |
| 非捕食 | 動物による捕食ないし攻撃（サメ・ワニ・ニシキヘビ・トラ・スズメバチ・ハブクラゲ・イモガイ） |
| 家畜（家禽）化 | ウシ・イヌ・リャマ・ウマ・ヒツジ・ニワトリ・アヒル |
| 獣害・虫害 | シカ・イノシシ・サル・ネズミ・バッタ・ウンカ |
| ペット | イヌ・ネコ・ヘビ・カメ・オウム |
| 娯楽 | 闘犬（イヌ）・闘鶏（ニワトリ）・闘魚（ベタ）・闘牛（ウシ）、競馬（ウマ）・鳴き合わせ（ニワトリ・コオロギ） |
| 趣味 | 昆虫採集・貝類採集 |
| 鑑賞 | 動物園・水族館 |
| 崇拝 | ライオン・カメ・ヘビ・クジラ・クマ・サイチョウ・ゾウ・ウシ・ヒクイドリ |
| 寄生 | 回虫・ダニ・ノミ |
| 無関心（感情移入） | 虫の声・鳥のさえずり |

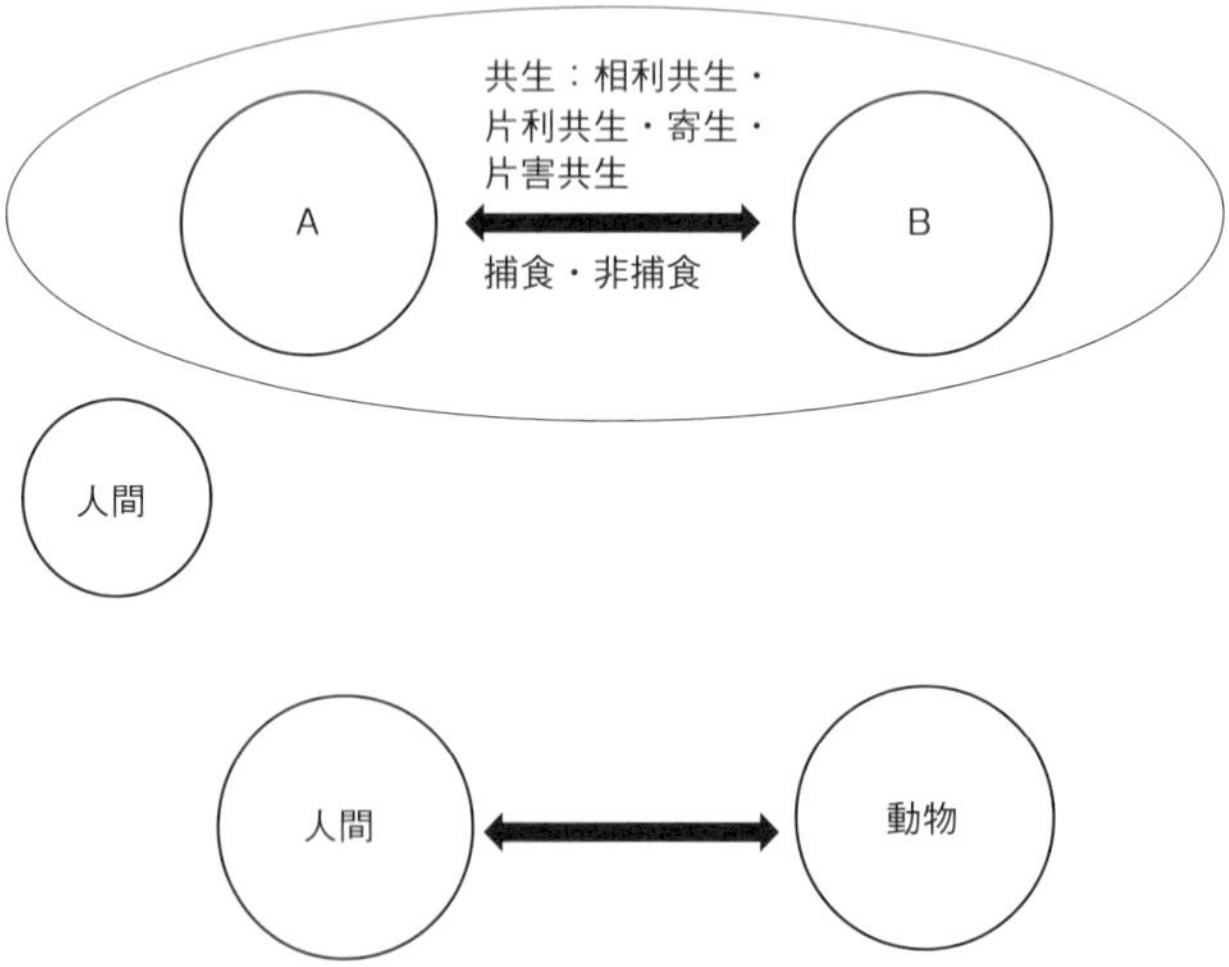


図序-9　人間と動物の関係性
図上は、第3者としてAとBの動物種間の関係を動物生態学的に考えたもの。
図下は人間を中心に動物との関係性をとらえたもの。内容は表序-2に詳述。

ワトリ）などがある。[73] 以上のような人間と動物の関係性は、図序-9に即していえば、第三者としてではなく（図序-9上図）、人間を中心にとらえたもの、あるいは人間からみた類型論に相当する（図序-9下図）。

この場合、認識する主体の人間は対象である動物をア・プリオリに人間中心でみた関係性として認識している。人間と動物の関係性を考える場合、どうしても人間中心主義的になる弊害を避けることができないものだろうか。人間中心の発想を転換して進めるためにどのような思想的な枠組がありうるだろうか。問題は自然科学に依拠する見方と人間中心にとらえる見方とでは、ちがいが歴然としているものの、人間と環境との関係性を因果関係として把握する決定論である点ではおなじといえる。

これに関連して、フランスの哲学者であるA・ベルクの指摘はたいへん示唆に富んでいる。ベルクのキーワードは主体性である。環境と人間との関係を論じる場合、主体―環境論をその中核に位置づけることができるとおもうが、この主体が認知し、具体的な活動をおこなう場面で、主体が認知する対象にも主体性を認めるかどうかの問題が残る。

環境と人間とのかかわりを考える場合、ベルクの議論はたいへん重要な示唆をあたえる。というのも、資源利用とともに自然の保全・保護を人間中心主義的な発想からおこなおうとすれば、人間の考える自然観や自然を構成する生き物への観念が一方的で十全たるものとは決していえないことになる。後発者である人間が自然のすべてを知り尽くしているとは到底おもえない。人間と自然との関係性の観点から資源利用と自然保護を考える以上、環境決定論、持続的な環境利用くらいの結論しか導き出せないことになる。人間存在による環境との主体的なかかわりはユクスキュルの提唱した環世界論につながる。[74] そう考えると、人間だけでなく自然も主体的にかかわっている可能性がある。ユクスキュルの論は日本で和辻哲郎が展開した「風土論」とおなじ位相にある、とベルクは指摘する。

ベルクは和辻哲郎の『風土論』[75] に依拠しつつ、「風土性に係る人間存在の主体性よりも一般的な意味で、人間風土においてのそれには限らないような主体性、つまり自然そのものにおける主体性をも考慮に入れたい」とした。[76]つまり、主体は自己同一性をもちながら、風土のなかに「自己発見」しており、その主体性の場は絶対にその体の局所性（topicité）に限定することができない。つまり、自然も生きているかぎり、ある程度の主体性をもっているとする主張をしている。先述したユクスキュルの環世界論は生物を対象とした主体性論であり、和辻哲郎は人間に当てはめて、風土は環境ではなく、主体的な世界認識であることを看破した。ベルクは、自然のもつ主体性について、和辻哲郎の「自己発見性」やM・ハイデガーのダーザイン（Dasein 現存在）に該当する概念と位置づけている。[77]

## 3.「自然と文化」論

自然と文化の関係をどのように考えればよいだろうか。平たくいえば、人間が自然に手を加えて自分の都合のよいように作り変える行為やその結果が文化である。自然と文化はかくして対立する関係にあることになる。自然を野生状態にあるものとすれば、野生から文化へと転換する典型例がドメスティケーション（domestication）である。これには、植物の栽培化と動物の家畜化・家禽化が含まれる。ドメスティケーションの過程は革命的に起こったのではない。ごく初期的な段階から順次、本格的な過程へと連続的に変化したとする仮説が提示されている。[78]たとえば、縄文時代におけるクリについてみれば、クリの木の下草を刈るとか、堅果の大きな木を選択的に植栽するような段階が想定されている。[79]第1章でも取り上げるH・C・コンクリンのミンドロ島の調査でも、栽培化の段階的な変化が想定されている（表1-3を参照）。こうした野生種と栽培種との中間段階を中尾佐助は半栽培、セミ・ドメスティケーションとよんだ。[80]二〇〇八年には、イネや小麦などの穀類、野草、バナナ、ジュズダマ、ハトムギ、虫、ニワトリ、ブタ、ラクダ科動物など広範な対象をもとにしたドメスティケーションの民族

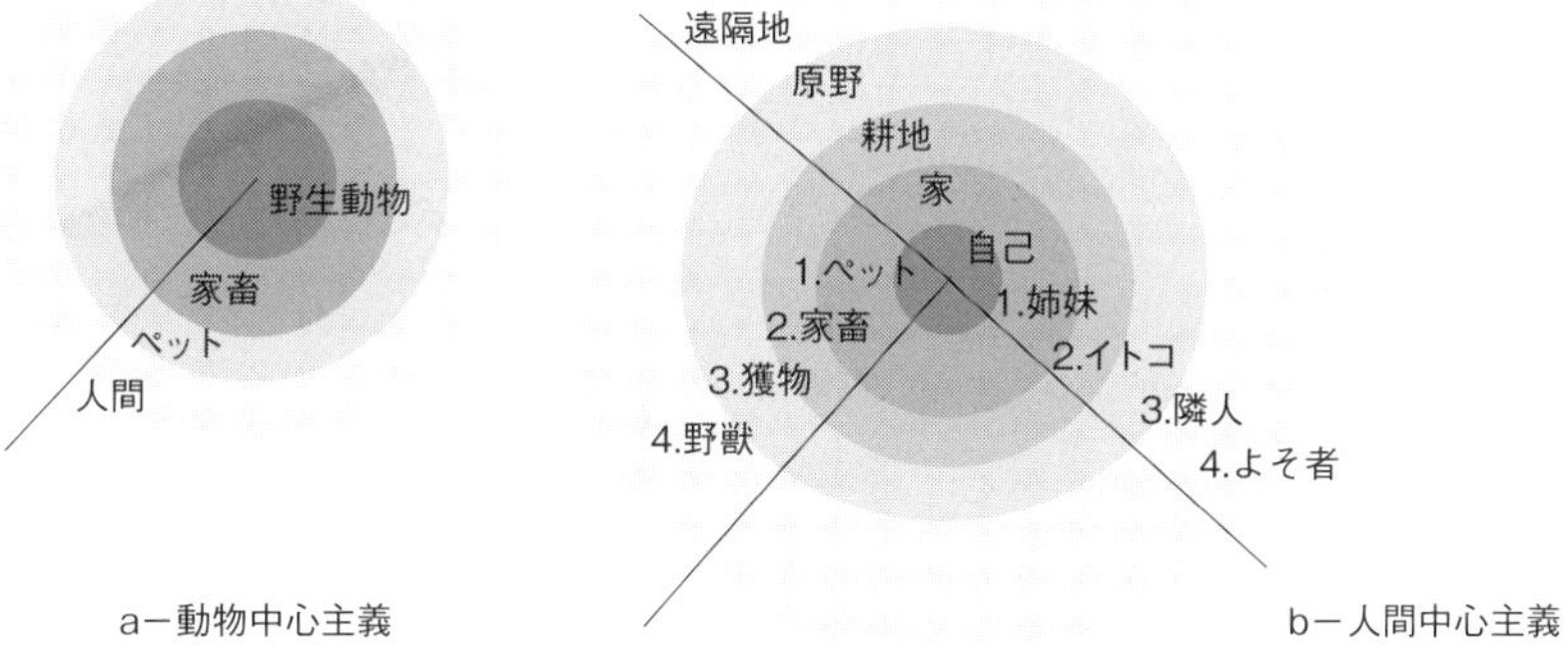


**図序-10**　人間と動物の関係性をあらわすモデル

●aは、野生動物が中心にあり、人間を周辺に位置づけるモデル。
野生動物から見た人間像は不可知だが、家畜にくらべて襲うことはほとんどないか、無視するくらいの程度に人間を考えているのかもしれない。

●bでは、人間との結婚可能性と動物の可食性が対応するモデル（Leach 1964）
1．姉妹とは結婚できない（近親相姦）⇔ペットは食べられない。
2．イトコとは結婚が奨励される⇔家畜は去勢したもの・未熟なものを食べられる。
3．隣人は条件次第で結婚できる⇔獲物は特定時期にかぎって狩猟して食べられる。
4．よそ者は結婚対象とはならない⇔野獣は食べられない。

生物学的な総合研究がなされており、この分野では最先端の成果となった。[81]

## 人間中心主義

こうした研究では、自然と文化についての議論を遺伝学や淘汰を主要な説明原理としてなされることがあっても、結局のところ自然の改変に関する機械論的な解釈にほかならず、あくまで人間中心主義的な発想に裏付けられている。人間中心主義はアンソロポ・セントリズム（anthropocentrism）と英語でよばれるように、人間を世界の中心において、自然界の生物を把握する点を特徴としている。人間を中心において動物との関係を考えれば、やや単純な図式であるが、ペット、家畜、狩猟獣、見知らぬ未知の野生動物のように距離を想定した同心円的な関係性が浮かび上がる（**図序-10b**）。前項でふれたベルクのように、自然にも主体性があるとする今西錦司の世界観にふれつつ[82]、動物を中心において考える思考ができないものだろうか（**図序-10a**）。中心に動物がいて、周縁部に人間を

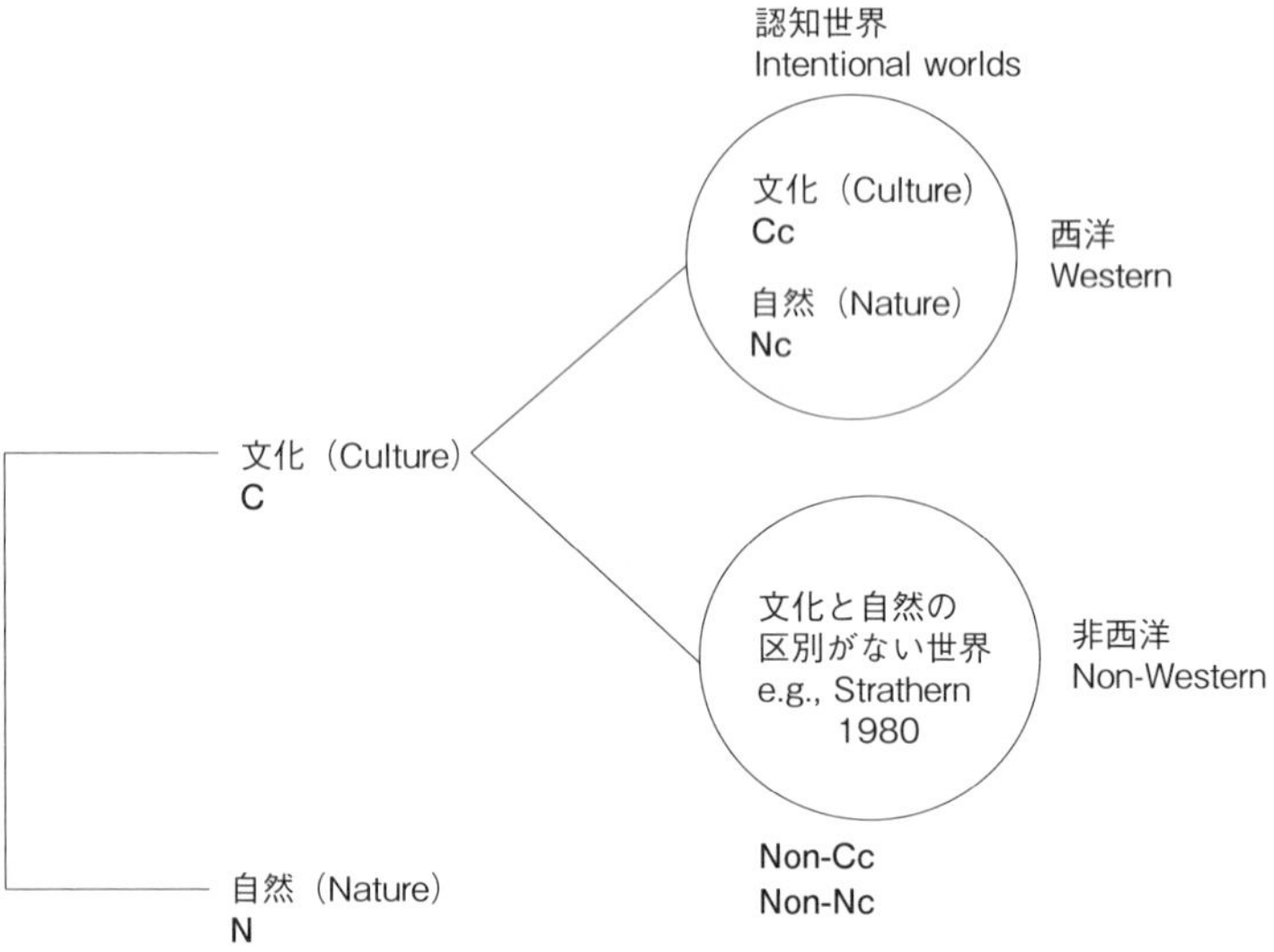


**図序-11**　西洋と非西洋における認知世界の比較
西洋における二元的な存在論（自然と文化ないし物質と認知の間における）を基盤としたモデル。（Ingold 1996）をもとに作成

位置づけることに我慢できないのが人間であるのだろうか。自然界の動物にも、人間と類似した属性をあたえる擬人主義（アンソロポ・モルフィズムanthropo-morphism）は一つの解決策であったことはまちがいない。さらに、後述するアニミズムやトーテミズムは、自然界における人間の位置をある意味で「正当に」位置づけた人間の思索の結果である。

## 自然と文化の二項対立

Ｔ・インゴルドは、自然と文化の関係について**図序-11**に示したような図式を用いて説明しようとした[83]。この図式にあるように、物理的・生態学的な実体としての自然（**図序-11**のＮ）と、文化的な解釈の結果として認知される自然（**図序-11**のＮｃ）とを峻別することができる。文化的に認識された自然は文化（**図序-11**のＣｃ）と対立する関係にあるが、**図序-11**のＮｃとＣｃは全体としての文化（**図序-11**のＣ）を構成する二つの要素である。ＣとＣｃは一般に「欠性対立」（privative opposition）の関係にある[84]。しかも文化は物理的・生態学的な自然Ｎと対立関係にある。この自然を研究する科学が西洋の自然科学であるとすれば、自然への認知体系を含む文化を研究するのが西洋の文化人類学ないし人文科学であるということになる。

　西洋的な存在論では、自然と文化の二項対立、ないし物理的・生態学的な実体と認知された自然との対立関係を前提としているのにたいして、自然も文化もたがいに対立関係にあるものとはみなされていない非西洋的な事例を位置づけたのが**図序-11**の非西洋モデルである。インゴルドはM・ストラッザーンの論じたパプアニューギニア高地のハーゲンの場合を事例として挙げており、そこでは非自然的、非文化的な存在として文化が位置づけられている(85)。この例からもあきらかなように、「自然と文化」の関係をどのように位置づけるかは文化によって相対化される。ただし、人間が自然そのものを認識できるかどうかは別問題であり、前節でふれたとおり、ユクスキュルの「環世界」論にあるように、人間を含むすべての動物や植物が認識している環世界はないのかもしれない。

### 自然（じねん）と「自リ然ル」

　末木文美士は日本における自然の概念について、思想史を踏まえて検討した。古代から中世、近世、近代にいたるまで、自然をめぐり、多様な概念群が時代の自然観を形成してきたことをあきらかにしている。古代には、『古事記』にあるように、人間が「人草」「青人草」と位置づけられていることや、『日本書紀』のなかで、天孫降臨以前の世界は混とん状態であり、「得た草木 咸《ことごと》に能く 言語《ものいうこと》 有り」とあるように、自然界の草木さえもが言葉をもっている世界であり、人間と自然の間には境界がないものとされていたことに注目した。この発想はのちの平安時代以降における草木成仏説の基盤となった(86)。

　自然を「しぜん」と読むようになったのは明治時代以降のことであり、日本では自然は「じねん」と読む仏教用語（呉音）であった。もっとも老荘思想では「しぜん」（漢音）とよぶ(前掲86)。人間の作為性を排した「そのまま」の

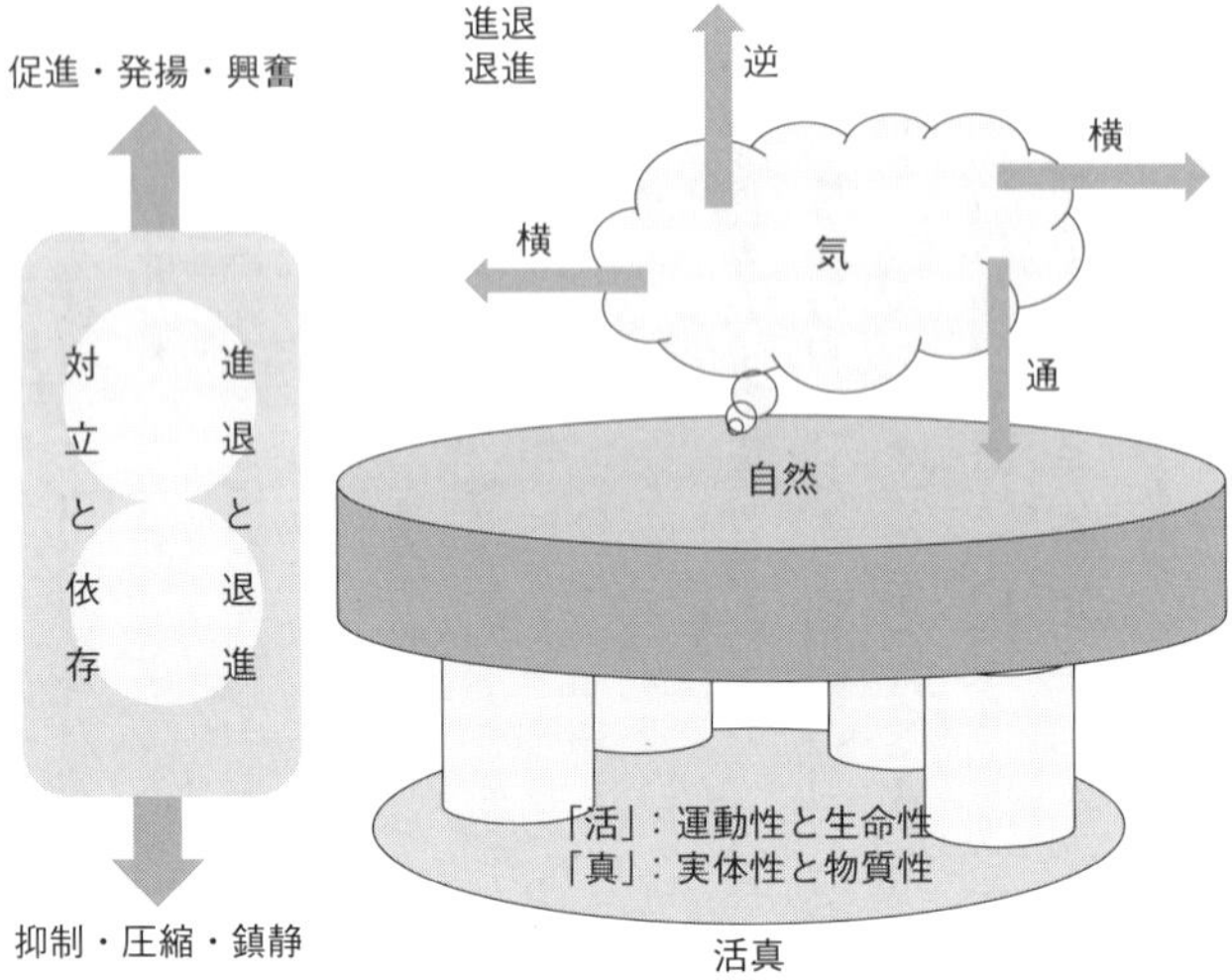


**図序-12** 安藤昌益の『自然真営道』の模式図（筆者作成）

ありかたが自然であり、法爾（ほうに）と同様な意味がある。親鸞の消息集である『末燈鈔』（まっとうしょう）第五通目に「自然法爾（じねんほうに）」として親鸞の思想を伝えている。丸山真男も、自然は人為を排したものとして位置づけられるとして、江戸中期の儒学者である荻生徂徠の論じる「作為」と対立するものとした[87]。

おなじ一八世紀の江戸中期、反儒学者である安藤昌益は独創的な思想を『自然真営道』として著し、多くの研究者がその思想をめぐり議論を重ねてきた[88]。昌益はその著のなかで、自然を「自リ然ル」「自然」と記している。安藤昌益の自然について論じた孫彬は、のちの時代に普及した自然界や自然観などの意味に依拠するのではなく、あくまで原本に忠実に自然の意味を分析した[89]。それによると、人間を含めた世界のあらゆる存在は、すべてある根源物から分かれて生まれたものであり、昌益はそれを「土活真」、「活真」、「中真」、「真」などと称した。そして、「土活真」が「自り然る」ことによって、「四（行）」（木、金、火、水）、「八気」、「転定」、「五穀」、「男女」、「四類」、「草木」などが生成したとする気一元説を提唱した。

昌益によると、あらゆる存在はすべて「自り然る」自己運動であることを強調し、「進退」論では、「進」と「退」が方向性を異にするだけの等価の運動概念であり、「進」はつねに内部に「退」をはらみ、「退」はつねに内部に「進」をはらむという「進」と「退」は「互性」の関係にあり「進退・退進」の矛盾運動をするとした。さらに、「活真」の発する気は上から下へ向かう「通」、横へ向かう「横」、下から上へ向かう「逆」の運動性をもつとした（図序-12）。

注目しておきたいのは、自然とともに文化（カルチャー）に通じる概念である「直耕」の意味である。昌益は、「直耕」は農耕作業を基盤とする生産活動や労働を指すものとした。英語で文化をあらわすカルチャー（culture）も本来、「耕す」の意味から派生した用語である。直耕はさらに広義に世界の生成運動や、動植物や人間の生殖などを包括する意味に拡張され、「活真」の「直耕」と位置づけられた。昌益はこのようにして生成された世界は古代にあった「自然世」が差別のない無階級の世界であり、将来そうした平等社会を理想として構築する展望を示した。

安藤昌益の世界観では、自然と文化の二元的な位置づけはなく、いわゆる自然物も人間も世界の根源物である「活真」から生成されるとする独創的な思想が醸成されてきた点を理解しておきたい。

## 第5節　存在論とコモンズ論

### 1．自然の文化化

かつて一九九〇年代、大阪の国立民族学博物館に在籍していたわたしは、福井勝義、田中耕司らと「人間と環境」に関するシリーズを企画した。その内容は一〇巻本の論文集の出版であり、人間と環境との多様なかかわりについて特定のテーマを決め、執筆者による研究発表と総合討論から構成するものとした。秋道、福井、田中はかならず研究会と総合討論に参加し、内容の相互理解と全体の収斂性を重んじることとした。シリーズのなかで、わたしは第一巻の「自然はだれのものか」の編者となった[90]。

人間と環境の問題をあつかうなかで、どのようなテーマであれ、自然と文化を対比しながら議論を深めることではほぼ了解されていた。中心的な議論となったのは、人間が自然をいかに文化に取り込むのか。そして文化がいかに自然に投影されるのかという点であった。自然の文化化については、従来からの議論でもあったように、とりわけドメスティケーション論が俎上にあがった。本章の第2節で取り上げたように、栽培化・家畜（家禽）化はいくつもの段階を経て達成される。ドメスティケーションの用語はふつうに用いられるが、T・インゴルドは、人類学の用語としてカルチュラル・アプロプリエーション（cultural appropriation）を用いた[91]。アプロプリエーションには、「専有」「割り当て」の意味があるが、悪い意味として「横領」、「自分の都合のよいような目的に充当すること」の意味で使われることもある。

## 文化の自然化

アプロプリエーションの意味内容を「文化の自然化」について当てはめてみると、自然がいったん文化としてある社会に受け入れられるようになると、もはやそれが当たり前のこととされる。習得された振る舞いや慣習があたかも生まれつきのものとなる場合がその例であり、そのことは英語でもセカンド・ネイチャー（second nature）と称される。自然化は英語でナチュラリゼーション（naturalization）という意味に相当するが、本来は「帰化」の意味までさまざまである[92]。

先述したアプロプリエーションの用語はあまり知られていないが、文化化に関連した用語としてアカルチュレーション（acculturation）とエンカルチュレーション（enculturation）がある。前者は「文化変容」、後者は「文化化」、「文化的適応」と訳される。文化変容は文化全体の変容過程に注目したものであり、文化化は個人の人格形成や社会化に関連した心理人類学で使う用語であり、自然の文化化における使い方とはかなりちがう。この点を理解したうえで、さらに自然と文化のかかわりに注目した自然の文化化、文化の自然化の問題を考えてみよう。

## 自然の文化化と所有問題

人間と自然は主従関係にあるのではない。ホモ・サピエンスとしての人間、あるいは人類は文化をもつことによってほかの生物がなしえなかった領域に到達し、ある点で自然に適応し、あるいは征服の歴史をもつ。だからといって、人類がこの地球の王として君臨することを一体誰が認め、あるがままにそのことを認めようとするのか。人間による支配は思い込みに過ぎないし、その背景となる人間中心主義は批判されるべきなのだ。

そこで注目すべきが、所有観念である。フランス革命のさい、一七八九年八月二六日に採択されたフランス人権宣言（Déclaration des Droits de l'Homme et du Citoyen）の第一七条で、「所有権は神聖かつ不可侵の権利であるから、何人も適当に確認された公共の必要が明白にそれを要求する場合であって、また事前の公正な補償の条件の下でなければ私的な所有を奪われることが出来ない」と明文化されている。

所有権が明文化されたことで特筆すべきと位置づけられてきたことで引用されているが、フランス革命以前にまったく私的所有がなかったとは思わないし、それこそL・H・モーガンによる文明の発生と私的所有権についての人類史的な位置づけはフランス革命を前提として想定されたものではない。

あえていえば、フランス革命時に私的な所有権をもつことができたのは、市民権をもつごくかぎられた男性であった。その意味で女性の人権は当時でさえ、相当低くみられていたことがわかる。また、フランス革命がそれまでの所有権をまさに革命的に覆したとする見解にたいして疑義を唱える研究者もいる(93)。

**写真序-5**　乳海攪拌神話を描いた浮き彫り（アンコールワット遺跡）
ヴィシュヌ神（中央）の下にいる亀のクールマ王の背中にあるマンダラ山を軸として、大蛇アースキを表す綱を神々（右）とアスラ（左）がその軸に巻き付けてたがいに引きあうと、混とんとした大海は攪拌され、乳海となった。

## 自然の所有

自然を所有する観念は、ドメスティケーションの過程で生起した蓋然性は高い。自然に手をかけて育む行為では、その主体性（人間）と対象（自然）が明確化されており、ネイチャー（nature）にたいするヌーチャー（nurture）、つまり「養育」は、主と従の関係を明確化するものである。この点で、所有の観念の発生は容易に想定することができる。

ところが、ドメスティケーションの対象以外に、自然界の土地や生き物を所有する観念はいかにして発生したのか。少なくとも、人間は後発の存在であり、自然を創造したわけではない。世界中の諸民族の神話では、世界を創造したのは神（カミ）や超自然的な存在であると位置づける観念がある。ヒンドゥー教における「乳海攪拌《にゅうかいかくはん》神話」では、海をかき回すことでさまざまなカミや太陽、月、雲、雷が誕生したとされており、その内容を示す壁画がカンボジアのアンコールワット遺跡に残されている（**写真序-5**）。日本でも、国産み神話で興味ある事例がある。伊邪那岐《いざなぎ》・伊《い》邪那美《ざなみ》の二柱の神は、漂っていた大地を完成させるよう別天津神《ことあまつがみ》たちに命じられる。別天津神たちは天沼矛《あめのぬぼこ》を二神にあたえた。伊邪那岐・伊邪那美は天浮橋《あめのうきはし》に立ち、天沼矛で渾沌とした大地をかき混ぜる。このとき、矛から滴り落ちたものが積もって淤能碁呂島《おのごろじま》となった。

自然を所有する意図や発想は、自然を自分のものとする「なわばり」の発想に通じる。私物化と所有化は、おなじような発想をもつ個人間で対立と抗争を生みだす。そこで、権力や威信をもつものが特権として所有を宣言し、秩序化することが歴史上、絶えず起こった。そのぎゃくに、所有せずに構成員で共有し、利益を分配する発想が対極にある。この意味で、自然の所有化の問題は、ドメスティケーションを通じた自然の文化化に通じる所有と、権力や威厳性を通じた所有への志向に分けて考える必要がある。じっさい、所有問題が発生するのは、本来誰のものでもない無主の存在にたいする所有問題がもっとも重要な課題としてあったことを再認識すべきなのだ。

以上、本章では自然と文化の関係を中心に人類史、哲学論を中心にあつかってきたが、本書との関連で中心的に取り上げたい所有論について、最終章でアメリカ、ニュージーランド、オーストラリアの土地をめぐる歴史をあつかう。これらの例では、いずれも先住民の世界観のなかで、大地は人間が所有するものとは考えてこられなかったこと、白人の西洋中心主義的な思想や法制度をただ当てはめた結果、壮絶な闘争と多大な犠牲を地域の住民に強いることになった。あらためて、土地とそこにある資源との関係を本格的に洗い出す必要が浮上してくる。

## 2．デスコラの存在論

二〇一四年、大阪の服部緑地で国際花と緑の博覧会（以下、花博と称する）が開催された。この大事業を引き継いだ国際花と緑の博覧会記念協会は毎年、顕彰事業としてコスモス国際賞を世界各国からの推薦をもとに審議し、顕彰している。花博の掲げたテーマは、人間が自然を尊び調和しながら生きる「自然と人間との共生」であった。地球上のすべての生命あるもの、およびその生命活動を支える地球を一体のものとしてとらえる考え方が基盤とされた。自然と人間の共生についてよりよく理解するためには、すべての生命現象に通じる多様性のなかの統一性とともに、生命体と地球との相互依存の関係性を解明することが重要であるとされた。しかし、この目的を実現するには、分析的で還元主義的なこれまでの科学の手法だけでは不十分であること、むしろ統合的かつ包括的な手法による新しい枠組が必要とされた。わたし自身がそれまでの研究で目指してきた「自然と人間」の統合的なかかわりは、国立民族学博物館とその後に異動した京都の総合地球環境学研究所における研究と軌を一にするものであった。

わたしはコスモス国際賞の選考専門委員会委員としてこれまで二〇一一年一月以来、かかわってきた。二〇一四年のコスモス国際賞は、フランスのコレージュ・ド・フランスの人類学教授であるフィリップ・デスコラに決まった（以下、敬称略）。デスコラはレヴィ＝ストロースの後継者と目される人類学者・哲学者である。推薦者の一人となった関係で、受賞に関連する講演会や業績紹介に微力を注いだ。

デスコラは二〇〇五年に"*Par-Dela Nature et Culture*"を出版した。二〇一三年にはその英語訳本がシカゴ大学出版会から出版されている(94)。書名は『自然と文化を超えて』である。前節でふれたとおり、われわれも自然と文化を二項対立としてとらえる発想には疑問を抱いており、デスコラは西洋側からこの問題にメスを入れたものと評価している。自然と文化はちがうではないかと考えがちであるし、枠組として自然を取り込み、改変したのが文化であるとする発想は一見わかりやすい。しかし、西洋社会で多くの思想家が当然としてきた二元論に真っ向から疑義を提示したのがデスコラであった。以下、この問題をすこし詳しく考えてみたい。

**アチュア族**

デスコラは一九七〇年代後半、南米エクアドル領のアマゾン川上流部に住むアチュア（Achuar）先住民の社会で野外調査を三年間実施した。アチュアの人びとはキャッサバやイモ類の焼畑農耕と吹き矢による狩猟、漁撈、採集をおこなう。アチュアは生業活動を通じて独自の自然観を育んできた。デスコラが民族誌的な記述と分析を通じてあきらかにしたことは、アチュアの人びとが野生・栽培種を含む植物や野生動物を人間として扱い、人間と同様に魂をもち、人間と社会関係を結ぶ観念をもっていることをみいだした。

デスコラの来日中、東京大学で講演会が二〇一四年一〇月二七日に開催された。デスコラ論の解題と対談の役を仰せつかったわたしは、若い高校生をはじめ多くの聴衆がどのような思いで講演を聞いていただけるかに興味をもった。会場から、日本にむかしあった姥捨て山の風習をどのように考えられますかとの質問があった。時間がなく、十分に説明ができなかったので、会終了後、わたしが説明をしてデスコラのこたえを聞いて説明したが、その概要は以下のようなものであった。

アチュアの人びとの間では、臨終の状態と死の世界は生命としては断絶しているとは考えられていない。つまり、生と死の境界は少なくとも生者からみて連続しており、通常考える境界とは異なった認識があることになる。とすれば、人間の霊魂がずっと生き続けるものとされているのだろうか。それ以上知ることはできなかったが、興味ある霊魂観ないしアニミズム観であることはたしかだろう。

以上のような生命の多様性と起源についての科学的な成果からわれわれの自然観や生き物にたいする思考や考え方が世界を席巻したのかと問えば、それは科学による合理的な説明に過ぎない。デスコラはこのことにふれ、ＤＮＡを基盤とする生命観を自然主義（英語では naturalism）と規定した。これにたいしてアマゾンのアチュアが動植物に霊魂をみいだす例は人間と自然との関係をとらえるうえで、自然主義とは異なった枠組で考えるほかない。しかも、動植物にたいするアチュアの考え方は決して例外的なものではない。

### 存在論への射程

人間だけが世界のあらゆる領域に君臨し、支配する構図にたいして、わたしはカミの世界を包摂した自然観が重要であることを前述の『なわばりの文化史』で指摘した。この発想は非科学的な民俗信仰や慣行を肯定するも

**表序-3**　存在論のパラダイム（P. Descolaによる）身体性（Physicality）と内面性（Interiority）の異同性をもとに人間と比較したもの。

| | | 内面性 | |
|---|---|---|---|
| | | 類似 | 異質 |
| 身体性 | 類似 | トーテミズム Totemism | 自然主義 Naturalism |
| | 異質 | アニミズム Animism | 類推主義 Analogism |

ので、非実証的とする一部の近代主義者がいるが、そうした発想自体は非常に偏った見方に基づいている。本書でも随所で取り上げることになるが、「科学」の分野から世界を構築しようとする発想は自然主義（ナチュラリズム）とでもいえる立場であり、普遍的な原理であるという印象をもつが、とくに自然科学を推し進めることによって世界をとらえることができるとする見方は西洋中心主義的な合理主義の発想によるものであり、世界を科学だけで説明することはできない。

前述したP・デスコラは、世界を把握するための四つの存在論（オントロジー）として、アニミズム、トーテミズム、類推主義、自然主義を挙げ、内面性と身体性の原理とその有無に対応するパラダイムをモデルとして提示した。

少し丁寧に解説すると、自然界の動物と人間を身体性（外見）と内面性をもとに比較すると、その類似性と異質性から、身体性の類似性ないし非類似性と、内面性の類似性ないし非類似性から、**表序-3**に示したように四項からなるパラダイムとして位置づけることができる。身体性と内面性において人間とおなじ位相にあるのがトーテミズム、身体面ではたがいに異なるが内面性では類似するのがアニミズムと規定された。身体性、内面性ともに類似しないのが類推主義（アナロジズム）であり、身体性では類似するが、内面性では類似しないのが自然主義ということになる。トーテミズムとアニムズムについては、これまで日本でも人類学の分野のテーマとしてよく取り上げられている。

重要なことは、実際の文化や社会・歴史的な状況下では、それら四つの存在論がまじりあって存在し、ハイブリッド（雑種）的にいろいろな存在論が併置される点である。いずれにせよ、デスコラの存在論は、コモンズとなわばりを考察するうえで重要な布石となる。

## アラスカ・ユピックの仮面

アマゾン以外の地域でもアニミズムについての報告がある。たとえば、カナダ亜寒帯のイヌイット、シベリアの先住民は狩猟獣と自分たちの関係を社会的に容認された「きずな」をもつ存在とみなしている。アラスカのユピックの人びとの思考様式を表す仮面を例として挙げよう。**写真序-6**にあるのはユピックの人びとが踊りをともなう儀礼でつける仮面である。一見してこの仮面の中央部分は人面であるが、ひたいはアザラシの顔面、あごの部分はアザラシの鰭を表している。しかも、仮面の周囲の木枠には、人間の手足とアザラシの四肢、顔面、尾などが鳥の羽に取り付けられている。この仮面は人間と動物の両方の性質を具現している。ユピック社会で調査をしている久保田亮によると、ユピック社会で使われる仮面は往々にして人面を表現したものであるが、じっさいは人格的な存在としての動物のスピリットを表すとされている。つまり、人間とアザラシという別々の存在を組み合わせた「ハイブリッド」な表現と考えるか、人格をもつアザラシを表現したものであるとみなすかは議論の分かれるところである。ユピック社会では、動物が人間に姿を変えるという伝承も知られている。このように、人間と動物は外見がちがうがともに霊魂をもつとする観念は、類似の内面性と異なる身体性をあわせもつとする思考様式にほかならず、一般にアニミズムとよばれる。

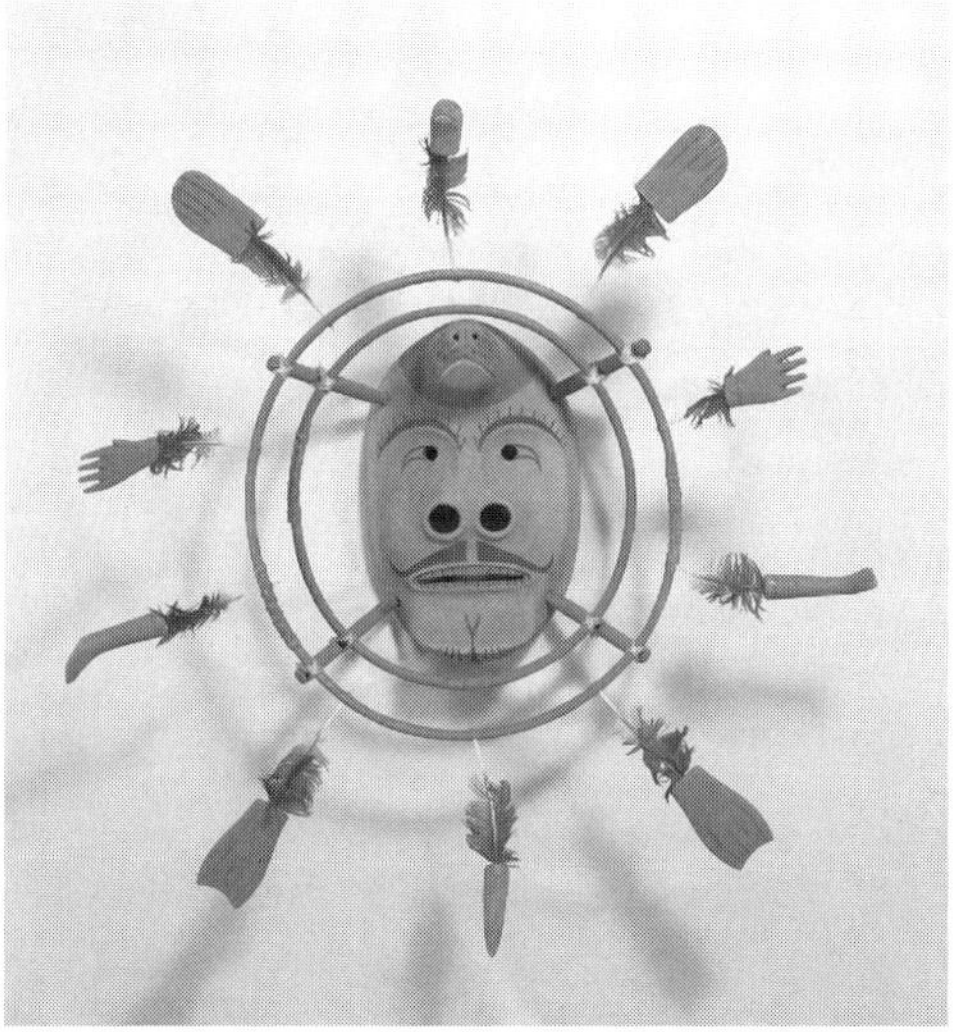

**写真序-6**　ユピックの仮面。中央部分は人面であるが、ひたいはアザラシの顔面、あごはアザラシの鰭を表している。

　ユピック社会にみられた自然―人間関係についての思考様式は、人間と非人間との区別が種類でなく単なる程度差によるとみなす考えに依拠するものであり、東南アジアやメラネシアなどの地域でもふつうにみられる[95]。デスコラが指摘するように、こうした考えは無文字社会や先住民の人びとにのみ固有の特質ではない。たとえば、古代インドの儀礼と思考様式について論じたC・マラモウド[96]や、日本の風土について自然と文化の相互交渉論を展開したA・ベルクの例にあるように、洗練された文明社会でも人間と周囲の環境との間に明瞭な線引きをするようなことはできない。古代インドや日本の例では、環境と人間は宇宙論的な広がりのなかで多様な形式をもつものと関係づけられている。世界の多くの地域では、自然と人間を二元的に峻別する西洋に特有の考えに収斂するようなことはなかった。

## 3. 自然学の試み

世界には、自然に関するさまざまな学問や研究がある。ここでは、それらを広く「自然学」としてとらえ、いくつものアプローチからどのように自然がとらえられてきたのかについて考えてみたい。以下、生命誌、季節学、地域学、災害論にわけて検討したい。

### 生命誌絵巻

系統進化学や分子生物学の発展により、今日では人類と自然界の動植物との関係は大枠では自然科学があきらかにしている。JT生命誌研究館（大阪府高槻市）には地球上のあらゆる生き物を扇上に描いた「生命誌絵巻」がある（写真序-7）。微小なバクテリアから巨大な恐竜やクジラ、そして人類までじつに多様な種類の生き物が地球上に存在してきた。そしてあるものは絶滅してしまった。生き物の歴史を示した扇では、要（かなめ）の部分に最初の生物の誕生を位置づけ、扇の天の部分が現世を示している。

すべての生き物が共通してもつ細胞のはたらきはＤＮＡによるものであること、あらゆる生き物は共通の祖先から進化、発達してきたことがわかっている。最初の細胞の起源についてはいまだ解明されてはいないが、およそ三八億年前に海で生まれたとされている。進化の過程で環境の変化や相互作用を通じて多様な生物種が登場してきたことは明白だが、それをすべて機械論的に説明できるとすることへの了解をあらゆる遺伝学者、生命学者がもっているのであろうか。少なくとも、生命誌という発想はユニークであり、注目しておきたい。生命現象は自然の営為であるが、それぞれの種類の生き物が歩んできた道には独自の歴史がある。その点では生命史としてもよさそうなものであるが、生命誌とすることで「物語性」が強調されており、とても気に入っている。館長の中村桂子もそのことをわたしに語りかけていただいた。真似をしたわけではないが、われわれが二〇〇二年に立ち上げた「生き物文化誌学会」の雑誌も『ビオストーリー』（Biostory）であり、生き物の物語を語る場として位置づけている。

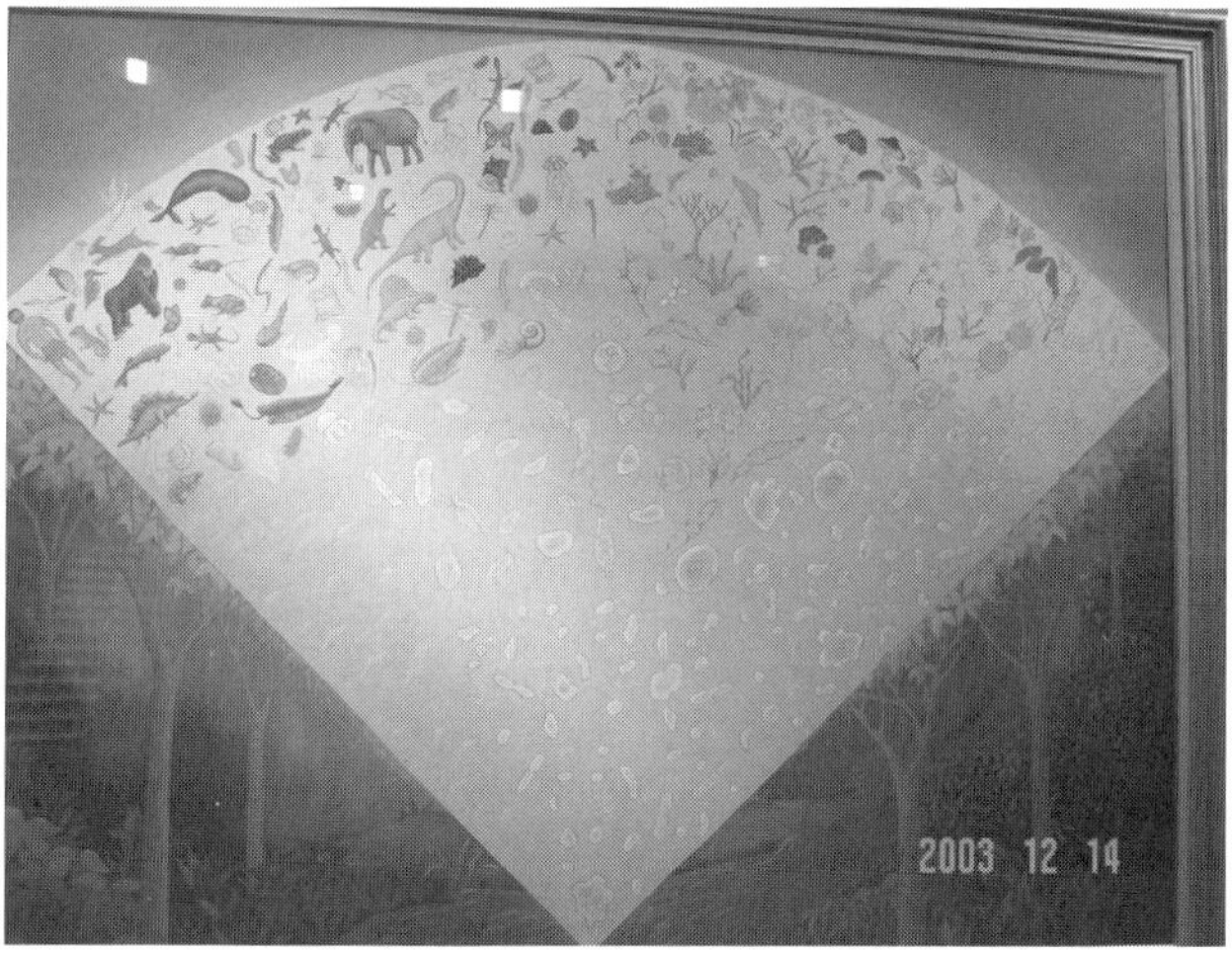

写真序-7　生命誌絵巻（ＪＴ生命誌研究館）

**自然の季節学**

日本では古代から現代にいたるまで、和歌、連歌、俳諧の世界では季語が重要な役割をもってきたことは周知のことである。四季をもつ日本では季節の移ろいを微妙に感じ取ることのできる自然の変化が生起し、それと連動してさまざまな

**写真序-8　雪形**

山形・秋田県境にある鳥海山の雪解け時期、山の斜面に残る「種まき爺さん」の雪形（図中の輪の部分）が出ると、農耕の開始時期になると考えられている。

季語が生まれた。季語を聞いただけで特定の情景や季節を想起できる。花はサクラを指す春を、紅葉と月は秋を、不如帰は夏、雪は冬を表わす代表となっている。江戸時代に発達した俳諧の世界では季語の数も増え、曲亭馬琴の『俳諧歳時記』（一八〇三年）には季語の数は二六〇〇までになった。現代では『歳時記』に収録された季語は五〇〇〇に達する。[97]

　俳句では季語であらわされる季節と、それに連動しておこなわれるさまざまな人間活動を詠むことがあり、季節の条件化と人間活動の一体化が俳句の妙味ともなっている。

　季語は季節を示す指標になるとして、季節に対応した人間活動は先史時代から重要な自然認識の方法であった。植物の開花や芽吹きと結実、鳥の渡り、魚の来遊、動物の移動などの現象は生業活動の季節的な配分と食料獲得の場所を決める重要な指標とされた。山腹に見られる雪形も農耕にとり重要な目安となり、日本では田植え時期と連動して「種まき爺さん」の雪形を目安とする山形県鳥海山の例（**写真序-8**）や、北海道の羊蹄山におけるヒラメの雪形が漁撈の時期と連動してとらえられている例がある。[98]

　縄文時代には、春夏秋冬の季節におうじて利用できる資源がつぎつぎと生起することを生活の知恵として体得していた人びとはさまざまな種類の山や川、海における資源を利用した生活をいとなんでいたことが遺物の多様な種類とその季節的な変動から推定されている。考古学者の小林達雄はこれを縄文カレンダーと称し、縄文人が多様な環境を巧みに利用したと考えた。[99]われわれもこうした季節性に適応した活動をカレンダリング（calendar-

**写真序-9**　デイゴの花（*Erythrina variegata*）沖縄の県花で3～4月に真っ赤な花をつける。

**写真序-10**　ミーバイ（ハタの仲間）。春に産卵期をむかえる。

ing）と称している。

現代においても、カレンダリングに関する民俗知は広範に知られている。たとえば、琉球列島の八重山諸島では、春四月になると、紅色の大輪の花をつけたデイゴが咲き誇る（写真序-9）。現地の糸満系漁民であるウミンチュはデイゴの花が咲くころになると、サンゴ礁の海ではミーバイが産卵期を向かえると考えている。ミーバイはハタ類の総称である（写真序-10）。ミーバイは産卵のために群遊する性質があり、大量に魚を獲ることが期待できる。だから、ウミンチュは陸上のデイゴにも強い関心をよせているのである。デイゴの開花とミーバイの産卵は何れも生物学的現象であるが、両者の季節的な同調性について科学的に証明した研究はないが、大気温と海水温の上昇が関与していることは十分に考えられる。

自然の季節変化を人間が察知し、漁の戦略が工夫される。季節や時期の変化に応じた動植物の生態・行動の変化に関する人間の知識や観念は八重山においてだけみられるのではない。極北地域ではクジラの回遊やサケの遡上が季節におうじて起こる。サケの場合でも、種類ごとに産卵回遊時期が異なっており、自然現象の連鎖として人びとは把握している。オーストラリアの砂漠地帯では、雨季になるとナマズの群れが小河川をさかのぼってくる。雨季の開始とナマズの大漁漁獲は重要な季節イベントとして人びとに認識されている。東南アジアのメコン河流域では、その年の洪水の程度を予知するため、流域の人びとはある種のハチが木に巣作りをする場所の高さに大きな関心を寄せている。同様に、日本の東北地方でも、カマキリが大雪を予測して木の高い位置に卵を産み付けるとする説が出されたが、今では否定されている。伝承がかならずしも科学的に証明されるわけではないし、自然現象の変動も考慮すべきであるが、世界中にあるさまざまな季節現象すべてに黒白をつけることは到底できない。

以上のように、自然界の動植物にみられる変化が人間にとり時間を認識する手立てとされていることはあきらかである。つまり、自然を人間の文化に取り込んで自らの知恵とするいとなみが世界に広く存在することがわかっている。ただし、さきほどのデイゴの開花とミーバイの産卵は自然科学的に実証された因果関係があるわけではない。むしろウミンチュに共有されてきた経験知であるといえるだろう。こうした自然現象の変化に関する研究は季節学（フェノロジー phenology）とよばれる。

## 自然と地域学

ある地域で育まれた知が地域固有の自然認識の例としてあるだけでなく、広い範囲で共有され、あるいは伝統として継承されることがある。その一例が先述した日本の季語であり、季節を表す用語として俳諧、連歌、俳句の世界で広く用いられている。なかでも、花といえば春の桜を指す。民俗学の説明にある通り、桜は日本の水田稲作社会では山を降りてきた田の神が宿る木とされ、桜の開花も田植え時期と合致する。上代のサクラはヤマザクラであり、現在のように水田のそばの土手に植栽されていたのではない。人びとは山に行ってイネの豊作をヤマザクラに託して祈ったのだ。ちなみにサクラのサは「田の神」、クラは「神の居場所としての座」を指した。

季節の変化を暮らしや文化に取り込む「自然の文化化」を時間軸で示したものがサクラと田植え時期の符合する例であるとすれば、場所性に注目した例がフランス語のテロワール（Terroir）である。もともと「土地」（terre）を意味するテロワールの概念は、とくにフランスではワインの栽培地の土壌、地形、水はけ、日当たりなどの微気候条件（ミクロ・クリマ）を指す。農地の微気候条件がブドウの品質に大きくかかわり、ワインの品質や価値づけを決めるものとしてテロワールの用語が用いられる。たとえば、ピノ・ノワール（pinot noir）はブルゴーニュ原産のブドウであり、赤ワイン醸造に用いられる代表品種である。栽培地のミクロ・クリマが微妙に異なるので村や畑ごとにワインの香りや品質が生み出されることになる。つまり、空間的な自然条件のちがいが栽培種の文化的な価値づけを決めるのである。一見、これは環境決定論ではないかと考えがちであるが、ワインの香味や格付けは文化的な基準と評価によるものである。テロワールの概念は自然と文化にかかわるものとして、特筆すべきと考える。

人類学の分野では、自然と文化の関係について分析の対象としてきた領域がある。それが文化領域に関する生成と変化に関する問題群であり、一九世紀から米国の人類学で大きな発展を遂げてきた。文化領域はもともとカルチャー・エリア（culture area）と称されてきた概念で、類似した文化（要素）を共有する地域があり、他の文化領域と区別される。とくに米国ではアメリカ・インディアン（先住民）について詳細な研究がおこなわれた。たとえば、一八九六年にO・T・メースンの先駆的試みや、一九一七年のC・ウィッスラーによるアメリカ・インディアンに関する詳細な研究が発表された[100]。ウィッスラーの研究で注目されたのが、自然領域（ナチュラル・エリア natural area）に相当する生態学的な領域が文化領域を決める重要な要因とされている点である。そのために、利用される食料の構成や各種の物質文化をもとにした比較研究が実施された。

物質文化にくらべて、社会組織は文化領域を設定するうえで重要な指標とはならないこともあきらかにされてきた。生態学的な要因とともに、歴史的な社会変化要因に注目する立場もあった。たとえば、A・L・クローバーは生態学的な区分による文化領域の下位区分には言語系統のちがいに依拠した分類が重要であると考えた。文化領域は自然領域の上に文化的な特徴を重ね合わせてその一致やズレを歴史的に検討するものであり、全体の文化領域の見取り図をあきらかにするうえで画期的であったが、文明圏にある中国、朝鮮、日本などにおける文化領域の研究とはかなり異質であり、静態的な印象の強い学説であるといえるだろう。

## 自然と災害論

地球規模での環境変化や経済・社会の再編成・多極化が進むなかで、地球全体の問題に個々の地域が密接にかかわっていることが次第にあきらかとなってきた。そして、地域における問題を地球規模の視野から模索する発想の重要性が浮上した。地域ごとの問題解決には、地域における自然と歴史・文化に関する知を集積し、行政や住民が共通の理解をもつことがまずもって不可欠である。地域の環境を保全し、同時に地域住民の生活や文化を維持し、生活の向上を図るかが包括的な課題であることはまちがいなく、いずれも本書で中心的に取り上げる課題である。

しかし、地域の自然と文化を統合的にとらえるとはどのようなことなのか。言葉でいうほど簡単なことではない問題についてわたしが強く提起したいのは自然と文化を超える「越境の思想」である。自然は物質循環や循環、エネルギーの転換など、自然的な法則によって律せられているのが特徴である。

一方、歴史や文化は個別的で価値や観念により大きく規定される。両者を同等の次元であつかうことには無理がある。異なった原理や法則、理解のもととなる思想は異質であることは間違いない。しかし、自然のなかにあって、しかも歴史や文化の織りなす世界に生きてきた人間は調和的でないにしろ、自然と文化のいずれかに依存して生きているわけではなく、両者の融合する世界に生きる存在である。他者としてある地域をみるさい、自然と文化を超えた見方が不可欠となる。

二〇一一年三月一一日に発生した東日本大震災を受けた東北地方では、未曽有の災害からの復旧・復興が進められている。地震津波から五年を経て、防潮堤や盛り土による防災・減災、住宅建設などの対処療法が先行するなか、長らく地域で育まれてきた自然や文化の問題はまったくあるいはほとんど顧みられないか後回しにされている。[101]ではなぜそうなのか。前述した自然と文化の復旧・復興を統合的なプランとして進めるデザインが欠落しているからにほかならない。国全体としてみても、人口減少や産業復興など、具体的な数値目標を指標とするだけで、その背景としてどのような視点から復興計画を立案するのかについての哲学が残念ながら欠落している。

災害後の集中的復興計画は、高度経済成長期や二〇二〇年の東京オリンピック・パラリンピックを見据えたのとほぼおなじスタンスで進められており、その実態はやみくもに瓦礫を撤去し、先のみえない計画を進めているようにさえ思える。金が出る間に何とかしようとする予算消化型の国土建設が現実であろう。この先どのようなグランド・デザインを踏まえて復興に立ち向かうのかが一向にみえてこない。

復興をどのような観点から考えるのかについて、本書で提起したいのは自然と文化を包摂した観点から地域ごとに育まれ、地域で共有されてきた歴史と経験をローカル・コモンズとしてとらえ、復興に資する思想的な基盤とする提案である。

二〇一六年四月に発生した熊本地震の災害にしても、現代では自然的な要因による天災との認識がなされているが、かつては政治的な混乱や社会不安等の要因が災害を引き起こしたとする人災論がはびこっていた。江戸時代後期の一八五五（安政二）年に発生した安政地震のころにはやったナマズをモチーフとした「錦絵」（多色刷りの浮世絵）もいまから一六〇年ほど前のことにすぎない[102]。今では地震を人災論とする考えは通用しないと断言する向きがほとんどであろうが、天災論にしても現代の地震学はオールマイティーではない。いまから四二〇年前の文禄五（一五九六）年九月五日には、「慶長伏見地震」が京都で発生し、伏見城天守閣が倒壊している。その直前には、四国の愛媛で「慶長伊予地震」と大分の別府湾で「慶長豊後地震」が相ついで発生している。ともにマグニチュード七あるいはそれ以上の大地震であった。

今回の地震による熊本城の被害状況と、過去に伏見城で起こった多大な犠牲とを重ね合わせて考える視点も重要となるだろう。また被害の状況にしても、文禄年間に起こった地震後に京都や熊本、愛媛における城下の水問題はどうであったのか。熊本、西条、京都はいずれも湧水で知られるまちである。今回の熊本地震をどう考え、今後の対応に備えるかについて歴史から学ぶ必要が今後とも多々ありそうだ。第4章では、災害の災因論についての詳細と災害復興の課題をコモンズ論の応用問題として考えてみたい。

以上、自然を対象とした研究のアプローチとして、生命誌、季節学、地域学、災害論について概観した。それぞれが、遺伝学、分類学、生態学、地理学、民族学、地質学、社会学などを組み合わせた統合的な視野からの分析がおこなわれていることがわかる。それではコモンズとなわばりをキー概念として自然と人間、自然と文化のかかわりを包括的に分析するためにはどのような方法があるのか。目標に到達するため、以下のような章立てをもとに考察を進めることとしたい。

## 本書の構成

本書は既刊の『なわばりの文化史』や、わたし自身が中心的にかかわった『日本の環境思想』、『日本のコモンズ思想』[103]に依拠して、コモンズとなわばりに関する思想を論じる総合的研究である。先行研究と実地調査を踏まえ、コモンズとなわばりについての現代的な意義をあきらかにする学際的な試みでもある。

第1章では、自然と文化を二元的にとらえる近代主義的な発想を超えて、資源利用におけるコモンズ的な枠組について位置づける。第2章では、資源へのアクセス権の検討から、保有に関するさまざまな事例を提示し、資源の特性に応じたコモンズとなわばりの存在を提示する。第3章は、超自然的な側面と人間との関係性を、山の神、アイヌの送り儀礼、生き物の霊性、森と海のカミ論として検討する。第4章では、東日本大震災を事例として、復興におけるコモンズ思想の重要性を指摘し、新しい復興論として提案する。第5章では、生態系に着目して、循環と越境の視点からコモンズとなわばりの問題を検討する。最終章では、コモンズ論を人類史、あるいは文明の枠組で検討し、文明の生態史観をレビューする。さらに王権が土地や海面の保有に果たした役割について検討する。最後に、未来におけるコモンズ論を展望することとする。なお、各章は五節から構成し、各節にはいくつかの項目立てによってわかりやすく内容を提示することとした。

# 第1章　資源とコモンズ

## 第1節　資源とは何か

### 1．資源の特性

資源という用語は英語のリソース（resource）に相当し、現在では天然資源、生物資源、遺伝資源、水資源、エネルギー資源、人的資源、観光資源などのように多方面かつ多岐にわたって使用される汎用性の高い用語となっている。本書ではおもに自然界の天然更新資源をあつかうが、第5章、第6章では循環する水資源についても議論の対象としたい。

#### カニとサメ

自然物であっても人間が利用してはじめて資源となるのであり、未利用のものは通常、資源とはみなされない。たとえば、カニの場合、身は食用に、甲羅は破棄された。しかし、化学処理によりタンパク質をとりのぞいた甲羅のキチン質から透明で熱に強く可塑性に富む素材が生成された。これを太陽光発電装置や有機エレクトロルミネッセンス（EL: Electroluminescence）などの工業製品として利用する可能性がある。カニの甲羅は未来のディスプレーや照明装置に向けた重要な資源となりつつある。

フカひれは中国料理の高価な食材、つまり魚翅（ユーチー）として利用されてきた。少し前まで、中国輸出用に漁獲されたサメの鰭《ひれ》以外の魚体は海上で投棄された。このことが日本のサメ漁業にたいする国際的な批判の的となった。今では、気仙沼を基地とするマグロはえなわ漁業で捕獲されるサメは港に持ち帰られ、鰭だけでなく魚肉を有効利用する試みがある。このように生物は部位にもよるが、その有用性におうじて資源となる。

## 2. 資源は誰のものか

本来、地球上のあらゆる資源は誰のものなのか。キリスト教的な世界観では、神が地球上のあらゆるものを創造したとされている。この点からすれば、自然は神のものということになる。ただし、カミが自然を創造したとする神話は世界中にある。これにたいして、自然科学者は、進化により生成された自然は無主の存在であると主張するだろう。宗教や科学いずれの点でも、人間が自然を所有できるかどうかは未解決である。この問題でよく議論されるのが家畜や栽培植物である。先史・古代に人間は野生種をドメスティケートして自らに資する「新石器革命」を達成した。では、野生と栽培・家畜のちがいが所有権の発生につながるのだろうか。

この論争をめぐる端的な裁判例がある。一九七九年、長崎県壱岐島北端の勝本町で、地元漁民はイルカによるブリの食害により漁獲が激減し、生活に困窮していた。ブリを食べるイルカの群れを捕らえ、勝本沖の小さな島に網で囲い込んでいたところ、米国の青年がイルカを救い出すため、単身、島に渡り、網を切ってイルカを逃がした。折からの嵐で壱岐島にもどれず、青年の妻から捜索願いが出され、小島にいた青年は保護された。このことを発端として、米国青年がイルカを逃がした行為をめぐり、勝本町の漁民が原告となり、青年を被告として訴える裁判となった。裁判のなかで被告の弁護人に環境保護者でもあるP・シンガーが参加した。原告からの意見陳述で、イルカを殺す道義的な意味について、それを悪とするなら、西洋でもウシやブタを殺して食べていることをどのように考えるかが問われた。弁護側はこれにたいして、イルカは野生動物であり、神によって創造され

**写真1-1**　太地の町立くじらの博物館におけるイルカショー

た生き物であるが、ウシやブタなどは人間が家畜化を通じて造りだした生き物である。家畜は人間が管理している存在であり、イルカを殺すこととは同義ではないと反論した。(1) 議論の応酬は平行線をたどったが、キリスト教的な世界観と、漁業にとりイルカを害獣と考える日本の立場、さらには日本のイルカ漁やイルカ食の慣習とは相いれないことがわかった。この問題の延長線上にイルカを飼育することへの批判が波紋を投げかけた。

二〇一五年、世界動物園水族館協会（WAZA）から日本動物園水族館協会（JAZA）に、追い込み漁で捕獲されたイルカを水族館で飼育することを中止しなければ、WAZAから除名するとの勧告が出された。JAZA側は動物園八九園、水族館六三館のうち、WAZAへの残留希望が九九票であった。離脱希望の四三票のうち魚類をあつかうなど六五施設にイルカ飼育の有無や入手方法が質問された。その結果、三四施設で少なくとも三七九頭のイルカが飼育されていた。のち、太地（和歌山県東牟婁郡太地町）の太地町くじらの博物館は将来を見据えてJA

ZAから脱退した（写真1-1）。

以上のように、資源の多義性と歴史性はあきらかであり、文化による位置づけが異なることから国際的な論争も起こったことがわかる。以下では、海洋資源を例として自然物の所有について検討したい。

## 第2節　資源利用の多様性

### 1．資源の所有観

海洋の生物資源はいったい誰が所有するといえるのだろうか。本来的にいえば、海洋生物は無主物（*bona vacantia*）であり、誰のものでもない。しかし、いったん人間が手を加えて採集・捕獲するさいにはさまざまな権利関係が発生する。たとえば、宝石サンゴ（*Corallium* spp.）は海底に生息している時、誰のものでもなかった。しかし誰かが採集して利用する場合について考えると、ふつう先に採った人がその資源を所有する（＝無主物先《せん》占《せん》）。

もっとも、資源の利用権が獲る前から決まっている場合や、資源が分配されるさいに特別のルールが適宜、適用されることがある。前者の例はこれまでの研究にあるとおりオセアニア各地で知られている。獲る前から誰の所有物となるかが決まっているのがマグロ、カツオ、ウミガメ、メガネモチノウオなどである。こうした資源はポリネシアのサモアでは「首長の魚」（ia e ariki）、ミクロネシアのサタワル島でも「首長の魚」（yikiwe samwoone）と称される。ハワイ諸島でも海岸に漂着したマッコウクジラは優先的に王や首長の所有物となる。後者の場合、獲れた魚介類の量におうじて男女、老人、子どもへの配分比率が決められるミクロネシアのサタワル島の例がある。つまり、漁獲量が多いと、成人男女：老人：子どもの数におうじて配分されるが、量が少ないと成人の男性、

写真1－2　メガネモチノウオ（*Cheilinus udulatus*）。鑑賞用として水族館で飼育されるとともに、高級食材として中華料理で利用される。（パリ市内の水族館・Aquarium de Paris Cineaqua）

女性の数におうじて分配される。[2]

おなじ種類の資源であっても利用目的が異なると、獲れたあとの権利関係がちがってくることがある。先述したメガネモチノウオ（*Cheilinus undulatus*）の場合、オセアニア各地では献上魚として首長に所有権があるが、最近では世界の水族館における鑑賞魚として、あるいは中国での活魚料理の食材として輸出されている（写真1－2）。そのさい、この魚を獲った個人が自分のものとして中間業者に販売してその利益を得るような事例がある。つまり、伝統的な所有慣行と分配の原理とは別の商業的な取り引きのさいには異なった考えと市場原理が適用されるようになった。また、集団によって利用できる漁具が決まっているため、捕獲できる魚種も限定される場合がパプアニューギニア国マヌス島における半農半漁民の例にある。マヌス島のポナム島では、特定の父系氏族だけがマグロ、ボラ、イワシなどを獲る権利をもつ。[3]

### 資源と使用・交換価値

以上のように、特定の資源を占有するうえで、さまざまな形式の権利関係やアクセス権があり、その状況は多様である。海洋生物資源の利用については、とくにこうした重層的な権利の「束」をあきらかにする必要がある。ある資源がみかけ上無尽蔵なら、それを利用する価値があっても規制はない。ただし、どのような利用価値があるかは時代や地域、文化によって異なる。たとえば、二〇世紀中葉までの西洋諸国による捕鯨では、クジラは鯨油を生産する資源とみなされ、ブラバー（鯨脂）以外の鯨肉は海上で投棄されていた。しかし、日本では江戸時代当時、鯨油だけでなく鯨肉、クジラひげ、骨などを商業目的に利用する沿岸捕鯨が発達していた。極北地帯でも、クジラは肉、鯨油、骨などを多面的に利用する狩猟・漁撈民文化にとっての自給的な資源であった。

ある地域で使用価値が高くなくても、交換や取り引きを通じて別の地域で高い使用価値を産むことがある。海藻や塩は多くの沿岸域で日常的に利用される資源であるが、塩分の利用できない内陸部や山地住民にとっては貴重な栄養源（ヨウド・塩）となる。このため、沿岸域と内陸部や山地との間で交易が成立し、資源は交換価値をもつ。海藻・塩の交易は日本をはじめ、ニューギニア、南米の沿岸部と内陸・高地の間で知られている。[4]

## 資源の利用規制とその言説

海洋生物資源のなかで、分布が限定されるもの、稀少価値があるもの、資源量が減少してきたものなどに、資源へのアクセスがさまざまなレベルで制限されることがある。たとえばクロマグロの場合、乱獲による資源枯渇が懸念されており、漁獲量を制限するための国際的な委員会があり、総量規制、海域別の禁漁区が決められている。マグロ類の国際的な管理については、現在、五つの海域別管理委員会がある。[5]

規制の網の目をかいくぐり、稀少種や分布のかぎられる種を密販売して利潤を得る不法行為が蔓延し、資源の利用規制が形骸化する懸念もある。商品価値の高いウニ、アワビなどは違法漁業の温床となっている。

海洋生物資源の規制内容を決める場合、さまざまな科学的なデータ以外に、規制を正当化する論理や法的論拠が持ち出されることがある。なかでも、「資源の枯渇と絶滅」を回避するための危機説は有力な言説である。たとえば、八〇種以上生息するクジラのなかで淡水域に生息するイルカ類と世界最大のシロナガスクジラなどは、絶滅危惧の状態にまで追い込まれてきた。クジラ類のすべてが絶滅に瀕しているわけでは決してないが、反捕鯨の世論が大きなうねりをみせたのは、クジラを救うことは地球の環境問題の解決につながるとする論理であった。反捕鯨グループはすべてのクジラのもつ属性や状況をあたかも一種類の「スーパーホエール」が体現するものとの幻想を喧伝し、殺戮を弾劾する論理へと飛躍させた(6)。

温暖化を踏まえた二酸化炭素の排出量規制をめぐる議論でも、温暖化と二酸化炭素の問題が巧妙に反捕鯨運動と結びつけられていることがある。しかし、個別の場面、状況における資源の利用規制が地球規模での諸問題の議論とどのようにリンクするのかは十分に吟味されているとはいいがたい。海洋生物資源の持続的利用のためには、利害関係者だけでなく市民層の意見を広く取り入れて、いかにして合意形成を達成するのかについての方策が現代世界で問われている。トップダウン式の半強制的な場合から住民主体の場合まで、資源の利用規制には多くの課題がある。

## 第3節　資源とアクセス権

### 1．アクセス権の三極構造

資源とコモンズについて議論するために、「資源へのアクセス権」を中核としたモデルを提案したい。G・ハーディンの「共有地の悲劇」論では、共有地の牧草資源をコモンズ、つまり誰もがアクセスできるものとする前提があった。問題はその中身である。関与する複数の牧夫は自分の利益を最大にするために、飼養する家畜の餌となる牧草を最大限に利用しようとした。このことから、牧夫間に競争が発生し、結果として牧草がなくなっ

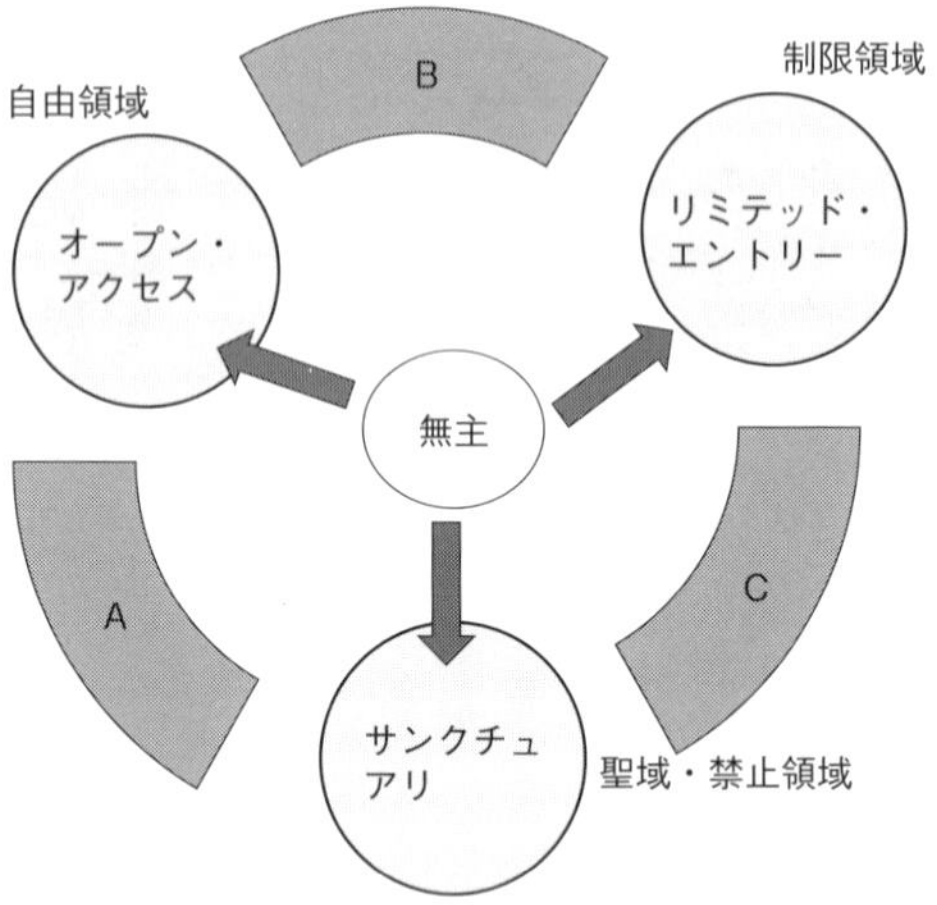


**図1－1**　領域へのアクセス権をもとにした区分
元々は誰のものでもないが、歴史的・政治的な条件で三分化した。しかも、たがいに転換することがあり、A、B、Cのドライバー（driver）を探る必要がある。

ても誰もその責任を取らない。このシナリオでは、牧夫の自由競争は当然であるとされている。資本主義的な利潤の獲得競争とおなじ原理が働くとする前提ははたして理にかなったものといえるだろうか。

ハーディンの論文から二〇年後に、世界各地におけるコモンズの利用について多くの事例が紹介された。[7] そのなかで、共有資源であっても資源量や経済、社会的な状況におうじて利害関係者は自分の利潤だけを考えて自由競争をする例は乏しいことが判明した。つまり、共有資源にたいして、利害関係者は資源の獲得をめぐる競合を回避するための方策やルール作りを考えるのがふつうだ。ルールに違反する個人に制裁をくわえて、みんなで共有資源の運用について検討することもある。このようなプロセスが起こるはずだとする前提に立てば、ハーディンの主張した競争主義を前提とする立場と真っ向から対立することになる。どちらが「理にかなった」行動と考えればよいだろうか。

資源へのアクセス形態は、だれでも利用のできる場合と一定の制限が課される場合に大別できる。しかし、実際の資源利用の場面ではこの二区分だけで不十分である。[8] たとえば、国立公園では立ち入りさえもができない聖域が存在する。オーストラリアのアボリジニが聖域とする領域に部外者の企業が商業的漁業のために入って、聖地が侵害されたとして訴訟問題になることもあった。[9]

以上の点から、ある領域へのアクセス権を三つに区分して考えたい。すなわち、（1）自由またはオープン・

アクセス（open access）、（2）条件付き、またはリミテッド・エントリー（limited entry）、（3）聖域または禁域のサンクチュアリ（sanctuary）である。これら三つの要素はたがいに対立関係にあるが、状況によって一方から他方に転換することがある。重要な点は、これら三要素にはコモンズの発想が基盤原理として通底していることである（図1-1）。以下、順次説明をくわえておこう。

## 2. オープン・アクセス

手つかずの大地、広大な外洋空間などは、誰でもが自由に入域してそこにある自然物や動植物を資源として利用することができる。ただし、オープン・アクセスの領域について考察する場合、歴史的、地域的な前提に十分配慮しておくことが肝要である。

たとえば、日本の古代、大宝律令制のもとで田畑は租税の元となる米の生産地であり、農民が所有して耕作がいとなまれた。田畑以外の土地は「山川藪沢《さんせんそうたく》」として一括される領域であった。山川藪沢では、支配層や貴族階級だけでなく、平民階級もが狩猟、漁撈、柴刈り、野草の採集などを自由におこなうことができた。古代には「山川藪沢の利、公私共利」の原則があった。

経済学者のH・S・ゴードンはハーディンの「共有地の悲劇論」が発表される一四年前に、公海における漁業資源を取り上げ、自由競争によって公海の資源が枯渇するシナリオを提示した。さらに時代をさかのぼった一七世紀初頭、オランダの法学者であるH・グロティウスは「海洋自由論」（マレ・リベルム Mare Liberum）を一六〇九年に公表した。当時、スペイン、ポルトガルに代わって海洋進出を目ざす英国やオランダにとり、海洋権益の問題は喫緊の課題であった。グロティウスの説では、海岸から三海里までは国の管轄権にあるがその外側の海洋は自由に航行、利用できるとするもので、広大な海洋の自由な利用権を謳ったものである。これはオランダによる北海方面でのニシン漁の漁業権益を正当化するものでもあった。これにたいして、英国のJ・セルデンは一六三五年に、グロティウスの理論に対抗して「海洋閉鎖論」(マレ・クロウズム Mare Clausum)を提示した[10]。これについては次項のリミテッド・エントリーでのべる。

地球上の公海(the High Seas)の場合、世界のどの地域や国の船舶であっても、公海を通過するさいには最低限のルール以外に条件が要らない。公海上では魚を獲ることも原則、自由である。

## 3. リミテッド・エントリー

資源の利用に一定の制限をくわえるのがリミテッド・エントリー(条件付き)の場合である。これには、利用権をもつ関係者であっても条件次第で制限される場合と、利用権自体に何らかの制限が設定される場合とに区別できる。前者の場合、日本の沿岸各地に地域ごとにある漁業協同組合の例があてはまる。それぞれの組合は決められた沿岸海域で漁業をいとなんでいる。共同漁業権漁場として規定された海域は、漁業協同組合が国の認可を得て管理する海域である。とくに、第一種共同漁業権漁場はもっとも陸に近い沿岸域にあって、海藻、ウニ、貝類などの底生資源の採集・捕獲を許されている。集団的な口明け・口止めの規制が適用され、磯資源を採集する日程や開始・終了時間が漁業協同組合により厳密に規制される。当該の漁業協同組合の成員権をもつものであれば誰もが参加できる。磯資源はコモンズとされているが、じっさいの採集場面では個人間の競争が起こる。

これと類似した例がインドネシア東部で広くおこなわれてきたサシ(sasi)とよばれる伝統的な資源管理の慣行である。これは村落ごとに自主的に決められた資源とその解禁をめぐる集団的な規制であり、資源の種類やその採集可能日、採集された資源の二次的な配分方式、違反者にたいする罰則規定などが詳細に決められている。

アラフラ海にあるケイ諸島での調査によると、村の地先にある浅い海は慣習的に村の住民により自由に利用されてきた。隣接する村の住民が時たま、自分たちの村の海で魚を獲るような場合、人びとは寛容であり、入漁を認めていた。ただし、入漁を認めるのは日常のオカズ取りを目的とした場合についてであって、獲った魚を売って金儲けをすることは自給目的ではなく、商業的な行為とみなされ、認められなかった。他村からの入漁者は、見返りに獲れた魚を少しだけお礼として贈与し、あるいはタバコを差し出して礼をつくすような慣行があった。

しかし、村の海にナマコやフカひれを獲得する合弁事業による大型船が入漁するような場合、入漁料として高額の見返りが企業にたいして要求されることもあった。[11] 両者のちがいから、入漁する外部者には二種類あることになる。その基準となる考え方は、生存か商業かという点である。生存、つまり暮らしのためならば入漁は基本的に認めて科料しないが、商業目的であれば相当額の入漁料を徴収することになる。

## 領海とリミテッド・エントリー

オープン・アクセスで取り上げたグロティウスの「海洋自由論」にたいするセルデンの「海洋閉鎖論」では、海洋自由論が資源枯渇につながると考えられた。先述したH・S・ゴードンは外洋における漁業資源を取り上げたが、セルデンは鉱物資源を例として埋蔵資源を自由に採掘すれば、資源が枯渇するとみなした。さらにセルデンは古代ローマ時代に淡水域の利用権が一部、個人に委譲されていたことや海域の利用権も囲い込まれていたことを挙げている。一七世紀当時、英国はアイルランド、北米のニューイングランド植民地、東インド会社によるインドなどに植民地を拡大していた時期であり、その後世界の海を席巻する大英帝国の栄華を誇るさきがけの時代であった。セルデンの説は広大な版図を自国の権益とする論を正当化するものであった。

その後、世界では領海をめぐる範囲についての議論が進んだ。オランダの法学者であったV・バインケルショークは領海について陸地からの着弾距離を目安とする「海洋主権論」の提案を出した。これをイタリア人のF・ガリアーニが試算し、砲弾着弾距離を三海里（五・五六キロメートル）とした。この設定は二〇世紀中葉まで英国、

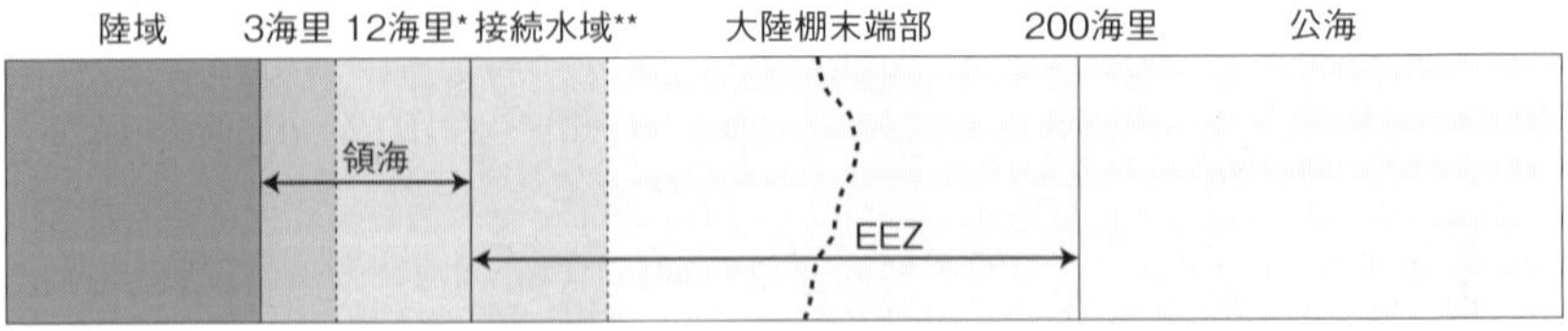


図１－２　現代における海洋空間のゾーニング
領海（12海里）＋200海里排他的経済水域（EEZ）＋公海の三元論
*：22. 22km;　**：接続水域（最長12海里）

米国、フランス、カナダ、オーストラリアをはじめ世界の多くの国ぐにに受容された。

しかし、一九三〇年における国際連盟の国際法法典化会議で合意にいたらず、北欧諸国とスペインは異義を唱え、アイスランドは領海二海里（約三・七キロ）、スウェーデンとノルウェーは四海里（七・四キロ）、スペインは六海里（一一キロ）をそれぞれ主張した。その後、二〇世紀後半以降は領海一二海里（二二・三キロ）説が基軸となるが、ヨーロッパ以外の地域では依然として異なった領海説が主張されている。

領海とともに、接続水域（Contiguous Zone）と二〇〇海里排他的経済水域（EEZs: Exclusive Economic Zones）について説明を加えておこう。一九八二年に開催された国連海洋法会議（UNCLOS）により、従来からの外洋（the High Seas）にかわり、二〇〇海里を排他的経済水域とする案が施行された。同時に決められた接続水域は領海の外縁からさらに最大で一二海里の海域を指した。この時点以前にも、領海の外側の海域で国の主権を脅かす脅威を未然に防止し、密貿易を取り締まるうえで接続水域を設定することの意義が議論されていた(12)（図１－２）。

## ４．聖域

聖域（サンクチュアリ）は字義通り、神聖な領域である。サンクチュアリにはいくつもの意味がある。聖なる場所、犯罪者の避難場、免罪される場、とくに女性や病人にとって心の安らぎとなる場、鳥獣保護区などの用法がそうだ。

聖域では、極端な場合、いかなる人間も入ることが禁止される。入ることが拒否される理由はさまざまである。宗教的な聖地であるから侵犯することは許されないとする考え方がそのひとつである。もし侵犯すれば、その人間が死ぬ、資源がなくなる、たたりが社会におよぶなど、人間界や自然界に悪い影響がおよぶと信じられていることがある。場合にもよるが、宗教的な教義や神話、伝承に依拠して、災禍やたたりを回避する装置が聖域であると考えることができる。

聖域に類する概念として、立ち入り禁止区域や軍事的な非武装地帯（DMZ: demilitarized zone）がある（**写真1－3**）。たとえば、火山の噴火によって危険とされる区域や、福島第一原子力発電所の放射能モレにともなう汚染地域が立ち入り禁止になることがある。非武装地帯は、戦争・紛争状態あるいは停戦状態にある国家（または軍事勢力）間で、平和条約・休戦協定などによって設けられる。

**写真1－3**　北緯38度線境界にあるユーラシアカワウソの像。カワウソを国境線を越えて移動させるため、国境河川に小さな抜け道が作られている。（韓国・京畿道板門店）

以上みたように、アクセス権を自由、制限あり、聖域の三つの構成要素からなる三極モデルを提起した。ここで問題となるのは、三つの要素間における相互の関係性についてである。リミテッド・エントリーの場合、本来ある集団の主張する排他的な領域（＝なわばり）が隣接する集団との間で重複することがある。こうした場合の権利関係がどのようになるのかが一つ目の問題である。二つ目は、自由領域、制限領域、聖域はある地域の状況に併存しているという事実である。以下、この二点について検討してみよう。

## 5．入漁の問題

条件付きで囲い込まれた領域に入ることができるかどうかについての基盤となる論理や考え方は、多様な基準をもとに決められる。日本の漁業では入漁について、漁業協同組合の成員権の有無が条件となっている。細かくみていくと、入漁にはさまざまな資格条件が設定されている。漁業はその意味で格好の素材を提供してくれる。

周知の通り、海に面するあらゆる近代国家は領海を主張している。現在では、基線となる低潮線から一二海里（一海里は、約一・八五キロメートル）の沖合いまでの領域が領海であり、国家の主権がおよぶ海域とされている。さらに、その外側にはある国が主張することのできる排他的経済水域（ＥＥＺ）が国際的に認められた。一九八二年のことである。その範囲が二〇〇海里であったことから、本法律の施行当初から二百海里時代の用語が流布した。**図１−３**は、日本の二〇〇海里排他的経済水域を示したものである。日本は国土が三七万平方キロメートルと小さいものの、列島のはるか南東にある南鳥島の存在によって広大な面積のＥＥＺをもつ。いかなる国のＥＥＺにも属さない海域が公海である。

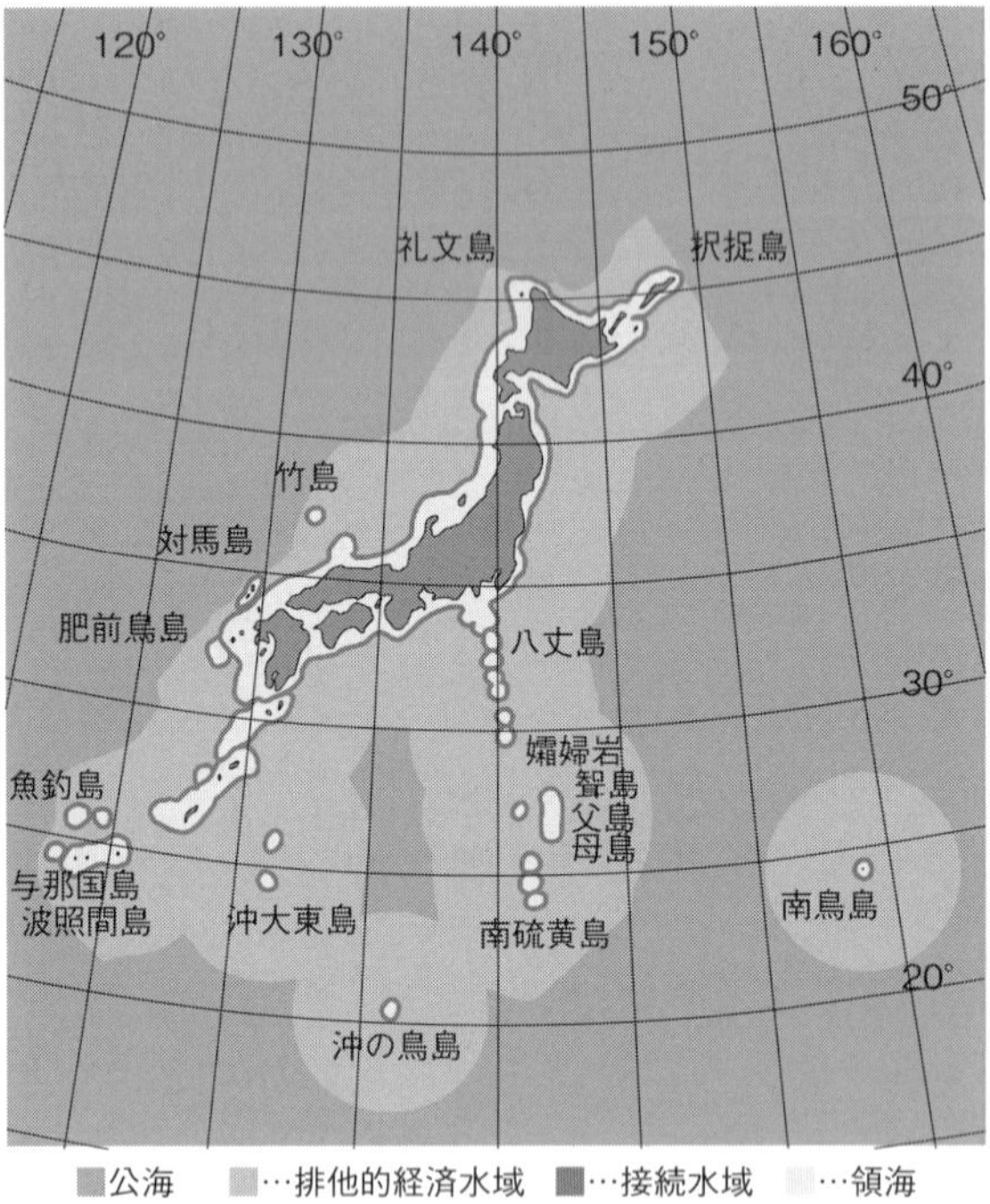


図１−３　日本の200海里（排他的経済水域）

## 日韓での入漁問題

複数の国家間でたがいのEEZが重複することがある。たとえば、対馬海峡域では日本と韓国のEEZ領域が重なる。そうなると、日韓両国で海域利用に関するたがいの主張がぶつかり、拮抗関係が発生することになる。そこで、相互に重なる海域については日韓漁業協定に基づいて相互の入漁に関する協議のうえでの合意措置がなされる。日本の北方でEEZが重複するのが日本海、オホーツク海である。ここでも、日本とロシア間で、EEZへの入漁とともに、両国間でさまざまな取り決めがなされている。ここでは、日韓の取り決めについて取り上げておこう。

日本と韓国との間では、日韓漁業共同委員会で日本海における日韓双方の排他的経済水域における操業条件が両国で合意されている。その場合、日本の排他的経済水域内では日本の国内法と資源状況を勘案して、入漁する韓国船への許可と取締りを実施する。韓国の排他的経済水域内でも、韓国の国内法と資源状況を勘案し、日本船への許可と取締りを実施する。韓国漁船が日本の水域において操業する場合の許可隻数と漁獲割当量（トン、魚種別・漁業種類別）、同様に日本漁船が韓国の水域で操業する場合の同様な許可隻数と漁獲割当量が決められている。二〇〇九年における例では、相手国への許可隻数と総漁獲割当量はそれぞれ九四〇隻、六万トンとおなじであるが、漁業種類と魚種の構成は両国では異なっている（表1-1）。

さらに、ズワイガニ、ベニズワイガニの資源を保護するために、小型資源の保護、減船、海底の清掃作業などの措置が施されている。また、島根県の浜田市沖において、海底に韓国漁船の漁具が設置されているため、事実上、日本漁船が操業できないなどの問題が発生している。この問題を官民協力で解決するための努力が図られている。

ややこしいことに、島の領有をめぐり、日韓両国で合意に達していない領域がある。日本海にある竹島についての領有権を日韓両国が主張しており、いまだに解決していない。もうひとつは、東シナ海にある蘇岩礁である。

**表1－1**　2009年度における日韓両国の入漁（許可隻数と漁獲割当量）の比較

| | 日本から韓国への規制 | 韓国から日本への規制 |
|---|---|---|
| サンマ棒受け網 | 7,000 | ---- |
| イカ釣り | 8,480 | 1,894 |
| 底曳網（各種） | 3,497 | 4,182 |
| 大型トロール | 500 | --- |
| 中型底曳網 | 2,997 | --- |
| 以西底曳網 | | 3,849 |
| 沖合い底曳網 | | 333 |
| まき網 | 34,230 | 50,410 |
| はえなわ | 5,521 | 667 |
| 一本釣り | 300 | 11 |
| フグ釣り | 900 | --- |
| タチウオ釣り | 67 | --- |
| 遠洋イカ釣り | 5 | --- |
| ひき縄 | --- | 2,065 |
| カツオ一本釣り | | 700 |
| カジキ突き棒 | | 1 |
| 固定式刺し網 | | 70 |
| 合計 | 60,000 | 60,000 |

国連海洋法条約（ＵＮＣＬＯＳ）によれば、干潮時でも海面上に露出しない暗礁は島とは認められていないが、韓国は自国の領土であると主張している。しかし、中国と日本はこの点を認めていない。いずれにせよ、竹島と蘇岩礁を含めた海域では領土問題から暫定水域とされ、ここでいとなまれる漁業の場合、日韓両国は自国の法律を適用しないことになっている。そして、暫定水域内では適切な漁業管理をおこなうこととされている。

以上のように、ＥＥＺが重複する場合の相互入漁に関する条件といっても、漁業種類、漁獲割当量、禁止期間、禁止水域など多面的である。このなかには、時間と場所、許容される船や資源量などの案件が含まれる。

## 6．ゾーニングの問題

図1-1に示した聖域、条件付き領域、自由領域の三つはじっさいの地域ではバラバラに存在するのではない。たがいに隣接している場合、独立している場合、いずれかが入れ子になっている場合などが想定される。

### 生物圏とゾーニング

人間と生物圏計画（MAB）はユネスコが提唱したものであり、一九七〇年の第一六回ユネスコ総会において発足が承認された。MABは人間と環境との間に発生するさまざまな衝突や矛盾、あるいは問題を解決するための学術研究や各種のプログラムを実施するものである。このなかで、生物圏保存地域（Biosphere Reserves 以下、BR）を指定し、生物多様性の保護とともに人間と環境との調和と発展を目指す事業が策定されている。BRは一九七六年に発足し、二〇〇九年二月現在、世界では一〇五ヵ国に五三一ヵ所が指定されている。日本では、BRとして志賀高原、屋久島、白山、大台ケ原・大峰山の四ヵ所が指定されている。BRは生態系を保全するだけでなく、人間生活の向上を含むものであり、それぞれのBRには三つの異なった領域が設定されている。それらは、核心地域（コア・ゾーン）、緩衝地域（バッファー・ゾーン）、移行地域（トランジショナル・ゾーン）である（図1-4）。核心地域では、生態系は厳重に保存され、ここでの人為的な攪乱は基本的に許されない。基礎的な研究や生態系のモニタリングが唯一の人的な介入とされる領域である。これまでの議論からすれば聖域ということになる。緩衝地域は、環境教育や調査研究、エコツーリズムを実施できる条件付きの領域である。移行地域はその地域に居住する人びとがそこにある資源を活用し、生活に資することができる。さらにいえば、地域社会の発展に寄与するような経済活動も許容される。ただし乱開発や環境の大規模な破壊をともなう行為は許されない。人間の介入が無制限に許されるわけではないので、オープン・アクセスの領域ではない。やはり、条

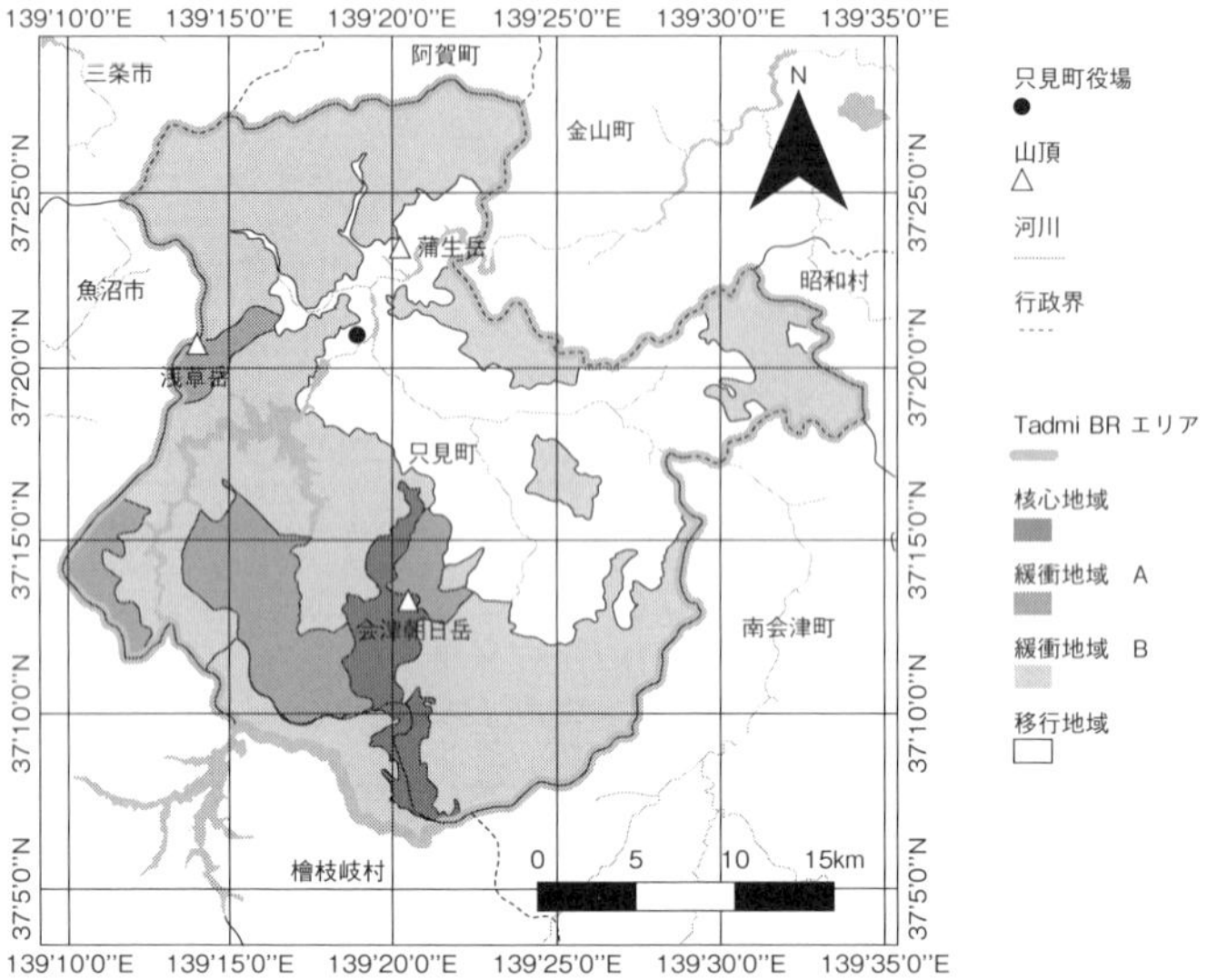


図1－4 只見における生物圏保存地域

件付きで入ることのできる領域ということができる。以上のように、ユネスコのMAB構想では、人間と自然とのかかわりをゾーニングという手法で区分し、人間と環境の多様なかかわりを認めるという視点に立つことが重要な枠組をあたえるものとなっている。

当然のことではあるが、核心地域、緩衝地域、移行地域のそれぞれは他の地域と隣接している。しかも、それぞれの領域のサイズ比がこの構想の成否に大きくかかわっている。つまり、核心地域がたいへん矮小な面積を占めるだけならば、その外側にある緩衝地域の影響を大きく受ける可能性がある。さらに移行地域がとてつもなく大きいと、核心地域や緩衝地域を守る意義は期待薄ということになるだろう。また、BR地域を構成するさまざまな要素は人間を含めて時間的に変化しないわけではないので、継続的な観察が必要だ。

## 慶良間《けらま》諸島国立公園とゾーニング

MAB構想によるBRプログラムとは異なった、国立公園の例を検討しよう。慶良間諸島国立公園は二〇一四年三月五日に国立公園として指定された。この国立公園は海洋

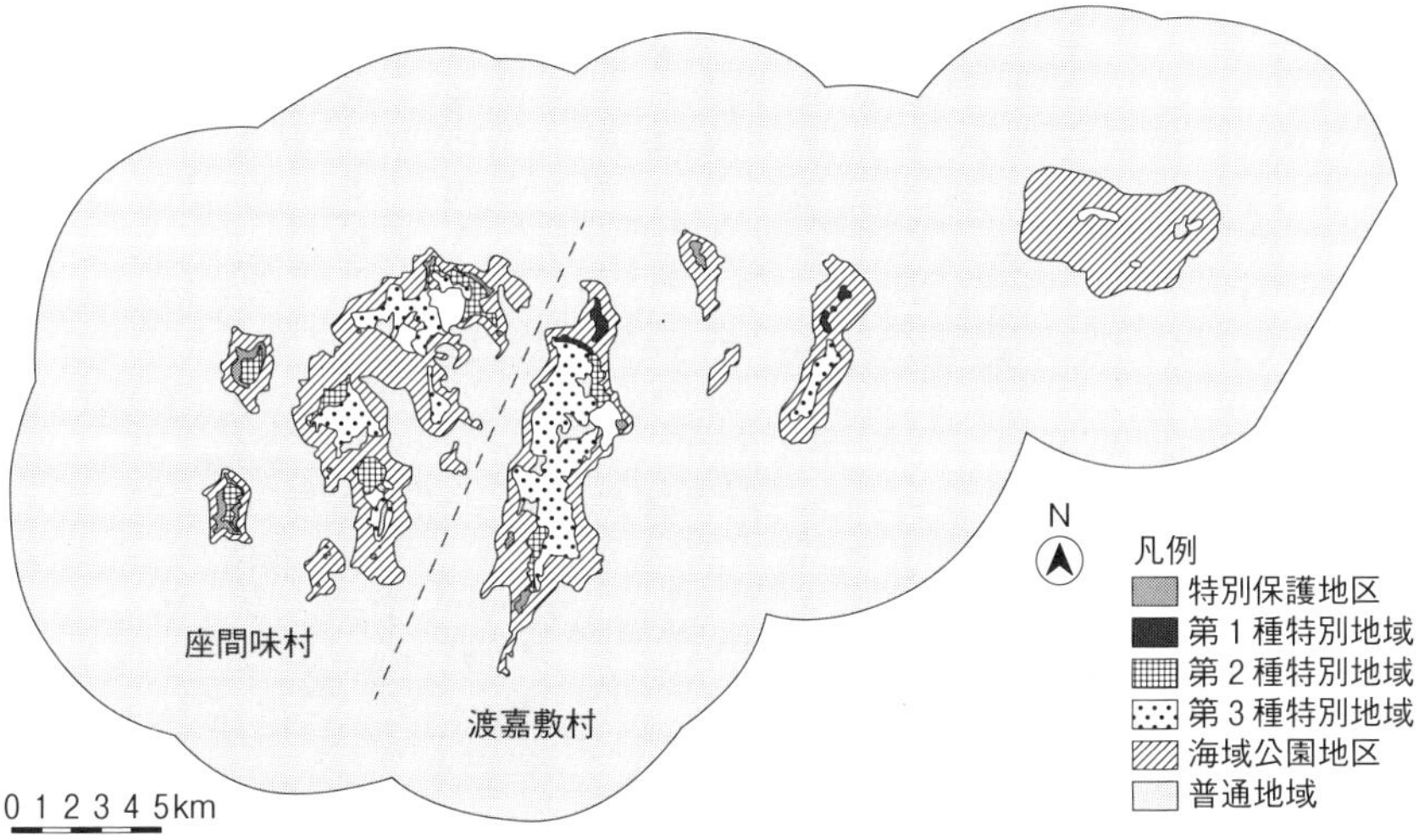


**図1－5**　慶良間諸島国立公園　面積は陸域3, 520ha　海域90, 475ha（うち海域公園地区8, 290ha）

を中心に設定されており、渡嘉敷《とかしき》島、座間味《ざまみ》島と慶良間諸島および周辺のサンゴ礁海域からなっている。公園の指定面積は、陸域が三五二〇ヘクタール、海域が九〇四七五ヘクタールである。このうち、海域公園地区は八二九〇ヘクタール、普通地域が八二一八五ヘクタールとなっている。[13]慶良間諸島国立公園では、海産脊椎動物三六二種、造礁サンゴを含む二〇九〇種の無脊椎動物が確認されている。とくに造礁サンゴは多様であり、一四科五九属二四八種が確認されている。造礁サンゴの属の数からみると八重山諸島で六二、沖縄本島でも五二であり、マレー諸島（六〇）、フィリピン諸島（五七）など低緯度の熱帯地域とかわらない[14]。

　国立公園内には、さまざまな人間活動のおこなわれる領域が含まれている。海域では漁港、漁業、ダイビングの場所がそうだ。漁業には沿岸における共同漁業権漁場、区画漁業権漁場、特定区画漁業権漁場、定置漁業権漁場が含まれる。ダイビングについては、ダイビング禁止区域、ダイビング用ボートの投錨禁止やダイバーの休息区域などが詳細に決められている。さらに、最重要保全区域が決められている。最後の保全区域は二〇〇三年、慶良間海域のアリガー、ヒジュシ、安室島南、嘉比島南、ニシハマの五地点が設定された。[15] 座間味諸島の沖合ではザトウクジラのホエール・ウォッチングが一〜三月末におこなわれる。座間味諸島周辺はザトウクジラの繁殖地として知られ、ルールを守ったウォッチングがおこなわれている（図1-5）。

このほか、陸域において聖所が各所にある。たとえば、慶良間地域の各集落にはイビヌ前メーやイビ宮などとよばれる拝所がある。旧暦八月二〇日ころにおこなわれる海神祭（海御願〈ウミウガン〉）そのほかの年中行事のさいに漁業繁栄や航海安全が祈願されるなど、海の神が祀られた場所である。また、いまでも各家では敷地の東側に祠を建て、浜辺の石やサンゴ片を依り代として「イビ」または「イビガナシー」という屋敷神を祀っている。これは家内安全を祈る神であるとともに、海の安全や大漁を祈願する対象でもある。[16] 以上のように、慶良間諸島にはアクセス権からみて多様な領域がモザイク状に展開していることがわかる。

以上、自由領域、制限領域、聖域別にアクセス権の特質と、それらが重複ないし隣接する場合の諸問題について概観した。少し海の領域についての例示が多かったとおもうので、次節ではもう少し陸地や陸と水域の境界などにおける資源の特性や分布に配慮し、そのなかでの共有資源となわばりについて考察をくわえたい。

## 第4節　コモンズ論の展開

### コモンズ論の動態

G・ハーディンの「コモンズの悲劇」が発表された一九六八年から五〇年ちかくになる。[17] その評価と意味づけについてはこれまでにいろいろと議論がある。[18] 以下、本論を展開するうえでの留意点を三つに分けて説明をくわえたい。

第一は、共有と「自由な利用」のちがいについてである。ハーディンの「共有地の悲劇」では、共有の牧草地に牧夫が自由に家畜を導入すれば、過放牧の結果により牧草が枯渇し、すべての牧夫が生活できなくなる。この悲劇を避けるためには、共有地を私有化するか、国有化するしかない、というシナリオが提示された。

共有地の資源（この場合は、牧草）を利用するさいに、枯渇するまでに規制や対応策がなされるはずだ、という批判はもっともなことである。しかし、悲劇の根源は「共有地」ではなく、牧草地の「自由な利用権」によるものであり、アクセスが自由であったので牧草がなくなったのだ。共有地であれば、資源枯渇を防ぐさまざまな方策や意見の提示が利害関係者の間でなされたであろう。「共有地の悲劇」は、じつは「オープン・アクセスの悲劇」であったのだ。共有地の悲劇をまねく前に、私有化と国有化が優先されるべきとする論理も根拠がないと批判されてきた[19]。

また、すべての個人は資源を持続的に使うとはいえない。資源を採り尽くす自由も個人はもっているからである。この点から、オープン・アクセスと制限のある場合に分けて、資源利用を吟味することが肝要であるが、その背景となる社会がどのような仕組みをもつものであるかがまったく問われていない。つまり、共有地が社会を規定するのではなく、社会が共有地のありかたを決めるのである。

第二は、コモンズに関するこれまでの諸事例を資源の種類との関連でどのように位置づけることができるだろう。この点から、ハーディンの提起した牧草地モデルだけでなく、さまざまな生業や資源とのかかわりを整理してはどうだろうか。本節では生態資源に着目し、コモンズの多様なありかたを検討したい。

第三に注目したいのは、生態資源が利用されるさいに所有権や利用権が時間的に変化することである。共有地や共有資源の利用形態や用益権が場所や時間におうじて変化するとして、その変化要因を探ることが、今後のコモンズ論の大きな指針となることを提言したい。以下、さまざまな生態系と多様な生物群、あるいは生業におうじて展開する資源へのアクセス権に着目し、コモンズの類型を一三に分けて検討したい[20]。

## 1. 牧畜モデル

G・ハーディンが「共有地の悲劇論」で展開したのは、放牧地における牧草と飼育家畜の関係に関する論考であった。もしも牧草地がオープン・アクセスであったとして、すべての牧夫が自由競争を原則とする規範に則して、最後までその信念を貫くと考える、いわば人間観への疑問である。共同で牧草地を利用するのであれば、家畜の多少や牧草の減り具合から、相互に家畜数や放牧に費やす時間を調整するような取り組みがまったく考えられていない。最大限に利益を伸ばすとする資本主義的な発想を前提とするモデルならば、それを当然とする向きと、そうではなく人間はもっと融通無碍に対処するのだとする論者とでは牧草地モデルの評価はまったく異なることになる。

ユーラシア世界では草原すなわち放牧地は「天のもの」とし、貴賤を問わず万人が共同で所有している。このことは、個々の集団の放牧地がある程度固定されている点と抵触しない。家畜群は個人の生産手段で、放牧地は万人の共有物である。しかし、近代に入り、ロシア人も中国人も農耕民族であるがゆえに、草原を「土地」とみなして土地改革をおこない、草原を私有化してしまった。このことで、ユーラシアの遊牧社会は壊滅的な打撃を受けている（第6章第3節参照）。

### 牧草と家畜

牧草に着目すると、ユーラシア大陸では草地は一般に共有地とされてきたが、スイスのアルプスでは中世以来、組合組織が草地を管理する方策が維持されてきた。(21) アフリカでは草地やサバンナの利用は自由であったが、注目すべきは乾季と雨季とで家畜にとって利用できる植物は季節的に異なっている点である。すなわち、雨季には草本植物が豊かにあるが、乾季には草地は減少し、木本《もくほん》植物もが利用される変化が生じる。家畜の種類によって牧草の食べ方はおなじとはかぎらない。ウシやヒツジは牧草の茎の部分を歯で噛み砕いて食べるグレージング（grazing）タイプの家畜であるが、ヤギは葉の根まで徹底して食べるブラウジング（browsing）タイプの家畜である。しかも、利用できる植物は季節におうじて大きく異なる。

太田至によると、家畜の胃内容物の調査から、乾季と雨季とで消費される植物は草本と木本に分けてみると大きなちがいが観察される。すなわち、草中心に摂食するグレイザーと、枝や木の皮などを摂食するブラウザーとでは、植物食といっても種類が大きく異なる。前者の例がウシ、ヒツジであり、後者にはヤギが相当する。アフリカでは、雨季と乾季とではグレイザーのヒツジの食性の季節差はなく草本中心であり、ブラウザーのラクダとヤギの場合も木本が中心である。これにたいして、ウシとロバの食性は雨季に草本が多く、乾季に木本中心に変わる傾向がある（**表1-2**）。こうした家畜の食性変化が牧畜民の季節的な移動と飼養される家畜の種類におうじてどのように変化するかが興味ある課題となる。

日本の島根県の隠岐諸島では牧畑がおこなわれてきた。牧畑は畑作と放牧を組み合わせ、四年をサイクルとしてローテーション方式でおこなう四圃式農耕である。土地を四区分し、一年目には一区で放牧、二区では小麦と小豆、三区ではヒエ・アワ、四区では大豆が栽培される。二年目には一区で小麦と小豆、二区でヒエ・アワ、三区で大豆、四区で放牧がおこなわれる。こうして四年サイクルで畑作と放牧を繰り返す。放牧地は個人所有地を公共の牧野として島民の誰もが放牧することができた。集落ごとに決められた牧司《もくじ》は放牧に関する管理を統率する権利をもっていた。[22]隠岐では遊牧社会とは異なった牧草地利用の体系があり、ヨーロッパ中世の三圃式農耕における牧畜と相通じる（**図1-6**）。

**表1-2**　家畜種間の植生の違い（%）：グレイザーとブラウザー

| | 雨季 | | 乾季 | |
|---|---|---|---|---|
| 家畜種 | 草本 | 木本 | 草本 | 木本 |
| ラクダ | 16 | 84 | 0 | 100 |
| ヒツジ | 98 | 2 | 81 | 19 |
| ヤギ | 93 | 7 | 8 | 92 |
| ロバ | 94 | 6 | 10 | 90 |
| ウシ | 71 | 19 | 43 | 57 |

・Gwynne, M. D., 1977.（ウシの雨期の合計が100にならないのは、原典のまま）

・屠殺した家畜の胃の内容物から、何を食べているかを推定したもの。数値は、重量のパーセント。

・出典：M. D. Gwynne, 1977. Land Use by the Southern Turkana. Paper presented for seminar on Pastoral Societies of Kenya, Institute of African Studies, University of Nairobi, 1977. 参考：太田至 1980.「トゥルカナ族の家畜所有集団と遊動集団」『アフリカ研究』19：63-81頁、Williamson, G. & W. J. A. Payne eds. 1978. *An Introduction to Animal Husbandry in the Tropics*（3rd ed.）, London.

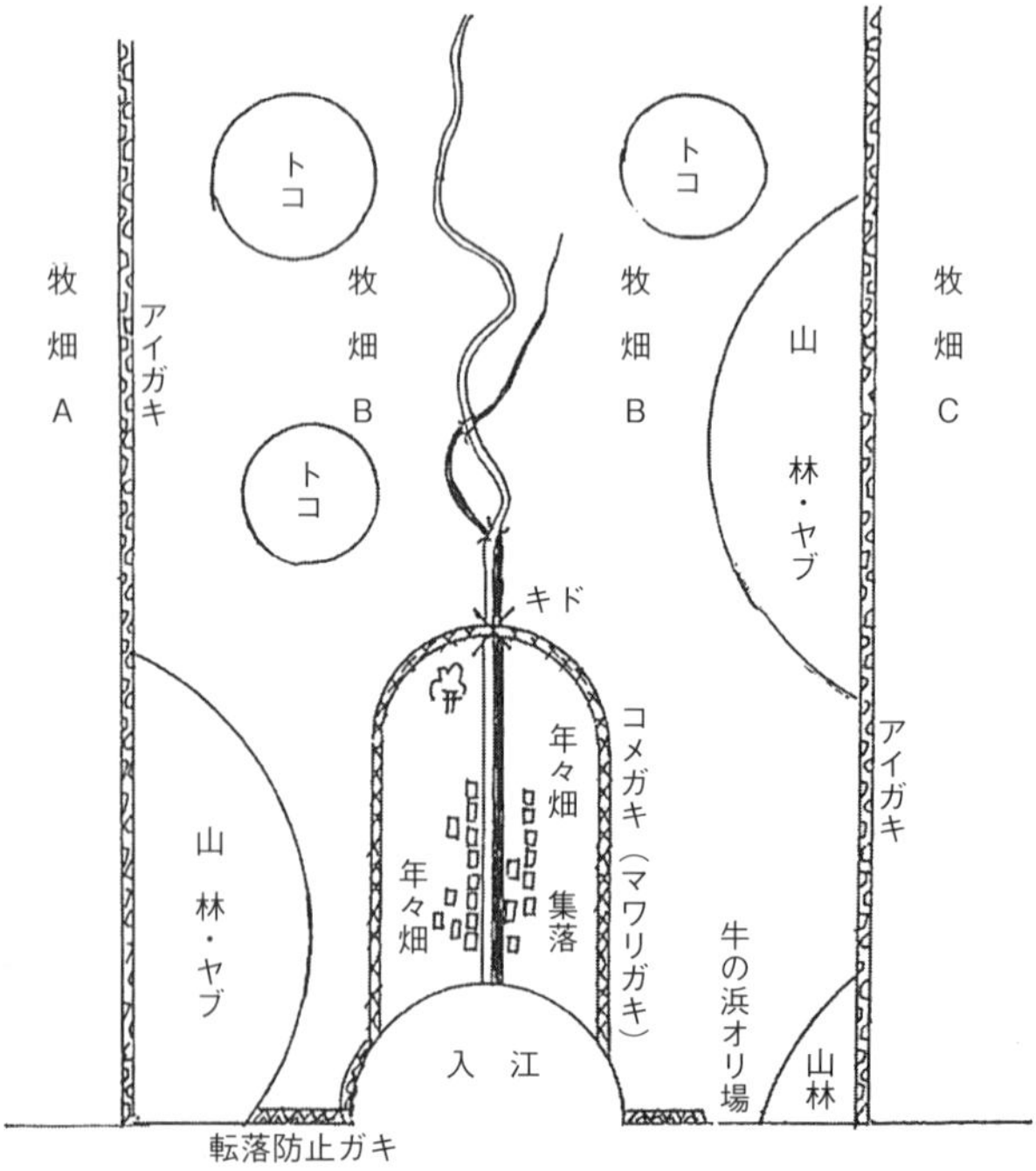


**図1-6**　隠岐島前の集落を中心とする生活生業空間（出典：野本　1996）
トコは山頂の草原で牛馬の餌場・休憩所、アイガキは牧畑の境界、コメガキは牧畑と集落・年々畑の境界。

## 2. 採草（藻）地モデル

人間が草や海藻（草）、水草を利用する事例について検討する。草原には多様な種類の草本類が分布するが、イネ科植物が重要な植生である。たとえば、九州の阿蘇草原における半自然草地には、イネ科のススキ、ネザサなどが卓越する。ヨシ帯群落を形成するヨシもイネ科植物であり、河川の下流域から汽水域に繁茂する。ヨシは干潟の陸側に広大なヨシ原を作ることもある。ヨシの根元は水につかるが、水から出ることもあり、とくに干潟では干潮時には干上がる。湖沼域では、水草が採集対象とされてきた。琵琶湖の場合、おもな沈水植物としては、マツモ、ネジレモ、センニンモ、クロモ、コウホネ、ヒルムシロなどがある。汽水域から沿岸部には、多種類の海草（藻）が繁茂する藻場が存在する。藻場の海草（藻）としては、アマモなどの顕花植物やホンダワラ科（ホンダワラ、アカモク）などが利用されてきた。

### 草原

日本ではかつて採草のために広大な原野が利用された。採草された草は家畜の飼料や田畑の肥料、屋根材（カヤ・ヨシ）が利用された。採草地は山野から河川の低湿地まで幅広く分布し、その多くは村落による共有地として入会制度が発達していた。草地は時代の変化と草の需要の減少によって大きく後退した。現在では放牧地とあわせた採草地は播種をしない牧草地を含めて採草地とする場合が多い(23)。

阿蘇草原では、集落ごとに入会権をもつ農家が牧野組合を組織し、入会地でウシ・ウマの放牧と採草、薪採取などを共同でおこなう。入会権をもつ牧野組合は、草地の維持・管理をになう義務があり、公役《くえき》と称される。そのなかには、野焼き、輪地《わち》切り、牧場の柵や牧道の修理・修繕などが含まれる。輪地切りは野焼きのさいに延焼を防ぐ防火帯作りを指す。阿蘇では野焼きと輪地切りに公益財団法人グリーンストックがボランティアの参加を

組織的におこなう貢献を果たしている。平成二〇年度の牧野組合は一六〇、入会権者戸数は九四一九となっている。(24)

採草地は時代とともに大きく変化した。たとえば、岡山県蒜山《ひるぜん》東部に位置する川上村には、火入れ採草地とよばれる入会原野がある。一九〇七年から始まった「公有林野統一事業」により、入会地のほとんどは村有地となり、一九五〇年代までは村の火入れ採草地は約六〇〇〇ヘクタールで、三二集落中、二二集落が火入れをおこなっていたが、火入れ原野は一二〇ヘクタールで一一集落に減少した。これには、戦後期における農業の近代化、化学肥料などの代替肥料への転換、人工草地の増加などが進んだ結果、堆肥の需要が大きく減った要因がかかわっている。(25)

## 水草とヨシ

湖沼域では水草を畑の肥料とし、土壌を改良するためにおもに沈水植物が採草されてきた。滋賀県の琵琶湖では水草の繁茂する湖岸域で農家による堆肥のために採草がおこなわれてきた。水草地は魚類の重要な産卵場でもあり、漁民との間で争論が絶えなかった。明治時代、水草の採集権は許可漁業とされていた。一八九〇（明治二三）年、水草の採集は六~七月禁止とされ、八月一日に「藻の口」として解禁された。また、禁止区域が設けられ、竹製の爪をもつ採集具しか利用できず、鉄製爪の漁具は禁止された。水草だけでなく、泥と水草を一緒に採集する泥藻漁もおこなわれていた。(26)琵琶湖の北にある余呉《よご》湖は面積一・七平方キロ、周囲約六キロ、水深最大で一二メートルの小さな湖である。余呉湖周辺の川並集落では、山の柴とともに余呉湖の藻（水草）は重要な肥料であり、湖泥や糞尿とともに田畑で用いられた。川並では、藻の採取の解禁日を定めるクチの制度が決められていた。(27)

日本の汽水域における採草地の典型例がヨシ帯である。ヨシは汽水域に生育するイネ科の草本で、屋根材、家具、日用品として広く利用されてきた。中世史研究の佐野和代によると、琵琶湖周縁のヨシ帯は古代から多面的に利用されてきた[28]。東北の北上川下流域でもヨシ帯を利用する生業がいとなまれてきた。ヨシ原を共有財産として占有してきたのは村落内の互助組織のひとつである「契約講」である。この組織は、ヨシ刈り作業の単位をなしていた。ヨシは、茅葺屋根、海苔簾《のりす》、土壁の小舞《こまい》（下地材）の原料として利用されてきたが、高度成長期以降これらの需要が低下し、現在では、文化財である寺社の屋根材や簾の材料として細々と利用されている[29]。

**藻場**

沿岸域の藻場についての利用例を検討しよう。柿本人麻呂《かきのもとのひとまろ》による『万葉集』二五〇の「玉藻《たまも》刈る敏馬《みぬめ》を過ぎて夏草の野島の崎に舟近づきぬ」とあるように、古代から藻刈りがおこなわれていた。明治時代から戦後の高度経済成長期までの期間、藻場の海藻は田畑の重要な肥料として多用されてきた。実際、明治期の専用漁業権のなかで、海藻採取は肥料漁業として登録されている。つまり、藻場の採取漁業がそれぞれの漁業組合ごとの専用漁業権漁業であり、誰もが自由に利用できたわけではなかった。東海地方の浜名湖ではアマモを採集する「モク採り」が一九五〇年代までおこなわれていた。集落ごとにアマモの採集区画と採草権が決められていた[30]。三河湾でもアマモを採集して雨ざらしにして塩分を抜き、堆肥として畑で利用された。また、アマモを焼いて得られる灰を肥料として山間部へ販売していた。島根県と鳥取県にまたがって位置する中海においても、一九五〇年代まで藻刈り（モバ採り）がモンバ船によっておこなわれていた。藻には海草のアマモやオゴノリ、ウミトラノオなどの海藻があった。採集された藻は沿岸の農地に施肥して麦、綿花、サトイモ、サツマイモ、ジャガイモ、野菜、桑の栽培用肥料とされた。肥料藻は痩せた砂浜を豊かな農地に変え、特産品の綿花栽培を可能にした。

以上のように、山地の草地、湖沼の水草、汽水域のヨシ、沿岸域の藻場における草本、水草、ヨシ、海藻（海草）などは共同利用の対象とされ、厳格な口明けが適用される事例が多くみられた。

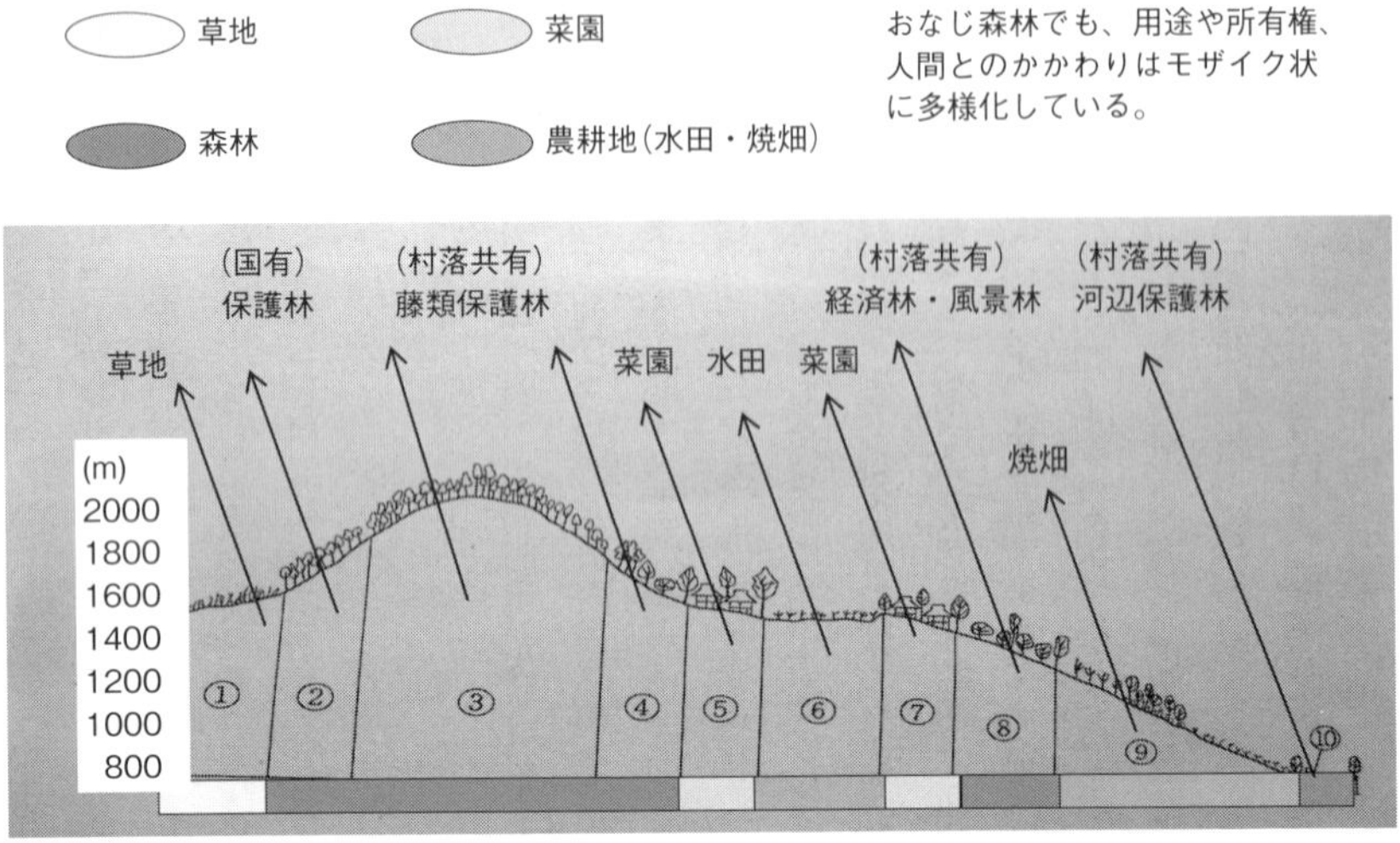


図1－7　雲南省西双版納傣族自治州の哈尼（ハニ）族勐宋村における森林利用

## 3．共有林モデル

次項の焼畑の例とも関連するが、村落ないし集団が保有する共有林はどのようにして生成したのか。たとえば、焼畑の休閑地は一時的な共有林といえるが、永続的に共有とされる保護林、水源涵養林、財産林、神林、魚付林、柴刈り山などは、（複数の）村の共益や文化的アイデンティティ、儀礼的な聖地信仰にかかわる領域としての共有地である。

### 雲南省の少数民族と森林

中国雲南省・西双版納傣族自治州の山地には焼畑農耕民の哈尼（ハニ）族や基諾（チノー）族が、盆地には水傣族（タイ・ルー）[31]が居住する。哈尼族の勐宋《ムンソン》村の場合、村内の森林は、（1）村が管理する保護林（村社藤類保護林）（藤は籐のことを指す）、（2）茶・藤・竹・染料植物など経済作物用の森林、（3）焼畑耕作や用材、薪炭用の森林に区分されている。経済作物は、それを栽培した個人のモノとなるが、森林そのものの所属が村に帰する点は、次項で取り上げるギデラ族の場合とおなじである。勐宋村の保護林はさらにいくつにも分かれる（図1-7）。保護林には、防火や気・邪気・蒸し暑さを防ぐための風景林、農耕儀礼にかかわる地母神の宿る神樹（ボダイジュ、シイの仲間、イジュなど）のある森林、水源林などがあり、いずれも伐採はきびしく禁止されている。ただし、風景林内で枯れ木や森林産物を採集することは許されている(32)。一方、籐の保護林は、約一五〇年前の清朝時代、この村の哈尼族は勐龍《ムンロン》の水傣族土司《どし》に藤製品を毎年献上していた。水傣族の土司から、藤の管理をするように要請をうけ、藤林管理制度がつくられたことに由来する。藤の保護林では絶滅が危惧されている植物をのぞく森林産物が日常の家具、容器、儀礼、食用などに利用されている(前掲32)。

基諾族は西双版納傣族自治州の基諾山一帯に四五の村落（寨）に分かれて居住する。そのなかの巴朵《パードゥ》村周辺に聖地とされる小さな林がある。ここにはニューマオとよばれる聖樹があり（大青榕樹）、基諾族の祖先が居住していた場所とされ、一切の樹木の伐採や採集は禁止されている。人口が増えたので、ここから各地へと人びとが分散したとされている。西双版納傣族自治州内における河谷の盆地で水田稲作をおこなう水傣族が共有林を保護してきた理由はさまざまである。水傣族の伝統的な宗教観では壟山信仰の聖地としての保護林があり、樹木の伐採、草木の採集、放牧、大小便などはいっさい禁止の聖域となっている。東北タイに住むラオ人も宗教的な精霊信仰のよりどころとなる共有林をもっており(33)、タイ系の民族の間では共有林はもともと宗教的な精霊信仰と深い関係があるものとされてきた。水傣族の人びとは、保護林以外の場所における森林資源を燃料用、建築材用に伐採してきたが、マメ科で成長の早い鉄刀木（タガヤサン *Casia siamea*）や建築材として有用な竹を植えることによって森林の減少を防いできた。

しかしながら、村落が管理してきた共有林で、国家政策や外部の影響によって村の共有地にさまざまな変化が生じた。たとえば、一九八〇年代前半以降、開発の影響で水傣族の住む盆地の周囲にある森林は壟山、水源林、防護林、鉄刀木の林地以外はほとんどゴム林に改変されてしまった(34)。景洪市勐罕《モンハン》鎮曼遠《マンイウェン》村では、一九九四年五月に土石流による災害が起こったさい、村の老人たちが中心となり、災害は神罰のたたりであるとして水源林の保護を訴える祭祀を挙行している。[35]

雲南省西南部の元江流域（＝紅河）に居住する哈尼族の社会では、食料や薬として高い経済価値をもつショウガ科の草菓《そうか》が天然林を伐採した林地で栽培されてきた。しかし、天然林が自然保護区になり、村落の「共有林」も国の保護林となったために草果栽培は違法となった。[36] 中国では、国家政策の変化が共有地における資源利用に大きな影響をあたえたことは確実である。共有林は地域の宗教文化や災害防止のためなど、地域独自の慣行として保全されてきたが、他方で国家が水源涵養林、鳥獣保護林、国立公園などを制定し、国家の共有林とするような変化も起こった。共有林のありかたは、地域と国家とのせめぎあいのなかで理解する必要がある。

**日本の共有林**

共有林と私有林における資源利用の共同体的な規制として、滋賀県伊香保郡西浅井町の事例を挙げておこう。浅井町の山野では、モチヤマ（私有林）とサンカイ（村の共有林）が区別されていた。そして、私有林と共有林の境界には、マツなどが列状に植栽された。燃料となる薪、水田の肥料となる草の採集については共有林における入会の慣行があった。しかし、春のタケノコと秋のマツタケの季節はトメヤマ（留山）として村が管理する慣行があった。私有林と共有林において採集されたタケノコやマツタケは商品価値をもっており、自給的な薪木やまぐさ・肥料となる草の利用とは趣を異にしていた。そこでこれらの商品作物資源はムラモチとして販売し、その収益は村の共益となった。

## 4．焼畑モデル

焼畑は山に火入れをして、燃えた木の灰を栄養分として作物を栽培する農耕である。土壌成分が劣化し地味がやせ細るとその土地を放棄し、一定の休閑期間を設ける。焼畑耕作においては、土壌の肥沃度は火入れから減少し、雑草や二次植生の繁茂度が増加する。焼畑を放棄して休閑期間を設けるにしても、土壌養分は一定程度以上には増加しない。そこで、数年以上から十数年、さらには数十年の休閑期間ののちに火入れをすることが望ましいことになる。この過程で注目したいのは、焼畑の利用権に関する種々の取り決めや慣行である。

日本の例では、村や共同体が所有権をもつ山林が共同体の成員に分割され、世帯や拡大家族ごとに一定区画内で焼畑をおこなう。焼畑耕作がおこなわれる数年間、それぞれの分割地は個人や世帯の「モチヤマ」となる。しかし、その場所が放棄されて休閑地となった時点で、その土地は個人や世帯の所有ないし管理下におかれるままか、ふたたび村の共有地になるか、人間存在を超えたカミのものとなるなど、休閑中の取り決めがいろいろとある(37)。

日本以外でも、二次植生の遷移におうじて小動物の狩猟や非木材森林産物の採集活動が自由に許可される場合がある。たとえば、ボルネオのイバン社会では、休閑地の山菜や林産物はだれでも利用できるが、ふたたびそこで焼畑をおこなう権利は最初に原生林を開拓した人かその後裔者ないし集団にかぎられる(38)。土地の利用権が時間的に変化し、共有と私有が循環的に繰りかえされる例を焼畑モデルとよぼう。常畑の利用権はふつう親から子へと親族の紐帯を通じて継承され、私有を原則とする。これにたいして、焼畑では森林の開拓、作物の栽培、輪作、休耕の時間変化と連動して、利用権が私有から村落の共有へと変化する。

もっとも、世界中のすべての焼畑耕作民が私有と共有の連鎖にしたがった土地利用の慣行をもっているのではない。焼畑耕作用の土地が村落の共有地である場合から、特定の氏族や集団の共有地とされている場合、すべて個人や世帯、氏族などの所有地として分割、継承される場合まで多様な形態が存在する(39)。したがって、焼畑モデルは、休閑期間に利用権とその内容が変化する場合にかぎって適用される点に注意しておきたい。そして、焼畑や休閑期間中の二次林を管理する主体の変化することが社会の安定性と流動性を担保している可能性を示唆することができる。焼畑が環境破壊の元凶とみなす意見もあるが、生物多様性の保全と社会の安定性の観点からすると、決してそうではないことを提起しておきたい。

## 5. 半栽培モデル

半栽培は、英語でセミ・ドメスティケーションと称されるが、ドメスティケーション自体は植物の栽培とともに動物の馴化。家畜化（あるいは家禽化）を指す。ここでは植物を対象とした半栽培についてのべる。半栽培は野生の植物を栽培化する前駆段階として、一定の人為的な介入を通じて植物とのかかわりを達成した段階の現象を指す。この概念は中尾佐助により提唱された[40]。人間が利用する野生・栽培植物のうち、栽培作物は特定の耕地に特定個人が利用する私的な所有物とされている。これにたいして、野生植物は状況におうじて、自由に採取できる場合から、特定の集団ないし個人が所有する土地において採取が制限される場合がある。さらに半栽培状態にある植物の場合、土地の所有関係も影響するが、栽培種や野生種とは異なった利用形態が報告されている。

### 東南アジアとオセアニアの半栽培

狩猟採集民は集団の占拠するなわばり内で野生植物を自由に利用することがある。農耕民の場合、栽培作物は個人ないし家族の所有物となるが、野生種と半栽培種の場合は事情が異なる。宮内泰介はソロモン諸島マライタ島の調査から、サゴヤシ、竹などの半栽培植物がローカル・コモンズとして集団の共有財とされることを報告している。また、栽培種は個人の私有財となるうえ、野生種は自由に利用できるとしている[41]。

パプアニューギニア西部州のオリオモ地方に住むギデラ族は、森林においてサゴヤシを利用する。サゴヤシの生育する森林は特定の父系クランによって所有されており、野生、半栽培のサゴヤシはその土地を所有する父系

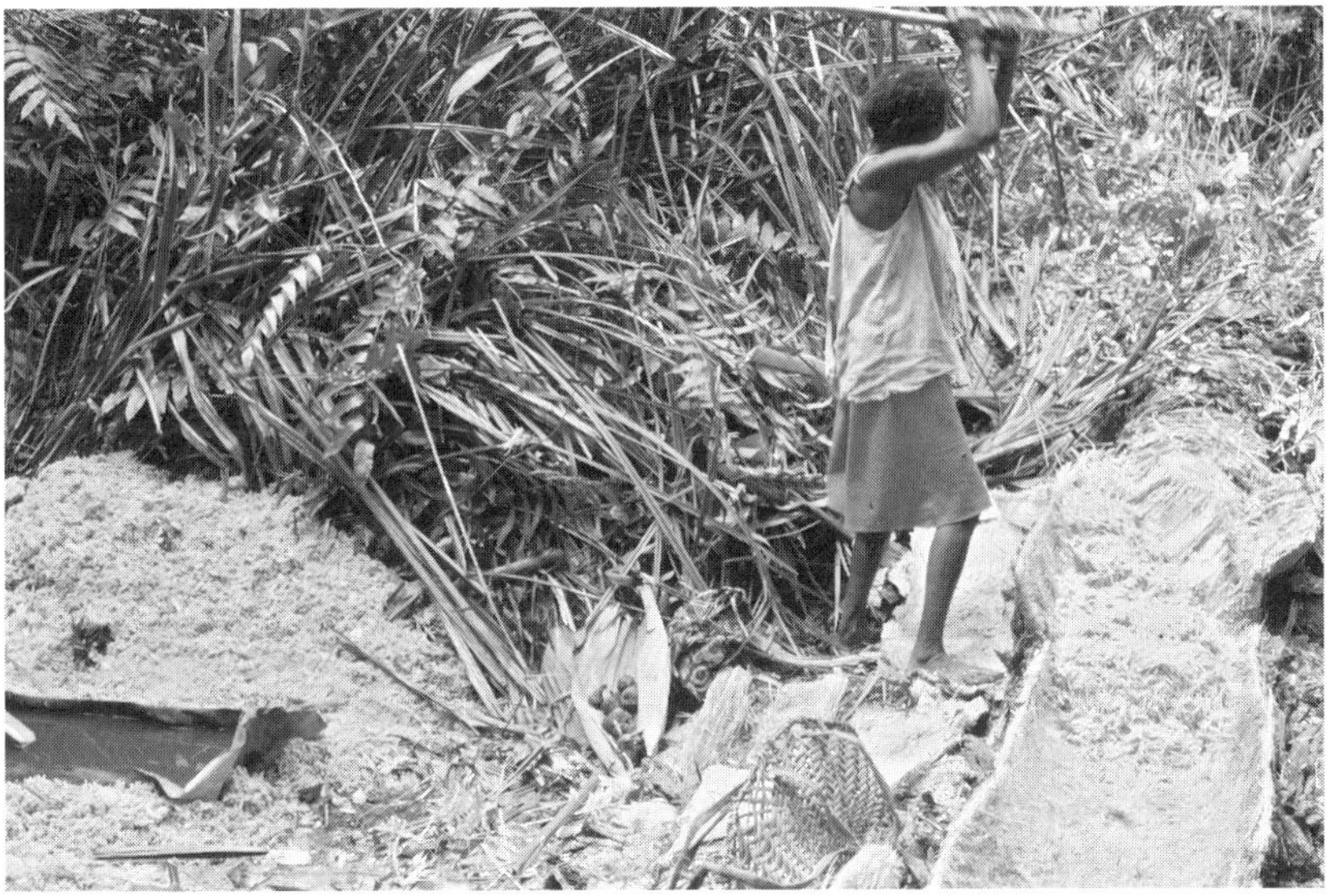

**写真1－4**　ギデラ族におけるサゴヤシ利用

クランの成員によってのみ利用することができる（**写真1－4**）。ただし、サゴヤシから得られるデンプンは個人の所有物となる。野生種のサゴヤシ利用とともに、サゴヤシの側枝《そくし》を植栽する半栽培がおこなわれており、その場合は個人のものとなる。また、野生のヤシ、籐、竹、果樹などの利用は土地の所有クランとは無関係に自由に利用できる（第2章第3節を参照）。

集団が野生・栽培植物の利用を大幅に規制してごくかぎられた期間のみに開放する例がインドネシア東部で広くおこなわれるサシの慣行である。サシの場合、ココヤシ、ドリアン、チョウジ、ナツメグなど、有用な栽培種と野生種が含まれている。

インドネシアのセラム島でヌアウル人の調査をおこなった笹岡正俊によると、サゴヤシの所有者は食料を必要とする個人にたいして見返りなしに利用する権利を委譲する。こうすることで、サゴヤシ林をよい状態に維持することができると人びとは考えている。名義上の所有者であっても集団内における実際上の利用権者とは異なり、サゴヤシ以外に野生のドリアン（*Durio zibethinus*）やランサット（*Lansium domesticum*）につい

表1-3　フィリピン・ミンドロ島のハヌノー・マンギャンにおける栽培植物の区分（Conklin 1957: p. 44, Spencer 1966: p. 126）による。

| コンクリンのカテゴリー | |
|---|---|
| cultigens | 人間に依存した栽培種 |
| cultivates | かならずしも人為的繁殖ではないが特別な扱いを必要とする |
| domesticates | 野生繁殖というより、人為的な繁殖による |
| first-degree semi-domesticates | 有用性ゆえに特別に保存・保護される |
| second-degree semi-domesticates | 新規に開拓されるさい、保存・保護されない |
| non-domesticates | 保存・保護や植栽もされない |

コンクリンによれば、半栽培ないし初期の栽培段階では、上記の the first-degree wild plants が保存・管理されるが、the second-degree wild plants は新規に開墾された畑地では保存されない。ただし、あえて刈り取るようなことはない。たとえば、開墾中の耕地に分散して生えている若いカナリウム（*Canarium*：カンラン）の木は放置し、森林を焼くさいに残る木灰がカナリウムの生長に寄与するので、このことが the first-degree semi-domesticates につながる。

ても同様な利用慣行がある。[42] ボルネオ島サバに居住する焼畑農耕民のイバンの場合、いったん開墾して焼畑として利用し、その後放棄された二次林についての利用権は、最初に開墾したリニージ集団に利用権があることになっている。[43]

フィリピンのミンドロ島におけるハヌノー・マンギャンの社会で植物利用に関する詳細な調査をおこなったH・C・コンクリンによれば、植物の栽培種と野生種を人間による介入のちがいにおうじて**表1-3**のように区分している[44]（**表1-3**）。

野生種や半栽培作物の場合、つねに資源利用がオープン・アクセスないし共有財とされるとはかぎらないことがわかった。むしろ、資源の管理上、あるいは社会的な平準化のための機能を充当するようなメカニズムが働いている。とくにサゴヤシの利用と所有をめぐる事例にそうした指摘がなされている。[45]

## 6. モンスーン・モデル

モンスーン・モデルは、季節的に顕著に変化する環境条件におうじて土地や空間の利用形態が共有と私有（占有）との間で変わる場合を指している。モンスーン気候が特徴的な東南アジアの熱帯・亜熱帯地域がこのモデルの例証となる。モンスーン気候の特徴は降水量の顕著な季節変動にあり、地域の景観や土地利用・水面利用のしかたは季節的に大きく変化する。五～一〇月は雨季であり、一一～四月は乾季である。東南アジアのメコン河集水域では魚類が産卵のために回遊、遡上し、メコン河本流から支流、支流から細流を通じて水田や湿地に達する。産卵後、成魚や生まれた稚魚はふたたび水田から細流、支流をくだり、メコン河にもどる。(46) ここではメコン河とその支流域とカンボジアのトンレ・サープ湖周辺の事例をもとに、雨季に水没し、乾季に地表に露呈する氾濫原や湖沼、さらに水田の利用について紹介しよう。

メコン河は複数の国家が管理する国際河川であるが、国家内であれば国民はだれもが利用できる共有空間である。乾季に水位が減少したメコン河岸には土手が露出する。ここではおもに蔬菜やマメが栽培される。北タイのメコン河右岸にあるタイ・ルー族の村では、河原の土手の毎年おなじ場所で野菜をつくり、既得権によってその場所を占有する例があった。また、水ぎわの砂地や微高地に竹の棒で自分の畑の場所を先取する場合も観察された。ところが、近年、上流域の中国でダムが建設され、三日に一度、放水され、その影響が下流域におよんで、メコン河の水位が乾季にもかかわらず急上昇するようになった。水位の変化は一メートル以上にも達し、水ぎわの畑が水面下に没した。ダムの影響が北タイにおける畑地利用におもわぬ変化をもたらしたのである。

「黄金の三角地帯」にちかい北タイのメコン河右岸に流入するイン川とコック川は乾季に水位が低下し、川の周辺には数アールから数へクタール規模の大小数百の三日月湖や湿地が出現する。ここには氾濫時にメコン河本流から遡上してきた魚が取り残される。三日月湖はノン、湿地はロンとよばれ、たいていは村落の共有地とされている。ノンとロンの魚の利用方法は、村総会で決議される。数村が一つの池や湿地を共同管理することもある。調査によると、ノンとロンの水産資源利用についていくつもの取り決めのあることがわかった。雨季の終わりから禁漁を設定し、乾季に一日から数日を選んで漁をおこなう場合がふつうであり、そのさいに村中が総出で漁をする場合や、入漁金を支払ったものならだれでも参加できる、村人のみに限定して入漁制を適用する、使用され

**写真1－5**　乾季の湿田における小規模な漁撈活動。水田の所有者とは別に非所有者による漁撈は自由である。（カンボジア・シエムレアップ）

る漁具・漁法におうじて入漁金の徴収額を決める、などの細則が適用されていることがわかった。

河川流域における漁撈・採集は誰でも参加自由であるが、近年、村落を基盤とする資源保護の運動がひろまるなかで、河川の一部区間（ふつう約三〇〇メートル）を禁漁区域とする村が二〇〇三年に一五村あった。なかには、河川両岸の洪水埋没林は雨季に遡上してくる魚類の産卵場となることから、樹木の伐採を禁止している村がある。洪水埋没林の価値が十分理解されずに開発、伐採され、乾季におけるトウモロコシなどの農地に転用されたが、魚の産卵場であることが地元住民にも認識されるようになり、保護区とする村が増えた。

### トンレ・サープ湖

東南アジアのモンスーン地域では、水田漁撈はふつうにおこなわれる生業活動である。カンボジアのトンレ・サープ湖周辺では、年間に三～四回、稲作が可能である。ふつう、二期作をおこない、残りの時期には水田をハス池に転用することが多い。水田はその所有者のものであるが、イネ収穫後の湿田において、魚伏籠《うおぶせかご》や投網をもちいて泥中に潜むナマズや雷魚を漁獲することは自由である（**写真1－5**）。水田漁撈の権利は、水田の所有権とはまったく別ものとされている。

トンレ・サープ湖は東京都の約三倍の面積がある東南アジア最大の湖である。雨季と乾季とでは面積が大きく異なり、乾季に湖岸は大きく後退し、面積は雨季のおよそ四分の三に縮小する。トンレ・サープ湖には、湖上の船で生活する集団、湖岸の杭上家屋に居住する集団、湖周辺で半農半漁生活を送る集団に大きく区分される。湖上生活者と杭上家屋生活者は季節におうじて移動する。トンレ・サープ湖と周囲にある洪水埋没林との間を移動する湖上生活者は、一〇月以降から乾季になるにしたがって湖側に移動し、四月ころには洪水埋没林の末端部に達する。五～六月はトンレ・サープ湖に滞在し、ふたたび洪水埋没林の末端部に移動する。そして、水位が上るにつれて徐々に内陸側にうつり、一一月には元のような場所に戻る。(47) このように、雨季には誰のものでもない、あるいは国家の所有する水域や水浸しの領域が、乾季には村の共有地、漁場、早いもの勝ちの畑地などとして分割される。ノンとロンにおける漁撈と入札制、水田漁撈の権利、トンレ・サープ湖の定置漁具などのように、乾季における漁業権のありかたは多様である。モンスーン地域の季節変化に連動した資源の私有と共有に関する変化がモンスーン・モデルの大きな特徴である。

## 7．移行帯モデル

異なる環境が隣接する領域は生態学的移行帯、すなわちエコトーン（ecotone）と称される。とくに陸域と水域の境界領域にあたる水辺では特徴的なエコトーンが形成される。水辺では、水辺林や湿地性の植物が繁茂し、水生動物（魚類、甲殻類、貝類など）・昆虫・両生類・鳥類の隠れ場所を提供し、餌を供給する。また、水辺空間は水質の浄化、土砂による浸食を防止し、波浪を緩和する。人間生活にとっても、水辺のエコトーンは食料や生活財（ヨシ・マングローブ）、農地の肥料、家畜の餌を提供し、自然観察や水辺空間の癒し効果をもたらす場となる。このように、エコトーンは生物多様性を涵養するとともに、多様な生態系サービスをもたらす空間である。

ここでは、異なる環境が接する生態学的移行帯におけるコモンズを、マングローブとヨシ帯を例として考えたい。熱帯・亜熱帯の沿岸域にはマングローブが発達している。マングローブは、ヒルギ科植物を中心とした数十

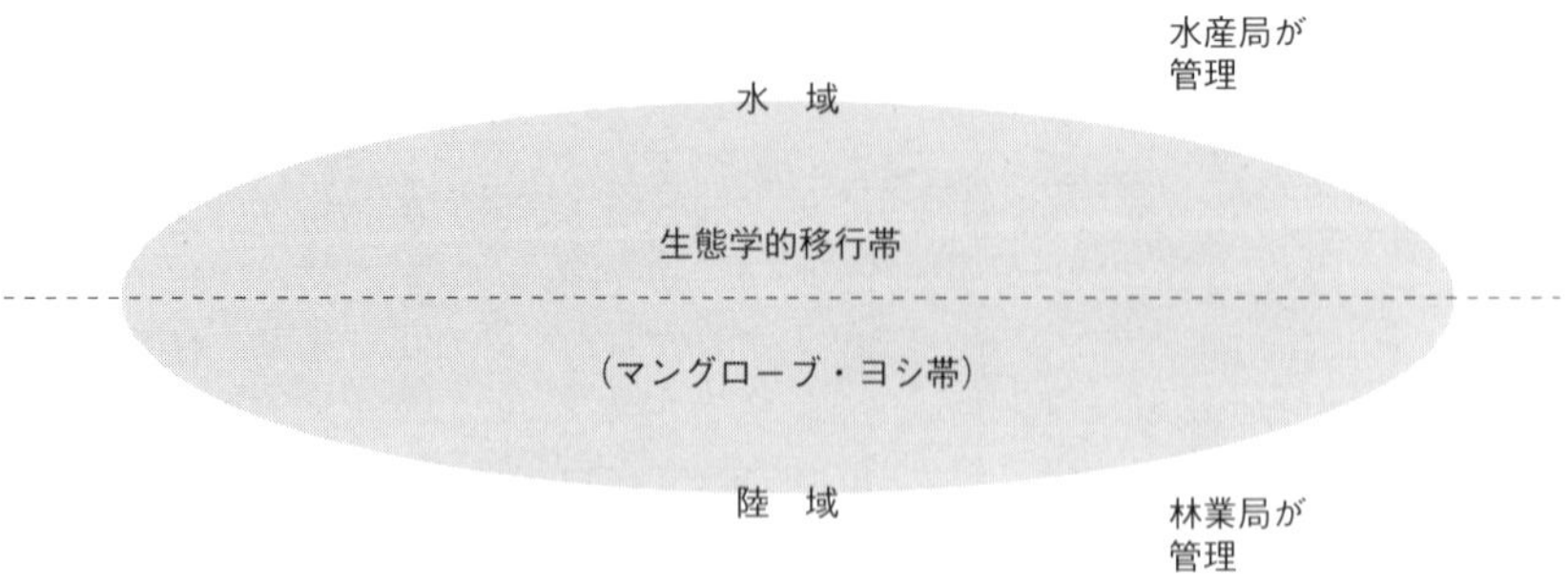


図１－８　生態学的移行帯（エコトーン）における資源利用

種類の植物を含む植物群落を指す。満潮時は気根の部分が水中に没し、干潮時には大気中に露出する。マングローブ地帯のような生態学的移行帯では生息する生物の種類数が多く、さまざまな種類の生物が塩分濃度、乾燥の度合いなどの勾配におうじて棲み分けている。マングローブ地帯は海と陸の両方にまたがって分布し、しかも時間的に景観や存在する生物相も異なる。人間活動も時間におうじてさまざまに変化する。

## マングローブの移行帯

マングローブの利用について、タイの例を挙げよう。タイでは、海とマングローブ林は国家、すなわち国王のものであり、その保護と海洋環境の保全は王室林業局が掌握している。一方、水産局は沿岸における水産業の振興と経済発展、水産資源の管理を担当する。王室林業局は陸域の森林を保全することを目的としたが、水産局は海域の利用と管理を旨としている。両者の間にはマングローブの保護と伐採をめぐって意見の不一致があった。タイ南部のアンダマン海沿岸には、多くの海中国立公園が指定されている。この海域は絶滅に瀕するジュゴンが多く生息している。王室林業局がマングローブや海中公園の保護を推進するためにマレーシア国境にある広大な海域を保護区として設定する案を提示した。

しかし、その領域内では漁業ができないことにたいして、沿岸漁民は猛反対した。水産局も漁民の生活の糧となる漁場を奪うことに賛同するわけにはいかず、結局、保護区の原案は大幅に修正を求められ、保護区を沿岸の三キロメートルまでとすることで合意された。
連続的に変化する移行帯は、国家の縦割りによる行政措置におうじて陸側と海側に分割されてきた。エコトーンは連続的に変化する環境であり、これを人為的に分断して管理する方策は生態学的に理にかなっていない（図1-8）。生態学的移行帯は多様な生物群集の存在する領域であり、物質循環にとっても重要な役割を果たす。水田と畦、湖沼周辺のヨシ帯、河辺の湿地林などもエコトーンであり、以下では琵琶湖のヨシ帯を例として挙げる。

**琵琶湖のヨシ帯**

ヨシは琵琶湖の沿岸域にかつてひろく分布した。春にコイ科魚類が産卵のために接岸し、産卵後は稚魚の中間育成場となる。ヨシ帯は冬にカモが営巣する場となった。ヨシは住民生活にとり重要な生活資材でもあり、エリ（魞）漁具の材料、屋根材、敷物として利用された[48]。ヨシ帯では詳細な利用権や私有関係が決められた。しかし、ヨシ帯に大きな変化が生じた。エリ漁具がヨシ材から耐久性のある塩化ビニール材に変化し、近代化のなかでヨシの価値は徐々に減少した。ヨシ帯の破壊に拍車をかけたのは、湖と陸とを分断する琵琶湖総合開発政策であった。さらに、生活廃水や工場の産業排水が増加し、琵琶湖の富栄養化が進んだ。コイの産卵場が消滅し、鮒鮨用のニゴロブナの漁獲量も激減した。その後、ヨシが水質浄化の機能をもつことが再評価されるようになったが、ヨシ帯の多くは失われてしまっていた。ヨシ帯の陸側はたいてい私有地であるが、湖は沿岸漁業権の設定された水域であり、その外縁は公有水面である。農民や住民の論理と漁民の論理はあえて対立するものと決めつけてはいけないだろうが、一致するともいえない。ヨシ帯は琵琶湖の漁業資源を涵養するうえできわめて重要であり、富栄養化した琵琶湖の環境を修復するためにも不可欠の存在であることを農民や住民にも理解してもらうことが必要であろう。ヨシ帯がエコトーンとして多様な意義をもち、琵琶瑚全体にとってもコモンズとしての意義をもつことを強調しておきたい。

## 8．ハーヴェスト・モデル

わたしは日本やアジア各地でおこなわれてきた山菜やキノコ類、海藻など野生資源の採集活動に注目している。野生資源の分布する山地や沿岸の所有権や利用権と、利用される資源の分布と資源量、商品価値などが複雑に絡み合って、地域ごとにさまざまな慣行や取り決めがみられるからである。[49] ここでは、海藻採集の例を取り上げよう。沖縄の八重山諸島石垣島東海岸にある白保のイノー（礁池）では、アーサー（ヒトエグサ）やタコをとる小規模な採捕活動が女性たちによっておこなわれる。現在、八重山諸島では八重山漁業協同組合が沿岸域の漁業権を有している。海藻やシャコガイ、ウニなどの採捕は、第一種共同漁業権漁業として漁業組合の成員にのみ許可されている。漁業協同組合に所属していない白保の女性は、現代日本の漁業制度からするとアーサーを採集する権利をもたない。しかし、もともと集落の地先にある海を利用し、オカズとして海藻を採る権利はあったはずだ。

海はみんなが自由に利用できるとして、漁業権のある漁場でダイビングをしたことが伊豆、宮古などで訴訟問題となっている。この場合も、海にたいする異なった権利の主張が衝突した結果といえる。白保におけるイノーの採捕権などのように共同体が元来もつ権利や慣行を、法律論を踏まえて合意を形成した結果、もしもローカル・ルールのようなものができればよいのではないかという主張があり、注目しておきたい。[50] 雑誌『里海』も、海を共有の場と考える立場を模索する市民的な運動の成果の一端であろう。[51] もともと日本における海藻採集漁にはさまざまな入漁制限がある。たとえば、一年に数日から一週間程度のわずかな日数を最大限に生かして、いっせいに採集活動がおこなわれる。多様な種類の海藻を産する日本各地の沿岸漁村では、地域独自の口明け・口止めの慣行をもつところが多い。一例を挙げると、島根県沖にある隠岐諸島では、漁業協同組合ごとにイワノリやワカメの採集について口明け・口止めの期日を決めている。口明けの期日は漁業協同組合ごとに自由裁量で決められる。興味あることに、口明けの初日は漁業協同組合の規制が適用されるが、何日か採集したのちは自由に採

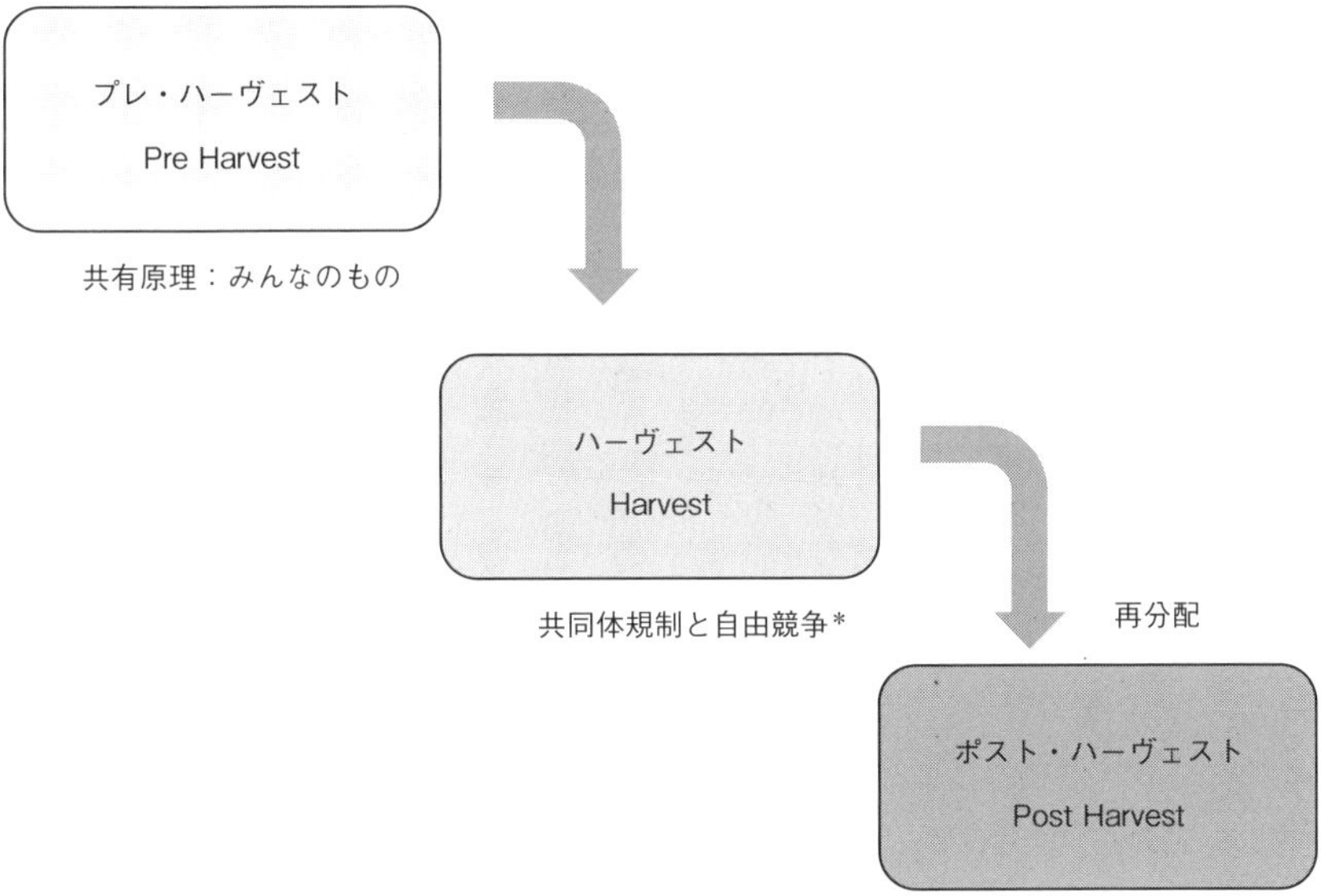


図１－９　ハーヴェスト・モデル
＊：採集の初期段階では厳正な規制があるが、資源量が少なくなると、自由に採集がおこなわれる場合がある。アクセス権の変化がポイントである。

集できるよう決めている組合がある。これは、資源量におうじて漁業協同組合が規制する必要がないと判断した柔軟な対応といえる。

以上の例からあきらかなように、海藻採集では、オープン・アクセスから、厳密な規制が適用される場合、資源量や生育密度、参加人数におうじて、さまざまな入漁制限が採集の初期段階から変更される場合まで多様である。陸域の共有地で薪木や柴を採集するさいにも、採集の初期と後期とでは資源へのアクセス権が変化することがある。山菜やキノコ採集においても、採集自由な資源と共有資源でありながらさまざまな規制が適用される例があり、今後の比較研究が期待される分野である。なかでも、採集（＝ハーヴェスト）の権利が採集過程で時間的に変化する点は重要であり、これをハーヴェスト・モデルとよぶことにする（図１－９）。

## 9．渡り鳥モデル

福岡県の玄界灘沿岸に和白《わじろ》干潟がある。この小さな干潟が開発のために埋め立てられようとした。干潟は幼生・稚魚などを育む「海のゆりかご」であり、ゴカイ、二枚貝、カニ、シャコなどの底生動物は汚泥を浄化する重要な生態学的機能を果たす。干潟を破壊することは、人間の暮らしと環境とをつなぐ生命の環を分断することになる。こうした思いをもつ研究者、漁業者、地域の人びとが干潟を守る運動を推進してきた。

干潟に生息するカニやゴカイなどの生き物を守ることだけが干潟保全の目的ではない。干潟には、潮汐の干満におうじてボラ、スズキ、サヨリなどの魚が沖から餌を求めてやってくる。これは潮汐周期による現象だが、渡り鳥も干潟の季節的な住人である。和白干潟では、シギ、チドリ、ミヤコドリに混じってクロツラヘラサギなども観察することができる（第5章第4節参照）。

日本や東アジアと、東南アジアとの間を往復するさまざまな種類の渡り鳥にとり、日本の干潟が守られたとしても、南の越冬地で熱帯林が伐採され、十分な繁殖地が確保できないとすれば、鳥の生存は保障されたことにはならない。ぎゃくに、熱帯林が保全されていても、日本やアジアの干潟がなければその鳥の生存は危機にさらされる。渡り鳥の保護を画策する場合、一地域だけの生息環境を保護すれば事足りることにはならない。

### ベニアジサシ

渡り鳥と環境保全のかかわりに関する例を挙げよう。ベニアジサシは日本の沖縄で夏に繁殖し、冬に南の越冬地に移動する。ベニアジサシの越冬先がようやく二〇〇二年に判明した。足環をつけた個体がオーストラリアのグレート・バリア・リーフで見つかったからだ。これで三〇年来の謎が解けたという(52)。沖縄の無人島における営巣数は九〇〇～四三〇〇と年変動が大きいが比較的安定していた。しかし、沖縄最大の営巣地である那覇市沖の

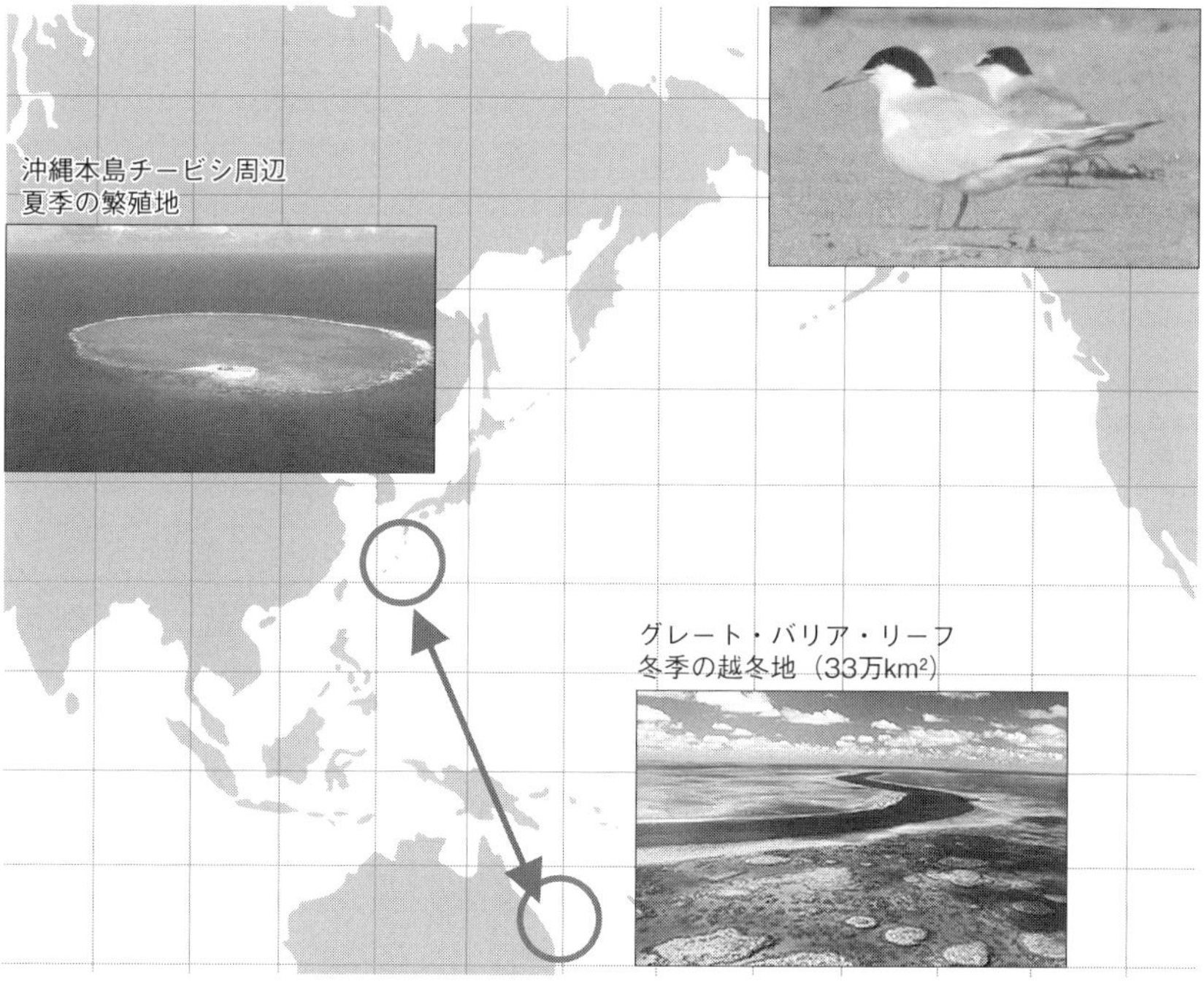


図1-10　ベニアジサシを例とする渡り鳥モデル

チービシ（慶伊瀬島）にマリンレジャーの観光客が増加し、営巣数が極端に減少した。一方の越冬地であるグレート・バリア・リーフは世界自然遺産であり、海洋公園として生物がよく保護されている。その面積は三三万平方キロメートルであり、日本の国土にも匹敵する大きさがある。マリンレジャーによってベニアジサシの生存が脅かされている現状で、日本とオーストラリアにおける海洋生物の保護政策は決定的にちがう点があきらかであり、海洋保護区の大きさがそもそも問題である。チービシを保護する意義が強く認識されるべきであろう（図1-10）。

### 漫湖《まんこ》

沖縄の那覇市と豊見城市にまたがる漫湖には、メヒルギを中心とするマングローブの群落がある。漫湖は国設鳥獣保護区特別保護地区に指定されており、一九九九年ラムサール条約に登録された面積五八ヘクタールほどの湿地である。沖縄戦のさいに米軍が撮影した漫湖の航空写真では、現在の倍くらいの湿地面積があったという。当時とくらべて、マングローブは確実に増加した。そのわけは、戦後の開発と住宅建設、畑地の開墾、河川工事などにより土砂が堆積し、陸地から廃棄された大量のゴミが湖に沈んだ。こうした人為的な影響により湖底が浅くなり、マングローブの生育に好条件となったからである。同時に、生活排水や不燃ゴミ、ブタ小屋からの廃水などにより、周辺水域の富栄養化が進んだ。干潟が減少しマングローブが増加したことで、約七〇種いるとされる鳥類の餌場が減少した。越冬地、中継地としての漫湖に飛来するシギ、チドリなどの数が激減した要因のひとつと推定されている。そのなかには、クロツラヘラサギやズグロカモメなどの絶滅危惧種も含まれている。ここには鳥だけでなく、五〇数種類の貝類や無脊椎動物も生息しており、無脊椎動物のうちの一三種類は絶滅が危惧されている。

かつて、マングローブの苗木を小学校の生徒に植林させる運動がおこなわれた。おかげでマングローブは少し増えたが、その分だけ干潟が後退し、渡り鳥の餌場も減少した。マングローブと鳥のどちらを保護するのかと問われれば、絶滅危惧種を優先すべきといいたいところだが、ほんとうにそう考えてよいものか。自然保護の対象は、個別の種に限定するのではなく生態系のなかで考えるべきであるが、漫湖を構成する生物の種類数のどれをどのように守るのかについてのガイドラインはない。鳥の餌となる生き物にも絶滅危惧種がいる。すくなくとも、漫湖の環境は戦後、人為的な介入によって大きく変わってきたことを認め、これ以上劣化が進行しないような措置をとることが肝要だろう。

以上みたように、渡り鳥は広域に移動するので保全すべき環境の範囲も拡大している。渡り鳥をコモンズとして考えることで、地域と地球をつなぐ環境問題の意義が浮かび上がってくる。

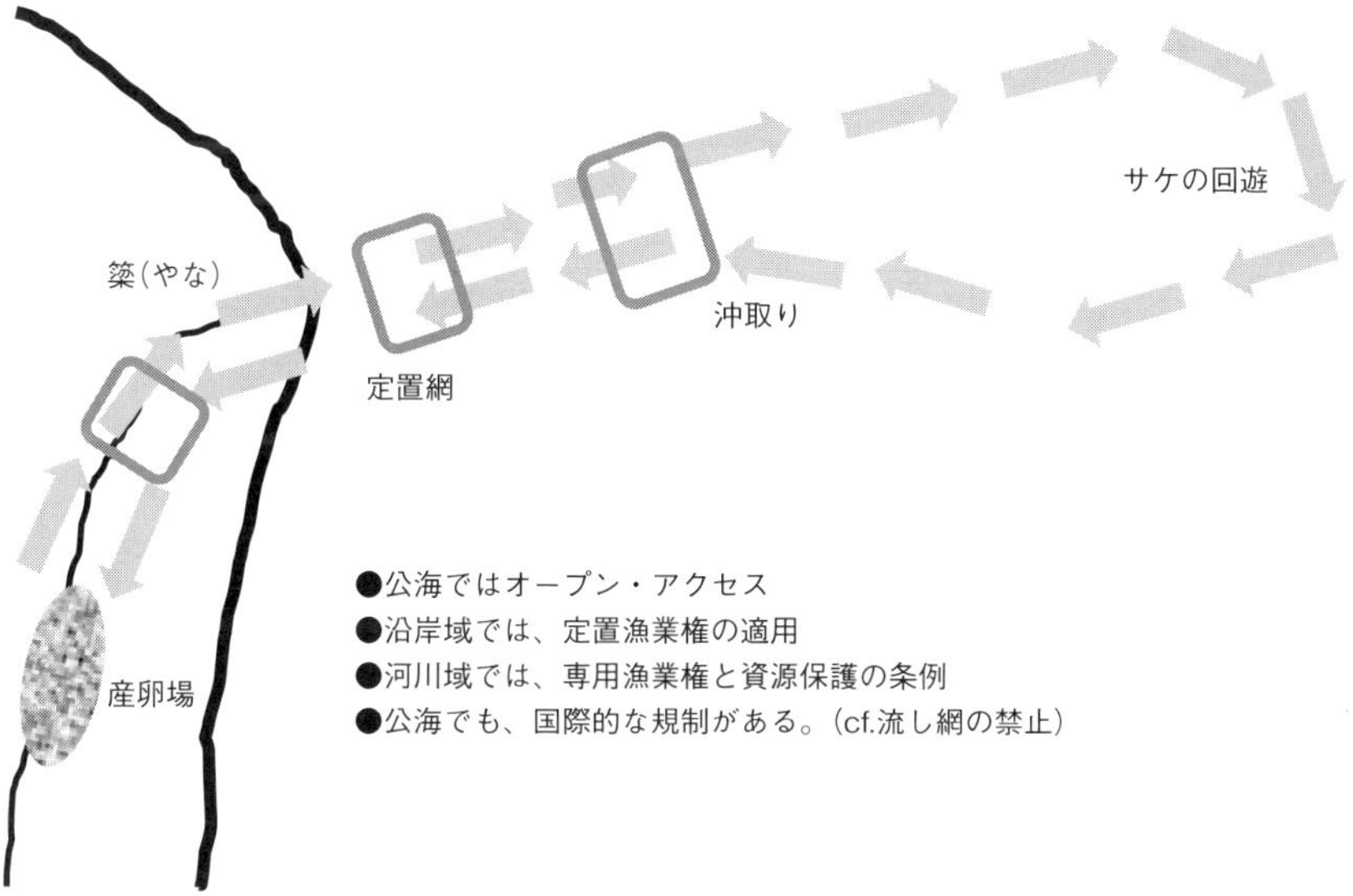


図１－11　魚類の回遊モデル

## 10．回遊モデル

マグロ、カツオ、ブリ、イカ、サケ、大型鯨類のように大洋を広域回遊する海洋生物の保護や利用を考察する場合、関係する地域が地理的に大きく広がる。ここでは北太平洋西部のシロザケの例を取り上げよう。母川から数年間の回遊生活を北太平洋でおくったサケは、カムチャツカ、サハリン、北海道、東北各地の母川に回帰する。

公海と母川の間を広域的に回遊するサケを獲る権利は、いったい誰に帰属するといえるのだろうか。公海上にあるサケは、誰のものでもない無主の存在である。しかし、国際的な資源管理が叫ばれる現代では、国別漁獲割り当て量を決め、乱獲の要因となる流し網漁業を禁漁とする決議がなされた。公海といえども、資源へのアクセスは制限を受けることになっている（図１－11）。

一方、沿岸域や河口部、河川下流部では定置（区画）漁業権が効力をもっているが、ここでも問題がある。沿岸のサケ定置網や河川下流部の刺し網漁は、古くから河川漁に従事してきたアイヌや先住民にとり、あきらかに後発のものである。現在、北米の北西海岸部の先住民は、下流域や沖合の商業的なサケ漁やリクレーション目的の漁に対抗して、自分たちがサケを獲る権利を主張している[53]。

このように、広域回遊性で母川回帰の習性をもつサケ資源へのアクセス権を有する個人や集団、国家はサケの回遊路沿いに複数存在し、それぞれの漁業権を主張している。その結果、地域から国際的な枠組にわたり、回遊魚をめぐる錯綜した利害関係がぶつかりあっているのが現実である。

## 東南アジアの回遊魚

魚群が毎年決まった時期に来遊する現象は、サケ科魚類だけにかぎらない。回遊が予測可能であれば、集団が魚群を競争的にではなく、集団の共有物として利用することもできる。その例がインドネシア東部のアラフラ海にあるケイ諸島にあった。ケイ諸島のケイ・ブサール島西部のボンベイ村では、毎年決まった時期に湾内に回遊してくるメアジアやタカサゴの群れを獲るために、世帯ごとに大型の筌を馬蹄形にならべて使う。沖では筌をもたない世帯の成員が釣りや潜水漁をおこなう。筌を設置する場所が決まっており、馬蹄形の中央部に村長の筌が、村の有力者の筌がその両側に配置される。つまり、回遊魚を共有資源とみなし、村長を中心として、筌をもつ集団、もたない集団からなる社会の序列を反映した漁撈活動が集団としておこなわれる。

東インドネシアでは、日本の口明け・口止めによく似たサシの慣行がある。マルク州のハルク島では、毎年秋に海から遡上するニシンの仲間を集団で漁獲するために、さまざまなきびしい規則が決められており、資源観と社会統合を実現している[54]。

以上の例から、回遊性資源は広域を移動するからといって、いちがいにコモンズとみなせないことがわかる。回遊路や移動路におうじて、地域ごとにさまざまなかかわりあいが生み出されてきた。ある地域で資源管理が入念におこなわれていても、別の回遊先で乱獲されれば資源が適正に維持されないことになる。また、インドネシア東部におけるように、回遊性資源の利用を社会統合と結合した例がある。

## 11 漂着物モデル

海をただよう漂流物がある。そのなかには、流木や海藻、木の葉や種子、魚の死体、軽石などの自然物から、プラスティック製品、ペット・ボトル、漁網、浮き、ロープ、発泡スチロールなどの人工物までがあり、多種多様である。漂流物が海をただよっている間は、その利用価値の有無にかかわらず、誰かの所有物であるわけではない。漂流物は誰のものでもない無主の存在である。

ところが、何かの拍子に漂流物が海岸に打ち上げられると、漂着したものにたいして個人や集団がその漂着物の所有権や利用権を主張する事態が生じる。その権利は、第一発見者や、決められた個人や団体の既得権として、あるいは優先権としてあたえられる。その権利のちがいは地域の慣行、権力による規約、暗黙の了解などによるが、漂着してはじめて権利が主張される点では共通している（図1-12）。

漂流物がゴミや産業廃棄物であれば価値がないに等しい。海岸に漂着しても見向きもされずその利用権を主張する人はない。浜に打ち寄せられた貝殻や木切れに特別の権利があたえられる話も聞いたことがない。しかし、大きな流木や巨大なクジラが漂着した場合、事情は異なる。流木は建築材料や柵、床の間の飾り、薪木として利用された。ハワイやニュージーランドでは、漂着クジラの所有権はあらかじめ決められていた。ハワイでは漂着したマッコウクジラは王の所有物とされた（写真1-6）。クジラの歯は王が身に着ける首飾りの材料として利用された。ニュージーランドのマオリ人の間では、漂着クジラは漂着した浜を所有する集団のものとして食用とされた。長崎県対馬では海岸に漂着したホンダワラなどの海藻は畑で肥料とされたが、農家の家の前浜に漂着した

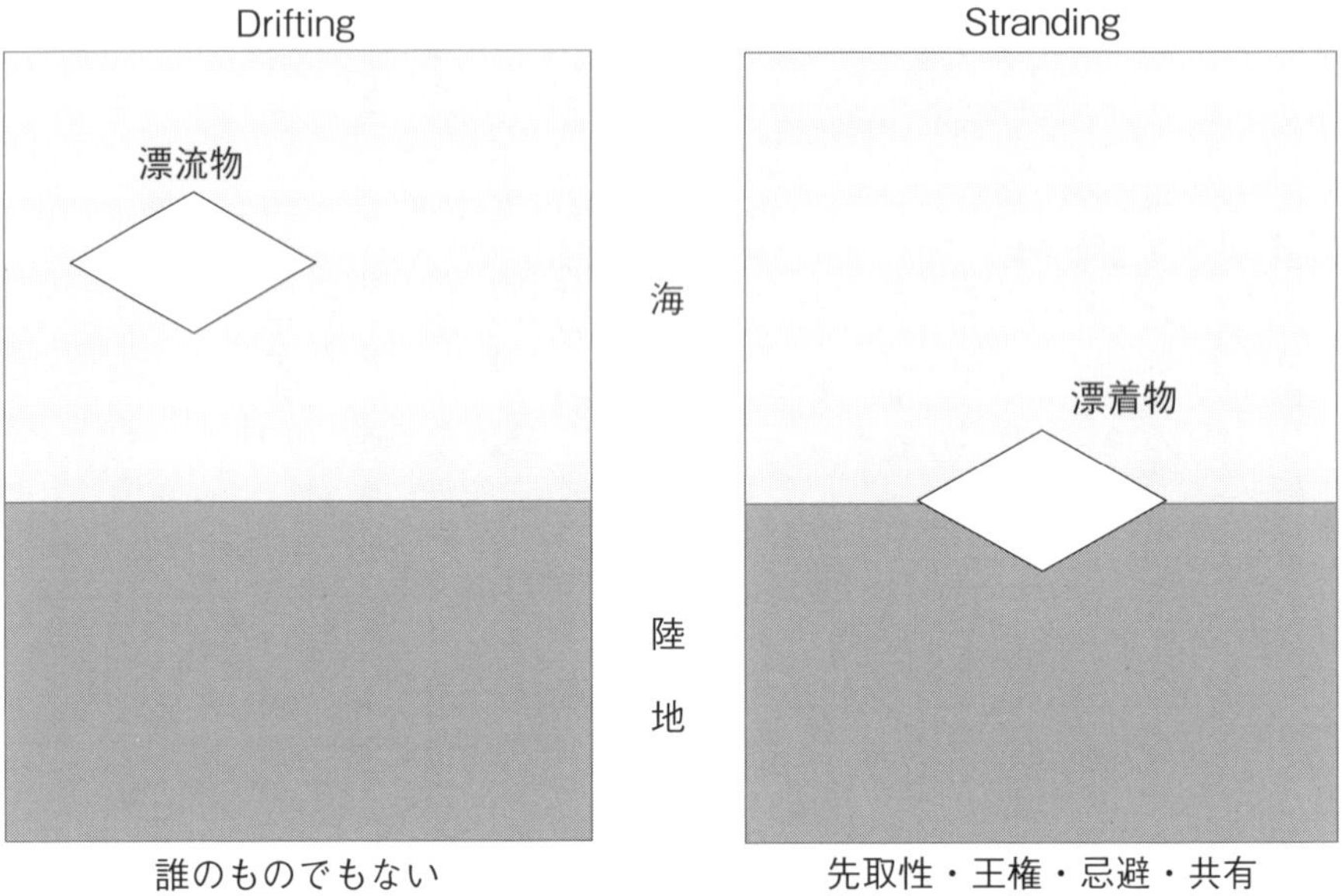


図1－12　漂着物モデル

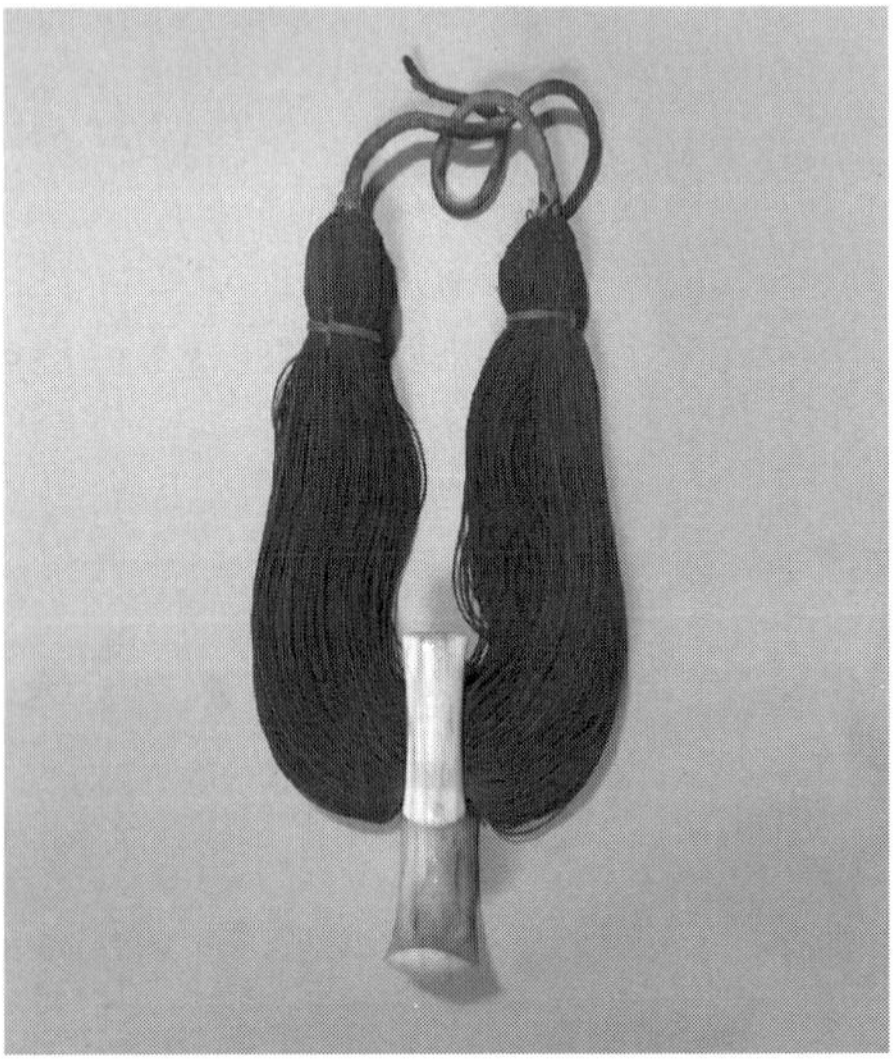

**写真1－6**　マッコウクジラの歯製首飾り（レイ・ニホ・パラオア：Lei niho palaoa）。鯨歯製の突き出た舌は「威厳」をあらわす。（B.P. ビショップ博物館所蔵）

海藻を独占しないよう、海岸に境界を設けて自分の農地に利用することのできる範囲を決めた[55]。

漂着物モデルでは、誰のものでもない無主の存在である漂流物がいったん漂着すると、先取り優先から、集団の共有物となる場合、王など特定の人による所有権が決まっている場合まであることに注目したものである。

## 12．産卵群遊モデル

魚類のなかには産卵期になると季節や時期におうじて群れをなす習性をもつものがある。これを産卵群遊とよぶ。普段から群れをなす種類もいるが、人間にとって産卵群遊は資源獲得にとって重要な契機となる。サケは産卵期には群れをなして河川を遡上する。ニシンやハタハタも産卵期に大量に沿岸に接岸する。産卵期に効率よく漁獲するため、漁民が特定の場所に集結することがあり、そのための時期や場所に関する知識が育まれてきた。琉球列島のサンゴ礁海域に生息するハタの仲間も産卵期の四～五月に特定の場所に集まってくる。

### シトカのニシン漁

アラスカ南部沿岸のシトカには先住民のトリンギットの人びとが居住する。沿岸域では多様な漁撈活動がいとなまれてきた。なかでも太平洋ニシン（*Clupea pallasii*）は産卵期に大群をなして接岸する。シトカの住民はニシンの豊漁を祈るための儀礼をおこない、初物のニシンをカミに捧げる儀礼をおこなった。ニシン漁は小規模な刺し網漁を中心におこなわれてきた。ニシンの産卵のために産卵場を禁漁区とし、ツガの枝を入れて産卵を促進するような土着の試みがなされてきた。そして、ニシンの豊漁を祈るために特別の岩の前で儀礼がおこなわれてきた。しかし、一九六〇年代中葉までニシンは魚油や肥料のために乱獲され、追い打ちをかけるようにニシン漁のまき網船が大挙して入漁し、沿岸に来遊するニシン資源を大量に捕獲した。産卵期にニシンは海藻に粘着卵を産みつけ、ニシン昆布の高価な食材として日本に輸出される。入漁はライセンス制による合法的なものであるが、沿岸のトリンギットにとっては接岸するニシンが激減することになった[56]。

二〇一二年に来日したトリンギットの住民から直接、話を伺った。儀礼が遂行できない事態もあり、日本向けのニシン漁がどんな痛手をわれわれが受けている。その実情を理解してほしいとの訴えは衝撃的であった。

## 八重山の産卵群遊

八重山諸島は、石垣島、西表島、小浜島、竹富島、黒島、波照間島、上地・下地島（パナリ）などからなる。石垣島と西表島、竹富島、黒島、小浜島などによってかこまれた海域には日本で最大の石西礁湖とよばれるラグーン（礁湖）があり、周辺の外洋とは水路を通じてつながっている。サンゴ礁から外洋につづく水路は一般にクチ（口）と称され、それぞれ名前が付けられている。

クチは魚が移動する魚道となっており、漁撈活動にとってもクチを利用する刺し網漁、追い込み網漁、潜水突き漁、かご漁、釣り漁などがいとなまれる。

八重山諸島では、サンゴ礁に生息するハタ類を漁獲するため、前述のような種々の漁法が用いられてきた。しかし、本土復帰後、サンゴ礁魚類の乱獲によりハタ類は大きく減少してきた。沖縄県は資源管理のためにハタ類の産卵場となる海域を産卵期にかぎって禁漁とする提案をおこなった。これには、水産庁、沖縄県農林水産部、石垣市農林水産部などの行政担当者をはじめ、八重山漁業協同組合および漁協の組合員、ダイビングや遊漁者向けの関係業者が一堂に集まって協議会がもたれた。

ハタ類を漁獲するために、夜間の一本釣り（ユーイミサー）、追い込み網漁や刺し網漁、かご漁、はえなわ漁、一本釣り漁など多数の漁法がいとなまれるが、いずれも、八重山諸島の海域では法的な規制はない。サンゴ礁に生息する魚種を対象とする場合はオープン・アクセスといえる。しかし、ハタ類が産卵期をむかえる四～五月に

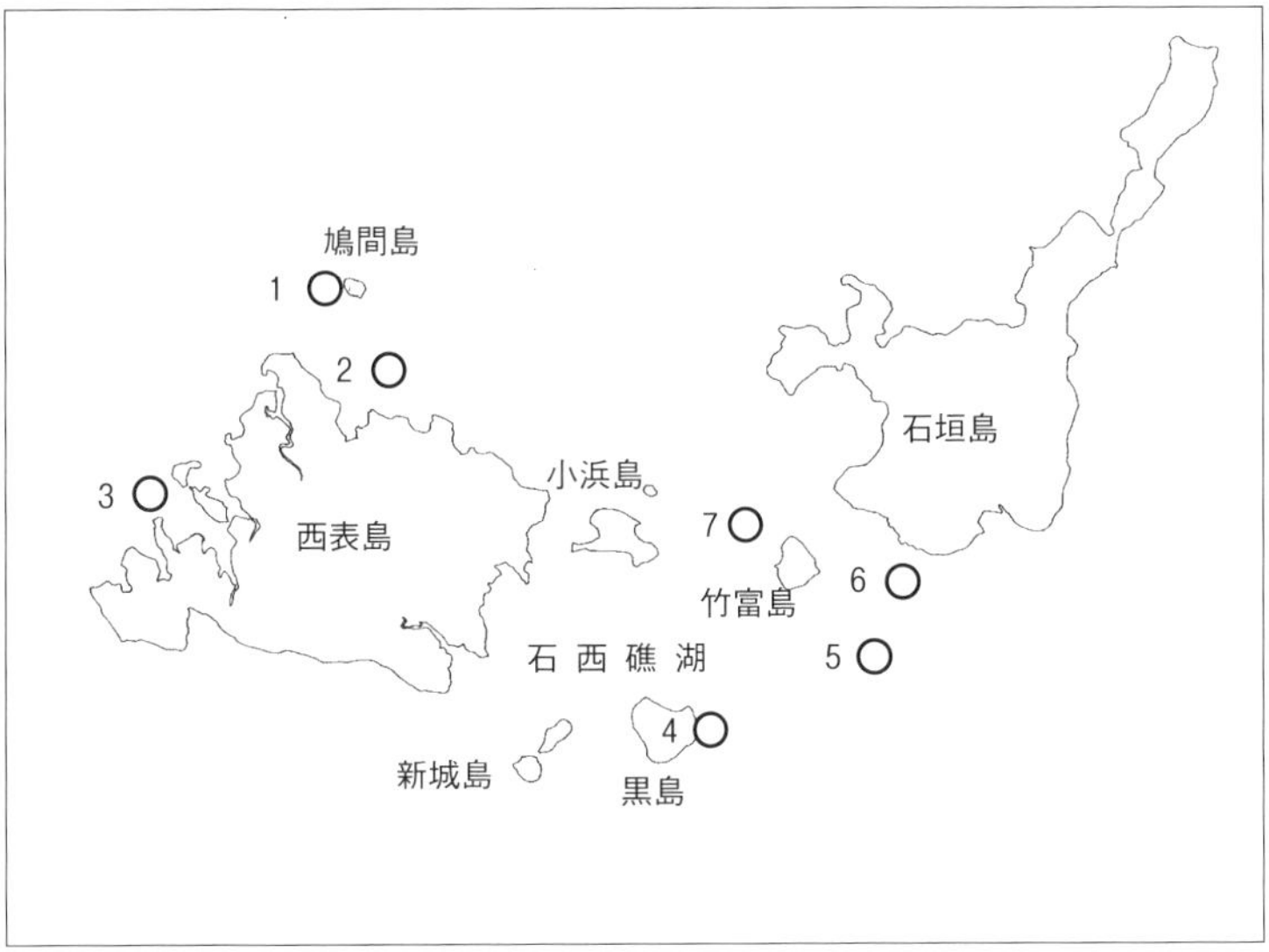


**図1-13　八重山諸島における海洋保護区**
◎は海洋保護区の位置を示す。いずれもサンゴ礁のクチに設定されている点に注意。括弧内は制定期間を示す。
1. ハトマニシ（1999～2013）　2. インダービシ（1999～）　3. トーシングチ（2013～）
4. ケングチ（1999～2013）　5. ユイサーグチ（1999～）　6. カナラグチ（2008～）
7. マサーグチ（2013～）

なると、ハタ類が産卵群遊するクチ周辺が重要な漁場として利用される。

産卵場所となるクチを魚類生態学の専門家の意見を入れて当初、八ヵ所を禁漁とする案が提示されたが漁民からの反対意見が多く、修正を余儀なくされた。結局**図1-13**にあるように四ヵ所（1、2、4、5番）の禁漁区が四月一日から五月末日までの二ヵ月間設定された。その後、二〇〇八年に一ヵ所（6番）が、二〇一三年には新たに二ヵ所の禁漁区（3、7番）が設定されて現在にいたっている（**図1-13**）。禁漁区の監視もおこなわれ、密漁を防止する措置も取られた。禁漁区が設定されるまで、産卵期には多くの漁民がクチに殺到し、「混み合い」状況が発生した。自由競争であったため、早いもの勝ちの原理が優先され、結果として資源の乱獲と減少にいたった。禁漁区の設定後に資源量の回復がみられたと断定する報告はないが、オープン・アクセスによる資源減少から協議のうえでの保護区の設定にいたるまで、依然として漁業者間での相克があった[57]。資源の集中と捕獲の適正化に関するシナリオは、コモンズの悲劇を考察するうえでの好例を提供するとおもわれる。

## 13. クジラ・モデル

捕鯨をめぐる資源論については、これまでたいへん多くの議論がある。ここで取り上げるのは、商業捕鯨禁止の一九八二年までの時代に世界でおこなわれた鯨類資源にたいするアクセス権の問題である。

### 自由海論と閉鎖海論

先史時代は別として、ヨーロッパではビスケー湾においてバスク人による捕鯨が一一世紀に開始された。当初はビスケー湾を中心に、その後はアメリカ東部沖やラブラドル半島周辺にまで進出した。一六世紀中葉に最盛期をむかえるがその後、没落した。一七世紀以降には英国とオランダを中心とした海洋交易がさかんとなり、より遠距離間で通商がおこなわれた。一七世紀以降、自国の海域を主張する「閉鎖海論」と、海は自由とする「海洋自由論」の対立する国際世論があった。

英国は南米南端のフェゴ島、ホーン岬を経由して太平洋への進出を果たし、一八世紀後半にはJ・クックにより三度にわたる太平洋探検がおこなわれ、西洋諸国は大西洋と太平洋における海洋の覇者となった。この傾向と軌を一にして、大西洋、太平洋において捕鯨がさかんにおこなわれた。捕鯨漁場はまさにオープン・アクセスであった。

一七世紀から一八世紀にかけては、スピッツベルゲンや北極海でオランダ、イギリス、北欧諸国などによる捕鯨がおこなわれた。北極海やスピッツベルゲン海域のクジラ資源が枯渇すると、漁場はグリーンランド、カナダのデーヴィス海峡にかけての海域に移行した。

当時クジラ資源は誰のものでもないとされていたから乱獲されたのではない。むしろ、乱獲はオランダやイギリスなど一部の国家の圧倒的な支配下のもとで独占的に捕獲がすすめられた結果である。グロティウスによる「海洋自由論」すなわちコモンズとしての海洋利用のイデオロギーがクジラ資源の乱獲をもたらす背景となったと説明することは妥当ではない。海洋の資源が多くの国ぐにによって共有財産とみなされ、その脈絡で捕鯨競争が起こったのではなく、むしろ、数少ない国がおもうがまま独占的に資源を開発したためであった。

一八世紀以降にアメリカも捕鯨国として参加し、一八世紀末からホーン岬を経由した欧米諸国の捕鯨船が太平洋に進出し、さらにインド洋へと捕鯨の領域を拡大した。対象とされる鯨種も北大西洋や北極海におけるホッキョククジラやコククジラから、マッコウクジラやセミクジラへと変化した(58)。

一九世紀末からは、ノルウェーを筆頭とした国ぐにより、南氷洋において近代的なノルウェー式捕鯨が開始された。さらに一九二五年以降になると母船式の捕鯨が南氷洋ではじめられ、ノルウェーやイギリスにくわえて、日本、アメリカ、ドイツ、デンマークなどがこれに参入した。

### クジラの資源管理

クジラのように公海上における資源を国際的な管理下におこうとする動きは、一九三〇年代から顕在化した。この場合、クジラの獲り過ぎによって生産過剰が生じ、鯨油価格が下落する事態にいたったことに留意する必要がある。一九三〇年代当時、世界の油脂原料価格を差配していたのは、イギリスの食品・日用品会社であるユニリーバ社であった。会社は生産の過剰によって生じる鯨油価格の値下がりを察知し、鯨油の買い取りを拒否して価格暴落を未然に防ごうとした。もっとも、捕鯨の歴史のなかでは、第二次大戦と戦後をはさむ時期だけに乱獲が生じたのではない。北東大西洋、北極海、南東太平洋、スピッツベルゲン周辺などの海域で乱獲の兆候があっ

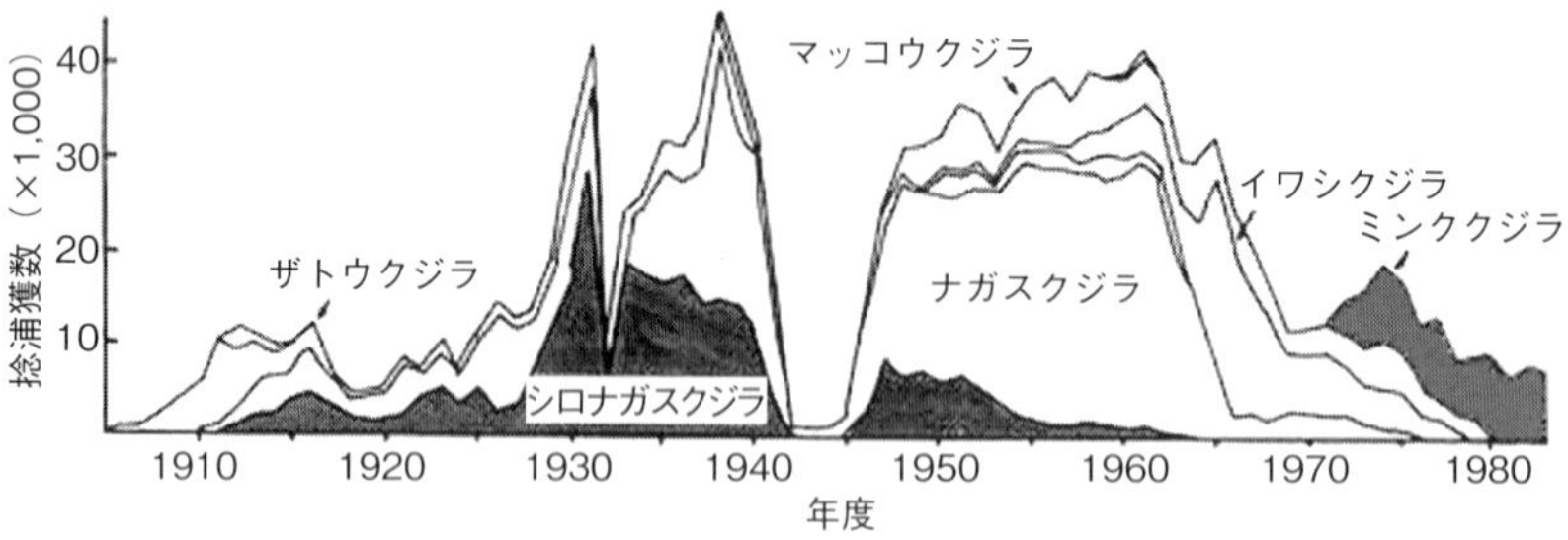


図1-14　クジラ・モデル

●17～18世紀には、スピッツベルゲンや北極海でオランダ、イギリス、北欧諸国などによる捕鯨がおこなわれた。この海域のクジラ資源が枯渇すると、漁場はグリーンランド、カナダのデーヴィス海峡に移行した。

●当時、海洋の資源は共有財産とみなされ、その脈絡で捕鯨競争が起こったのではなく、むしろ乱獲はオランダやイギリスなど一部の国家の圧倒的な支配下のもとで独占的に捕獲が進められた結果である。まして、H・グロティウスによる「海洋自由論」(1609年)、すなわちコモンズとしての海洋利用のイデオロギーがクジラ資源の乱獲をもたらす背景となったと説明することは妥当ではない。

たように、ある海域の資源を獲りつくすと、つぎつぎと鯨種や漁場をかえながら生産が維持されてきた経緯がある（図1-14）。

いずれにせよ、こうした状況をうけて捕鯨業者は生産縮小と資源利用の自粛をはじめた。(59) つまり、「コモンズの悲劇」が生じる前段階で、経済的な理由から資源利用に歯止めがかけられたのである。ここでも、一八世紀の場合とおなじように、共有資源へのアクセスが制限されたことになる。その後、クジラ資源の管理をめぐって国際捕鯨協定が一九三七年に締結される。このことによって捕鯨国がほぼ足並みをそろえ一定の規制に準じることが決められるようになった。ハーディンの提起したコモンズの悲劇論では、共有資源であれば必然的に枯渇が生じるというシナリオが想定されたが、じっさいには危機が察知された段階で一定の修復措置がとられた。

### BWU方式と捕鯨オリンピック

第二次大戦終末の一九四四年には、ロンドンで国際捕鯨会議が開催され、従来からの間接的な管理を一歩前進させ、総量規制がよりよい資源管理の方法として提起された。そのさいに、異なった種類のクジラの捕獲総量を決めるのにシロナガスクジラを基準にするＢＷＵ方法（Blue Whale Unit）が採用された[60]。

ＢＷＵ方式による捕鯨は無制限におこなわれたわけではないので、ここに条件付きの「コモンズ」が実現したことを意味する。しかし、手当たり次第にクジラを獲ることがわざわいした。結果として、それ以前から減少しつつあったシロナガスクジラにかわって、ナガスクジラ、イワシクジラなどの資源が標的とされ、それが乱獲を早める結果となった。総量を規制するという資源管理の方法であっても、異なった種類のクジラにたいしてそれぞれ総量規制がなされなかったために悲劇が生じた。鯨種により異なった生態や個体数の変動傾向があるので、鯨種ごとに管理すべきことが重要であるのに、その意義がまったく理解されなかった。あらゆる種類のクジラは一括してとらえられ、しかも単に商品を生み出す資源としかみなされなかった。

この発想は、現代における反捕鯨派による論理の裏返しといってよい。すなわち、地球上で最大の動物であるシロナガスクジラを保護することが、ほかのすべての鯨種をも保護することと同一視されている。現代欧米における反捕鯨論者が生態学的な資源管理の発想を完全に無視するとしたら、一九六〇年代、オリンピック方式を実施した当時の研究者や資源学者とおなじ誤りを犯すことになる。

## 資源管理から商業捕鯨禁止まで

一九四六年には国際的なクジラの資源管理をおこなう中枢機関として国際捕鯨委員会（ＩＷＣ）が設置されたが、じっさいの科学的な資源管理が推進されるのは一九七〇年代以降のことである[61]。しかし、ＩＷＣのなかで科学的な資源管理が議論され、その結果にもとづいて捕鯨がなされてきたかというと決してそうではなかった。捕鯨問題が資源利用の観点からではなく、国際的な政治力学に左右されることになり現在にいたっていることを、多くの識者は周知している。シタ・ポリティックス（ceta-politics）という用語も生まれた[62]。シタは、「クジラ」をあらわすラテン語のセトゥス（*cetus*）に由来する。クジラが人間の政治の道具とされるようになったのである。

コモンズの悲劇論では、ハーディンの提示した通りに事態が進行しないとか、その悲劇を避けるさまざまな制度や資源管理の方法が実践されるという点が強調されてきた[63]。しかしこれまでみたように、乱獲がなされたからといってその資源がもともと共有資源とみなされていたことをかならずしも意味しない。ぎゃくに資源管理（この場合、総量規制）がなされているからといって、その方法が不適切であれば、乱獲や共有の悲劇がおこらないともかぎらない。

そして一九八二年には商業的な捕鯨は一時的全面禁止（商業捕鯨モラトリアム）として採択された。日本はこれを不服としたが、一九八六年に受け入れることとなった。捕鯨モデルでは、世界的な規模でおこなわれた捕鯨が、資源管理や種ごとの特殊性を考慮しないオープン・アクセスの原理だけに終始した点は、前項で述べた産卵群遊モデルと類似しており、競争原理を排除せずにオープン・アクセスの原理を追及した末路が明確になるわけだ。

一九五四年にH・S・ゴードンが大洋におけるオープン・アクセスの資源が枯渇すると予言したことが、その二八年後に捕鯨禁止となったわけだ。捕鯨の歴史は世界史的にみても、コモンズ論を考えるうえで重要な問題提起と歴史に残るだろう。

## 14. 資源モデルのまとめ

以上挙げた一三のコモンズに関するモデルの全体像について検討しておこう。まず、モデルは陸域のものが四例、水域・海域にわたるものが四例、陸域と水域でそれぞれ該当するか、両方にまたがるモデルが五例となっている。

まず確認しておきたいのは、ある社会にはふつう私有地、共有地、公有地、国有地などがモザイク状に配置ないし分布しているという点である。とくにこの傾向は、共有林モデルや焼畑モデルにおいて顕著にみられる。

個々のモデルは事例をもとに構成しており、事例をくまなく渉猟したかと問われれば、いまだ十分ではないといわざるをえない。しかし、個々のモデルはほかのモデルとまったく独立した内容ではかならずしもないところが問題の核心である。

たとえば、栽培ないし利用される植物の種類によって、所有形態が社会によってもたいへんちがうこともわかった。イネ、ムギ（小麦・大麦）などの穀物は私有地で栽培される傾向があるのにたいして、サゴヤシ、果樹、ドリアンなどは共有資源とされるか自由に利用できる場合があった。海藻類や牧草、柴、ヨシ、マングローブなどの天然資源も自由利用か共有資源とされる場合が多い。動物の場合、牧畜・遊牧社会では個人に所有権がある場合がほとんどである。天然の資源としての魚類や水界の動物は自由な利用、共有とされる場合があったが、捕獲後の分配のさい、特定種類、あるいは特定の部位が貢納され、捕獲段階での所有形態だけで決まるとはかぎらないこともわかった。

アクセス権が私有から共有に変化する例がヨーロッパ中世における三圃制や日本における牧畑の場合に見受けられた。回遊する資源や漂着資源の所有権については、先取り勝ちから、共有物、特権階級の私有物となるものまで多様である。さらに、おなじ資源であっても。生息密度によって競争状態から自由になる場合があり、アクセス権そのものが変質する場合もある。短期的な所有形態の変化から、歴史的に変容してきた場合を含めた時間軸を踏まえた分析が決定的に重要であることがわかる。

## 第5節　アクセス権の動態と変容

ここでは、東南アジア大陸部のメコン河集水域（おもに下流域 Lower Mekong Basin）における淡水漁撈と、東南アジア・オセアニア地域におけるタカセガイ採集漁についての事例から三極モデルの妥当性を検証してみたい。

とくに注目したのは、アクセス権が（1）資源や環境条件などの生態学的な変化に起因する場合と、（2）法的な規制や政治的な要因など、広義の社会的な権力関係の変化による場合とが併存ないし相互に連関することであり、その事例について詳しく検討する。時代的には当該地域における一九世紀中葉の植民地行政時代から現代にいたるまでを対象として、とくにアクセス権が変容するきっかけとなる要因群について整理し、コモンズとなわばりの動態にたいする理解を深めよう。

## 1. メコン河集水域のアクセス権

メコン河本流から支流、支流の支流、用水路、水田、ため池、湖沼など幅広い水域に分布する水産生物は地域住民により資源として多面的に利用されてきた。このなかには、魚類だけでなく、貝類やエビ・カニなどの甲殻類、水生昆虫、カエル、ワニ、ヘビ、水草などが含まれる。そこで、水田、ため池、河川、湖沼（トンレサープ湖）に分け、資源へのアクセス権とその転換、変容についての事例を検討した。[64]

### 水田漁撈

水田稲作は特定の個人が所有する水田でおこなわれる。この原則には例外がない。しかし、水田内における小規模な漁撈（以下、水田漁撈と称する）は水田所有者のみがおこなうとはかぎらない。東南アジア大陸部では水田の所有者以外の他人が水田漁撈を自由におこなうことができる場合がふつうである。北タイのメコン河支流であるイン川流域[65]、ラオス南部、カンボジアのトンレ・サープ湖周辺では、収穫後の水田で泥中に潜む魚を自由に漁獲することができる。[66]水田漁撈がオープン・アクセスとされるわけは、水田のイネは人間が作るのでその利用権はその本人に帰属するが、魚は自然的な存在であり、その利用権は自由であるという説明を方々で受けた。

詳しく見ると、事態はそう簡単ではない。たとえば、水田に取水・排水するための水路や用水路の出入り口に筌《うけ》を設置して水田から移動する魚を獲る場合、許可を得る必要がある。もしも無断で筌を設置して魚を獲るようなことがあると、罰金を支払わなければならない[67]。（写真1−7）

水田のなかに集魚装置として円形ないし方形の穴をあけ、上に柴や竹枝などを積んで柴漬けとし、乾季に穴に避難する魚を取り上げる漁法がある。ラオスではルムと称される。ルムは直径が二メートル程度、ないし一辺が約三メートル、深さは二〜三メートルある。水田の所有者が自分の水田内にルムを作るのがふつうであり、他人

写真1−7　水田の外縁部に仕掛けられた筌から魚を取り出す（ラオス南部・オイ人の村）

写真1−8　ルム（柴漬け装置）。約3m四方の周囲を木の板でかこむ。上に柴や竹で覆いをし、乾季に集まる魚を獲る。

の水田にルムを造成することはない。[68]（写真1-8）

水田の間を流れる水路の利用権は、両方の水田の所有者が同一人物である場合はその人のものと決まっているが、所有者が異なる場合は話し合いか共同利用とする。たとえば、ナマズを釣る置きバリを水田の畔に設置できるのは水田の所有者である。しかし、水路といっても大きさはまちまちであり、水路での漁撈の権利は曖昧といわざるをえない。水田から道路ぎわに通じる用水路（ホン・ナー）では、魚を筌に誘導する装置（トーン）をしかけて魚を獲ることができる。ラオス南部のアタプー県ランナオ・ヌア村落で三〇年以上住んでいるというオイ人に聞くと、本来、用水路は誰のものでもないが、個人が設置する場所は既得権としてだいたい決まっているという。[69]

以上のように、水田とその周辺域における漁撈ではいくつもの異なる利用権が設定されている。水田漁撈ではオープン・アクセスの原理が支配的であるが、水田の周縁部の筌漁、ルムや水路の筌漁のように既得権のある場合はリミテッド・エントリーとされている。両者のちがいを決める要因は、水田の周縁的な場所、ルムを造成した実績、既得権である。

### ため池の漁撈

ラオス国内には無数の池（ノン nong）が広範囲に分布している。大型のノンをブン（bung）と称するが明瞭な大きさの区別はない。北部タイのメコン河支流域には、河川流路の長期的変動によって三日月形の池が形成される。大型の池はラオス南部と同様にブンとよばれる。これらのため池における漁撈と利用権についての論文でもふれたが、[70]池は大きく村落の共有池か、個人の私有池となっている。

私有池では所有者しか漁業をおこなうことはできないが、ラオスの共有池では、ふつう一年に一度、乾季にファー・ノン、ファー・パーとよばれる村落の成員総出の祝祭的な集団漁がおこなわれる。この場合はだれが参

**表1-4**　ノン・ブン村における池の所有形態に関する近年の変化

| | 私有（souan tua） | 共有（souan loame） | 計 |
|---|---|---|---|
| ノン（Nong） | 20 | 6 | 26 |
| ブン（Bung） | 8 | 11* | 19 |
| 合計 | 28 | 17 | 45 |

売却された資金の用途は、村の道路整備と建設（2000年，200万 KP）、村の電線・木材の購入（2002年，150万 KP）、道路建設（2000年，250万 KP）、寺院の電気設備（2002年，150万 KP）、道路建設（2000年，20万 KP）であった。1万 KP は約1米ドル。

＊：長老会（13名）の所有するブンもある。その池での集団漁による魚の売り上げは長老会が保有する。売り上げが寺へ寄進されることもある。

加してもよいことになっているので、オープン・アクセスといえる。

また共有池に個人的に前述したルム漁の装置を造成することがある。その場合、ルムの利用権は造成した個人に利用権のあることはいうまでもない。しかし、共有池に個人のルムを作ることはあまり歓迎されない。集団的な漁をおこなう場合、ルムのなかに逃げ込んだ魚を獲ることができなくなる。それは共有地に私有地を持ち込むようなものであるからだ[71]。

二〇〇〇年以降、共有池が私有化される傾向がみられるようになった（表1-4）。さらに共有池における漁業権を買い取り、稚魚を放流して蓄養池化する例や私有池の漁業権を他人に貸し与え、かわりに獲れた魚を売る権利を獲得する利権化の傾向がみられる変化も起こった。共有池が私有化された要因はさまざまであるが、村落の電気設備や道路の整備、小学校の改築・建造、役人の接待、貧困者への資金援助など、一口に公共事業を促進するために公共財としての共有池を個人に譲渡した場合が多かった（表1-4）。別の場合には、個人が共有池を私有化して畜養殖を開始する場合があった。共有池を個人に売却した場合、歳入費は村の監査役が管理する。以上の事例では、公共事業の促進と社会的な統合が変化の要因となっているといえるだろう。もともと、誰のものでもない池が周囲を水田で囲い込まれて私有化される事例もあった。その場合は、囲い込みによる既得権の獲得が要因となっている。

**写真1-9 a，b，c** ネズミ落し式の筌（Drop door trap）。ラオ語でチャン（chane）とよばれる。セコン川流域（c）のラヴェ（Lave）人の村

## 河川における漁撈

メコン河集水域の漁撈活動では、多様なアクセス権がみられる。まず、河川で慣習的な漁業権が設定されている場合から検討しよう。ラオス南部アタプー県のハーラン・ヤイ村はメコン河支流のセコン川右岸、海抜約八八メートルに位置するラヴェー人の村である。この村では、ネズミ落し式の横置き筌（チャン）（**写真1-9**）を設置する場所が個人により排他的に利用される慣行がある。二〇〇五年八月の調査から、村の住人W氏によると筌を設置する場所（ルアン・チャン）には決まりがあり、個人で占有しているという。W氏はセコン川の右岸と左岸に筌の占有場所を一一ヵ所、川の右岸と左岸で両方入れることのできるルアン・パケンとよばれる二ヵ所を含めて一三ヵ所もっている（**表1-5**）。チャンは五～七月に使用される、筌の設置場所の名称はすべて回遊性の魚種名になっている。二〇〇六年一月に再調査をおこなったところ、W氏は他界していたが、同村のS氏からネズミ落し式筌の設置場所について聞くと、S氏はチャンの設置場所一三ヵ所を利用して

**表１-５**　チャンの設置場所（Luang chane）の名称と位置・数

| W | S |
|---|---|
| Luang pakheng（1, 2） | Luang kokkai（2, 0） |
| L. pakadow（1, 0） | L. Kokdua（0, 2） |
| L. pakwan（1, 0） | L. Koknyang（1, 0） |
| L. pakheh（0, 1） | L. Kok mangnaunam（1, 0） |
| L. pakot（1, 0） | L. Kok adoine（3, 0） |
| L. patong（1, 0） | L. Kok kume（0, 2） |
| L. papak（1, 0） | L. Huahine（0, 2） |
| L. pakhune（0, 1） | 合計　13 sites |
| L. pakeng（1, 0） | |
| L. pasakang（0, 1） | |
| L. pawah（0, 1） | |
| 合計　13 sites | |

(　　,　　)：チャン（chane）の数と設置場所（左岸，右岸)。なお、Wの場合、チャンの設置場所は魚種名、Sの場合は樹木名である。Luangは「場所」を指す。
(セコン川流域のハーラン・ヤイ村：Bane Halang yai)

いた。その場所に生育している樹木が名前としてつけられている。筌漁は魚がセコン川を遡上する雨季（旧暦六～一一月）におこなわれ、乾季にチャンは使用されない。獲れる魚種は、パ・パーク（*Hypsibarbus* sp.）、パ・クン（*Wallago leeri*）などやパ・トン・カオ（ナギナタナマズ）がある。この村の例では、筌の設置場所が個人により占有されていることになる。筌を沈めた場所の見回りを早朝におこなうわけは、魚を盗まれる可能性があるからだ。

ラヴェー人の村におけるチャンの設置に関する事例と類する例が二つほどあった。ラオス南部チャンパサック県のサファ川はメコン河本流にそそぐ小河川である。雨季にはこの河川の両岸にカーとよばれる漬け柴漁用の大型のザル状をした竹製の定置漁具が水中に沈められる（**写真１-10**）。ザルの内側部分には柴の束を集魚用に入れておく。一定期間、水中に放置し、漁具を舟上に取り上げてなかに隠れている魚を獲る。また、柴だけを集めて水中に沈めて魚を集めるスム漁もある。カーやスムを河岸で設置する場所は、村人であればどこでも可能である。しかし、サファ川では河川の中央部に柴を仕掛ける場所

a　　b

**写真１-10**　カー（khah）とよばれる柴漬け漁具と設置場所。
河岸におけるカー（図ａ）の設置場所は自由（図ｂのＡ）。しかし、川の中央部（図ｂのＢ）の柴漬けは共同利用。（ラオス南部チャンパサック県のメコン河畔にあるサファ川）

は、村の共同利用となっている。この理由として、川の中央部はもっとも魚が多く獲れる可能性のあることと、自由に設置できるならば村人間での先取りをめぐる競合が発生するので、これを避けるためと推測される[72]。

ラオス南部のメコン河支流であるセ・ドン川の支流部における刺し網漁についても同様な事例がある。セ・ドン川との合流点よりすぐ上流地点から数十ヵ統もの刺し網が仕掛けられている。雨季に下流部から遡上する回遊魚を獲るためのものであり、網の設置場所が下流部ほど有利になる。その順番は、およそ河畔にある住宅や水田の所有者の場所と対応する。

### メコンオオナマズ漁と輪番制

河川における漁撈は通常、自由におこなうことができるのが原則であり、船上からの投網漁、流し網、流し釣り、岸辺からの竿釣りなど多様な漁法がおこなわれる。北タイのチエンライ県チエンコーン郡ではメコン河を遡上する大型のメコンオオナマズを流し刺し網で漁獲する漁が伝統的におこなわれてきた[73]。メコンオオナマズはタイ語でプラー・ブック（pla beuk）。つまり「大きな魚」とよばれるように、成魚で体重三〇〇キロに達するメコン河最大の固有種である（**写真１-11**）。

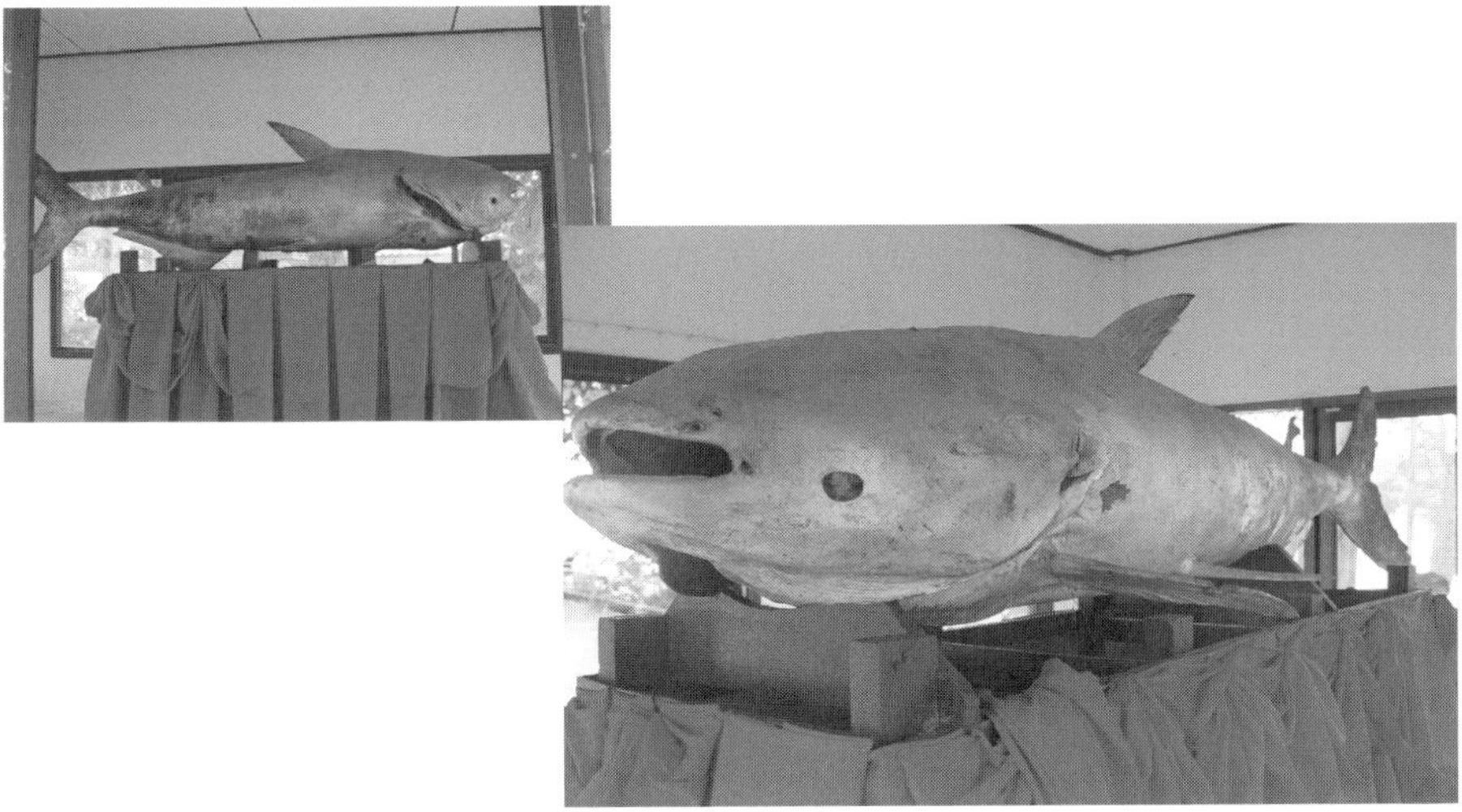

**写真1-11**　メコンオオナマズ（*Pangasianodon gigas*）（2005年6月に捕獲）
（タイ・チエンライ県チエンコーン郡のハート・クライ村）

現在、メコンオオナマズは絶滅の恐れがある種としてIUCNのレッド・リストやワシントン条約（CITES）の附属書Iに登録されている。個体数の減少に関与する要因はさまざまである。第一に挙げられるのが乱獲問題である。プラー・ブック漁で有名なチエンコーンにおける漁獲傾向をみると、一九九〇年の六八尾を最高として減少し、九九年以降、漁獲はほとんどない。二〇〇五年六月下旬に一尾漁獲され、世界中で報道されたが、八〇年代から減少傾向は着実に進んでいた（図1-15）。

一九八二～八三年頃、タイの水産局はプラー・ブックの人工繁殖を開始した。それまでハート・クライ村でのプラー・ブック漁は自給目的であったが、このことを契機として商人が来村してナマズを高値で買い、バンコクへと運んだ。八七年にプラー・ブック漁師組合がつくられてからは値段の交渉をできるようになり、価格も当時、キロ単価は二〇〇バーツ以上もした。八七年にはプラー・ブック漁用の刺し網数は二四ヵ統であったが、漁業を始める人も増えて九〇年はじめには網は八〇ヵ統以上に増えた。組合は漁業者の数を制限して新規参入を禁止し、ようやく網の数は六九にまで減少した。

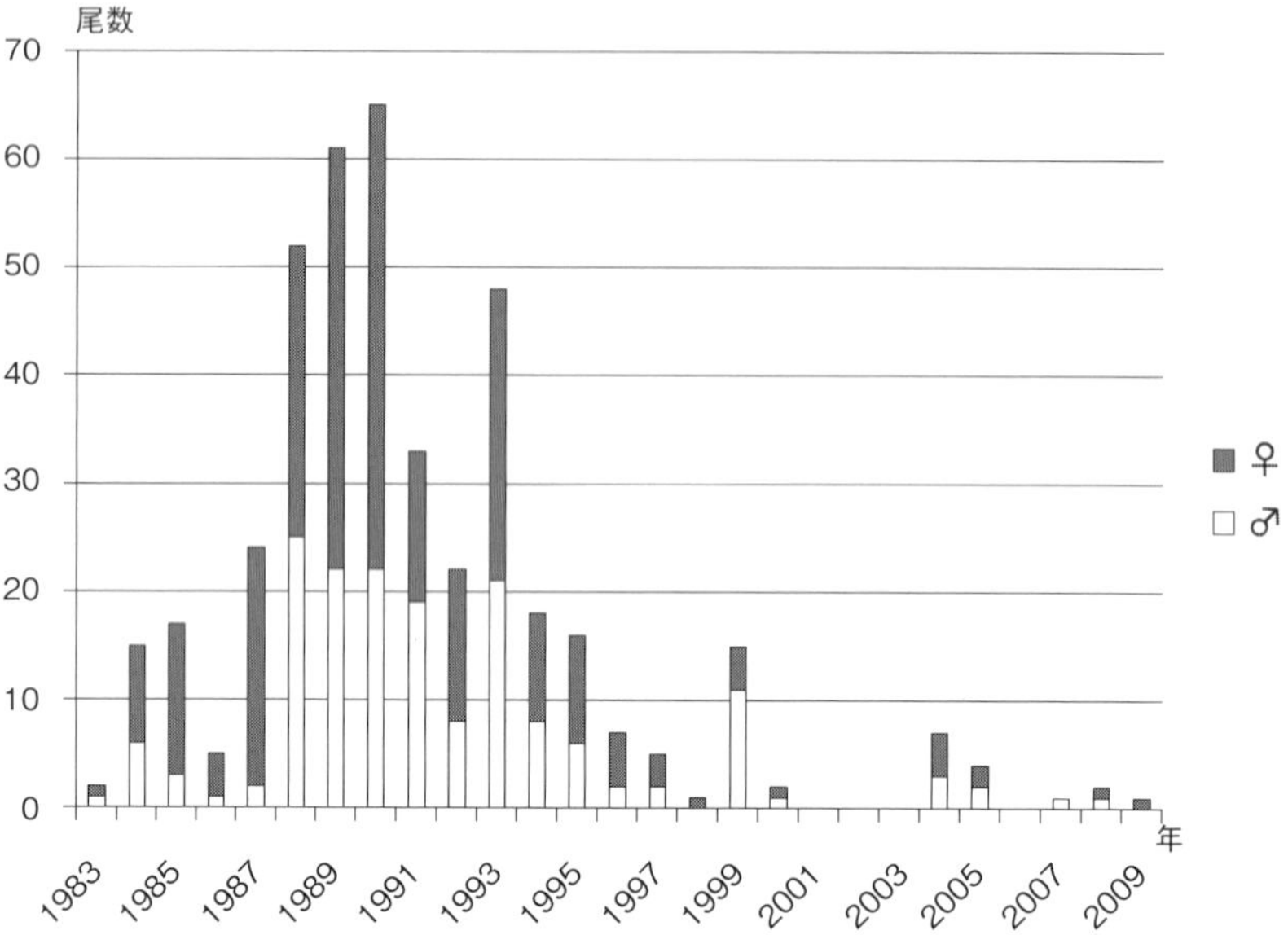


**図1-15**　チエンコーンにおけるプラー・ブックの漁獲尾数の経年変化
（チエンコーンにおけるメコン河畔のレストランにある掲示板による。2011年3月）

この周辺部はメコン河でも岩礁（ゲン）の少ない砂礫質の流域であり、土砂の堆積により河道がせまく、魚道となっていることもあって好漁場とされてきた。流域の漁民は一九八七年にプラー・ブック漁師組合を結成し、メコンオオナマズの生産価格の設定と漁法の規制などを中心におこなってきた。流し網漁に従事する漁民の数は増加し、漁獲高も一九九〇年には最大に達した。従来、プラー・ブック漁は漁師組合に所属するだけで自由におこなうことができた。しかし、漁民と漁船の増加によって狭い流域で大型の網を流しながら漁をすることは網がからまったりして円滑に操業することができなくなってきた。そこで漁師組合で協議して、出漁する順番と時間をズラしておこなう輪番制が決められた。オープン・アクセスによる競合を回避する手段として自主的な規制がおこなわれたわけだ。

a　　　　b

**写真１-12**　ラオス南部のセコン県における魚類保全区を示す看板。
ａ：ナヴァ・ヌア村（Bane Nava Nua）、ｂ：ラヴィー村（Bane Lavy）。
ｂは保全区の境界を示すのみだが、ａには違反者への罰則規定が詳細に記述されている。

### メコン河水系における聖域＝魚類保全区

ラオスでは、一九九〇年代から海外の援助機関を介して水産資源の管理と適正な開発を進めるプロジェクトがラオス南部のチャンパサック県で一九九三年から一九九七年まで実施された。それがヨーロッパ共同体主導による「ラオスの共同体漁業とイルカ保護」プロジェクトである[74]。その目的は、村落ごとに魚類の聖域となる保全区を設けて資源の管理と適正な利用を図ることであった。保全区はヴァン・サグワンとよばれる。ヴァンは「川の淵」、サグワンは「保全区」の意味である。淵は乾季における魚の避難場所や産卵場となる。ラオスでは、国家が河川を管理し、村落は私有することができないが、村落の領域内では従来からその村落による利用が慣行として認められている。このプロジェクトでは、メコン河本流域の五四ヵ村で五九の保全区がつくられ、最終的に六〇ヵ村で六八の保全区が設定された。保全区の大きさは最小で〇・二五ヘクタール、最大で十八ヘクタール、平均は三・五二ヘクタールであった[75]。

一九九七年から九九年までの二年間、引き続いて同様な趣旨の「環境保護と共同体の発展」計画が実施された[76]。一九九七年までに一三村を加えて、魚類保全区が全部で七二ヵ所つくられた。

魚類保全区の取り組みは政府の提案であったが、その実施の可否は村で決裁された。そのさい、魚類保全区の領域内での漁撈活動を一切禁止し、それを侵した場合の罰則も決められた。保全区外における漁撈についても、村ごとの禁止規則が決められることがあった。とくに、他村の人びとが村の領域内で漁業をいとなむことは保全区外であれば原則的に問題はないが、村に申し出をするとともに、滞在場所の報告を義務づけることもあった。

魚類保全区はサンクチュアリ（聖域）となった。保全区による資源保護の試みについて、プロジェクトを実質的に推進してきたカナダのNGOのイアン・バードによると、禁漁区を設けることにより五一種類の魚類について有意な増加が認められた。(77) しかし、長距離回遊性の魚類の多くについては増加が認められなかった。また、*Mekongina erythrospila*、*Labiobarbus leptocheilus* などのように、回遊型の魚種でも増加の認められる種類がなかにはあった。

いっぽう、この保全区は村の住民にちがった受けとめられ方をされた。村落側のリーダーの一人であるS氏は、この計画は不成功に終わったと断言し、つぎのように語った。

「保全区は魚が隠れる場所を提供するし、獲れるだけ魚を獲ろうとする村人にたいして、保全の考えや保護のための啓発と教育をしたことで一定の意義があった。しかし、魚は動くので、保全区にいるかどうかもわからない。これが問題であった」。

村人のなかには規則を守らずに聖域内で漁をするものがでてきた。対立は村内だけにとどまらず、違法操業をめぐる処遇や罰金の軽重が村落間での不協和音を生むようになった。こうしたなかで、魚類保全区を実施した経験のある先進的な四村落ではS氏の指導の下、「保全のための川の淵」から村の判断で魚を利用することのできる「村の淵」（ヴァン・スムソン）へと考え方を転換するようになった。スムソンは「村落共同体」の意味で、「村の淵」は魚を守るためというよりは、村の利益のために川の淵を利用することを提起したものである。

具体的には、保全区を一時的に開放して魚を獲り、その魚を利用し、あるいは売却した収益を村の公共事業や村落の経済発展などに資するやり方や、入札制を導入し、三～五日間にかぎって落札者に入漁を許可する方式が採用された。後者の例では、一日あたり一〇〇万～二〇〇万キープで落札され、漁獲の多少で落札額を上方ないし下方修正する柔軟なやり方も決められた。入札にさいしては、村落の住民以外の外部者も参入することができた。落札された金額は村落の寺院や学校の修復・建設などの公共目的に利用することも決められた。以上はサンクチュアリが設定されて以降の変化であり、サンクチュアリの変質が重要な論点となる。

アタプー県とセコン県でも、一九九〇年代からチャンパサック県の魚類保全区と類似の試みが部分的に開始されていた（写真1-12）。アタプー県の政府畜産水産局や情報文化省の役人によると、保全区はうまく定着しなかったと聞いた。その訳は保全区における罰則が厳しく、住民の反発を招いたこと、保全区事業を推進する資金が不足していたこと、農民への啓発活動が十分でなかったことなどによるという。

## トンレ・サープ湖のなわばりと変容

東南アジア最大の湖であるトンレ・サープ湖はカンボジア国にとり重要な水産資源を供給する宝の湖である。年間漁獲量は二三万トンで淡水域では世界最大に達する。トンレ・サープ湖は他方で周辺の水田稲作地帯に灌漑用水をもたらし、かつてのアンコール王朝の経済基盤を支えてきた(78)。

近現代的な位相からすれば、トンレ・サープ湖の水産資源をめぐる確執は地域の政治経済的な格差問題だけでなく、生物多様性、水産資源など環境面にも由々しいインパクトをあたえることが懸念されている。問題の根幹には一九世紀以来の水面利用権の独占的な利用形態がかかわっている。一八六三年以来、カンボジアを植民地化したフランス政府は、湖面の利用権に関して高額の税を納めたものに利用権をあたえる制度を導入した。これがフィッシング・ロット（fishing lot）とよばれる広域の漁場にたいする利権であり、競売（オークション）によって取得された。植民地政府は利権の見返りとして多額の税を取得することができた。じっさい、フィッシング・

写真１-13　トンレ・サープ湖における定置漁具

ロットに関する法令と関連法案が制度化された一九〇八年、植民地政府は水産業から一七％の税収増を得ている。一九一〇年には、水産業による税収は植民地経営経費の九分の一に相当した。一方、農業による税収は歳入経費の八分の一であり、いかに水産業が重要であったかがわかる。

植民地政府はトンレ・サープ湖の水面利用に関して、（1）商業的漁業区（commercial fishing areas）、（2）公的な漁業区（public fishing areas）、（3）保護区（conservation areas）に分割し、商業的漁業区は、さらにフィッシング・ロットによる各漁業区に細分化し、排他的な漁場利用の場として、一般漁民の立ち入りを排除した。[79] それぞれのフィッシング・ロットでは大規模な定置漁具を設置して大量の魚が捕獲される仕組みが作られた[80]（写真１-13）（図１-16）。

第二次大戦を経て、フランス植民地行政が終焉し、N・シアヌークの元、カンボジア国が成立する一九五三年一一月以降も、フィッシング・ロット制度は持続し、富裕層による独占的な漁場占有はトンレ・サープ湖周縁に住む多くの小規模な漁業者の漁業活動を圧迫し、両者

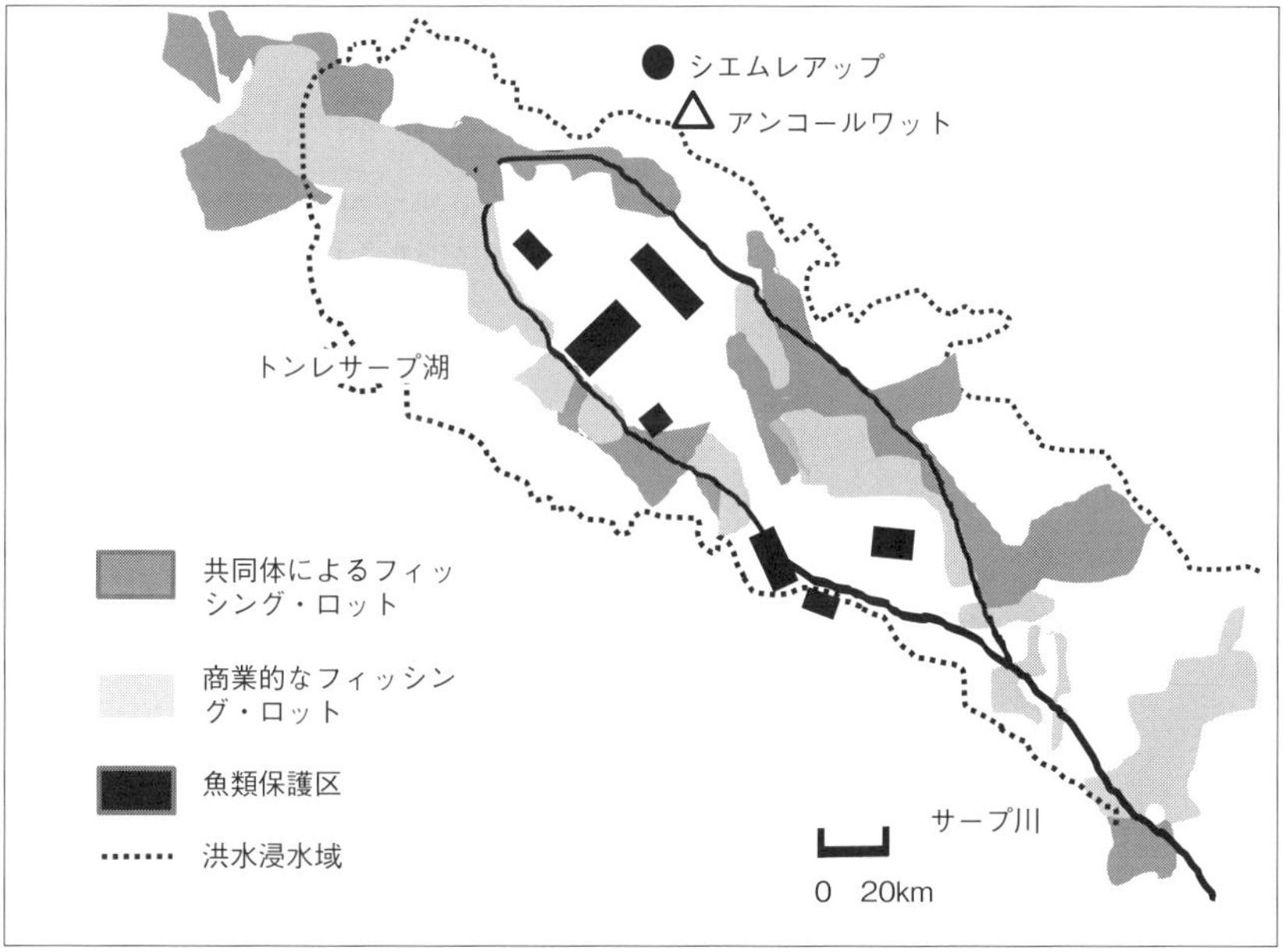


**図1-16**　トンレ・サープ湖におけるフィッシング・ロットの分布
（Internet explorer: Community Forestry Management in Cambodia）
雨季に冠水する洪水埋没林は魚類の重要な産卵場となる。

の間で深刻な相克が蔓延していた。先述した（2）の公的な漁業区では商業的なロット・システムによる漁業ではなく、共同体の成員が小規模で自給的な漁業をおこなうためのものとされ、商業的取り引きは禁止されていた。ただし、もともとのフランス語の公共領域（domaine public）が、国有地であり、アクセスが可能な自由領域という範疇に入ることからも理解できるように、オープン・アクセスということになる(81)。つまり、一九世紀以来、トンレ・サープ湖では、自由領域（小規模な自給的漁業）、制限領域（フィッシング・ロットの利権による排他性の水域）と自然保護区からなっていた。三者は単に併存する関係にあったのではなく、自由領域と制限領域との間や、制限領域と保護区との間で矛盾が露呈していた。保護区とフィッシング・ロットはともに植民地政府やのちにカンボジア国政府が決めたものであったが、たがいに重複する領域があり、生態学的な管理と生物多様性の意義に関しては不問に付されている。

フィッシング・ロット制度は功罪相半ばする側面をもつ。定置漁具には魚が集まることから、密漁者が絶えず、武装した警固人による密漁防止策が不可欠とされた。定置漁具の陸側にある洪水埋没林は雨季における産卵場としてロットにおける漁業とトンレ・サープ湖における水産資源の更新には欠かせない。フィッシング・ロットの利権保有者は洪水埋没林を伐採することなく保全してきた。他方で、フィッシング・ロットのなわばり境界では小規模な漁業者との間で紛争が多発し[82]、政府役人による私有水面域の借用権の操作やロット漁場への不当な介入などの利権がらみの政治紛争も発生している[83]。

こうした状況変化のなかで、ついに二〇一二年三月、カンボジア国のフン・セン首相は植民地時代からのフィッシング・ロット制度の廃止宣言を発した。大規模な水面の占有制度が消滅した現在、新たな問題が発生するようになった。それは、従来の公共的な漁業区を越えて、商業的な漁業が野放図におこなわれるようになったことである。これは「共有地の悲劇」論に相当する事態であり、商業的な漁業によるアクセス権や漁具・漁法など、具体的な規制を早急に制度化する必要が浮かび上がった。フィッシング・ロットによる私有化から共有化の転換がはかられたが、事態は楽観的ではない。私有化から共有化への転換は私有化時代の洪水林の保全や取り締まりによる資源管理や乱獲の防止など、利点もあっただけに総合的な保有形態の変化を今後ともに注意して追跡する必要があるだろう[84]。

## アクセス権の動態

以上のように、水田、池、河川、湖沼での小規模漁業において多様な利用権や慣行の存在することがあきらかとなった。水田は私的所有を基礎とし、イネも人間がつくったものである。しかし、水田に遡上する魚は自然的な存在であり、誰のものでもない。池はもともと人間がつくったものではなく自然の存在であり、地域の共有物とされ水田漁撈は自由におこなわれてきた。ただし、水田の周縁部における漁撈には制限が設けられた。池の場合、共有池と私有池が併存する状況があった。共有池では共同体的な集団漁がおこなわれてきた。しかし、共有池が私有化される傾向が最近みられるようになった。河川は誰のものでもなく、国家のものとされている。小さな筌を設置する場所などどこでもよいようなものであるが、特定の場所を個人が占有する事例があった。ラオス南部で一九九三年以降に設定された魚類保全区は魚類のサンクチュアリを設定するものであったが、これらのことから、東南アジアの大陸部において、アクセス権にはオープン・アクセス、リミテッド・エントリー、サンクチュアリのいずれもが多様な形態として存在することが判明する。しかも、自由利用から輪番制による規制（メコンオオナマズの流し網漁）、共有池から私有池への転換、聖域の意味づけに関する変質（魚類保全区）などがあきらかとなった。[85] サンクチュアリの設定後、村ではさまざまな変化が生じた。利用権に着目すれば、「村の保全区」はサンクチュアリからリミテッド・エントリーへと変化した（図1-1参照）。その変化に関与する要因はこれまでの例からもあきらかなように、村落の公共事業への充当、学校の建設資金、役人への接待資金など社会の維持や発展のためであった。

以上のように、村落生活の維持と発展を主眼とするために保全区を活用する新しい方式がメコン河本流域にある一部の先進的な村でおこなわれていることが判明した。この方式が今後どのように定着していくかは注目に値する。それ以前に外部からの要請におうじてトップダウン式におこなわれた資源管理は、地域や村落の実情に合致しなかった。その点で、住民独自の新しい自主的な運動は意義深いものであり、ラオスにおける近年の水産資源管理の動向を示すものといえる。つまり、政府や外部主導型の上からの指導による共同管理に代わって、共同体を基盤とする資源管理が動き出した。この事例は、共同体管理の欠陥を補うものとして登場した共同管理[86]がもつ限界を示すものとしても注目しておきたい。

河川環境や水産資源の再生産を阻害する砂金採掘が二〇〇三年以降に開始されたが、住民の反対でまもなく退却を余儀なくされた。住民の勝ち取ったものは、目の前の河川の資源を保全することであり、余計な開発は無用な代物であったわけである。

トンレ・サープ湖では植民地時代から利権の競売による大規模な漁場の独占化・私有化によって、小規模な漁業がオープン・アクセスであるとはいえ、自給用の限定的な目的にそっておこなわれた。自然保護区は一九世紀から設定されていたが、先述したフィッシング・ロットと重複する部分があり、生態学的に理にかなったゾーニングであるとはいい難い。二〇一二年に私有化が廃止されたが、共有資源をめぐる新たな問題が発生しており、私有化の意味を改めて問う必要性が浮上してきた。植民地時代からのトンレ・サープ湖におけるなわばりと利権に関する空間利用の問題は、広く政治地理学（Political Geography）の課題でもあることがあきらかであり、その歴史的な展開と変容に関するダイナミズムが研究上の重要な論点となる。[87]

ここ一〇〇年の水産資源をめぐる流動的な動きのなかで、オープン・アクセス、リミテッド・エントリー、サンクチュアリの三つの利用権と諸要因との関係を時間的な変化に投影したものの総体は生態史的な地域のとらえ方に通じる。資源へのアクセス権の問題をテコとして、水産資源だけでなく森林資源や野生生物の利用と保護など、広く自然と人間とのかかわりとその変化の問題に適用して考えることはたいへん有効な武器になるであろう。

## 2．タカセガイ漁へのアクセス権とその変容

タカセガイ（高瀬貝）は、インド洋・太平洋のサンゴ礁海域に広く棲息するニシキウズ科の大型巻貝で（写真1-14）、成長に三〜四年を要する。肉は自給用食料として、貝殻は釣りばりの軸や腕輪、ネックレス、ペンダントとして広く利用されてきた（写真1-14）。[88]

**写真1-14**　タカセガイ（サラサバテイラ：*Trochus niloticus*）（八重山諸島・石垣島）

## タカセガイの経済史

一九世紀後半以降、タカセガイを貝ボタンの材料として利用する域内・域外の交易がさかんにおこなわれた。シンガポールはタカセガイの中継貿易港であり、その多くはインドネシア方面から集荷され、マレー半島のペナンや南シナ海に面する離島でも採集された。貝の一部はヨーロッパへ運ばれたが、主要な輸出先は日本であった。片岡千賀之によると、ミクロネシア、インドネシア、トレス海峡などの南方海域はとくにタカセガイ、ヤコウガイ、真珠母貝、ナマコなどの底生資源の産地として知られ、戦前、本州や沖縄からの漁民の参入による南方漁業がさかんにおこなわれた[(89)]。

ドイツは一八五七年、サモアを端緒としてオセアニアへの商業活動を開始し、一八八四年にマヌスを含むアドミラルティー諸島を併合した。それに先立つ一八七〇年代からタカセガイや真珠母貝、ナマコが積極的に買い上げられるようになった[(90)]。当初、日本の漁民はドイツ向けにタカセガイを採集して販売していたが、明治以降の洋装化とともに貝ボタンの輸入が一八八〇年代以降に増加した。一九〇〇～一九一〇年代以降には大阪を中心とした地域で貝ボタン産業が発達し、貝ボタン産業はピークを迎える。こうして、日本ではタカセガイの貝殻の輸出国から輸入国へ、貝ボタンの輸入から輸出へと産業構造が転換する。海外での貝採集もさかんとなり、一九一〇年当時、日本の商人がニューブリテン島のラバウルに定着してタカセガイ・ナマコ採集に着手していた。しかし、第一次世界大戦後の不況と世界恐慌、その後、第二次世界大戦前夜の東南アジア各地における排日・抗日運動の高まりと、資源の乱獲による事業の不振もあって、タカセガイ採集漁は衰退する。一九二〇年代以降、タカセガイ漁が急激に衰退し、代わって追い込み漁が代替漁業としておこなわれることとなった[91]。

第二次世界大戦後は、プラスティック産業が興り、貝ボタンの市場価値が下落し、タカセガイ漁は一九五〇年代中頃に停止した。しかしその後、一九七〇年代後半以降になると、高級服飾産業が勃興し貝製のボタンが注目されるようになった。ふたたび市場価値を得て、原料となるタカセガイを供給するため、タカセガイの買い付けがおこなわれるようになった。一時は枯渇状態に陥ったが、貝ボタン産業の低迷によってタカセガイの資源量が回復した。しかし、ふたたび貝ボタンの見直しによって資源の乱獲を危惧すべき事態が二〇数年前から生じてきた。以上がタカセガイをめぐる過去一五〇年の経済史の概要である。

## タカセガイ漁と入漁問題

一六世紀以降、二〇世紀の第一次大戦後までに、東南アジア、オセアニア西部では、スペイン、ポルトガル、オランダ、英国、ドイツなどの西洋列強と、米国、日本、オーストラリア、ニュージーランドを含む太平洋諸国がさまざまな利権と支配をめぐってその覇権を争ってきた[92]。以下ではタカセガイ漁の漁場に着目して、一九世紀中葉から現代まで外部漁民による入漁問題がどのように展開してきたかについて検討したい。

## 南洋群島と蘭領東印度

一九世紀後半期から太平洋ではドイツによるタカセガイの採集が急速に進み、二〇世紀初頭の一九〇八年には、すでにドイツ植民地領内における外国人のタカセガイ漁を禁止する措置がなされている。第一次大戦勃発後の一九一四年、日本海軍は南洋群島を占拠した。すでに、南洋庁がおかれる以前の一九一六年八月に「南洋群島漁業規則」（大正五年臨時南洋群島防備隊民政令一四号、昭和一一年南洋庁令第二号）が決められた。委任統治領であった南洋群島では国内とおなじ法が適用されず、漁業については許可制とし、禁漁期間が定められた(93)。このなかで、タカセガイは七月～四月、禁漁とされた。ただし、ミクロネシアの現地住民は漁業規則とは無関係に自由にタカセガイを採集することができた。またタカセガイは許可漁業の対象であったため、ミクロネシアに出漁していた沖縄出身の漁民の多くは禁漁期のないナマコ漁に従事した。タカセガイとクロチョウガイ（禁漁期は四～八月）における許可件数は、一九二四年から一九三六年までの期間で、二件から八件に過ぎない(94)。そのため、沖縄漁民はカツオ漁へ転向するかあるいはインドネシア方面へと転身せざるをえなかった。

オランダの統治した蘭領東印度では、一九一〇年代当初、日本人漁民は西部のスマトラ島のバンダ・アチェやセレベス島（現在のスラウェシ島）などでタカセガイ漁に従事した。タカセガイ漁の集散地はセレベス島南西部にあるマカッサルであり、潜水漁に長けたバジャウ人を中心にタカセガイ漁に従事した。蘭領東印度でタカセガイ漁、ナマコ漁、真珠母貝漁などに従事した沖縄の漁民も潜水漁に秀でた能力を発揮した、蘭領東印度では、すでに二〇世紀当初の一九〇二年からタカセガイの乱獲を防止し、インドネシア人漁民が慣行権を主張する海域から外国人を閉め出す法律により日本人漁民は実質的に沿岸域から排除されることとなった。第一次大戦後の不況によりタカセガイ価格が下落すると、沖縄漁民は採算が合わずに追い込み漁に転身する者が多かった。

フィリピン南部のスールー海ではモロとよばれる漁撈民がタカセガイ、ナマコ、フカひれ漁に従事した(95)。シンガポールの海峡植民地では、追い込み漁から転身した漁民がタカセガイ漁に従事したが、乱獲による資源減少はシンガポールの華人社会に反日運動をもたらし、タカセガイ採集に従事する日本人漁民がふたたび追い込み漁へと転身する変化も生じた。

南太平洋のニューギニア、ソロモン諸島、オーストラリアでも、内地、沖縄、台湾、南洋群島から漁民が進出した。漁民はタカセガイを乱獲し、入漁権を得ずに採集をおこなったとして領海侵犯を非難された。当時、オーストラリアも真珠母貝の潜水漁に従事した日本人ダイバーをアラフラ海から排斥するための方策を思案していたが、結果的には戦後の一九五三年に大陸棚宣言をすることで入漁排除を合法化できた経緯がある。

このように、二〇世紀前半の三〇年間に西部太平洋やインドネシア海域でタカセガイ漁に従事した日本人漁民による入漁から撤退するまでの背景には、資源の乱獲、植民地政府から資源保護の理由や慣行的な入漁権をもたないために排斥されたこと、政治的な反日運動の煽りを受けたことなど、複合的な要因が介在した。つまり、植民地政府の法や現地社会の慣行的漁業権が、外部からの略奪的な漁業を排除するために有効な役割を演じた。それでは、現地の慣行的な漁業権自体は外部からの影響や時代変化を受けて変質したのだろうか。

### マヌスにおける海面利用とタカセガイ

かつてマヌス周辺に居住する漁撈民は、海面を自由に利用していた。一八七〇年代以降、ドイツは植民地経営の一環として、当時の植民地であったニューギニアとミクロネシア各地で積極的な買い付けを開始した。詳細はあきらかではないが、この頃に海面利用に制限が設けられる変化が生じた。わたしが調査をおこなった村の年長者によると、ラライ、つまりタカセガイは一九一〇年代頃から商品として売られるようになった。当時、一日で一〇~二〇個程度しか採集されなかった。しかも五〇個のタカセガイは人びとの嗜好品である黒タバコ一本程度（長さ約二〇センチ）の価値しかなかった。[96] 注目すべきは、金属製のリングを用いて、採集されたタカセガイの殻径が計測され、小さな個体は買い取られなかったことである。当時から未成熟な貝が売れないことをマヌスの人びとは理解していた。集荷商人も採算を考えてこうした規制を実施していたと考えることができ、タカセガイの資源管理方法として最小殻径を決める現代の先駆となる取り決めであったことをうかがわせる。

マヌスの漁民だけでなく、日本人漁民がこの地域でも商業活動を開始したことは先述したとおりであるが、タカセガイの採集をめぐり、両者の間でいさかいがあったかどうかは不明である。いずれにせよこの時代にタカセガイが商品化される過程で、海面の自由な入漁からクランによって規制される変化が生じた。(97)

第二次世界大戦後の一九五七年には、オーストラリアのスティームシップ社が村沖にあるドロヴァ島をオーストラリア委任統治政府より買収し、村の成員六名からなる会社を設立し、島の周囲二～三キロの海域における資源利用を許可制とした。この会社の許可（ナナメ）なしに漁業をおこなうことは禁止されたが、それより沖合は誰でも自由に利用することができた。

パプアニューギニアが独立した一九七五年以降は、都市部への水産物の供給や沿岸漁業振興策により資源利用の強度が増すなかで、隣接する村落間での対立や入漁に関する紛争が頻発するようになった。とくに、ナマコ、タカセガイ、真珠母貝のような定着性資源をめぐる紛争が顕著であり、係争が一九八〇年代以降に多発したことを現地の地方裁判所の記録文書で確かめることができた。すなわち、植民地時代にはそれまでの自由な海面利用慣行に代わる私有化の傾向がみられ、戦後の混乱期を経て独立後の経済発展の段階で、ふたたび村落を越えた紛争へとエスカレートしていく過程をみることができる。(98)今後、タカセガイの適正利用をめぐり、境界紛争を当事者間で円満に解決する努力を進め、資源の禁漁期や禁漁区を設けるような新たな方策が導入されなければならないだろう。

## インドネシア東部におけるサシ

インドネシア東部のマルク諸島一帯では、サシ（sasi）とよばれる資源管理の慣行がある。サシは、村落基盤

表1－6　サシ解禁後におけるタカセガイ売却による収益の配分

| 1989年12月 | 12. 4 | 12. 5 | 12. 6 | 12. 7 | 12. 11 | 12. 12 | 12. 13 | 合計 | |
|---|---|---|---|---|---|---|---|---|---|
| 貝の個数 | 1343 | 2099 | 818 | 652 | 415 | 104 | 31 | 5463 | |
| 重量（kg） | | | | | | | | 479 | |
| 単価（Rupiah/ kg） | | | | | | | | 12, 000 | Rp |
| 収益 | | | | | | | | 5, 748, 000 | Rp |
| 配分 | | | | 個人（Person/ Penyelam） | | | 35％ | 2, 011, 800 | Rp |
| | | | | 村落（Umum Desa） | | | 65％ | 3, 736, 200 | Rp |

（1989年12月 4－13日、インドネシア、ケイ・ブサール島、オホイテル村）

型の資源管理慣行であり、セラム、アンボン、サパルア、ハルク、バンダ、ケイ、アルーなどインドネシア東部の島々からイリアン・ジャヤにいたるまで広範囲に分布する。[99] 一九～二〇世紀のスルタン王国時代、インドネシア東部には小王国が林立していた。スルタン王国の長であるラジャが華人商人との間でナマコやタカセガイの買い付けに関する契約を結んでいた。ラジャは服属する村々に指令を送り、ナマコやタカセガイを採取させ、それを一手に集荷して富を独占的に掌中に収めた。また各村落にはブギス人の仲買商人が常駐し、村人の獲得した海産物を集荷する役割を果たした。トゥアン・タナ、すなわち「土地の支配者」としてのスルタンと各村の長との支配―被支配関係が、海産物交易のなかで生かされていたのである。[100] インドネシア東部各地のスルタン諸王国は一九四五年のインドネシア独立を契機に瓦解し、インドネシア政府による統治体制下では村人が資源を献上することはなくなった。

### サシの慣行とタカセガイ

タカセガイは多くの村落でサシの対象とされている。地方の郡政府は村落ごとのサシの解禁と収益の配分、利益決済についての報告を文書で提出するよう指令されている。これまでの調査から、村落ごとの具体的な文書の分析から得られた重要な点を以下に述べよう。

第一は、採集物の分配についてである。ケイ諸島オホイテル村における一九八九年の報告によると、同年一二月四～一三日にかけての七日間（三日間は休み）

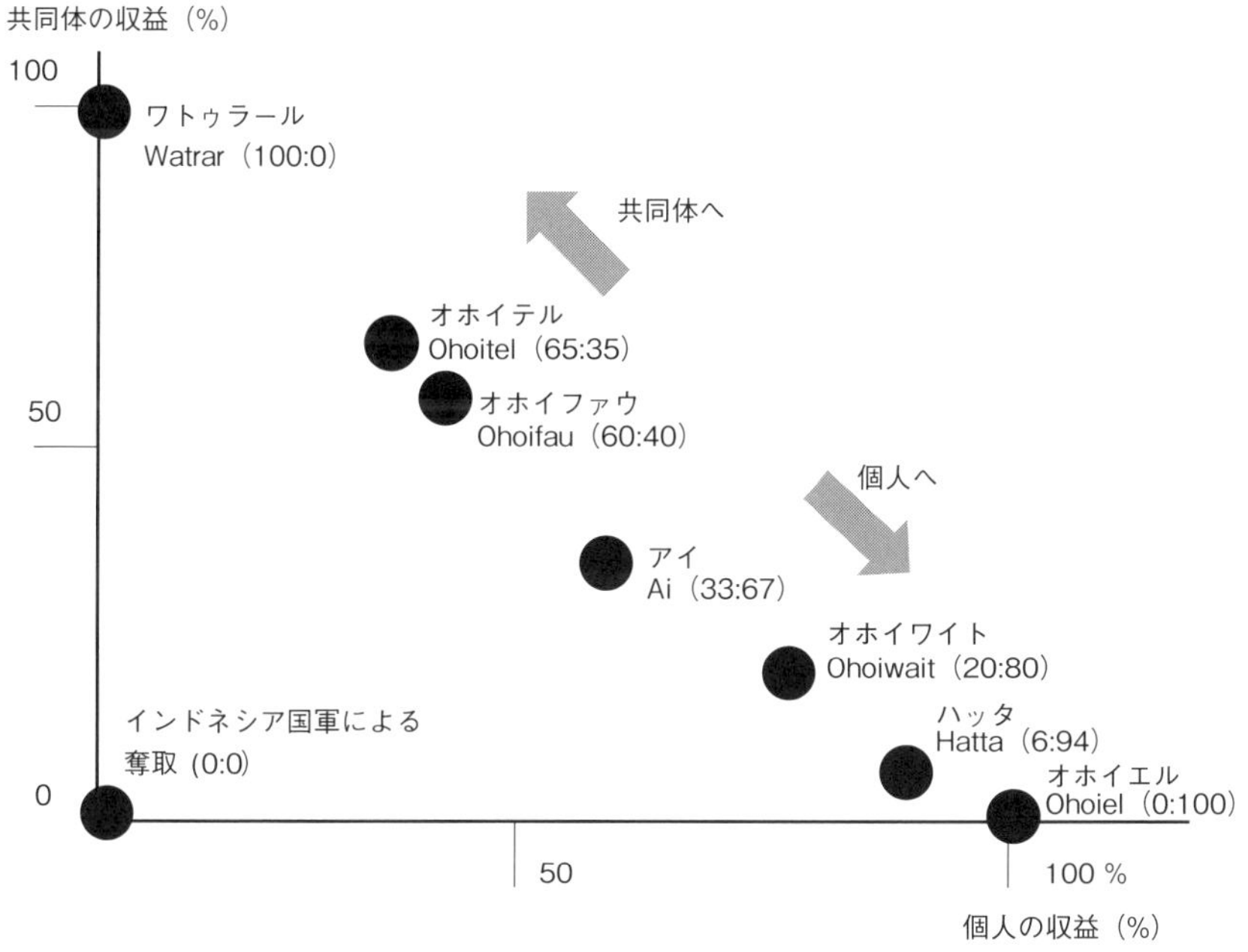


図1-17　インドネシア東部におけるタカセガイ売却による収益の配分比。括弧内は（共同体：個人）の配分割合

に採集された貝の合計五四六三個（四七九キロ）は、キロ当たりの単価一二〇〇〇ルピアで売却された。収益の六五％は村落の公共的な目的のために、残りの三五％は世帯ごとに取れ高におうじて比例配分された（表1-6）。他の村々の例では、公共目的として、小学校の建造、橋の架設、公衆便所、柵の建設などに充当されていた。このように、タカセガイの収益を村落の公共目的と個人の採集高におうじて配分する考えが共同体基盤型の資源利用の特徴である。

別の村落における事例について文献資料を加えて検討した結果、図1-17にあるように、村の取り分と個人の取り分に関する割合は〇～一〇〇％までバラツキがあった[101]。（図1-17）村落間のバラツキとともに、同一村落であっても、配分比が時代的に変化したこともわかった。たとえば、バンダ諸島ハッタ島の例では、一九六〇年以前は共同採取したものが平等に分配されていたが、タカセガイの商品価値が上昇する一九六五年には採集物の六%分が村落へ供出され、残りの九四%が個人の取り分とされた。また、収量も一九五〇年代の年間五〇トンから一九九二年の一・五トンにまで激減しており、価格の変動と収量との関係をさらに精査する必要があるだろう。

サシによる資源利用の禁止期間は村落によってちがうが、二~三年がふつうである。しかも、サシの解禁期間は波が穏やかな乾季の一~二月、約一週間程度であった。このことはサシが、村落の経済を支えるうえで重要な貝類資源を適切に管理するためのものであることを示唆している。実際、数年にわたる禁漁によって大型のタカセガイが増えたことが実証されている[102]。

第二は、境界紛争についてである。サシが資源の管理と利用にとって有意義であるとしても、禁漁期間中に密漁や不正な採集があれば実効性はなくなる。サシが村落を基盤とする規制であるとされる点がここにある。しかし、隣接する村でサシが解除されるさいに不法に自村に侵入して採集されるような事態が発生すると、村落間で紛争が生じる。こうしたさい、当事者間で調停がなされるのがふつうであるが、境界の策定について合意が成立していないと、時として武力衝突を伴う紛争が発生する。サシが村落基盤型の資源管理方策であるとしても、境界の策定は別問題である。実際、一九八九年に放火と武力紛争が発生したことを受けて、郡政府が一方の村の許可申請を退け、サシの解禁を認めない事例があった。つまり、サシは村落基盤型の自主的な資源管理慣行としてだけあるのではなく、郡政府の介入によって資源利用を適正に実施する共同管理(collaborative management/co-management)の側面も併せもつといえる。

以上のように、インドネシア東部におけるサシの慣行から、タカセガイがスルタン時代から商人を介して漁民への資源管理を政治的に実践するための対象とされていたこと、当時より中国向けの重要な輸出品としての生産規制がなされていたこと、戦後は村落の自主性に応じた資源利用がおこなわれてきたものの、郡政府の介入による規制がなされていることがあきらかとなった。

## トロカス・コネクション(103)

これまで、タカセガイ資源の利用と管理をめぐり、おもにニューギニアのマヌスとインドネシア東部の事例を検討してきた。タカセガイの資源管理をめぐる生態史を三つの時期に分けて考えることができる。第一は一八七〇～一九一〇年代までの時期で、インドネシア東部では、スルタン王国の王はナマコや真珠母貝、タカセガイなどを中国向けに集荷する漁業権と交易権を掌握していた。一方、同時期にミクロネシアとニューギニアでは、ドイツがヨーロッパ向けの貝ボタン用資源として利用した。第二は、ドイツに代わって日本がタカセガイの輸入とボタンの輸出を開始してから第二次世界大戦前夜までの時期で、入漁した日本人漁民は蘭領東印度（インドネシア西部）、ミクロネシア、ニューギニアなどでタカセガイ資源を採り尽くし、一部の地域では地元から排斥された。第三期の戦後は、インドネシアの独立によりスルタン王国が瓦解し、タカセガイ交易も終焉した。しかし、一九七〇年代以降には貝ボタンの再評価によりタカセガイ漁が復活し、サシにたいする政府の介入による共同管理へと推移する。

以上のように、西部太平洋におけるタカセガイ資源の利用と管理をめぐって、植民地政府、スルタン王、東南アジアの華人商人、ブギス商人、日本の商人、東南アジアやミクロネシア、ニューギニアの漁撈民と日本の漁民とが交錯する歴史が形成された。サンゴ礁の資源管理についての生態史的な考察では、交易における政治的な介入と統制、交易ネットワーク、入漁についての分析が不可欠である。トロカス・コネクション（Trochus connection）は、当該地域の海、地域、人間活動を含む生態史を理解する重要な契機となることが判明する。

東南アジア大陸部の淡水域における河川・池・水田、湖沼の資源と、東南アジア・オセアニアのサンゴ礁海域におけるタカセガイ資源を取り上げ、アクセス権の実態とその変化について検討してきた。一五〇〇年以上にわたる歴史的な変化は資源へのアクセス権が地域ごとに大きく変容してきたことがわかった。ラオスでは一九七五年の独立を契機とした経済発展とその後の資源枯渇が資源へのアクセス権を変化させてきた。英国、フランス、オランダ、ドイツ、日本などの植民地的統制のもとで資源利用が大きく規制されていたことや、その影響が現代にも影を落としていること、ラオス南部における共有池が私有化された例や、トンレ・サープ湖におけるように私有制度が廃止される例があり、歴史的なコンテキストのなかで所有制の問題を考えることができた。

# 第2章　保有となわばり

## 1．保有について

本章では土地と海面の保有について取り上げる。保有はテニュア（tenure）の意味であり、所有権の有無にかかわりなく、占有権、専有権、用益権などの多様な利用（使用）権を含んでいる。たとえば、コモンズのモデル論にあった熊本県阿蘇草原における放牧用の採草入会権は慣行として認められた保有の例であるが、草地の所有権は町村にある。牧草地はコモンズとしてあるが、牧野組合ごとになわばりがある。ここでは、土地や海の保有となわばりやコモンズとの関係を精査するのが大きなねらいであり、保有の問題を利用権や所有権を参照しながら議論を進めたい。

### 保有の相対論

現地社会で所有権がどのように認識されているかは、西洋近代における法体系ですべて解釈できるとはかならずしもかぎらない。所有の概念は世界中で普遍的に存在するのではない。地球上の大地は人間が所有するのではなく、カミや創造主のものであるとする観念も厳然としてあり、西洋近代における法体系の発想だけから論じることには限界がある。所有の観念さえ相対的なものといわざるをえない。たとえば、オーストラリアへ植民した初期の白人はそこを誰のものでもない無主の大地と考え、早いもの勝ちで所有権を宣言したが、それより数万年前からアボリジニが居住してきた。アメリカ大陸には、モンゴロイド集団が移住したずっとあとにヴァイキングや英国、オランダ、スペイン、フランスなど西ヨーロッパの人びとが植民した。しかも、西洋とはまったく異なった所有観を先住民の人びとが継承してきたこともあきらかとなっている。先住民に西洋中心の所有観を押し付けてきた歴史については第6章で詳しくふれる。

以上の点を踏まえて、本章では所有の有無によらず、利用するための用益権やそれが行使されている実態を総称して「保有」としてあつかう。そこで、所有関係や占有（専有）を含めた用益・利用形態に着目し、所有権のみに限定して現象を考えるのではなく、実態から所有権のありかたを参照する立場を取りたい。

### 保有となわばり

なわばりは所有権の問題ほど論争のない概念ではあるが、逆に土地や水面の利用実態面ではたいへん多様な様相があり、ある地域におけるテニュア全体像のなかに位置づけることが重要である。なわばりが存在するからといって、その領域が特定の個人や集団によって所有されているわけではかならずしもない。もともと所有権などない領域になわばりが設定される場合もある。土地であれ水面であれ、なわばりは保有の一形態である[1]。

## 第1節　東南アジアの森と交易

### 1．ボルネオの森から考える

ホモ・サピエンスとしての人間が地球上に拡散し、陸の王者のような顔をするようになったのはたかだか数万年をさかのぼるにすぎない。森の樹木やシダ類、キノコ、草花とともに生息する霊長類、鳥類、昆虫などの生き物は、気の遠くなるような長い時間のなかでその生命を長らえてきた。森の先住権はあきらかに人間以外の生き物が握っている。この立場を代弁する人間はあまりいない。たいていの人は、人間が一番えらいとひそかに考えている。

どうやらもっとも分の悪いのは植民地主義者とその亡霊たちの開発論者であろう。先住者がいるにもかかわらず、国家のため、人民のため、経済発展のためと称してわがもの顔で森の開発を押し進めたからだ。

分が悪いのにその非を認めようとしない傲慢さに業を煮やして立ち上がった人びともいる。たとえば、ボルネオに住む狩猟採集民のプナンの人びとがそうだ。かれらは森を守るため、バリケードを張り、伐採業者の立ち入りを阻止した。いわゆる、ブロッケイド（森林伐採道路封鎖）である。日本では、奄美大島でアマミノクロウサギを原告とする開発反対の訴訟があった。ゴルフ場建設のために森を伐採する動きが起こり、アマミノクロウサギの代理訴訟人として人間が立ち上がった。裁判は勝訴し、アマミノクロウサギの生存権が認められた(2)。森に生きる樹木や動物に権利があるとする思想は、人間中心主義とは相対する極北の思想といえなくもない。では、人間中心でも生き物中心でもない、もっとちがった発想から世界をとらえることができないだろうか。

世界中の森の先住者は、そこに生存してきた生き物である。あらゆる生き物の歴史からすれば、人間以外の生き物が経験してきた長い時間のすえに森の先住民が登場した。森の先住民は森と密接なかかわりのなかで、生きる知恵と技術を育んできた。だから、その適応の知を洗い出してわれわれが学ぶことは重要なことにちがいない。かといって、その知恵を必要以上に美化することはときとして危険だ。森の先住民を「高貴な野蛮人」とのみ考えることもない。なぜなら、森の先住民は深い森に隔離された集団であるとみなしがちであるが、じつのところ外部世界とはさまざまなつながりをもってきた。

すでに宋代には、犀角《さいかく》（サイの角）、ジャコウネコ（漢方の霊猫香）、樟脳、香木、燕の巣（燕窩）などが中国に運ばれていた(3)。その後も、林産物の採取や交易、森の開発をめぐって農耕民や外部商人との対立が発生した。し

写真2－1　オランウータン（マレーシア・サラワク・クチン）

かも、先住民と森との結びつきは恒常的ではなく、不断に変化、分断、攪乱、再生を繰りかえしてきた。森とそこに住む人びと、そして外部世界をネットワークとしてとらえる見方は、歴史的にも、グローバル化した現代にあっても、有意義な視座を提供してくれる。

**森に生きる人**

東南アジアのボルネオ島には、類人猿のオランウータンが生息している。オランウータンは、通称、マレー語でオラン・フータン（Orang Hutan）すなわち「森の人」の意味である（写真2－1）。人類がボルネオ島に進出する数万年前よりもはるか昔から、「森の人」は深い森のなかでひっそりと暮らしてきた。オランウータンはボルネオ島とスマトラ島に生息し、両者は異種関係にあり、ボルネオには三亜種が確認されている。(4)

オランウータンは樹上性の類人猿で比較的単独行動を特徴とする。オスは一ないし二頭のメスとともに一〇平方キロ程度の行動圏を採食しながら遊動する。オス、メスともにはっきりとしたなわばりをもたないが、オスとメスの行動圏が近接しており、繁殖上、有利な意味があるとされる。オランウータンの生息数は、人間によるさまざまな開発行為によって激減してきた。個体数減少の直接的な要因として、食料用、動物園展示、ペット用などに捕獲されてきたこととともに、生息地の森林環境自体が鉱山開発、アブラヤシの大規模なプランテーション農業、焼畑農業のための野焼きなどにより減少した点を挙げることができる。

ボルネオ島に到達した初期の人類は、森の恵みを狩猟や採集を通じて獲得する遊動生活をいとなんでいた。森は人びとにとり、生活を律するすべてであった。かれらはまた、森を利用するだけでなく、森の樹木にカミや精霊をみいだし、畏敬の念を抱いて森を守ってきた。

さらに時代が下ると、新たな入植者は森を焼いて田畑を作り、森の資源を積極的に利用してきた。現在、ボルネオ島に生活する狩猟採集民のプナンや焼畑農耕民であるイバン、ダヤックなどの人びとは森とともに生きてきた。その意味で、かれらはオランウータンと同様の「森の人」であった。オランウータンがどのような精神世界をもっているかはいざ知らず、人びとはたとえ樹木を伐ったとしても、いずれ森がよみがえることを知っていた。

焼畑農耕民の人びとは森を焼いて畑として利用してきた。陸稲や雑穀、豆類、イモ類などが主要な栽培作物であった。一年から数年間の耕作後、数十年間、畑は休閑地として放棄された。やがて森林が再生すると、ふたたび森を焼くサイクルを基盤としてきた。森の再生は数十年単位のことであり、森と人間とのかかわりが世代を超えて継承されてきた。森を農地にかえて食料を獲得する行為は、森を一時的にせよ破壊することを意味したが、休閑地が十分にあり必要な農耕地も小規模であったので、問題はさして顕在化しなかった。

しかし、外部から入植してくる人の数が増え、ますます食料を増産する必要が生じてくると、森の開発はある限度を超えることになった。新大陸起源のキャッサバ、トウモロコシ、サツマイモなどが導入されて以降は、栽培される作物やその人口扶養力も増大した。こうした変化のなかで、森はいったい誰のものと考えられてきたのか。おそらく、森の開発と生活の維持はいつの時代にあっても、その地域に住む人びとにとり生活上の重要な戦略であった。森が誰かの占有物とされてきたかといえば、ボルネオの熱帯林は長い間、誰のものでもないとみなされてきたふしがある。しかし、森の開拓は入植者の意のままにおこなわれたわけではない。一九世紀にさかのぼってこのことを考えてみよう。

表2－1　ボルネオの森林法の変遷

| 年代 | 土地利用権の出来事 |
|---|---|
| 1875 | 休閑地をオープン・アクセスとする |
| 1899 | 慣習的土地利用と移住の制限 |
| 1948 | 土地区分の設定と慣習的土地利用の否定 |
| 1958 | 土地所有権の認定 |
| 1963 | 政府に帰属するのは、未利用・未占有の土地 |
| 1974 | 森林伐採権の譲与権（コンセッション） |

（市川　2008による）

### ボルネオの熱帯林と森林政策

東南アジアでは一九世紀中葉以降、英・仏両国による植民地統治が本格的に開始された。ボルネオ島サラワクでは、英国人のジェームズ・ブルックが一八四一年に来島し、その後の約一〇〇年間、ブルック一族が三代にわたり領土を広げてサラワクを実質的に統治した。二〇世紀にはいってからは、野生ゴムを採集できるジュルトン（キョウチクトウ科の高木）やグッタペルカ（アカテツ科）、籐、ツバメの巣（アマツバメの唾液腺からなり、燕窩として中国の高級食材）、蜂蜜、ダマール樹脂（ラワン属でワニスの原料）などが森で採取され、華人商人を通じて輸出された。

その後、ボルネオは第二次世界大戦中に一時、日本に占領されたが、一九四一年からは英国による統治が始まった。戦後、サラワクは一九六三年に英国の統治を脱し、マレーシアの一州として編入された。この時点まで、ブルック家や英国植民地政府は森林利用をあらゆる面で規制し、森林産物の確保と先住民による森林利用を制限する法令や規則を発令している。サラワクで調査をおこなった市川昌広によると、それらの法令は一九六三年以降のものを含めてみると、**表2-1**のように整理することができる(5)。

つまり、焼畑をおこなう住民の休閑地や未利用地を政府の所有ないしオープン・アクセスとし、住民の移動を制限した。狩猟採集民のプナンは、一九五八年一月一日以前に、決まった土地に住んでいればその土地の所有権が認められた。しかし、それ以前に移動しながら共有地としてきた土地利用は認められなくなった。代わりに、森林の伐採権は外部の木材会社が利権を獲得すれば認められることになった。

政府によるこうした一連の法令を背景に、一九六〇年代以降は従来の野生ゴム、籐などの選択的な資源利用から、いわゆる南洋材の商業伐採が急速に進んだ。このなかには、鉄木（ボルネオ・アイアンウッド、クスノキ科）、マトア（ムクロジ科）、龍脳樹（フタバガキ科）、ジェルトン（先述）、クルイン（フタバガキ科）をはじめ多くの樹種が伐採の対象となった。その大半が日本に輸出され、高度経済成長期の木材需要を支えたことは記憶しておくべきだ。コンセッション方式[6]による伐採権が伐採会社に譲渡された結果、森林の荒廃が進み、森林破壊を糾弾する国際的な運動が高まった。商業的な森林資源利用がもたらす悪弊がここにきて、環境だけでなく先住民の暮らしにも深刻な影響をおよぼすことが認知されるようになった。ちょうど一九八〇年代に、プナンの人びとが伐採会社を森に入れないブロッケイドを試みる時期と一致する。

## アブラヤシ・プランテーション

一九八〇年代以降になると、ボルネオの熱帯林は新たな脅威にさらされる。それが森林を皆伐し、アブラヤシ（オイルパーム）の大規模なプランテーション栽培をおこなう動きであった。商業伐採は大規模であったとはいえ、森林から選択的に有用樹種を択伐する方式で運営された。しかし、低地から丘陵地帯で展開したアブラヤシのプランテーションでは、林地から一切の樹種を取りさり、アブラヤシの単作を大規模におこなうものであった。そのため、森林生態系は更新するどころか、まったく異質の世界に改変された。

アブラヤシ栽培が急成長した背景には、$CO_2$削減が世界的に叫ばれるなかで、環境負荷の少ないバイオエタノールを産出するエネルギー源として注目されたことがある。しかも、エネルギー源として以外に、パーム油は日本をはじめとする先進国で有用な油脂原料として大量に消費されることとなった。アブラヤシとともに、山地では新たにアカシア・マンギウム（*Acasia mangium*）の栽培が急速に進んだ。この樹種は生長が早く、荒廃地でも

生育し、土壌の回復機能が卓越する。(7)

東南アジアの熱帯林にこの一〇〇年生じた変化を、ボルネオ島を例として俯瞰した。環境に「やさしい」資源の開発が、じつのところ途上国の生態系を破壊した上に成立している現実に目をそむけてはならない。ブッシュ米国大統領が二〇〇七年一月二三日の年頭教書演説で、バイオエタノール生産のため、国内外におけるトウモロコシ栽培を推奨した。その影響が世界中におよんだ。たとえばブラジルでは、森林伐採によるトウモロコシ栽培の拡大に転化された事実を忘れてはならない。ボルネオもブラジルも、地球温暖化防止という錦の御旗のもとにアブラヤシやトウモロコシを生産して、二酸化炭素排出削減に大きく貢献したと考えるのは筋がちがう。国の森林がそのツケとして破壊され、地域住民の暮らしにも大きな打撃をあたえていることを直視する必要がある。あらためて、森は誰のものかを問うべきなのだ。

## 2. モンスーン林と森林政策

つぎに、東南アジア大陸部に広がる亜熱帯林・モンスーン林の事情について考えてみよう。英国は一九世紀後半以降、マレー半島からシンガポールの海峡部からビルマにいたる地域を植民地として支配していた。英国が広大な地域における植民地経営の眼目としたのは、東南アジアの豊かな森林資源であった。このうち、モンスーン林(雨緑林)の代表的なフタバガキ科のチーク(クマツヅラ科の落葉広葉樹)は、耐塩性、堅牢性、耐久性にすぐれた樹木として注目された。なかでも、当時の交通機関としてもっとも重要であった船舶の甲板や内装用の建材としての需要が高く、東南アジア各地のモンスーン林で大量に伐採された。とくに、タイ北部からビルマにかけての地域が主要な伐採地となった。タイ北部ではメコン河右岸のイン川が伐採されたチーク材を流送するために利用された。

一方、フランスはベトナムとカンボジアを含む仏領インドシナを統治する。フランスもラオス、カンボジアにおける豊かな森林資源であるチーク材に注目し、年間一万五千トンもの木材を伐採した。一九四一年以降は日本がインドシナを占領するが、この時点で植民地政府にとり、従来から森林を利用してきた地域住民を排除する動きが出てくる。

植民地政府は、地域住民を排除し、さらには木材貿易に従事する業者の介入による森林伐採を制限するために、保護林の設定を政策として打ち出した。ビルマでは一九世紀後半に禁伐林が決められ、タイでは一九世紀末に「森林保護」法が成立した。仏領インドシナでも二〇世紀前半に保護林が設定されている。(8) こうした上からの森林保護政策は、じつのところ住民による介入を排除して、経済優先の政策を貫徹するためであった。

### 3. 東南アジアのマングローブ林と森林政策

一方、マレー半島部のマングローブ地帯においても、英国植民地政府による森林破壊が進んだ。英国は、マレー半島部の沿岸域に埋蔵されている豊かなスズ（錫）鉱資源の開発とゴムのプランテーション栽培による自国の産業振興に着手した。スズは一九世紀前半に考案された食料保存用容器である「かんづめ」缶の製造に不可欠の鉱物資源であり、産業革命の進むなかでかんづめ産業は工場労働者向けの簡易な食料品生産上、国是とされていた。一方、アメリカ西部の太平洋岸やアラスカで産するサケ資源は加工されて英国に運ばれ、サケ缶が製造された。かんづめ製品は一九世紀後半以降に世界各地で勃発した戦争（南北戦争、クリミヤ戦争、日清戦争、日露戦争、第一次世界大戦）の軍需食として重要な役割を果たした。スズは一九世紀における英国帝国主義にとって、不可欠の資源とされていたのである。

マングローブ林の伐採とスズ鉱山やゴム農園開発のための労働力として、中国南部やインドからの移民が導入

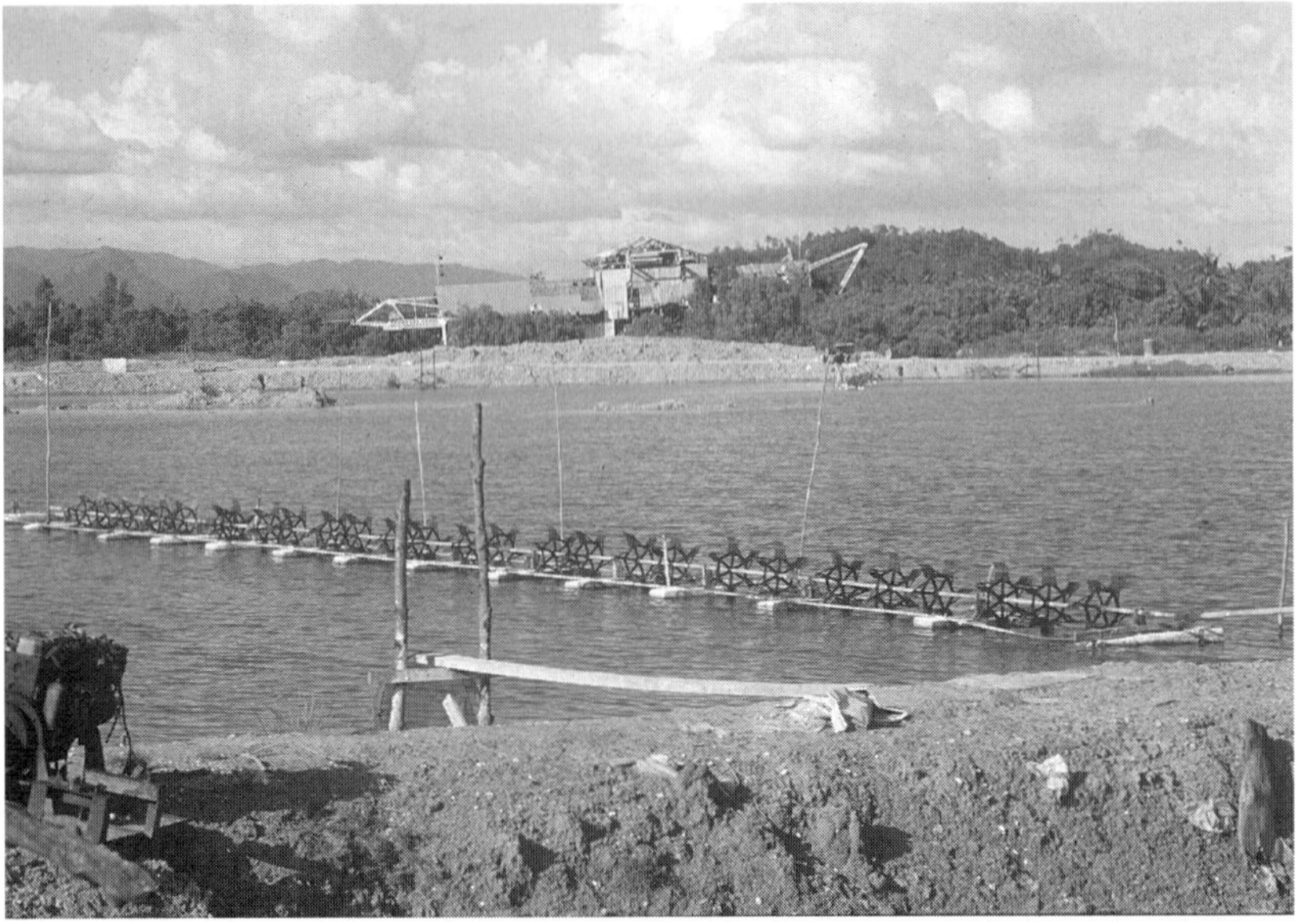

**写真2-2**　マングローブを伐採して造成されたエビ養殖池と、後方に川スズを採る浚渫船がみえる。（タイ・プーケット州）

された。とくにマラッカ海峡部からタイ沿岸地域では、華人のクーリー（苦力）が投入された。スズ鉱石の開発は、莫大な富を英国植民地政府にもたらした。しかし、マングローブ林の伐採とほとんど手掘りのスズ採掘作業に従事した人びとは過酷な労働とマラリアなどの感染症に罹患し、多くの犠牲者を生むこととなった。同時に、開発によってマラッカ海峡域からタイ南部にかけてのマングローブ林の多くが失われた。

マングローブ林はスズ鉱開発のために邪魔な森として伐採、放置されただけではなかった。一九世紀中葉から、ヨーロッパではマングローブの樹皮から採れるタンニンが皮なめし用の媒染剤として重要な産業資源であることが知られていた。(9) 一方、南米のブラジルで「発見」されたゴムは、工業や自動車産業におけるタイヤ製造業を支える重要な天然資源であり、東南アジアに移植され、プランテーション栽培が急激に進展する。ここでも、マングローブやその後背地の森林が伐採され、ゴム農園に転用された。

このようにして、一九世紀中葉以降、東南アジアの低湿地における開発はヨーロッパの経済発展を支えてきた。付けくわえるならば、タイ国内の開発も二〇世紀当初からいっそう進展し、南タイのマングローブ林や低湿地は輸出用稲作用地に変貌した。第二次大戦後は、マングローブ地帯を開拓したエビ養殖池の造成や、マングローブ材をもとにした木炭製造が重要な地場産業として興った。とくに日本向けのウシエビ（通称、ブラック・タイガー）の養殖業の拡大はマングローブの徹底的な破壊につながった(10)（写真2-2）。

以上のように、東南アジアの森は一九世紀以降の欧米諸国による植民地経営をきっかけとして大きく減少してしまった。時の植民地政府が自分たちの利権を優先させるために森を利用する権利を正当化し、私物化したことを示している。その後、現代にいたると、国民国家として動き出した各国の政府は、「森林と生物多様性の保護」という言説のもとに、森林保護区を設定し、そこで従来から地域住民がおこなってきた慣習的な森林利用を排除しようとした。森林は当初から国家の管理するものと決められていたが、「保護」の論理が「生活」の論理に優先することとなれば、問題といわざるをえない。東南アジアの森林が、植民地政府や近代国家の思惑にからめ取られてきた歴史とその変容を記憶しておきたい。

## 4．森林の保有とコモンズ

タイの森林や農耕地、河川流域などでは、自然の保護と開発・利用をめぐる紛争や対立は蔓延している。森林を伐り開いておこなわれる焼畑農耕は森林破壊の元凶とみなされてきた。だからといって、焼畑農耕に従事する人びとの暮らしや、森林を利用するなかで育まれてきた土着の知識や実践の体系を頭から否定してよいものだろうか。森林の場合も、コモンズのありかたは重層的といってよい。すなわち、一方で地域の共同体はローカル・コモンズとしての村の森林を保有する。他方では、国家が管理するパブリック・コモンズとしての国有林や国立公園、自然保護区もある。[11] グローバル・コモンズとしての森林は、海洋の場合と異なり、ア・プリオリには存在しない。

ところが、自然遺産として指定された公園や自然保護区は、パブリック・コモンズというよりは人類全体にとってのコモンズとして位置づけられるべきものである。もしもその公園なり保護区を昔から利用してきた住民がいて、ローカル・コモンズとして主張した場合、誰がどのようなコモンズを主張するのかが議論の対象となる。現に東南アジアのタイでは、国家が森林保護区を設定しようとするさいに、その地域にもともと居住してきた先住民や地域住民がどのような権利を主張し、人びとがどのくらい利用してきたかを評価する必要がある。国家が強制的にパブリック・コモンズとすることで、先住民の反発と生活破綻をもたらす懸念があり、国家や地域はそれをなんとしても回避したいと考えるのがふつうである。すでにふれたように、タイではマングローブ林はさまざまな産業目的のための過度な開発・利用により激減した。タイ国では、国王の命により一九九六年一二月に天然マングローブ林の伐採は禁止された。同様な政策が前年の一九九五年八月に、インドネシアにおいてもH・M・スハルト大統領の交付令三七号により実施されている。[12]

## コンセッション

かつてタイでは、マングローブは国王のものであり、国民の共有するコモンズとみなされてきた。企業的な事例をのぞけば、地域住民は自由にマングローブを利用することができた。国家の共有財産であるマングローブは、地域のなかでは生活の糧としての役割をもっており、無断で使ったとか、違法な伐採として処罰されるようなことはなかった。一方、企業がマングローブの大規模な伐採を前提とした商業的な利用をもくろむさいには、国家からの許可をえて利権（＝コンセッション）を獲得するしか開発の方策はなかった。こうしてひとたび、エビ養殖やスズ鉱山開発によりマングローブが大きく減少し、あるいは徹底的に伐採されて消滅することになった。その

**写真2－3**　緑の絨毯大作戦（グリーン・カーペット・プロジェクト）により植林されたマングローブ林。日本経団連自然保護基金と環境事業団（現独立行政法人・環境再生保全機構）による支援を受け、1998～2002年の5年実施され、482haが植林された（タイ国南部のナコン・シ・タマラート地区）。

影響により、土壌浸食や洪水が頻発し、生態系にも悪い影響をおよぼすことは目に見えていた。ところが、国王によるマングローブ伐採禁止令により、コンセッション方式は事実上、形骸化することとなった。国王による禁止令と呼応し、マングローブの減少による環境劣化が生じたことへの反省から、タイ国内各地ではマングローブ植林が進められてきた。

問題は行政の縦割り構造ともかかわっていた。近代国家の枠組では、陸と海との移行帯に生育しているマングローブを管轄し管理する権限は、陸側と海側とでは異なっていることが多い。つまり一方で水産局は沿岸漁業の発展をもくろみ、他方では林業局が森林の保護を図るという行政上の齟齬が、マングローブをめぐる環境政策を進めるうえで足かせとなってきたのである。タイの王室森林局は全国各地にマングローブの種苗センターをもち、移植用の胎生種子を育てている。シャム湾沿岸のナコン・シ・タマラート周辺では、「グリーン・カーペット・プロジェクト」が日本の経

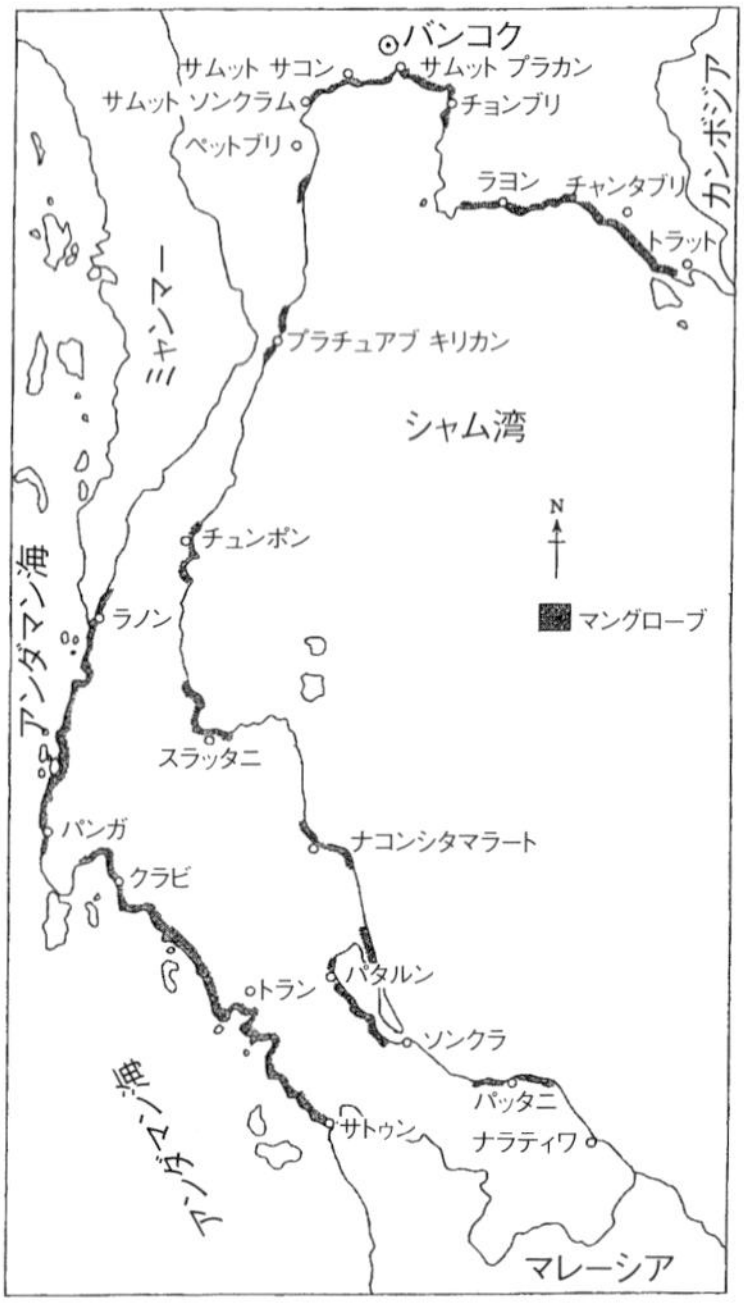


図２－１　タイにおけるマングローブの分布

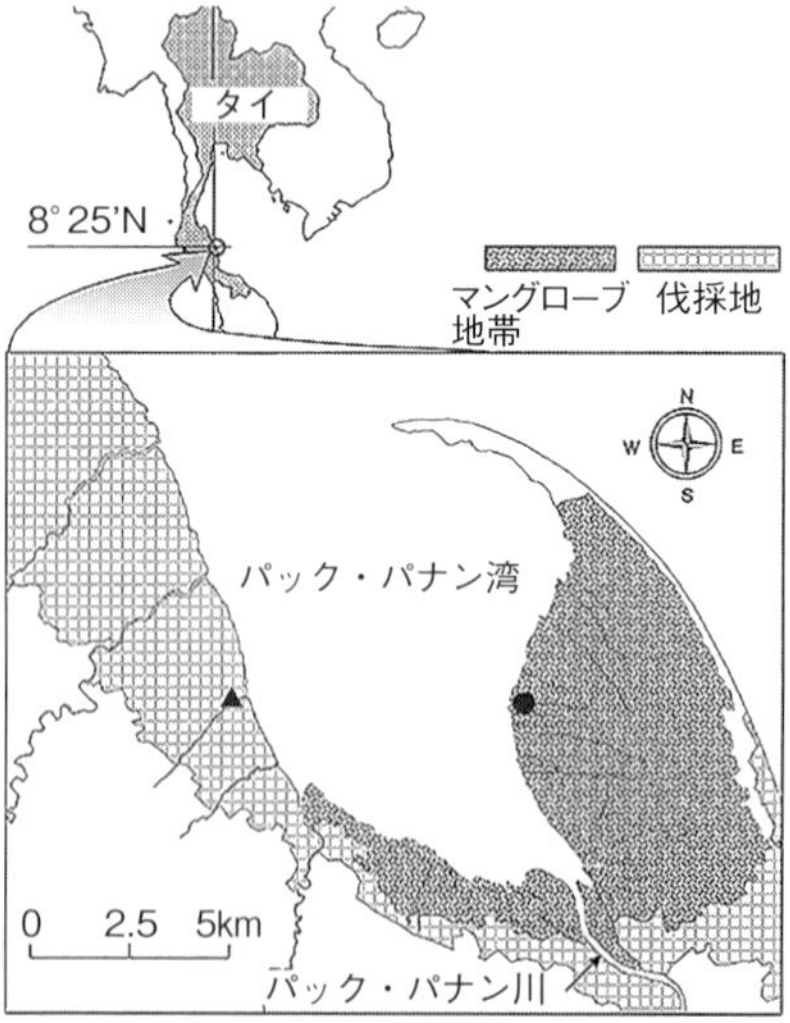


図２－２　パック・パナン湾
Pak Phanang Bay

団連の資金をもとに一九九五年から継続的に進められてきた（写真２‐３）。ナコン・シ・タマラート南部にあるパック・パナン湾では、国王みずからによるマングローブ植林が「キングス・プロジェクト」として進められた。アンダマン海側のトラン周辺でも、シリントン王女の参加によるマングローブ植林活動が展開している（図２‐１・２）。

## グローバル経済のなかのマングローブ

マングローブ伐採禁止令後、エビ養殖池をマングローブ地帯に造成できなくなったので、養殖池を内陸部に造成する動きが出てきた。プーケットからミャンマー国境の町ラノンにむかう道路沿いに、多くのエビ養殖池が新規につくられている。夜間には、養殖池を照らす蛍光灯の明かりが異様に映る。一九九九年に訪問したさいには、見たこともなかった光景であった。しかし、高密度養殖のために養殖池に投与される抗生物質が、地下水脈をへて住民の利用する井戸水に混入する危険性も指摘されている。こうしたエビ養殖池の内陸進出とともに、エビ養殖池にマングローブを植え、ミドリイガイをあわせて養殖する混合養殖(13)が注目されてきた。放棄されたエビ養殖池やマングローブ地帯の浅海を利用して、中国向けのハタ活魚の海中蓄養業が急速におこなわれるようになった。また、マングローブの利用が禁止されたことから、周辺地域の住民は新たにカキやミドリイガイの養殖を開始する動きも顕著になってきた（写真２‐４ａ、ｂ）。

タイでは、マングローブの破壊は国家のコモンズとしての国有林を私有化する利権争いをつうじてもたらされた。伐採禁止後は、マングローブ地帯を利用することなく生業を続けるために、聖地である伐採禁止のマングローブ天然林のすぐ外縁部の浅海や放棄されたエビ養殖池でハタの蓄養業や貝類の養殖業が着手される変化が生じた。内陸部へと進出したエビ養殖業は、新たな環境問題を誘発する懸念が発生した。グローバルな経済の動向は、タイ南部の沿岸住民にとり抗うべくもない状況といえる。グローバル経済が浸透するなかで、国家の政策に

a

b

**写真2-4 a，b**　パンガー州におけるミドリイガイの養殖筏。背景はマングローブ材を使った炭焼き工場。多くのミャンマー人が働いていた（a）。
古タイヤにカキの胞子を付着させて、カキの稚貝を作る。背景にあるのはニッパヤシ（b）。

c

d

**写真２−４ｃ，ｄ**　マングローブ地帯ではハタ類（*Epinephelus coiodes*, *E. malabaricus*, *E. bleekeri*）やバラマンディ（*Lates calcarifer*）が蓄養されている。*E. coiodes* はタイ語で pla gao dok daeng, *Lates curiculfer* は pla kapong である（ｃ）。
エビ養殖池にマングローブを植林する試みが土着の知識の応用として実践されていた（タイ南部のナコン・シ・タマラート郊外）（ｄ）。

翻弄されているようにみえる地域住民とマングローブとのかかわりは、国家といえどもそう易々と変えることはできない。

## 第2節　中国雲南省の森林と国家

中国は一九世紀以降、東南アジア地域と同様に、西洋列強の大きな影響を受けることになった。ここでは、東南アジアに隣接する雲南省西南部の西双版納傣《タイ》族自治州（以下、西双版納とよぶ）の事例をもとに二〇世紀後半以降の森林変化について取り上げたい。

西双版納には、漢族以外に一四の少数民族が居住している。海抜の低い盆地や河谷平野には、タイ語族系の傣（タイ・ルー）族が水田稲作農業をいとなんでいる。周囲の山地には、チベット・ビルマ語族系の哈尼（ハニ）、基諾（チノー）族などの焼畑農耕民が住む。

一九四九年以降、中国は社会主義の道を歩み始めた。西双版納でも、解放直後の段階から大きな社会変化が生じた。一九五〇年代から中央政府の進める植民政策により、大量の漢族が四川省、湖南省などからゴム栽培のための開拓移民として流入してきた。かれらが開拓したゴム農場はたいてい、傣族の居住地と隣接する盆地の周辺や道路沿いの低地にあり、山地においてゴム園を開拓する移民は少なかった[14]。

雲南の焼畑農耕では、土地に拘束されることなく移動農耕をおこなう場合と、固定した地域内で移動をおこなう場合がある[15]。中国政府は一貫して少数民族の定住化政策を進めた。とくに移動農耕民にたいしては、水田の供与、建築資材の提供などによる定住化政策や、焼畑農耕の自粛、国立公園内に居住する住民の強制的な移動を進めた。こうしたなかで、焼畑農耕民はどのように対応してきたのかについて、基諾族を例として取り上げよう。

## 1. 基諾族の森林利用

基諾族は、一九七九年に中国における五六番目の「民族」として正式に認定された。一九九三年における人口は約一万八千人であり、およそ六割が景洪《チンホン》市の東部約三〇キロメートルにある基諾山塊にある四五の村に分散居住している。海抜高度は約五五〇メートルから一、二〇〇メートルまでであり、海抜一、一〇〇メートルくらいまでは熱帯雨林で、それ以上はモンスーン林と竹林の混合林である。(16)

**写真２－５**　基諾（チノー）族の住む基諾山。焼畑造営のために森林の多くは開発されていることがわかる。

基諾族の主要な生業は焼畑農耕（＝刀耕火種）と狩猟・採集である。人びとは焼畑では陸稲、茶、トウモロコシ、大豆、エゴマ、蔬菜、木綿、タロイモ、コンニャクイモなどのさまざまな自給作物を栽培し、森林では家屋、薪、生活資材となる資源のほかにキノコ、タケノコ、果実などの多様な森林産物を採集してきた。焼畑の休閑地は牛の放牧地として利用され、イジュ、フトモモ、マンゴーなどの木が土壌浸食防止と保水のためにのこされた。村落の近隣には水源涵養林がある。また、伐採や採集・狩猟を禁じる聖なる神林がある。このなかにイチジクの仲間の大木が神樹として信仰の対象とされている。

基諾山の森は人口増加や換金作物の導入、政府による森林政策の変化などを通じて、大きく変容することになった。(17)（**写真2-5**）

基諾族は元代以降、中央政府の支配下に入った。清朝の雍正帝時代（一七二三～一七三五年）には、漢族の役人と基諾族の頭領（＝攸楽土目）による統治体制が決められた。しかしマラリアなどの熱病により、派遣された官吏が数多く死亡し、中央からの支配権がおよばないまま近年まで推移した。土地に関しては、盆地を支配していた傣族が、形式上、基諾族の土地所有権を有し、実際は、上納金として基諾族の土地の収益である農産物や金銭を傣族の首長である土司や村長に納めさせていた。清朝時代、土地は村落の共有地と氏族の所有地から構成されていたことになる。焼畑用の土地は、氏族ごと、家族ごとに分割された。そして小規模な私有制度も容認されていた。

## 急激な社会変化と森林の荒廃

一九四九年の中華人民共和国成立後に大きな社会変化が生じた。解放後の一九五〇年代以降、社会主義政策の元で急速に変革が進められ、これを契機として基諾族の社会では、氏族を主体とする従来の土地所有制度と、長老を中心とした祭政一致の社会制度が崩壊した。つまり、土地はすべて国有化され、基諾族の人びとは土地の使用権や宅地などの私有権を剥奪された。村落の成員は共同労働によって平等に働くように差配された。

村全体が社会主義体制の元で集体公社（集団的な生産組織）として組織され、あらゆる土地と人的な資源が村ごとに置かれた委員会によって統合化されることとなった。

漢族の流入以降に急増した西双版納の人口にみあう建設ラッシュや商品作物栽培が、思わぬところで森林伐採を誘発することにつながった。人口の増加は食料のために森を開拓することを余儀なくした。新たにサトウキビが導入され、収穫したサトウキビからショ糖を精製する精糖工場では大量の燃料が必要となった。

盆地を中心に開発された森林は、ほぼゴム林に改変されていたので、用材や燃料源となる木材は山地に求められた。ちなみにゴムは雲南の西双版納では、ほぼ海抜高度が八〇〇～九〇〇メートルを栽培の上限としている（**写真2-6**）。したがって、ゴム園のない八〇〇～九〇〇メートル以上の海抜高度帯における国有林や、少数民族の利用する森林が集中的に伐採された。少数民族の所有する森林の伐採はその分、焼畑面積の減少を意味し、放

**写真2－6**　中国雲南省・西双版納の傣族の村におけるゴム栽培。盆地周辺の森を伐り開いて、ゴム園に改変された。

置されたままの禿山が随所に見られるようになった。じっさい、一九五〇年代初頭における森林被覆率は八割に達していたが、一九九〇年はじめにはわずか三七パーセントと激減した。しかも、焼畑の輪作期間は二～四年程度で、休閑期間も一三年ほどであった一九五〇年代から、四〇年後には、五年から七年間輪作し、その後に三～七年の短い休閑期間を設ける変化が生じた[18]。

中華人民共和国成立以来、あらゆる森林は国有化された。しかし、その管理は徹底しておこなわれたわけではなかった。国有であるがゆえに放任状態のままで森林伐採が進んだ。その結果、短期間に森林面積が大きく減少する事態になったのである。つまり、人口が増えたら森林がなくなる一連のプロセスが二〇年くらいの間に急速に進んだのである。これが解放後の近代化を通じた森林破壊の第一段階である。

## 三定政策から退耕還林政策まで

中央政府は一九八二年に林業三定《さんてい》政策を施行した。これは、山を使う権利、林を伐採する権利の策定（山権林権を定める）、森林保護のための伐採を禁止する留山制度の制定（自留《じりゅう》山を定める）、地域の林業を責任体制で推進することの策定（林業生産責任制を定める）の三政策を指す。三定政策では、土地自体は国家所有であることには変わりがなかったが、個人（家族）が責任をもって森林を利用する権利をあたえられることを意味した。同時に、政府は西双版納地域にたいして、土地を、国有地（国家森林）、村落が共有して焼畑などに利用する森林（集体林）、個人の土地と畑（農戸土地）に区分して、利用の制限を図った。また、自然保護区が新たに設定されたために、従来、焼畑として利用されてきた土地は大幅に減少することとなった。

じつは、三定政策が実施されるまでに相当な森林減少が各地で起こっていた。これには人口増加や換金作物の栽培などの要因が関与していることはすでに指摘した通りである。

森林資源の利用形態の変化を具体的にみておこう。たとえば基諾族の場合、もっとも低地にある巴卡小寨《バカショウサイ》では、一九八〇年代初めまで薪や柴の六割が集体林（村落共有林）で、残りの四割が休閑地で採取されていた。三定政策の実施される一九八三年以降から一九九〇年代初頭にかけては、依然として集体林への依存度は四五パーセントと高かったが、休閑地への依存は二五パーセントに減少し、三定政策の実施による自留山（私有管理の森林）の利用が二〇パーセント、残りは一九七〇年代以降に導入された鉄刀木（マメ科の樹木）を中心とする人工林を伐採した。鉄刀木は生長が早く、幹を伐採しても伐ったあとから枝がはえる。病虫害も少なく、燃料としては火力も強い経済的に有用な樹木であり、傣族のなかには鉄刀木を積極的に栽培している村がある。

一九五〇年代以降の開発で疲弊した西双版納の森林は、一九八〇年代の三定政策と焼畑抑制政策にもかかわら

**写真２－７**　環境保護政策を示す看板。「退耕還林・封山緑化」の字がみえる。（中国雲南省・西双版納傣族自治州）

ず、ますます低迷の度合いを深めていった。この事態に追い打ちをかけたのが一九九八年に長江下流部で起こった大洪水である。この洪水の原因が上流部の乱開発にあったことはあきらかであり、同年に政府は天然林の伐採をいっさい禁止し、森林における狩猟の禁止と銃の没収を骨子とする法令を施行した。一九九九年以降、封山植樹（山を閉鎖して植林する）、退耕還林（農耕を控えて、森林を復元する）、回復植被（植生の復元を図る）、造福子孫（子孫に幸福をもたらす）のスローガンの元、森林保護政策が採用されるようになって現在にいたる。ここにきて、開発重視の政策から環境保護政策へと大きな政治的転換が図られることとなったのである（**写真２-７**）。

### 森林産物と森の保有

基諾族の社会では、村落内の氏族が土地を所有し、さらに村落共有林が人びとの暮らしを支えてきた。しかし、社会主義政策による森林の国有化、一九八〇年代以降の政策転換による三定政策、焼畑抑制策、森林保護政策、狩猟禁止令など上からの政策を通じて、人びとは森林をめぐる激動の時代を経験してきた。

基諾族は、自給用の作物を焼畑で栽培し、多種類の森林産物を利用してきた。これらに加えて、解放後、さまざまな商品作物も導入されてきた。このなかで、砂仁《さじん》とゴムの栽培は森林や焼畑の利用に大きな変化をあたえた。砂仁は健胃剤や香料になるショウガ科植物である。その栽培面積は基諾族全体でみると、一九八三年時には三〇〇〇ムー（二〇〇ヘクタール）であったが、一〇年後の一九九三年には一五〇〇〇ムー（一〇〇〇ヘクタール）と五倍に増加している。巴卡小寨で聞くと、砂仁の野生種は一九六六年に、栽培種は一九七八年以降に導入されたという。砂仁のキログラム単価は五〇～六〇元と高く、人びとの現金収入源としてもっとも重要である。巴朶寨《バドウサイ》では、全山の森林を改変して砂仁畑にしているところがあった。

ゴムは、基諾族の居住環境では、海抜五〇〇から八〇〇メートルの地帯で栽培されている。ゴム栽培は一九七五年に景洪《けいこう》県の省政府から苗木が提供されたのをきっかけとして、一九八〇年代後半以降に拡大した。巴卡小寨では、五二ある世帯の三分の二以上が栽培しており、世帯によっては七〇〇本ものゴムの木をもっている。ゴムのキログラム単価は三元程度で、砂仁とは比較にならないほど廉価である。

西双版納では、普洱《プーアール》茶が清朝時代から栽培されてきたが、一九八〇年代から大規模な茶園を経営する方式が導入された。茶のキログラム単価は約一〇元であり、砂仁について重要な現金収入源となっている。このほか換金作物として、時計草（一九九八年以降に導入）やコーヒー（一九九八年に導入）がある。コーヒーの場合、霜害で失敗に終わった。時計草のキログラム単価は〇・七～一・二元と低い。

このように基諾族の社会では、森林産物が自給的な食物や生活必需品として利用されてきた。基諾族が利用する非木材森林資源（中国語では、森林小産品）のなかで、伝統的に食用とされてきた植物資源として一七九種類のものが知られている。[19] 一九九〇年代初頭を契機として、森林小産品の獲得によって得られる収入が大きな比重を占めるようになった。[20] 休閑地における栽培作物、砂仁、茶の比率が減少し、かわって森林小産品が飛躍的に増加した。農薬の大量使用によって、砂仁の受粉を媒介する蜂がいなくなったこと、砂仁は多年生植物であり、結実後の苗が老化して再利用できないこと、国営農場における大規模な茶業と小規模な茶栽培とでは生産量の差が歴然としていたこと、茶の価格の低下などがその要因となっている。その結果、収穫期であるにもかかわらず、茶摘みをしないままに放置されている茶園が見られることとなった。それに代わって、市場では、緑色の生鮮野菜の需要が増加し、一挙に森林小産品の栽培による収入が増加した。

以上のように、西双版納の基諾族の事例にあるように、二〇世紀の中葉以降、森林と焼畑耕作地の資源利用は大きな変化を経てきた。村落の共有地と氏族の所有地からなる土地と資源利用の生活が、国有化を経て一時的に三定政策により私有化の導入が計られたが、環境保護政策が大きく森林利用を制限することになった。一方で、商品作物の導入が進んだが、そのために森林や耕地の利用形態が換金作物中心に移行することで、今後、地域の生態系を保全しながら生活の向上を計る制度設計が導入しにくくなりつつある。

## 第３節　サゴヤシ林の保有

サゴヤシはヤシ科植物（*Metroxylon sagu*）であり、幹の髄に蓄積されるでんぷんが食料として利用されてきた。そのこと自体、すごい発見であるとおもうが、わたしは仮説として、倒木のサゴヤシにサゴゾウムシが群れており、昆虫を食料として利用するうちに、サゴヤシに昆虫がいることから、デンプンの存在を知るようになったのではないかと考えている。周知のとおり、サゴヤシのデンプンは高カロリーであり、三四九キロカロリー（一〇〇グラム当たり）ある。タロイモ、ヤムイモ、バナナなど熱帯の根栽作物よりもエネルギー量は大きい[21]。

サゴヤシは熱帯・亜熱帯の湿地帯に生育している野生植物である。人間はこれを移植し、独特のサゴヤシ栽培文化を育んできた。根栽農耕をもたない集団がいたとして、かれらがどのようにサゴヤシと付きあってきたのか。

これは狩猟・採集・漁撈とサゴヤシ利用を組み合わせた生業として注目すべきである。本論との関連でいえば、サゴヤシをどのように所有、保育してきたのかという興味に尽きる。

## 1. ギデラと森林のテニュア

わたしは、人類の生業適応に関する生態人類学的調査研究を東京大学の大塚柳太郎グループとパプアニューギニア国西部州に住むギデラ族の社会でおこなった[22]。西部州は西側をインドネシア領イリアン・ジャヤに接し、南側はトレス海峡をはさんでオーストラリアに面している（図2-3）。西部州の中央部を流れるフライ川はパプア湾に流出する。その南側（右岸）に広がるモンスーン林やサバンナ性の疎林がオリオモ・プラトウであり、調査をおこなったギデラ族の居住地となっている。亜熱帯低地に住むギデラ族は人口二、〇〇〇人たらずで（一九八〇年）、一三村落に分散して居住している。村のほとんどは海岸部にある一村をのぞき内陸部に位置している。人口密度がきわめて低く、人びとは森林やサバンナにおける狩猟・森林産物の採集、河川やクリークにおける漁撈、サゴヤシ・でんぷんの採集、タロイモ、ヤムイモ、サツマイモ、バナナなどの農耕を組み合わせておこなっている。調査はビナトゥリ川中流域に住むウメ村の住民を対象としておこなった[23]。

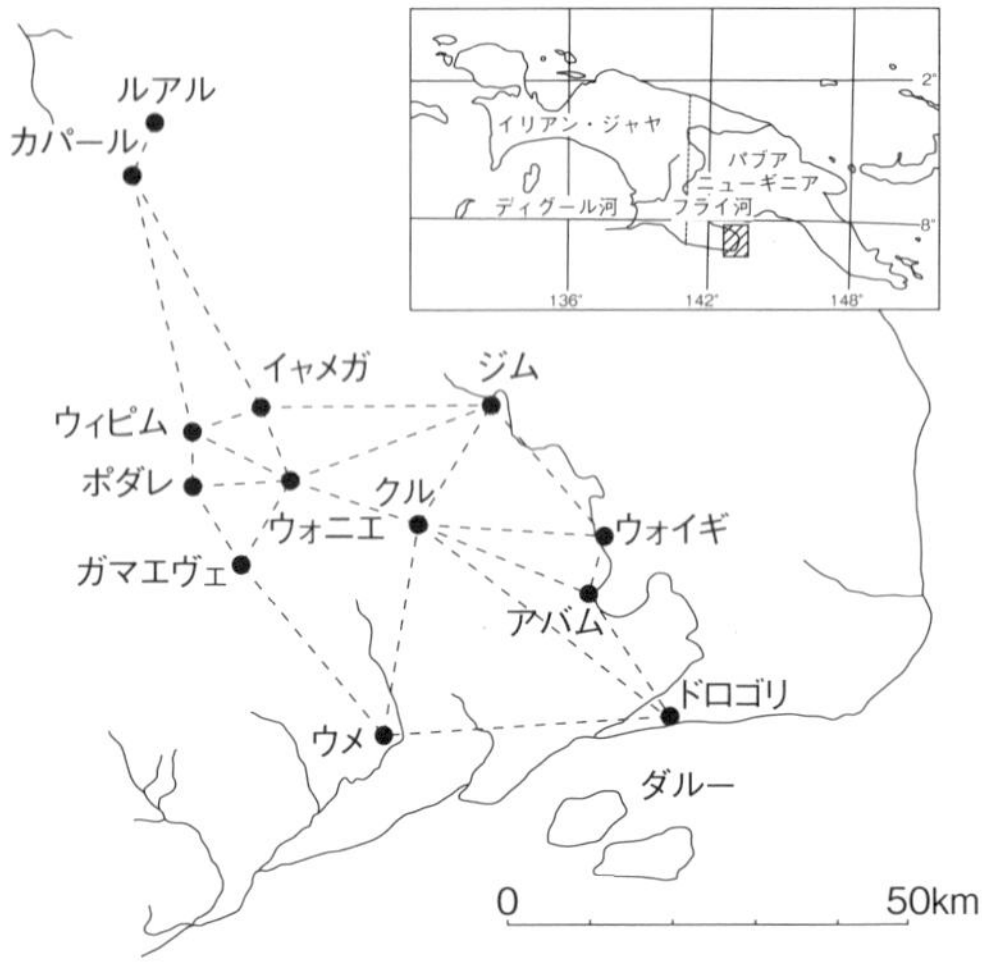

図2-3　ギデラ族（Gidra）の生活地域

ギデラ族の周囲にある亜熱帯モンスーン林はウア（wua）と称される。森林に火入れをしてその後の裸地に農作物を植えて畑として利用する。数年間の耕作後に放棄され、遷移によって草地となる。これがヤップタ（yap-

**表2-2　ギデラ族における森林の民俗名称**

ヤップタ（パッチ状の草地）→ヤープ（サバンナ性の疎林）→ウトモイ・ヤープ（疎林と森林の遷移段階-1）→ウトモイ・ウア（疎林と森林の遷移段階-2）→ウア（森林）

| | |
|---|---|
| ウア・クーク | 森林の中にある小さな疎林 |
| クイップ | 森林の中にある水たまりや池 |
| ウア・グリジャ | 半分がウアで、残りがウトモイ・ヤープ |
| ウア・ヴィピ | 規模の小さな森林 |
| モグ・ウア、ウアジョッグ | 規模の大きな森林 |
| ウア・ソウク | 森林と疎林の移行帯 |
| クレム・ウア | 河辺林 |
| ジュール・ウアないしボジョグ・ウア | クリーク沿いの森林 |
| ボド・ウア | 湿地林 |
| ボド・ヤープ | 湿地疎林 |
| ボド | 池ないし湿地 |
| ザンビア | 森林にある水の少ない湿地 |
| ガゴロ・メット | 海岸に近いマングローブ林 |
| ジャガ・メット | 海浜植生 |
| ボーイ・ウボ・カプ | 狩猟用の大規模な森林 |

puta）と称される。ヤップタに灌木が生育し、サバンナ性の疎林が形成されるとヤープ（yaap）となる。森林化が進むと、ウトモイ・ヤープ（utomoi yaap）、さらにウトモイ・ウア（utomoi wua）へと遷移が進む。そして元あったような森林、ウアになる。ウアよりも大きな森林はモグ・ウア（mog wua）と称される。これ以外に、森林環境はそれぞれの特徴におうじて細かく区別されている（表2-2）。このなかで、湿地林はボド・ウア（bod wua）、湿地性の疎林はボド・ヤープ（bod yaap）と称される。ボドは「池ないし湿地」の意味である。なお、ギデフ族の生活圏にある森はウアであるが、生活領域を超えたマングローブ林や海浜植生はそれぞれガゴロ・メット（gagoro met）、ジャガ・メット（jaga met）と称され、メット（場所に近い意味）が使われている点に興味ある。

　ウメの住民が利用する森は、このほか、疎林が優先するミセリ・ヤープ、疎林と森林がともに優先するジベ・ウア、森林が優先するボレレに区分されている。

　ギデラ族の社会は父系のクランから構成されており、それぞれのクランは共通の祖先から分かれた集団からなっている。クランごとに特定の動物種がトーテムとなっている。ウメ村には、ガメアム、ドレム、ドゥギンガム、マチャム、モロブ、モラムなどの名をもつクランの構成員が居住している。

森やサゴヤシ林はもともと誰のものでもなかったが、現在あるように、特定のクランごとに所有権が決められている。[24]そしてドレム氏族の所有する土地は、ドレム・ワ・トゥングと称される。ただし、河川の通行権は自由であり、だれもが漁撈や貝類・エビを採捕できるオープン・アクセスの場となっている。

あるクランの構成員であれば、クランの所有する土地で自由に農作物を栽培することができる。サゴヤシの場合も、側枝を植栽して育て、個人の所有物として利用することができる。野生動物や野生植物を利用する場合、土地の所有権は決まっているが、動植物の採捕はどこでも可能とされている。ウメ村だけでなく、内陸部で調査をおこなった大塚柳太郎も同様な報告をしている。[25]以上のように、農耕とサゴヤシ・でんぷんの採集はクランごとの土地であれば個人の裁量に任されている。野生生物の場合は土地の所有権とは関係なく自由に利用することのできるローカル・コモンズとなっていることがわかった。

### サゴヤシの所有権

ここでサゴヤシの利用と所有権についての議論を深めておこう。ギデラの社会では、サゴヤシはドゥー（du）と総称されるが、さらにカク・ドゥー（kak du）とイウム・ドゥー（yium du）に区別される。カク・ドゥーは祖先が植えたサゴヤシで、別名、ハラハラ・ドゥー（harahara du）ないしセサム・ドゥー（sesam du）と称される。カクは「中心、核、固有の」、ハラハラは「トゲのある」、セサムは「古来の」の意味がある。イウム・ドゥーのイウムは「手」を意味する。このことからわかるように、カク・ドゥーは野生ないし半野生で昔からあったサゴヤシであり、下位分類名がないが、イウム・ドゥーには一九の下位分類名称があり、人間がサゴヤシの側枝《そくし》を植栽したものか、半栽培状態のものを指している。サゴヤシの側枝を植える場所は、湿地のなかでも黒い土の場所（ボ

**写真2-8**　ギデラ族におけるサゴヤシ採集
サゴヤシの髄をかきとる（左）。髄を水でもんで、でんぷんを分離する（右上）。
抽出されたサゴヤシ・でんぷん（右下）。

ド・ヴォヴ（bod vov）を選んで植えられる。若木が出ると、周囲の草を刈り取り、一〜三年立つと、周囲の木々に火をつけて倒す。これは自然発火や延焼によってサゴヤシが焼失しないようにするための措置である。通常、側枝を植えてから一〇年くらいで、開花直前にでんぷん量が最大となることを見計らって木を切り、髄のでんぷんを採集する[26]（**写真2-8**）。

　野生のサゴヤシと（半）栽培されたサゴヤシは、所有関係からみると明確な区別はなく、土地の所有者が決まっているものの、地上物であるサゴヤシはクランの共有物ではなく、あくまで土地の所有者や側枝を植えた個人のものとされている。

### サゴヤシ・でんぷんの分配

サゴヤシの所有は明瞭に決められているが、採集されたでんぷんはそのまま個人あるいはその世帯のみによって消費されるの

表2-3　1本あたりのサゴヤシ・でんぷん採集量（1980年）

| 年月日 | 参加人数 (p) | 日数 (q) | 労働投下量 (pxq) | 1本あたりの粗でんぷん量 (r) | 単位労働量当たりの収量 (s=r/pq) |
|---|---|---|---|---|---|
| Oct. 13-15 | 2 | 3 | 6 | 85.86 kg | 14.3 kg per unit effort |
| Nov. 7-9 | 7 | 3 | 21 | 91.75 | 4.4 |
| 9 | 2 | 1 | 2 | 19.25 | 9.6 |
| 9 | 7 | 1 | 7 | 84.39 | 4.9 |
| 10 | 4 | 1 | 4 | 39.30 | 9.8 |
| 10 | 4 | 1 | 4 | 27.15 | 6.8 |

かというとかならずしもそうではない。一本のサゴヤシから得られるでんぷん量は大きく異なる。筆者による六例の調査では、でんぷん量は約一九~八五キログラム間で大きな開きがあった。また、単位労働量（人）当たりの収量も四・四キログラムから一四・三キログラムまで変異に富んでいる（表2-3）。

サゴヤシ・でんぷんの採集作業は夫婦あるいは世帯内の共同作業だけでなく、同一クランの成員や、養取慣行、さらにはパプアニューギニア低地で広くみられる姉妹交換婚を媒介とした人間関係を通じておこなわれる。[27]

獲得されたでんぷんがどの程度贈与されるのかをサゴヤシ四本分の例に即して調べた結果、採集直後から同日の夕刻までに全体の三分の一から半分までもが贈与されていた。四本のサゴヤシから得られたでんぷんは、全部で四八名の世帯外の個人に贈与されていたことが判明した。

このように、クランの所有物、あるいは個人の所有物とされているサゴヤシについて、でんぷん採集活動における共同労働や、事後の贈与を通じて、クラン内外に広くいきわたっていることがわかった。

## 水産資源の分配

それでは、誰のものでもないローカル・コモンズとしての河川の資源についてはどうだろうか。ビナトゥリ川で採集される殻径一〇センチ程度の大型シジミと漁撈活動による魚やエビの利用について検討した。

シジミの採集はたいてい女性が川で潜水しておこなう。一九八〇年一一月三日

写真２－９　ギデラ族の魚毒漁　若者のみが参加することができる。

における調査では、女性三名が採集したシジミを、薪木を燃やして加熱したアリ塚や金属片の上にシジミを置き、上から樹皮をかぶせて貝を蒸し焼きにして調理する。夕方の二二分間に、調理されたシジミは一七例にわたって贈与の対象とされた。合計で一九一個のシジミ貝が贈与された。一九八九年に村を再訪したさい、八月七～一三日の一週間に漁獲された魚やテナガエビは貝類の場合と異なり、観察した五二例のうち、三〇例で贈与行為が認められた。

　漁獲物の分配について別の例をあげておこう。ウメ村で調査をおこなったさい、人びとは乾季になると水の引いたスワンプやクリークでデリスを用いた魚毒漁をおこなっていた（写真２－９）。一九八〇年当時の調査で、村の成人男女全員の五四人にきいたところ、夫や妻が別々に畑をもっており、その畑で三二人がサディ（sadi）とよばれるデリス植物（*Derris* spp.）を栽培していた[28]。育成されていたサディの株数は最大でも各人で五株程度であった。個人の栽培する魚毒をもちよって集団漁をおこない、漁獲物は平等に分配されていた。男女の若者を中心に二〇数名が参加した魚毒漁では、体長一〇センチ程度の小魚が八〇数尾獲れた。年齢階梯制をもつこの社会では、かつてケワルとよばれる段階に属する男性の若者だけが魚毒漁に参加することができた。

　ギデラ族の事例から判明するのはおよそ以下の点である。個人ないし世帯中心に利用権が確定したサゴヤシ・でんぷんの採集や農作物のみならず、ローカル・コモンズの場である狩猟・漁撈・採集活動の現場で獲得された食料が頻繁な食物の贈与を通じてや

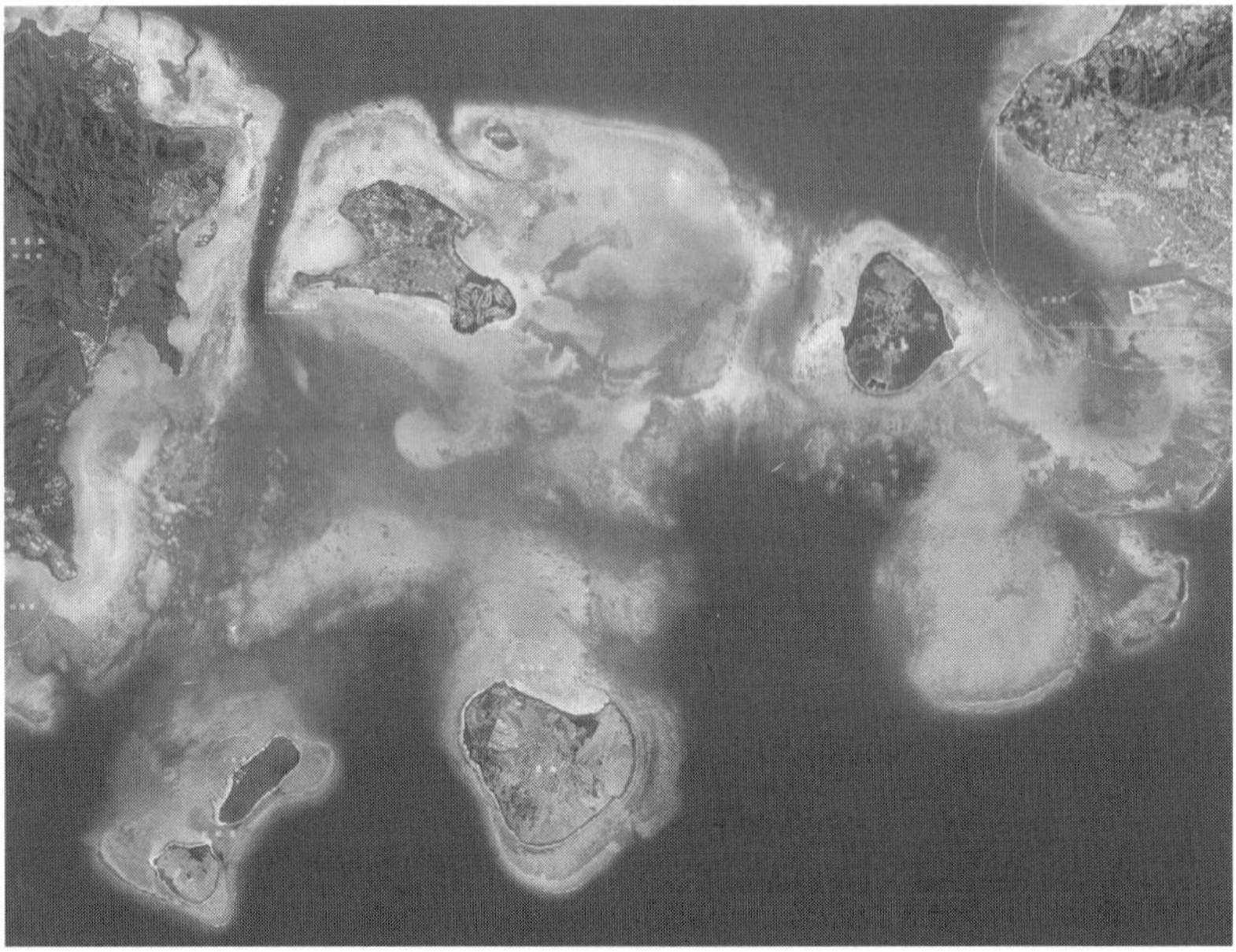

図2－4　石西礁湖

り取りされ、「食の平準化」が実現されていた。

## 第4節　サンゴ礁のなわばり

琉球列島の海は、サンゴ礁の浅海と沖合を流れる黒潮の影響の強い外洋からなっている。島嶼の沿岸部のおおくは裾礁（フリンジング・リーフ）によって囲まれている。リーフの内側は波の静かな浅瀬となっており、琉球ではふつうイノーとよばれる。イノーと外海とはいくつもの水路によってつながっている。コモンズの産卵群遊モデル（第1章第5節　一一九頁）でふれた水路は琉球列島では一般にクチ（＝口）とよばれ、個別に名称がついている。[29]八重山諸島には幅の狭い裾礁とは異なり、島じまを取り囲むように礁湖（ラグーン）が広がっている。これが石西礁湖であり、日本で最大の大きさがある（面積約四〇〇平方キロ）（図2-4）。裾礁や礁湖の内部にはサンゴ礁の微地形が発達している。沖縄の海人（ウミンチュ）は特徴的なサンゴの地形に個別の名称をあたえている。

個別名称をあたえられた地形の大きさや性格はさまざまであり、八重山諸島の石西礁湖南部にある通称、ウラビシは複雑な地形をもつ大型の離礁である。一方、ウガンガーランヤノシチャマギヤナは、「石垣島西部の御願崎《うがんざき》半島北部の下にあるガーラ（ヒラアジ）のヤナの下にある大きなサンゴ岩」の意味である。八重山諸島ではこうしたサンゴ礁の微地形に関する名称が七〇〇以上ある。（前掲29）
沖縄本島南部の糸満市地先にも南端の喜屋武《きゃん》岬までの間に比較的広い裾礁が広がっており、北端は那覇国際空港へとつながっている。糸満のイノーにも小さなサンゴ礁地形が数多くあり、名前がつけられている場所がいくつもある（後述）。以下、糸満におけるサンゴ礁の保有となわばりに関する例から検討しよう。

## 1．糸満のアンブシ漁となわばり(30)

糸満ではさまざまな漁がおこなわれているが、ここで取り上げる小型の定置網漁は地元でアンブシと称される建干網漁である。アンブシは「網干」の意味であり、馬蹄形に網を広げて潮汐現象で魚道沿いに移動する魚を網の中央部にある袋網に誘導して漁獲する漁法である。アンブシは単独ないし親子（父と息子）によっておこなわれる。一九七〇年代以降に糸満市の沿岸域が工業団地建設のために埋立てられる前には、五～六組のアンブシサー（建干網漁業者）が周年操業していた。

一九八三年、アンブシ漁を専業とするS氏の漁撈活動に同行し、その実態を観察した。糸満のイノーの海で、あるポイントに網を設置して漁をすると、一定期間そこに魚が入らない。そのため、漁場選択は活動上の重要な戦略問題であり、隣接した場所で別のアンブシサーが網を入れるような場合、網が接触する恐れもある。S氏は利用した漁場と漁獲量のデータを日誌として記録していた。日誌には、漁をおこなった年月日、獲れた魚の種類と漁獲量、そして利用した漁場名が記録されている。わたしはS氏の同意をえて、一九八一～一九八三年の三年

**写真2-10**　アンブシ漁で漁場を先取するために立てる棒と目印の石の輪。

間にわたる日誌を分析し、カラー航空写真を用いてそれぞれ利用された漁場の位置を推定した。イノーの地形を航空写真でみると、サンゴ礁、砂地、藻場、深み、水路などを色やパタンのちがいとして明瞭に識別することができる。

アンブシ漁では魚が最終的に入る袋網の設置場所がもっとも重要となる。アンブシ漁の漁場はイシヤーとよばれる。イシは「岩」、ヤーは魚の「家」の意味である。つまり、魚の集まるサンゴの岩が漁場とみなされている。ある漁場を先に占有することは「先ナイシガムン」、ないしは「網へーテナラン」、つまりほかの人が網を入れてはならない、と称される。

アンブシサーは漁の前日、網を設置し、引き潮時に袋網を揚げる場所をあらかじめ決めておく。アンブシサーは操業場所をめぐってたがいが競合しないよう、自分の使う漁場に長い棒をあらかじめ海中に立てて目印とした。棒の先には布や穴の開いたリング状の石を結わえておき、個人の目安とする（**写真2-10**）。これを「ボーウィン」と称する。ただし、漁の当日にボーウィンを設置することは固く禁じられていた。この約束事はアンブシサー間でのみ認められたものであり、アンブシ漁以外のパンタタカー（小型追い込み網漁）や刺し網漁、マスアミ（固定式の小型定置網漁）の従事者には共有されていない。

調査によると、糸満のアンブシサーが使う海にイシヤーは全部で一八七ヵ所あることがわかった。それぞれのイシヤーには固有の名前がつけられており、那覇国際空港周辺から南の喜屋武岬まで広範に分布している。

さらに袋網を設置する場所を中心として占有される海域には、後述するようにティーチとよばれるなわばりが設定されていた。ティーチは「単位」、ないし「一つ」の意味である。隣接するティーチにおいて他のアンブシサーが漁をする場合があり、おたがいの袖網が接触しないようなルールも合意されている（図2-5）。ここからアンブシにおける海のなわばりの実例を紹介しよう。

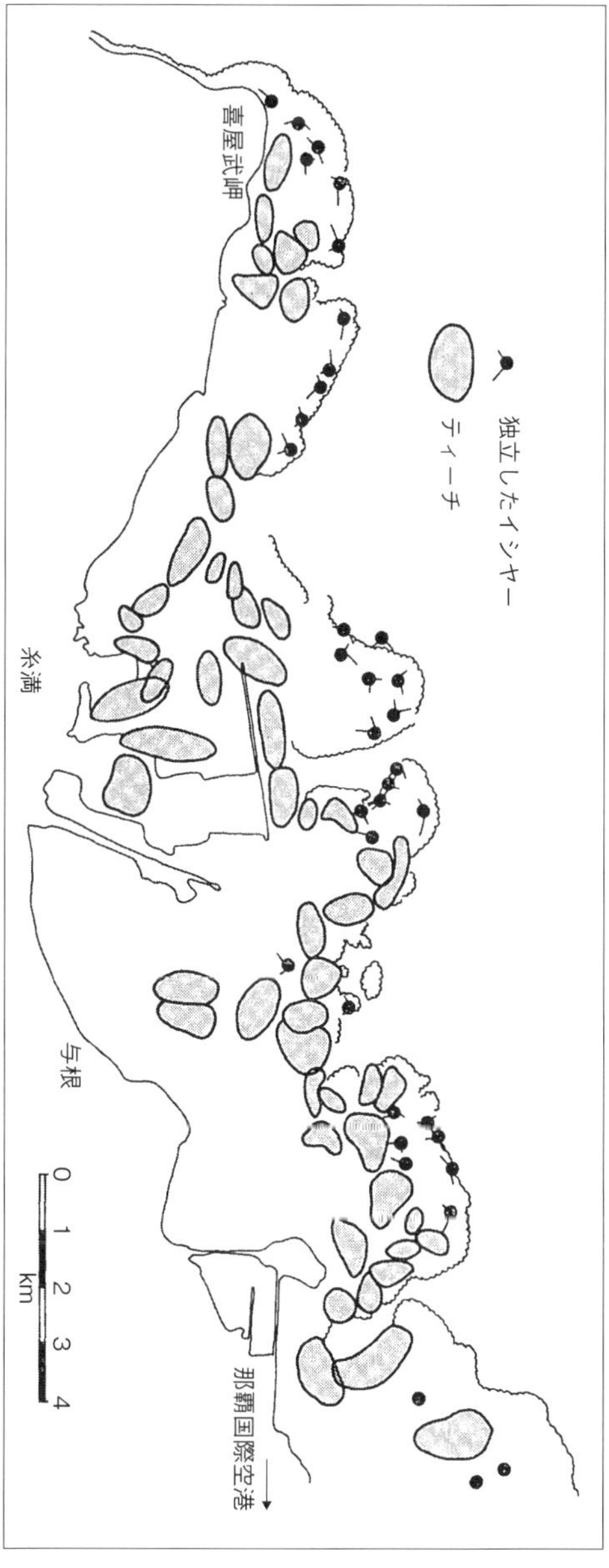


図2-5　アンブシにおけるイシャーとティーチ（なわばり）

## 小さななわばり

ボーウィンの場所、すなわちイシヤーがいくつか隣接している場合、そのいずれかを選ぶことで一定の海域を占有するものとみなされる。一〜五ヵ所のイシヤーがふくまれる場合がこれに相当する。図2-6は、独立したイシヤーからなる154番のティーチと、三つのイシヤー（151番、152番、153番）を含むティーチの位置関係を示したものである。それぞれのイシヤーには固有の名前が付けられている。たとえば、イヌヤーバラ、ナゴージバラなどの例がそうである。バラは「原」を意味する。あるウミンチュが151番、152番、153番のいずれかのイシヤーを占有する目印を立てれば、ほかのウミンチュはこのティーチでは網を入れることはできないが、154番であれば問題がない。なわばりの間で不可侵の取り決めがなされていることになる。これが小規模ななわばりの例である。

## 中規模のなわばり

一つのティーチ内に二人のアンブシサーが網を入れることのできる場合がある。図2-7a、bに示したように、イシヤーの80番を利用する目印がある場合でも、他のウミンチュは79番のイシヤーを利用することができる。ただし、79番で広げた網は80番から広げられた網と接触しないように配慮する必要がある。同様に、複数のイシヤーからなるティーチの場合、117番から122番の六つのイシヤーが含まれる。あるアンブシサーが121番か122番に袋網を設置するとして、別のアンブシサーは117番か119番に袋網を設置して網を広げることができる。この場合も、117番ないし119番を占有して広げた網が121番ないし122番から広げられた袖網と接触しないようにすることが暗黙の合意とされている（図2-7）。いずれの場合もおなじティーチ内で二人が操業することが許容されるわけは、ティーチが比較的大きいためである。すなわち、なわばりの大きさによって、なわばり内での競合が回避されるとみなされていることになる。ここでは、以上の例を中規模のなわばりと称する。

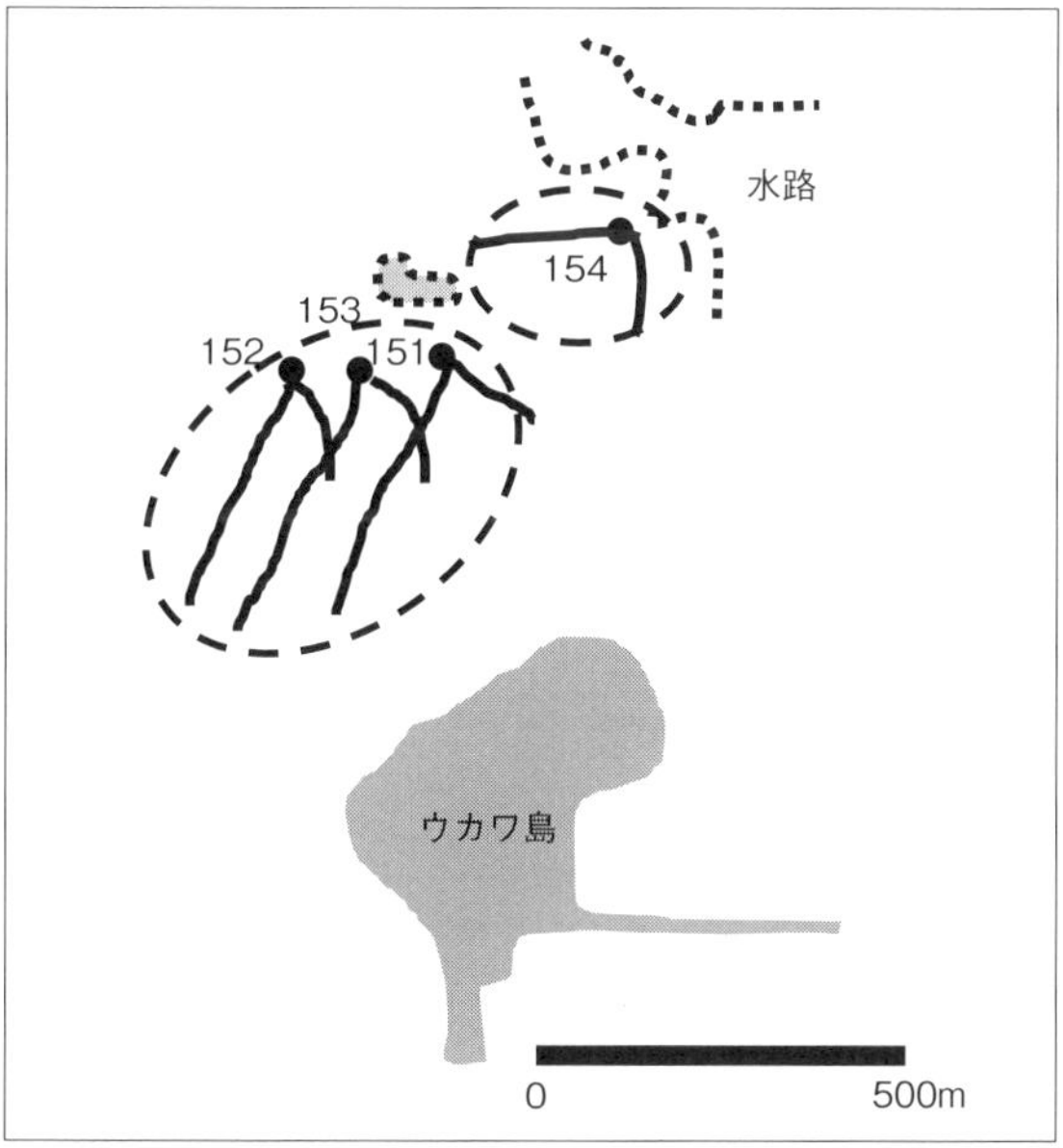


図2－6　アンブシにおける小さななわばり

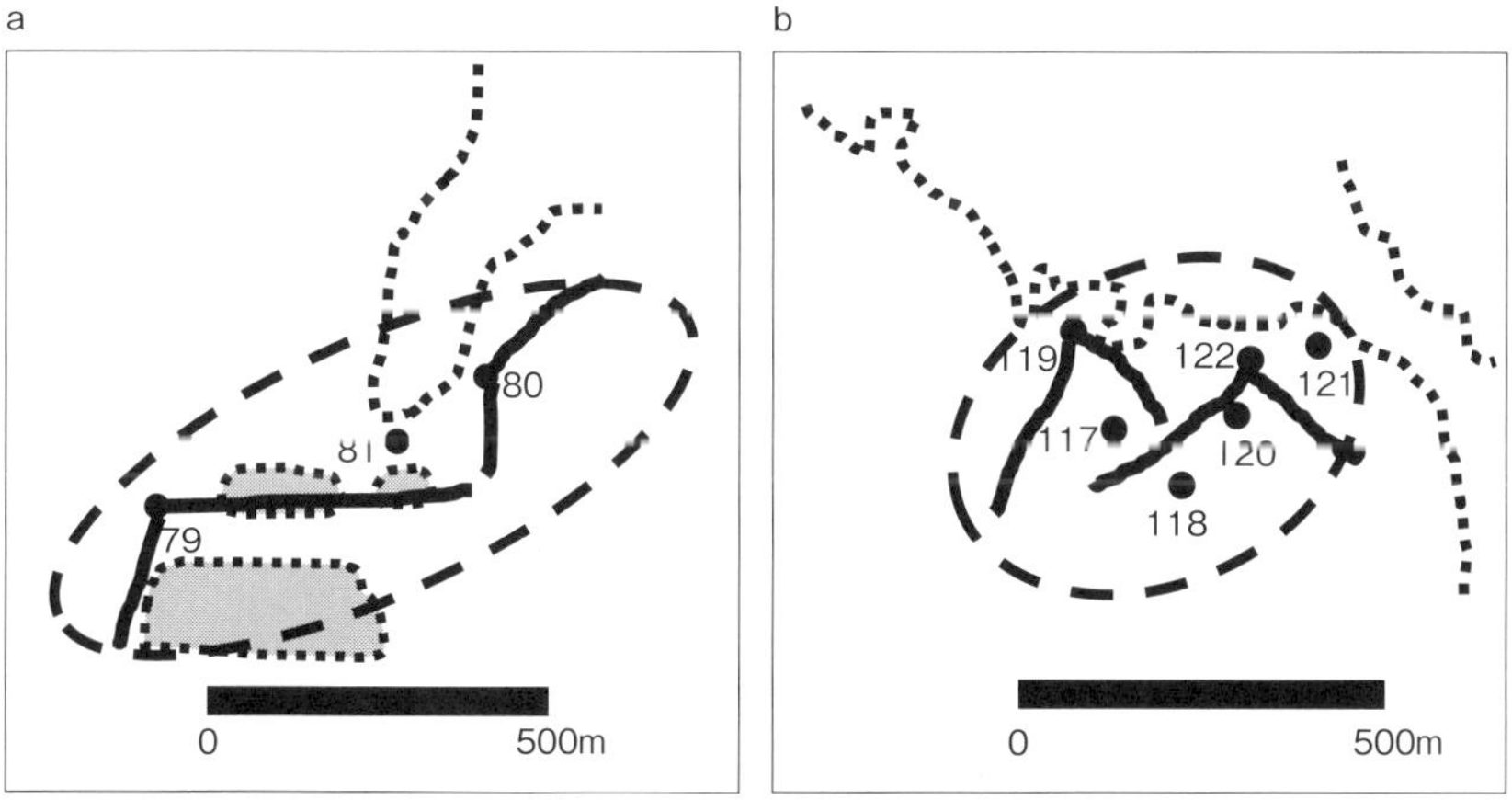


図2－7 a，b　アンブシ漁における中規模のなわばり

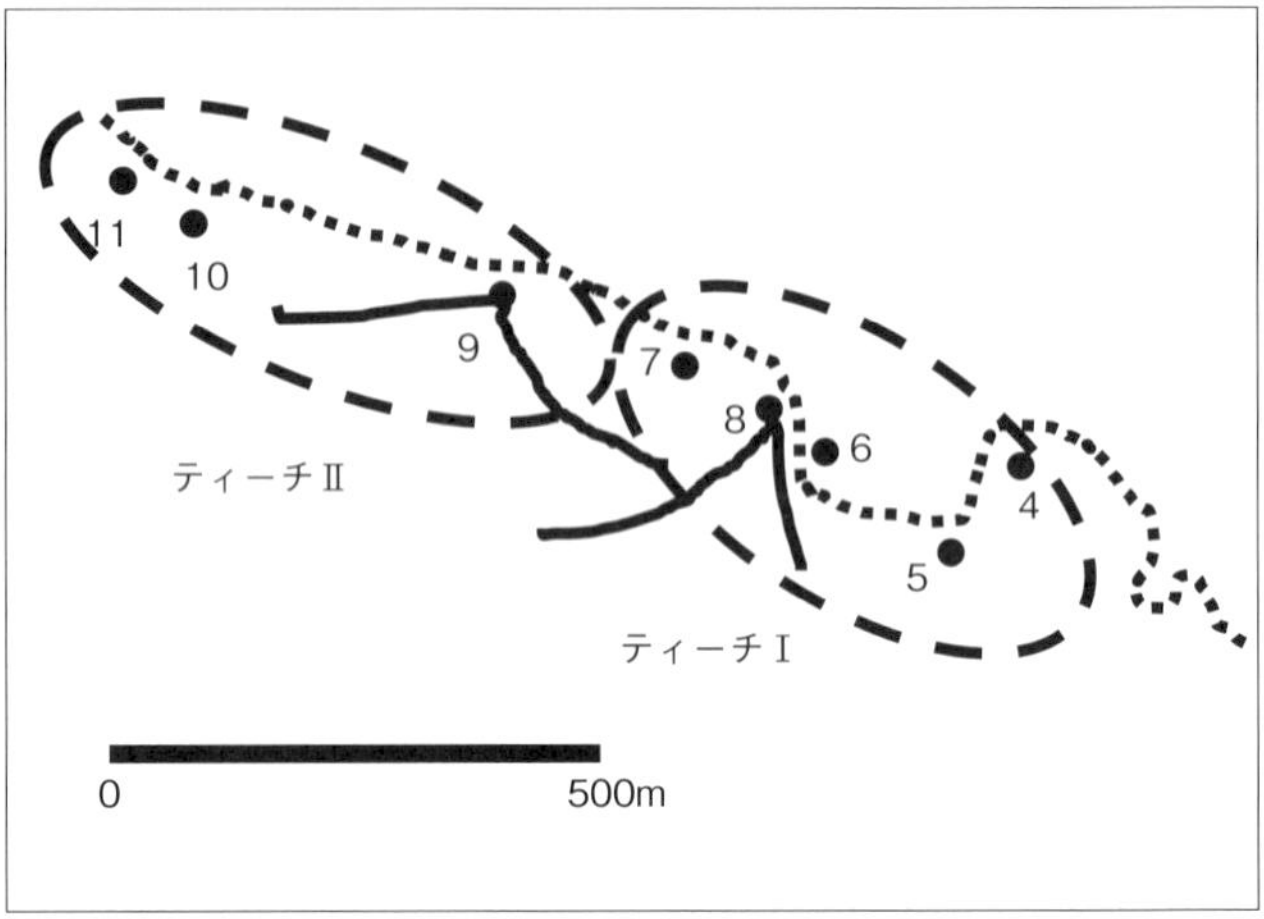


図2-8a　アンブシ漁における接触回避の例（1）

## 接触回避の原則

隣接するティーチ間でアンブシ漁がおこなわれる場合、網の接触による緊張の高まりやトラブルの発生を未然に防ぐための申し合わせがある。たとえば、**図2-8a**に示したように、五つのイシヤーを含むティーチⅠと三つのイシヤーを含むティーチⅡが隣接している場合、あるアンブシサーXがティーチⅠの8番のイシヤーに袋網を入れ、別のアンブシサーYがあとでティーチⅡの9番に袋網をいれた場合、Yは自分の袖網がXの袖網と接触しないようにしなければならない。網を広げるさいにたがいが譲歩することはチキーンと称される。

**図2-8b**は接触回避に関する別の合意を示した事例である。18番から21番の四つのイシヤーからなるティーチⅢと、22番から24番の三つイシヤーからなるティーチⅣの場合、ティーチⅢで操業するアンブシサーの左側の袖網がナカビシグワァーとよばれるサンゴ礁を越えてはならないとされている。場所を特定した接触回避の例といえる。

別の例を示そう。184番と185番の二つのイシヤーからなるティーチⅤと179番から182番の四つのイシヤーからなるティーチⅥにおいて、二人のアンブシサーが操業する場合、たとえば、184番から広げられた袖網はティーチⅤをはみ出してはならず、同様に179番から広げられた袖網がティーチⅥを越えてはならない（**図2-8c**）。こうしたルールが合意されていること自体、移動する魚をなるだけ自分の網に誘導しようとするなわばり行動の拡大を抑止するものである。袖網の先端部分を内側に曲げることは「エーマギ」と称される。

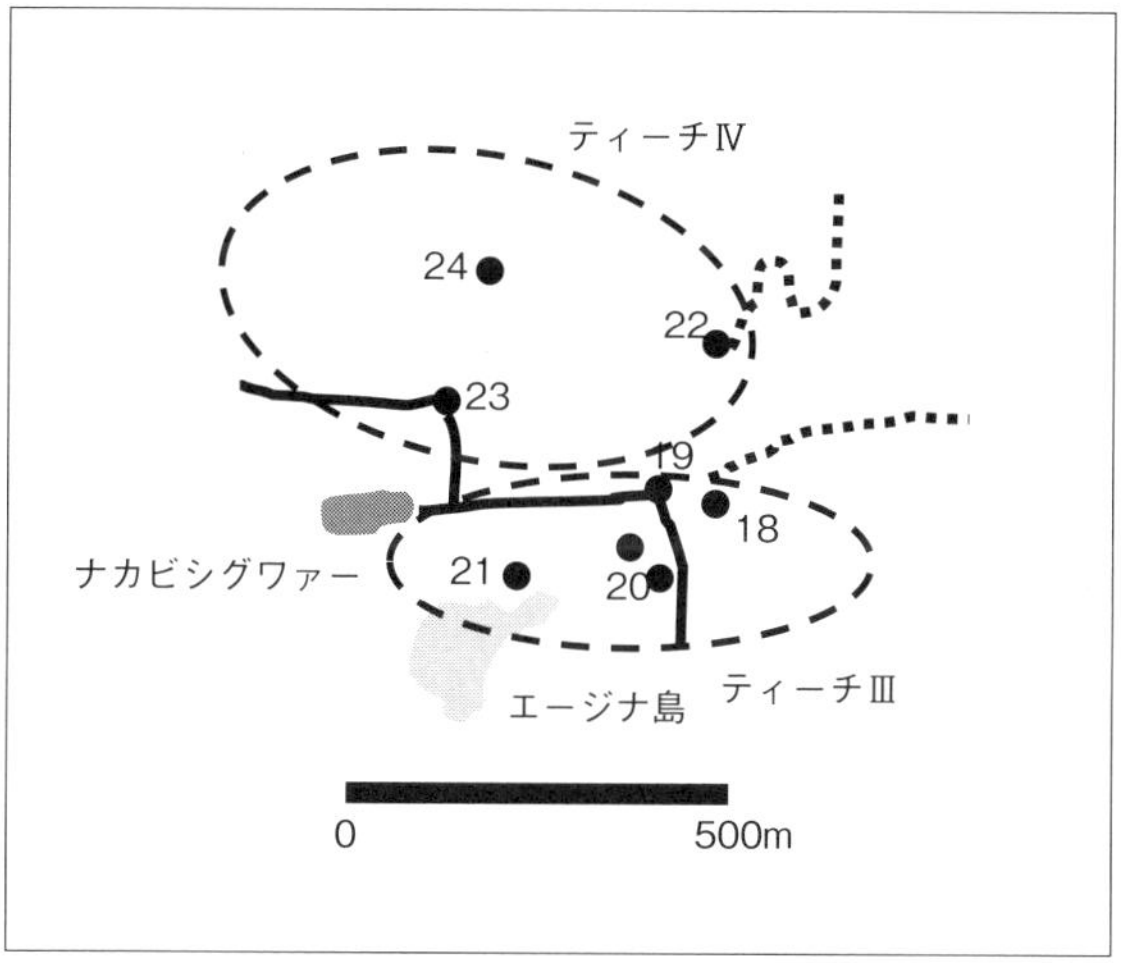


図２－８ｂ　アンブシ漁における摂食回避の例（２）

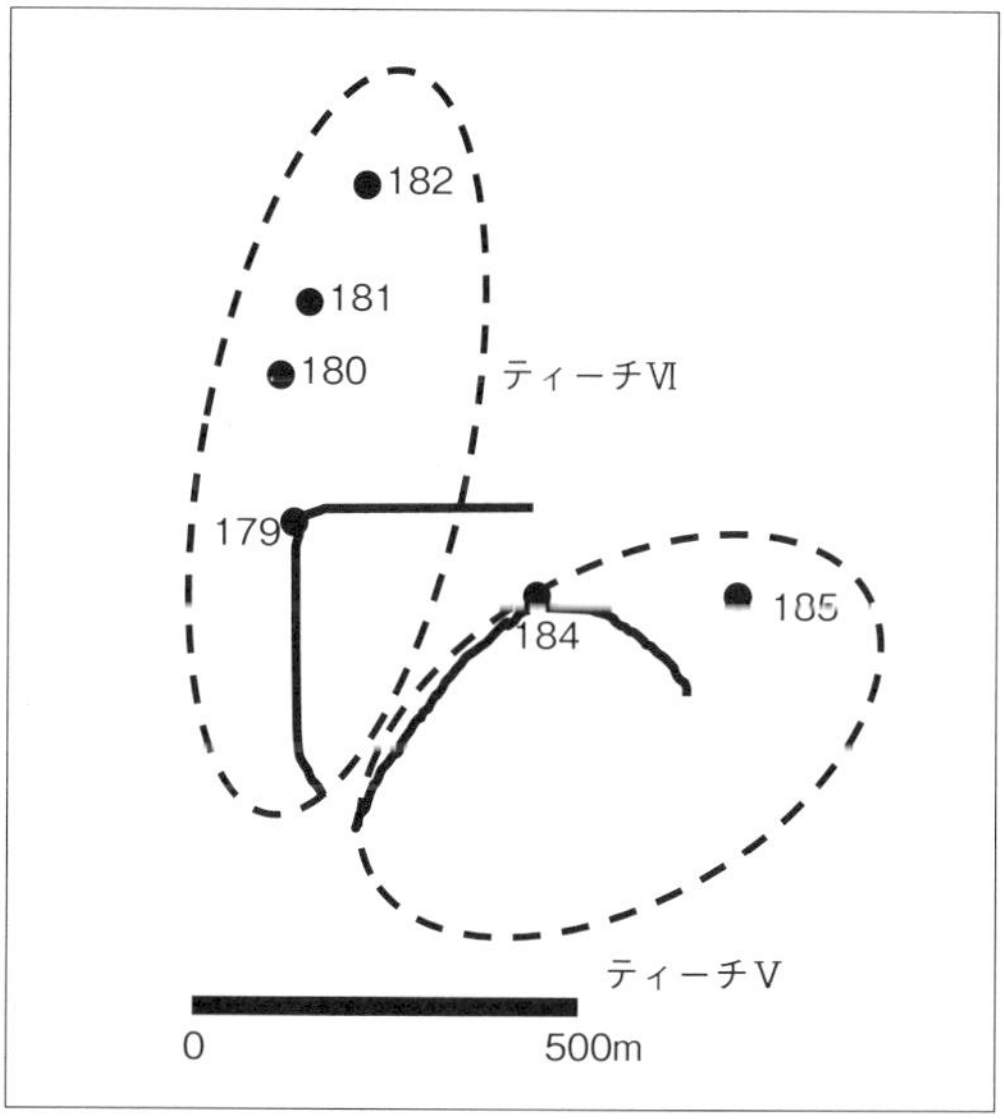


図２－８ｃ　アンブシ漁における摂食回避の例（３）

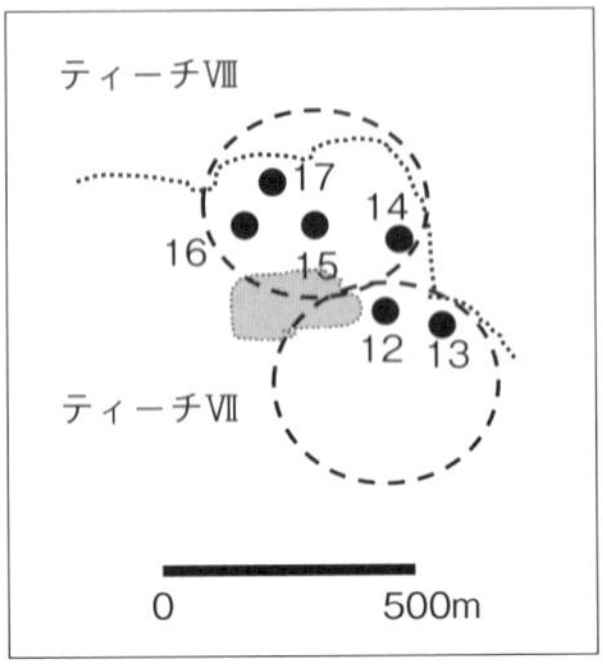


**図2－9**　アンブシ漁における禁止原則の例

**禁止原則**

隣接するなわばり間で網の接触を回避するための詳細なルールが申し合わせで決められていることがわかった。ただし、二ヵ所のイシヤーを含むティーチであっても、一方のイシヤーに網をしかけることが禁止され、もうひとつのイシヤーでは操業可能な場合がある（**図2-9**）。そのわけは、図の12番と13番の二つのイシヤーからなるティーチⅥと、14番から17番の四つのイシヤーからなるティーチⅧで漁がそれぞれおこなわれる場合、13番のイシヤーに網を設置するとティーチⅥに網入れしたアンブシサーの漁獲量が大きく損なわれるからである。ただし、12番に網入れすることはさしつかえがない。

**無原則の場所**

隣接する漁場では先に場所をとったものに優先権があるが、なわばりと接触回避の原則が適用されない場合がある。**図2-10**に示したように、サンゴ礁の末端部で外洋に面したピシ（礁嶺）に近い場所はつねに波があるためアンブシ漁の作業効率が悪い。それゆえ、このような場所はそれほど利用されない。むしろ小型の追い込み網漁であるパンタタカーの好漁場とされている。規則が適用されないことは「キミーテウカン」と称される。

**許可を要するなわばり**

先取性が大原則のアンブシ漁にあって、例外的に相手に許可を求めなければならない場合がある。**図2-11**にあるように、ティーチＰ（103番から105番の三つのイシヤーを含む）とティーチＱが隣接している例では、ティーチＰがあらかじめ占有された場合と、ぎゃくにティーチＱが先に占有されていた場合のいずれであっても、先取した

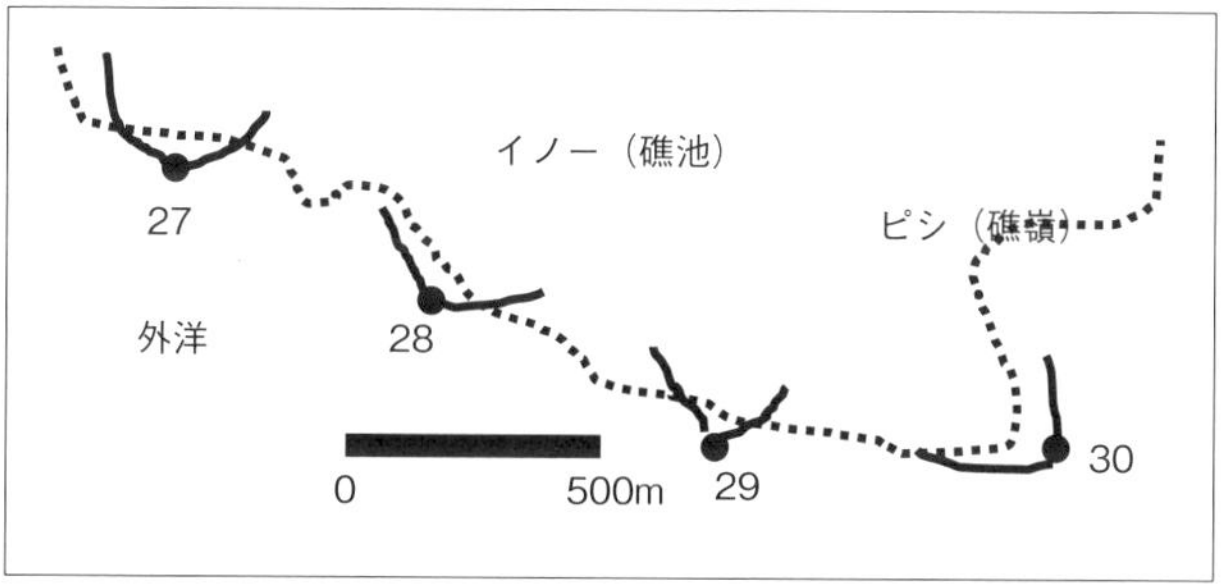


図２-10　アンブシ漁における無原則の場所の例

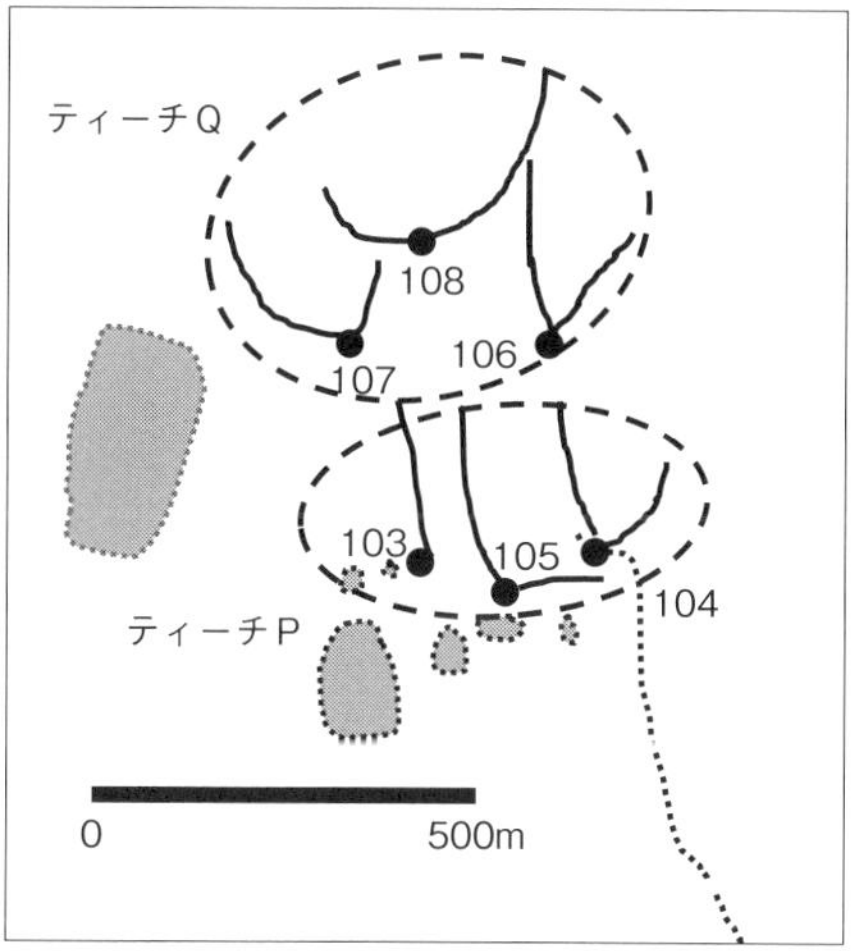


図２-11　アンブシ漁において許可を要するなわばりの例

**表2－4　糸満のアンブシ漁における申し合わせと慣行**

| なわばり慣行の類型 | ティーチの小計 | 合計 |
|---|---|---|
| イシヤーの数とティーチ（なわばり） | | 142 |
| 1カ所 | 6 | 6 |
| 2カ所 | 18 | 36 |
| 3カ所 | 17 | 51 |
| 4カ所 | 7 | 28 |
| 5カ所 | 3 | 15 |
| 6カ所 | 1 | 6 |
| 網の接触回避 | | 43 |
| ティーチ内 | 3 | 3 |
| ティーチ間 | 20 | 40 |
| 網の接触回避のためのサンゴ岩の指定 | 5 | 10 |
| 隣接するティーチでの網入れ禁止 | 3 | 6 |
| 隣接するティーチでの網入れの許可伺い | 2 | 4 |
| 自由利用 | | 36 |
| 漁場としての価値が低い | 9 | |
| ピシ（礁嶺）にあり、効率悪い | 27 | |

ほうのアンブシサーに隣接するティーチを利用してよいかどうかの許諾を得る必要がある。このことをソーダン（相談の意味）と称する。

以上の諸事例をあわせて、糸満のアンブシ漁における申し合わせと合意事項をティーチごとに集計してまとめたのが**表2-4**である。一七八あるイシヤーのうち、一～六ヵ所のイシヤーを含むなわばりの決まったものは五二ヵ所七九・八％であり、規則のないオープン・アクセスの場所は三六ヵ所二〇・二％となった。また、網の接触を回避することを申し合わせた事例はティーチ内、隣接するティーチ間のものを含めて二三例になる。これ以外の規制や禁止条項、許可などの慣行をまとめると、糸満のアンブシ漁では漁場のなわばりをめぐる海のしきたりは、全体で八五例に達することになる。なわばりや紛争回避の事例はサンゴ礁の微地形におうじて設定されたイノー領域に関するものであり、ルールのない一・五割ほどはピシ領域のものであることがわかった。

## アンブシの漁場利用頻度

以上のような、漁業協同組合による規制外の非公式的ななわばりを設定し、アンブシ漁が日常おこなわれたとして、それぞれのイシヤーの利用頻度はどのようになっているのだろうか。

一九八〇年九月三〇日から一九八二年九月一七日までのほぼ二年間にわたる漁撈の活動頻度についてS氏の日誌をもとに検討した。年間の出漁日数は一九九日（三〇八日中で、六四・六％）（一九八〇年九月三〇日～一九八一年八月三日）と二二六日（三三四日中で、一九八一年一〇月一八日～一九八二年九月一七日）であった。ただし、一二月から三月は休漁期であり、四～五月が盛漁期である。あるイシヤーを年間何度利用したかについて検討すると、**図2-12**の漁場利用の累積頻度分布にあるように、一回だけの場合がもっとも多く、全体の四～五割を占める。年間に三回まで利用されたイシヤーの場所数は六割以上となった。一五回以上と利用頻度の高い場所は全体の五％にすぎない。しかも、利用頻度を二年間でコルモゴロフ・スミルノフの検定で比較すると有意差がなかった。もう少し詳しく、利用頻度を任意に一～四回、五～九回、一〇～一四回、一五～一九回、二〇回以上の五段階に分けて利用頻度と漁獲量の関係を調べた（**表2-5**）。ウェルチの方法によって検定すると、一九八〇～八一年には相関がなかったが、一九八一～八二年には有意差があった。一回の網入れによる漁獲量をイシヤーごとに検討した結果、漁獲量の変動がたいへん大きいことがわかった。

### 漁場の認識

それではつぎに、個々のアンブシサーは漁場のなかでよく獲れる場所と漁獲が期待できない場所をどのように区別し、評価しているのであろうか。一般的な傾向を把握するため、ある漁場を（1）よく使う、（2）ふつうに使う、（3）あまり使わない、（4）決して使わない、（5）かつて使ったが漁獲量が少ないので放棄した、の五つに分け、X、Y二人のアンブシサーに質問し、両者の一致度を一致係数により検定すると、評価が両者で大きく

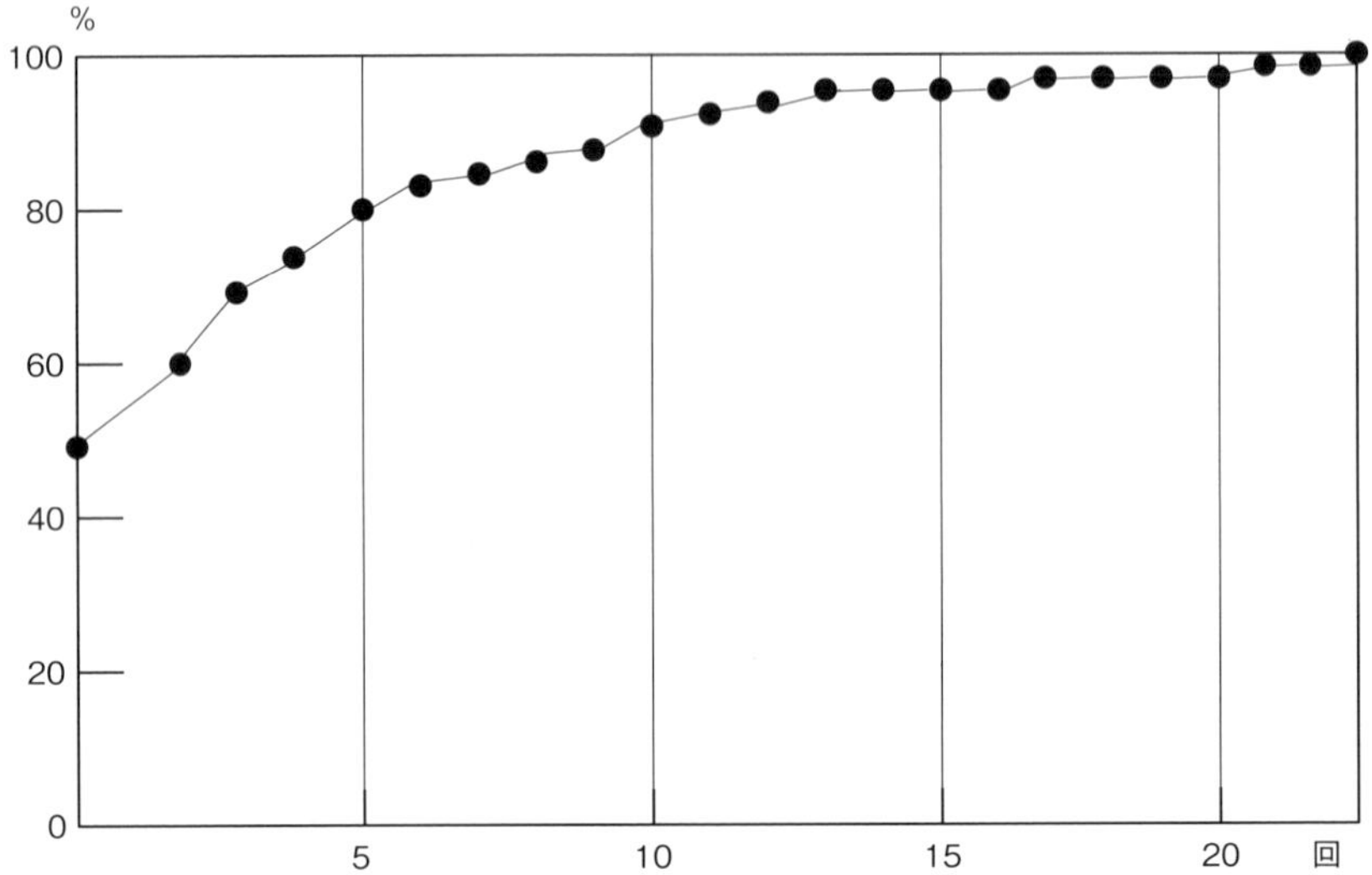


図2-12　漁場の利用頻度に関する累積百分率（1980-1981年度）

表2-5　年度ごとの漁場利用頻度*と漁獲量

| 年度 | 有意差 | F値** | 平均（kg） | 標準偏差 | 例数 |
|---|---|---|---|---|---|
| 1980-1981年 | なし | 1.507 | 23.6 | 27.71 | 296 |
| 1981-1982年 | あり | 2.907, $p < 0.05$ | 18.5 | 16.33 | 424 |

*：利用頻度は、1～4回、5～9回、10～14回、15～19回、20回以上の五段階に分けた。

**：ウェルチの方法による。

表2-6　漁場利用の個体差の検定

●XとYの一致係数による検定
5段階評価　$\chi^2=175.37$
よく使う漁場　$\chi^2=0.2$

（1）よく使う、（2）ふつうに使う、（3）あまり使わない、（4）決して使わない、（5）かつて使ったが漁獲量が少ないので放棄した、の5段階。

●Zの認識と、X、Yの考えとの一致度の検定
X、YとZとの間に有意差がある。（$\chi^2=21.31, p<0.001$）
ただしこの結果は、ほとんど使わない漁場にたいする認識のちがいが反映している（$\chi^2=18.58, p<0.001$）。

ちがうことがわかった（表2-6）。ただし、よく使う漁場については一致度が高く、両者での差はなかった。

ここで、もう一人のアンブシサーZにXとYの結果を示し、実際におこなわれた漁場利用と照合した。すると、XとYともによく使うとされた漁場がZによっては利用されていないことが判明した。その反面、XとYが利用したことのない数ヵ所のイシヤーをZは年間に五回以上利用していることもわかった。つぎに、Zの認識がXとYの考えとの一致度を検討した結果、X、YとZとの間に有意差がみられた。ただしこの結果は、ほとんど使わない漁場にたいする認識のちがいが反映している。つまり、漁場についてのアンブシサーの認知はよく使う漁場の差も認められるが、問題はあまり使わない漁場への認識が大きく異なることが考えられた（表2-6）。そこでつぎに、ほとんど使われない漁場とはどのような性格のものであるのかについて検討した。

**台風の影響**

台風や強風がアンブシ漁に負の影響をあたえることは、波浪により網入れ作業が困難になることから当然、予想される。ピシ（礁嶺）付近は波の砕ける場所でアンブシ漁の規制がない領域であることはすでに述べた。ただし、アンブシサーは台風のあとに特定の漁場で大きな漁獲を揚げることができると考えている。たとえば、日誌の分析によると、一九八一年四月、

一二番の地点が三日連続して利用されている（表2-7）。一八番のイシヤーは一九八〇～八一年に八回使われ、そのうちの五回は台風や嵐のあとであった。台風や嵐の間、漁場は使われずに保全される。類似の報告はほとんどないが、中米のキューバではハリケーン襲来後に特定の漁場で多くの漁獲があったとする例がある[31]。

**表2-7**　アンブシ漁における台風後の漁場利用
表では、台風通過後、連続する2-3日の利用について記載した。

| 日時 | イシヤーの場所 | 年間の利用回数 |
|---|---|---|
| 1980年10月15日 | 65 | 8 |
| | 78 | 7 |
| 16日 | 16 | 11 |
| | 18 | 20 |
| 17日 | 32 | 18 |
| | 8 | 11 |
| 11月9日 | 12 | 16 |
| 10日 | 32 | 18 |
| | 76 | 14 |
| 11日 | 198 | 14 |
| | 76 | 14 |
| 1981年4月24日 | 12 | 16 |
| 4月25日 | 14 | 4 |
| | 121 | 8 |
| 4月26日 | 18 | 20 |
| | 121 | 8 |
| 4月27日 | 112 | 5 |
| | 121 | 8 |
| 1981年11月28日 | 12 | 11 |
| 30日 | 198 | 15 |
| | 87 | 12 |
| 1982年1月6日 | 8 | 19 |
| 7日 | 22 | 15 |
| | 18 | 17 |
| 4月10日 | 18 | 17 |
| 11日 | 22 | 15 |
| 4月12日 | 120 | 4 |
| | 87 | 12 |
| 8月16日 | 8 | 9 |
| | ? | 9 |
| 17日 | 11 | 7 |
| | 80 | 10 |
| 18日 | 38 | 17 |
| | 147 | 8 |

## 海の回復サイクル

いかなる漁場でも、いったん漁獲すれば、一定期間その漁場に魚がもどるまで「休ませる」ことが必要とウミンチュは考えている。このことをウミンチュは「ウミユックワス」と称する。さらに「イイウミ」とはいったん漁撈をおこなったあと、魚が短期間にもどる漁場を指すという。これは生態系におけるレジリエンス（回復力）の問題にほかならない。そこでよく利用される漁場ほど、漁場利用の間隔が短いかどうかについて検討した。その結果、休息させる期間（日数）と漁獲量との間には統計的な有意差はなかった。すなわち、一九八〇～八一年では F＝0.81、一九八一～八二年では F＝0.59 であった。休漁期間の中央値は一週間以内であり、年間に二～四回しか使わない漁場ではその中央値は六週間以上であった。なお、年間一五回以上利用する漁場では、より少ない頻度で利用された休漁間隔にくらべてもっとも短い傾向がある。このことは一九八〇～八一年、一九八一～八二年ともに確認された。

表２-8　魚種別の漁獲量の季節変化

| 魚種 | 春 | 夏 | 秋冬 |
|---|---|---|---|
| シジャー | 265.0 | 10.0 | 36.5 |
| エー小 | 11.5 | 153.5 | 60.0 |
| ヒラソージ | 34.5 | 0.0 | 1.5 |
| カタカシ | 502.0 | 119.0 | 242.0 |
| ジキラン | 6 | 0 | 0 |
| イラブチャ | 203.5 | 3.5 | 60.5 |
| ミズン | 122.5 | 0 | 149.0 |
| マクブ | 110.0 | 0 | 0 |
| ズーマ他 | 7.0 | 0 | 0 |
| アカジン | 5.5 | 0 | 0 |
| カマサー | 57.5 | 2.0 | 62.0 |
| ムルー | 45.0 | 0 | 15.0 |
| イロイロ | 4.5 | 51.0 | 23.5 |
| アマイユ | 0 | 51.5 | 0 |
| チン | 0 | 136.0 | 0 |
| アシキン | 0 | 8.5 | 0 |
| クレー | 0 | 3.0 | 0 |
| ヤマトビ | 0 | 14.5 | 0 |
| ヒチュー | 0 | 2.0 | 0 |
| ハイユー | 0 | 0 | 45.0 |
| カツオ | 0 | 0 | 16.5 |

## 産卵期の漁獲

一般にウミンチュは魚の産卵期には多くの漁獲があると考えている。アンブシの場合、とくにエーグワァの仲間（アイゴ科の魚）であるミヤゲー（アミアイゴ）とカーエー（ゴマアイゴ）が三月から五月にかけておおく漁獲されることが経験的にも知られている。ただし、一日当たりの漁獲量はこの時期よりも七〜一〇月のほうがおおい（表2-8）。糸満ではアンブシとともにシルイカ（アオリイカ）を獲るパンタタカー（小型追い込み網漁）がおこなわれてきた。シルイカの産卵期は冬季であり、戦前は一組しかなかったが戦後は四組に増えた。ただし、漁獲量は伸びずに推移した。パンタタカーが周年操業されていたこともシルイカ減少の原因となった。アンブシと比較してパンタタカーのほうがより漁獲圧の高いこともあきらかだ。産卵期における漁撈の制限は資源管理上、いまも懸案事項となっている。

## 小型定置網漁との場所の競合

糸満の面するイノーではアンブシやパンタタカーのほか、刺し網漁がおこなわれてきた。刺し網漁は魚の移動路のなかでも大きなクチ（水路）やピシ（礁嶺）周辺でおこなわれるため、パンタタカーやアンブシの漁場とは競合することが少ない。しかし、本土復帰以降に導入されたマスアミ（固定式の小型定置網）の漁場はアンブシとおなじイノーの浅瀬である。マスアミでは全体が三角形状で三つの三角錐状の袋網が設置され、網を固定するために二〇〜三〇本の鉄棒が打ちこまれ、全体として大きな領域を半永久的に占めることになる。アンブシは可動式の網漁であり、マスアミの設置はアンブシの漁場利用に大きな痛手となった。一九八三年の糸満漁業協同組合の会議で、アンブシとマスアミの保有可能な網の統数に関する話し合いがもたれた。その結果、両方の漁業で四ヵ統の網を使うことが決められた。この決定がアンブシサーにとり不利となったわけは、アンブシでは最大でも三ヵ統が使用可能であるが、四ヵ統使うことは操業時間からしても不可能であった。ところがマスアミはいったん設置すれば網を揚げるとき以外は特段の労働時間は要らない。アンブシサーの受ける不利益の是正は当事者間で協議されるべきであるが、公平性の問題とともに資源管理などの生態学的な観点をも考慮した議論がなされるべきであろう（図2-13）。

マスアミとアンブシとの間でさえ、漁場利用をめぐる確執のあることがわかったが、八重山諸島においても小

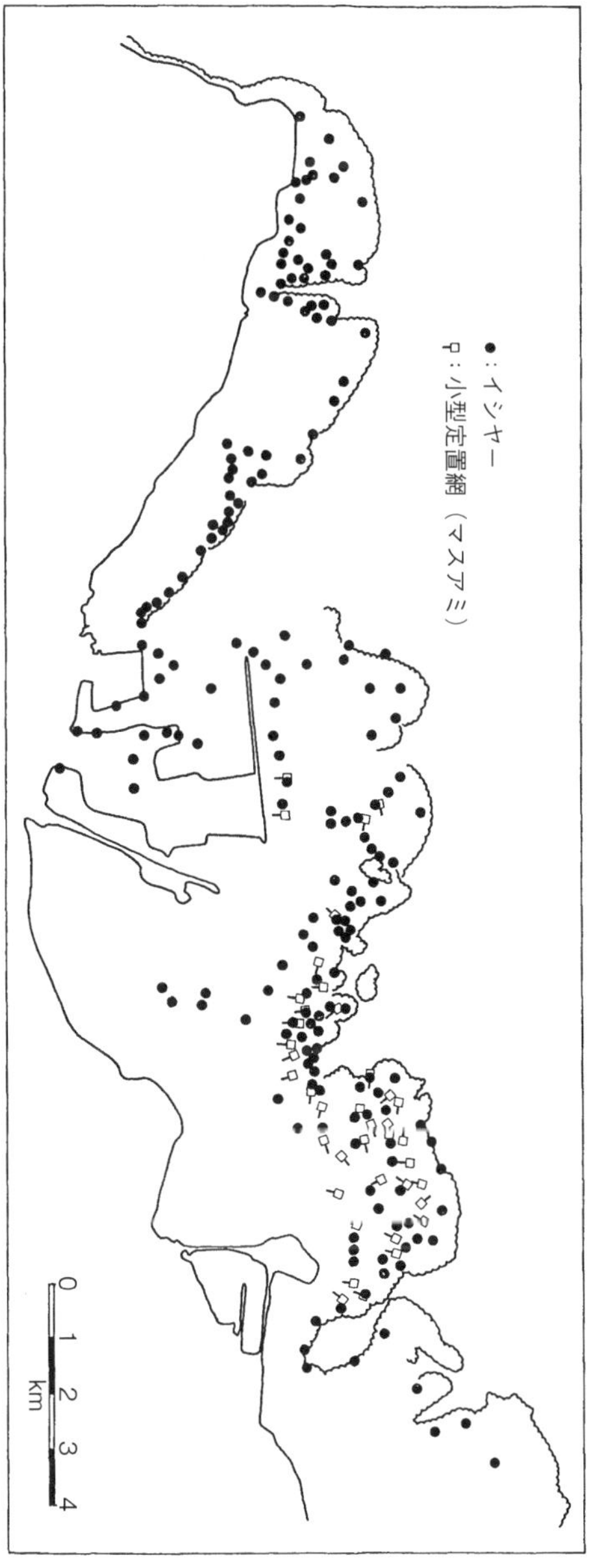


図2-13　アンブシにおけるイシャーとマスアミの位置

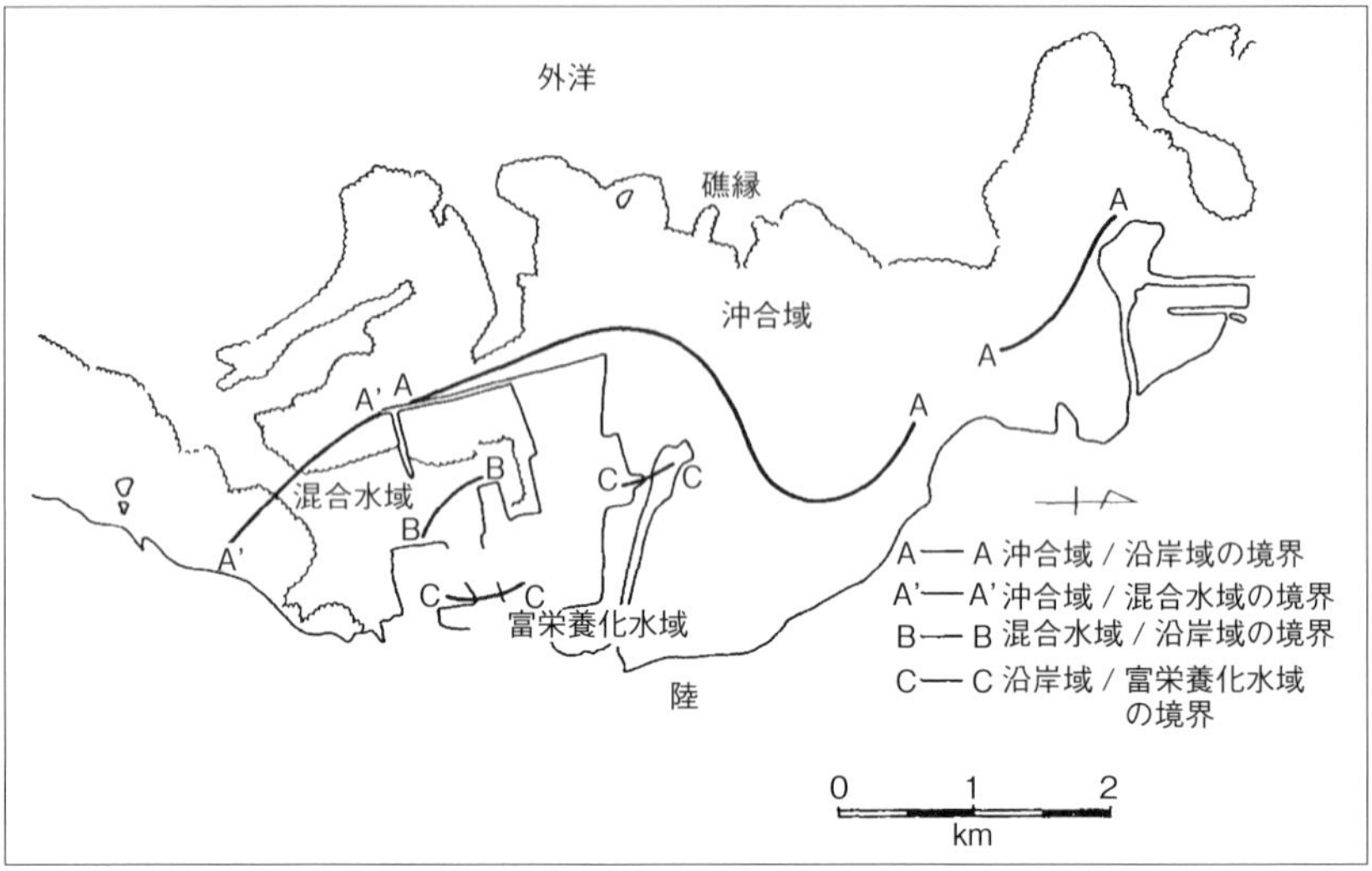


**図 2-14**　糸満の海の海洋生態学的な区分

型定置網による漁場の占有が刺し網漁や追い込み網漁の操業に支障をきたすとして不満を口にする人が多い。小型定置網漁は一一～四月にかけておこなわれるが、場所にたいする規制のないことや、一週間ごとに場所を移動するべきだが、長期間、おなじ場所で操業することが問題視されている。つまり、異業種間での競合が資源の適正な利用と漁獲利益の平等配分にゆゆしい影響をあたえる例となっている。

## 埋立て問題

戦後の経済成長期、日本各地では沿岸域の埋立てによる工業地帯や住宅地の造成が進んだ。糸満でも工業団地を造成する案が浮上し、一九六〇年代から埋立て地が増大した。一九八〇年における環境影響評価の調査によると、糸満のイノーは生態学的な条件から**図 2-14**に示したように、沖合、沿岸、沖合と沿岸の中間領域、海岸部の富栄養化した領域に分けることができる。埋立てによって、陸域の影響が海側に広がることはあきらかである。

以上のように、糸満におけるアンブシの漁場利用からさまざまな問題がわかった。漁場を利用するうえで協議された内容はアンブシサー間でのみ共有されてきた非公式の慣行であり、場所ごとに詳細なルールが決められていた。しかも、競合を避けるための工夫や時期ごとの漁場利用についてウミンチュは魚の生態を含めたたくみな民俗知をもっている。だが、時代の変化とともに埋立てや陸域からの影響もあり、漁場の意味や漁獲量も変動してきた過程を知ることができた。

**写真2-11**　敷網漁で獲れた活き餌を入れておく餌籠。ペンキで印をつけ、本船に餌を供給する。

## 2．サンゴ礁のくじ引き

八重山諸島では、カツオ一本釣り漁用に使用されるタカサゴ、テンジクダイ、スズメダイなどの活餌（ヤサあるいはジャコ）を獲る敷網漁（ヤサトリあるいはジャコトゥエー）がおこなわれてきた。この漁は、夜間にプランクトンを索餌するためにサンゴの岩穴から出て、夜明け前に岩穴にもどる魚の習性を利用して、岩穴周辺に網を設置して魚群をすくい上げて獲る漁法である。獲れた活餌は海上に浮かべた大型の籠にいれ（**写真2-11**）、カツオ一本釣りの本船がそれを撒き餌として使う。サンゴの岩穴は無数にある。岩穴はアナないしヤナとよばれ、利用されるものには一つずつ名前がついている。たとえば、タキドンアガリヌカーミーチブルイサーという名前のアナは「竹富島の東側にあって、ウミガメがよくいる、頭の形をしたサンゴ岩」という意味である。ナグラウチノウー

図2-15　八重山諸島における敷網漁のアナ（ヤナ）の分布

グーノイリノシラマーグーは、「名蔵湾内の大きなサンゴの西側にある砂地のなかにあるサンゴの岩穴」ほどの意味を示す。ジャコトエー漁に従事するウミンチュはアナの位置やその特徴に熟知している。

### アナ（ヤナ）の決め方

カツオ一本釣り漁の盛漁期時代にあった一九七二年当時、カツオ釣り本船に活餌を供給するジャコトゥエーは一七組あった。一七組のグループが使用するアナをめぐる競合を避けるため、各組が年間、独占的に利用できるアナを一〇ヵ所決め、組のセキニン（代表者）が抽選によりアナを指名する。そのさい、指名順自体を決めるクジをまずおこない、ついで一番クジから一七番クジの組まで順にアナを一つずつ指名する。二順目は一七番目の組から二つ目のアナを決める。そして、最後の一番クジの組からふたたび三つ目のアナを指名する。こうして、組ごとに指名した一〇ヵ所のアナの合計は一七〇ヵ所となる。年度ごとのクジアナに関する情報は記録として八重山漁業協同組合に所蔵されている。この資料をもとに八年間の情報を集計したところ、アナの数は七三〇あまりにのぼった。なお、毎年、指名で決められた以外のアナはウキアナとよばれ、どの組も自由に使うことができた。敷網漁のグループは二〇〇三年現在、二組と激減した。石垣市史編集室の資料によると、石垣島の屋良部《やらぶ》半島から名蔵湾、竹富島、石垣島によって囲まれた海域における「ヤナの名一覧」には、八二のアナの名称とその位置が地図上に示されている（図2-15）。

ジャコトエー漁のセキニンによると、自分がよく周知している海のことは「ドゥーヌウミ」、つまり自分の海と称される。前述したアンブシ漁では、とくに自分がよく理解している場所は「ワタクサーヤナ」、ないし「カクシヤナ」とよぶ。後者はあきらかに他人には知られたくないとする意味合いがある。ジャコトエーでいえば、抽選によらない、誰が使ってもよいウキアナの一部はカクシヤナに相当するだろう。

## サンゴ岩のくじ引き

ジャコトゥエーでくじ引きをおこなうにあたり、「鰹餌取責任者協定書」が取りかわされる。その概要は以下のとおりである。まず、活餌となる小魚を蓄えておく餌籠（権利かご）は二個にかぎり、赤ペンキで①、②の印をつけ、赤色以外の色は認められないこと、三個以上使用した場合はクジアナを占有する権利は消失する。いったん得たクジアナの権利を他人と交換することは厳禁される。また、新規に餌のアナを発見した場合、発見者に権利が認められるが、その漁場には海面上でわかる印をつけ、餌が獲れなくなった段階でその印をはずすこととされた。あるウキアナ（筆者注）を利用する権利を留保するための敷網は二張りまでとし、契約したカツオ船のマークを付けた旗を目印とし、そのマークがないとアナを占有する権利を失う。場所の先取りは最長で二日間とする。他人のクジアナの餌を盗んだ現場を差し押さえられた場合、その餌はクジアナの所有者のものとなる。餌籠を無断で借用した場合、なかの餌は籠の所有者のものとなる。台風後に利用するウキアナの権利は先着順とす

図2-16　石西礁湖周辺において劣化が確認された敷網漁のアナ（サンゴ岩）の位置。図中の番号は調査地点の識別番号。

る。

以上の合意は八重山漁業協同組合長の立会いのもと、餌取組合長ならびに副組合長の名のもとに協定が締結された。協定の内容は毎年の会議で議論されるが、大枠では前記のような内容になっている。とくに違反事項について厳しい制裁が決められている事実は、過去において違反操業のあったことを示唆している。前記のなかで、台風後に使うウキアナの優先権が記載されているわけは、台風のさい、海中の攪乱が生じるのでサンゴ岩に魚が避難するためであり、糸満のアンブシ漁においても台風後に利用される特定のイシヤーの場所をウミンチュは経験知として把握していたことに通じる。

## クジアナの位置

つぎにジャコトゥエーで利用される

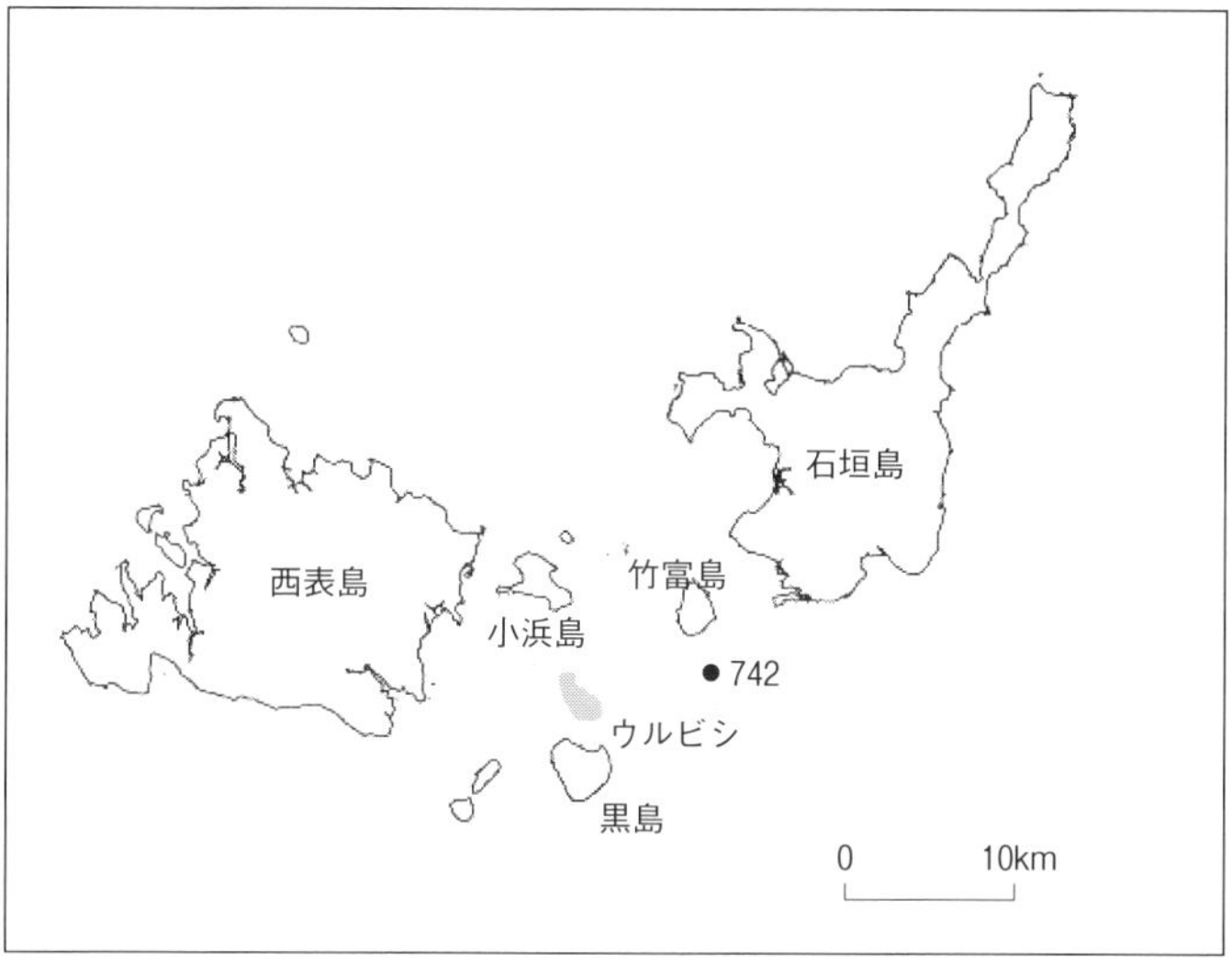


図2-17　タキドンアガリヌ・シラウミーヌ・ヤーとウルビシの位置

クジアナについての位置確認調査をおこなった。調査はサンゴ礁のアナの名称に関する資料をもとに二〇〇三年一月と三月に石西礁湖周辺で実施し、乗船調査と観察、面接、GPSによる漁場の確定と追跡をおこなった[32]。

GPSの使用によって、アナの位置を特定することができる。たとえば、カンヌンドゥー・シチューヌ・ヤー（観音崎にあるコショウダイの家）の場所は観音崎の沖にある（北緯二四度二一分一九秒、東経一二四度六分五一秒）（図2-16の地点645を参照）。タキドゥンアガリヌ・シラウミーヌ・ヤーは、「竹富島の東側にあるタカサゴの仲間の家」を意味し、その位置は北緯二四度一八分五秒、東経一二四度五八分五一秒にある（図2-17の地点742を参照）。

カツオの餌取り漁以外におこなわれるさまざまな漁法でも、独自に漁場の名称が存在する。たとえば、ウルビシは「ミドリイシのサンゴ礁」の意味であり、黒島の北に北西から南東に連なる大きなサンゴ礁である。その位置はほぼ北緯二四度二七分九二七秒、東経一二四度〇分五五五秒から北緯二四度二七分九七〇秒、東経一二四度〇分五一八秒の二点を結ぶ範囲にある（図2-17を参照）。ウルビシでは刺し網、追い込み網、籠網漁、潜水突き漁などの多様な漁

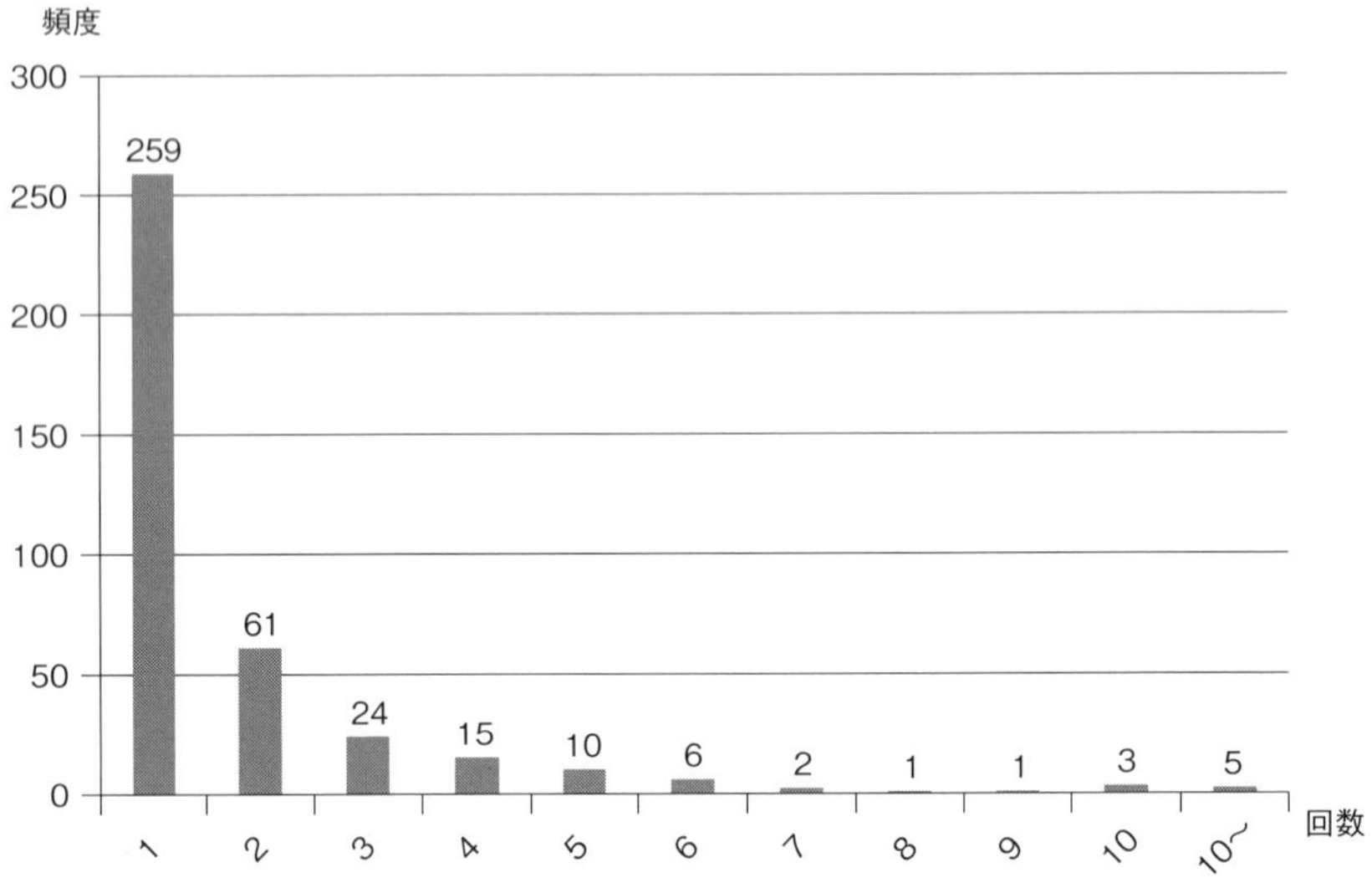


**図2-18**　ジャコトウェー漁におけるクジアナの指定頻度
1972〜1981年度の10年間における実績による。指名回数1回のヤナは259例あることを示す。

法がおこなわれる。ウルビシの漁場がピン・ポイント的な場所として特定化されていないのは、刺し網漁、追い込み網漁などでは網入れの時間や潮流のタイミングが重要であるし、潜水漁でも移動しながら魚を探すので特定の場所が一義的に重要ではないからだ。

## クジアナの利用頻度

一九七二年度から一九八一年度の間におこなわれた「鰹餌取協定書」に添付された手書き資料をもとに、ジャコトゥエーの責任者ごとに選択された一〇カ所ずつのクジアナの名称を一位から一〇位まで選択順に記載した資料を用いて組ごと、年度ごと、アナの漁場ごとに検討した。年度や個人によってクジアナの名称はほぼおなじでたがいに共有されているといえるが、細かい点ではちがいが認められた。**図2-18**にあるように、一〇年間で一回しか指定されなかったアナがもっとも多く、二回指定されたアナはその二割強、三回となると一回利用の一〇分の一もない。ただし、総数七三五例のうちで、一回から一〇回まで指定されたアナは全体の九割に達している。年ごとに参加した敷網漁

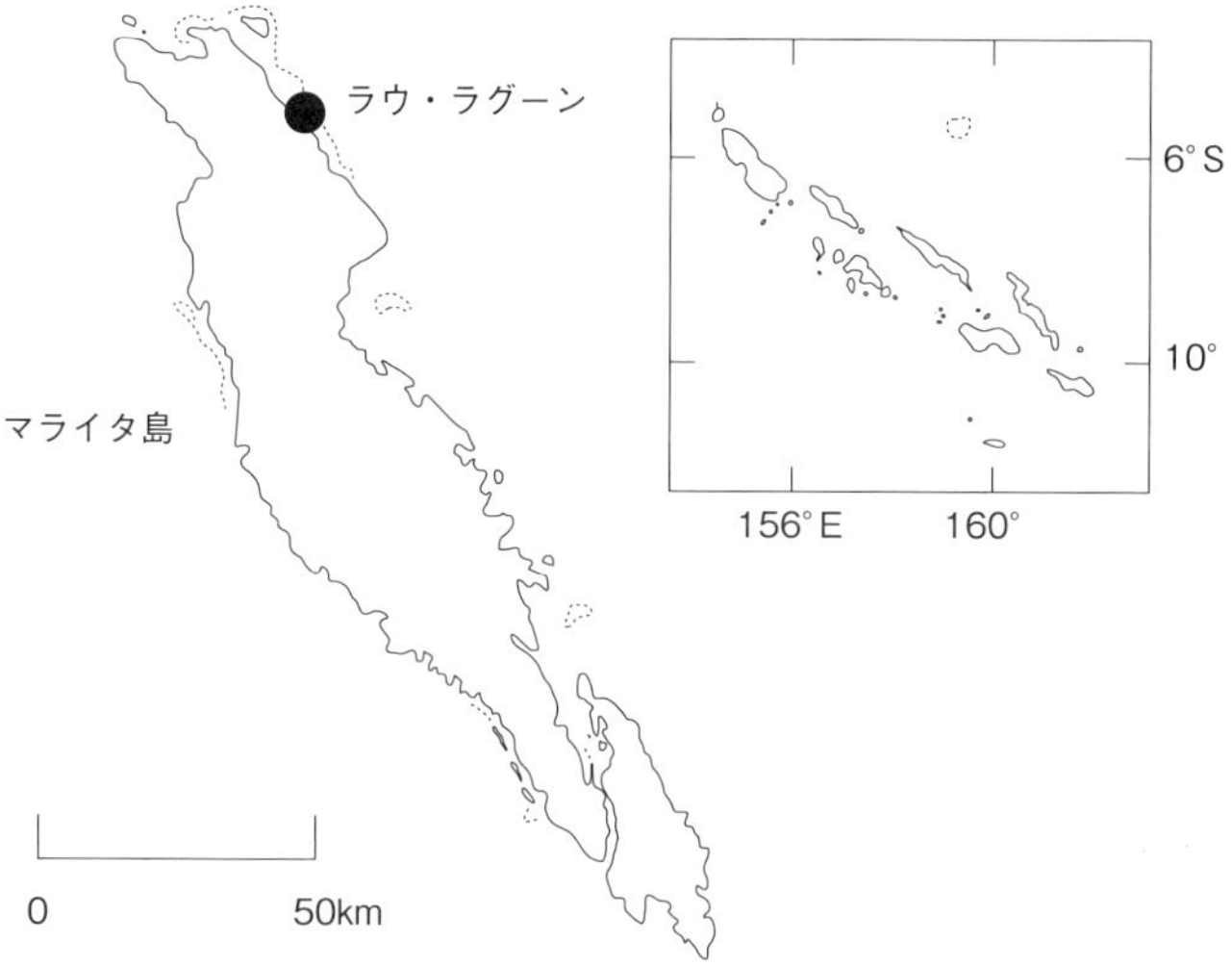


図2-19　マライタ島とラウ・ラグーンの位置

業者の組数は異なるが、特定のアナに集中した選択がおこなわれた傾向はあきらかであろう（図2-18）。

## 第5節　海の保有と統合

### 1．ラウ社会における海面保有

メラネシアにあるソロモン諸島マライタ島北東部には広大なラグーンが発達している（図2-19）。ラグーン内の浅瀬にはサンゴ石灰岩を積み上げて造った人工島にラウとよばれる漁撈民が居住している。ラウの人びとは対岸のマライタ島に耕作地をもたない。人びとはラグーンや外洋、マライタ島沿岸部に繁茂するマングローブにおいて獲得された資源を自給用とするほか、マライタ島に居住する農耕民との間で食物交換を通じてタロイモ、ヤムイモなどの植物性資源を入手して生計を維持してきた（写真2-12）。ラウは「海の人」をあらわすワネ・イ・アシ、農耕民はワネ・イ・トロと称される。ワネは「人」、アシは「海」、トロは「陸」の意味である（写真2-13）。

ラウはさまざまな漁法を用いることが知られており、総

**写真 2-12** マライタ島北東部のラウ・ラグーンにあるフナフー島

**写真 2-13** マライタ島の海岸部でおこなわれる漁撈民と農耕民の市。女性しか参加することができない

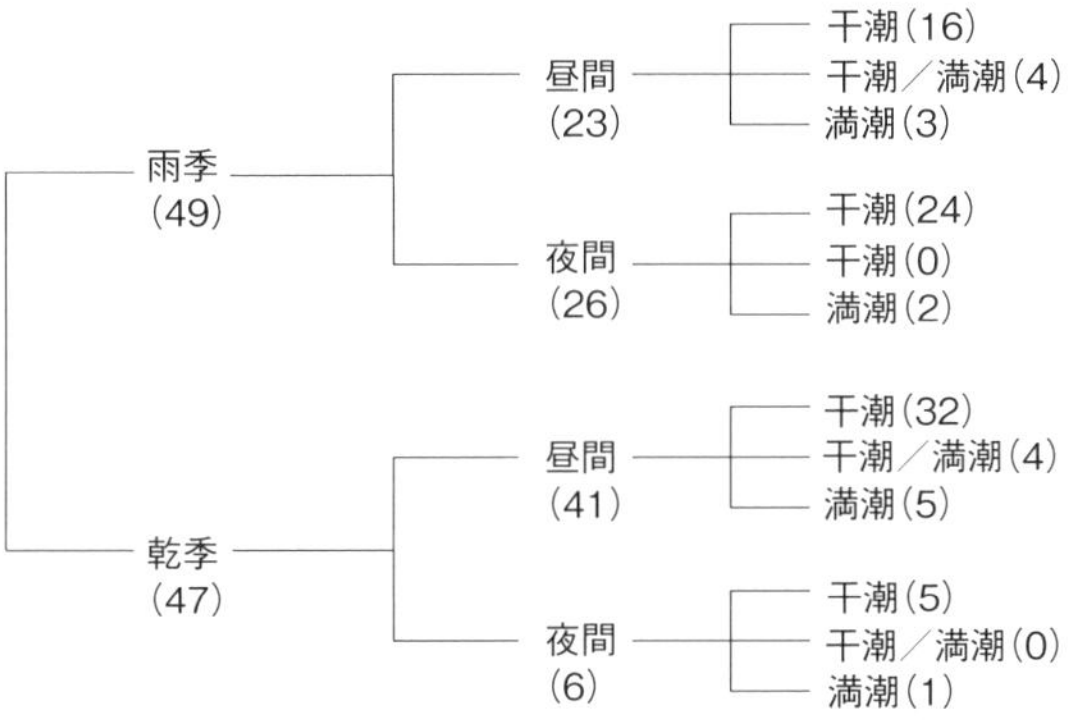


**図２-20**　ラウにおける漁法の時間分布

**表２－８**　ラウにおける網漁法の時間分布

| | 雨季のみ | | 乾季のみ | | 雨季＋乾季 | | | |
|---|---|---|---|---|---|---|---|---|
| | 昼 | 夜 | 昼 | 夜 | 昼 | 夜 | 雨季：夜<br>乾季：昼 | 合計 |
| 干潮 | 2 | 6 | 9 | 0 | 10 | 5 | 13 | 45 |
| 干潮／満潮 | 6 | 0 | 2 | 0 | 2 | 0 | 0 | 10 |
| 満潮 | 2 | 0 | 3 | 0 | 1 | 1 | 1 | 8 |
| 合計 | 10 | 6 | 14 | 0 | 13 | 6 | 14 | 63 |

網漁法以外に、釣り漁、シャコ漁、突き漁、魚毒漁、凧揚げ漁、採集漁などがある（秋道　1976）。

称でデーラーとよばれる。このなかには、九六種類の漁法が含まれる[33]。なかでも、網を用いた漁法が発達している（図2-20、表2-8）。たとえば、大型の網を用いた各種の追い込み網漁、サンゴ礁の浅瀬で人工的に枝サンゴを積んで魚礁を作り、その周囲を小型の網で囲んで棒でつついて魚を追い出して獲るエリ・グーラー漁、四手網漁、モゲとよばれるすくい網を用いて大型の追い込み網で囲んだなかのメアジをすくう漁、デリス科植物の毒を使い、サンゴ礁の浅瀬で魚を麻痺させてすくい網で獲る魚毒漁などがその例である。釣り漁には、カヌーを全力でこいで釣り糸を引っ張る引き釣り、海底の魚を対象とする底釣り、浅瀬の砂地に潜む大型のシャコを釣るトリウラ

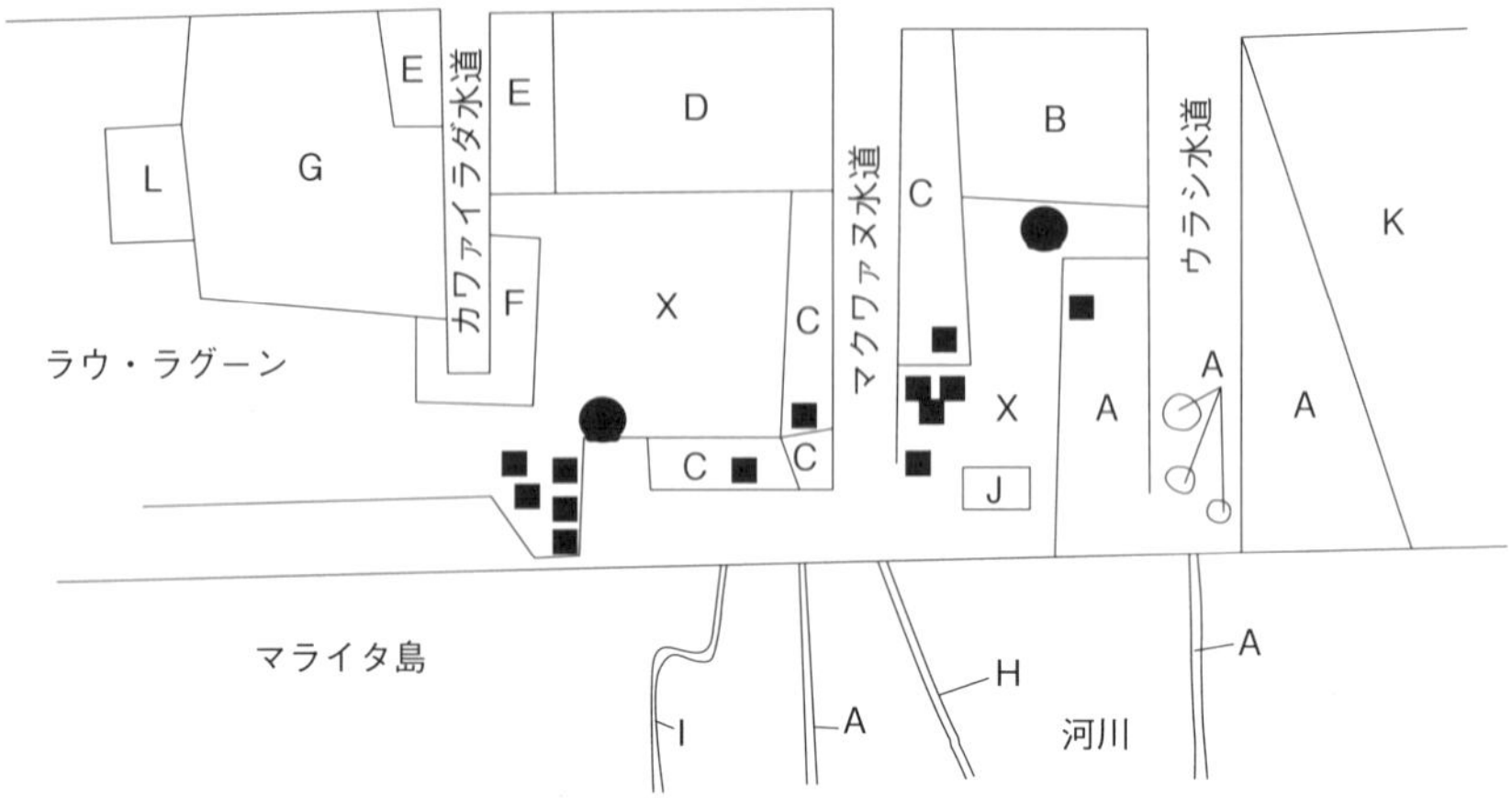


**図2-21**　ラウ・ラグーンにおける所有海域（アシ・アブー）と自由海域（アシ・モラー）。所有海域（A～L）は gulagera wanegi, 自由領域（X）は gulae mola ■は居住島、●は非居住の島

とシシキ、ヤシの葉で作った凧を揚げ、サメの皮やクモの巣の餌をつけた釣り糸を凧から垂らしてダツの仲間を獲る凧揚げ漁などがある。貝類やマングローブ地帯に棲むカニは素手やヤスで捕獲される。これらの漁法はサンゴ礁のラグーンや水道、外洋、マングローブ地帯などでおこなわれる。

## アブーとモラー

ラウは利用する海域を大きく二つに区分している。それがアシ・アブー（asi abu）とアシ・モラー（asi mola）である。アシは「海」、アブーは「禁止された」、モラーは「自由な」の意味であり、字義通り「禁止海域」と「自由海域」に分けられている。禁止海域は特定の父系リニージ集団が保有しており、特別の機会にしか開放されない。これにたいしてアシ・モラーはいつでも利用できる海域を指す。もっとも、自由領域であっても約一ヵ月閉鎖される。なぜオープン・アクセスの領域が設定されているのかという問いにたいして、島の長老はラウの海でサンゴ礁の海は氏族ごとに所有権が設定された海域で多くの魚が獲れるが、所有権の設定された海域をもたない氏族の成員が魚をいつでも利用できるように配慮したものであるという説明をうけた。

注目すべきは、サンゴ礁のラグーンの大部分と河川はアシ・アブーとされ、外洋、水路、ラグーン内の砂地や藻場の浅瀬はアシ・モラーとされていることである（図2-21）。閉鎖された海域は所有されていることを指し、グラゲラ・ワネギと称される（gulagera wanegi）。自由領域（グラエ・モラー gulae mola）であっても、三〜四月にムー（アイゴの仲間）の産卵期には藻場を含む海域が禁漁とされる。アブーとモラーの対立関係はラウの社会においては社会規範としても重要である。それとともに、マライタ島北部一帯に住む集団でも重要な概念とされている(34)。

禁漁区が設けられる理由は、大量の魚を必要とするさいの「生きた生け簀」となるからである。ラウはラグーンのことをアシ・ハラと称する。ハラは「農地」あるいは「畑地」のことで、ラグーンが農地とおなじく資源に満ちた豊饒な場とみなされていることを示唆している(35)。

禁漁区のなかにはラグーンの浅瀬から深みへと傾斜する海域やラグーンと水路との境界領域を含んでおり、そのなかの特定の場所はゴウナ・アラータ（gouna alata）と称される。ゴウナは「頭」、アラータは「場所」を意味する（図2-22）。ゴウナ・アラータが重要とされるわけは、その場所が魚の移動路となっているからである。この点は先述した八重山諸島の石西礁湖におけるクチとほぼおなじ地形的な特徴をもつものとおもわれる。それぞれのゴウナ・アラータには名前がつけられている。調査によると、ゴウナ・アラータの数は一四七あった。その名称には、岩（フォウ）、海藻（アフー）、あるいは個々の魚名がつけられていることがわかった（表2-9）。

河川も特定のリニージが所有しており、そこでおこなわれる漁法はマングローブの枝を集めて網の中央部に沈め、魚の集まる場を人工的に作り、網の中央部に向けて魚を追い込んでいく。この漁法は一般にソコラーとよばれ、ソコラーをおこなう場所が図2-23に示したように六ヵ所決められている。このうちの四ヵ所は河川流域ないし河口部で、のこりはサンゴ礁の浅瀬と深みの周縁部で先述したゴウナ・アラータに相当する場所を指し、S1〜S6は漁法名である。

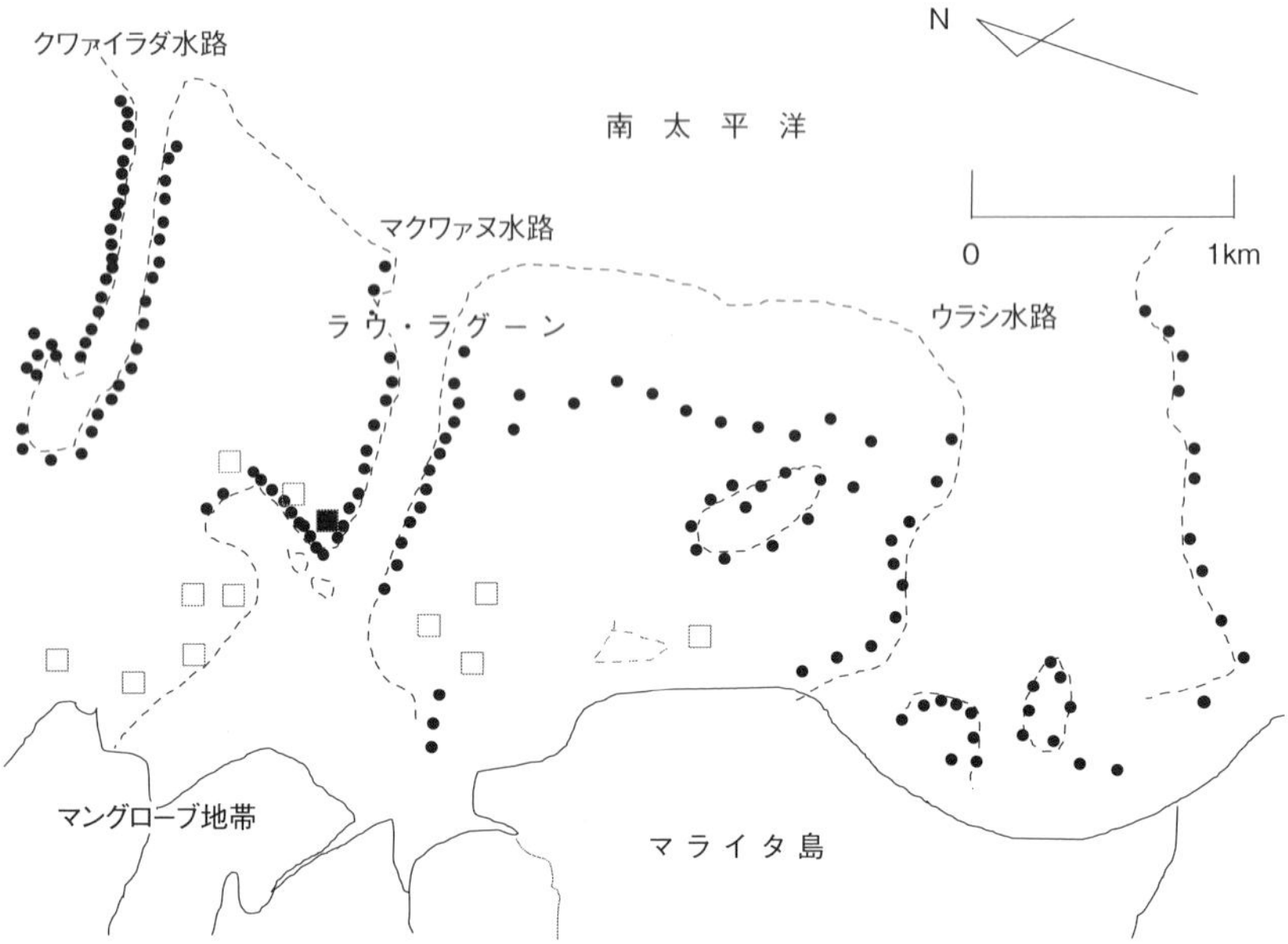


図2-22　ゴウナ・アラータの分布

● ゴウナ・アラータ（gouna alata）　□ 人工島　■ 調査地のフナフー島

表2-9　ラウの利用するゴウナ・アラータの名称に関する類別化
（　）は2カ所以上、同名の場所がある場合の数を示す。

1．魚一般

Fou ia

2．魚名

Aaragwala, Amera, Fa'au, Gwangosi（3）, Isiofu, Kukuli, Maelafu, Magali, Matasi（5）

3．複合語

Gouna Kwasi, Fou Ulafu, Aba Nara, Fou Balu, Ere Eeda, Alata Ume, Maana Gweru, Loua Suru, Fairada, Gouna Moua, Tafira Ia, Lobo e Hahango, Taalu Akwango, Alata Malifuu, Alata Takwalao, Suru Aike, Suru Baita, Alata Babalu, Alata Bokofu

4．漁法

Foua Uka, Ere Lui, Soko i Matakwa

5．海藻（草）

A'ama, Maana A'ama（3）, Abe Afu（3）

6．サンゴ礁

Fou Mui, Maana Fou, Feta Maega, Busui Lade, Urae Fou, Aba Fai Au, Lade, Maana Taalu, Foubuli, Maana Lade, Fou Bania, Aena Fou

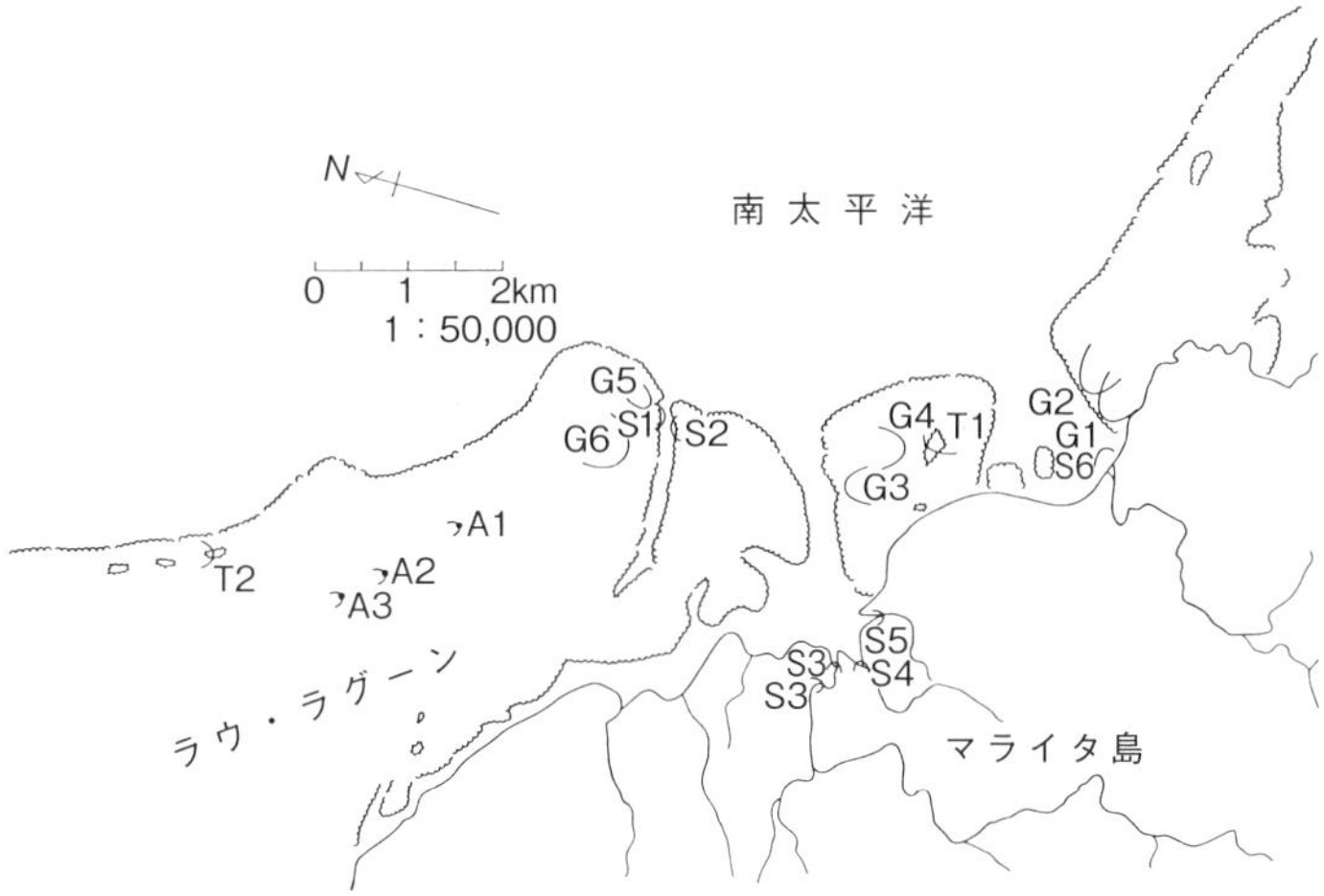


**図２-23　大型の網漁による漁場の特定的な利用例**
A：アアシラー（aasila)、G：ギロラー（gilola)、S：ソコラー（sokola)、
T：タエ・マタクワァ（tae matakwa）（A、G、S、T は漁法名）。
（は網の広げる位置を示す。ソコラーのみの例を解説する。
S1：ソコ・ナ・ラデ、S2：ソコ・イ・アバ・フイ・アウ、S3：ソコ・イ・タクェア、
S4：ソコ・イ・マーナブノ、S5：ソコ・イ・ウフ、S6：ソコ・アナ・フォウ・イ・アリ

自由領域が設定されている理由は、リニージによっては禁漁区を保有していない場合があり、こうした集団の人びとがいつでも魚を獲ることができるよう配慮したものであることはすでにふれた。漁場をもたない人びとはワネ・ラギ・アダ・アシ（wane langi ada asi）と称される。もっともサンゴ礁の浅瀬がゴウナ・アラータを含む海域と同等の高い漁獲を揚げることができるわけではない。砂地と藻場を多く含む海域や外洋での漁は単独でおこなわれることが多い。自由領域では、アイゴ、フエフキダイ、ブダイ（とくに *Leptoscarus* spp.）が漁獲される。漁場を所有する人びとはワネ・アナ・アラータ（wane ana alata）とよばれる。こうした自由領域は、アクセスが自由であるというよりも、集団にとっての共有の資源領域とみなしたほうがよい。

**ラグーンのテニュア**

調査をおこなったフナフー島の人びとが利

用することのできる海域は、クワァイラダ水道（Fakari Kwairada）とウラシ水道（Fakali Urasi）にはさまれた海域である。その外側の海域は、隣接する人工島の住民が利用する。所有海域にはたとえば、マクワァヌ水道とウラシ水道の間にある海域の場合、アバナフォロ、バレオェオ、タラ・アナなどの名称がつけられている。ラグーンのなかにある深みはマエ・マタクワァと称され、タエ・マタクワァとよばれる追い込み網漁がおこなわれる。マタクワァは「外洋」、つまり深い海を指す。

それではどういった状況のさいに、禁漁区が開放されるのであろうか。開放される期間は短期間の場合から数ヵ月にわたる場合までがある。禁漁が宣言されると、所有海域の境界領域には棒が立てられ、禁漁区になったことが標示される。禁漁区の標示はオトガイ（otongai）と称される。マライタ島における禁漁区の標示に類する慣行はインドネシアやミクロネシア、ヴァヌアツでもみいだすことができ、ココヤシの若葉を木に括り付ける場合が多い。

## 禁止漁場の開放

以下、ラウにおけるオトガイの事例を紹介しよう[36]。

アラは乾季のことで、カンラン（カナリウム *Canarium* spp.）の実がマライタ島で成熟期をむかえる。カンランは現地でガリ（ngali）と称され、ラウの人びとがたいへん好むナッツである。竹筒にカンランの実を詰めて燻蒸したビーガリ一本（約八〇センチ）は大きな魚一尾、ないし小型魚二尾に相当するとされていた（**写真2-14**）。ビーガリ五〇本は貝貨一ヒロ分に相当するとされていた。ラウの人びとはビーガリを得るため、禁漁区を三～八日程度開放し、獲れた魚を農耕民との間で交換した。この慣行はリリフ（lilifu）あるいはリフ・ア・イア（lifu a ia）と称する。イアは「魚」を指す。

カンランの成熟期はソロモン諸島西部のシンボ島でも季節を知る目安とされている。

ファーヌア（faanuu）は、農耕民であるバエグ族やバエレレア族から貝貨と交換に大量の魚を入手したいという申し出を指す。なぜ魚が必要となるのかについては、条件にもよるが、一般的には儀礼をおこなううえで魚が必要とされる場合が多い。このことは、カンランの成熟期における魚とカナリウムの物々交換の意味合いがあり、ウシア・ビーガリ（ビーガリの交易市）とよばれる。これにたいして以下の二例は趣きが異なっている。

**写真2-14**　生のガリ（ngali: *Canarium* sp.）の種子を取り出す作業（上）と種子を燻製にした竹筒（ビーガリ biingali）（下）

バエレレア族でタクウェアに居住するカフマニはフナフー島のキーに二ヒロ分の赤色の貝貨（ro tafuliae）を提供し、見返りに得た魚を祖先祭祀の儀礼（maoma）に使った。マライタ島で用いられる貝貨はウミギク貝を加工してビーズ状にしたもので、婚資としてや儀礼、タブーを侵犯したさいの弁償、紛争の解決などの多様な場面での社会交換に不可欠の財貨とされている[37]。この契約では二ヒロ分の貝貨は二〇〇尾の魚と同等の価値をもつとされた。バエレレアの人びとからの要請を受けて、キーは大規模な追い込み網漁を二日間にわたって実施し、獲れた魚を調理し、タクウェアの市に運び、カフマニの提供する二ヒロ分の貝貨と交換された。この交換もリリフ、ないしリフ・ア・イアと称される。

バエグ族のランガネ地区に住むタルンガは英国国教会のお披露目の儀式を開くために四〇〇尾の魚が必要と考えた。要請を受けたキーは、グワァイルマとタラ・アナとよばれる漁場で二日間、漁をおこなった。グワァイルマではフーライ・マラクワァという名前の大型の網でアアルアとよばれる追い込み網漁をおこない、タラ・アナでは水中電灯を用いた潜水漁をおこなった。漁獲物は約二〇〇尾の小型魚と大型のグワァイラ（カンムリブダイ）二〇尾であった。グワァイラ一尾は小型魚一〇尾に相当するので、グワァイラ二〇尾は小型魚二〇〇尾に当たる。見返りとして、キーはバエグ族から貝貨を四連分受け取った。

食物交換で用いられる魚の種類におうじてその価値は異なっている[38]。オトガイの例として、出自集団の長や儀礼を執行する司祭が死亡した場合を挙げることができる。重要な人物はワネ・タラオ（wane taloa）、司祭はアライフォア（araifoa）とよばれ、死亡に伴って漁場が一定期間開放される（otongai uria maelana wane taloa）。その例として、ガガメの父が死んださい、キーはアバナフォロ、グワァイルマ、タバアの三漁場を約三ヵ月開放し、その間、キーは大型の網を作った。その後、キーは漁場を閉鎖し、祖先霊に魚の豊漁を祈願する儀礼がおこなわれた。

わたしの滞在中に司祭が死去した。親類縁者をはじめ二〇〇名以上の人びとが喪に服する儀式に参加するため島にきた。司祭の死後、四日間、弔問客に供するためにトローリング漁と追い込み網漁がおこなわれた。魚を獲ってくれた人びとへの返礼として一〇～二〇ソロモンドルないし赤い貝貨一ヒロ分が贈られた（写真2-15）。

**写真２－15**　マライタ島の貝貨。数珠状に製作したもので、婚資や儀礼における贈答品となる。

以上のような禁漁区の設定と開放は社会的な目的で実施されることになる。ラウ社会では、マングローブ地帯の一部が聖地として保護されており、これ以外にもオーストラリアのアーネムランドに居住するアボリジニ社会において聖域保護の例がある[(39)]。また、首長やビッグマンの死後、漁撈を禁じる慣習が広くオセアニアでみられる[(40)]。

**漁場の開放と生態学的要因**

漁場における資源状況は年間を通じて一定ではなく、季節的に変動する。コブル（koburu）とよばれる雨季には、多くの魚は深い場所に移動するが、アラ（ara）、つまり乾季に浅い海へと戻ってくると考えられている。季節による水産資源の量的な変動はオセアニア地域で広く知られており、産卵期に応じた回遊現象であると指摘されている[(41)]。ラウでも、乾季と雨季とではおこなわれる漁法や漁場も異なっている[(42)]（**表２-８**）。ラウの人びとは、魚が豊かにいる海をアシ・フグ（asi fungu）とよぶ。いかなる理由であれ、海を開放するさいに、リーフの保有者は事前に魚がいるかどうかを調べる。

このことをアシ・アダアダ・ウリア・イア（asi adaada uria ia）と称し、漁場開放の決断を下す目安とする。

たとえば、一九八九年暮れ、アバナフォロとタラ・アナとよばれる漁場に魚がいないことが判明したので、一九九〇年一月から禁漁が宣言された。同年三月末、イモレ・イア（imole ia）つまり、魚の群れが観察されたので漁場は四～五月の間に開放された。しかし、五月末からふたたび、資源涵養を目的として禁漁区とされた。この例における漁場の開放と閉鎖は資源量に応じた生態学的な要因によるといえるだろう。このように、漁場の閉鎖は大量の魚を保全するためであり、たとえ開放されても魚を自給用と、農耕民との社会的な交換とその継続に資するためのものである。ラウの海の保有は生態学的、社会的、宗教的なさまざまな機能をになっており、環境を経済目的や社会的なアイデンティティ維持のためだけに利用するのではないことがあきらかとなる(43)。

### 海の保有の変容

以上述べてきたラウの海の保有は近年、大きな社会経済的な変化を背景として大きく変容しつつある。以下、商品経済の浸透に着眼して変化の実態をあきらかにしておきたい。

一九七八年の独立に前後して、ソロモン諸島国政府は沿岸における水産業の振興を目的とするプログラムを推進してきた。たとえば、エスキー（eski）とよばれる小型のＦＲＰ製保冷庫の普及、冷凍施設の設置がソロモン諸島各地で進み、水産業に従事する漁民の生活向上と都市民への水産物の需要拡大が図られた。日本やオーストラリアをはじめとする海外からの投資と援助プログラムもつぎつぎと導入された。しかし、それぞれの地域における漁場利用の実態や文化的な慣行をほとんど考慮することなく進められた結果、新しいプログラムは失敗するか、現地社会に混乱をもたらすこととなった。ラウにおける禁漁区と自由海域、父系リネージによる海面保有などの慣行がどのような影響を受けたか、どのような変化が海の保有に生じたかに注目して検討しよう。

## 共有海面とアイゴ乱獲

一九八〇年代、生鮮魚をガダルカナル島の首都であるホニアラに輸送するコールド・チェインの開発が図られた。フナフー島には保冷庫をもつ個人は二名しかいなかった。かれらは誰もが利用できる自由海域（アシ・モラー）で、ムー（muu）とよばれるアイゴ科の魚（*Siganus* spp.）を集中的に漁獲した。そのさい、若者を雇用して、夜間における潜水突き漁や、オコとよばれる籐製の長いロープを海面に打ちつけて魚を威嚇する漁を実施した。ラウの人びとはムーの産卵期を熟知している。(44) オセアニア各地で産卵期における資源保全の慣行もよく知られており、ハワイ、タヒチ、パラオ、トンガ、トケラウ、サモア、マンガイアなどがその例である。(45) したがって、産卵期の禁漁は資源保全のうえで最重要の戦略といえる。ラウの伝統的な自由海域を開放する文化的な慣行は再検討する必要がある。

## 深海底釣り漁の開始

一九九〇年に、海外援助の一環として北部マライタで実験的に底生魚を獲る底釣り漁が導入された。外洋底生魚はラウではほとんど漁獲されてはこなかった未利用の資源である。高価格魚であり、海外向けの輸出用にと考えられた経緯がある。ただし、導入された最新鋭機器と電動リールを装備した船は数隻であり、ラウの漁民が数人ごとに使えるほどの資金的な援助がなされなかった。そこで、ローテーション式に順番に操業する案が提示されたが、本来、輪番制の慣行をもたなかったラウにとり、即座に受け入れられることはなかった。むしろ、漁民間では船の利用をめぐる不公平感と不満が増大した。海外からの援助プログラムが現地社会の慣習や漁法についての知恵を無視したものであれば、受容される可能性はほとんどなく、新たな紛争をもたらすだけに終わる危険性がある。

## 所有海域におけるナマコ漁とタカセガイ漁

一九八〇年代後半、ホニアラ在住の華人商人がラウ社会に、新たにナマコとタカセガイの買い付け事業を持ち込んだ。ナマコの場合、種類によって価格、生息場所が大きく異なっている。価格は乾燥重量でキロ当たり、八〜二〇ソロモンドルと開きがある。生息域もラグーン内の浅瀬から、リーフ周辺、さらに外洋の深い海と変異に富んでいる。所有海域においておこなわれるナマコ漁では、海域の所有者は農耕民との交換のために数日だけ漁場を開放する場合と異なって、より長期間、開放する傾向となった。これはなるだけ多くの現金を獲得する意図があったからである。しかも、伝統的な漁とは異なって、資源量におうじてナマコ漁を禁止し、漁場利用を制限することはなく、ナマコのサイズや種類にかかわらず採集がおこなわれた。また、小さな子どもまでもがナマコ採集に従事した。子どもは深く海に潜れないので浅瀬で小さなナマコを採集した結果、ナマコ資源の再生産には悪影響がおよぶことは目にみえていた（写真2-16）。

一方、タカセガイはサンゴ礁のリーフ周辺にのみ生息する巻き貝であり、採集してよい最小殻径は政府によって二・五インチ（六・三五センチ）と決められており、伝統的な漁撈社会でもこの規則が適用された。実際には、手のひらの幅を目安として採集された。タカセガイの生息する海域は所有域であり、三〜四日、開放して採集がおこなわれた。タカセガイ漁はスー・カロゴ（su karongo）とよばれる。実際におこなわれた漁でタカセガイがどのように分配されたかについて表をみていただきたい。表にもあるように、タカセガイ漁は一九九〇年八月二六、二七、二九日の三日間、実施された（表2-10）（二八日は天候不良で実施されなかった）。ほとんどの参加者は、リーフの所有者にたいして数個以上の貝を贈与（クワァエ kwae）としている。

ラウにおける海の保有は以上みたように、大きな変化が発生してきた。禁止海域と自由海域を設定した保有システムは、自由海域における乱獲や底生魚を獲る新しい漁法の導入による現地社会の混乱、ナマコやタカセガイなどの商品生産用資源の採集により、資源面だけでなく、禁止海域における開放の意味が社会的な交換を軸とし

**写真２-16**　採集したナマコを湯がいたのち乾燥する。小型のナマコは主に子どもたちが集める。乾燥したナマコは中国市場へと輸送されるが、ナマコの種類や大きさによって、価格は大きな開きがある。（ソロモン諸島マライタ島ラウ・ラグーン）

**表２-10**　所有海域におけるタカセガイの採集と贈与（1990年調査）

| 個体番号 | 8月26日 | 8月27日 | 8月29日 | 合計 | 日平均の個数 |
|---|---|---|---|---|---|
| 1 | 31（15） | 45（15） | 21（10） | 97（40） | 32.3 |
| 2 | 22（6） | 20（5） | X | 42（11） | 21.0 |
| 3 | 18（0） | 12（0） | 6（0） | 36（0） | 12.0 |
| 4 | 21（7） | 13（3） | 20（7） | 54（17） | 18.0 |
| 5 | 8（0） | 28（0） | 10（0） | 46（0） | 15.3 |
| 6 | 21（7） | X | 6（0） | 27（7） | 13.5 |
| 7 | 23（10） | 13（0）* | 2（0） | 38（10） | 12.7 |
| 8 | 15（5） | 12（4） | 6（0） | 33（9） | 11.0 |
| 9 | 10（3） | 8（2） | 4（0） | 22（5） | 7.3 |
| 10 | 6（2） | 5（0） | X | 11（2） | 5.5 |
| 11 | 31（7） | 17（6） | 12（4） | 60（17） | 20.0 |
| 12 | 20（6） | 21（7） | 8（0） | 49（13） | 16.3 |
| 13 | 0（0） | 6（3） | X | 6（3） | 3.0 |
| 14 | 4（0） | 0（0） | X | 4（0） | 2.0 |
| 15 | 32（10） | X | X | 32（10） | 32.0 |
| 贈与の割合（%） | 30.7 | 28.3 | 24.7 | 544（144） | |

（　）は贈与（kwae）の個数。Xは活動なし。個体番号5はリーフの所有者。

*：この日個人的に採集した。高瀬貝は *Trochus niloticus*

た地域社会のありかたから、商品生産を元とした体制へとシフトしつつある。海の保有に関して、現地社会だけでなく、生態系にも負の影響がおよびつつあり、今後の対応として、伝統的な海の保有をどのような観点から進めるかが喫緊の課題となっていることが判明した。

## 2．サタワル島における海と森のテニュア

サタワル島はミクロネシアの中央カロリン諸島にある隆起サンゴ礁島である。島の面積は約一・二平方キロであり、周囲は裾礁で囲まれている。島民は二種類のタロイモ（サトイモ属 *Colocasia* とミズズイキ属 *Cyrtosperma*）やパンノキ、ココヤシの栽培をおこなうとともに、島のまわりの海や八〇～一〇〇キロ離れたウエスト・ファーユ島とピケロット島でアオウミガメ・魚類・貝類の漁撈・採集活動をおこなう半農半漁の自給的な生活をいとなんでいる。サタワルは母系制社会であり、母系出自集団から構成されている。世帯と母方の親族を中心とした拡大家族の集団はプコス（pwukos）とよばれる屋敷地に集住して生活している。島では首長の権限が大きく、島民の社会・経済活動を律している。女性はタロイモ田で農耕に、男性は海での漁撈・採集活動にそれぞれ従事する。ただし、島民が全体規模でサンゴ礁の浅瀬で集団的な漁をおこなうことがあるし、男性はココヤシの採集や、パンノキによじ登り、その実を地上に落とす役割をになう。

サタワル島では、島の森や海とのかかわりにおいて、さらには男性、女性それぞれに生活を律する多様な種類の禁忌や規則がある。侵犯してはならない規律が人びとの暮らしと活動に大きな影響をあたえている。人びとの世界、つまりファイナーン（fááyinaang）は大きく島・陸地を指すファヌー（fanú）と海を指すサート（sáát）に区分される。さらに、人間が支配するネーマン（neeman）と超自然的な存在であるヤニュー（yanú）の支配するネーワン（neewan）とネーセット（neeset）に分かれる。ネーマンは人間の日常的な空間であり、ネーワンはタロ

イモ田やパンノキ・ココヤシの叢生する森を、ネーセットは海を指す。

島で共同調査をおこなった須藤健一によると、サタワル島の土地は名前のついた一九四の区画に区分されており、利用面から大きくパンノキを含むココヤシ林（プノック）、屋敷地（プコス）、カヌー小屋を含む土地（ヌクヌウート）と四六の固有名をもつタロイモ田（プウォーン）に分かれる。プコスとヌクヌウートは一筆ごとに名前のついた土地であり、細区分はされていないが、ココヤシ林とタロイモ田はさらに保有者におうじて細分され、ココヤシ林は三二二区画、タロイモ田は二七八区画に分割されている。[46] タロイモ田やココヤシ林はそれぞれ母系出自集団が保有している。海岸部、湿地、農耕に適さない未開墾の土地は島民の共有地となっている。未開墾地をタロイモ田として新たに拓き、あるいはココヤシを植栽すれば、その土地は開拓した個人の属する母系氏族のものとなる。

## 土地保有の二重構造

サタワル島の土地には、母系出自集団が本来所有する土地と、婚姻や養取慣行を通じて他の集団から贈与される土地がある。前者はラピヌ・ファヌー（rapinu fanu）と称される。ラピンは「根」とか、「本来の」意味であり、リネージがもともと所有してきた「ラピンの土地」を意味する。後者は、ファーンガ・ト・ファヌー（faangeto fanu）と称される。ファーンは「贈与」、トは「こちら側に」を示す接尾辞である。つまり、数世代前からリネージに贈与された土地を指す。他のリネージから土地が贈与されるのは、婚姻のさいや、新生児の誕生、養取の場合である。[47]

「ラピンの土地」の利用権は、あるリネージAの全成員が保有し、母系を通じて次世代へと相続される。リネージの首長は男性成員にパンノキとココヤシ林の利用権を、女性成員にはタロイモ田の利用権をそれぞれ配分する。男性成員の場合、形式上、リニージAの土地の利用権をもつが、実際上は妻のリネージBの土地でパンノキャココヤシを採集するとともに、自分の姉妹たちの夫が正当にリネージAの土地を利用しているかどうかを監督する権限をもっている(前掲47)。

「ファーンの土地」は、ある男性が結婚するさいや、その妻との間に新生児が生まれたような場合、その男性の属するリネージCは、男性の妻や生まれた子どもに土地を贈与する。贈与された土地は、妻のリネージDで生活する男性とその子どもに食料を提供するためのものと考えられており、男性の子どもは男女の別なく共有し、さらにその子どもに贈与することもできる。男性の子ども達は、土地を贈ってくれた父親のリネージCにたいして、食べ物を贈与し、父親のリネージ集団Cの成員が病気や死亡したような場合や、カヌー、家屋の建造にかかわるような場合、労働力を提供する義務があった。もし子ども達がこの義務を果たさなかった場合や、贈与された土地を十分に手入れしなかった場合、父親のリネージCはその土地を取り返す権利を有しており、「贈られた」土地の所有権を残存権としてもっている(前掲47)。

以上のように母系制社会のサタワル島では、土地をラピンとファーンに大別し、ラピンはあるリネージの成員(未婚男性を含む)が所有権をもち、その土地と財を管轄する権利、つまり管理権をもつ。一方、婚姻によって婚入した男性と、養取によって養入した者は、男女ともに妻および養母の所有するラピンの財を実際に利用する権利のみをもち、管理権はもたない。ファーンの財については、母の出自集団におけるキョウダイ集団は、父の集団から贈与された財にたいして、使用と処分の権利を保有する。またその財を父のリネージが取り返したり、没収することのできる権利は「残存権」といえる。

また、島全体としてみると、首長が島の土地や財の利用を監督ないし統轄することは首長の責任とされており、実質的な統制権といえる。さらにサタワル島に来島した最初の草分けクラン集団は島の資源を専有していたが、あとからきたクラン成員に資源を分与し、その利用権を譲渡して島の統治者の地位についたという伝承があり、資源の先取制の原理に基づいており、これは先取権とされている。以上のように、須藤健一はサタワル島におけ

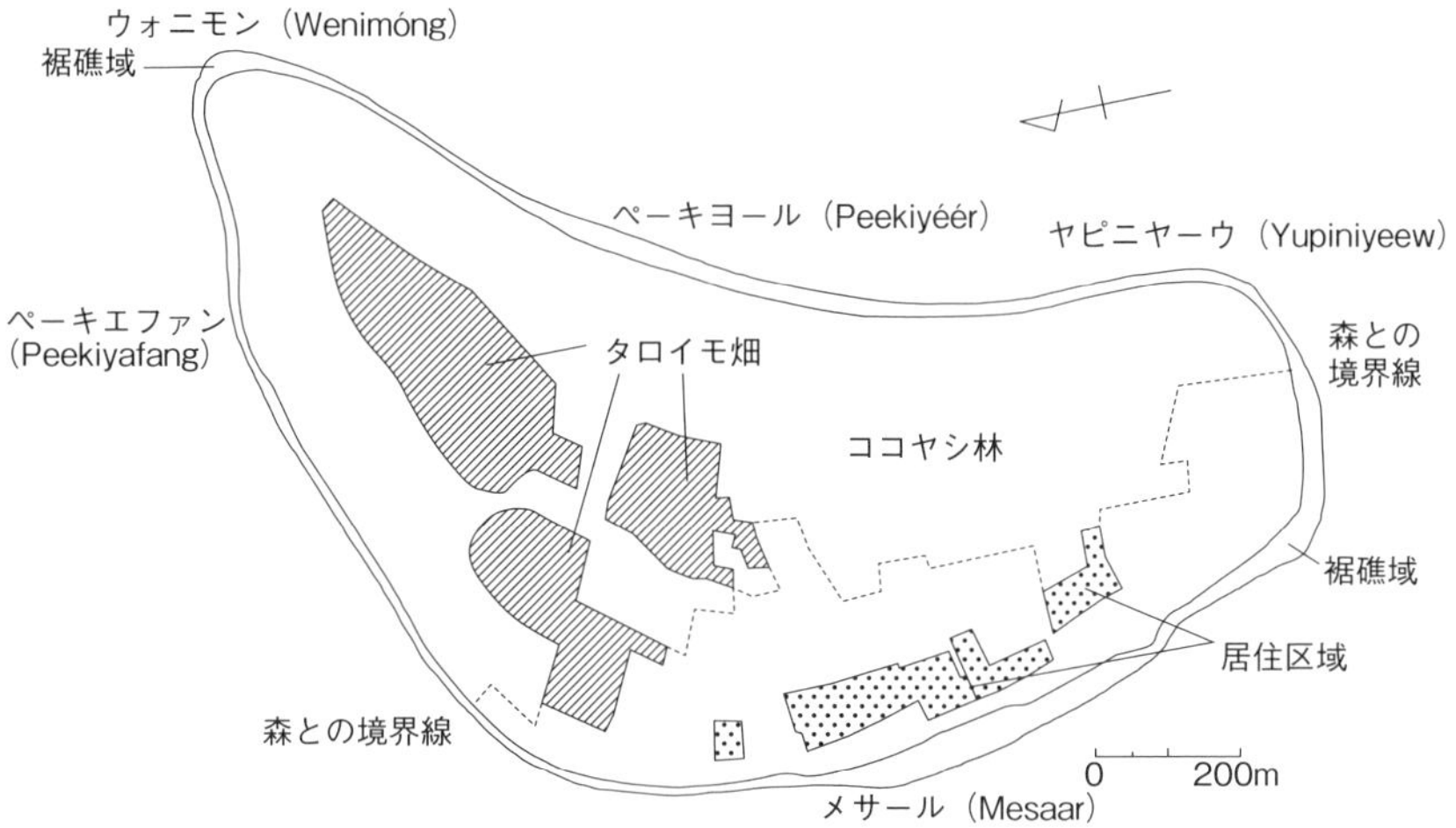


**図2-24**　サタワル島における土地利用（須藤 1984による）

る土地および食料資源にたいする権利を先取権、統制権、所有権、管理権、残存権および使用権という六つの概念によって分析した[前掲47]。

## 海のテニュアと首長の権限

漁場のテニュアについては、自由な海域と制限された領域に分かれる。島の周囲の海域は大きく五つに区分されている（**図2-24**）。このうち、ペーキヨール（島の南側）は通常、禁漁区とされている。五～八月の波の少ないネーラックの季節であっても、首長の指示で一週間に一度解禁される程度であり、漁獲物は島中で均等に分配される。ペーキヨール以外のペーキエファン（島の北側）、メサール（島の前面）、ヤピニヤーウ（バンヤンの木の後ろ側[48]）の裾礁、礁縁の斜面、外洋における漁撈は年中、自由におこなわれる。またネーラックの季節に、自由海域における漁撈であっても、首長の権限で漁獲物を集めて島民が平等に分配物を受け取るような慣行もある。ただし、サンゴ礁縁斜面の底部に大型の筌（ウー・ニ・プヨウ）を設置しておこなわれる筌漁は筌を製作した母系出自集団のものとされ、漁獲物が島民全体に分配されることはない。

**写真2－17**　サタワル島におけるウミガメの肉の分配

島の周囲の海面のうち、島の北東二〇〇メートルほどのところにあるサンゴ礁はウォニモン礁とよばれ、通常は禁漁区とされている。ただし、夏季の四～九月（ネーラック）に月に二回ほど首長の権限で、新生児の出生、教会の行事、州・国・国連の記念日などの前日に漁撈が解禁される。ウォニモン礁では底釣り漁のみがおこなわれ、漁獲物は海岸部において島民間で平等に分配される。

島の南西部にあるウォニキー礁周辺では、大型の帆走カヌーによるカツオ・マグロ類の竿釣りや流し釣りが北東風の強い一一～三月の時期（ネーファン）におこなわれる。ウォニキー礁における漁も首長の許可が必要とされる。大型の魚は島民に平等分配される。

なお、漁獲物の平等分配については、カヌー小屋の前で集積された魚をプコスの構成員数におうじて、成人女性、子ども、成人男性の数におうじて魚一尾ずつ分配される。アオウミガメの場合、筋肉、脂肪、内臓、血に分け、血はココヤシ殻製の椀で分配する。島民への分配とは別に、漁撈に従事した男性は魚を数尾もらい、浜で食べるアフィーノ(yafiné)とよばれる慣行もある（**写真2－17**）。

島の北北西八〇キロメートルほどにあるウエスト・ファーユ島と、北北東約一〇〇キロメートルにあるピケロット島はいずれも無人島であり、サタワル島民が独占的に水産資源を利用することのできる島である。無人島における資源利用は首長の管理責任の元におこなわれ、資源は島民の共有物とされ、持ち帰られたウミガメやシャコガイ、燻製した魚などは平等に分配される(49)。

**資源管理と禁止**(50)

海の資源利用に関して、島の首長であるサモーヌは絶大な権限をもっている。島には生え抜きの首長クランが三つ、平民クランが五つ存在し、三つの首長クランから一名ずつの首長が選ばれており、海の資源利用に責任をもつ首長はサモーヌ・ニ・ネセット（海の首長）と称される。島に滞在中の一九八〇年一月一日に海の首長から触れが出された。

「島民ニ布告ス、
一．離脱式突キ具、刺シ網、投網ハ、使用ヲ停止セリ、
一．ウォニモン礁ニ於ケル漁撈ハ、禁セラル、
一．ヤシ酒造ハ、一切之ヲ停止セリ。
昭和五十五年一月一日　サタワル島海ノ首長」

日本の南洋群島における委任統治がもう少し長く続いていたら、前記のような布告が海岸部に打ち立てられていたかもしれない。内容は以下のとおりである。一九八〇年一月一日から、ゴム付きのヤス（現地語でパチンコ）による突き漁、投網、刺し網による漁の禁止、島の北東部にあるウォニモン礁における漁の禁止、ヤシ酒（ココヤシの新芽から出る樹液の自然発酵でできる酒）を造ることを禁止する。

島では森、タロモ田、漁場の利用を一時的に制限する慣習が厳格に決められている。居住地と森の境界領域にココヤシの若葉を木に結びつけて、資源領域を利用することを禁止する標示する慣行はメラン（merhan）と称さ

れる。メランを実施する場合は、大きくいくつかの場合に分けることができる。それらは、食料の不足したさい、食料を浪費する傾向が認められたさい、盗みが発覚したさい、首長などの死亡のさい、などが実際の例である。[51]また、海においても小型の魚を網で大量に獲っていたところを首長に見とがめられ、資源の管理上よくないとする判断から、メランが適用され、漁場が閉鎖されることがあった。

この触れは、海の資源を守り、特定の漁具の使用と漁場利用を制限し、ヤシ酒の禁酒令を出してまじめに仕事をせよとするものである。前年の一九七九年一一～一二月とシケのため、魚が獲れない日が続いた。たまに追込み漁がおこなわれても、体長一〇センチ程度のニザダイが獲れる程度であった。こうした状況から、島の首長は資源管理のために禁欲的な令を出したわけだ。

## 島の危機へのレジリエンス

島の食料はつねに潤沢にあるとはかぎらない。気象条件の季節的な変動からすると、四～九月はネーラックとよばれ、雨が多いけれども海はわりとおだやかな季節である。一〇～三月は北東ないし東寄りの貿易風が卓越する時期でネーファンとよばれる。人びとは季節を知るうえで、星の出没をもとにした星座暦をもっており、嵐の到来や季節変化を予測する民俗知を育んできた。「嵐の星」とよばれる知識がそうで、星の出没と嵐の生起をたくみに結びつけて説明されている。[52]

島に食料不足の事態がもたらされるのは嵐によって島が打撃を受けたさいや、日でりにより作物が枯れ死する場合、台風によってココヤシ、パンノキの木が倒壊し、タロイモ田が冠水するような事態が発生する。食料枯渇の状況はナゲタ（nangeta）と称される。一方、食料が潤沢にある状況はフェルフィル（ferfil）とよばれる。また、海が荒れて漁に出ることができない状態のことをマヌ・サート（manu sáát）、つまり海が荒れる（マヌ）ことで、台風はマニマン（maniman）と称される。

a

b

c

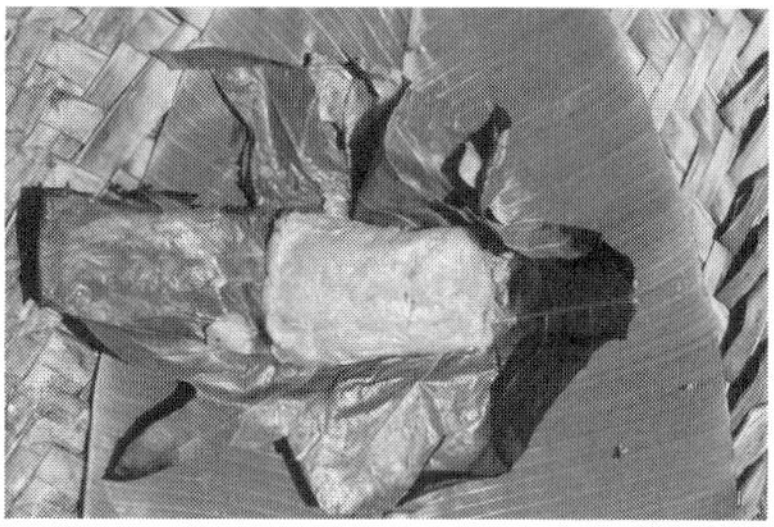

写真２-18ａ，ｂ，ｃ　パンノキの実をスライスしてココヤシやバナナの葉で覆いをして地下の貯蔵庫に保存する（a）。発酵したものを取り出し（b）、石蒸し焼きにしたものはマール（marh）とよばれる（c）。

一九五八年、サタワル島は大きな台風に見舞われ、島は壊滅的な被害を蒙った。台風後、島でどのような対策がとられたかについてまとめておこう（前掲50）。

○タロイモの植え替え　台風でタロイモ田が冠水した。そこで、タロイモを別の場所に植え替えた。それ以前にも台風で冠水したタロイモ田に人びとが潜り、タロイモの葉に見え隠れする魚を突いたという話を聞いた。

○ココヤシ・パンノキの保存　風で落下したココヤシは集めて、ココヤシの葉で覆いをして保存された。落下したパンノキの実を集め、皮をむいた果肉をバナナの葉でくるみ、半地下の穴に保存された。地下に貯蔵されたパンノキの実は発酵するが数年以上、保存が可能なマール（maarh）とよばれる食品となる（写真２-18ａ、ｂ、ｃ）。

○ココヤシ・パンノキの伐採　風で倒壊したココヤシやパンノキは伐採し、まだ生きている立木の生育を促進した。

写真２−19　無人島のウエスト・ファーユ島への漁撈遠征でサタワル島に持ち帰られたアオウミガメを浜で調理する。

○共同漁の優先　島の周囲や裾礁では集団的な漁が優先的におこなわれた。ココヤシの葉を撚って長いロープを作り、一方からこのロープを移動させて魚を他方に設置した大型の筌に追い込むロップ漁や、リーフの外側から小型のカヌーに分乗した男性が網の上部を保持してカヌーを浅瀬へと移動させて魚を獲る方法、数十人が泳ぎながら輪になって魚を網に追い込む方法などが用いられた。単独漁よりも共同漁のほうが多くの島民に魚を分配できるからである。

○カヌーの建造　島の海岸部にあるカヌー小屋は八つあったが、一つを残して崩壊した。大型カヌーも破損し、あるいは流されてしまった。島の首長は島の専門的な船大工（センナップ）を招集し、大型カヌーの建造を依頼した。

○無人島への漁撈遠征　複数の大型カヌーの完成後、アオウミガメや魚の多く獲れるウエスト・ファーユ島に何度も遠征がおこなわれ、魚やアオウミガメが島に持ち帰られた（写真２−19）。

○食料の平等分配　地下に保存されたパンノキの保存食マールやタロイモ、ココヤシなどの陸上資源や、漁撈遠征によって獲得された食料は島民に平等に分配された。しかも、食料の分配は、男女間の社会的な交換を意味した。

○競争的な漁撈活動　島の住民を北と南にわけて、男性による漁撈組織が構成され、漁獲をたがいに競った。南側の男性による漁獲量が少ないと、北側の女性から嘲笑され、ぎゃくに北側の男性による漁獲が少ないと南側の女性から笑いものにされた。こうして、二つの集団間で競争的な漁撈がおこなわれ、漁獲物は南北の区別にかかわりなく島民に平等に分配された。

○魚の多食と満腹感　人びとはなるだけ魚をたくさん食べるようにした。なぜなら魚を食べるとのどが渇くので水分を多く取るようになり、空腹感を紛らわすことができると考えられていた。

○救援物資　戦後、アメリカの信託統治領であった島には、救援物資としてコメ、ビスケット、かんづめ、キャッサバ、ココヤシなどが送られた。

○伝統的贈与慣行　サタワル島とその西方約八〇～一〇〇キロメートルにあるラモトレック環礁とエラート環礁との間にはコー（kéé）（釣りばりの意味）とよばれる島嶼間の贈与慣行がある。サタワル島からはココヤシを、エラート環礁からはウミガメをラモトレック環礁の首長に毎年、献上することを主要な内容とするものである。(53) 今回の台風でサタワル島のココヤシは多くの損害を受けたため、献上するだけの余裕がなかった。こうしたさいに、ラモトレックやエラートも台風の被害をうけたものの、ラモトレック環礁の首長はサタワル島にココヤシを贈与した。このことで自らの威信を高めたとされている。

以上みたように、台風後にさまざまな修復の方策が試みられた。食料の保存、遠征漁と集団漁、食料の平等分配などとともに、外部からの支援が実施された。サンゴ礁島における人びとの生存を可能にするレジリエンスの戦略が、食料にかかわる生態学的、競争と分配にかかわる社会的な側面にわたって展開した事例として注目しておいてよい。

## 3. ミクロネシアにおける海のテニュア

広大な海域にわたって分布するミクロネシアの島じまにおける海面利用については、須藤健一がわれわれの主催した「西太平洋における海のしきたり」に関する国際シンポジウムのなかで報告している[54]。須藤はさらに資源管理の観点を踏まえて最近、邦文の論文を著している。このなかで、ミクロネシアにおける海面利用について類型化を試みている。それによると、海面保有とその主体となる社会集団について、四つのグループ(A～D)に分けることができるとした[(前掲51)]。以下、グループAからDまでについて須藤の記述をもとに説明をくわえよう。

### グループA

島や村などの共同体による保有であり、ローカル・コモンズ的な海面利用がみられる。このなかには、パラオ諸島、ポーンペイ島(ポナペ)、サタワル島の例がある。広大な礁湖(ラグーン)をもつ火山島のパラオ諸島や広大な堡礁をもつポーンペイ島と、隆起サンゴ礁であり狭小な礁池しかもたないサタワル島の例がともに漁場を島の共有物としている。海が共有されているとはいえ、資源の管理と統制についてはそれぞれ異なった社会制度が介在する。サタワル島では、海の首長が禁漁区やサンゴ礁の利用規制に権威をもつことはすでに述べたとおりであり、首長はアオウミガメの頭部、メガネモチノウオ、大型のハタ類、マグロなどを献上される[55]。

パラオは一六の行政地区とさらに七〇村落に分かれており、全体としてこれらの地区と村落を最高位の首長二名が統括する体制になっている。村落ごとの漁撈については、村内の母系クランのうち、上位四クランから決められた四人の首長がルバック(rubak)とよばれる村落会議で資源の利用や管理について決済する体制となっている。村落の成員は共有の漁場で村落会議の許可なしに自由に漁撈をおこなうことができた。村の漁場は外部者には排他的であるが、パラオでは父方と母方の両方の漁場に入漁することができる、きわめて柔軟な海面利用の慣行が実践されている。また、二つの村落が共同で利用する事例が二例ある。一つ目は、バベルダオブ島北部の洋上にあるサンゴ礁で、バベルダオブ島北端のアルコロン村と、パラオ諸島最北端のカヤンゲル環礁の住民が資源保全をかねて共同利用する。もう一つは、バベルダオブ島中部の西海岸にあるアルモノグイ村とガラスマオ村の協定で、タカセガイの解禁日から三日間はそれぞれの村の海面で採取するが、四日目以降はたがいに入漁して採集することができる。

ポーンペイ島は政治的に独立した五つの首長国からなり、首長国ではそれぞれ一人のナーンマルキ（Nahmwarki）とよばれる最高位の首長が統治する。ナーンマルキはそれぞれの首長国の土地と海面を所有し、自然を支配する神、ナン・サプェ（Nahn sapwe）からの恩恵を人びとに配分し、その返礼として初物を献上される儀礼をおこなう。(56)

### グループB

共同体による保有と特定の海域を特定の親族集団や首長の属するクランが保有する場合である。これにはナモヌイト環礁、ウォレアイ環礁、エタール環礁、サタワン環礁、マーシャル諸島など、多くの環礁島の例が含まれる。

ナモヌイト環礁の主島であるウルル島（オノウン島）とマーシャル諸島においては、首長が島の特定海域を保有して禁漁区にする権利を保持している。二九の環礁島と五つの隆起サンゴ礁島からなるマーシャル諸島は、ラリック（西側）、ラタック（東側）の二列の島列からなる。これらの島じまを統括する最高位首長は二名で、島列ごとに決められ、イロイジ・ラパラップ（イロイジは男性の首長の意味）と称された。最高位の首長は先述したポーンペイ島の例と同様、名目的な「土地と海面の所有者」であり、土地と海の統制権、資源の利用権、分配権、土地と海をめぐる紛争の裁判権をもっている。(57)同時に最高位首長は島ごとの禁漁区を決め、入漁を禁止した。それぞれの島では、高位の首長であるアラップ・ラパラップが土地と海の資源を管理した。そして、それぞれの土地には農耕、漁撈などをおこなうリジェラバルがいる。島ごとの禁漁区は首長とそのクラン成員の独占的な利用を目的としたものではなく、島での行事や州・国の記念日、長老の葬式、教会の祭宴、賓客の来島などのさいに、大量の食料を供給するために開放し、男子総出の追い込み漁を実施し、漁獲物は島民に均等に分配された。あるいは、魚が枯渇したさいに利用する保護区的な意義をもっていた。この点は、前述したソロモン諸島マライタ島のラウ社会における例と類似した面がある。禁漁区以外の海域は島のすべての人びとが共有して資源を自由に利用することができた。(58)

エタール、サタワン、ラモトレックなどの環礁島では、広大な礁湖（ラグーン）やサンゴ礁海域は島民が自由にアクセスできる共有の海域とされているが、沿岸に近い礁湖や環礁付近の礁原やサンゴ礁域は小区画に分割され、筌漁のためにクランやリニージごとに保有されているか、親族集団の管理下にある。禁漁区は食料事情が悪化したさいに島民に開放される。(59) 獲れた魚は島民全体ないし自分のクラン成員に分配される。禁漁区の設定は、食料不足などの生態学的な要因や冠婚葬祭などの社会的な要因にかかわっており、海産資源保護の機能もになっている。

### グループC

共同体による保有を基本としながらも、一部の特定漁場を家族単位で保有する形態であり、典型例が西カロリン諸島のヤップ諸島でみられる。ヤップ諸島はヤップ島、ガギール・トミール島、マープ島、ルムング島などが近接して位置し、周囲を礁湖（ラグーン）によってかこまれた火山島である。ヤップ諸島にはおよそ一〇〇の村があり、それらの村が一〇の管区（ムニシパル）にそれぞれ所属している。村落を構成する父系的なリネージ集団はタビナウ（tabinaw）、つまり「一つの土地」とよばれ、大家族を構成する。タビナウは石積みの基壇のうえに家屋を建造して居住する。基壇はダイフ（dayif）とよばれ、人びとの社会的地位や職能、陸と海の資源を「保有する」とされている。[60] タビナウは屋敷地、タロイモ田、ヤムイモ畑、ココヤシ林、山や森、礁湖内の区画、石干見などを保有する。タビナウの最年長の家長はこれらの財を保有して管理する責任をもっている。つまり、山から海にいたる領域がセットとして保有の対象となっている。これは北海道アイヌの社会におけるコタン（村落）を基盤とする生活空間の総体であるイウォル（iwor）やポリネシアにおけるアフプア・アやタペレに相当するものである（第６章参照）。

ヤップ諸島の村落における海岸部の海面はマダーイ（madaay）とよばれ、海面は四区分されている。それらは、マングローブと干潟からなる浅海のエイ（ey）、礁原にあたるラヤム（rayém）、裾礁のリーフ内側にあたるナー（náá）、外洋部のリーグル（riigur）である。海面における漁撈活動は、最高位の「村長」が海面全域の利用を管理する権限をもち、集団漁と筌漁の漁獲物を優先的に贈与される。海面のうち、外洋とリーフ内の漁撈は異なった海の管理者により差配されている。まず、外海のリーグルでは村全体の集団漁であるトビウオの松明漁と追い込み網漁を「村の海の監督者」（スオン・エ・マダーイ suon e madaay）が差配する。それとともに、呪術を通じた豊漁の儀礼をおこない、実際の漁撈も指導する。一方、リーフ内の浅海における漁撈は、一般に村人が自由におこなうことができる。ただし、刺し網、筌、エチ（echi）とよばれる石干見漁は、特定の家族にのみ許されている。村人がその海面で刺し網や筌漁に従事する場合、事前に海の監督者から許しをもらう必要がある。そして、漁獲物の一部を彼に贈ることが義務になっている。また、エチを管理するのは村の最高位の基壇であり、ラヤムにおける漁撈の管理責任をもつのは村で第二位の地域にある基壇である。二つの「海の管理者」はまとめてスオン・エ・フィタ（suon e fita）と称される。いずれにせよ、ヤップにおける漁撈では、村落の最重要の地位にある基壇や漁撈の熟練者が管理する体制になっている。

グループD

漁場を細分化し、親族集団が保有する形態であり、ウルシー環礁やチューク諸島（トラック）で顕著にみられる。この類型では、村落による共有や特定の首長クランや高位のクランが優先して漁場利用を管理・統括する場合とは異なり、親族集団が海域を分割占有するのが特徴である。

ウルシー環礁は三〇の環礁島からなり、政治的に八管区に分割されており、なかでもモグモグ管区が政治的に最高位にあり、ウルシー環礁全体で最高位の首長がいることになる。モグモグにおける最高位の首長は、島ごとに海域やサンゴ礁の管理を島の首長に委譲し、島民はその範囲内で自由に漁撈をおこなうことができた。

ウルシー環礁に含まれる海面は一四の海域と一八の環礁域に分割されており、八つの有人島に居住する一七のクランはそれぞれ特定の海域と環礁上のサンゴ礁域を保有している。

クランによっては、サンゴ礁や海域を保有しないグループも存在するし、一つのクランが複数のサンゴ礁や海域を保有することもある。それぞれのクランは母系のリネージごとに区画が割りあてられている。最高位の首長と各島の首長との階層的な関係は、儀礼的な貢納の慣行としても存在し、ある年に最初に獲れた魚やアオウミガメ、ハタ、カスミアジなどの大型魚がその対象となる。島民は最初の漁獲を最高位の首長に貢納するまではその魚を食することができない(61)。貢納された魚とアオウミガメはモグモグ島のすべてのリニージ成員に儀礼的に分配される。もしこれらの魚が捕獲されたにもかかわらず最高位首長に贈られない場合、その島の一切の海面利用権は没収される。

一方、堡礁で囲まれた火山島群からなるチューク諸島では、一四の島じまに島民が分散して居住している。堡礁はこれらの島じまを取り囲むようにあり、一四の主要な水路（モチュン mochun）を通じて外洋とつながっている。広大なチューク・ラグーンにある島じまにおける海面は、大きく礁池と礁原からなるウオンマーマウ（woonmaamaaw）、裾礁前面と浅い礁からなるウオーチ（wooch）、深海、つまりメサラウ（mesaaraw）から構成されている。多くの島の周辺には裾礁が発達しておらず、固有名をもった小区画に細分化され、特定のリネージによって保有・管理されている。裾礁外面の浅礁では、その海域の区画を保有するリニージ成員のみにより漁撈がおこなわれる。他のリネージの保有する漁場を利用する場合は許可が必要であり、漁獲物の一部は贈与される。広大な堡礁周辺海域は豊かな漁場となっており、冠婚葬祭など大量の魚を必要とするようなさいに利用され、「魚の貯蔵庫」として位置づけられている。堡礁上にある無人島やサンゴ礁も母系のリネージごとの保有とされている。

以上の四類型の検討から、島の地形や生態学的な条件によって海面の水産資源の保有形態やアクセス権が決定されるわけでないことはあきらかであろう。また、海面の保有に関して、保有する集団が村落の共有とされるマーシャル諸島のような場合から、首長クランや一部の親族集団により保有される場合などがある。

## 4．海と森の保有論

今日、世界中で急速に進んでいる熱帯・亜熱帯におけるサンゴ礁海域や森林環境の劣化は、地球的規模の環境問題のひとつである。この問題には地域固有の生態学的、歴史的、社会経済的、政治的な諸々の要因がきわめて複雑に絡みあっている。したがって、サンゴ礁海域や森林をめぐる環境問題も地域ごとに性格が異なっており、問題を解決するための処方箋もおのずと別のものになる。このような理解は、当該地域の環境問題にかかわる研究者や行政担当者、ＮＧＯ団体などの間で周知の事実である。ただし、ある特定地域内にかぎって検討されてきた問題を他の地域と比較するためには関与する要因が多く、全体像がみえないことが関係者を悩ませてきた。

ではどのような指針で問題を把握すればよいのか。本章でみたように、あらゆる所有権、占有・専有の問題が法的にも重要であることを踏まえて、保有をキーワードとして展望するアプローチを試みた。本章と前章であつかった六つの事例から一般的な問題点を四点ほど抽出してみたい。

## 所有権と利用権

ある領域を所有していることと利用する権利とは、まったく同一のことを意味するのではない。所有権は、プロパティ（property）を所有する財産権（プロプリエタリー・ライツ proprietary rights）として表現される。一方、利用権ないし用益権は、ユーサフラクト（usefruct, ドイツ語の Nießbrauch）と表現される。利用する権利は、さまざまな形で受益者に譲渡される。ライセンス制ないしはコンセッション（concession）がその代表例である。

所有権者と受益者が異なった利害関係にある場合、利用権の委譲はコンセッションを通じて達成された。これには、東南アジアのタイ国におけるスズ鉱山開発の権利が一定の金額と契約によって企業にあたえられる例や、マレーシアのボルネオにおける森林伐採の権利が企業にあたえられた例がある。ここでは取り上げていないが、インドネシアのスルタン王国では、スルタンが所有する陸地や海面の利用権を人民に貸しあたえ、その見返りに貢納品を受け取るシステムは、日本の古代に国家が土地を人民に貸与させて耕作させ、その上がりとなるコメを上納させた公地公民制もこのなかに入る。あるいは、国有海面を各地域の漁民が事実上所有し、あるいは入会の慣行を通じて海面を保有してきた漁民にとり、明治政府が導入を計った海面借区制は沿岸の海面所有と入会の慣行を否定するものであったことから廃案になった。

問題であったのは、国家の所有物がコンセッションによって民間企業に払い下げられた結果、多くの環境問題とコンセッションをめぐる官僚の腐敗や利権争いによる矛盾が蔓延し、かならずしも適正な環境利用と資源の持続的な利用がなされなかったことである。

また、伝統的な社会において、クランの所有権と利用権はパプアニューギニアのギデラ族の場合にあったように分離されていた。土地の所有権と地上における動植物の利用権が峻別されていることと、共有地とされる河川における資源の利用がオープン・アクセスであること、サゴヤシや農作物の利用が個人の私的な権利にのみ帰着するのではなく、「ポスト・ハーヴェスト」段階での広範な食物の贈与行為によって私有化というよりも、共有化に向けた社会規範の存在することもわかった。こうした点で、テニュアは、所有権と利用権を含めた包括的な点からの考察につながる意義があると結論づけることができる。

## 慣習法と国法

ソロモン諸島マライタ島のラウにおけるサンゴ礁海域の利用から、氏族を基盤とした海面の所有形態があきらかになった。海をタブー領域と自由領域に二区分する発想は海面だけにかぎらず、ラウの社会における基本的な枠組となるものであった。禁漁とされた海域は重要な社会交換の場のために保存された海域であり、資源保全の観点からも重要な機能をもつことがわかった。資源の管理が世界的な潮流となっている現在、ラウの事例は単なる民族誌的な報告にとどまらないことがわかった。

一九七八年七月七日に独立したソロモン諸島では、同年一二月に領海一二海里、排他的経済水域二〇〇海里（ＥＥＺ）を宣言した。また海洋資源の管理については、村落レベルで伝統的におこなわれてきた資源管理のテニュアは国内の九つの州各地に地域的な資源管理領域（LMMAs: Locally Managed Marine Areas）がみられる。それらは東端のテモツ州からチョイスル州西端部まで存在する。二〇一二年、ソロモン諸島国保護区令が議会を通過し、LMMAsを国内法として保全することが決まり、企業による資源利用を規制することができるようになった。二〇一二年現在、ソロモン諸島における海洋保護区は全部で一一八あり、総面積は四〇一平方キロ、ＥＥＺ（総面積で約一五九万平方キロ）内の〇・〇三％を占める。

ソロモン諸島国も、国内にある伝統的な資源管理の手法は多くの場合、部族ないし氏族を基盤とした慣習法であり、これらの慣習をになう人びとの知識や知恵を政策に取り入れていく必要のあることが十分に理解されている。したがって、地域固有の在来知や生態学的な知識を無視した政策の推進が時として大きな誤謬となることを歴史の経験からも学んでいるのである。

一方、中国では伝統的に地域住民が森林を生活のために利用してきたが、村落の共有地と氏族の所有地からなる土地と資源利用の生活が、国有化を経て一時的に三定政策により私有化の導入が図られたが、環境保護政策が大きく森林利用を制限することになった。一方で、商品作物の導入が進んだが、そのために森林や耕地の利用形態が換金作物中心に移行することで、今後、地域の生態系を保全しながら生活の向上を図る制度設計が導入しにくくなりつつある。

タイ国では環境政策の一環として自然保護地域を設定し、そのなかにおける住民の資源利用権は拘束力がないとして否定され、保護区から追放されることとなった。資源の保護と生物多様性に配慮した政策は一般論として歓迎すべきであるが、地域住民の生活を無視ないし考慮しないでトップダウン式になされた場合、その意味が問われるべきだろう。

### 非公式の申し合わせと抽選

琉球列島のサンゴ礁海域における小型の網漁（アンブシとジャコトゥエー）では、漁業協同組合の傘下にあっても、漁民同士の間における合意形成に基づいて海面利用上の規則が決められていた。糸満地先におけるアンブシ漁がこの例であり、国が決めた法律には準拠しないローカルな次元でも紛争回避と資源の適正な利用が漁民間で調整されていることがわかった。こうした非公式の取り決めが日常的な漁撈活動の基本となっていることは十分に理解されるべきで、国や行政的な法的規制をあまりもたないで独自のテニュアを発展させてきた地域では、まさに在来の慣行そのものが包括的な意味をもってきた訳であり、公式と非公式の枠組をもたない社会における資源利用の研究に重要な布石となる。

もちろん、日本では非公式な合意のみではなく、公開の場での合意形成が重要な意味をもっており、文書としてものこされる場合がある。それは八重山諸島におけるジャコトゥエーにおける漁場の年間指名制によるなわばりの順守である。陸上の土地とは異なり、専有されるサンゴ岩は規模からすればたいへん小さな微地形に過ぎないが、漁撈の成否を決めるうえでの重要な選択対象となっている。合議のうえで決められるジャコトゥエーの漁場は抽選とくじ引きによって順位を決めてからおこなわれる。先取制を原則とする糸満のアンブシ漁にくらべて、非公式とはいえないまでも、セミ・フォーマルな資源利用上の制度設計といえるだろう。

## 保有の歴史的変容

一九世紀からの変化を踏まえて以上の諸事例を検討すると、オセアニア、東南アジアともに西洋列強の政策が大きな変化要因となっていることがあきらかとなる。おなじ英国植民地であっても、ソロモン諸島、オーストラリア、ニュージーランド、フィジー、ボルネオでは異なった展開がみいだされた。

また、タイ国や一九四九年以降の中国では、土地政策をめぐって国家の政策が大きく変容してきた。中国雲南省の事例では、村落の共有地と氏族の所有地からなる土地と資源利用の生活が、国有化を経て一時的に三定政策により私有化の導入が図られたが、環境保護政策が大きく森林利用を制限することになった。一方で、商品作物の導入が進んだが、そのために森林や耕地の利用形態が換金作物中心に移行することで、地域の生態系を保全しながら生活の向上を図る制度設計が導入しにくくなりつつある。

焼畑をおこなう住民の休閑地や未利用地を政府の所有ないしオープン・アクセスとし、住民の移動を制限した。狩猟採集民のプナン族は、一九五八年一月一日以前に、決まった土地に住んでいればその土地の所有権が認められた。しかし、それ以前に移動しながら共有地としてきた土地利用は認められなくなった。代わりに、森林の伐採権は外部の木材会社が利権を獲得すれば認められることになった。

以上のように、土地や海面の保有形態について、国家や国家を超えた世界史的な状況のなかでその変容過程を精査することは地域の社会史をあきらかにする作業に新しい光をあたえるものであることがわかった。

# 第3章　自然とカミの世界

ここまでコモンズとなわばりの思想が、物質性（materiality）、ないし物性（physicality）をもつ資源の利用にいかに反映されるかについて議論を進めてきた。しかし、人間と自然とのかかわりは、物質的な側面だけに限定されない。人間は自然のなかに物質面とは異次元の非物質的な側面をみいだした。非物質的な側面とは、人間の内面性、精神、超自然的なカミの世界を指す。本章では視点をかえて、非物質的な内面性（interiority）ないし精神性（spirituality）をあらわすカミの世界からコモンズとなわばりの思想について考えてみたい。

わたしはかつて『なわばりの文化史』の最終章でふれた一文で、人間はカミの世界を含めてなわばりの問題を考えるべきと主張した[1]。その問題意識の延長でカミの世界論を展開してみたい。なお、本章ではカミと表現するが、超自然的な存在、神、精霊、祖先霊、死霊などを含めた包括的な概念として用いる。カミ観念は広義には、P・デスコラが提起した内面性と身体性の対立概念のなかで、内面性に通底するものである。ただし、デスコラは日本やインドの事例を挙げておらず、シベリア、オーストラリア、アラスカ、オセアニアなどの例をもとにアニミズム、トーテミズムを論じており、そのなかで西洋の研究者による帰結を援用ないし引用している。本章では日本を中心とした地域におけるカミ観念と実践について取り上げ、身体性と内面性の二元論的な枠組を超えた議論を提起したい[2]。

カミの世界は多様である。ごくかいつまんでいうと、自然のなかにカミをみいだす思想ないし世界観としては、日本の神道、中国の道教、インドのヒンドゥー教などの多神教的世界観に顕著であり、キリスト教、イスラム教などの一神教的世界観とは性格がたいへん異なっている。神道では八百万《やおよろず》の神とされるほど多くの神がみが存在し、道教では最高の神格である三清《さんちん》や福徳正神《ふくとくせいじん》（土地公）が含まれる(3)。ヒンドゥー教では、ブラフマー神、ヴィシュヌ神、シヴァ神を含む多くの神がみとその化身からその宗教的な世界が構成されている。

大宗教以外に、人類学の分野であつかう世界各地の諸民族は多様なカミ観念を有している。そのなかで、自然界と人間との宗教的な関係性や霊的な存在を媒介とするトーテミズム、アニミズムの概念が広く論じられてきた(4)。本論に即した内容についていえば、アメリカ先住民やオーストラリアのアボリジニは、人間を含む世界のあらゆる存在にたいする平等性と始原とのつながりを世界観として明確にもっている。しかも、人間が自然を支配、所有するのだとする教義は皆無といってよい。以下では、日本を含むアジア世界における山の神信仰、アイヌの自然観、仏教と生命観・自然観、島嶼世界におけるカミ観念、聖域論についてふれることとする。

## 第1節　山の神と人間

### 1．日本の山の神信仰

カミの世界を論じるうえで、日本の山の神信仰、霊山信仰などが重要な論点をあたえる。宗教学や民俗学の世界において詳細に研究されてきた山の神信仰は日本のなかで単一で一元的な性格のものではない。これについては、佐々木高明が柳田國男による死霊の山中他界観と桜井徳太郎による霊山信仰による山中他界観を区別しつつ、自身の研究を踏まえて論じている(5)。佐々木によると、柳田説では、山の神は死んだ祖先霊にほかならず、里からほど遠くない山上に他界する。そして、山の神は春に里に下りて田の神となり、秋に山にもどると考えられている(6)。この考えが日本民族における山の神信仰の定番とされてきた。序章でのべたように、日本には山に棲む神が人里に降りてきて田の神になるとする民俗的な観念が広くいきわたっている。

たとえば、奥能登（石川県）の珠洲《すず》市、輪島市、鳳珠《ほうす》郡能登町・穴水町でおこなわれ、今日まで伝わる民俗行事「アエノコト」（国の重要無形民俗文化財・ユネスコの世界無形文化遺産）では、秋の収穫後（一二月五日、もとは一一月五日）に、田から家へ田の神を迎えて饗応（＝アエ）し、越年後の二月九日に一二月と同様の儀礼をして田の神を送り出す。コトは「祭り」を指す。

一方、桜井説では山中に神霊、すなわち山の神が宿るとする霊山信仰の発想が根底にある。人びとはふもとの里宮で霊山を遥拝するだけで、山頂（山中）は聖なる場所であり、近づくことは怖れの観念から禁忌と考えられている。里宮から遥拝する古い習俗は、のちに密教や修験道の影響から山頂へ登拝するように変化した（第5節の富士山信仰を参照）[7]。このように考えれば、霊山信仰にみられる山の神信仰と、山上他界した祖霊を山の神とする柳田説がかならずしも結びつかないとする佐々木の指摘は妥当であろう。

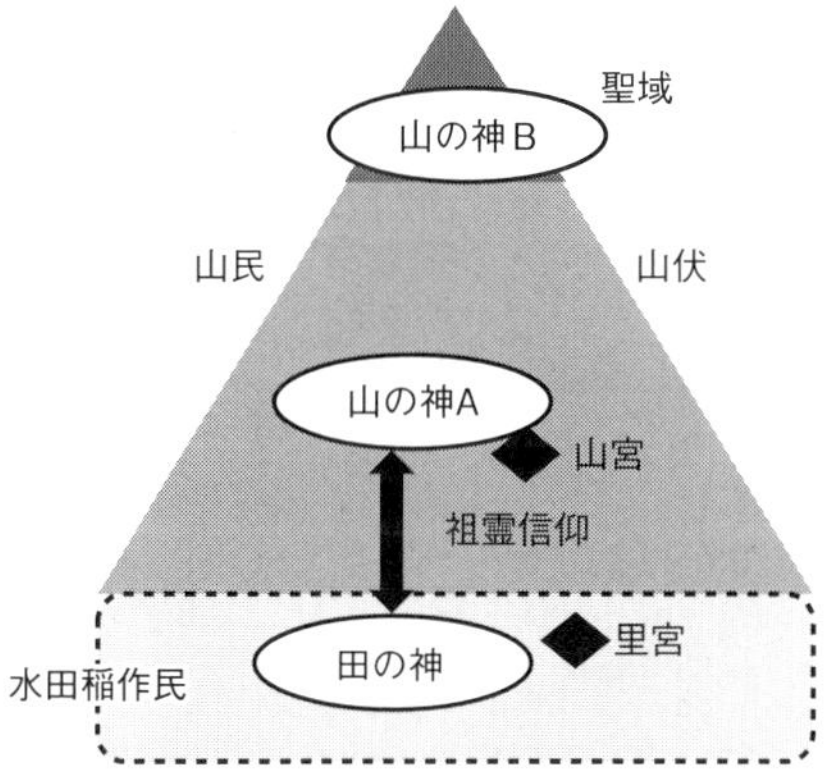


**図3－1　日本における山の神信仰**
山の神には、水田稲作民からみた場合（山の神A）と、山住みの民にとっての場合（山の神B）が区別できる。
さらに、山岳信仰には、（1）噴火への畏敬の念を特徴とする火山系（富士山・鳥海山・阿蘇山）、（2）水源と農耕の関連性を重視する水分（みくまり）系（白山）、（3）山中他界説を提唱する葬所系（恐山、月山、立山、熊野三山）が類別できる。

## 二つの山の神

さらに佐々木高明は、柳田、桜井両説は、ともに里の水田農耕民からみた山への信仰体系を議論するものであり、もともと山地に居住してきた山民が育んできた山の神信仰とは別のものであることに留意すべきとした。さらに、山中他界観自体が日本に固有の世界観ではなく、大陸部の照葉樹林帯においても広く認められているとした（注（5）参照）（図3－1）。

山上他界観は佐々木高明や中尾佐助らによって

指摘されているとおり、[8]照葉樹林帯に広く共通する文化要素として知られており、日本以外の地域との比較研究の必要がある。大林太良は山中他界に関して、中国西南部の山地に居住する少数民族の葬制に注目した民族誌的な比較分析をおこなうべきとした。[9]民族史（誌）例にかぎらず、山中葬制についての考古学的な分析もかかせない。たとえば、中国西南部では山中の石洞に遺体を葬る紀元前一〇〇〇年代における崖葬《がんそう》墓の遺跡が福建省・江西省の山地に広くみられる。その最古の例では、紀元前三千数百年前の木棺が福建省崇安《チョンアン》県の武夷《ぶい》山観音岩石洞で見つかっている。[10]

山中他界と山地埋葬の習俗は大陸の照葉樹林帯に顕著で、霊験あらたかな山に人間が他界するとする死霊観念では、多くの死霊（祖霊）が集まると考えられている。興味あることに、山中他界観の発想は、台湾山地のパイワン族、中部インドのビハール州に居住するパーリア族やムンダ族の社会においてもみられる。

## 山の神の比較民俗

水田稲作民が日本の文化を代表するものであるとする考えは近年、非水田稲作民の世界からアプローチする研究として蓄積されてきた。赤坂憲雄は、日本文化の多様性を東西南北軸からとらえなおし、「いくつもの日本」論を提起した。[11]本章に引きつけていえば、山地における焼畑や狩猟・採集をおこなう山民の育んできたカミ観念がその主要な対象となる。さらに、日本だけでなく、アジアを中心とした広域における事例との比較対照は一般化と特殊化の議論に資する契機となることは前項で指摘したとおりである。

山地民における山の神信仰について重要な論点は、山地ないし森林域でおこなわれる畑作の問題である。とりわけ、森林を伐採して火入れをおこない、畑作物を栽培する焼畑農耕が豊かな資料を提供してくれる。

まず、日本全国における山の神信仰に関して、東北日本から北関東、越後、信州までのゾーンでは、山の神を祭る祭日を一二日とするが、北陸・山陰では九日、東海・中部山地から近畿南部では七日に設定されている。このうち、七日と九日は農民による祭日であり、一二日は狩猟者の信仰に根差しているとして、狩猟民による山の神の祭日は農民によるものに先行すること、日本の北・東と南・西とでは異なった文化的な伝統の差異を示しているとの堀田吉雄の指摘がある[12]（図3-2）。山の神の多様な展開を示すものとしてたいへん興味がある。

山の神信仰を拠り所としてさらに広く山岳信仰の枠組で考えると、日本には山とのかかわりを示すさまざまな信仰の存在することがわかる。山岳信仰には、火山、水、葬所に分けて議論が進められている[13]。火山系としては、噴火への畏敬の念を重視するもので、富士山、鳥海山、阿蘇山が典型例である。水分《みくまり》系は農耕にとっての水源への感謝と信仰を媒介とするもので、白山信仰が代表である。水分神は龍神信仰とも関連する。葬所系は前述した山中他界説に関連するもので、恐山、月山、立山、熊野三山などがその例である。そのいずれにおいても、山岳における神や霊的な存在を崇拝の対象としている。仏教や神道の影響を受けた事例も多く、神仏習合した修験道では、「本山派」（天台宗）と「当山派」（真言宗）の宗派に分かれる。

**図3-2**　日本の山の神祭りの多様性（堀田 1980による）
7日と9日は農民による祭日
12日は狩猟者の信仰に根差している
東北日本から北関東、越後、信州は12日
北陸・山陰：9日
東海・中部山地から近畿南部：7日

また、各地には神道や民間信仰に根差した山の神信仰や行事がみられる。たとえば、新生児の出産における産神《うぶがみ》、ないし産土神《うぶすなかみ》として妊婦を加護する山の神、大物主大神《おおものぬしのおおかみ》を祭神とする三輪山への登拝、成人式としての山岳登拝、三月三日、四月八日に山に行って食事を楽しむ山遊びないし野掛け行事などがある。年中行事としても、正月の初山入り、雪形から田植え時期や豊凶を占うこと、田の神迎えや田の神送り、水神の棲む池や沼に動物の死骸などを投げ入れて水神を怒らせて雨を降らせる雨乞い行事、盆に山に登り、祖霊を迎える行事などがある。

のちにふれるマタギは山の神を信仰しており、山の神を一年に一二人の子を生む生殖力の強い女神として崇拝する傾向がある。マタギは山の神を産土神としても信仰している。また、民間信仰として、山の神を醜女《しこめ》とする俗信があり、自分より醜いものをみて喜ぶとして、オコゼを供えるところもある。たとえば、宮崎県西米良村の猟師は、豊猟を願ってオコゼ（ヤマオコゼ・ウミオコゼ・カワオコゼ・ハネオコゼ）などを携帯し、「猟効き」を祈願した。(14) 近世期の『本朝食鑑《ほんちょうしょくのかがみ》』には、もし海が連日の時化で漁の出来ない時には、漁師がオコゼを山の神に供えて「風が穏やかに波が静かで、釣網の便あらしめたまえ」と祈ると、翌日、海上の風波はかならず収まり、漁の獲物が多くなると記されている。なお、渋澤敬三は『日本魚名の研究』のなかでオコゼの方言名について詳しく論考している。(15)

## 2. 山の神と野生動物

### 儀礼的狩猟と農耕

焼畑農耕民の間では、農耕の豊作を祈願するための集団的な儀礼的狩猟がおこなわれる事例が数多く報告されている。たとえば西日本では、「シカウチ」と一般に称される模造獣への儀礼的な狩猟をおこなう地域が三河・信濃・遠江（愛知・長野・静岡の県境地域）、沖縄北部におけるウンジャミ祭り（リュウキュウイノシシを対象とする）、南九州などの地域でおこなわれている。(16) 南九州の佐多郡近津宮《ちかつのみや》神社でおこなわれる「シバ祭り」では、カヤでシカの模型を作り、それを神官が弓で射て、餅やシトギ（粢：水に浸した生コメをつき砕いて加工したもの）を焼いて「シシの肉」と称して食する風習が残っているが、かつては、神官と村人による共同狩猟によってシカやイノシシを捕獲し、獣肉の一部を神に捧げ、残りを住民が共食した。愛知県奥三河の八幡神社（北設楽郡東栄町大字古《ふっ》戸《と》）の鹿打ち神事でも、山から採ってきた杉やアオキの葉を束ねてオス鹿とメス鹿の模型を作り、これをあらかじめ氏神の境内に立てておく。禰宜《ねぎ》が祈とうをあげると、氏子たちが勢子になって獲物を追い出すしぐさをする。そこで禰宜は弓に大矢をつがえ、杉の葉で作ったオス鹿・メス鹿に三本ずつ矢を射込み、大矢を抜き取って三方の宙に向けて放つ。ついでシカを転ばし、杉葉を抜き取って神前に供え、豊作を祈願する。(17)

儀礼的な狩猟神事は、農耕の予祝、つまり作物の収穫を野獣の害から防止するためだけでなく、野獣の霊力を作物に転化させる意味がこめられていた。古代にも、『播磨国風土記』讃容《さよ》郡の条に、「玉津日女命《たまつひめのみこと》、生ける鹿を捕り臥せて、其の腹を割きて、其の血を稲穂《いなま》きき、仍《よ》りて、一夜の間《ほど》、苗生《お》ひき。即ち取りて殖《う》ゑしめたまひき」とあり、狩猟獣の血からえられた生命力によって豊穣がもたらされたとする考えは狩猟と農耕との密接な関連を示唆するものである。

以上は稲作の例であるが、焼畑においても害獣駆除だけを目的とした儀礼的狩猟(18)がいとなまれたわけではない。南九州の山村である宮崎県西都市銀鏡《しろみ》（旧東米良村）では旧暦の一一月に「シシトギリ神事」がおこなわれる。銀鏡神社の氏子が前もって共同でイノシシ猟をおこない、狩猟には多くの猟犬が参加する。銀鏡神社では夜を徹して神楽が奉納され、イノシシ狩りを模した狂言劇のあと、神前に奉納されていたイノシシの肉を使った雑炊が参加者にふるまわれる。さらに、銀鏡川の河原で、獲れたイノシシの頭骨を山の神に捧げて感謝し、イノシシの霊を慰撫する。頭骨を焼き、共食するシ（イ）シバ神事がおこなわれる。この例では、狩猟が農耕の予祝儀礼であるというよりも、山の神への感謝をこめた儀礼としての特徴がある。

## マタギと猟場

西日本の例とくらべて、東北における山の神の位置づけは顕著に異なる。新潟県の朝日連峰にある三面《みおもて》は古来より山の狩猟者が生活するムラとして知られている。三面の生活圏と狩猟のおこなわれた領域は隣接する小国《おぐに》町《まち》の村むらとの間に一六〇一（慶長六）年以来、村上藩と米沢藩により策定された境界があり、昭和五〇年代まで継続的に利用され、三面の狩猟者が越境して小国の領域を侵犯することはなかった(19)。三面の狩猟者集団は一般にマタギとして知られている。三面のマタギにとり、狩猟の対象となる野生動物やゼンマイなどの山菜を含むすべての自然物は山の神によって支配されるとする考えが浸透している。マタギの村には大山祇神《おおやまつみ》を祀る神社がある。大山祇神は山の神とされており、旧暦一一月一二日に大山祇神社において祭礼がいとなまれる(20)。青森県鰺ヶ沢町の大然《おおじかり》大山祇神社にある社標には一九二一年に仕留めた獲物の記録がある。裏面には、藩政時代以来のマタギの名が刻まれている。

近世後期から明治・大正時代にいたるまで、三面のマタギはとくにクマ（ツキノワグマ）やカモシカなどの大型獣の狩猟をおこなってきた。田口洋美によると、カモシカ猟にはスノヤマとサルヤマがあった。前者は厳冬期におこなわれる厳格な村ぐるみの共同狩猟で、一〇日ほど小屋に寝泊まりし、やりのみによる猟である。マタギ詞《ことば》のみを使い、山の神への祈りをささげる儀礼が連日おこなわれた。スノヤマを統括する人はフジカと称され、猟の間、他のマタギと言葉さえ交わすことができない存在で、山の神と人間をつなぐ媒介者とされた。スノヤマでは、人びとはマタギと自称した。

後者は日帰りないし泊まり込みでの漁でカモシカ以外を獲ってもよく、銃を使用することができた。獲物が獲れたさいにのみ山の神への儀礼がおこなわれた。猟の統率者はフジカではなくオヤカタとよばれ、猟の参加者自体もヤマドあるいはヤマンドなどと自称した(21)。

三面では、文政一四年に一〇ヵ条にわたる村決めが文書として残されており、狩猟に関する詳細な取り決めがあった。文政一四年はないので、実際は天保二（一八三一）年とおもわれる。このなかで、留山として、スノヤマ、サルヤマにかぎらずカモシカの禁漁区が決められていた。

一方、クマ猟については、冬眠中のクマを対象とするタテシと冬眠後における遊動中のクマを獲るデジシに分けられた。実際上は、冬眠中のクマを獲る猟がほとんどを占めた。タテシはさらに村落共同体によるムラタテと、数名の個人による自由な狩猟であるタテシに分かれる。自由なタテシによって新たにクマの穴を見つけた場合、翌年からは共同体が利用するムラタテの対象となった。

三面のマタギにとり、留山や村ぎめの慣行はカモシカ（青鹿）やクマ（熊ノ鹿）を獲るためだけの規則であるというよりも、自然を支配する山の神との関係を持続する知恵であるとみなすことができる。マタギは人間が死後、山に眠るとも考えており、山上他界の観念の存在を確認することができる。

## 第2節　送りの儀礼とカミの世界

### 1. カムイの世界

北海道の噴火湾一帯に住むアイヌの人びとは、沿岸にクジラを追い込んでくれたシャチをカムイ・フンベ、すなわち「カミのクジラ」として崇拝している。そのクジラとはなんという種類なのか。名取裕光が噴火湾アイヌの捕鯨について詳述した七種類の鯨種をもとに同定を試みた宇仁義和によると、そのほとんどがミンククジラであるとしている。[22] シャチがアイヌにとり特別の位置をあたえられた存在であるとして、アイヌの人びとが積極的な捕鯨をおこなった例はそれほどない。むしろ漂着したクジラを積極的に利用したと考えられている。[23] クジラの恩恵はカムイによってもたらされたとする観念がアイヌの世界観として根底にあり、人びとは利用したクジラの骨を海岸に安置し、イナウ（けずりかけ）を立てて、クジラの霊をカムイのもとへと返す送り儀礼をおこなった。

噴火湾アイヌのクジラ送り儀礼は「フンペサパアノミ」と称され、[24] いくつかの種類のイナウが捧げられた。それらは、シュトイナウ三本（フンペの霊がカミの国にもっていくイナウ）、シノイナウ二本（シャチに捧げるイナウ）、

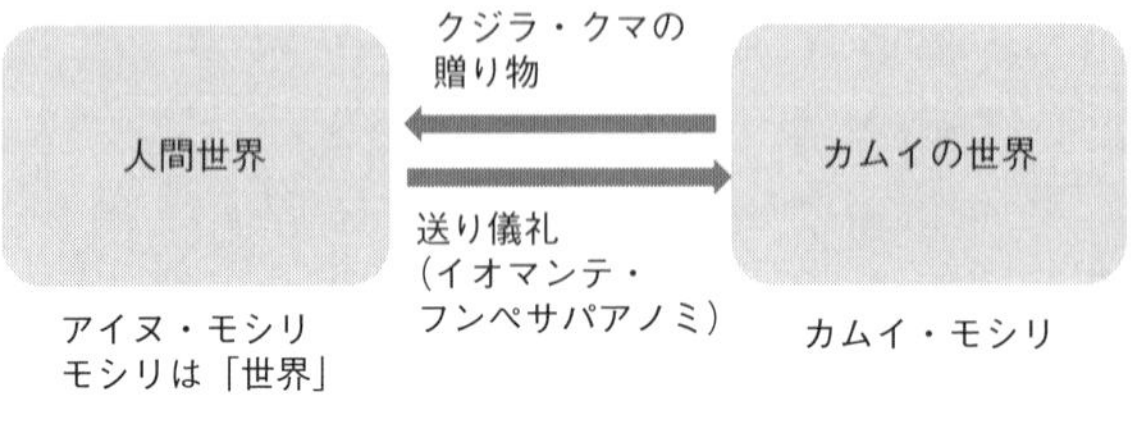

**図3－3**　噴火湾アイヌのクジラ送り儀礼（フンペサパアノミ）
シュトイナウ３本（フンペの霊がカミの国にもっていくイナウ）、シノイナウ２本（シャチに捧げるイナウ）、シュトイナウ２本（レブンカムイの従者のイナウ）、ハシナウカムイイナウ３本（漁のカミ、クジラの霊を無事にカミの国へと守護する）。シャチはカムイ・フンペ（カミのクジラ）　写真はイナウ（北海道アイヌ）、国立民族学博物館所蔵。

シュトイナウ二本（レブンカムイの従者のイナウ）、ハシナウカムイイナウ三本（漁のカミで、クジラの霊を無事にカミの国へと守護する）であった（**図3－3**）。

時代はさかのぼるが、シャチ、クジラ、イルカにたいして何らかのカミ観念が介在したと思われる例が現生アイヌをはるかにさかのぼる時代にも考古学的な資料のなかに散見することができる。たとえば、函館市桔梗《ききょう》二遺跡出土の六・三センチの小さな土製品は、噴気孔や長い背びれ、水平の尾びれなどの特徴からシャチに相違ない（**写真3－1**）。この土製品は縄文時代中期の四五〇〇年ほど前のものとされている。同様に、伊達市北黄金《きたこがね》貝塚、八雲町コタン温泉貝塚、北斗市館野2遺跡などの縄文時代遺跡から、断定はされていないがシャチないし海生哺乳類とおもわれる土製品が出土している。縄文時代前期（五〇〇〇～七〇〇〇年前）の東釧路遺跡からネズミイルカ五頭分の頭骨が口吻を放射状に配置した形で見つかった。頭骨はベンガラで赤く塗付されており、何らかの儀礼的な意味があったと推定されている。

時代は下るが、道東でオホーツク文化期（七～八世紀）の注目すべき遺物が見つかった。羅臼町の松法川《まつのりがわ》北岸遺跡の遺跡がそうで、火災で焼失した遺跡から、二六〇点もの土器、石器のほか木製品が見つかった。なかでも、熊頭注口《くまがしらちゅうこう》木製槽は、山の神であ

**写真3－1**　函館市桔梗2遺跡出土のシャチ土製品

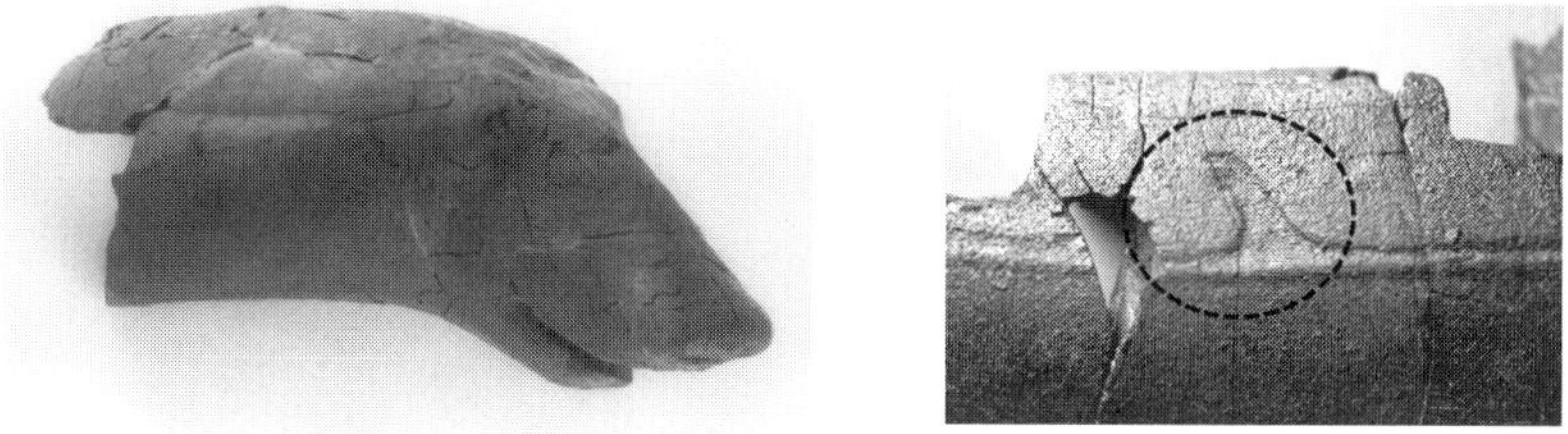

**写真3－2**　ヒグマとシャチ

羅臼町の松法川《まつのりがわ》北岸遺跡出土の熊頭注口木製槽は、ヒグマの頭部をかたどった容器で、口縁部にシャチの背びれをかたどった文様が施されていた。三角形状の装飾は「レプンカムイ・イトクパ」つまり「沖の神であるシャチの紋章」であるとされている。

るヒグマ（キムン・カムイ）の頭部をかたどった容器で、口縁部にシャチの背びれをかたどった文様が施されていた。三角形状の装飾は「レプンカムイ・イトクパ」つまり「沖の神であるシャチの紋章」であるとされている（**写真3-2**）。松法川北岸遺跡からは、シャチの土製品も出土している。おなじオホーツク文化期の礼文島香深井《かぶかい》A遺跡からも、クジラの頭骨を円形にならべてその上に礫《れき》や小石を積み、さらにイヌの骨を大量にのせた遺跡が出土した。

## 送りの儀礼

アイヌの社会では、カムイとよばれる神の世界から人間世界に動物に扮装（ハヨクペ）して現れ、人間に肉や毛皮などを恩恵としてあたえる。人間はそれに感謝し、酒や供物をそなえてその霊を神の国にもどす送りの儀礼をおこなってきた。[25] 送りの儀礼ではクマ送り、つまりイオマンテがよく知られている。ただし、イオマンテは仔クマを一～二年飼育したのちに供犠し、雄クマの場合は左側の頭頂部を穿ち。雌クマの場合は右側から穿孔して脳髄を取り出し、クマの霊が神の国に旅立つ儀礼の準備をおこなう。そのさい、クマが人間界をふたたび訪れるよう願って、イナウ（けずりかけ）やトノト（ヒエやアワを使った濁り酒）、シト（キビ、アワ、コメなどを使った団子）などを捧げる。

ヒグマはカムイの国から人間界にやってくるキムン・カムイ（山の神）とされている。ヒグマとともに、レプン・カムイも知られており、これは「沖の神」を意味し、具体的にはシャチを指す。さらに、コタン・コロ・カムイは「集落の守護神」を表し、シマフクロウを指している。シャチは漁獲の対象ではなく、シャチに追いかけられたクジラが送りの対象とされ、その儀礼は児島恭子が指摘する通り、クジラを送る儀礼はイオマンテとは異なり、前述したように「フンペサパアノミ」と称された。シマフウロウの送り儀礼はモシリコロカムイ・オプニレとよばれた。

アイヌの世界観では、山を領有・支配する神（ヌプリ・コロ・カムイ）としてヒグマが、国・村を領有する神（コタン・コロ・カムイないしモシリ・コロ・カムイ）がシマフクロウ、海ないし沖合の世界を支配する神（レプン・カムイ）から構成されていた(26)。

アイヌの例ではないが、日本では鯨が魚群を沿岸にもたらしてくれるとしてエビス神とみなす俗信がみられる。クジラ付き群として漁業者の間に知られている。漂着クジラも外来物として豊かな海の幸をもたらすものとして信仰の源泉となることもあった。エビスは、戎、夷とも書くように、外来のものとしての位置づけられている点に注意しておきたい。

以上のように、儀礼を通じて人間世界とカミの国がつながっていることがわかる。その往復運動のなかで世界が構成されている。したがって、カミの世界を考えることは人びとの世界そのものを探ることにほかならない。

## 第3節　生き物の霊性と仏性

人間は自然界のさまざまな生き物とかかわるなかで、特別な想いと情念をいだいてきた。生き物は、人間存在を超え、永遠性と不死身を具現するものとされた。人間も先祖から営々と子孫を生み出してきたけれど、チョウやセミの変態と脱皮に驚愕と自然の妙に感嘆せざるをえなかった。畏敬の念は生き物の巨大性にも向けられた。人間よりも巨大なメガ・フローラとメガ・ファウナにたいして、とても太刀打ちできないとする絶望感ではなく、これらの生き物が自然と人間とが交流する重要な媒介であるとしてその超能力の存在を予感した。奇妙な形や、色とりどりの花や魚、天空をつらぬくけたたましい鳴き声の鳥に、たいへん敏感であった人間は、それに感動し、カミの存在を感知した。空想上の生き物や、いくつもの動物をコラージュとして組み合わせた聖獣を器用に作りだした人間の創造力の源泉は自然そのものにあったのだ。ここでは、こうして生き物にさまざまな意味と価値づけをあたえてきた歴史をひも解き、人間と生き物のかかわりを日本における事例から再考してみたい。

## 1．生き物の仏性

人間は自然界のあらゆる生き物にたいして大小を問わず、さまざまなかかわりをもってきた。わたしは人間と生き物との多様な関係性を、有用性と有害性、どちらでもない「ただの存在」に分けることができるとした。また、消費するか、非消費なのか、生産者であるのか消費者であるのかなどの区別によっても、異なった生き物観が生まれることを示した。[27] この議論のなかで、有益か有害であるかは人間が利用するうえでの区分に過ぎない。有用・有害動物は人間にとり対象化された存在である（図3-4a）。この発想を人間中心主義（anthropocentrism）といいかえてもよい。ただの生き物はそのどちらにも属さないあいまいな存在であり、自然界では大多数を占めると考えるべきだ。この点で、人間中心主義を排し、しかも人間は自然界の一部であるとする考え方のほうがわれわれ日本人にはなじみやすい（図3-4b）。

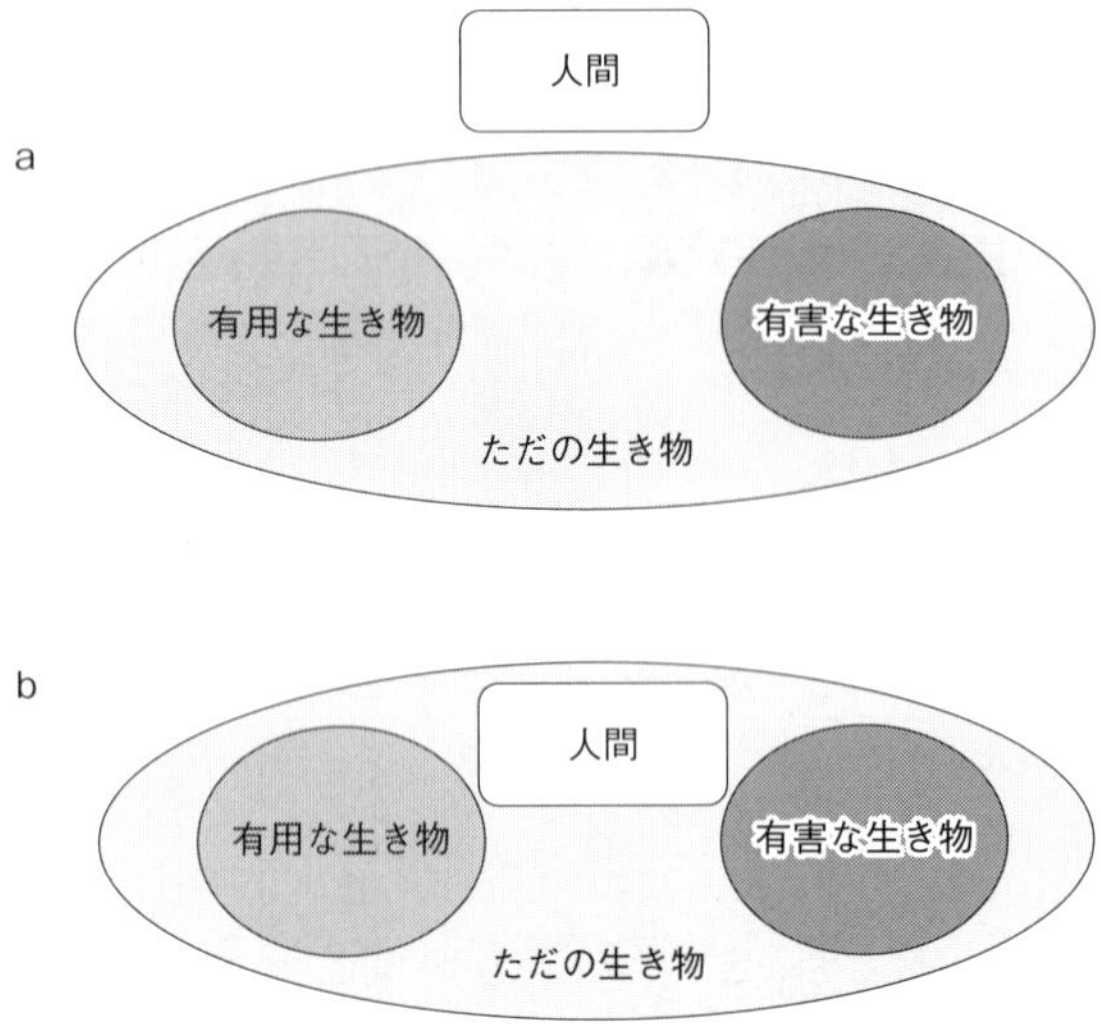


図3-4　人間と自然界の生き物との関係

これにたいして、有用性、有害性、あいまい性にかかわらず、すべての生き物を包括してとらえる考え方が日本にはすくなくとも古代から継承されてきた。その端的な例が『古事記』や『日本書紀』に示されている。『日本書紀』（神代上）には、伊弉諾尊《いざなぎのみこと》と伊弉冉尊《いざなみのみこと》が創造した事物について、つぎのような下りがある。

「次生海。次生川。次生山。次生木祖句句廼馳。次生草祖草野姫。亦名野槌。既而伊弉諾尊。伊弉冉尊共議曰。吾已生大八州國及山川草木。」

簡訳すると、「次に海を生んだ。次に川を生んだ。次に山を生んだ。次に木の祖である句句廼馳を生んだ。次に草の祖である草野姫を生んだ。またの名は野鎚。そして伊弉諾尊と伊弉冊尊は相談して、「我々はすでに大八洲國や山川草木を生んだ。

神が創造した世界には国土である大八洲国《おおやしまぐに》と山川草木が含まれている。しかも「木祖」「草祖」など生き物の祖先ないし祖霊を創造したことが語られている。生き物を霊的な存在とみなすアニミズム的な思考があったことをうかがわせる。

## 2.「草木國土悉皆成佛」の思想

仏教思想の伝来以降、自然界の生き物にたいする思想は仏教の影響を大きく受けることになる。それは草木や動物などがすべて仏性をもつとする「一切衆生悉有佛性」（あらゆる生き物にはすべからく佛性がある）、「草木國土悉皆成佛」（草木や無機的な環境世界はすべて成仏する）の思想である。

こうした発想の基層は古代インドの自然思想にさかのぼって考える必要がある。岡田真美子によると、古代インドの部派仏教世界では植物は根に感覚器官をもつ「一根の衆生」とされていた。おなじく古代インドの叙事詩のなかでは、植物は五根《ごこん》、すなわち眼根《げんこん》、耳根《にこん》、鼻根《びこん》、舌根《ぜつこん》、身根《しんこん》の五つの感覚器官をもつ生き物と考えられていた。(28)ところが大乗仏教の文献では、植物は「瓦石」と同等の位置づけをあたえられるものへと変化する。(29)

しかし、仏教が中国に伝来した段階で、唐代における天台宗の僧侶、荊渓湛然《けいけいたんねん》（七一―七八二年）は、草木にも仏性があるとの主張をした。日本の最澄は海を渡り、天台山で湛然の弟子である道邃と行満《ぎょうまん》について天台教

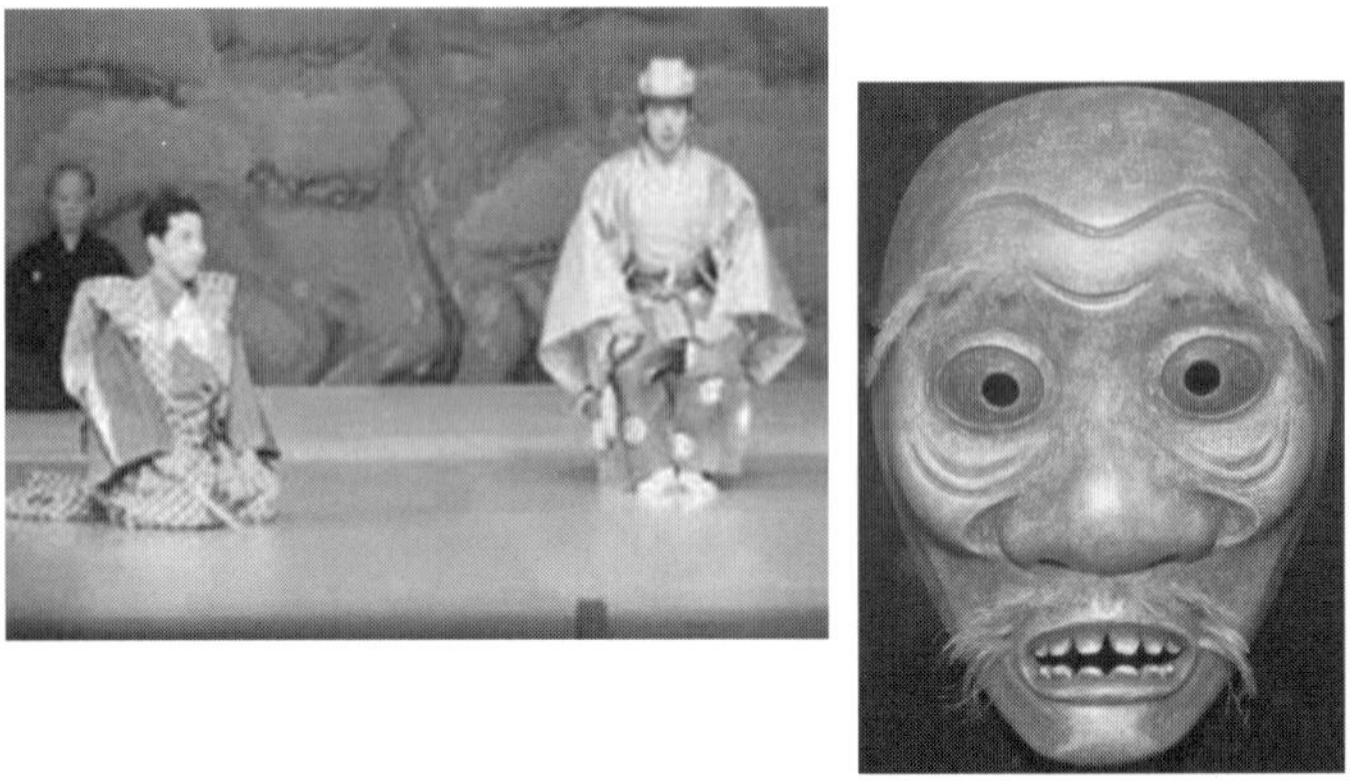

**写真3－3**　狂言「魚説法」。狂言で使われる蛸面。

学を学んだ。これを契機として、日本の天台宗に草木成佛思想と悉有佛性論が伝わったのである。

　成仏や仏性は仏教用語であり、前記の思想は仏教伝来後のものであることにちがいない。しかし、「草木國土悉皆成佛」の思想が仏教固有のものであるとはかならずしもかぎらない。前述した『日本書紀』の大八州國山川草木は、仏教でいう草木国土とじつは同質の考えといえるのではないか。

　またあらゆる生き物は成仏すると位置づけた思想は大乗仏教の世界だけでなく、狂言や能楽・謡曲などの日本の芸術分野にも色濃く影響をあたえていた。たとえば、狂言歌謡のなかに「かいぐん成仏道」（六十五　魚説法）、「願以此功徳普及於一切　我等与衆生　皆共成仏道」とある（六十九　啼尼）。また、漁師の網で捕獲されたタコの幽霊が最期を語る懺悔の謡がある（**写真3－3**）。

「或は四方へ張蛸の　照る日にさらされ足手を削られ　塩にさゝれて　暇もなき苦しみなるを　妙なる御法の庭に出て　仏果にいたる有難さよ。唯一声ぞ南無阿弥陀物仏　唯一声ぞ生蛸と　かき消すやうに失せにけり」（百廿二　鮹）

　タコが人間によって捕獲され、苦しんだ挙句、仏僧によって弔われるくだりを謡ったものであることがわかる。

　岡田真美子は、末木文美士を引用し(30)、草木さえもが修行をしている

図3－5　近世・幕末期に西山芳園によって描かれた「虫行列図」が示す生き物の擬人化
(Anthropomorphism)

とする日本的な生命観にふれ、山に神が棲むのではなく山自体が生きているとする生命観が日本独自のものとし、西洋のアニミズムにおけるように霊が自然物に宿っているのではなく、山川草木自体が生きているとする観念のあることを主張しており、ベルクのいう自然の主体性に通じる思想として評価したい(31)。

## 3．生き物の擬人化

### 動物の擬人化

ここで考えておきたいのは、動物を消費した場合にその動物の大きさが動物への観念にちがいを生むのかどうか、という問いかけである。これは動物を人間との距離で考える発想にもつながる。動物を人間になぞらえる発想としての擬人主義（anthropomorphism）からすれば、体つきの小さい生きものと大きな生きものへの感情移入の程度はおなじでない。クジラやゾウなどの大きな生き物にたいしては、感情移入やかかわりにたいする意識が覚醒される。しかし、小さな生き物にはそれが希薄になる傾向があるのか、それともないのか。そのことがたとえば動物を供養する行為とリンクする可能性は大きい。

近世・幕末期に西山芳園《ほうえん》によって描かれた「虫行列図」（図3－5）には、詳細な観察にもとづいて描写された七種類の昆虫が草花を携え、人間とおなじように直立して行列を組んでいる構図は日本的な動物観のありかたを示唆している。つまり、自然の博物学的な観察と同時に、自然と人間との「近い」距離を視覚的に

図3－6　鳥獣戯画（京都市・高山寺所蔵）

描き出した点が注目される。[32] こうした「自然の文化化」は、西洋においてもみいだしうることがレヴィ＝ストロースによっても指摘されている。[33] ただし、人間と動物の両方の性質を具現した図像そのものが両義性をあらわすものであるとしても、擬人化との差異は注意して考えておくべきだろう。たとえば、鳥羽僧正による『鳥獣戯画』（図3－6）で描かれた動物や前述の西山芳園による「虫行列図」と、**写真3－4**に示したようなイースター島における鳥人の図像はおなじ発想によるものではない。わたしは、言語レベルでのあいまいな存在の位置づけと（図3－7a）、図像あるいはアイコンとして可視化した場合（図3－7b）、儀礼のレベルで現実世界から異界、ないし異なった存在に転換する場合（図3－7c）に分けて生き物とのかかわりを考察すべきことを主張した。

## 植物の擬人化

動物をモチーフとした擬人化にたいして、植物の場合はどうなのか。これについては、伊藤信博が「植物の擬人化の系譜」として公表した論が注目される。[34] それによると、江戸期に絵画として流布する植物の擬人化の伝統は、すでに中世からあったと指摘している。

江戸期には伊藤若冲《じゃくちゅう》の「果蔬涅槃図《かそねはんず》」にあるように、多様な植物が擬人化された図が描かれている[35]（図3－8）。伊藤信博によれば、江

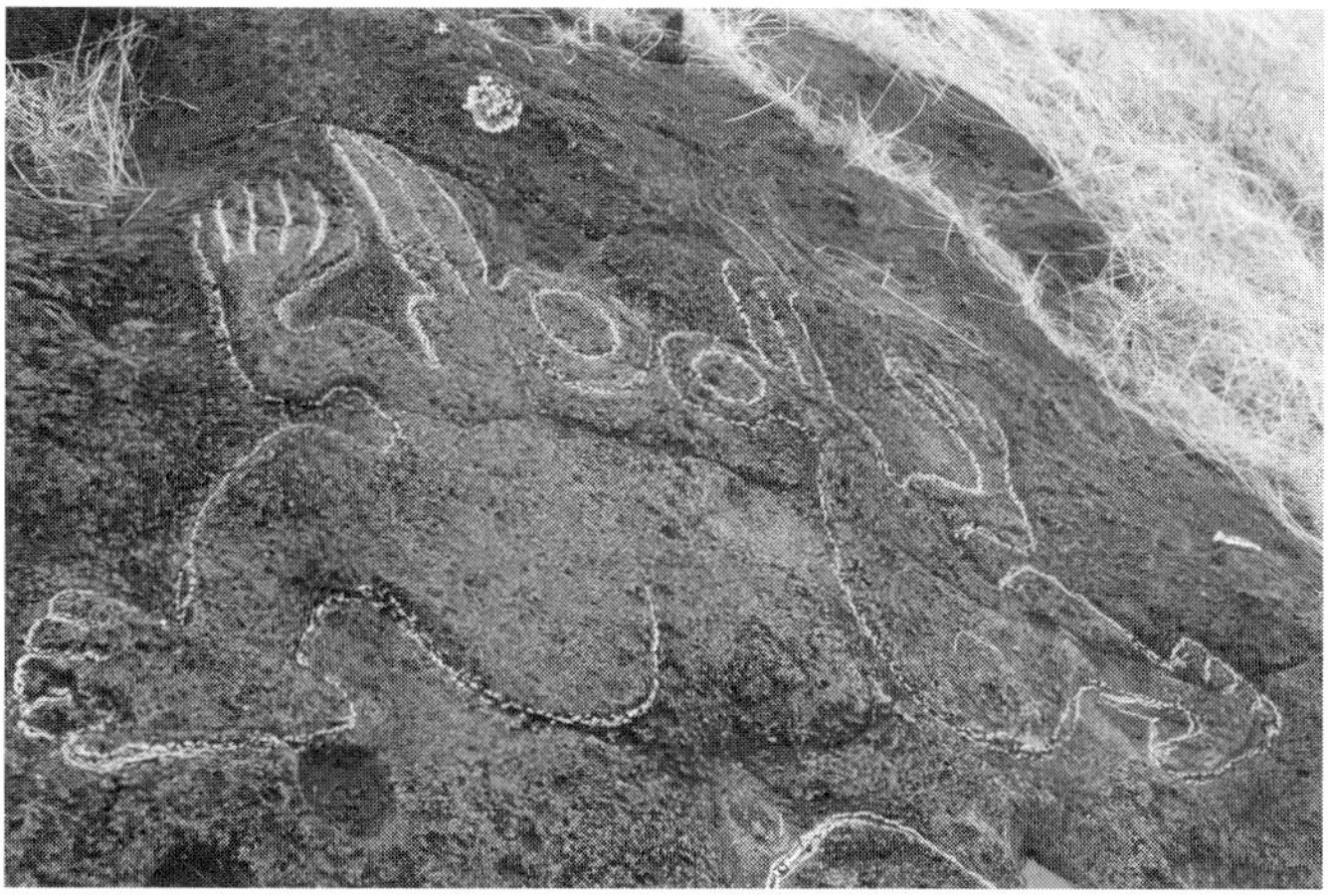

**写真3－4**　イースター島におけるタンガタ・マヌ（鳥人：tangata manu）のペトログリフ（岩面陰刻画）

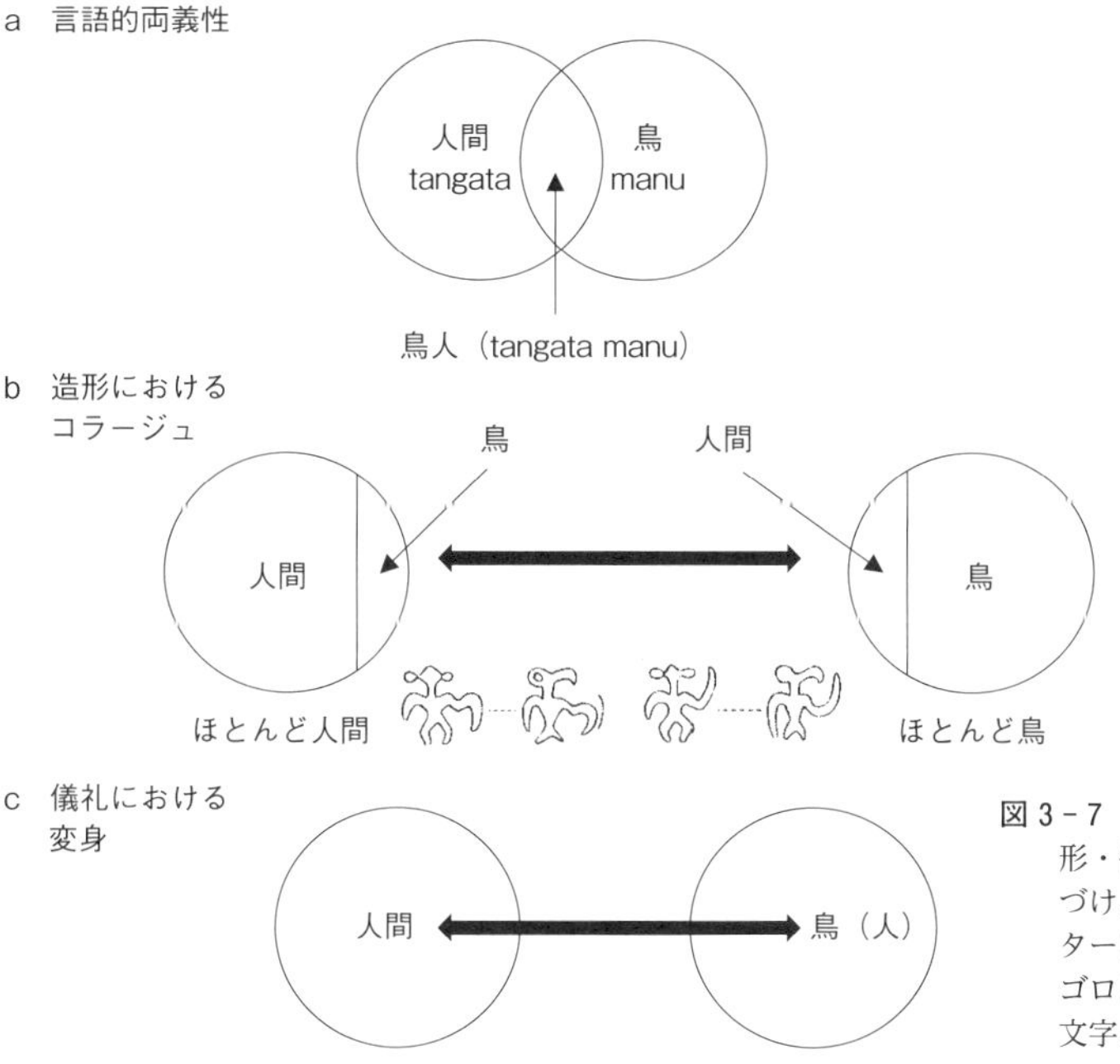


**図3－7**　鳥人の言語・造形・儀礼における位置づけ。bの図はイースター島の文字盤（ロンゴロンゴ）のなかの絵文字。

図3－8　伊藤若冲の「果蔬涅槃図」（1780年前後の作品）
中央の大根は釈迦の涅槃を表す。全部で88種類のうち、野菜50種（アブラナ科が多い）、果物・木の実25種、草・木の実13種、不明2種を含む。

戸期以前の中世には植物を擬人化する発想がすでに存在したという。つまり、平安時代の一〇世紀初頭に完成した『古今和歌集』の掛詞や縁語には、「草木國土《そうもくこくど》悉皆成佛《しっかいじょうぶつ》」の思想と結びついて植物を擬人化した表現がある。つづく室町期の謡曲の世界も、「草木國土悉皆成佛」の思想の影響があり、端的には謡曲『定家』のなかで、後白河法皇の三女で幼くして賀茂の斎院に選ばれた式子内親王《しょくしないしんのう》と藤原定家《ふじわらのていか》の愛欲の物語として、定家の妄執が蔦葛《つたかずら》となって内親王の墓にまとわりついた話しが登場する。この蔦は「定家葛《ていかかずら》」とよばれるもので、旅の僧が通りかかると里の女（実は内親王の霊）が現れ、生前の恋と死後も自分を縛り続ける妄執について語り、「成仏したい」と救済を頼む。

室町時代の一五世紀に成立した『お伽草紙精進魚類物語』は野菜・豆・茸・海藻などの精進物と魚・貝・鳥・獣などの生臭い物（美物《びぶつ》）[36]が合戦を繰り広げ、精進方が勝つ。御料である米が精進方につく意見をもつ想定で物語が展開している。『精進魚類物語』については、小峯和明や春田直紀らが興味ある考察をおこなっている。[37]（図3-9）いずれにせよ、室町期から江戸時代にかけて植物の擬人化表現は、文字や絵画として顕著にみられ、しかも時代的な変化がみられる。その背景となった「草木國土悉皆成佛」思想は、精進物と魚類の合戦のなかでは顕著に示されていないが、江戸期であっても寺院に残された画像にその傾向を読み取ることができる。それが富山県高岡市の高岡山瑞龍寺《ずいりゅうじ》にある。瑞龍寺は曹洞宗の寺院で江戸時代に建立された。国宝の法堂は前田利長《としなが》の

魚軍　青物軍

**図3-9**　「青物《あおもの》魚《さかな》軍勢《ぐんぜい》大合戦《おおかっせん》之図」歌川広景《ひろかげ》画　安政6年（1859）
青物軍：上から藤唐士之助（とうもろこしのすけ）（トウモロコシ）、蜜柑太夫（ミカン）、唐辛四郎（トウガラシ）、芋山十八（ヤマノイモ）、松田茸長（マツタケ）、砂村元成（カボチャ）、藤顔次郎直高（トウガン）、大根之助二股（ダイコン）。右下に　空豆之進（ソラマメ）、茄子三郎（ナス）、桑井永之進（クワイ）、甲斐武道之助（ブドウ）、宇利三郎（マクワウリ）、水瓜赤種（スイカ）、百合根十郎（ユリネ）。
魚軍：右から鰈平太（カレイ）、ほうぼう小次郎（ホウボウ）、海底泡之助（カニ）、初鰹之進（カツオ）、佐々井壷八郎（サザエ）、蛸入道八足（タコ）、戸尾魚次郎（トビウオ）、鯰太郎（ナマズ）、味物鯛見（タイ）、しやち太子（シャチ）、大鰭鮪之助（マグロ）、ふぐ三郎腹高（フグ）。（松下幸子監修・著）

**写真3-5**　高岡山瑞龍寺の法堂天井画（富山県高岡市）。狩野派によるもので、全部で135枚分ある。国宝の法堂は前田利長の位牌を安置する場。

位牌を安置する場であり、法堂の天井は格子状になっており、狩野派による一三五枚（九列一五列）の植物の絵が描かれている（**写真3-5**）（複製）。そのなかには、サクラ、ウメ、アサガオ、ミズアオイなどの花、ササゲ、インゲンマメなどの豆類、ナス、ワサビ、ヒョウタン、サトイモ、ダイコン、カブなどの野菜類などが含まれている(38)。

前田利長の霊を弔う法堂の天井に描かれた花や野菜類は単なる装飾ではなく、草木に霊をみいだし、人間の霊とともに成仏する思想が込められていたと考えられるのではないだろうか。

## 第4節　海と森のカミ

海と森はまったく異なった世界である。海の世界と森の世界にはそれぞれ性格の異なるカミがいるとされることが多い。アフリカやアマゾン、あるいは東南アジア、インド、ヒマラヤ、シベリアの大地には森の精霊やカミがいる。海の世界は森のカミと無縁であるかといえば、陸域の畑や森の世界と、周囲の海の世界は明確に区分されており、人びとの観念に異質な世界であると位置づけられている。ここで、ミクロネシアの中央カロリン諸島にある隆起サンゴ礁のサタワル島の事例をもとに検討しよう。

### 1．サタワル島における海と森

サタワル島の森と海の保有については、第2章第5節で取り上げた。すでにふれたとおり、サタワル島の世界すなわちファイナーン（fááyinaang）は大きく島・陸地であるファヌー（fanú）と海であるサート（sáát）に区分される。さらに、人間が支配するネーマン（neeman）と超自然的な存在であるヤニュー（yanú）の支配するネーワ

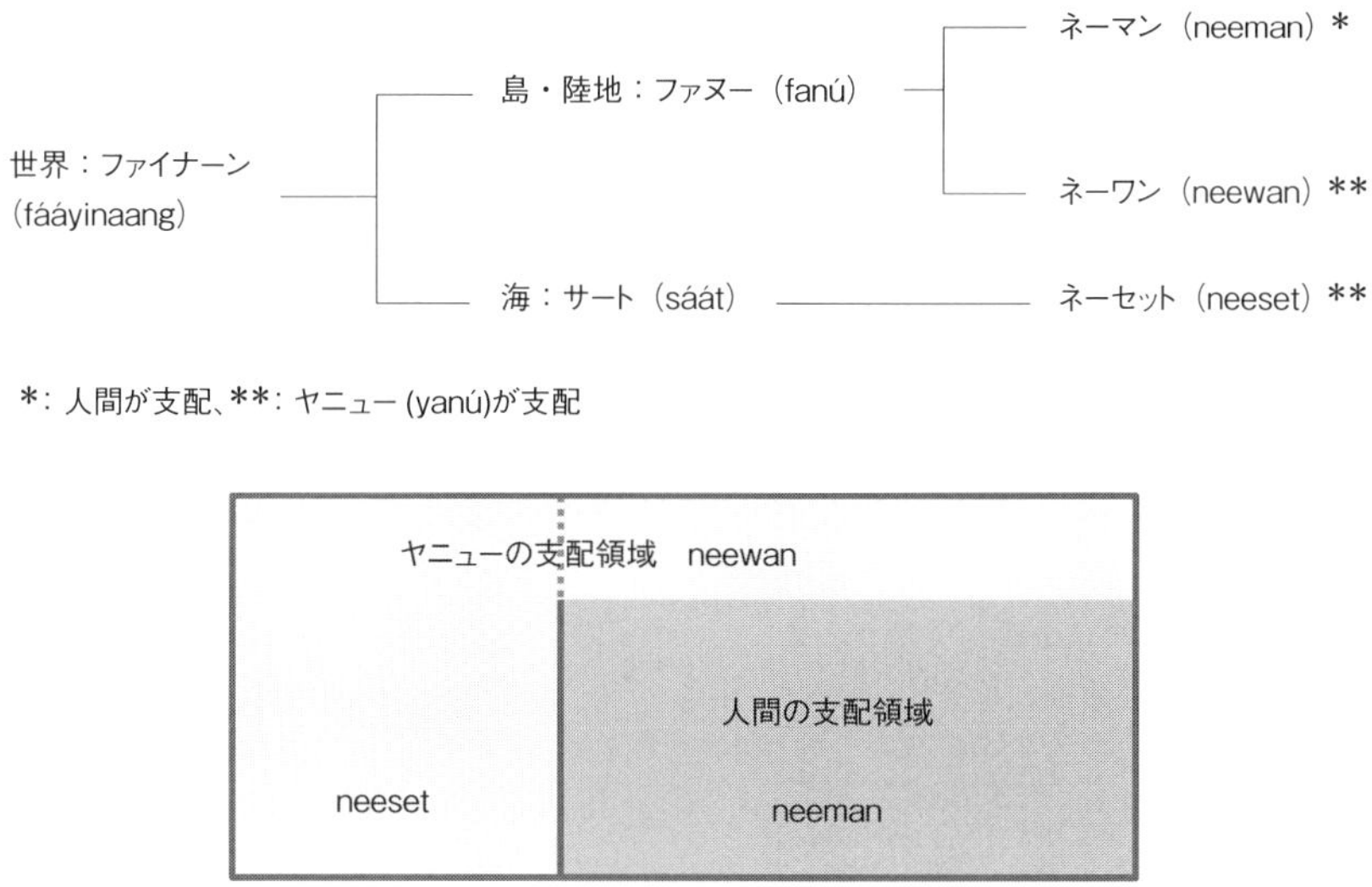


図3-10　サタワル島における人間と超自然的存在の支配領域区分

ン（neewan）とネーセット（neeset）に分かれる。ネーマンは、人間の日常的な空間であり、ネーワンはタロイモ田やパンノキ・ココヤシの叢生する森を、ネーセットは海を指す（図3-10）。

人びとの考えによると、前夜、性交渉をもってタロイモ畑に行くことや漁に出かけることは禁忌とされる。さらにタロイモ畑に調理した魚をもっていくことや、漁にタロイモを持参することは禁忌とされる。その訳は、海と森にはヤニューがいて、それぞれの世界を支配していると考えられている。海の超自然的存在はヤニュー・ネーセット（yanú neeset）、森の超自然的存在はヤニュー・イノートプウォン（yanú yinóotopwen）と称される。セットは「海」、プウォンは「タロイモ田」の意味である（イノートの意味は不明）。それぞれの世界を支配するヤニューは人間の匂いとともに相手側の世界の匂いを嫌がると考えられており、たとえば、海に森の匂いのするものや人間的な性行為の匂いを持ち込むことと、森に海の匂いのするものや性器の匂いを持ち込むことが禁忌とされている。ただし、海や森にココヤシを持ち込むことは問題がない。ココヤシは匂いがないうえ、ヌーカ

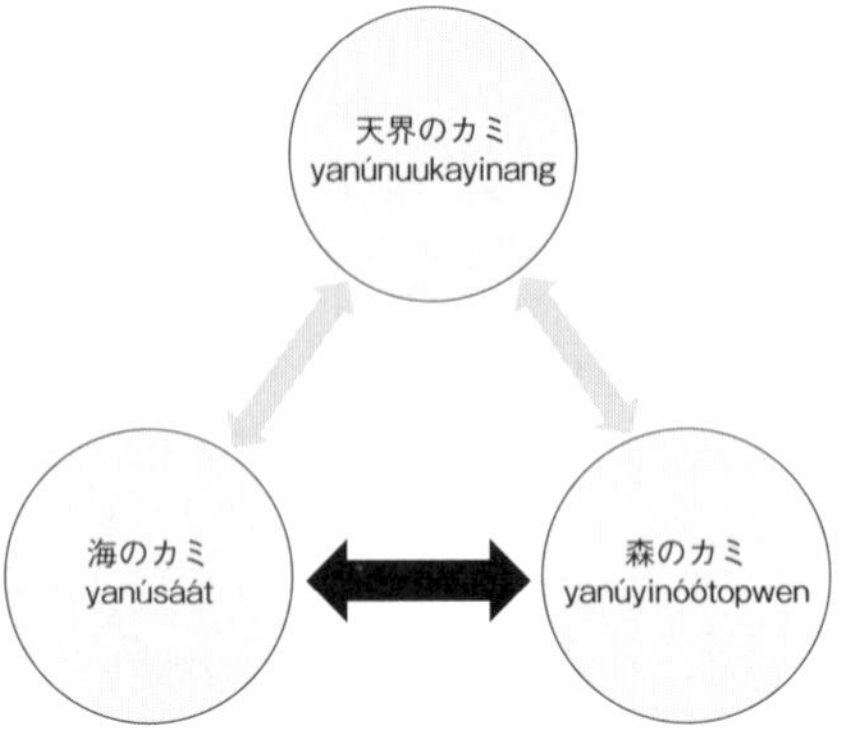


●海のカミは、森の匂いのするものを嫌う。
●森のカミは、海の匂いのするものを嫌う。

図3-11　匂いをもとにしたサタワル島の超自然観

イナン（Nuukayinang）とよばれる天空を支配するカミの食べ物とみなされている。

## 匂いの三角形

このことから、匂いをもとにすれば、図3-11に示したように、海、森、天空の三つの世界がたがいに対立する関係にあるものとして理解することができる。これを「匂いの三角形」モデルとよぶことにしよう[39]。匂いをもとにした分析をもう少し進めてみよう。

魚全体がもつ属性のうち、もっとも特徴的なものはその匂いである。

魚の匂い（pwoyacch）は、いわゆる「生臭い匂い」である。魚の匂いが直接、人びとに影響をあたえるとみなされているのはつぎの場合であった。サメ、エイ、ウツボ、クジラ、イルカなどの匂いが生理的に不快であるとして人びとは食べることを敬遠する。こうした動物はイキンガウ（yikinngaw）として位置づけられている。イキはイーク、つまり広義の「魚」を、ガウは「悪い」の意味であり、イキンガウは「悪い魚」をあらわす。

チョウチョウウオの内臓は、糞便の匂い（pwon fannikat）がするので、イキンガウとみなされている。生魚（yi-kiyemas）の匂いは、子どもに悪い影響をあたえる。このように、魚の匂いが「吐き気を催す」とか、人間の排泄物の匂いに類似しているとしても、すべての魚がおなじように、悪いと判断されるわけではもちろんない。サタワル島の文化のなかで、魚のもつ匂いが重要とおもわれるのは、以下にのべるような環境認識や食物カテゴリーにかかわる考え方が介在するからである。

## タロイモ栽培と魚

女性がタロイモ田へ作業にいくさい、魚やウミガメを食物として持参することや、家をでるさいに、食べカスの魚骨を足で踏んだりすることにはもっともきびしい禁忌とされていた。しかも、女性は前夜、男性と性交渉をもつことも禁忌とされていた。サタワル島民は、タロイモ畑にはイノートプォンとよばれる超自然的存在がおり、魚やウミガメなどの海で獲れた動物の匂い（pwoyacch）や、性器にかかわる匂い（pwonnyas）を忌みきらう、という観念をもっている。

## 漁撈活動とタロイモ・パンノキの実

サタワル島の北東端から、海中にむかって発達したサンゴ礁はウォニモン礁とよばれる。また島の南西部約四〇キロメートルのところには、ウォニキー礁がある。この二つの海域で漁撈活動をおこなう場合、タロイモやパンノキの実を食物として携行することにたいしてきびしい規制が適用されていた。また、漁撈をおこなおうとする男性は、前夜、性交を慎まなければならなかった。出漁する日の前夜は、乗組員全員が浜辺にあるカヌー小屋で寝る。これは女性とのかかわりや女性の料理した食べ物を漁場へ持ち込むことを禁止する伝統的な漁のしきたりによる。

この二つの海域は、ヤニュー・サートの支配をうけていると島の人びとに観念されていた。そしてヤニュー・サートは、タロイモ・パンノキの実の匂いや、性器にかかわる匂いを忌みきらうと考えられていた。サタワル島において、もっとも重要な生計活動であるタロイモ栽培と漁撈にたいして、以上のべたような禁忌が適用されているわけである。海とタロイモ田という異なった生産の場の対立は、魚とタロイモ・パンノキの実という食物の

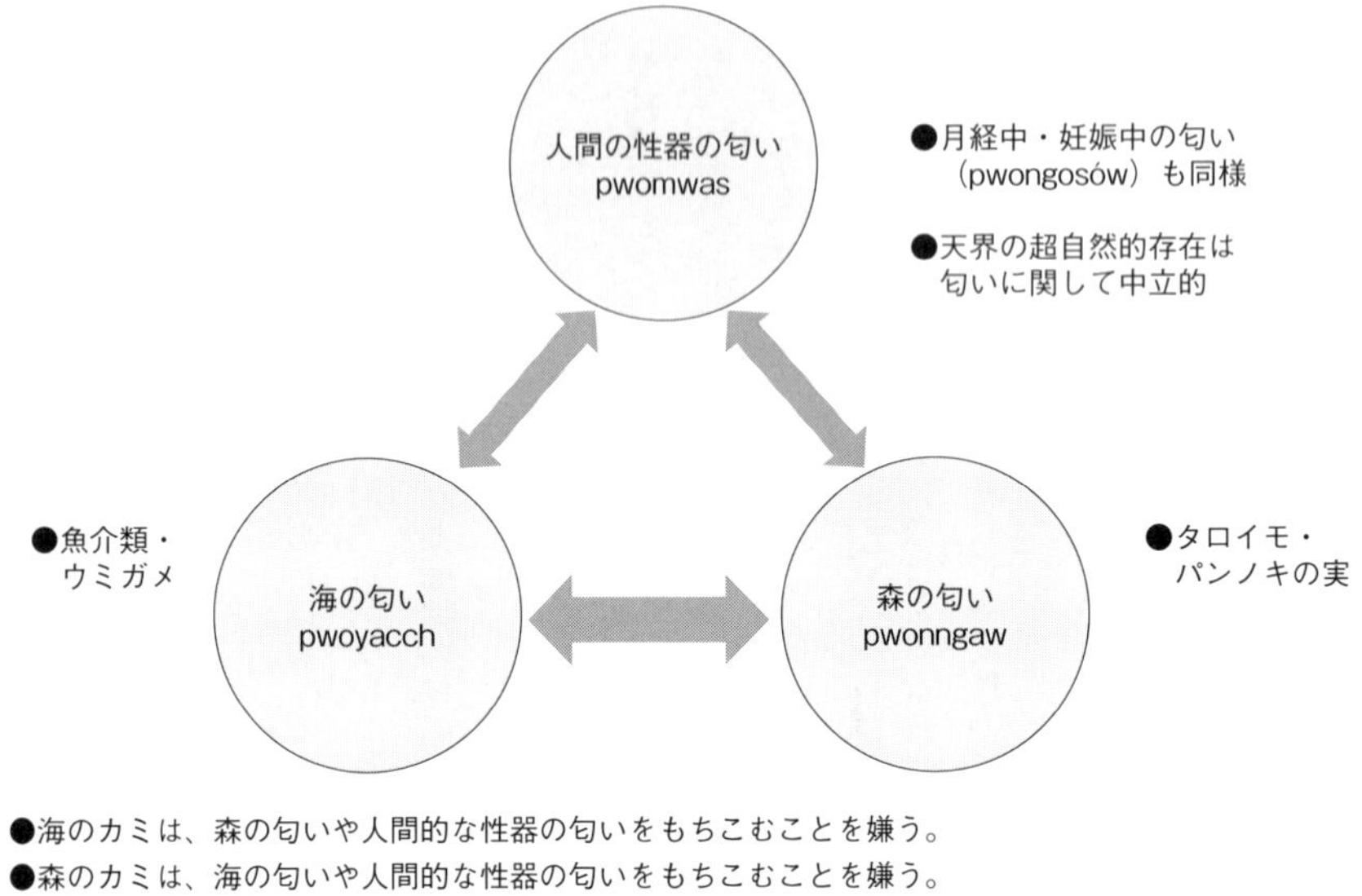


図3-12　サタワル島における匂いの世界と自然観

対立をも意味する。また、魚の匂い（pwoyacch）とタロイモ・パンノキの実などの匂い（pwonngaw）の対立をもあらわしている。そして、ヤニュー・サート（海の超自然的存在）とヤニュー・イノートプォン（森の超自然的存在）の対立としてもとらえられているのである。

さらに、性器が海とタロイモ田の両者に対立するとみなされている点に注意する必要がある。ヤニューによって支配されている空間に、性器にかかわる匂い（pwomwas）をもちこむこと（人間的要素）が忌みきらわれているからである。魚、タロイモ・パンノキの実、性器という三つの要素に象徴される匂いは、図3-12のように相互に対立する関係にあるものとしてとらえることができる。このように、匂いそのものがサタワル島民の環境観や行動様式に一定の秩序をあたえるものとして認識されていることがわかる。

妊婦や月経中の女性に固有の匂い（pwongosów）も、この図における性器の匂い（pwomwas）に匹敵するものとしてあてはめることができる。妊婦や月経中の女性は、タロイモ田にいくことができないうえ、その匂

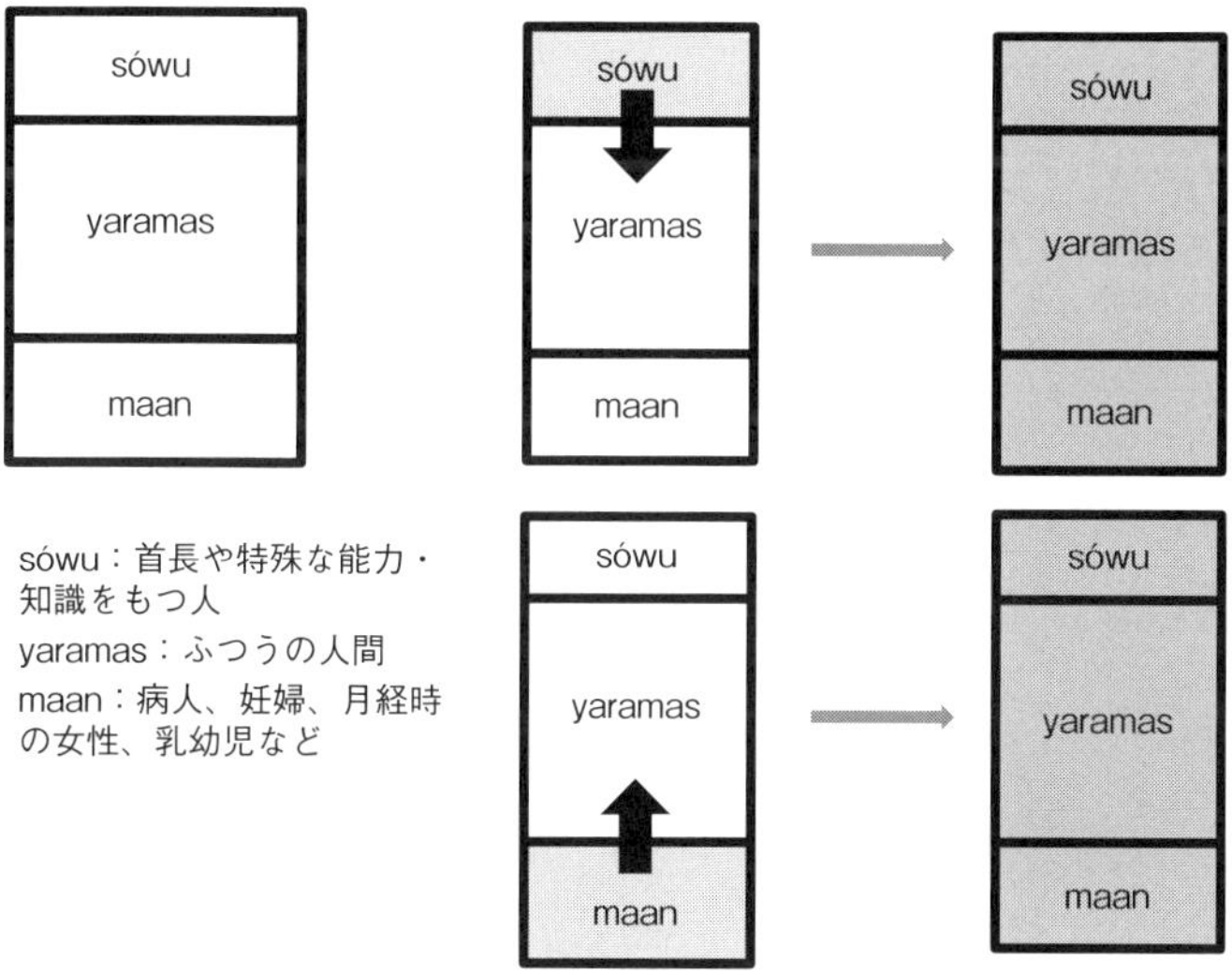


図3-13　人間のカテゴリーと禁忌の影響
➡は、食物禁忌を犯した場合に及ぶ影響をあらわす

いは海にいる超自然的存在がもっとも忌みきらうからである。

## 2. 人間のカテゴリーと食物規制

これまでみてきたように、ある魚を食べることによって影響をうけるのは、その魚を食べた本人自身である。しかし、なんらかの影響が当人以外の個体や集団全体にまでおよぼされることがあるうえ、その影響の性質自体も非常に異なっている。問題はそれほど単純明快ではない。特定の食物規制と、その対象となる人間のカテゴリーとの間には関係性がある。ある魚を食べて影響をうける人間（＋）と、影響をうけない人間（－）は、相互に対立すると考えるのは自然である。とすれば、そうした対立がサタワルの文化なり社会のなかで、どのような意味をもつのであろうか。こうした点から食物規制の対象となる人間のカテゴリーと、影響自体のおよぶ範囲に着目して検討した。食物規制の適用される人間のカテゴリーとして、尊敬すべき地位にある人間、子ども・妊婦・月経時の女性・病人などのグループ、特殊な知識や能力・技術を有した人びと、集団内の通常の成員である（図3-13）。

首長やカヌー小屋を管理する年長者にたいして優先的に特定の魚があたえられる。そのなかには、大型で肉が多く、しかも島民にとり美味とされる魚やウミガメが含まれている。すなわち、魚自体が食物として非常にすぐれていることと、首長のおかれている社会的地位の高さとが、いわば等価値をもつものとして判断されている。美味な魚は、首長の権威を象徴しているといってよい。集団全体は首長やカヌー小屋の長老を尊敬し、集団の中心的人物としての義務を果すことを期待する。そのために、特定の魚が贈与される。またそのようにすることが社会規範として集団の成員に要求される。一方、特別の地位や称号をもつ人びとも特定の魚を食べて社会の期待にそった義務を果すことが要求される。しかも大型の魚を切るさい、一定の手順をふまなかった首長がそれゆえに死んだと人びとは考えている。

## 第5節　世界遺産と聖域

### 1. 世界自然遺産をめぐって

#### 聖域とゾーニングの問題

本書で再三提示してきたオープン・アクセス、リミテッド・エントリー、サンクチュアリにかかわる三つの極に含まれる領域はじっさいの地域ではバラバラに存在するのではない。たがいに隣接している場合、独立している場合、いずれかが入れ子になっている場合などが想定される。すでに第1章第3節の6項で、聖域とゾーニングについてふれた。そこで検討したMAB構想によるBRプログラムよりも厳格な自然や文化の保護プログラムが世界遺産である。世界遺産は一九七二年に、ユネスコの総会で採択された世界遺産条約に基づいて決められた。

**表3-1**　世界遺産の登録基準　（筆者要約）

文化遺産
(i)　人間の創造的才能を表す傑作
(ii)　建築、科学技術、記念碑、都市計画、景観設計の発展への寄与と価値感の交流
(iii)　現存するか消滅しているかにかかわらず、ある文化的伝統または文明の物証
(iv)　歴史上の重要な建築物、その集合体、科学技術の集合体、あるいは景観
(v)　文化を特徴づけるような伝統的居住形態もしくは陸上・海上の土地利用形態、人類と環境とのふれあいの代表
(vi)　顕著な普遍的価値を有する出来事（行事）、生きた伝統、思想、信仰、芸術的作品、あるいは文学的作品との関連性

自然遺産
(vii)　最上級の自然現象、または類まれな自然美・美的価値を有する地域
(viii)　生命進化や地形形成における重要な進行中の地質学的過程、あるいは重要な地形学的・自然地理学的特徴
(vix)　陸上・淡水域・沿岸・海洋の生態系や動植物群集の進化、重要な進行中の生態学的・生物学的過程
(x)　学術上または保全上顕著な普遍的価値を有する絶滅のおそれのある種の生息地、生物多様性の生息域内保全にとり重要な自然の生息地

これには、自然遺産、文化遺産、両者を含む複合遺産に分かれる。二〇〇八年七月現在、世界中で世界遺産として登録された場所は八七八件に上る。現在も登録を目指した申請がなされているが、審査の基準が厳しく多くの申請が却下されている。また、先述したBRの一部は世界遺産としても登録されている。ここでは自然遺産、文化遺産の例を取り上げよう。

## 日本の世界遺産

二〇一六年五月現在、日本には世界遺産が一八ヵ所ある。このうち、自然遺産としては北海道の知床半島（二〇〇五年七月登録）、青森・秋田県にまたがる白神山地（一九九三年一二月）、屋久島（一九九三年一二月）、そして小笠原諸島（二〇一一年六月）である。世界遺産として登録されるためには、いくつもの条件をクリアする必要がある。**表3-1**には(i)から(x)までの一〇項目が設定されており、そのうちのいずれか一つ以上に合致するとともに、真実性（オーセンティシティ authentic ty）や完全性（インテグ

リティ integrity）の条件を満たし、締約国の国内法によって適切な保護管理体制がとられていることが必要である。その一〇項目のうち、(i)～(vi)が文化遺産、(vii)～(x)が自然遺産の基準である。複合遺産は文化遺産と文化遺産の両方の基準に合致する場合に適用される。自然遺産の基準をみると、類まれな自然美・美的価値を有する地域、地球の歴史上、生態系や動植物群集の進化・発展において、進行中の重要な生態学的過程、生物多様性の生息域内保全にとってもっとも重要な自然の生息地を含む地域などがリストアップされている。貴重な自然を自然美、進化、生物多様性の観点から評価する基準である。

これにたいして世界文化遺産には、建築、科学技術、記念碑、都市計画、景観設計の発展に重要な影響をあたえたもの、価値観の交流や文化的伝統・文明の存在を伝承する物証、希少価値、景観を代表し、文化を特徴づける伝統的居住形態、陸上・海上の代表的な土地利用形態、人類と環境とのふれあいの代表、顕著な普遍的価値を有する出来事（行事）、生きた伝統、思想、信仰、芸術的作品、文学的作品と直接または実質的関連があるものなどが含まれる。両者をみると、自然と文化を峻別し、それぞれの領域で普遍性、代表性を示すものが指定されており、わずかに人類と環境のふれあいの代表例が世界文化遺産に含まれている。自然と文化に分けた基準は妥当といえるだろうか。ユネスコの主導する世界遺産は長所もあるが、自然と文化を二元的に分ける西洋的な思想が背景にあることはまぎれもない。

### 世界遺産と分散・収斂

この広い地球上に手つかずの自然などほとんどない。いわゆる原自然は極域、高山地帯、砂漠、深海などにあると考えがちだが、人間による影響がおよばない地域などはないと考えたほうがよい。一方、文化や文明の粋を集めた建築物や都市、文化景観などを取り上げて文化遺産として評価する場合、荘重、壮大、威厳、装飾美、ち密さ、長期間にわたる建造などを評価する過程で、自然とのかかわりをまったく無視し、あるいは自然と文化の相互作用を度外視したものであれば、遺産としての意味を真実性と完全性だけに限局して評価する陥穽におちいることになる。少なくとも自然と文化の相互交渉の結果として、文化遺産が成立したものであることを強く認識する必要がある。

さらに世界で普遍性をもつとする場合の意味が真に納得のいくものであるかは検討を要する。というのは、自然遺産、文化遺産ともに、地球上のある地域に存在ないし分布する。規模からすると、グレート・バリア・リーフのように三四万四四〇〇平方キロの広大な面積を占める自然遺産から、富士山のように構成資産面積：二万七〇二・一ヘクタール、緩衝地帯面積：四万九六二七・七ヘクタールの文化遺産までがある。ただし、細かくみると遺産地域はすべてがおなじ価値をもつのではない。たとえば、生物多様性は高いが破壊の危機にある生態学的な場所や、水循環上、生態系システム内で重要な自然浄化機能をもつ干潟や湿地など、ローカルなホット・スポットを含んでいる。しかも、遺産地域のなかには、聖なる意義をもつ宗教的な場所や木立、建造物などが含まれていることがあり、文化的なホット・スポットとなっている。文化遺産である京都の場合、構成遺産となる聖域は京都市内に分散している。上賀茂神社、下鴨神社、清水寺、二条城などの位置関係を想定すればおのずとあきらかだろう。

これは分散型の遺産である。一方、聖域は地理的・空間的にみてスポットとしてだけ存在するのではない。のちにみるように、富士山はその全体が聖域とでもいえる存在であり、構成遺産のみに限局されるのではない。この場合は分散型ではなく、収斂型といってよい。

自然や文化を切り取って価値づけることをどのように考えるべきだろうか。前述した仏性論で岡田真美子が指摘したように、山に神が棲むのではなく山自体が生きているとする生命観は日本独自のものである。いわゆるアニミズム論で霊が自然物に宿っているのではなく、山川草木自体が生きているとする観念が日本には厳然と生き続けてきた。この思想に立脚するとき、世界遺産地域として外枠を設定すること（エンクロージャー）には問題がないわけではない。まして、ホット・スポットとして特定の場所を指定する発想は近代的な機械論に陥る危険性がある。豊かな自然観を今後ももちつづけるためにも、なわばりによって囲まれた世界遺産について再考すべきであろう。世界遺産を分断された構成要素からなるものと考えた時、どのような問題が発生したのか。このことを、日本の自然遺産である白神山地、知床半島、文化遺産である富士山を例として検討しよう。

## 2. 自然遺産と地域

### 白神山地

白神山地は、青森県南西部と秋田県北西部の県境にまたがる一三万ヘクタールの山岳地域である。白神山地は一九九三年一二月に世界遺産として登録された。この地域は冷温帯に属しており、ブナ林地域の自然的な価値が認められ、約一万七千ヘクタールが遺産地域となった。世界でも最大規模の面積をもつ白神のブナ林帯における植生には、氷河時代の遺存種や地域固有種を含め五〇〇種以上が分布し、カモシカ、ツキノワグマ、ニホンザル、ヤマネ、ウサギなどの大小の哺乳類、クマゲラ、イヌワシ、クマタカ、シノリガモなど貴重な鳥類が生息する。岩木川の源流域にはイワナ、ヤマメが生息し、サクラマスやアユが上流部へと遡上する。岩木川にはスナヤツメ、日本海型のイトヨ、イバラトミヨ、ヤリタナゴ、メダカ、シロウオなどの希少種が生息している。

世界遺産地域のほぼ四分の三は、青森県側に含まれる。世界遺産は、ふつう核心地域（コア・ゾーン）、緩衝地域（バッファー・ゾーン）、移行地域（トランディショナル・ゾーン）に分けられている。白神山地では、核心地域は一〇、一三九ヘクタール、緩衝地域は六、八三二ヘクタールとなっている。緩衝地域は自由に入ることができる領域であり、オープン・アクセスの領域といえるが、核心地域に入山するさい、その目的が学術研究や取材などの場合や、登山を目的とする場合にかかわらず、青森県の場合、入山届けが義務付けられている。しかも、核心

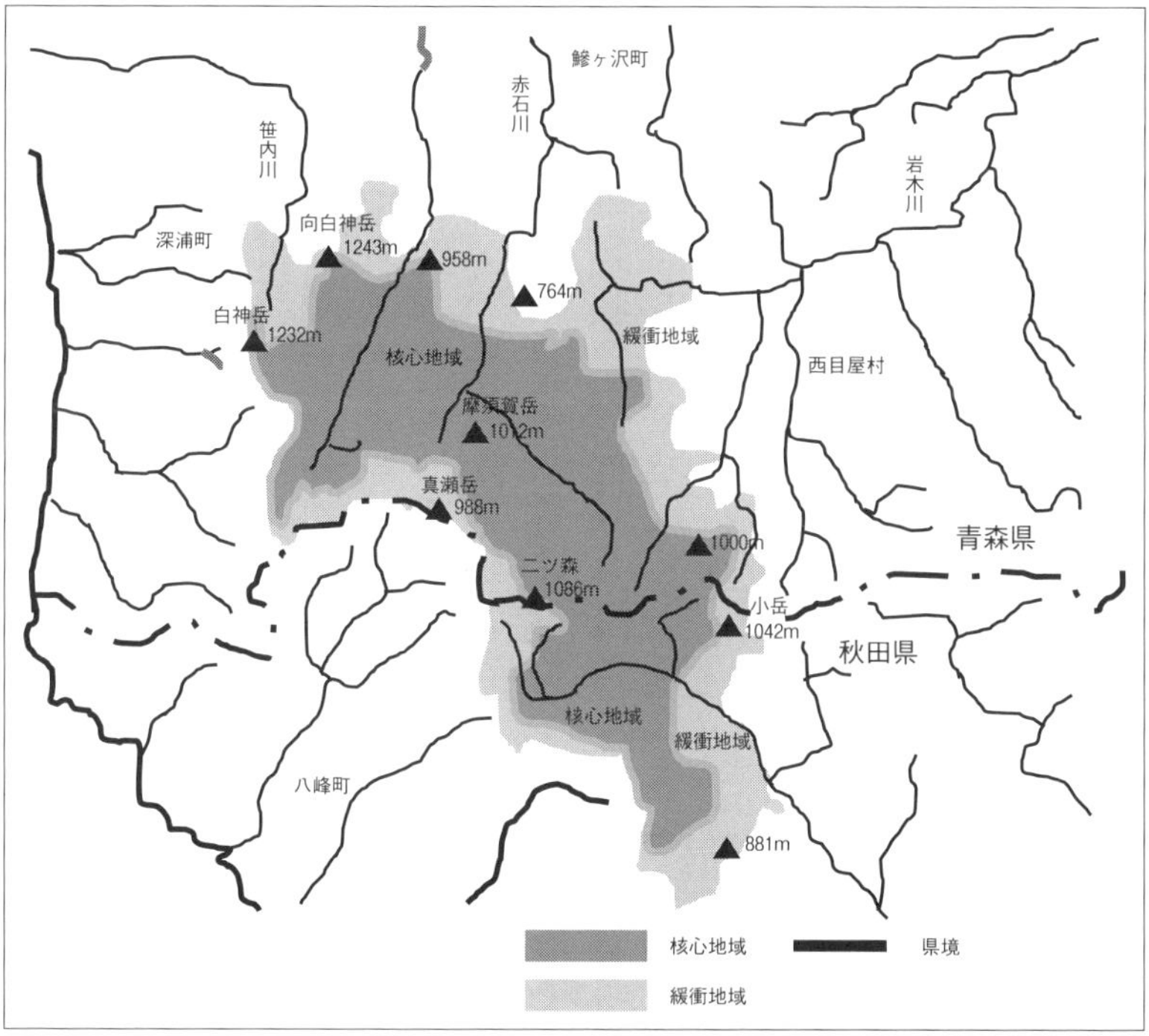


図3-14　世界遺産の白神山地

地域にアクセスする二七ルートが決められており、入山後は最低限のルールを遵守する必要がある。たとえば、以下の諸行為は固く禁じられている。つまり、手続きをした場所以外への立ち入り禁止、許可のない動植物の採取、損傷（踏み荒らしを含む）、落葉・落枝、流木の採取、たき火、たばこの吸殻の投げ捨て、その他延焼の危険のある火気の取扱い、鳥獣の営巣地への接近、野生動物への給餌、野生鳥獣に影響をおよぼす行為、ゴミやロープ、残飯など、入山のさいに持ち込んだものの放置、ペットの持ち込みおよび魚釣りの行為などである。秋田県側からでも、登山を目的とする核心地域への入山は禁じられている（図3-14）。

白神山地と地元のマタギの人びととのかかわりについては、世界遺産の登録が大きな波紋を投げかけた。白神山地におけるマタギの人びとは古くから山と深くかかわってきた。この地域では赤石マタギ、西目屋マタギ、鰺ヶ沢マタギ、深浦マタギ、岩崎マタギなど地域ごとのマタギ集団が知られている。白神におけるマタギの活動は一〇〇〇年以上にわたり、その歴史は持続的に自然を利用してきたことを実証している。季節におうじて、春先には冬眠後のシシ（ツキノワグマ）猟や山菜採集、夏のサクラマスやアユの漁、秋のキノコ採集など、多様な活動を繰り広げてきた。[40]

西目屋《にしめや》のマタギである工藤光治やマタギ舎を主宰する牧田肇らと山を歩き、話を聞いたことがある。[41]工藤によると、核心地域には二〇〇三年以来、入山申請をしているとのことだ。岩木川源流域や上流域におけるサクラマスやアユの漁は目屋ダム（一九五〇年着工、一九五九年竣工）により魚が遡上できなくなった。しかも、世界遺産地域であっても密漁者が増え、規制がより厳しい状態にある。春の山菜と秋のキノコ採集は世界遺産登録で制限されるようになり、クマ狩りは二〇〇四年にこの地域が「国指定白神山地鳥獣保護区」となって以来、一切が禁止された。一方、緩衝地帯における山菜やキノコの採集には大きな影響がない。

さらに最近の気候変動の影響から、季節ごとに生起する野生動植物の出現に異変が起こっている。工藤によると、白神の自然は手つかずの状態があったのではなく、つねに土砂の崩落や地形の変化などが起こってきた。それとともに、マタギ集団と自然とは不断のかかわりをもってきたとしている。他地域のマタギと同様、自然はカミが支配していると考えており、自然の資源を取りつくすことはなく、一部を再生するように残したこと、人間が山菜を取りつくすのではなく、一部をカモシカのためにとっておく自然との付き合い方の作法を体得している。自然とともに生きてきたマタギの人びとの文化や暮らしが、世界遺産といういわば環境保護を御旗にした保護一辺倒の論理によって否定されたことは禍根を残すことになった。白神山地では核心地域、緩衝地域におけるアクセス権とともに、鳥獣保護区があり、そこでの狩猟が禁止された聖域ともなっていることがわかる。世界遺産として分断された遺産地域は、従来からその地域とかかわってきた人びとにとり、ためらいと落胆をもたらすものであった。環境保全を錦の御旗とすることで、人間の暮らしを制限することの意味をいま一度、根源論として考えるべきであろう。

### 知床半島

おなじ自然遺産である北海道の知床の遺産地域は、知床半島の中央部から先端の知床岬にかけての陸域と、その周辺の海域を含む約七万一一〇〇ヘクタールから構成されている。知床では海—川—陸にわたる複雑な食物連鎖網が形成されている。海域には甲殻類、貝類、魚類、海鳥類、鯨類などの多様な海洋生物が生息する。シロザケ、カラフトマスなどのサケ科魚類は半島部の小河川を遡上し、ヒグマや猛禽類の重要な食物となる。食べ残されたサケもキタキツネなどにより消費される。また知床は、シマフクロウ、オオワシ、オジロワシなどの希少鳥類の生息場ともなっている（図3-15）[42]。

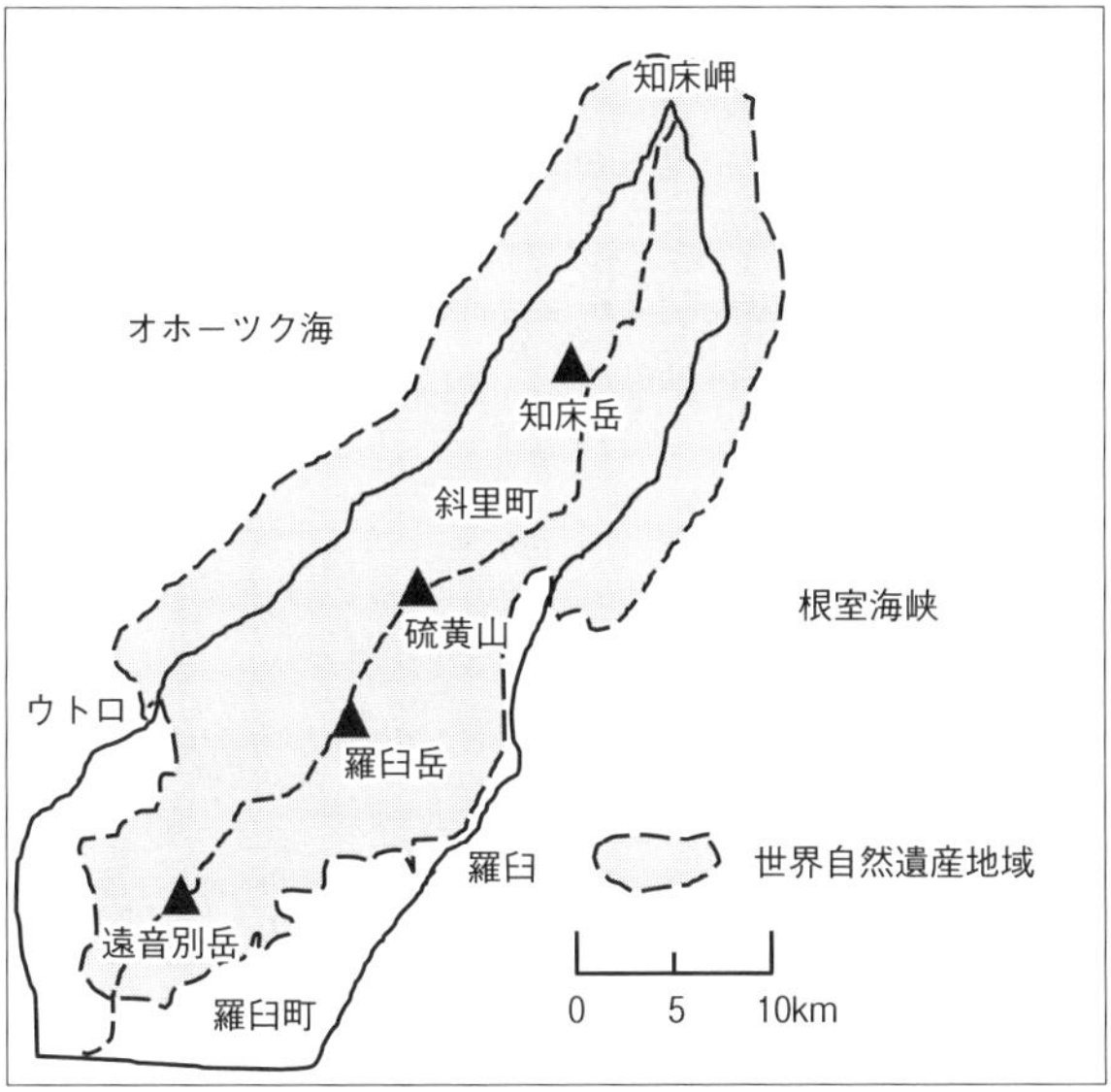


図3-15　世界遺産の知床半島。森と海にわたっている。

知床の遺産地域内では白神山地の場合と異なり、陸域ではなく海域で人間の漁業活動がいとなまれてきた。二〇〇七（平成一九）年に生態系の保全と持続的な漁業との共存を目指す「多利用型統合的海域管理計画」が環境省と北海道によって策定された。この計画では、「漁業者による自主規制」を遺産地域の管理に組み込んで、知床の海の生物多様性を維持しながら地域の漁業を両立させる管理方式が眼目とされている。この方式は、遺産地域の新しい管理手法のモデル「知床方式」として世界的にも高く評価されている[43]。知床では、サケなどを対象とする定置網漁、スルメイカの釣り漁、スケトウダラ、タラ、ホッケなどの刺し網漁、アワビ、ウニ、コンブなどの磯漁がおこなわれており、二〇〇〇人近い漁業者がいる。

自然の保全と漁業とのかかわりについては、トドによるスケトウダラの食害が報告され、トドの個体数も増加傾向にある。そのため、海生哺乳類の適正な個体数維持のため、間引きを含む管理政策が実施されている。

知床の一部の河川では、治山ダムなどの障害物によりサケ科魚類の遡上ができなくなっていた。そのため、新たに魚道を設置し、遡河性魚類の生存をまもる工事が二〇〇八（平成二〇）年一月までに二五ヵ所で河川改修と魚道設置が実施ないし工事中である。このことでサケ科魚類の産卵場が確保され、陸域と海域を繋ぐ生態系の連続性が保証された。

しかし、白神山地では岩木川に設置された目屋ダムによる遡河性魚類の遡上はみられなくなり、マタギによる漁業も消滅した。富山県と岐阜県をつなぐ庄川においても、かつてサケ、サクラマス、アユが遡上したが、御母衣《みぼろ》ダム（一九五七年着工、一九六一年竣工）により遡上は途絶えた。上流部には世界遺産の「白川郷・五箇山の合掌造り集落」（一九九五年一二月登録）がある。おなじ世界遺産であっても地域ごとの事情が異なるとはいえ、人間と自然とのかかわりからいえば、両者の共存を目指した地域保全が大前提としてあるべきであろう。知床は世界遺産として囲い込んだにもかかわらず、地域住民の生活や意向を取り込んだものとして評価できるだろう。

## 3. 文化遺産と聖域

### 富士山と世界遺産

山梨・静岡県境にまたがる富士山について考えてみよう。富士山は二〇一三年六月二四日、第三七回世界遺産

写真3－6　富士山（山中湖より眺望）

委員会において「富士山―信仰の対象と芸術の源泉」としてユネスコの世界遺産（文化遺産）に登録された。山梨県における二〇一四年度の来県観光客は推定で三〇〇〇万人を越えた。富士山観光の入り口となる山梨県立富士ビジターセンター（山梨県富士河口湖町）では、世界遺産登録後、外国人観光客が急増し、来訪者は約六〇カ国・地域に拡大している。日本人でなくとも、どの国の人でも自由に富士山へ登り、観光を楽しむことができる。この意味で、富士山は世界に開かれたオープン・アクセスの場ということになる。富士山を含む富士箱根伊豆国立公園富士山地域の管理者は国（環境省）であるが、登山や高原を歩くために霞が関に出向いて許可をもらう必要はない。富士山は誰もが楽しむことのできる場であり、その権利を享受することができる。強いていえば、ゴミを捨てない、草花を無断で採ることや、景観を破棄する建築物や民宿を建設することなどはご法度である。世界遺産登録に向けて、具体的な管理計画として「富士山包括的保存管理計画」が二〇一二年一月に策定された。このなかで包括的保存管理計画と法令・制度などとの関係がモデルと

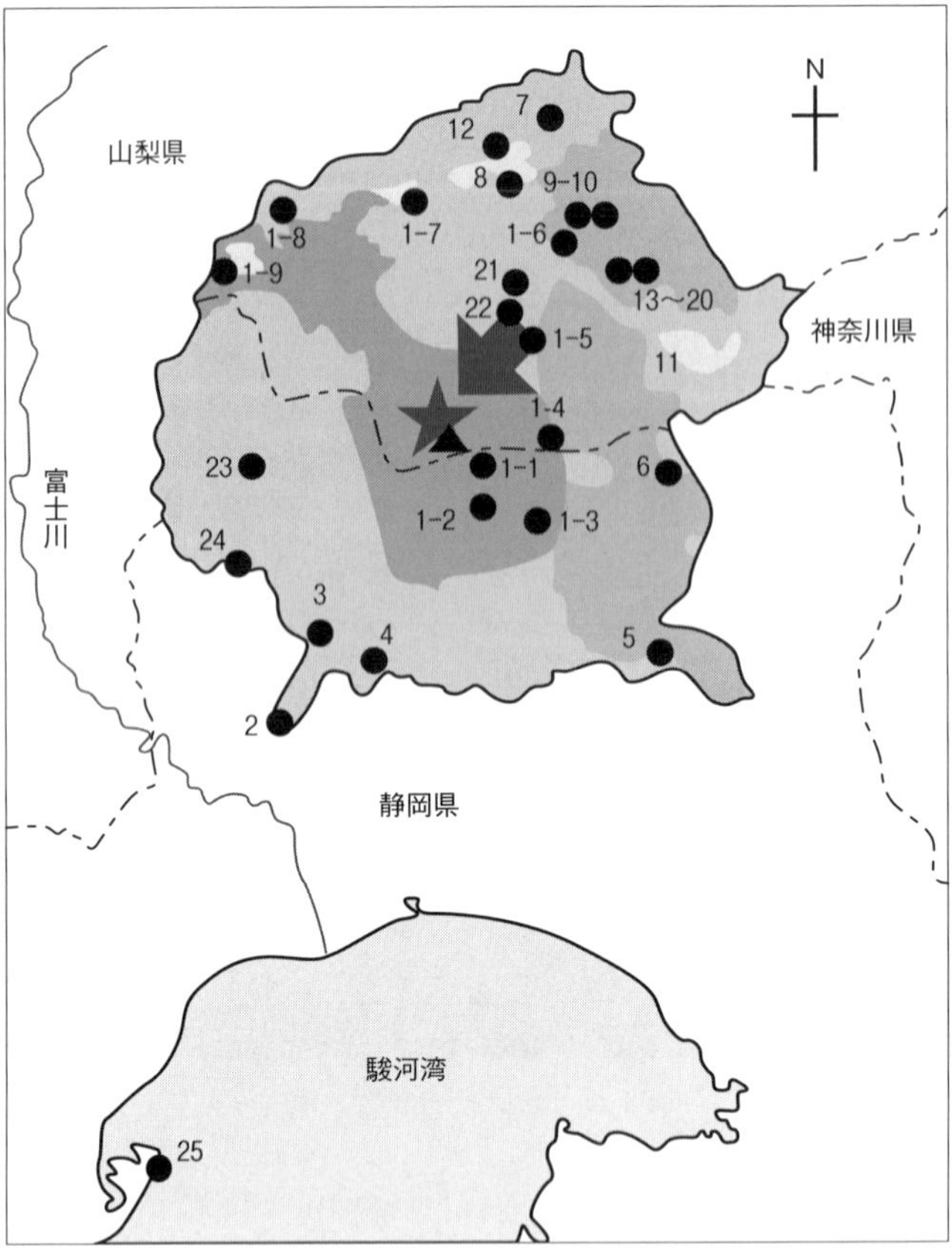


図３-16　世界遺産の富士山と25の構成遺産

1. 富士山域（山梨県・静岡県）
1-1　山頂の信仰遺跡群（山梨県・静岡県）
1-2　大宮・村山口登山道（現富士宮口登山道）（富士宮市）
1-3　須山口登山道（現御殿場口登山道）（御殿場市）
1-4　須走口登山道（小山町）
1-5　吉田口登山道（富士吉田市・富士河口湖町）
1-6　北口本宮冨士浅間神社（富士吉田市）
1-7　西湖（富士河口湖町）
1-8　精進湖（富士河口湖町）
1-9　本栖湖（身延町・富士河口湖町）

2　富士山本宮浅間大社（富士宮市）
3　山宮《やまみや》浅間神社（富士宮市）
4　村山浅間神社（富士宮市）
5　須山浅間神社（裾野市）
6　富士浅間神社（須走浅間神社）（小山町）
7　河口浅間（あさま）神社（富士河口湖町）
8　富士御室浅間神社（富士河口湖町）
9.10　御師《おし》住宅（富士吉田市）
(旧外川《とがわ》家住宅・小佐野《おさの》家住宅)
11　山中湖（山中湖村）
12　河口湖（富士河口湖町）
13　忍野八海出口池
14　忍野八海お釜池
15　忍野八海底抜池《そこなしいけ》
16　忍野八海銚子池
17　忍野八海湧池《わくいけ》
18　忍野八海濁池《にごりいけ》
19　忍野八海鏡池
20　忍野八海菖蒲池
21　船津胎内樹型《じゅけい》
22　吉田胎内樹型
23　人穴《ひとあな》富士講遺跡
24　白糸ノ滝
25　三保松原

して提示されている[44]（写真3-6）。

先述した「富士山―信仰の対象と芸術の源泉」は英語で“Fujisan, sacred place and source of artistic inspiration”と表記されている。信仰の対象がまさに「聖域」であり、富士山の世界遺産を構成する二五のサイトが決められた。このうち、富士山域には山梨・静岡両県で九つのサイトがある。内訳は、山頂の信仰遺跡群が両県に、五ヵ所が山梨、四ヵ所が静岡。残りの二四ヵ所のうち、一六ヵ所が山梨県に、八ヵ所が静岡県に属する。内訳は、信仰を具現する浅間《せんげん》神社が七ヵ所、人穴（ひとあな）富士講遺跡、胎内樹型が二ヵ所、そのほか忍野八海《おしのはっかい》（八カ所）、御《お》師《し》住宅（二ヵ所）、白糸の滝、三保の松原などとなっている（図3-16）。

## 信仰の山

富士山をめぐる信仰は時代とともにかわり、決して一枚岩的なものではない。たとえば、静岡県富士宮市の千《せん》居《ご》遺跡は縄文時代中期～後期の集落跡で、二一戸ほどの竪穴住居のほかに、環状列石《かんじょうれっせき》や帯状列石《たいじょうれっせき》などの配石遺構が一二ヵ所出土している。山梨県都留市にある縄文時代中期末の牛石《うしいし》遺跡からも大型の環状列石や配石遺構がみつかっている。両者ともに富士山にたいする何らかの祭祀をおこなった場であると考えられている。山岳にたいする信仰が古くからあったとして、富士山をカミとして畏れ、あるいは崇拝することがあったものとおもわれる。

## 貞観の大噴火と浅間神社

古代に富士山の噴火を当時の人びとはどのように考えたか。地元住民は恐れおののくことがあったであろうことは想像に難くない。平安時代の八六四（貞観六）年の貞観噴火について『日本三代実録』に記録がある（延暦大噴火は八〇〇〈延暦一九〉年）。

「駿河国の富士大山《ふじのおほやま》、突然に暴火あり、崗巒《かうらん》〔丘と山〕を焼砕し、草木を焦殺す。土鑠《しゃく》石流し〔土は融け石は流れる〕、八代郡の本栖ならびに剗《せ》の両水海を埋めた、水は熱して湯のごとし、魚鼈《ぎょべつ》〔魚と亀〕皆死す、百姓《ひゃくせい》の居宅は海と共に埋まった、或いは宅有りて人無し、その数記し難し。両海の東、また水海あり、名づけて曰く河口海《かわぐちのうみ》、火焔は河口海に向かって赴いた。本栖と剗の海が未だ焼け埋む前に、地は大震動、雷電暴雨、雲霧晦冥、山野弁へ難し、然る後、この災異ありき（八六四年七月一七日の報告）。

すさまじい噴火の状況を京に伝えるものであるが、『日本文徳天皇実録』八五三（仁寿三）年（旧暦七月一三日の条）に「特加駿河國浅間大神従三位」、『日本三大実録』の八〇九（貞観元）年（正月二七日条）に「駿河國従三位淺間神正三位」とあり、浅間神がそれだけの地位をえていたわけで、当時浅間神社は神格化されていたことがわかる。

問題は富士山の噴火を、朝廷は託宣によるとはいえ人災ととらえたことである。富士河口湖町教育委員会の杉本悠樹によると、富士山の噴火は駿河国浅間明神の禰宜《ねぎ》・祝《はふり》等の祭祀怠慢によるとする占いの結果があった。すなわち、「近ごろ、国吏が誤ったことをして、そのために百姓が多く病死しているのに、そのことに全く気付いていないので、この噴火を起したのである。早く神社を造って祝・禰宜を任じ、（わたしを）祀りなさい」との託宣がでた。八六四年九月九日（貞観六年八月五日）に朝廷は甲斐国にたいして浅間名神を奉り鎮謝するよう命じている[45]。翌年の八六五（貞観七）年十二月二十日（八六六年一月一〇日）、『日本三代実録』にあるように、甲斐国山梨郡にも八代郡とおなじように浅間明神の祭礼をするよう指令が下っている。こうした背景からも、浅間大神への信仰が拡散していったことがわかる。浅間神社は富士山の遥拝所でもあった。

## 富士山登山と信仰

富士山への信仰はふもとから遥拝する形式であったが、古代にも山頂を目指した人は皆無ではなかった。平安時代、菅原道真と同時代人であり従五位下《じゅごいげ》の官位をもつ都良香《みやこのよしか》による「富士山記」（『本朝文粋』巻第十二）には、「山名富士。取郡名也。山有神。名淺間大神。此山高。極雲表。不知幾丈。頂上有平地。廣一許里。其頂中央窪下。以下略」とあり、富士山頂部だけでなく、中腹の様子もが詳述されている。[46] 最近発見された『浅間大菩薩縁起』（神奈川県立金沢文庫蔵）によると、後述する末代上人《まつだいしょうにん》以前にも富士山登頂を果たした宗教者のいたことがあきらかになった。[47] それによると、金時上人（登頂年代は不詳）、覧薩上人（九八三〈天元六〉年六月二八日に登山）、日《にち》代《だい》上人（一〇五七〈天喜五〉年に登山）がいたという。

『浅間大菩薩縁起』によると、修験道の祖とされてきた末代上人は一一三二（長承元）年四月一九日に仲間らと四度目の登頂をしており、そのさい先人である上人が残した仏具をみつけている。時代からすると、日代上人登頂から七五年が経過している。とすれば、初期の遥拝を基調とする富士山信仰から、登山を通じた山岳信仰への移行期が一〇世紀後半から一一世紀までさかのぼると考えてもよいことになる。いずれにせよ一二世紀以降、富士山の噴火も沈静化し、山岳信仰と密教・道教とが習合した修験道がさかんとなる。つまり、山に登って霊力を獲得する修験道が展開し、富士山を修業の場として仏の世界を具現する山頂部を目指す宗教的な行為へと転換した。

のちの一一四九（久安五）年、末代上人は富士山頂上に大日寺を建立し、如法大般若経を埋教した。大日寺建立は日本固有の神である浅間大神の本地仏が大日如来であるとする神仏習合の思想によるものであり、富士登山信仰の基盤となった。大日寺はその後衰えるがのち再興される。富士山における修験道が西日本の大峰山や金剛山における修験道に後発となったのは、富士山噴火が浅間大神の怒りによるものとされ、その沈静を待たなければならなかったと考える上垣外憲一の指摘がある。[48]

鎌倉期になると、末代上人の流れをくむ頼尊《らいそん》（般若上人）が村松（静岡県富士宮市村松）に修験道を中心とする富士修験（村山修験）を創始した。村山は修験者にとっての聖地となる。室町時代以降になると、富士山における修験道は盛行するようになり、のちにふれる角行《かくぎょう》が登場する。室町時代作の「参詣曼荼羅図」には、当時の富士信仰の様子がリアリティーをもって描かれている（図3‐17）。たとえば、富士山本宮浅間大社内の湧玉池《わくたまいけ》で富士登山のための禊《みそぎ》をする男性が描かれている。上部の富士山興法寺《こうぼうじ》は頼尊が村山に開いた寺で、神仏習合により村山修験の中心地村山浅間神社《むらやませんげんじんじゃ》となった。また、図のなかに登場する女性が興法寺より上部の山域では見られないことや、富士登山を目指す道者がすべて白装束を身にまとっていることから、女人禁制と山頂の聖所に向かう富士登山の宗教観を表していると遠藤秀男が指摘している。[49]「参詣曼荼羅図」は中世における富士山信仰の極

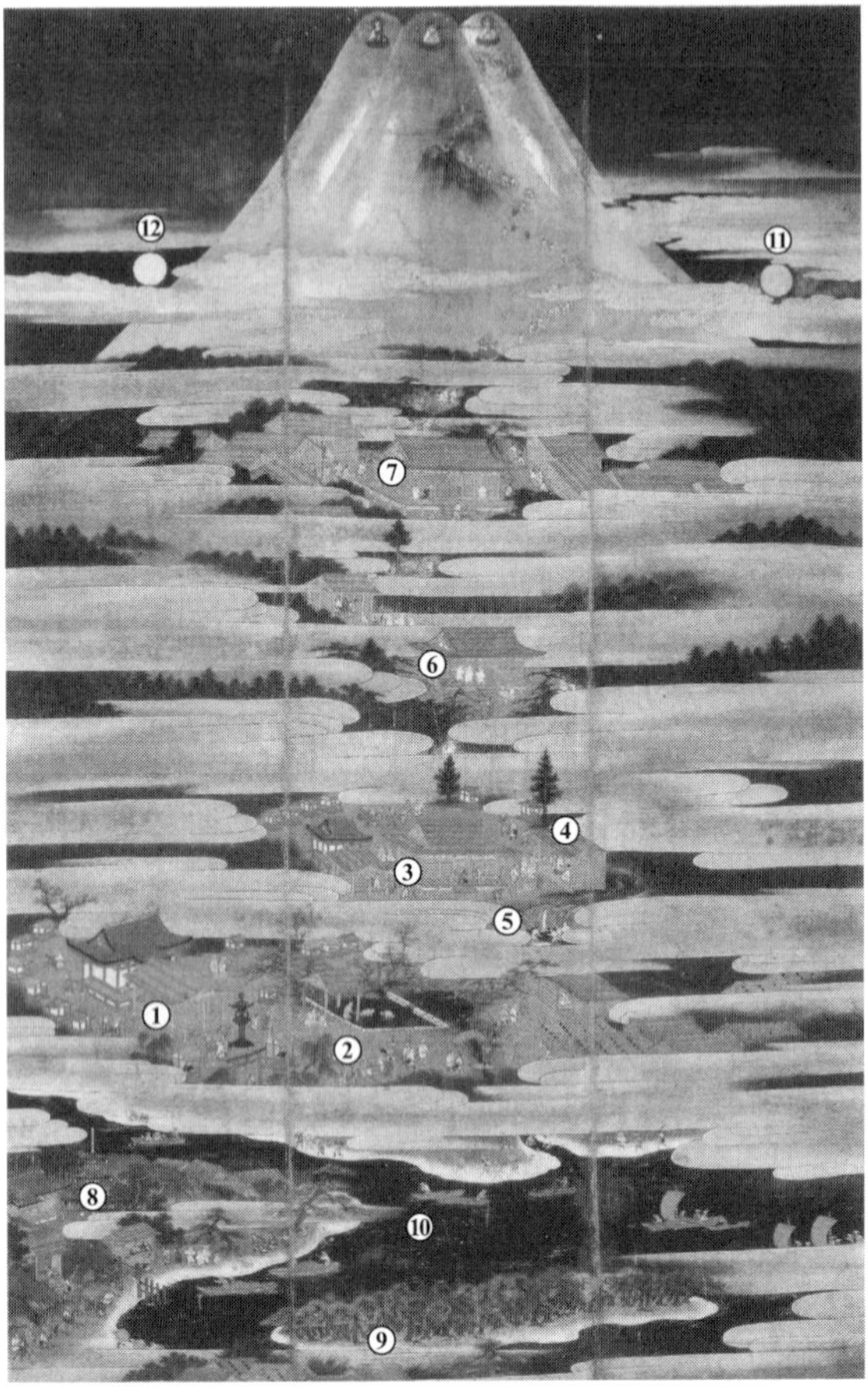


図3‐17 「絹本著色富士参詣曼荼羅図」
中世における富士信仰の典型例となっている。
1．富士山本宮浅間大社　2．湧玉池（水垢離をとる場）　3．富士山興法寺　4．巫女　5．竜頭の滝　6．白装束の道者　7．御室大日堂　8．清見寺　9．三保松原　10．駿河湾　11．日輪　12．月輪

**図3-18**　二代歌川国輝　富士山諸人参詣之図
富士講の一行が富士登山している様子が描かれた江戸時代末期の浮世絵。一行の笠や着物には、米、青物、油、竹などの品物の名前が記されている。

致を表しているといってよいだろう。

また、鎌倉末期~南北朝時代の各種の縁起物では、富士山の祭神として「赫夜《かぐや》姫」「赫野妃」「赫野姫」「賀久夜姫」などと「かぐや姫」を当てている点は注目してよい。富士山の祭神を木花開耶姫《このはなさくやひめ》とするようになったのは幕末以降のことであり、初出は林羅山の『丙辰紀行』(一六一六年)である。

### 富士講

江戸時代になると、富士講が民間宗教として富士山を中心として関東地方から全国一円に流布するようになる。そのさきがけは角行という名の行者である。

長谷川角行は戦国期から江戸期にかけて活躍した修験道の行者であり、富士講の開祖とされる。各地での修行ののち、富士山麓の人穴《ひとあな》(静岡県富士宮市)で難行・苦行した。頭の下がる思いがするが、角力は自己の鍛錬だけでなく、神のお告げによって三六〇文字を作り、「風先侎《ふせぎ》」とよばれる護符や「御身抜《おみぬき》」とよばれる軸装巻物を造って自分の信徒に「御文《おふみ》」としてあたえた。これらは、富士講の教義となるとともに、護符は江戸時代に流行した病を治癒するうえで霊験あらたかなものとして爆発的な人気を得た。角行の後継者は数多く、富士講の流布に貢献した。なかでも享保年間以降、村上光清《こうせい》と食行《じきぎょう》身禄《みろく》が講社の発展を図り、江戸を中心に町人や農民に広く普及活動をおこなった。村上は北口本宮富士浅間神社を復興させ、大名などからの支持を得た。一方、後者は江戸の町衆に大きな支持を得た。食行身禄が富士山に入定後、弟子たちが江戸で富士講を布教した。江戸時代後期には「江戸八百八講、講中八万人」といわれるまでに講は隆盛した（図3-18）。また、富士講の活動として関東地方に富士山のミニチュアとでもいえる「富士塚」を造成し、富士登山をしない江戸の人びとの信仰対象となった。現在も東京を中心としてとして富士塚が多く残されている。都内では最古のものが鳩森《はとのもり》八幡神社にある千駄ヶ谷富士である。(50)

## 世界遺産と富士信仰

江戸で隆盛した富士講は一方で世俗化の傾向が顕著になり、小谷三志は本来の富士山信仰に立ち戻る必要を感じ、富士山信仰にくわえて相互扶助や夫婦和合などの実践道徳をあわせて主張する不二道を新たに提案した。(51)小谷の高弟に当たるのが明治期に全国各地で植林運動を主導した本多静六の祖父である折原友右衛門であり、折原は富士山に六七回も登頂している。

富士登山を目指す道者に登山口での宿や食料を提供し、登山に関する情報や装備を提供する御師集団が富士吉田を中心として重要な役割を果たした。北口本宮富士浅間神社は吉田口登山道の起点であり、神社の門前には南北の道路沿い左右に間口の狭い短冊状の御師住宅が多い時には一〇〇軒近くあった。その一つである旧《きゅう》外《と》川《がわ》家《け》住宅《じゅうたく》は世界遺産の構成遺産となっている。

信仰の形態は全国的にみても多様な形態を生みだしたが、聖域としての富士をめぐる宗教的な分派や多様性は他の宗教でもみられることである。ただし、世界遺産となった現在でも富士山の山頂部の聖域のうち、噴火口は「内院《ないいん》」と位置づけられ、鎮座する浅間大神とその本地仏である大日如来を拝する行為が持続されている。火口壁をめぐる「お鉢めぐり」では、湧出する湧水を小さな祠に安置された仏像にかけて参拝がおこなわれている。火口壁をめぐることは、仏教の曼荼羅世界をたどることとされ、「内院」を望むいくつもの拝所（村山大宮拝所、須山拝所、吉田須走拝所）には鳥居が建立されている。明治期以降、富士山をめぐる信仰に、森林保全を基調とする本多静六の思想が導入された。森林保全は明治期に西洋から導入されたものであるが、岡本喜久子は本多が「不二道」と密接な思想的なかかわりをもっていたことを指摘した（前掲51）。

富士山を聖域として崇拝する富士山信仰は古代以来、紆余曲折の変化を経てきた。富士山のふもとから遥拝し、浅間大神として位置づけられた古代から、中世以降は密教との習合を通じた修験道へと発展する。富士登山によって目指す富士山頂は仏の曼荼羅世界を表象するものとみなされた。ふもとの登山口の浅間神社は信者の集う聖所でもあり、日常と非日常を区別する境界領域ともなった。江戸時代に隆盛した富士講は信者を多く増やすことに成功したが、世俗化と現代におけるような観光としての登山へと変質していく。世界遺産として登録された構成遺産は時代を超えて聖なる場とされてきた箇所を含んでおり、聖域の歴史的な変容を理解することなく、一面的なとらえ方をすることはできない。世界遺産自体の性格が歴史と文化の複合的な価値をもつものである以上、世界遺産の保全とその意義の啓発に複眼的な対応が必要となるだろう。収斂型の世界遺産である富士山はその歴史的な重層性を理解することでその意義を評価することができる。

# 第4章　震災復興とコモンズ

二〇一一（平成二三）年三月一一日午後二時四六分、三陸沖でマグニチュード九・〇の大きな地震が発生した。直後、東北の太平洋岸を襲った津波によって沿岸域は未曽有の災禍を蒙った。津波の発生から二ヵ月足らずの時期に訪れた宮古市内で、家屋の壁に赤いスプレーで「海はきらいだ」とのなぐり書きをみて、一瞬たじろいだことを思い起こす。

災害発生から今日までの間、国や自治体による復旧・復興の取り組みがさまざまな側面にわたって実施されてきた。さらにボランティア活動を含め、全国各地から救援、復旧の手が差しのべられ、海外からも支援のメッセージが物心両面にわたり送りとどけられた。

だが、津波からほどなく五年を向かえようとしている二〇一六年新春の今日、日本では安全保障問題に絡む集団的自衛権と憲法論議、沖縄の辺野古移転問題、はたまた二〇二〇年の東京オリンピック・パラリンピックに絡む新・国立競技場建設やエンブレム決定など、目まぐるしい動きのなかで震災の問題が片隅に追いやられている印象がある。時間だけが刻々経過しても、本質的な事柄はほとんど前に進んでいない状況に、慌てふためき、焦燥感をもつこともなく鈍感になることだけは避けたいものだ。本章では、三・一一以降におけるさまざまな課題について、これまでほとんど議論されてこなかったコモンズの観点からメスを入れてみたいと考えた。震災の災禍を受け止めて新しい出発とするコモンズ論とは何か。

## 第1節　復興とコモンズ

三陸沿岸の各地は今回の地震津波によって大きな災禍を受けた。まず、今回の地震津波とコモンズに関して、三つの話題をもとに考えてみたい。一つ目はやや長くなるが、わたし自身と大槌とのかかわりを踏まえ、津波から二週間後に見た現場についてである。二つ目は、東日本大震災のさいに発生した東京電力福島第一原子力発電所の事故に関連した、共有体験論についてである。そして、三つ目は津波によって泥海となり、あるいは塩性化した土地への想いとコモンズとのかかわりについてである。

### 1．大槌の湧水とイトヨ

わたしは一九九九年以来、岩手県上閉伊郡大槌町で調査研究を継続してきた（図4-1）。大槌町内にはかつて一〇〇ヵ所とされていた湧水井戸が二〇〇カ所で確認されている。(1) まちの人びとは飲料水、生活用水として湧水を利用してきた。湧水はまちの基幹産業であるサケふ化事業（＝シロザケ）、漉きコンブや豆腐の製造、醸造業にも欠かせない地域の水資源であった。さらに、湧水域にしか生息できない淡水型イトヨ（トゲウオ科）の生存も湧水に大きく依存している。この点から、湧水環境を通して、人間活動と自然の共生を合言葉とした地域の振興と創生を考えることが重要とつねづね考えてきた。

一九九九年総合研究大学院大学先導科学研究科の共同研究会が発足し、同年の一一月一〇～一一日に第1回現地研究会を大槌町で開催した。(2) 実施にあたっては、山崎三男《みつお》町長の絶大なご理解とご援助を得た。研究会のなかで、地域社会のありかたを考えるうえで、生き物と人間の暮らしを総合的にとらえる視点が重要であることが全員により了解された。

研究会の成果は『野生生物と地域社会』として昭和堂より出版された[3]。この研究会はその後も全国各地で継続された。なによりも大槌での研究会を引き金として二〇〇一年五月に『生き物文化誌学会』が発足したことは大きな成果となった。同学会は二〇一六年四月現在、会員数一〇〇〇人を超えるまでに大きく展開した。

## 湧水とイトヨの保全

一九九九年当初、イトヨのおもな生息地である源水《げんすい》川のすぐ上流部にサケふ化場があり、ふ化場からの汚水や周辺住宅地からの生活排水が源水川に流入し、湧水地帯であるにもかかわらずコカナダモが生育するなどの富栄養化の傾向があった。こうしてイトヨの生息地保全を組み入れた湧水環境の調査研究が開始された。

その線上で、わたしは大槌における湧水保全連絡協議会の会長として環境保全と地域の行政を結ぶ役割をになった。この委員会を介して、山崎三男町長をはじめとする町のご支援の下、イトヨの生息地を保全するための土木工事や環境整備事業を町の予算として計上していただき、具体的な保全活動が推進されてきた。二〇〇一年にはイトヨ研究第一人者の森誠一が大槌のイトヨが淡水型のものであることを耳石による安定同位体分析を通じてあきらかにした。翌二〇〇二年、調査委員会は「湧水環境保全検討推進委員会」に移行し、引き続いてわたしがその委員長を務め、同年一一月六日には、「自然と共生するまちづ

図４－１　大槌町の位置

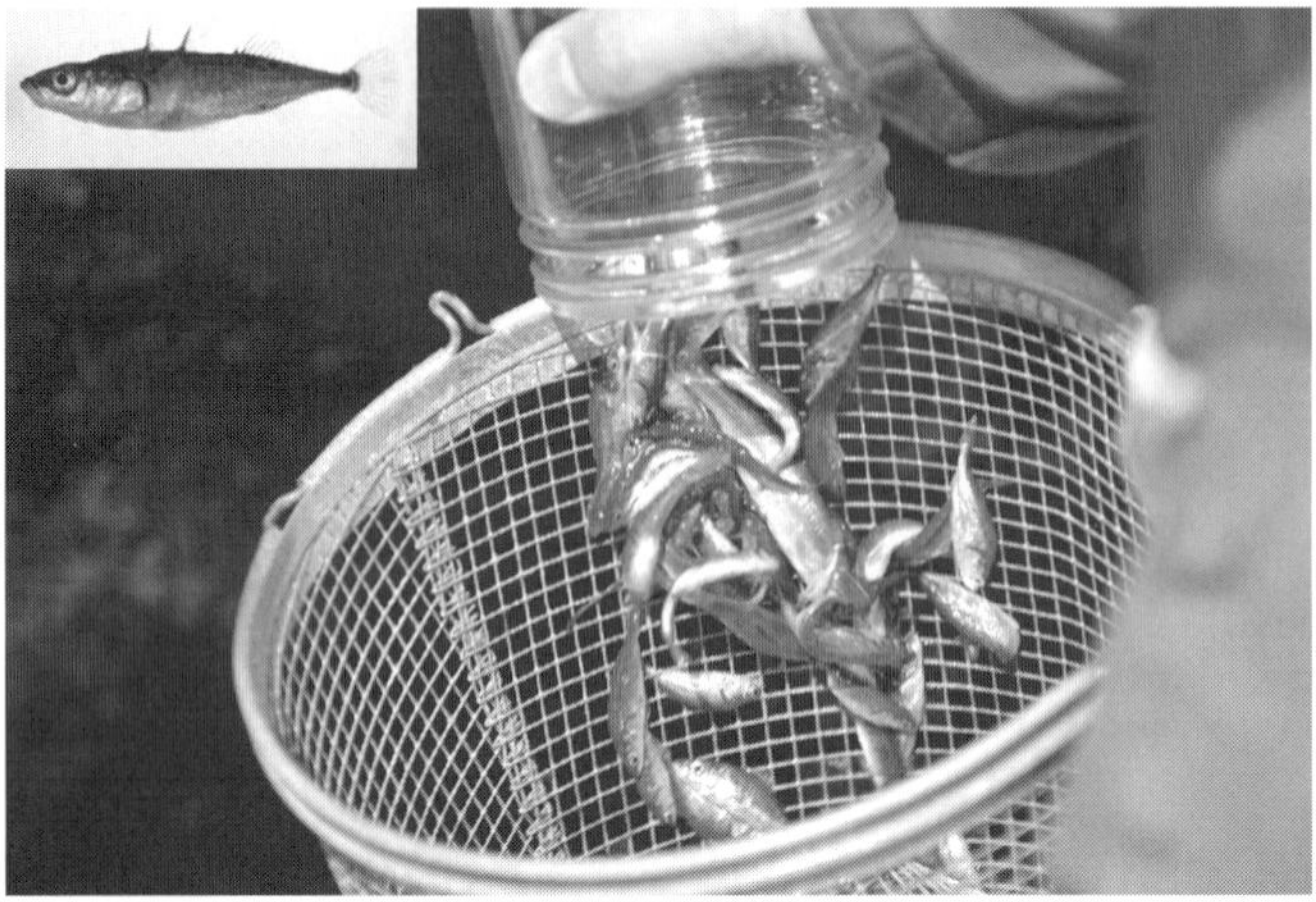

**写真４－１**　イトヨ　*Gasterosteus* sp.

くりシンポジウム」を町内の中央公民館で開催した。地元では「淡水型イトヨを守る会」が発足し、精力的な保全活動がその後、展開している。森誠一は、現地で環境教育の現場に参加し、小中高の若い人たちにイトヨ保全の意味を訴えてきた。二〇〇七年に大槌町はイトヨ保全活動の成果をふまえ、「源水川の淡水型イトヨ及びその生息地」を町の天然記念物に指定した。[4]

イトヨはトゲウオ科の魚類であり、北半球の温帯から亜寒帯域に広く分布する（**写真４－１**）。日本はイトヨの分布南限にあたる。海と川を行き来する遡河性イトヨのうち、日本海型は島根県浜田市以北で、太平洋型は利根川以北でみられる。また、淡水域のみに棲む陸封型イトヨは北海道の春採《はるとり》湖、十勝川、支笏湖、大沼、本州では青森県相坂《おうさか》、十和田湖、岩手県大槌、福島県会津盆地、栃木県那須、福井県大野盆地などであり、分布が分散している。[5]

活動の継続性は重要なことであり、国立民族学博物館から京都の総合地球環境学研究所に異動したわたしは人間文化研究機構の連携研究「人と水」（二〇〇五～二〇〇九年度）の代表を務め、水を媒介とした人間と自然の多様なかかわりの研究を大槌町、西条市（愛媛県）、遊佐《ゆざ》町（山形県）などで実施した。その成果は大槌町、遊佐町、西条市ごとに論文集を刊行した。[6] 引き続いて、人間文化研究機構の新規の連携研究「人と自然」を立ち上げた（二〇一〇～二〇一四年度）。

**写真４－２**　「湧水の恵みを未来へ」と題するシンポジウム。（大槌町中央公民館にて2010年11月７日）

湧水環境の保全と地域の発展を枠組とした取り組みとして、二〇一〇年一一月七日、同町において「湧水の恵みを未来に」と題するシンポジウムを開催した（**写真4－2**）。このシンポジウムは町制施行一二〇周年記念事業の一環としてもおこなわれた。シンポジウムの冒頭で、加藤宏暉《こうき》町長（当時）からは、「これまでの研究がなければ今日という日はなかった」とのご挨拶をいただいた。翌一一月には加藤町長よりのご依頼で町職員らとの懇談会をもった。加藤町長には前にふれた大槌に関する論集にもご投稿いただいた。ここまでが地震津波の前史となる部分であり、一九九九年の最初の研究会から一一年が経過したことになる。

## 2．震災とコモンズ

### 消えたイトヨ

二〇一一年三月一一日の津波によって町は壊滅的な打撃を受けた。町役場で避難指示の陣頭指揮をとっていた加藤町長も残念ながら殉職された。

写真4－3　源水川のイトヨ生息地。2010年11月9日（左）、2011年3月27日（右）破線の高さまで津波がきた。

痛恨の極みである。

同年三月二六日にイトヨの生息する源水川を同町の佐々木健（生涯学習課長）と見に行った。川の全面がガレキとゴミで埋まっており、川の水面を見ることはできない（写真4-3）。イトヨはどうなったのか。食い入るようにして見て回ったが、その影はない。帰りがけに一尾の小さな魚の死骸を見つけた。しかしそれはイトヨではなく、サケふ化場で育ったサケの稚魚であった。イトヨはその後の生存が確認され、いまにいたるが、二〇一一年の三月当時、わたしは絶望的な気持ちに襲われたが、町内に湧き出る湧水が震災直後、被災した人びとの渇きを潤したことをあとで聞いた。湧水が出ているなら、イトヨもその場所に逃げのびたのではないか。ひそかな希望をもってその場を去った。

### 共有体験

二〇一一年三月末、雨の東京都内を歩いていた桑子敏雄は、福島原発から漏れ出た放射性物質が拡散し、雨に濡れて歩く自分の体にもふりかかり、東日本大震災の被災を受けた地域の人びとと意識を共有するものであると体感した。[7] 福島県の住民だけでなく、県下の陸域や沿岸域に生息するあらゆる生き物がその災禍の犠牲となるだけでなく、放射性物質の拡散を受けたすべての人びとが震災を考える共通の体験をしたとする発想は重要な視点である。なぜなら、津波の被害を受けなかった地域や、放射能の汚染区

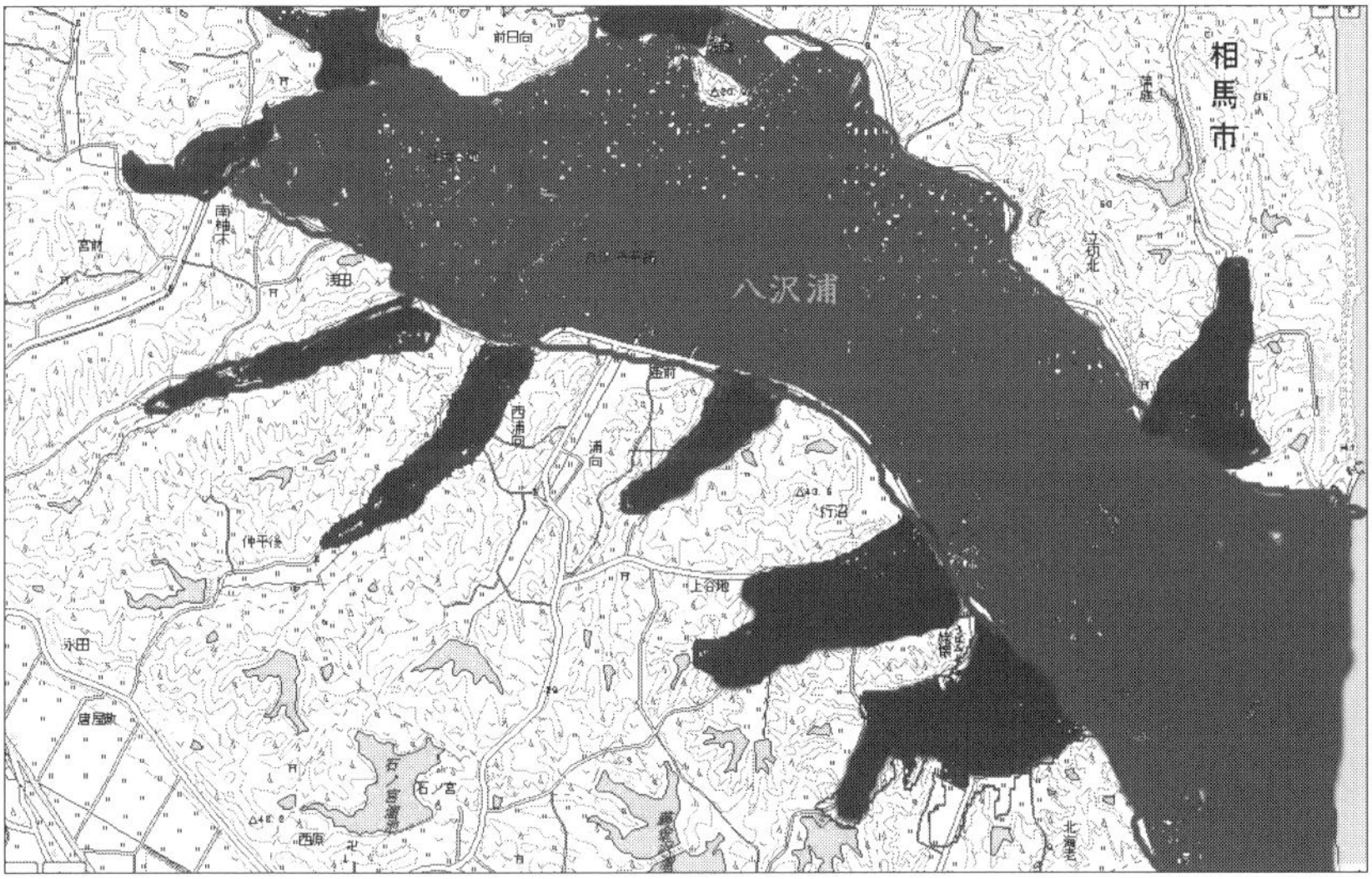


**図４－２**　八沢浦。現在の福島県相馬市と南相馬市にかけての低湿地にあった浦（陸地が湾曲して水域が入り込んだ地形）で、かつては八津の浦があったことで八沢浦と名付けられたが、明治期に干拓された（小林勇一『相馬郷土史研究』）

域を同心円状の避難区域として設定した当時の民主党政権の広報活動では、安全性と危険地域を科学的とはとてもいえない図式が示された。同心円の外部にいればひとまず安心であるという神話を国民全体にあたえたのはあきらかな誤謬であった。桑子の指摘は、震災の安全神話を考える契機となった。共有体験は、偽善者的な発想ではない。コモンズの思想に通底することがらである。

## 撤退論

二〇一五年六月一四日、大槌町の中央公民館で、「大槌学の地平から考える復興シンポジウム」が開催された（共催：環太平洋ネクサスプロジェクト）。シンポジウムの冒頭で、赤坂憲雄に基調講演をいただいた[8]。東北芸術工科大学で「東北学」を進めてきた赤坂の講演では、津波後に巡礼のごとく歩き回った東北沿岸部で目の当たりにした印象からの語りであった。赤坂が宮城県下で見た、あたり一面の泥海が意味したものはそこがかつて明治三〇年代から五〇年ぐらいかけて、人びとが水田にした八沢浦《やさわうら》干拓地であった[9](図4-2)。もともとは潟であったことが津波によってあからさまになったのだ。

潟は海と陸の境界領域にあり、古代から人があまり入り込まない場であったが、小規模な漁撈や採集、あるいはヨシを利用するための重要な場であった。しかも、潟は生態系としても重要な役割を果たしてきた。水質の浄化、生物多様性の涵養、稚仔魚の成育場、鳥類の隠れ場所などを提供してきた。このことは第2章のコモンズのエコトーン・モデルのなかでふれたとおりである。しかし、人間は食料生産のために潟を埋め立てて陸地化し、海と陸の境界領域を分断ないし消滅させた。潟が多様な意味合いをもつ場であり、誰のものでもないとされてきた。それゆえに開発の手が入ると、一気に破壊されてしまった。今回の津波によって、今度は自然が人為的に改変された、もとは潟であった水田を破壊した。このことが、近代化を遂げてきた日本の国土にとって、将来どうすべきかを考える重要な視座をあたえてくれたことは非常に意味が大きいといえる。赤坂は以上のことを踏まえて、今後、潟にもどった土地を高コストと多大な労働、そしておそらく数十年以上におよぶであろう時間をかけて、水田を復旧させるのか、と問いかけた。そして、撤退の可能性を示唆しながら、近代化が日本の国土を破壊してきたことへの大いなる反省とすべきメッセージを投げかけた[前掲8]。

以上の三つのエピソードから、湧水に生きるイトヨという小さな魚のいのちが湧水環境に支えられているという思いから、地域のコモンズを考える視点が浮かびあがった。大震災の被害を受けた人間と、直接、受けなかった人間とのありかたと相互の連帯、日本の近代化と自然破壊への痛烈な警鐘がなされている。おぼろげながら浮かびあがってくるのが、コモンズの考え方である。つまり、災禍をどのように受け止め、どのように復興を進めるかという問題を考えるうえで、経験と歴史の共有について深く考える契機とすることがなによりも重要であることがわかってきた。

**写真4－4**　湧水ポケットでイトヨの生存が確認された。（右：佐々木健氏・撮影）

## 生き延びていたイトヨ

津波で流された大槌のまちの低湿地一帯は家屋がすべて流出し、ガレキも撤去された後に、いたるところで湧水があふれて湿地や沼地が形成されていた。先述した森誠一は震災後にいち早く大槌で調査を開始し、同年秋に開催されたシンポジウムのさい、現場に同行してわたしもイトヨの存在を確認した。さらに、湧水の湧き出ている場所を丁寧に回り、イトヨの生存を確認した。津波があっても生き延びたイトヨを調べたところ、陸封型のイトヨが移動し、湧水ポケットで生きていたことが確認された。しかも、陸封型だけでなく降海するイトヨも同所的に生存していることがわかった。湧水ポケットは、海とつながっているもの、汽水域のなかにあるもの、淡水域で隔離されているものに分かれていることもわかってきた[10]（**写真4－4**）。

## 湧水の今後

津波後の湿地に生息する植生調査によって、津波浸水域には五五科二六四種の植物の生育が確認された。このうち環境省および岩手県の絶滅危惧種が八種であり、ミズアオイ（*Monochoria korsakowii*）は環境省―準絶滅危惧種NT、岩手県ではAランクに位置づけられている[11]。低湿地に生息していたミズアオイの休眠種子が津波後に発芽した。開発により黙殺されてきた自然が津波により再生した。津波後に盛土《もりど》をする場所のなかには、湧水噴出場所があり、やむなく埋立てられることになった。その場所では二〇一四年三月一六日に、湧水の止水にともなうお祓い儀礼がおこなわれた。日本では井戸に水波能売《みずはのめの》大神が棲むとされてきた。井戸を埋めることにカミのたたりをみいだす観念が日本にあることを確認することができる。

同時期、町内の小鎚川河口部では二〇一五年八月以降、地下を掘削して水門を造成する工事がおこなわれている。工事にともない、湧水ポケットに生息しているイトヨを緊急避難させる活動も森誠一を中心に実施された。宮下雄次によると、水門工事により大量の湧水が排出され、地下水位は最大で四メートル低下している。一方、陸側では盛土によって土地を嵩上げして住宅を建造する計画が進行中であり、自噴井の半分が盛土の下に閉塞されてしまった。大槌のまちの海側は公園として再活用される計画があり、一部の自噴井が閉鎖される可能性もある。その結果、自噴井の高さが回復した場合、盛土の下にある自噴井が復活する可能性があり、今後の長期的なモニタリングが必要とされている。湧水の動向は今後、イトヨの存在とともにたいへん注意を要することがわかった。湧水とイトヨは人間的な存在ではないが、大槌のまちの今後を占う試金石となる。ここまでが二〇一五年秋における最新情報である。

## 3. 湧水とコモンズ

湧水は縄文時代以来、大槌に住む人びとに飲料水、生活用水、産業用水を提供してきた。震災直後であっても湧水は湧き出しており、多くの人びとの渇きを癒した。震災直後、東北地方のコンビニからペット・ボトルが姿を消した。市場原理で販売されていた水は消費されつくし、多くの人が利用できなかった。しかし、大槌では湧水が人びとのいのちをすくった（写真4-5）。

大槌の湧水は大槌川・小鎚川水系に由来する独自のローカル・コモンズであるといえるが、大槌の人びとは湧

**写真４－５**　津波後に湧水を飲用に使う。

水を家庭で使う私的な飲料・生活用水であるだけでなく、豆腐産業、醸造業（赤武酒造の「浜娘」）、漉きコンブ製造などの産業や大槌漁業協同組合がサケふ化事業用に使う産業用水として活用されてきた。それだけでなく、人びとはまちのいたるところに湧き出る湧水を公共の場で共有して野菜や食器などの洗い場、憩いの場、あるいは社会的な交流の場として活用してきた。大槌の場合、人びとの集まる湧水の場で井戸端会議がおこなわれた。そうした場にはそれぞれの名前がついており、一括して「いさば」（五十集）とよばれた。「いさば」はもともと魚市場、魚商人を意味することばであり、五十集物は魚の干物や塩蔵品を指した。大槌では月の決まった市日（四、八、一四、一八、二四、二八日）に市が開催された。五十集は人びとが寄り集う場としての意味をもつものと考えられ、ほかならぬパブリック・コモンズとしての性格を体現していたのである。

**写真4－6**　前川家歴代当主の墓。大槌町吉里吉里の小高い場所にある。

## 人と自然をつなぐ湧水

湧水は海底からも湧出し、沿岸域に豊かな藻場を形成し、魚介類の生息地、産卵場、隠れ場所を提供してきた。藻場における高い生物生産によって磯資源の採捕やワカメ、ホタテガイなどの養殖を可能にし、まちの基幹産業である水産業をささえてきた。水の物質循環は生態系をつなぐ根幹となるものであり、大槌だけにかぎらず地球環境問題としても重要な位置を占める。

大槌の歴史のなかで、豊かな沿岸資源とかかわる人物像を輩出した。中世期の大槌氏は地元産のサケを塩蔵し、南部鼻曲り鮭として江戸表に送り、蓄財した。一七世紀以降、前川家は海産物商と漁業をいとなみ、その当主は二代目以降、前川善兵衛と名乗った。前川家は江戸に海産物、コメ、大豆を送るほか、乾海鼠、干鮑などの長崎俵物の出荷にも専念し、盛岡藩の御用商人として多額の融資をおこない、十分の一税を永代免除された。三代目の前川善兵衛は居所であった吉里《きり》吉里《きり》にちなんで吉里吉里善兵衛として江戸にも知られる豪商であった。四代目の当主は第二次伊能測量隊が大槌に立ち寄ったさいに伊能忠敬と面談している。前川家歴代当主の墓は吉里吉里地区の小高い場所にある（写真４–６）。

以上のように、湧水が集水域の人間生活や自然を保全するうえで大きな役割を果たしていることはあきらかであり、生物多様性の保全や森から川、地下を経て沿岸の藻場にいたる生態系とも密接にリンクしている。湧水が大槌のコモンズとしてもつ意味は重層的であり、地域の自然、文化、歴史をつなぐ統合的な役割をになっていることになる。その意味でのコモンズなのである。湧水は大槌のまちにとってコモンズ、つまりまちの共有材としての役割をもっている。イトヨは小さな魚であるが、大槌にとりコモンズとしての湧水のシンボル的な存在であることはあきらかだ(13)。

### 所有論からみた湧水と地下の帯水層

地下水は日本の民法では地上にある家屋・事業所などの所有者が自由に利用することができる「私水」であった。しかし、地下水脈は点として存在するのではないうえ、河川のように線としても理解することができない。総合地球環境学研究所であった国際シンポジウムで、地下水脈を利用するうえで、上流部から下流部に流れるとしても、地下水の層は一層ではなく、深さにおうじて何層にも分かれており、流れる速度もそれぞれ異なる。下流部で井戸を掘って使う権利の正当性をめぐる争論があったが、地下水の動態を正確に把握することはできない。だから、問題となる範囲が拡大すると、帯水層は複雑怪奇であり、地表水のように線や面で把握がむつかしくなる。つまり、所有権者を境界によって決めることはジレンマがあって意味をなさない場合もあるので、「境界を無理に決めない」で　地表水と帯水層を複合的にとらえる見方が重要とする提言があった(14)。むしろ、共通する地域内であれば、地下水は公的機関が管理し、適切に分配する「公水」と位置づけたほうがよい。湧水を大槌の共有財産とする条例に向けた取り組みの推進がのぞましい。さらに、公的な存在とする以上に、公的機関だけにまかせるのではなく、地域住民の参加を通じた湧水の管理と利用を推進するうえで、「共水」としてとらえる視点

**写真4－7**　養殖されたカキ（左）。カキの稚貝を付着させるホタテガイを準備する（右）（気仙沼市・舞根湾）

も提示されている。

## 第2節　海の共同利用

### 1．水産養殖業と共同利用

ここで水産養殖業に着目して、三陸の復興方策について検討しよう。宮古から牡鹿半島までのリアス式海岸一帯では多種類の養殖漁業がいとなまれてきた。対象としては、ワカメ、コンブ、ノリ、マツモなどの海藻、カキ、ホタテガイ、アワビ、アサリ、ホッキガイなどの貝類、ホヤ、エムシ、エビのほか、サケ・マス、ギンザケ、クロダイなどが含まれる。東北地方では養殖業が水産業のなかでも重要な位置を占めている。ここでは三陸を青森県鮫角《さめかど》から宮城県万石浦《まんごくうら》までの地域を指すものとするが、ここでは福島県も含めて検討しよう。岩手県中部以南のリアス式海岸では湾奥にはカキ、中央部ではホタテガイ、湾口でワカメが養殖される傾向がある。外海で波がおだやかであるか、潮の流れのゆるい場所ではワカメの養殖がいとなまれてきた。

カキ養殖では二〇世紀以降、垂下式（一九二三年）、いかだ式（一九三〇年）、はえなわ式垂下法（一九五二年）などの養殖技術が相次いで開発され、三陸に導入された。いかだ式養殖法は水深の深い海域でも操業可能な技術であり、三陸一円に拡大した。現在では、初夏に浮遊しはじめるカキの幼生をホタテガイの殻に付着させ、養殖いかだから垂下したロープで成長させる方法で養殖されている。カキは一～二年で収穫できる（写真４‐７）。

**ワカメの養殖**

養殖ワカメの場合、一九五三年に気仙郡末崎（現、大船渡市）で天然ワカメから人工採苗による養殖法が開発され、一九五七年に企業化に成功した。春にめかぶ（成実葉）の胞子を種苗としたものが秋には発芽する。これをいかだで育成し、翌春に収穫する。

養殖ホタテは一九六〇年代に天然採苗技術が開発された。七〇年代には各地で異常へい死の事態も発生したが、八〇～九〇年代以降に生産が大きく拡大した。春の産卵期に受精後の浮遊幼生を採苗器に付着させ、これを垂下式の中間育成かごに移して養殖する。ホタテは受精から三～四年で収穫できる。

以上のように、ワカメは水産復興にさいしての収入源としてホタテやカキよりも経済効率がよい。ワカメ生産量は養殖によるものが九割以上で、全国で五～六万トン中、岩手県がつねに全国一位で、生産量の四割以上、宮城県が二割以上をあげてきた。しかし大震災後、ワカメの生産量は一・八四万トンと前年比で三五パーセント減となり、岩手県、宮城県はともに大きな打撃を受けた。

津波でワカメ養殖用の種苗がほとんど失われたことをうけ、全国第三位の生産量をもつ徳島県は県水産研究所が独自に開発した「フリー配偶体」の種苗を三陸地方に提供する支援を進めてきた。フリー配偶体はワカメから雌雄別に分けて配偶体を保存し、混合後、培養して優良な種苗品種を作り出す技術である。県水産研の棚田教生と中西達也らによると、種苗が宮城県気仙沼沿岸の一一地区に配布され、二〇一二年二月、成功裏に収穫された。徳島と宮城の相互交流と連携により、被災地の水産業復興の足がかりができた。

養殖業の復興にさいしては国や他府県自治体からの支援とともに、各漁業協同組合による独自の取り組みがなされてきた。資材や資金不足のため、従来のやり方では復興はおぼつかない、そこで、かぎられた資源を有効に活用する必要から、漁船・漁具・養殖施設を共同利用するシステムが考案された。漁業協同組合が率先してインフラを整備し、漁業者に資材を貸出して共同利用、協業化する方式の採用である。

ワカメ養殖業では少数の漁船を漁業協同組合が購入し、組合員が共同で利用し、得られた利益を世帯ごとに平等分配する方策がとられた。個人経営であった天然ワカメ、ウニ、アワビなどの採集漁でも、何人かが船を共同で使い、得られた収入は世帯別に配分された。岩手県宮古市田老地区では、給料を先取りして支給し、翌年の収入から清算する方法がとられた。カキ養殖では、カキの稚貝を養殖業者間で分配する場合があった（宮城県石巻市万石浦《まんごくうら》）。冷凍冷蔵施設の共同利用（宮城県本吉郡南三陸町）の例もある。

**オーナー制の導入**

多くの漁業協同組合は「オーナー制」を導入して全国から支援金を捻出する試みを実施した。宮城県石巻市では、一口一万円でワカメ養殖業再生のためにオーナー制を導入した。一五〇人のオーナーでロープなどの資材を準備し、三〇〇人で塩蔵・冷蔵設備を整備する。一〇〇〇人で漁船を調達し、ワカメ養殖業を再生できると試算した。そして再生後は、塩蔵ワカメ一キロ程度を各オーナーに発送することとされた。二〇一一年六月三〇日現在で四二一名、四七七口《くち》が集まった。同様に岩手県下閉伊郡田野畑村でも一口一万円で復旧後、各オーナーは一口について塩蔵ワカメ一キロを受け取ることとされた。

ワカメだけではない。三陸牡蠣復興支援プロジェクトはオーナー制をよびかけ、二〇一一年三月三〇日までに二三、九三三名、三一五一八口が集約された。そして岩手、宮城両県で合計三八三名のカキ養殖業者に約一億二三六三万四千円の支援金が配分された。このほか、ウニを通じた復興支援プロジェクト（宮城県石巻市網地島《あじしま》や田代島）などが実施された。独自の取り組みも注目される。

岩手県上閉伊郡大槌町では、二〇一一年八月一日に地元の四水産加工業者が「立ち上がれ！　ど真ん中・おおつち」を立ち上げ、現在は協同組合として活動をつづけている。水産復興を目指して、出資者のサポーターを募った。出資者には復興後、荒巻サケなどが送られる。サポーターの出資金は一口一万円であり、二〇一二年四月二七日現在では四九四九人、九〇六八口が集まっている。また地元のブランド水産品を全国規模でネット販売を目指すために協同組合は海の幸詰め合わせ（六千円）を販売している。これには、イカの塩辛（1）、ワカメ（1）、サバのみりん干し（2）、サケの粕漬け（2）、さんまのみりん干し（1）が含まれる。わたしはこのほか、メカブ、ホタテ、イクラ、アワビなどを漬けこんだ「海宝漬《かいほうづけ》」のような水産品も好評を博するのではないかと考えている。

海外からの支援も見逃せない。フランスではかつて一九七〇年と一九九〇年に養殖カキに病気が蔓延した。東北のカキ養殖業者がカキの幼生を送ることでフランスのカキ養殖業を救った。その縁で、被災したカキ養殖業者にいかだや資材など七トンがフランスから贈られた。

以上のように、震災後は（1）共同経営の実施と利益の均等配分、（2）経費を組合と個人が折半した経費負担、（3）すべての資材の組合による提供、（4）オーナー制の導入による復興の促進と支援者への利益還元など、新しいコモンズ的な経営がなされてきた。かぎられた資材を生かした地域基盤型の復興方策として注目してよい。

沖合い漁業、遠洋漁業の基地である気仙沼、石巻、宮古などの大型漁船も大きな被害を受けた。気仙沼の近海マグロはえなわ漁業をおこなう気仙沼遠洋漁業協同組合は、所属する一三隻のはえなわ船が協同操業する方式を採用した。従来は船ごとに操業する方式であったが、四船団を組み、魚群探知機により得たマグロに関する情報をいったん陸地の漁協に送り、漁協から各船団にその情報をメール配信した。さらに、水揚げ量や鮮度におうじて気仙沼に帰港する順番を指示してマグロの価格調整をおこなった。「集団操業」は水産復興と経営安定のための有効な措置であった[15]。

## 2. 防潮堤と地域の合意形成

津波による被害を受けて、三陸沿岸各地では防潮堤の建設案が浮上した。岩手県では二四に分割された地域海岸[16]ごとに防潮堤建設が立案された。最大のものは一五・五メートル（普代《ふだい》海岸）で、最低は六・一メートル（釜石湾）となっている。なお、釜石湾とともに、久慈湾および大船渡湾は、湾口防波堤との組み合わせによる対策としている。二四地域海岸のうち、一二メートルに設定しているのは一七地域あり、七割を超える。

宮城県下の総海岸線は約八三〇キロに達する。二〇一五年八月現在、災害復旧事業として三八二地区海岸の半分強に当たる二二一地区海岸で事業が着手されている。ただし、海岸堤防に当たる防潮堤の建設に関しては、六六ある地区海岸のうち、防潮堤を建設する予定の地区全体の一四％弱は防潮堤を建設しない。代わりに離岸堤、突堤、水門、リーフの造成が実施されることになっている。基本計画堤防高は地区の地理的な条件によってバラツキがある。本吉海岸の大沢から蔵内までは一四・七メートルであるのにたいして、万石浦の祝田《いわいだ》と長浜間で二・六メートルとなっている。

二〇一三年一二月一〇日付の『三陸新報』によると、気仙沼市唐桑町鮪立《しびたち》地区の住民が九・九メートルの防潮堤は高すぎるとして五メートル案を県に要望していたが、県側は高さを変更する考えがないことを伝えてきたと報じた。鮪立地区の住民サイドは約七割に相当する四四一名の署名を添えて県に要望書を提出していた。しかし、地域の実情がまったく考慮されることがなかった。防潮堤の建設とその高さをめぐっては、前年秋から地域ごとに賛成、反対をめぐる激論が戦わされてきた。

気仙沼市でも内湾にある地域では、外海に面した地区とは異なった認識がなされている。たとえば、内湾では湾口の防潮堤を五メートルとし、コンクリート堤は三・八メートルとし、フラップゲート式の可動防波堤を一・八メートルとすることで最大で五・一メートルの防波堤を建設することで合意されている。フラップゲート式可動防波堤は、日立造船を中心とした技術グループが平成一三年度以来、開発してきた新規の装置である。普段は海底部にある扇体を津波や高波の来襲時に波の力を利用して浮力で起立させ、津波や高波のエネルギーを吸収する可動式の装置である（図４－３）。

南三陸町志津川地区でも、防潮堤を陸側に寄せるセットバック計画があり、三・一一の津波によって破壊され、残存する防潮堤の遺構を後代に伝える意向も勘案されている。

防潮堤を低く設定する背景の一つに、安全性とともに景観の重視がある。大槌町の前町長が「海が見えて思わず歩きたくなる」とした発言はどこから海を見たか、その景観を見る位置に大きく左右されることはあきらかだ。

地域や地区ごとに合意形成を図る試みでは、議論の焦点が定まらないことがある。安全性、経費、生活の便、景観など多岐にわたる。地域内でも海とのかかわりが異なると、まったく正反対の意見がぶつかることがある。また、地域の人間を中心に考えるとしても、自然や歴史・文化がないがしろにされてよいわけではない。地域の

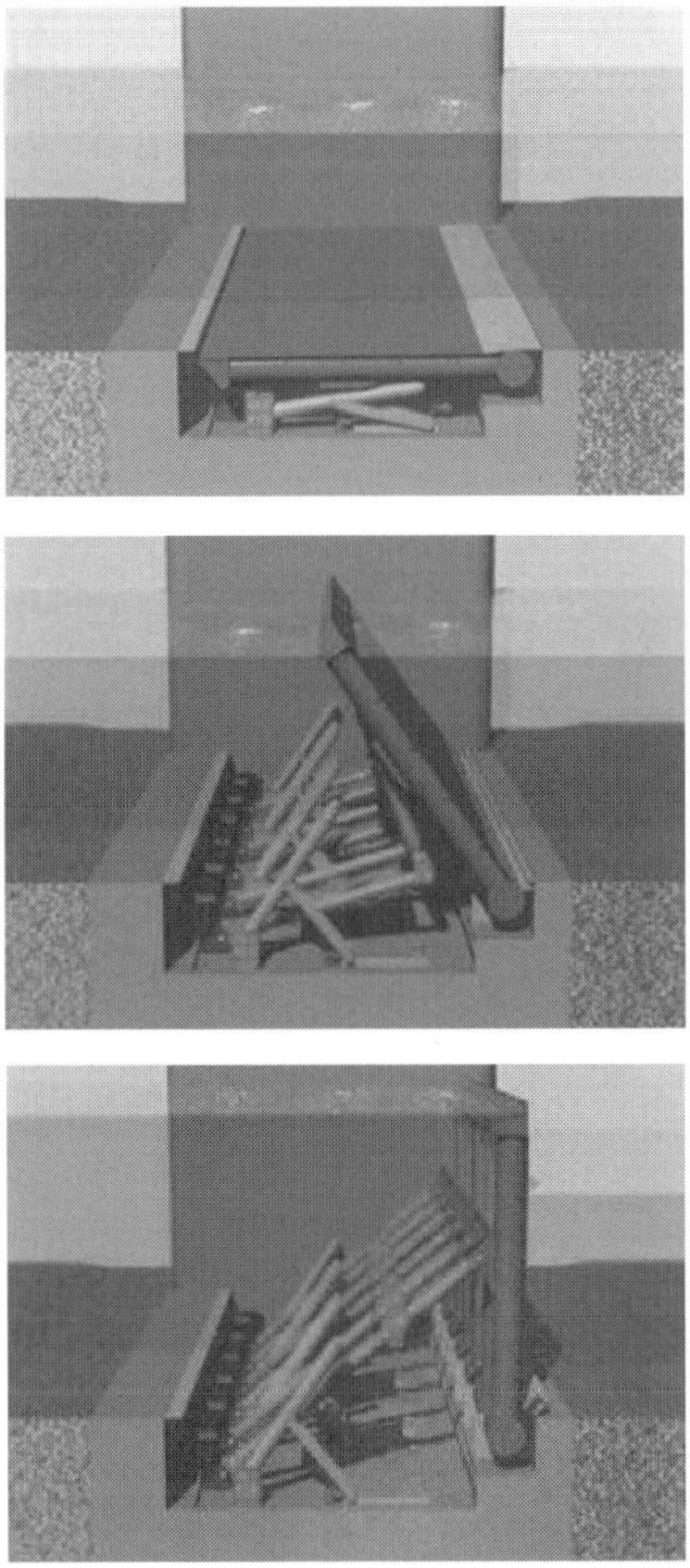

図４－３　フラップゲート式可動防波堤
１．倒伏時（通常時）、２．浮上時（津波発生前）、３．起立時（津波発生後）
（日立造船株式会社技術研究所　プラント・エネルギー技術グループ）

住民がおなじような自然観や考え方をもっているとは言い難い。ともすれば、経済や目先の利益が優先されるとすれば、復興の難題を前に、世代を超えた地域のまちづくり構想は片隅に追いやられる懸念がある。合意を形成するさいに、何が天秤にかけられているのかを問うとき、もう少し賢い発想をもつべきではないだろうか。人間が自然を押さえつけようとしても、それが徒労に過ぎないことをあらためて認識しておく必要がある。

## 第3節　海は誰のものか

### 1．復興のモデル

今回の大津波からの復興については、東北各県でもそれぞれ異なる政策が提示されてきた。ここで、海の復興について水産業の課題から考えてみたい。宮城県では、津波による壊滅的な打撃からの水産業の「原形復旧」はきわめて困難であるとの認識があった。福島では原発事故による汚染の影響がもっとも深刻な課題となっている。宮城県は津波による被災地を水産業復興特区とし、民間資本の活用による漁業協同組合再編の推進を課題に挙げた。漁業従事者の高齢化と減少傾向が進むなかで、水産業の担い手を漁業協同組合から公社ないし第三セクターに移行し、経済特区のなかで水産業の復興を目指すべきとする構想である。日本政府も東日本大震災復興構想会議の提言のなかで、「水産業復興特区」構想を打ち出した。宮城県の村井嘉浩知事や水産政策学の小松正之などもこの立場に立つ。

これにたいして、全国漁業協同組合連合会（全漁連）は、企業の参入がかならずしも水産資源の管理と水産業の適正な運営に資することはないとする反論をとなえてきた。地元漁業者の意見が反映される保証はまずない。そのうえ、公社や企業は利潤がないとなると撤退するのではないか。漁業者により地元で育まれてきたルールを踏まえた漁業経営を期待できないとする考え方である。

宮城県知事サイドの説明と全漁連あるいは宮城県傘下の漁業協同組合側の反論をみると、相互理解が十分になされていない印象をもつ。この点は水産資源学の勝川俊雄も指摘しているとおりである(17)。水産業では漁業免許を取得するため、地元ベースの企業が漁協組合員となって参入するのが通常のプロセスであるが、これまで企業の参入が認められる例はほとんどなかった。宮城県の提唱する特区漁業権構想はこうした弊害を排除するもので、優先順位をつけずに漁協、地元漁民中心の組織、地元漁民ら七名以上を構成員とする組織が公平に参画できる内容となっている。

二〇一三年四月、復興庁は宮城県の申請にたいして、県下石巻市の桃浦《もものうら》地区におけるカキ養殖業者一五名にたいして特区申請を認可した。カキ養殖業はいわゆる区画漁業であり、共同漁業権内の水面における共同漁業権漁業や自由海面漁業、さらには定置漁業権とは異なる形態の漁業権を行使していとなまれる。宮城県下の漁業協同組合は引き続き、特区構想に反対の意思を表明している。

### 特区構想の今後

今後の水産業を考える場合、総合海洋政策本部が国家戦略として大枠の構想を「海洋基本法」と「海洋基本計画」のなかで打ち出している。そのなかで、沿岸域の総合的管理の問題が明記されており、一般論ではあるが「沿岸域における地域の実態も考慮した海面の利用調整ルールづくりを推進する」としている。問題は地域ごとの利用調整であり、特区問題とも深くかかわっている。復興庁は経済特区構想が水面の総合的な利用に支障をおよぼさない点に注目して認定した経緯がある。復興の過程でさまざまな利害関係者が関与することは当然のことである。

わたしはこれまで「海は誰のものか」にかかわる問題をさまざまな機会で考えてきた。沿岸の狭い海域で特区を設定して磯漁業をいとなむことは難しいかもしれない。海面利用上、磯資源の分布や漁法からしても、経済効率を優先した企業的な漁はなじまないとおもうからだ。

水産業は魚を獲り、育てるだけの産業ではない。獲れた魚介類を冷蔵・冷凍し、さらには加工品を製造して流通機構に乗せるインフラを含む総合的な六次産業である。漁協だけでなく企業の参画を通じた連携を促進する方策が、地震津波で疲弊した漁村復興の要となる期待感は大きい。漁業協同組合員しか漁業権を行使できないとする現行法にたいして、特区は「地元漁業者七人以上で構成される法人」であっても、漁業協同組合員とおなじように漁業権を取得することができるとする法的措置が「復興特区法」に明記されたが、漁業権自体は物権にたいする法的な位置づけにほかならない。特区構想は。経済主義とでもいえる発想によるものであり、地域の住民が多様なかたちで海とのかかわりを主張することとはちがう。住民による多様なかかわりは、石垣島の白保における新空港反対闘争のなかで主張されてきた総有制[18]や、生活環境主義[19]の発想に通底するものであり、このさい、国や県主導ではない第三の道を模索すべきではないだろうか。

### 歴史の共有

二〇年前に発生した阪神淡路大震災の痛手は、人びとの心と脳裏にいまだ多くの傷として深く残ったままである。しかし、神戸の街は二〇年の歳月を経て幾多の難問をかかえながらも復興を果たした。四年前と二〇年前とで日本の社会経済状況は異なるうえ、関西の大都市と三陸の市町村とを単純に比較はできない。さらにいえば、地震による多くの人命の犠牲と建築物の倒壊と火災は二つの震災で共通しているとしても、一瞬にしてすべてを破壊し、押し流した今回の津波の脅威は筆舌に尽くしがたいものがある。津波が多くの行方不明者を海に流し去った。破壊されたモノの残骸は引き波とともに海流に乗って北米西海岸に到達した。ガレキの漂流例だけでなく、海が地域や国を越えたひろがりをもっていることは東北大震災の前年の二〇一〇年に発生したチリ地震の影響がほぼ一日後に日本の太平洋岸に到達したことからも理解できる。

福島の東京電力第一原子力発電所の事故で流出した放射性物質はあらゆる生命体を汚染し、その影響はいまだ誰も正確な回答を出せない状態にある。一九八六年にロシアのウクライナで起こったチェルノブイリ事故で、放射性物質を含む大気は遠く英国や大西洋に到達した。当時、小児であった人びとが甲状腺ガンに侵されていた事実が最近報じられ、原発事故が時空を超えて次世代への負の遺産となったことがわかった。

三陸は近代以降、二度にわたって大きな津波を蒙った。明治三陸大津波は一八九六年六月一五日に発生した。そして、昭和三陸津波は一九三三年三月三日に起こった。その教訓についてはのちにふれるとして、二〇一五年は戦後七〇年を向かえる節目にあたっていた。それよりも少し前とおよそ一〇〇数十年前の日露戦争後の津波の記憶がどのように伝承されてきたのだろうか。三・一一に発生したマグニチュード九・〇の大地震と直後の大津波は、貞観地震以来の一〇〇〇年に一度の出来事であるという言説が学会・メディアで大きく取り上げられた。周知のとおり、『六国史』のひとつである『日本三代實録』（全五〇巻）の巻一六のなかに、貞観一一（八六九）年五月二六日に陸奥國を襲った地震津波の記載があり、津波の痕跡を示す地史的な証拠から今回と同規模の地震津波が発生したと断定された。歴史をたどって地震や津波の教訓を今に伝えることは口でいうほど簡単なことではない。

## 第４節　津波の教訓と記憶

### １．過去の伝承をいかに生かすか

現代では、津波や地震に関するさまざまな情報が蓄積されている。日本では古代以来の文献史料があり、考古

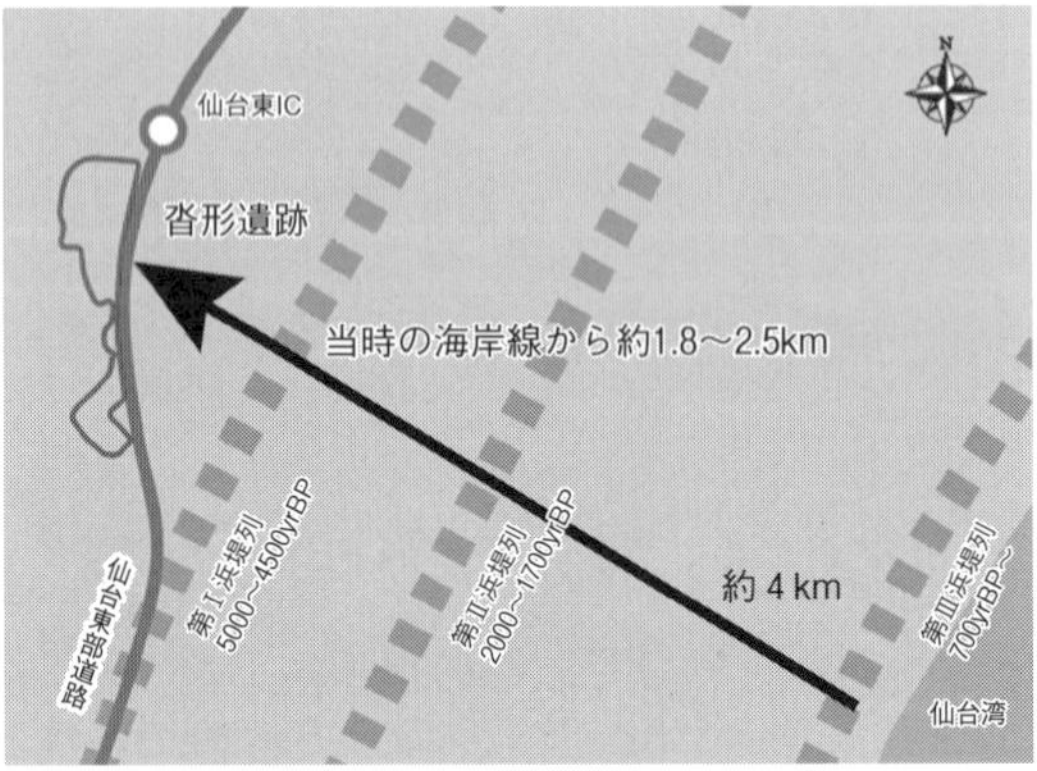


**図 4 − 4**　仙台市若林区・沓方《くつかた》遺跡。
遺跡は、弥生時代中期中葉当時の海岸線から約1. 8～2. 5km に位置している。

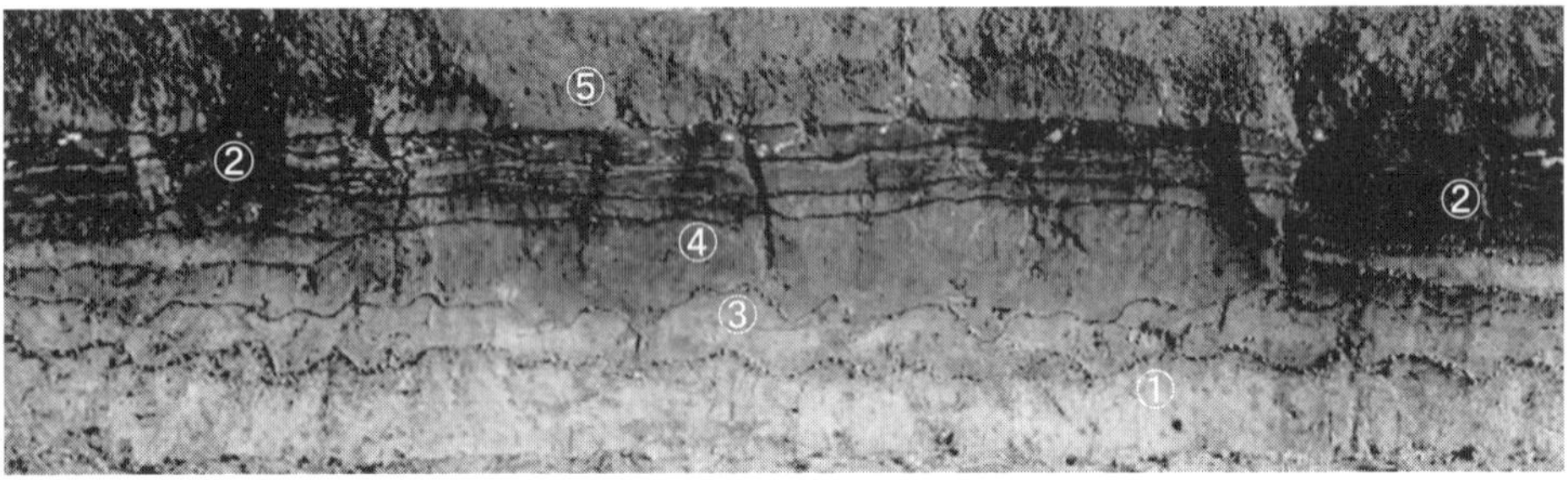


**図 4 − 5**　沓方遺跡第 1 次調査基本層序（②層の黒褐色の砂が津波堆積物）（斎野 2012）
①自然堆積層
②津波堆積物
③弥生時代中期中葉以前の水田耕作土
④弥生時代中期中葉の水田耕作土
⑤古墳時代前期の水田耕作土

学的な発掘や分析によって相当の資料が蓄積されている。二〇一一年三月一一日の津波規模についても、『日本三大実録』や考古学的な発掘による資料から、貞観地震以来の一〇〇〇年に一度の大地震という言説が広まっている。だが、貞観時代以前の地震や津波で当時の人びとがどのように考え、どう行動したかについては現代にそのプロセスがきちんと伝承されてきたのでは決してない。これは研究者の責任でもあるが、過去における経験を現代に伝える試みがきわめて希薄であったといわざるをえない。たとえば、仙台市若林区・沓方《くつかた》遺跡の発掘により、弥生時代中期中葉にこの地域を襲った津波は、集落動態の変化をもたらした。津波以降、長らく農耕集落が形成されなくなる。[20]というのも、第1次調査成果と合わせて約二〇ヘクタールの弥生時代中期の水田遺構が見つかった（図4-4・5）。この水田遺構は津波堆積物に覆われて廃絶され、その後古墳時代前期まで水田は造られなかった。[21]つまり、津波来襲後にその地域に居住することが数百年なかったことを意味する。本章の冒頭で述べた津波による撤退があったわけであり、ふたたび人びとが居住するまでに数百年が経過している。もちろん、復興にかかわる技術や経済は現代とは比較にならないとしても、環境の修復が数年内に工学的な改変で達成されるとはおもわれない。歴史を遡及して、津波の意味を考える意味はどうやらこのあたりにありそうだ。

## 石碑から口頭伝承まで

では、地震・津波の災禍から何を教訓として残し、何が学ばれたのだろうか。日本には地震津波の教訓がさまざまな形で残されている。たとえば、津波の教訓は石碑などのモニュメントに刻まれている。東北各地には、津波の事象を伝える二〇〇基以上もの石碑が現存している。津波碑とだけ記されたものだけでなく、災禍を未然に防ぐにはどうすればよいかを記したものもある。たとえば、本章で取り上げてきた大槌町には昭和三陸地震津波（一九三三年）を受けて建立された大海嘯《かいしょう》記念碑に、「地震があったら津波が来ると思え、海には行くな、ここより低所に家を建てるな」との教訓を明記している（写真4-8）。今回の津波で沿岸低地にあった多くの家屋とそ

**写真4－8**　大海嘯記念碑（大槌町）
1933年３月３日発生した昭和三陸津波の後に建立された。
1．地震があったら津浪の用心せよ
2．津浪が来たら高所へ逃げよ
3．危険地帯に住居をするな
と記されている。

**写真4－9**　宮古市重茂半島の姉吉地区にある大津浪記念碑。

こに住まう人命が津波とともに失われた。津波来襲の直前に潮が大きく引くことは地元の人びとの経験知としても知られていたことを現場で聞いた。しかし、地盤沈下のためもあってか、潮が大きく引くことはなかったので大津波の到来を予測できなかったと指摘する人もいる。ただし、これは結果論にすぎない。津波の第一波到来後、引き波はたいへん大きかったと証言する人もいる。

宮古市重茂《おもえ》半島の姉吉《あねよし》では、明治と昭和の三陸地震津波により大きな損害と犠牲を蒙った。明治三陸津波のさいには、九一人中七五人、昭和の三陸津波には一九一人中九六人が犠牲となった。このことを受けて、石碑が標高六〇メートルの地点に建立された。そのなかで、「明治廿九年にも昭和八年にも津浪は此処まで来て部落は全滅し生存者僅かに前に二人後に四人のみ幾歳経るとも要心おせ　高き住居は児孫の和楽　想へ惨禍の大津浪　此処より下に家を建てるな」と刻まれている（**写真4−9**）。

**表4−1**　姉吉における明治津波と昭和津波の記録

| | 明治津波 | 昭和津波 |
|---|---|---|
| 津波の高さ | 18.3m | 12.4m |
| 死・不明者数 | 75人 | 96人 |
| 被害前 | 91人 | 191人 |
| 被害率 | 82％ | 50％ |

東北地方にかぎらず、近世期にも地域防災のため、地震と津波への対応を示す碑文が残されている。安政東海地震（嘉永七年〈安政元年・一八五四年〉一一月四日）とその三二時間後に発生した安政南海地震のさいの津波により大きな被害を受けた和歌山県有田郡湯浅町の深専寺《じんせんじ》にある石碑には、「大地震ゆることあらハ　火用心をいたし津波もよせ来へしと心え　かならず濱邊川筋へ逃ゆかず　深尊寺門前を東へ通り天神山へ立のくべし」とある。大地震のあとは津波を警戒し、海や川筋にはゆかず高台のほうへ避難すべき誘導路までが示されている。

高台への移転は安全・安心の観点からも津波対策として取るべき道として、明治・昭和の津波の教訓から高台に移った宮古市重茂の姉吉地区や釜石の吉浜地区の例がよく取り上げられてきた。[22]（**表4−1**）ただし、津波の教訓を現実化するうえで問題がなかったわけではない。たとえば東北地方では、十分な土地が確保できない、高台は海での漁をおこなう漁業者にとり不便で生活の効率も悪いなどの立地条件が問題となった。いったん高台に移転しても火災が発生したために移転をあきらめた場合や、東北地方におけるマキ（同族集団）社会では本家から独立した分家は新規の住宅を確保する必要があったことや、過去の災禍を知らずに低地に新規入居する人びとが後を絶たなかった例もある。リアス式海岸の発達した三陸沿岸では海のすぐ近くまで山が迫っていることがあり、津波後の仮設住宅地を建てるさい、規模の大きな土地を確保することも困難であり、大槌では四〇カ所以上に分散した例がある。

付言すれば、明治三陸地震津波のさい、日清戦争勝利の直後でもあり、大槌の浜では祝勝会があり、多くの人びとが集まっていた。小雨の降るなか、花火の打ち上げで地震の轟音もかき消されたのかも知れない。浜に多くの町民がいたことも被害を大きくした。何が起こるかわからないという慄然とする思いを抱いた。

### 津波と伝承

津波の教訓が石碑ではなく、口頭伝承・民話、あるいは津波石として残される場合がある。たとえば、琉球王国時代の一七七一年に発生した明和津波により、八重山諸島・宮古諸島は大きな被害を蒙った。この津波後に、「物言う魚」として人魚（ジュゴン）が自らのいのちと引きかえに津波の来襲を人びとに告げたとする民話が八重山・宮古の各地に残されている。[23] それによると、ザン（ジュゴン）が石垣島白保の漁師三人に捕まえられたさい、もし逃がしてくれたら重要なことを教えますとして、翌日にナン（津波）がくると予言した。漁師たちは津波の前に逃げて助かったが、そのことを聞いた白保の役人は一笑にふして相手にしなかった。漁師のことばを信じなかった多くの村人は津波の犠牲になった。ザンは人間のことばを話したこと、ザン自体が海の神の使いであり、人間を戒める役をもっていたことが津波の教訓となった。類似した伝承は宮古諸島でも知られている。宮古の伊良部島下地村の例では、「ヨナマタ」という人面魚が漁師に捕えられ、火にかけられたさいに、人間のことばで

写真４-10　石垣島の大浜にある津波石。現在から約2,000年前に打ちあがったものとされている。明和津波（1771年）のものではない。海抜9.1mにある。

写真４-11　タラコサー石。明和津波のさい、避難してきた人がこの周辺で共同生活をおこなったとされている。

「吾いまあらあみのうえに乗せられてあぶり乾かさる事半夜に及べり、早々にサイ（津波）をやりてむかえさせよ」と語った。このことを知った母親が子どもとともに下地村から伊良部村に向かい、翌日、下地村にもどると村は跡かたもなく消えていた。ジュゴンではなく、ピナーシとよばれるサメ（シュモクザメ）が人間に捕えられ火あぶりにされているところを海神が津波を起こしてその魚を救ったという内容の話もある。

津波によって海底のサンゴ石が陸地にまで運ばれることがあった。たとえば、石垣島の南東海岸の大浜には巨大な津波大石があり、およそ二〇〇〇年前に発生した津波によって打ち上げられたとされている（写真4-10）。大浜の津波石は石垣島にあるほかの津波石とともに二〇〇一年に「石垣島東海岸の津波石群」として国の天然記念物に指定されている。明和津波のさい、災禍を避けて逃げたさいに集まった高台の岩場が現在も宮良村に残されている（写真4-11）。

一八世紀の津波の伝承が八重山・宮古諸島にあることがわかったが、三陸ではあまり聞いたことがない。語りの伝わり方の違いは全国的にみても多様である。岩手の遠野は民話のふるさととされているが内陸部にあり、沿岸部の話はそう多くは内陸部に伝わらなかったのだろうか。

## 津波の災因論

つぎに取り上げたいのは、地震や津波などの災害が発生した要因についての考え方についてである。哲学者の山折哲雄は東日本大震災を踏まえて、災害を自然の脅威として人間が諦めをもって受け容れる天災論と、災害はその時点における社会・政治情勢が重要であり、とくに政治のありかたが災害の因果となったとする人災論を過去における事例をもとに対照的に示した。山折によると、前者が『方丈記』を著した鴨長明《かものちょうめい》であり、後者が『立正安国論』の日蓮である。

元暦二年七月九日午刻（一一八五年八月一三日）に大規模な文治《ぶんじ》地震が発生した。荒廃した京のまちに接した鴨長明は『方丈記』でつぎのように述べている。

「又、同ジコロカトヨ。ヲビタヽシク大地震（ヲホナヰ）振ルコト侍キ（ハベリ）。ソノサマ世ノ常ナラズ。（中略）四大種（シダイシュ）ノナカニ、水（スイ）・火（クワ）・風（フウ）ハツネニ害ヲナセド、大地（ダイヂ）ニイタリテハ殊ナル変ヲナサズ」。

鎌倉付近を震源地とする正嘉《しょうか》地震が正嘉元年八月二三日（一二五七年一〇月九日）に発生した。日蓮は正嘉地震に引き続く災害や疫病の流行、飢饉を踏まえて、『立正安国論』を提示し、そのなかでつぎのようにふれている。

「正嘉元年太歳丁巳八月廿三日戌亥の時前代に超え大に地振す（中略）而る間国主之に驚き内外典に仰せ付けて種種の御祈祷有り、爾りと雖も一分の験も無く還つて飢疫等を増長す。（中略）還つて凶悪を増長するの由道理文証之を得了んぬ、終に止むこと無く勘文一通を造り作して其の名を立正安国論と号す」。日蓮はあらゆる災禍にたいして祈祷をしても詮なく、巨悪を増長すると厳しい社会批判をしている。ただし、鴨長明は文治地震を京のまちで経験し、日蓮は鎌倉にいて文治地震よりも七〇年のちの正嘉元年に経験している。

一方、これにたいして、『平家物語』のなかでも文治地震を受けて、「この度の地震は、これより後もあるべしとも覚えざりけり、平家の怨霊にて、世のうすべきよし申あへり、」との記載がある。『平家物語』は、地震を人災論とみなす考えに立脚している。京のまちにいて、おなじ地震を受け止める一つの立場があったことになり、日蓮の人災論は理解できるとして、比較上は文治地震にたいする受け止め方を天災論と人災論として論じることも重要ではないだろうか。

第3章でふれたが、古代にも、『日本三代實録』に記述のある富士山の貞観噴火（八六四〈貞観六〉年）にたいして、京の都における占いで、「近ごろ、国吏が誤ったことをして、そのために百姓が多く病死しているのに、そのことに全く気付いていないので、この噴火を起したのである。早く神社を造って祝・禰宜を任じ、（わたしを）祀りなさい」と託宣した。[24] つまり、富士山の噴火は駿河国浅間明神の禰宜・祝等の祭祀怠慢による人災と位置づけた。

## 第5節　地域と地球をつなぐ

### 1．復興のビジョン

大槌町では沿岸部に住む多くの人びとが津波によって多大な被害を蒙った。地震発生時に一五、九九四人あった人口は一一六六四人（平成二四年一二月現在）となった。人口が減少したとはいえ、まちに伝承されてきた自然との付き合いや文化、歴史に関する地域の知を今後の復興に取り込んで考える姿勢は不可欠である。国による上からの復興策は決して地域の独自性や特質に根差したものではない。かといって地域の住民一人一人が意見を出しあって全体の合意形成にいたるような下からの「民主主義」的なやり方も現実にはむつかしい。

いくつもの齟齬や試行錯誤があったとしてもしかたのないこととはいえ、重要なことはどのような観点から復興のまちづくりを考えるのかという実践的な哲学が必要であるという点だ。

津波による海水の浸入は沿岸域の生態系にさまざまな影響をあたえた。劣化ないし消失した建築物や住宅の建て替え、道路の修復などの人工物の復旧・復興とくらべて、自然生態系の再生・復活（レジリエンス）にはそれとは異なった性格の対策と長期的な展望が必要とされている。いったん塩性化した湿地やヨシ帯、地盤沈下した砂浜や劣化した沿岸藻場を元通りに修復するには想像を絶するコストと時間が必要とされており、地域によっては津波を受けた低湿地からの撤退を考えることがより賢明であるとの意見も出されている。

現在、防潮堤の建設、土地の嵩上げ、住宅地の建設など、工学的な復興計画が当面の先決課題とされている感がある。ただしこうした復興計画を決めるうえでの合意形成や意思決定にはあいまいな点が多い。地元の経済復興や人口流出対策にしても、可視化された政策が提案されてはいない。国や自治体、民間を問わず、提供された復興財源が地域で有効に使われているとは到底思えない不透明性もある。貴重な財源は津波による漂流ゴミと同様、モクズとしてはなるまい。災害の風化という用語は地域住民の心情を逆なでするもので、多くの人命と財産を喪失した当事者の思いが忘れさられてよいわけはない。

復興が人間の暮らしと産業、教育に焦点を当ててなされることに異論があるわけではない。しかしながら、町の基本計画では、まちづくりの基盤となる復興のグランド・デザインは目に見えてこない。人間の暮らしは地域の自然や歴史・文化のうえに成立するものである。とすれば、復興を津波からの防災そのものだけに特化して計画を立案する考えの脆弱性を見逃してはならない。大槌は縄文時代から津波を含む自然災害に何度となく見舞われてきた。災禍を受けたのは人間だけではない。自然もまた劣化したがそれを克服してきたことに注目すべきであろう。同時に、人びとは自然からの恩恵をも享受してきた。恩恵と災禍をしっかりと踏まえたまちづくりこそグランド・デザインに組み込まれるべきではないだろうか。そのことが今後のまちづくりにとって、人びとに勇気と希望をあたえ、自然の保全と多様性と維持につながる賢明な方策であることを主張したい。

## 2．大槌のローカル・コモンズと湧水

本章の冒頭で、地震津波からの復興にコモンズの思想が不可欠であると述べた。この点を大槌に即して考えてみたい。大槌町の復興を考える場合、地域のローカル・コモンズを重視すべきであることを提案したい。

コモンズは本書の中心的な課題であり、読者各位にはそのひろがりについてこれまで十分に理解していただけているとおもうので詳述しない。ただし、大槌町のようなサイズでの共同体基盤型の管理方式を重視し、資源管理のための合意形成や違反者を取り締まるガバナンス（協治）の重要性を指摘したＥ・オストロムの視点は不可

欠であり、ここでも十分に咀嚼して考えてみたい。

## 湧水をめぐる動きの今後

大槌の自然や暮らしの基盤となるのは湧水であり、この点に着目して一九九九年以来、これまで湧水や湧水域にのみ生息するイトヨをめぐる学際的共同研究を実施してきた。町の基幹産業であるサケのふ化事業とイトヨの保全を両立することが町の将来にとり有効な施策となることが山崎三雄町長時代に確立された。津波発生の前年にあたる平成二二年一一月七日には「湧水の恵みを未来に」と題するシンポジウムを開催した。津波後の復興計画がそれまでの了解や成果と無縁であってよいはずはない。平成二四年度には湧水をめぐるシンポジウムを二回開催した。それらは、「大槌町の郷土財　湧水からのまちづくりに向けて」シンポジウム（二〇一四年二月八日）と「大槌町の郷土財を活用した復興まちづくり―湧水文化の再生に向けて」（二〇一四年六月一四日）である。またそれと前後して同年五月一九日には町内の湧水の一斉調査が実施され、五六カ所で町民や全国のボランティアを含む二一〇名が参加した。調査を主導した鷲見哲也によると、大槌町では河川周辺部と沖積平野部に約一七〇ヵ所の自噴井があるという[25]。大槌の湧水はイトヨと切っても切れない関係にあり、イトヨが経済性をもたない点が幸いした。この点で大槌の湧水は時代を超えて持続してきた貴重な「郷土の共有財」であるとの認識をもつべきだろう。イトヨやミズアオイはその生き証人なのである。水はまさに生き物そのものである。湧水環境の保全は単なる自然保全の研究者の遠吠えではない。イトヨやミズアオイを例証として、自然と人間とのあるべき姿を訴えるメッセンジャーなのだ。津波によって被災したなかから、その水を力としてまちづくりを目指すべき強いメッセージをこの場で確認したい。

## 3．ローカルからグローバルへ

では、大槌のローカル・コモンズが地域だけに必要不可欠な財産であるとして、日本全体さらには世界に向けてどのような意味をもつと考えることができるのだろうか。

ここで提起したいのは「個に宿る全体」の思想である。この考えは、わたしが二〇〇〇年ぐらいから温めてきたものであり、個別のなかに普遍性につながる核心をみいだす執念にも似た発想に裏付けられている。個別に執着することで、そのなかに一般性、普遍性をみいだすことは決して容易ではない。しかし、個別への執着なしに一般性へのソフト・ランディングはありえないとおもうからだ。地域の個別性や独自性を強調すれば、相対主義の観点からすれば普遍性はないとして却下されることになる。ただし、個が全体からみてつねに劣っている、不十分であると考えるのは早計である。個別の現象をみれば、個が全体にとり劣位にあるとする前提は現象面ではあたっているかもしれない。ただしこれは個の集積が全体に通じるとする前提を表明しているにすぎない。

ここからが重要な点であるが、個別の事象は部分に過ぎないとしても、個と個のつながりが普遍性をもつことを看過すべきではない。つまり、個と個の関係性は個別の事例に独自のものであると考えがちであるが、関係自体は普遍的な意味をもっている。大槌の例に即していえば、湧水は日本のみならず世界に広くみられる。イトヨを含むトゲウオ科魚類は温帯から亜寒帯に広く分布するなかで、湧水環境にのみ生息する河川型の個体群は地域を超えた分布の特異性をもっている。日本では、北海道の春採湖、十勝川、支笏湖、大沼、本州では青森県相坂、十和田湖、岩手県大槌、福島県会津盆地、栃木県那須、福井県大野盆地などであることはすでにふれたとおりである。したがって、湧水とイトヨの関係性は、大槌という場所を超えた普遍性をもっている。

## 地域に内在する普遍的価値

また、日本でも多く存在する湧水環境をもつ個々の地域では、湧水を利用する多様な文化が育まれてきた。たとえば、湧水を共同の水汲み場や洗い場として使う井戸端空間や、湧水を水神として祀る信仰、農業の灌漑用水として使うさいの水配分の規約などがその典型例である。湧水が地域のローカル・コモンズとして認知され、その恩恵を生活や産業のために享受されてきたとして、人間だけがその恩恵を受けているとする考えにはやはり問題がある。人間だけに限定しても、地域を超えた水利用を考えなければならない。次章で議論する水の循環と配分問題でも、河川の上流部における過剰な取水により下流部で断流や農業用水不足の事態が発生する。まして、人間以外の生き物や環境への配慮がなされないと、そのツケを人間自身が負担することにもなる。この場合でいえば、大槌の湧水はイトヨもが生活の場としてきたのであり、人間が居住する数千年前よりはるか前からイトヨはいわば先住者として今日にいたるまで存続してきた。五年前に発生した津波で生活の場を破壊されたにもかかわらず、湧水の噴出する湧水ポケット群で生き残ったことが何よりの証拠である。貞観年間の津波の痕跡は大槌では知られていないが、当時の津波が今回のものとおなじ程度であったとすれば、イトヨの生息環境はまちがいなく破壊されていた。人間とイトヨがともに湧水を共有しているとする思想は自然と人間との関係性を考えるうえで普遍的な意義をもつのはこうした論理に立脚したものである。ローカルとグローバルのつながりは、地理的、空間的な連環ではなく、地域の論理のなかに、どれだけ普遍的な価値が内在しているかを見抜くことにほかならない。

# 第5章　コモンズと循環

日本は水のおいしい国である。フランスのエビアン（ローヌ＝アルプ地域圏）やボルヴィック（オーヴェルニュ地域圏）が日本でも売られているが、それ以上に日本各地のミネラルウォーターの銘柄はじつに多い[1]。川を流れる水は無論、淡水であるが、その水は化学記号であらわされる$H_2O$であるだけではない。窒素（N）、リン（P）、鉄（Fe）、カルシウム（Ca）、マグネシウム（Mg）をはじめとする溶存イオンを含む液体である。その成分のちがいによって端的に水の硬度のちがいを生む。硬度はカルシウム・イオンとマグネシウム・イオンを足した量を目安として決められる数値であり、一二〇ミリグラム／リットル以下を「軟水」、一二〇ミリグラム／リットル以上を「硬水」と称する[2]。

前述したエビアンの硬度は三〇四ミリグラム／リットルで硬水であり、奥大山の水の硬度は二〇ミリグラム／リットルで軟水である。温泉などを別とすれば、日本の水は軟水が多い。これにたいして、ヨーロッパや北米では硬水の多いことが知られている。地中にしみ込んだ雨水が地層に含まれるミネラル分を加えてふたたび地表に流出・湧出し、やがて海に到達する。日本とヨーロッパや北米とでは、水が地中の地質に滞留する時間が大きくちがい、ミネラル分が溶け込む度合いも異なる。

水は森や山から河川や地下水を通じて低いほうに流れ、海抜ゼロ・メートル地帯で海に達する。湧水は河口部の扇状地で湧出することが多い。また、海底からも湧出する海底湧水となることもよく知られている。水が循環するということは、森、平野、海岸、海へと連続的に移動することを指す。一部は蒸散して水蒸気となって大気に移動する。水蒸気は雲となり、ふたたび地上に雨や雪として降り注ぐ。循環は、異なった領域を超えて移動する物質のありようを示すものであり、水はまさに越境する媒体といえる。人間は循環と越境を特徴とする水とどのようにかかわってきたのか。水以外に、自然界を循環し、越境するさまざまな事象をどのようにとらえ、制度や慣行を通じて自らの世界に取り込んできたのか。本章は、循環と越境を核として、自然と人間のかかわりを検討することをねらいとし、コモンズとなわばりの思想と実践を包括的な視点から検討することとしたい。

## 第1節　生態系サービス論を超えて

### 1．生態系サービスの恩恵と災禍

人間が自然から受けるさまざまな影響は大きく恩恵と災禍に区分することができる。恩恵としては、これまで生態系サービス（ecosystem services）の問題として取り上げられてきた。このなかには、供給サービス・文化的サービス・調整サービス・基盤サービス、保全サービスの五つを区別することができる（図5-1）。二〇〇一〜二〇〇五年に国連はミレニアム・エコシステム評価をおこない、生態系サービスについての総括と今後への指針を提示している。(3)

生態系サービスについて、海とつながる河川や森林を包括した地域の生態系を視野において考えてみよう。まず、生態系に存在するさまざまな資源は人間生活に有用なものとして利用される。たとえば、木材資源、非木材森林資源、淡水・海水に生息する魚介類、水草・海藻（草）、野生動物などの食料や塩、薬用植物、接着剤・油脂・染料・ゴムなどの原材料を提供する。また、水は飲料や産業・農業用水になるとともに、水力発電などのエネルギー用に使われる。最近では、木材資源がバイオエネルギー資源として注目されている。人間の生存や産業上、大きく寄与する供給サービス（Provisioning Services）が生態系の重要なサービス機能である。

供給サービス

木材・非木材森林資源、食料（淡水魚類・沿岸魚介類）、サケふ化事業、生活用水

調節サービス

洪水防止、水源涵養、温度調節（大気温・水温）、水質浄化、波動・太陽光の抑制、富栄養化の緩和

文化的サービス

祭り、儀礼、民話、食文化（アワビ、海藻、豆腐）、科学的研究、エコツーリズム、自然観察

基盤サービス

光合成、栄養循環、海底湧水と藻場生成

保全サービス

生物多様性（遺伝的・種多様性）の維持による資源確保、津波・風害・土砂災害の予防、水害予防のための遊水池

**図５－１**　生態系サービス

山や川・海を介在した祭りや儀礼、自然観察や環境学習などの教育面、科学的研究や自然とふれあう体験やレクレーション活動、エコツーリズム、バード・ウォッチング（野鳥観察）、絵画や詩、俳句などの芸術・美術面など、多様で豊かな精神と知的な活動を育んできたもとが文化的サービス（Cultural Services）である。文化的サービスは供給サービスとともに可視的であり、日常生活ともかかわりが深い。じっさい、海や山の恵みを感謝し、あるいは豊作や豊漁を祈る祭りや儀礼が全国でいとなまれてきた。つまり、供給サービスによる自然からの恩恵を、祭りや儀礼を通じて確認し、あるいは再生産を祈願する文化的な営為は深く結びついている。

基盤サービス（Supporting Services）は、生態系における大気と水の浄化、栄養循環や土壌形成、野生・栽培植物における送粉（虫媒、風媒、水媒など）、さらには伝染病の防御などの役割をになう。基盤サービスを通じて、人間は健康で豊かな供給サーボスの恩恵を受け、文化的サービスを享受することができる。

調整サービス（Regulating Services）は、大気温や水温の調節、光合成による二酸化炭素の吸収、波動や太陽光の抑制、水質の富栄養化の緩和、洪水防止、森林における水源涵養、廃棄物の分解と無毒化などの機能をになっている。生態系における調節機能は基盤サービスを保証するとともに、目には見えない天然のバッファー機能を果たすといえるだろう。

最後の保全サービス（Preserving Services）は、生物多様性（遺伝的多様性と種多様性の維持）、津波、風害、土砂災害の予防などを含む。基盤サービスは生態系の多様性を保証する点で保全サービスとかかわっている。調整サービスも保全サービスとたいへん密接な関係にある。このように、生態系は種々の機能を果たし、全体として人間はその恩恵を受けていることになる。生態系サービスは人間中心的な概念ではない。生態系を構成する生き物もまた、人間とおなじようにさまざまなサービスを受けている。

## 生態系サービスの機能不全

生態系サービスが正常に機能しない事態が発生することがある。通常、自然条件の変動によって、生態系サービスがなんらかの機能低下、ないし劣化する事態に陥る。第4章でふれたように、東日本大震災によって三陸の沿岸地域は大きな津波に襲われた。また、福島の原発事故によって広域にわたる放射能汚染が広がった。災禍は恩恵と反対に生態系の劣化・機能低下を引き起こす。人間は海からの恩恵をよりよく享受し、なるだけ災禍を未然に防ぎ、あるいはいったん起こった災禍を最小限にくいとめ、復旧・復興に努めようとする。

津波後における調査で、ガレキや放射線が生態系や生き物にどのような変化をもたらしたかについて詳細な調査研究がおこなわれてきた(4)。岩手県大槌町における北海道大学北方生物圏フィールド科学センター水圏ステーション厚岸臨海実験所による調査（二〇一一年一〇月一八〜一九日）から、船越湾（吉里吉里）と大槌湾内のアマモはほぼ消滅したことがわかった。また、海岸の低地では汽水域や干潟が破壊され、新たに塩性湿地と汽水生態系が生まれつつあることもわかった。大槌にある東京大学大気海洋研究所国際沿岸海洋研究センターによる調査から、沿岸域の藻場は大きな影響を受けた。津波によって海藻が根こそぎ引きはがされるとともに、海底のヘドロが流され、新規のニッチェが生まれた。一方、ガレキや土砂の流入によって生物が死滅した。(5)宮城県下においても、海岸部にアワビの殻が漂着しており、アワビの死滅とともに、ウニがまったくいなくなったことから、流失したと考えられている。

また、時間とともに変化が発生していることもわかってきた。宮城県唐桑半島にある舞根湾では、もともとあったアマモにかわってホンダワラが叢生する変化が起こった。舞根湾でカキ養殖をいとなむ畠山信によると、二〇一一年六月にボラの稚魚の群れが観察され、同年九月にはハゼ科のキヌバリの稚魚とアマモを発見するとともに、ハクチョウ・サギが飛来した。二〇一二年一月にはアサリの稚貝を発見したという。大槌でも二〇一四年、東大大気海洋研の小松輝久はアマモ類の実生《みしょう》を観察し、アマモが栄養繁殖から種子繁殖に変化したことを発見した。(6)一方、沿岸の岩礁では石灰藻が異常に繁殖していることもわかった。石灰藻の出すジブロモメタンによりウニが加入し、ウニの変態を誘発することもわかった。石灰藻は海藻の胞子が付着するのを防御するアレロケミカルスを分泌するため、(7)アワビやウニの餌となる海藻の付着が忌避された。

以上は自然災害による生態系劣化の具体的な例であるが、第4章でふれたとおり、人間社会も津波によって大きな打撃を受けた。問題となるのは劣化した状態からの復旧・復興であったように、生態系においても回復の過程が注目されている。人間社会と生態系における回復の過程はレジリエンス（res lience）と称される。

## 生態系サービス論を超えて

生態系サービスの諸機能が十分に果たされているかは、不断に変動する諸要因がたがいに影響しあうなかでの変動が限度内であれば自己調節機能がはたらく。先述したレジリエンスの作用である。ただしここで強調したいのは、自然科学的な位置づけをされた生態系サービスに、文化的なサービスが言及されているものの、神や超自然的な観念はほとんど組み込まれていない点である。第3章でふれたとおり、供給サービスはアイヌの場合、カムイがもたらすものであり、神の世界から提供された物が供給サービスとなる。文化的サービスとしてのフンベ・サパアミノの儀礼はカムイへの感謝と、扮装したカムイを人間の世界であるアイヌ・モシリから元の国、つまりカムイ・モシリに送り届ける作法である。モシリは「世界」を指す(8)。

このように主張すれば、それは文化人類学者の解釈論であり、じっさいは自然科学的な見地から生態系をとらえるべきであるとする反論がもどってくる。しかし、自然科学的な生態系サービスだけで、人間と自然の関係を完全に把握できるとする考えは科学主義である。アイヌやアボリジニをはじめとした世界の諸集団がもつ「生態系サービス」論は無数にあるといってよい。第一、森のもつ保水機能、有毒物質の分解、送粉システム、自然界の多様性について、科学が解明してきた部分は一部に過ぎない。第1章でふれた、ユクスキュルの環世界論を想起していただきたい。人間が考える生態系サービスは、ほかの生き物にとってどのような意味があるかはまったくわからない。生き物が生態系のすべての機能とサービスについて全部知っているわけでもない。

災害にしても、森林の水源涵養機能が劣化し、河川の流路変更や堰堤の造成などの人為的な要因により洪水が多発するようになった。これらは人災といえるが、地域の人びとは経験知として山の保全の意味を認知しており、災害は山の神の祟りと考えた。人びとは自然への畏敬の念をもちつづけることで、山とのかかわりを維持してきた。第4章第4節でふれたとおり、中世日本では、おなじ文治地震について、鴨長明は天災と考えたし、平家の怨霊による人災と語ったのが『平家物語』であった。

このように、文化的な解釈論を非科学的と決めつけるのではなく、人間による自然への向き合い方には多様な形があり、人間自身への教訓や戒めとして後代まで語り伝えられたことを理解しておきたい。西洋流の自然科学による生態系サービスの考え方は、人間社会のいとなみを無視した機械論的な機能主義に陥っているゆえんである。

## 循環とコモンズ

現代世界では人為的な要因によって生態系が劣化する事態が蔓延している。端的な例が温暖化、海洋の酸性化、あるいは富栄養化の進行である。こうした状況を元通り、ないしは以前の状態に回復するのは容易ではない。複合的な要因が関与しているからである。しかし、地球全体におよぶ問題であっても、根幹では地域ごとに起こる事象に帰着する。この点に着目するならば、地域の循環系に着目することが一つの大きなポイントになる。なぜなら、地域と地域をつなぐ接合点に循環ネットワークが存在するからである。

もう一点、循環について指摘しておきたいのは、循環の系に含まれるさまざまな要素はたがいに影響をおよぼしあい、支えあう関係にある。つまり、系を構成する個々の要素は全体のなかで共有されるべき存在であるとみなすことができる。次節でふれるように、富山湾の豊かな海は三〇〇〇メートル級の立山連峰と密接な関係にある。沿岸域の小さなまちであっても、そこに湧き出る湧水は後背地の山岳部とつながっている。第4章でみた大槌町の湧水は人びとだけでなく、淡水型のイトヨや沿岸藻場に生息する生き物ともつながっている。湧水はそれぞれの地域にとっての共有財としての意義をもっていることはあきらかである。こうした問題は、あらためて水の循環とコモンズの問題として第3節で取り上げよう。

## 第2節　森と海をつなぐ循環

日本は国土の七割が森林でおおわれている。温帯モンスーン域にある日本では降水量が多い。冬季には東日本を中心に積雪量も多い。山がちの日本では峡谷が発達し、したがって川が多い。森誠一は日本を「川の国」と評した。[9] 環太平洋造山帯にある日本では、火山性の土壌が多く透水性が高い。したがって、森に蓄えられた水が短時間のうちに流出するため、ミネラル分の少ない軟水が日本で多いことになる。

## 1．富山の山野河海

「日本近代登山の父」とよばれた英国の宣教師であるウオルター・ウェストンは一八九三（明治二六）年、長野県側から立山に登った。「急流の川床の最高点を進んで行くと、三方が峰々でできた一つの壮麗な『天然円戯場』で囲まれた、大高原にやって来た。ここからは広漠とした光景が展望できた。西に当たっては、広い越中平野が横たわり、その中に曲がりくねった川が流れ、又能登半島は、遙か日本海の彼方まで突き出ている。真東に当たっては、立山が、痩せた近隣の岩山に取り囲まれながら、その優美な山頂を屹立たせている」。

ウェストンが、「三方が、峰々でできた一つの壮麗な天然円戯場（天然の円形劇場）」と感嘆したのが富山での印象論である。[10]

では、「天然の円戯場」とはどこを指すのか。立山博物館の高野靖彦によると、「急流の川床の最高点を登っていくと」とある下りは、室堂平へ登る旧道と考えられるという。この旧道は、現在のバス道路の左側の谷（大谷の北側）で、いまも一部、歩道がある。とすれば、「天然円戯場」は室堂平ということになる。したがって、三方の山々は、大日岳・奥大日岳、立山、天狗岳・国見岳であり、そうした山やまで囲まれた室堂平（大高原）を指すものといえる（写真5-1）。

じっさい、谷から登ってすぐの室堂平の入口から、富山平野と能登半島を一望することができる。一八七五～一八八五年に日本に滞在し、フォッサマグナの発見やナウマンゾウの命名で著名なドイツの地質学者ハインリッヒ・エドムント・ナウマンも、一八七六年、立山で修験者たちについて記述するとともに、日本海が見えたこと

**写真5－1**　ウェストンが記載した「天然円戯場」に当たると思われる立山の室堂

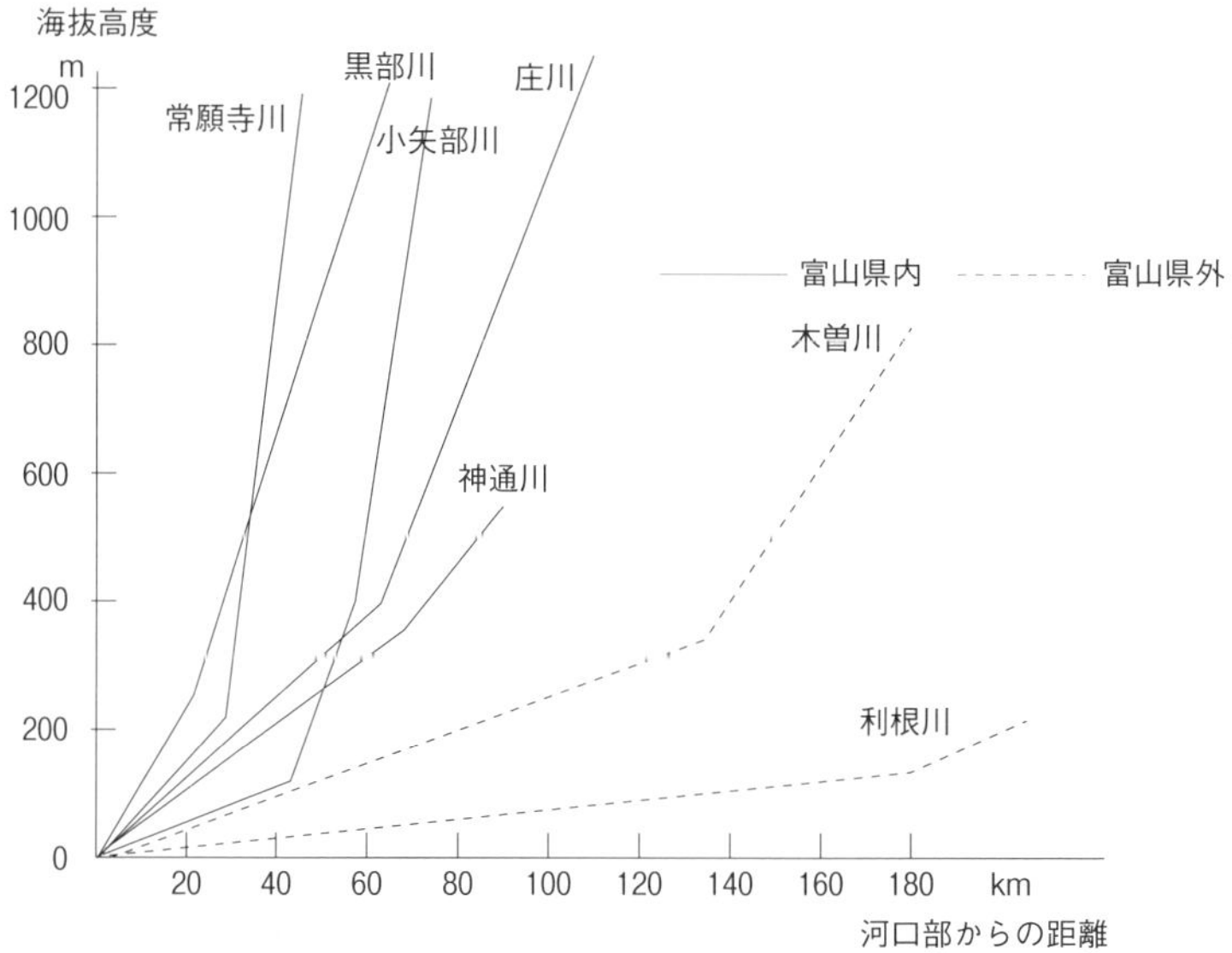


**図5－2**　富山県下の河川勾配

明治時代に来日したオランダの測量技師J・デ・レーケ（Johannis de Rijke）は、常願寺川をみて、「これは川ではなく滝だ」と述べた。

を記録している。[11] 三〇〇〇メートル級の山から、富山湾と能登半島が一望できることに驚嘆したわけである。海と山の合体したスケープこそが富山の特徴といえる。

やはり明治時代に来日したオランダの土木技師J・デ・レイケは、富山県下の常願寺川を一八九一年八月にみて、「これは川ではなく滝だ」と述べた。三〇〇〇メートル級の山岳地帯から流長五六キロの川を一気に富山湾にそそぐ常願寺川は世界でも有数の急流河川となっている（図5-2）。立山連峰に降った雨や降雪は川や地下水を通じて海にそそぐ。ウェストン、ナウマン、デ・レイケらの外国人が明治時代に見た富山は、山から海にいたる循環の問題を考える大きなヒントとなる。

富山湾は二〇一四年一〇月一八日に「世界で最も美しい湾クラブ」への加盟が決定した。湾クラブは、湾を活かした観光振興と資源保護、そこに暮らす人びとの生活様式や伝統の継承、および海の景観（シー・スケープ：Sea-scape）の保全を目的とするもので、一九九七年三月一〇日にベルリンで設立された。[12] 富山湾は日本海側で最初に加盟が決まった。日本では二番目の成果であり、松島湾が二〇一三年一二月二〇日、日本で最初に登録された。松島湾は二〇一一年の東日本大震災による災禍を経ての加盟であった。

## 富山の河川

立山連峰と富山湾とはいくつもの河川によってつながれている。富山の七大河川には新潟県境側から、黒部川、片貝川《かたかい》、早月川《はやつき》、常願寺川、神通川《じんづう》、庄川、小矢部川《おやべ》が含まれる（図5-3）。立山から富山湾にいたる水の循環はこの地域の生物相、産業、地域の文化に大きくかかわっている。河川水は下流部における農業生産に恩恵をあたえてきた。たとえば、富山県では、耕作面積に占める稲作農業が圧倒的に多く、八二・三％に達しており、全国平均の四一・三％をはるかにしのいでいる。稲作は水に恵まれた沖積平野でおこなわれている。後背地から山地にいたる台地や傾斜地における野菜・果樹などの耕作地は少ない。大豆生産も千葉県についでさかんであるが、

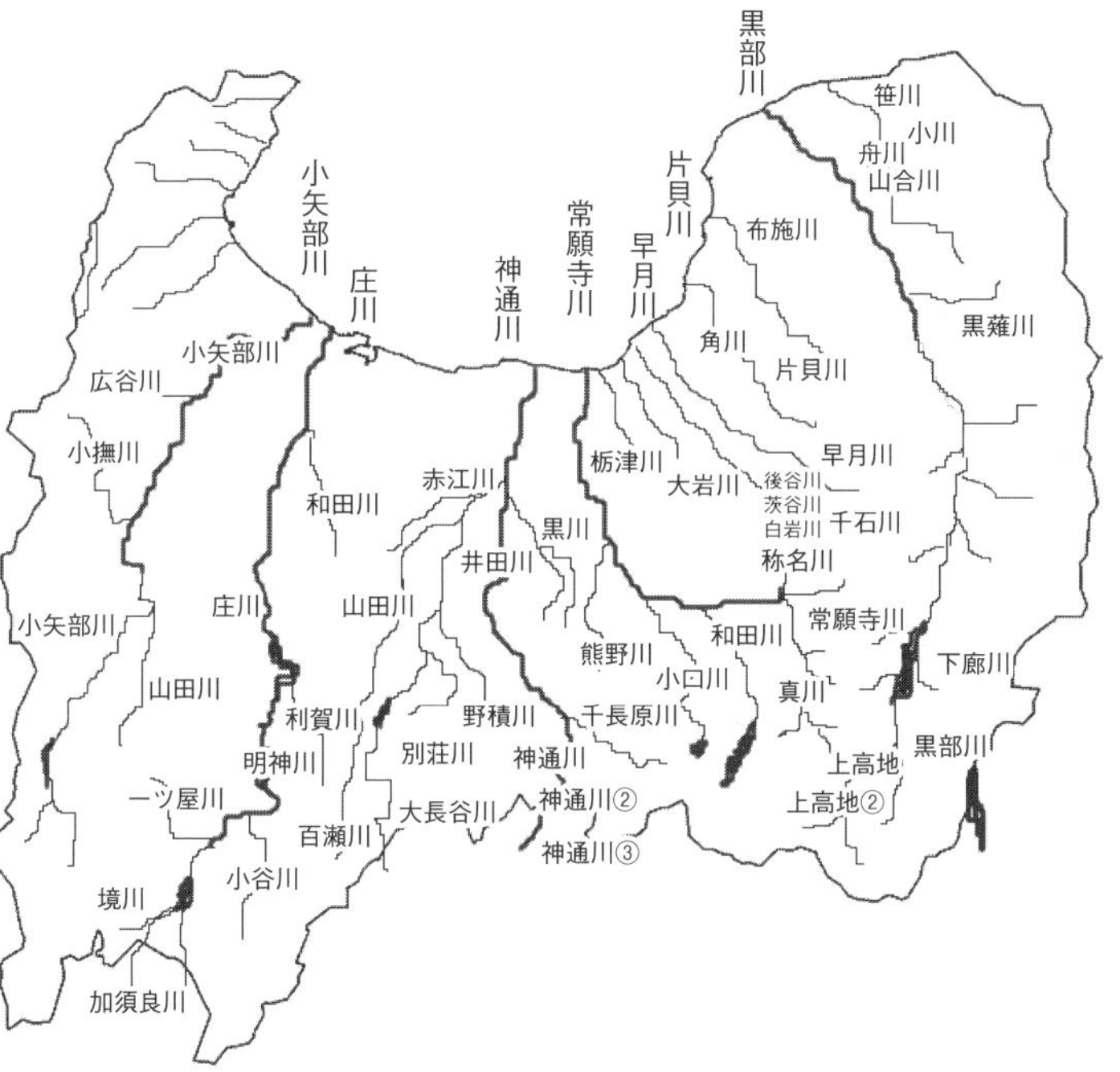


**図5-3**　富山県の七大河川

小矢部川、庄川、神通川、常願寺川、早月川、片貝川、黒部川のうち、神通川は岐阜県内に発する。

これは水田で大豆を栽培する田畑輪換栽培にほかならない。

県下の河川では河川漁業がいとなまれてきた。富山では鱒寿司が著名である（**写真5-2**）。神通川は皇室の御猟場であり、サケ、マス、アユが対象となっている。『神通川誌』(13)によると、一七一七（享保二）年、富山藩士吉村新八が神通川の鮎を用いてスシを漬け

**写真5-2**　富山の鱒寿司

**図5－4**　『日本山海名産図絵』の「越中神通川之鱒」の図。
神通川では、伝統的に2艘の船で流し網を用いてサクラマスを獲った。この漁法は江戸時代以降に隆盛した。

た。藩主前田利興《としおき》はこれを徳川吉宗に献呈し、富山藩から幕府への献上品となった。これはアユのナレズシであろうと思われ、現代でも富山市内の七軒町《しちけんまち》で売る店がある。鱒寿司は、江戸時代のナレズシではなく、マスの身に塩と酢を加え、酢めしで押し、一日程度で食する「早ずし」である。富山市内には鱒寿司の専門店が三〇店ほどある。

『日本山海名産図絵』（一七九九年）の「越中神通川之鱒」の図には、「海鱒川鱒二種あり　川の物味勝れり　越中、越後、飛騨、奥州、常陸等の諸国にい出れども　越中神通川の物を名品とす」とある（図5-4）。マスはサクラマスのことであり、産卵のために川を遡上する魚であるが、北陸から東北では「山の魚」としても知られている。実際、ダムのない時代、マスは海抜八〇〇m以上まで遡上した。飛騨地方では海抜八〇〇メートルまで遡上していたことが『斐太後風土記《ひだのちのふどき》』の記載からわかった。つまり、庄川では六厩《むうまや》（一〇〇〇メートル）、高原川では栃尾《とちお》より上流部（九〇〇メートル）、神通川では夏厩《なつまや》より上流部（九〇〇メートル）まで遡上している。[14] 石

表５－１　富山県の名水

| 市・町 | 名水の数 | 湧水 | 井戸 | 海洋深層水 |
|---|---|---|---|---|
| 富山市 | 19(5)* | 14(3)＋ | 5 | 0 |
| 高岡市 | 6(3)* | 2 | 4 | 0 |
| 氷見市 | 2(1)* | 2(1)＋ | 0 | 0 |
| 射水市 | 1(1)* | 0 | 1 | 0 |
| 小矢部市 | 1(1)* | 1 | 0 | 0 |
| 南砺市 | 15(5)* | 15 | 0 | 0 |
| 砺波市 | 2(2)* | 2(1)＋ | 0 | 0 |
| 上市町 | 7(3)* | 6 | 1 | 0 |
| 立山町 | 5(1)* | 5 | 0 | 0 |
| 滑川市 | 1(1)** | 0 | 0 | 1 |
| 魚津市 | 2(1)* | 1 | 1 | 0 |
| 黒部市 | 7(2)*(5)** | 7 | 0 | 0 |
| 入善町 | 2(1)**(1)*** | 1 | 0 | 1 |
| | 70 | 56 | 12 | 2 |

(　　)*：富山県が飲用されている富山の名水として選定
(　　)**：富山県が平成17年９月に追加認定したとやまの名水
(　　)***：富山県が平成18年３t付き30日に追加認定したとやまの名水
(　　)＋：飲用禁止
NPO法人「富山の名水を守る会」による。

川県手取川、福島県只見川、秋田県桧木内川《ひのきない》、新潟県三面《みおもて》川、同県中津川・秋山郷などでは、いずれも山地源流部におけるマス漁がおこなわれており、これらの地域ではヤスとカギ(鉤)が用いられている(15)。

サケ(鮭)は、すでに『延喜式』(九二七(延長)五年)には越中国の中男作物(一七歳以上、二〇歳以下の男性に課税)として、鮭楚《すわ》割《やり》、鮭鮨《すし》、鮭氷頭《ひず》、鮭背腸《せわた》、鮭子の五種が京に送られていた。ただし、明治期の資料でもサケは神通川の古川あたりまでしか遡上していない。

## 湧水と循環

湧水に目を移すと、富山県では富山の名水(湧水)として、「日本名水百選」に選定された箇所が四カ所ある。つまり、黒部川扇状地湧水群(黒部市・下新川郡入善《にゅうぜん》町)、穴谷《あなんたん》の霊水(中新川郡上市町)、立山王殿《たまどの》の湧水(中新川郡立山町)、瓜裂《うりわり》の清水(砺波市)がそうである。さらに「とやまの名水」として表5-1に挙げた七〇ヵ所が指定されている。水源は湧水が多いが、「富山湾の深層水」（取水地：滑川市、入善町）が二ヵ所挙げられている[16]（表5-1）。

立山連峰から河川だけでなく、地下湧水として循環する水は、富山湾の海底からも湧出している。富山大学の張頸によると、富山湾における海底湧水の湧出量は3.8×10⁸ m³（月平均）、県内河川水の流入量は8.1×10⁸ m³（月平均）であり、海底湧水は河川水の約四八パーセントに相当する膨大な量と試算されている[17]。

富山湾には佐渡島西部沖から日本海東北沖にある日本海盆にいたる深海海底がある。壮大な海底谷は七五〇キロに達し、富山深海長谷（トヤマ・ディープシー・チャネル Toyama deep-sea channel）と称される。富山湾は富山舟状海盆（トラフ）の南端に位置し、駿河湾や相模湾などとともに水深一〇〇〇メートルを超える深海域をもつ。そのほかの湾では水深は二〇〇メートル以浅であるのと顕著に異なっている。湾奥部から日本海中央部に位置する日本海盆にいたる七五〇キロメートルの海底谷を形成しており、富山深海海底谷と称される[18]。海底谷は急激に深くなっており、現地で「ふけ」ないし「あいがめ（藍甕）」とよばれる[19]。海底谷は海の生物の移動にとり重要な魚道となっている。以上のように、富山湾は水深一、〇〇〇メートル以上あり、背後にある立山連峰は三〇〇〇メートル級の山やまからなり、標高差は四〇〇〇メートル以上に達する。

富山湾の水界をみると、三層構造になっている。下から一層目は日本海の固有水で、水深三〇〇メートルより深い海に分布する酸素と栄養塩に富んだ低温の深層水である。富山湾の海は低温安定性、富栄養性、清浄性という三つの大きな特徴をもっている。

富山県では、水深三〇〇メートル以深にあり、日本海の海水の八五パーセント程度を占める「日本海固有水」を取水し、「富山の深層水」として利活用を進めている。

富山の深層水は、太平洋側の深層水にくらべて一〇度程低い二度前後であることから、低温性を活かし、マダラなど冷水性魚類の栽培技術の研究に利用されている。また、人間が必要とするカルシウムやマグネシウムなどミネラル分をバランスよく含んでいることなどから、飲料、食品や医薬、健康増進などの幅広い分野で商品化、利活用研究が進められている。二層目は対馬暖流の一部が富山湾に流れ込んだものである。三層目は河川を通じて立山連峰から流れ込む雪解け水である。さらに海底からは湧水が噴出している。前述した張頸の研究から、富山湾の魚津沖の海底湧水は平均標高八〇〇～一二〇〇メートル地帯に降った降水が地下に浸透し、富山湾の海底から湧き出ていることがわかった(20)。立山連峰に降った降水は、およそ一〇～二〇年のちに富山湾の海底から湧出することになる。

以上のように、本州第一位の植生自然度を誇る立山連峰の森林が、貯水機能とミネラルに富んだ水を育んでくれる。山から流れ出る河川は先述したように急流は岩石地帯を流れ、酸素を取り込んで正常な水を下流へと運搬する。そして、下流部の富山平野部の扇状地はろ過作用に優れた花崗岩質を多く含んでおり、良質な水となる。富山県では、水は生活用水、工業用水、農業用水（稲作用の水田灌漑、野菜・果樹栽培用の畑地かんがい用水、ウシ・ブタ・ニワトリなどの飼育用の畜産用水）、克雪と流雪のための用水などとして多面的に利用されていることになる。この点で、水は地域にとり多方面の生活者と産業や生活の利便性などに利用されるコモンズとしての役割をもっていることはあきらかであろう。このように水は多面的な生態系サービスをになっており、農林水産省は平成一八年二月に一一〇ヵ所の疎水銘仙を選定しており、富山県では、十二貫野《じゅうにかんの》用水（黒部市）、常西合口《じょうさいごうくち》用水（富山市）、鷹栖口《たかのすぐち》用水（砺波平野疏水群）（砺波市・小矢部市）、舟倉《ふなくら》用水（富山市）の四ヵ所が選ばれている。

### 富山湾をめぐる循環―海と森をどうみるか

富山湾は日本海中部にある。富山湾とはどの領域を指すのか。これにはおよそ三つの考え方がある。一つ目は能登半島の大泊鼻（七尾市）と生地鼻（黒部市）を結ぶ線で囲まれた海域を指す。これは海上保安庁による考えかたである。二つ目は七尾湾入口の観音崎と富山・新潟県境を結ぶ線で囲まれた海域である。三つ目は能登半島

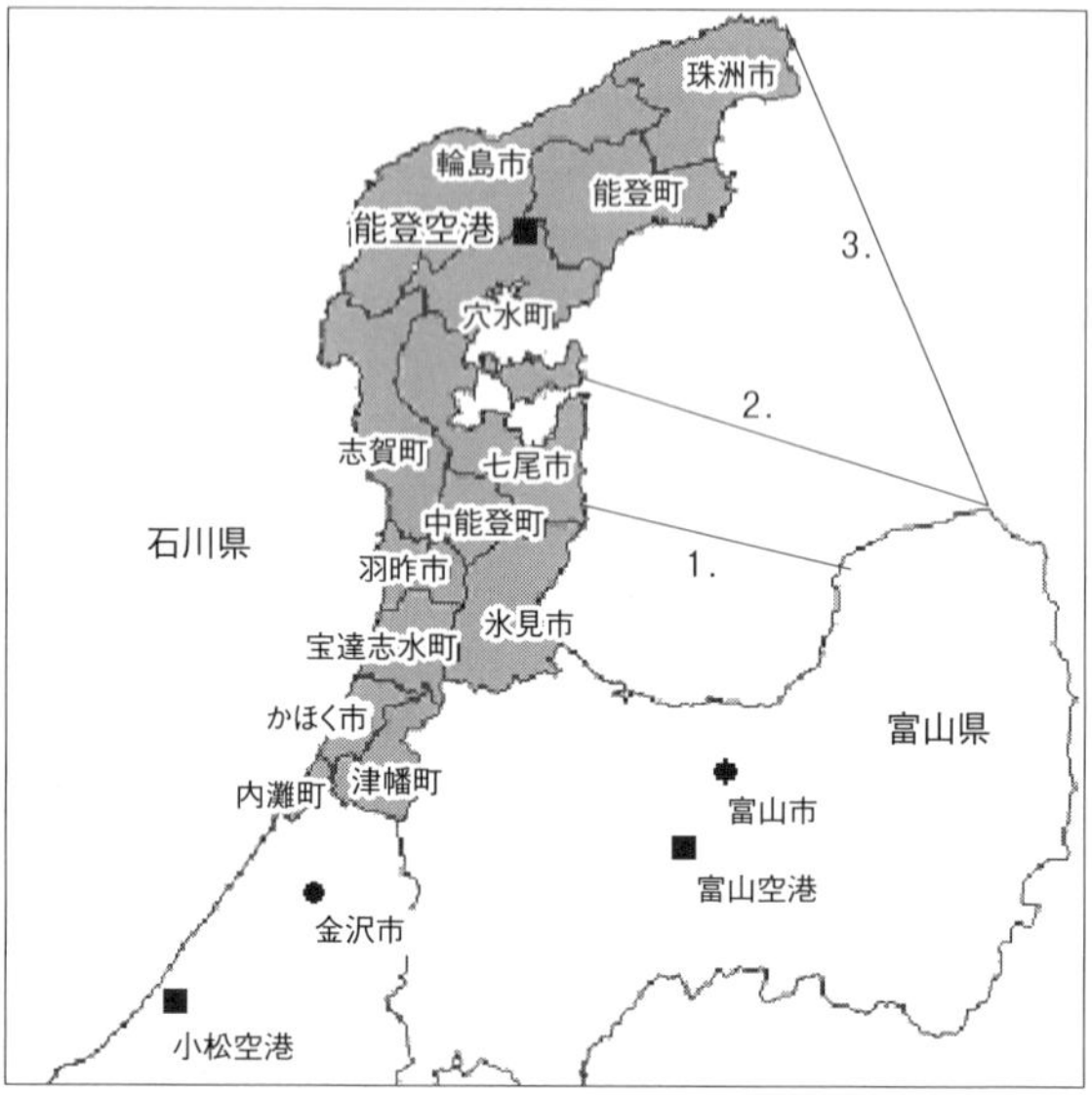


**図5-5**　富山湾の考え方

1．2．3．の線より南側が富山湾となる。
1．能登半島の大泊鼻（七尾市）と生地鼻（黒部市）（海上保安庁）
2．七尾湾入口の観音崎と富山・新潟県境（東海大学出版会）
3．能登半島の禄剛崎と富山・新潟県境（東海大学出版会）

の禄剛崎《ろっこうざき》と富山・新潟県境を結ぶ線の内側を指す場合で、もっとも湾の面積が大きいことになる（図5-5）。いずれにせよ、富山県における海岸線は一〇八キロに過ぎず、自然海岸もわずか五パーセント程度である。

湾とはなにか。国連海洋法条約（UN-CLOS）によると（一〇条二項）、湾は湾口（湾の入り口）の幅にくらべて奥行きが十分に深く、湾口に引いた直線を直径とする半円の面積よりも湾入部の水域が広いものとされている。

湾が単一国に属し、湾口部が二四海里（四四・六キロ）以内の場合、その湾内を内水としてあつかい、湾口に引いた直線を領海の基線とする。

わたしは富山湾をみる三つの視点があるとの考えを二〇一五年二月一四日に富山市で実施された日本海学シンポジウムで基調講演「つながる海—世界の海から日本海、そして富山湾」のなかで提起したことがある。その場合、海、川、森を一体のものとして考える切り口を現場の情報から統合的に実証することが重要であると言明した。

河川と海底湧水の相互作用で注目すべきは「海に残る森—魚津埋没林と吉原海底林」の存在である。一九八〇年、入善町《にゅうぜんまち》吉原沖の水深二〇～四〇メートルの海底で約一万年前の海底林が発見された。木の種類は、ハンノキ、ヤナギ、ヤマグワ、カエデなどであり、古い時代の森林が残ったのは、豊かな海底湧水のおかげとされている。また、魚津沖ではこれまで一九三〇年、一九五二年、一九八九年に約二〇〇〇年前のスギ林が発見された。これは片貝川の土砂堆積と海面上昇によってスギ林が海底に埋没したもので、陸域と河川、海底湧水の相互作用の結果として注目すべきであろう。

**表5－2**　富山湾の魚種構成

日本海の魚種740種のうち、富山湾の魚種は524種であり、沿岸域と深海域、北と南の混交を特徴としている。

| | 富山湾 | 深海性 | 魚種 |
|---|---|---|---|
| 北方系 | 102 | 43 | ハタハタ、スケトウダラ |
| 温帯性 | 89 | 7 | マイワシ、マアジ、メバル |
| 南方系 | 333 | 30 | ブリ、トビウオ、クロマグロ |
| | 524 | 80 | |

先にふれたとおり、富山湾には異なった性質の水が存在する。その影響によって富山湾の水産生物は多様化している。すなわち、富山湾に生息する魚種五二四種は日本海全体における魚種七四〇種のおよそ七割がみられることになる。とくに沿岸域と深海域の魚類とともに日本海を南下する北の魚介類と対馬暖流を介して北上する南方系の魚介類が混交している特徴がある。**表5-2**に示した通り、北方系一〇二種（四三種）、温帯系八九種（七種）、南方系三三三種（三〇種）であり、圧倒的に南から流入する魚種が多い。なお、（　）内は深海性の魚種である。北方系ではハタハタ、スケトウダラ、温帯系ではマイワシ、マアジ、メバル、南方系ではブリ、トビウオ、クロマグロがそれぞれ代表となっている。

富山湾の特徴となる水産資源にホタルイカとシロエビがある。ホタルイカはツイカ目ホタルイカモドキ科の小型のイカで、英語でホタルのイカ（firefly squid）とよばれる。ホタルイカは日本海で新潟から山陰まで分布するが、富山湾が主要な産地である。富山県では一九二二年三月八日に天然記念物指定、一九五二年三月二九日国指定特別天然記念物指定（名称変更）された。常願寺川河口左岸から魚津港の一五キロの沿岸域で、満潮時の沖合一・二六キロまでが指定地域となっている。ホタルイカの発光する青い光の幻想的風景は単なる風物詩ではなく、富山の山と海の連関を示す生命の光である。

富山名産のシロエビは、オキエビ科の一種（*Pasiphaea japonica*）であり、標準和名はシラエビである。駿河湾で知られるサクラエビとともに深海性の小型エビ類である（＊サクラエビはメスが抱卵せず、受精卵を海中に放つ根鰓亜目に属するが、シラエビはメスが卵を腹肢に付着させて保護する抱卵亜目に属する。）富山湾のあいがめ（藍瓶）に生息しており、全国でも富山湾だけで商業的な漁業が成立している。富山で食べられているシロエビはほとんどがいったん冷凍してから手むきする手間のいる作業で、これには女性たちが従事する。シロエビも富山湾の海底地形と密接に関連した資源である。

## 第3節　シジミと循環

シジミは九州から北海道まで広く分布する。種類からいうとシジミ属（*Corbicula*）のヤマトシジミ、セタシジミ、マシジミの三種類がおもなもので、のちにふれる別属のエゾイソシジミとヒルギシジミや小型のマメシジミ、ドブシジミなどをいれると日本には五種類以上のシジミが生息している。ヤマトシジミは汽水域に生息する。日常の食卓にのぼるのがこのシジミである。これにたいして、マシジミは淡水域に分布する。おなじく淡水産のセタシジミは琵琶湖の固有種である。いずれも大きさは数センチ程度であり、ヒルギシジミの三分の一程度の大きさである。マシジミを味わった記憶はないが、ヤマトシジミの味はいうまでもなく美味い。

琵琶湖南部の瀬田川畔に縄文時代中期（約五〇〇〇年前）の粟津湖底遺跡がある。ここには大量のシジミの貝殻を包含する層が何層にもわたって発見された。貝塚は、食物の残渣を捨てたゴミ捨て場でもある。しかも、貝層の間にトチの実やドングリの皮からなる黒っぽい層が挟まっている。この黒い層を構成する木の実は毎年秋に採集されたものとおもわれ、当時の生業の季節性を示している。

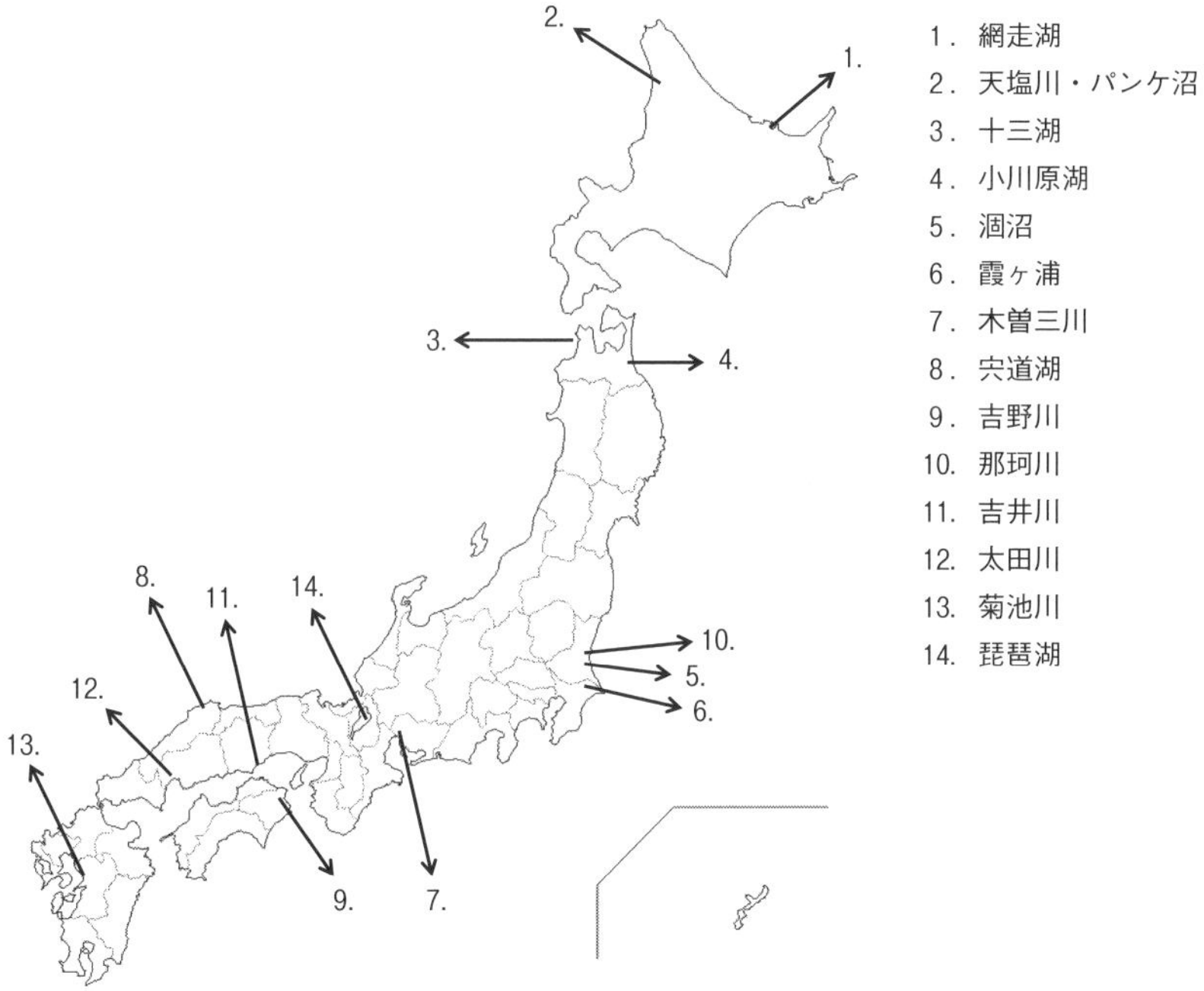


**図５－６　日本における主要なシジミの産地**

1．～13．はヤマトシジミ
14．はセタシジミ

## 1．ヤマトシジミの生態史

ここからは日本人に利用される量のほとんどを占めるヤマトシジミを中心に話を進めよう。汽水域に産するヤマトシジミは、網走湖、日本海側の天塩川とその支流域にあるパンケ沼、津軽半島の十三湖、上北地方の小川原湖、涸沼《ひぬま》、霞ヶ浦、木曽三川、宍道湖、吉野川、那珂川、吉井川、太田川、菊池川などがヤマトシジミの産地として知られている。ヤマトシジミは和食でもおなじみの貝であり、近年、シジミに含まれるアミノ酸のオルニチンが健康食品として注目されている。ただし、外来種のシジミの導入、シジミの生息する汽水・淡水環境の劣化によって、シジミの生産は大きく減少している。かつて一九六五年には漁獲量が全国で五・五万トンあったが、一九九六年には二・六万トンと半減している。しかし、その価格は約四〇倍に達している。二〇一四年の国内産シジミは島根県で一位、二位は青森県、三位は茨城県、四位は北海道となっている。このうち、島根県と青森県だけで全体の七一・六パーセントを占めている（表5-3）。

表5-3　シジミの都道府県別生産量（2014年度、農林水産省）

| 都道府県名 | トン（t） |
|---|---|
| 島根県 | 3, 622 |
| 青森県 | 3, 350 |
| 茨城県 | 828 |
| 北海道 | 812 |
| 東京都 | 467 |
| 三重県 | 341 |
| 愛知県 | 188 |
| 福岡県 | 52 |
| 鳥取県 | 45 |
| 岐阜県 | 26 |

　ヤマトシジミの生息に影響をおよぼす環境要因として、底質粒度（泥か砂か）、溶存酸素量、塩分濃度が大きくかかわるとされている。[21] ヤマトシジミは有機物量の少ない砂質に好んで生息する。また、汽水域では豊富な栄養塩の存在でプランクトンが大量発生し、その死骸から底層でバクテリアが繁殖して酸素が失われ、貧酸素状態になるとシジミは死滅する。汽水域では塩分濃度が変動するために、その変化に耐性をもつ種でないと生息することはできない。生息環境が海水化しても淡水化しても生存がおびやかされることになる。とくに産卵期における適当な塩分濃度と水温が大きな制限要因となっている。上流部からの淡水の流入が減少して海水が浸入する場合と、ぎゃくに淡水の流入量が増水によって増加して海水の流入が抑制される場合に、いずれも適切な塩分濃度が保証されないことになる。水質についていえば、酪農業における家畜の排泄物、農業における農薬、生活領域や工業用地からの排水が水質に大きな影響をあたえることが知られている。

　このことが端的に示すように、ヤマトシジミの生息するための環境条件がボトルネックとなっており、過去からの人為的な影響を含めて追跡する必要がある。つまり、ヤマトシジミをめぐる環境史、あるいは生態史（エコ・ヒストリー）が重要な課題といえる。[22] 以下、調査と先行研究をもとにして、ヤマトシジミを産する湖沼や河川を比較してこの問題を考えてみよう。

**写真5－3**　網走川から網走湖への海水遡上量を調節する堰。右側が下流でオホーツク海にいたる。

### 網走湖

網走湖にはもともとヤマトシジミが生息していなかった。塩分濃度も低いのでヤマトシジミの生息や産卵には不適切な環境であった。かといって淡水産のヤマトシジミも大正期までは生息していなかった。[23] 網走湖では湖と海をつなぐ網走川にあった中州が一九三〇（昭和五）年に撤去され、海水の流入が増加したことでヤマトシジミが採れるようになった経緯がある。

網走湖は上流からの網走川、女満別《めまんべつ》川、トマップ川、サラカオーマキキン川が流入し、ふたたび網走川としてオホーツク海に流出する海跡湖である。網走湖の面積は三二・三平方キロ、水深は最深で一六・八メートル、平均で六・一メートルある。水面は海抜〇メートルである。したがって、満潮時に下流部から海水が浸入し、湖底に塩分濃度の高い水が無酸素層を形成する。降水量の多い時期には湖面が高くなり、海水の浸入は抑制される。したがって、季節や時期におうじて網走湖の塩分濃度や無酸素層の状態は大きく変化する。網走湖では、海から網走川を経てシジミ漁場となる網走湖に流入する海水量を調整するために川に堰を設けて、海水の量を調整する計

写真５-４　モヨロ貝塚にある地上式の草ぶきの家（夏季）（左）と半地下式の土の家（冬季）（右）（復原）。冬季の竪穴式住居は、網走に居住していたギリヤーク人の造営による。

画が進められている（写真５-３）。ただし、網走湖ではシジミ漁だけがおこなわれているのではない。シラウオ、ワカサギなど、網走湖と沿岸域を回遊する魚も漁業の対象として利用されている。シジミの産卵だけに配慮した水の管理をおこなうことはできないことになる。

網走周辺では、平安時代に相当する時期にオホーツク文化がさかえた。この文化の担い手は海獣漁撈を主要な生業とする人びとである。その代表的な遺跡がモヨロ（最寄）貝塚（網走市）である。モヨロ貝塚は網走川の河口部左岸の砂丘地帯にあり、縄文晩期から続縄文時代、そしてオホーツク文化期に人びとが居住したことがわかっている（写真５-４）。かれらは、オホーツク海沿岸域でアゴヒゲアザラシ、オットセイなどの海獣類、サケ、マス、オヒョウ、ニシン、イトウ、マガレイ、クロメヌケなどの魚類とともに、マガキ、ヒメエゾボラ、エゾイソシジミ、ヤマトシジミ、サラガイ、ウバガイなどを利用した。

### 藻琴湖《もことこ》

網走湖から知床半島寄りのオホーツク海沿岸に藻琴湖がある。藻琴湖は面積一・二二平方キロ、周囲六キロの海跡湖である。藻琴湖の最深部は五・七メートル程度である。上流部からは藻琴川が流入し、その水量が多く、藻琴湖は土砂の堆積で縮小傾向にある。かわりに海水の流入によって、水面付近でも塩分濃度が高くなっている。そのため、カキの養殖がおこなわれる変化が起こった。藻琴湖では冬季（一二～一月）シジミ漁がおこなわれ、寒シジミとして高値で取り引きされている。

　地元の考古学研究者から興味ある話を聞いた。一七世紀のアイヌ期における藻琴湖神社遺跡から、ヤマトシジミとエゾイソシジミ（アシガイ科 *Nuttallia ezonis*）がちょうど交互にサンドイッチ状に堆積する層が見つかったという。エゾイソシジミは潮間帯に生息する海産シジミである（**写真5-5**）。なぜ、海産と汽水産のシジミが交互になった状態で残されているのであろうか。この疑問にたいする解答を考えるうえで、いくつかの仮説を想定する必要がある。第一は、同時代に海と汽水域とで場所をかえて採集し、結果としてサンドイッチ状に堆積したとする考えである。しかし、両方のシジミともに、オホーツク沿岸域では冬季以外の季節に周年採集が可能である。とすれば、遺跡の堆積物が明瞭に分かれて層序をなす理由が釈然としない。

**写真5－5**　エゾイソシジミ（*Nuttallia ezonis*）。東北以北の潮間帯から10mまでの砂泥地に生息する海産シジミ。

　第二は、海岸から汽水域における環境条件が変化し、汽水域でのみ採集が可能であった時期と、沿岸域でのみ採集が可能であった時期が季節や時代で異なっていた可能性である。海水の流入が卓越して、河川水が十分にない状態であれば、エゾイソシジミの分布域は拡大する。一方、河川水の勢いが大きくて、海水の河川への流入が少ないと、ヤマトシジミの分布域が拡大する。これには、河川の運ぶ土砂の堆積が河口部の地形を不断に変えてきた可能性も関与しているだろう。

　第三は、採集時期に関するちがいの問題である。現在、藻琴湖のヤマトシジミは網走湖産のものより価格が二倍もするという。藻琴湖では冬季でも結氷しないところで寒シジミの採集がおこなわれる。藻琴湖のシジミは滋養にもよいとされ、同湖産のカキなどはサロマ湖産の三倍もするという。藻琴湖は海に近接している。網走湖よりも海の影響を受けやすい。これは後述する津軽半島の十三湖《じゅうさんこ》も同様である。藻琴湖では、夏季に海でエゾイソシジミを採集し、冬季に湖でヤマトシジミを採集した可能性も皆無ではない。いずれにせよ、今後、発掘やシジミの生態に関する詳細な調査研究がなされる必要があるだろう。

かつて藻琴湖では一九三七年当時、一平方メートル当たり五〇〇～一〇〇〇個のヤマトシジミが生息することが確認された(24)。しかも、最大の漁場である湖の出口周辺は七～八月の産卵場として禁漁とし、個人あたりの総量規制として一日当たり一斗（一・八リットル）とされていた。

しかし、戦後になって、藻琴湖におけるヤマトシジミの再生産が激減した。これには湖の環境条件の大きな変化がかかわっているとされる。戦後の一九五九年に藻琴川上流部から網走市への水道水供給のための取水が開始された。また、一九七〇年代後半に、藻琴川下流域で水路の拡幅と直線化の工事がおこなわれ、海水の遡上量が図題した。こうした結果、藻琴湖の高塩分化が進んだ結果、ヤマトシジミの産卵が抑制され、資源量も激減したと考えられている。

### 十三湖《じゅうさんこ》

津軽半島にある十三湖は岩木川の河口部にあって日本海の影響をまともに受ける。十三湖に流入する河川には山田川、鳥谷川、岩木川があるが圧倒的に岩木川の流入量が多い(25)。十三湖の水深は三メートルまでで、水温や塩分濃度の水深差はほとんどない（図5-7）。岩木川の上流部における農業・工業用の取水量が多くなると、十三湖の水位が下がる。すると、海水が入ってくるので十三湖内の塩分濃度が上昇し、シジミの産卵にも影響がおよぶ。そのため、湖面の水位が低下しないように、淡水をパイプで導入する計画も検討されている。また上流部の開発で土砂が大量に下流部に運搬され、それにより好漁場が減少するようになった。一九八二年の夏から秋にヤマトシジミの大量斃死が発生した。その訳は、岩木川流域が記録的な渇水に見舞われ、流入する河川水が極端に少なく、海水が十三湖に流入したためとされている。一九六〇年代から資源管理の規制もなく、漁獲量は増加したが、その後乱獲により低迷した。しかし、一九八五年以降は資源管理規制のためもあって、増加傾向にある。現在では、十三湖のヤマトシジミは二〇〇七年に水産資源の持続的利用や生態系保全を促進するためのエコラベ

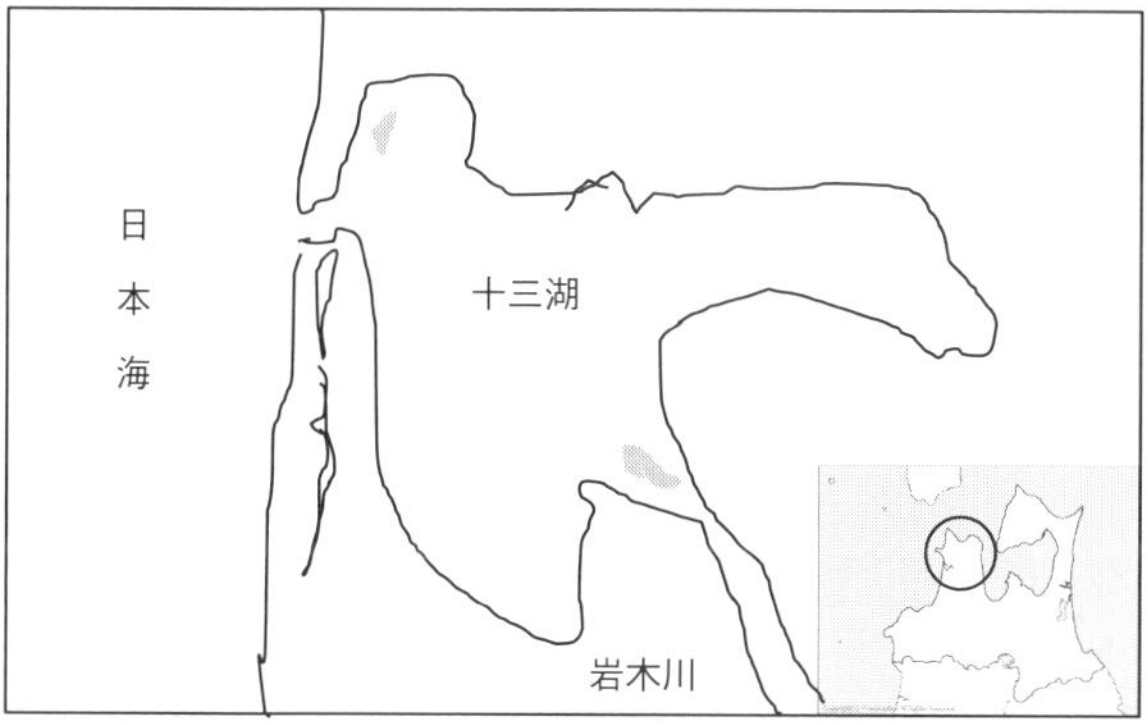

図５－７　十三湖

写真５－６　青森県十三湖産のヤマトシジミ

ル制度の認定を受けており、出荷されるシジミにはエコ・ラベル・ジャパンの認定ラベルが付けられている[26]（写真5-6）。

## 天塩川・パンケ沼

北海道北部の日本海側にある天塩川流域上流部には泥炭地上にサロベツ原野がひろがっている。天塩川は天塩岳に発する全長二五六キロの河川で北海道では石狩川についで長い河川となっている。天塩のシジミは、厚岸のカキ、十勝川のフナとともに「蝦夷の三絶」として古くから珍重され、道外でも著名な特産品となっている[27]。天塩川の支流であるサロベツ川上流部にはパンケ沼があり、天塩川下流域・サロベツ川とともにヤマトシジミの産地となっている（写真5-7）。パンケ沼は汽水湖であり、面積は三・五五平方キロで、水深は約一・八メートルと浅い（図5-8）。シジミ漁は一九五五年あたりから本格的にはじまった。主要な漁場はパンケ沼であり、一九八五年には天塩川流域で過去最高の六〇五トンの生産量があり、パンケ沼だけで約五〇〇トンあった。しかし、一九九八年には二〇〇トンあまりまで減少した。パンケ沼は天塩川からの海水の影響をあまり強くは受けない。また、パンケ沼周囲の酪農牧場から家畜の糞や農場において使用された農薬が沼に流入した。パンケ沼では塩分濃度が低いのでシジミの産卵行動にも悪影響がおよぶ。シジミの産卵を活性化するためには、海水の導入が不可欠である。現地でシジミの資源管理をおこなっているコンサルタント会社のYさんは、日本海から直接、パイプで海水を導入する案をもっている。また、最近、シジミ貝殻表面に赤色の付着物が認められるようになった（サビシジミ）。これは上流域において溶存鉄（フルボ酸鉄）を含む河川水が酸素の多い塩水の影響によって貝殻に付着すると考えられている[28]。

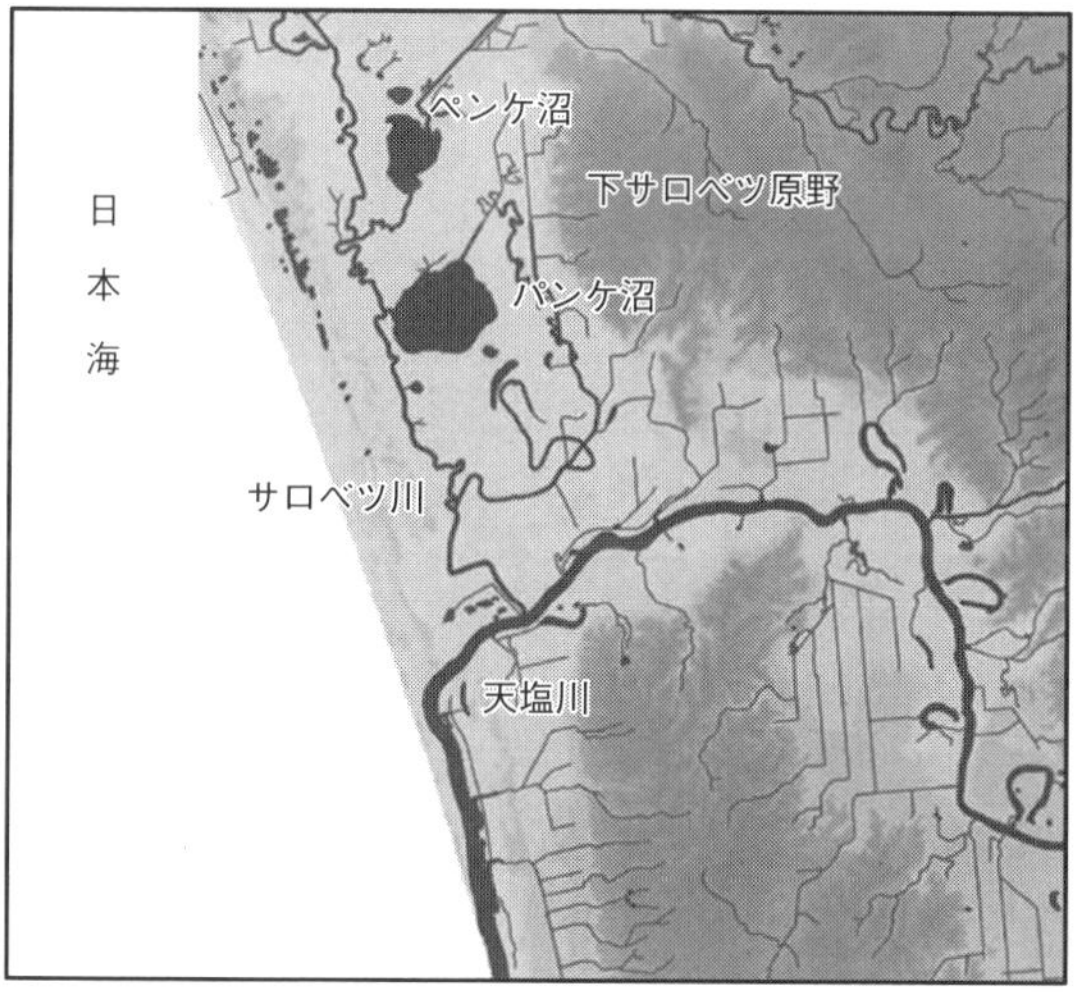


図5-8　パンケ沼。下サロベツ原野にある。

写真5-7　天塩川上流部のパンケ沼産のシジミ。淡水中のフルボ酸鉄が海水の影響で酸化して貝殻に付着したため赤くなっている。

## 小川原湖

青森県の太平洋岸にある小川原湖は面積六三・二平方キロの湖で、面積は青森県内最大となっている。七戸《しちのへ》川、土場《どば》川、砂土路《さどろ》川などが流入し、湖の出口から高瀬川を通じて七キロ下流の海とつながっている（図5-9）。最深部は二五メートルであるが、岸からおよそ二〇〇メートルまでは水深二メートルの浅い水域となっている。海面水位が湖面水位より高くなる時期には海水が高瀬川を逆流して湖に流れ込む。小川原湖の周辺には縄文時代早期〜後期にかけての遺跡や貝塚が密に分布しており、小川原湖を重要な資源領域として利用していたことがわかる。たとえば、小川原湖西岸の標高約三〇メートルの台地にある二ツ森遺跡は縄文時代前期前葉から縄文時代中期末葉（紀元前三五〇〇〜紀元前二〇〇〇年頃）の大規模な貝塚をともなう約三〇ヘクタールに達する遺跡である。縄文時代前期には海水性の貝塚であったが、中期には汽水性の貝塚が形成され、ヤマトシジミやハマグリが出土する。

戦前の一九四〇年、小川原湖に流入する坪川上流で硫化銅鉱山の開発により、湖内のシジミが大量斃死し、ワカサギなども激減した。戦時中のこともあり、戦後ようやく、事態の深刻さが認められ、一九五〇年から石灰による河川の中和などの改善策が講じられ、シジミ資源も徐々に回復するようになった。

かつて湖を淡水化してその水を工業用に供給する計画があった。一九七〇年代のむつ小川原開発計画の一環として小川原湖を淡水化して広域にわたって水道水を供給する事業をおこなうものであった。しかし当初予想の水需要量が大幅に下方修正せざるをえなくなり、オイルショックの影響もあって、一九九六年一二月に淡水化事業は白紙撤回された。湖内では環境省が無人タワーによる水質観測を引き続きおこなっている。

一九七〇年以降、シジミ漁獲量の急増は下流域の高瀬川改修工事による海水の流入によると考えられている。また、シジミ漁獲量の増加による新規参入者が増え、従来からあった仲買業者による買い占め問題を是正するための卸売り市場の開設について議論され、漁業者、漁業協同組合、仲買業者間の協議を通じて一九九三年から開

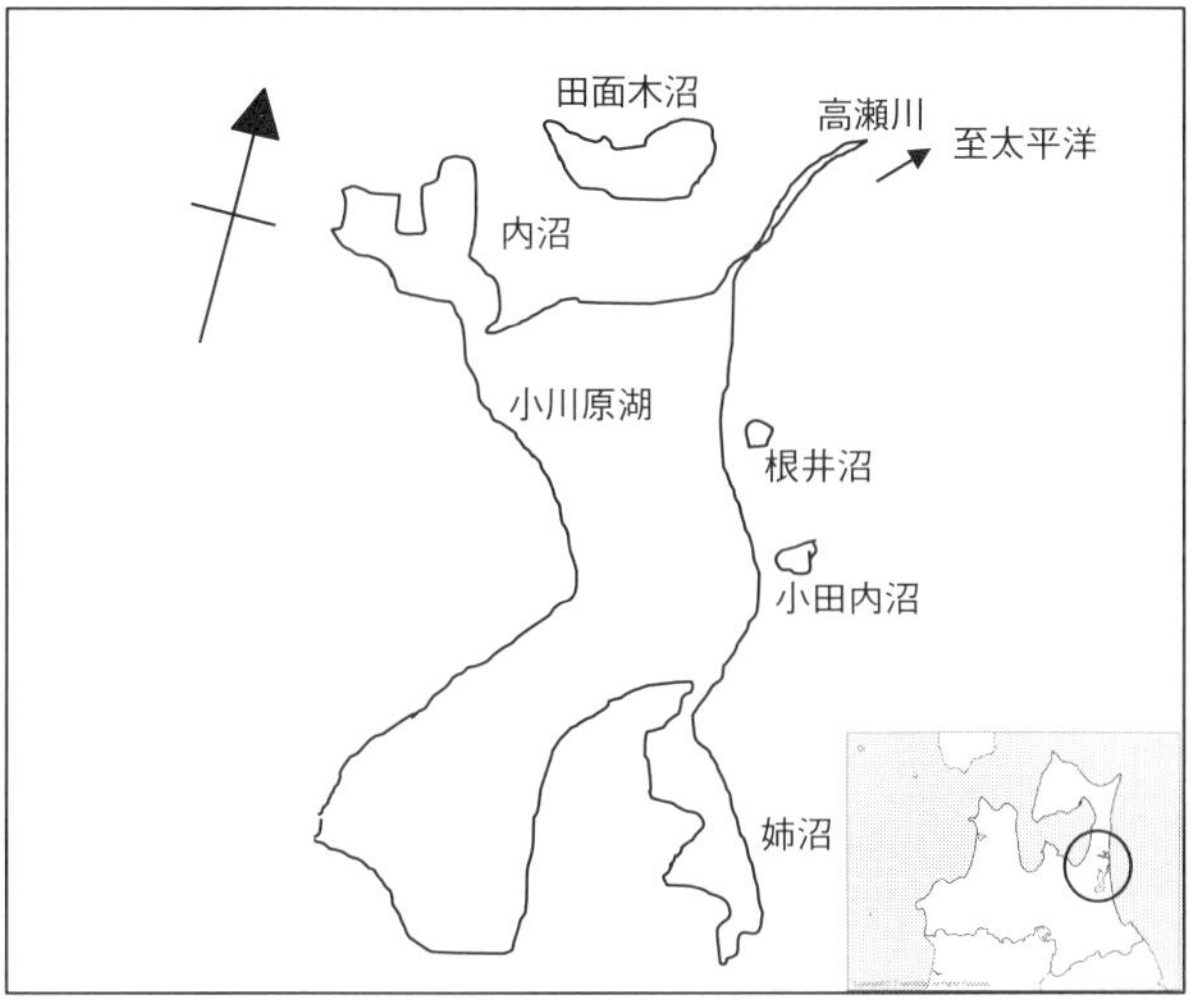


**図５－９**　小川原湖
水産資源が豊かなことから「宝沼」ともよばれる。周囲にいくつもの沼があり、小川原湖湖沼群となっている。

**写真５－８**　小川原湖水産物荷捌施設におけるシジミの集荷。サイズ別にＬ、２Ｌ、３Ｌと等級化され、大きいものほど単価が高い。

設されることとなった[29]（写真5-8）。

## 宍道湖《しんじこ》

宍道湖は島根県にある海跡湖で、面積は八〇・三平方キロ、平均水深四・五メートル。湖岸延長四五キロで、二〇数河川が流入するなかで最大のものは斐伊川《ひいがわ》である。低塩分の宍道湖からは大橋川、中海《なかうみ》（高塩分汽水）、境水道を通じて、美保湾から日本海にいたる汽水湖である。斐伊川はもともと出雲平野を西に流れて日本海に流出していたが、近世の寛永年間の大洪水により、宍道湖へと流入する変化が生じた。

宍道湖におけるヤマトシジミ漁場は沿岸域の浅瀬中心に約二三・五平方キロで、湖の約三割に相当する。大橋川と宍道湖と日本海をつなぐ水路である佐陀川《さだがわ》も一部、シジミ漁場となっている。

写真5-9　島根県・佐太講武貝塚のはぎ取り標本

縄文時代の遺跡からは、たとえば松江市鹿島町佐太講武《さだこうぶ》貝塚（縄文前期から中期）の八メートルにおよぶ剥ぎ取り標本をみても、おびただしい量の貝類のほとんどが汽水性のヤマトシジミとなっている（写真5-9）。さらに弥生～古墳時代では、出雲半島の神戸《かんど》川と斐伊川が流出する神門水海《かんどのみずうみ》周辺の遺跡（古志本郷《こしほんごう》、多聞院、小浜、田中谷、竹崎、雲部《おんべ》I）や、平安時代の上長浜《かみながはま》貝塚からは、大量のシジミが出土している。とくに上長浜貝塚からは約七〇〇平方メートルの国内最大級のシジミを包含する貝塚が見つかっている。大正から昭和初期にかけて大橋川の浚渫がおこなわれるまで宍道湖は汽水湖として定着しなかった。そのため、それ以前の江戸期には大橋川周辺でシジミ漁がおこなわれたと推定されている。一九三〇年の浚渫工事により、宍道湖が塩水化し、農民にとり灌漑用水として湖水を使えなくなるとして反対も起こった。このことが戦後、一九六三年から巻き起こった宍道湖・中海の淡水化事業の発端となった。

戦後、宍道湖のシジミ漁は漁業の近代化・機械化、新しい採集技術の導入などを通じて漁獲量は大きく増大した。画期的であったのは、一九七一年、利根川の河口堰が完成し、シジミの大量斃死が発生したことや、秋田県の八郎潟の干拓などを通じて、国内のシジミ漁場が大きく減少したことである。すなわち、宍道湖におけるシジミへの需要が増加することとなった。漁獲量は増加したが、同時に中海・宍道湖の淡水化事業が進められてきた。こうした漁民の反対や環境保全の大きなうねりのなかで、島根・鳥取両県の要請で淡水化事業は延期となった。一九八八年のことである。その後、二〇〇〇年には干拓事業が中心となり、二〇〇二年には代替の灌漑用水を確保することができるようになり、中海の淡水化事業も中止された。また、一九七四年に開始された中浦水門建設もアオコの大発生やシジミの減少などを契機として水門反対運動が起こり、二〇〇九年に撤去された。こうして干拓事業の中止とシジミの生存は一応確保されたことになった。

## 2. シジミと人の多様なかかわり

以上みたように、汽水、つまり海と川との境界水域では環境変化で塩分濃度が低下ないし高くなる変化が発生する。この変化を正常な範囲にもどすためのさまざまな改変が新たに必要となってきたことが判明する。シジミの漁獲量の経年変化をみると、河川の変化がシジミの生育に大きな影響をあたえてきたものといえる。たとえば、上流における河川改修や堰堤、ダムの建設によって下流域への土砂の供給が減少し、シジミの生育場となる砂地環境が少なくなってきた。ヤマトシジミは依然として漁獲されて販売されるだけの資源量があっても、淡水域のマシジミは見る影もなく減少してしまった。これには内陸の河川や水田周辺の水域における環境の劣化、農薬の使用、環境改変が大きな要因となっている。底質、塩分濃度、水温などの環境条件が渇水や大雨などの自然変動によるだけでなく、堰堤の建設、農業による取水、河川の拡幅など、人為的な要因にたいして敏感な影響を蒙ったのがシジミであった。シジミは小さな生き物だ。しかし、ヤマトシジミに典型的なように、シジミは海と川のはざまにあって人間活動や環境の変化にたいして反応し、その微妙なバランスのうえで生きてきた。ちょうど三〇年ほど前以降になると、韓国、中国、台湾、そしてロシアからもシジミが導入されるようになった。外来種による固有種への影響問題や産地偽装など、現代的な課題にシジミも関与している。大陸や台湾からのものは種類からすると淡水産のタイワンシジミ（*Corbicula fluminea*）である。外来種が導入されたわけは、価格が安価であることによるものであり、急激に取扱い量が増えている。これらの外来シジミが偶然か意図的か不明であるが、野外に放流された結果、各地で新参のシジミが増えている。東アジア原産のカワヒバリガイ（特定外来生物）もシジミに混入して繁殖し、生態系を攪乱していることが判明している。利潤追求だけで外来種の導入や偽装が許されてよいわけはない。われわれの世界で優先すべきは、経済ではなかったはずだ。

こうしてみると、シジミは小さな存在であるが、人間にとってもかけがえのない地域と地球環境や人間のいとなみを映す鏡であるといってよい。たかがシジミ、されどシジミなのだ。

## 第4節　干潟と藻場

### 1．干拓と循環

前節でみたように、汽水域におけるシジミ漁業は下流域の海からと、上流域の山からの影響をまともに受けてきた。考えてみれば、自然の循環のなかで高い山から低い低地や海にいたる水の循環だけを取り上げることもない。季節や年変動におうじて、海と山とは拮抗関係にもある。そのことを知る重要な目安がじつはシジミの生存であった。であるとしても、汽水域の動態はあくまで自然における循環の一側面である。ところが、人間は自然の壮大な循環を知ることなく、愚行を重ねることが多かった。なりふりかまわないと思った当の本人は、経済開発や食料増産を是とする価値観にとらわれ、結局のところ、自然の循環を軽視、ないし無視したツケを本人だけでなく、もっと大きな範囲にわたる利害関係者が負の遺産として甘受せざるをえなかった。

## 干拓の歴史

汽水域の改変で、もっとも顕著な人為的作為が干拓である。干拓は英語でリクレイム（reclaim）と称される。リクレイムには、（沼や湿地を）「干拓する」以外にいくつもの意味がある。たとえば、「野生を克服する」、「ふたたび役立させる」、「人生や振舞いの間違った邪悪なやり方を放棄して正しいものに従うところまでもってくる、あるいは強制する」、「廃棄物から原料を再利用する」、あるいは「取り戻す」などの意味がある。つまり、リクレイムには元の悪い状態を脱して、よりよい状態にするという意味が多分にある。英語の意味をそのまま日本語として適用すると、暗に干拓を正当化することになる。

干拓のすべてを否定するつもりは毛頭ないが、近代の歴史をみるとき、生態学的にもその功罪を正当に評価すべきだろう。端的にいえば、干拓は海を陸の支配下におく発想からの行為であり、あきらかに海への差別を含んでいるとしか思われないからである。

干拓化事業は近世にさかのぼるが、人口増加への対応にしろ、農業生産の発展にしろ、生態系のなかでバランスを考えた思考では残念ながらなかった。とくに干拓は戦前・戦後の食料難にさいして国是とされてきた。京都府の巨椋池《おぐらいけ》干拓（一九三一～一九四一年）や秋田県の八郎潟（一九五七～一九六四年）の例を挙げるまでもない。巨椋池は、下流部の洪水が頻発すること、巨椋池の湿地帯が人間にとり有用な場とはみなされなかったこと、木津川と切り離されてからはマラリアの巣窟とされ、干拓事業が食料確保の観点から押し切られた経緯がある。秋田県の八郎潟も、漁業補償と埋め立てによる経済発展がともに住民に利するとして反対を押し切って可決された。

長崎県諫早湾の場合、締め切り堤防による国営諫早湾干拓事業は一九八九年に開始され、一九九七年に潮受け堤防が建設された（図5-10）。しかし、その後も潮受け堤防の開門をめぐって漁民と農民との対立が激化し、その影響はいまにおよんでいる。潮受け堤防の開門を要求してきた漁民側からの意見は、堤防閉鎖による干潟の消失が漁業への被害を増加させた元凶であること、潮受け堤防は河川の氾濫による洪水防止となる機能はなく、高潮を防ぐ意味しかない。潮受け堤防の閉鎖以来、漁業被害がどんどん酷くなっており、その原因は諫早湾の干潟が失われたためである。生態系の回復には、開門による諫早湾の干潟再生が不可欠である。堤防を開いて遊水池を作り、そこに海水が浸入しても有毒なアオコは死滅する。内部堤防があるために、海水の浸入はないので、畑地や水田に塩害がおよぶとはいえない。水門附近の海底はコンクリート製であり、ヘドロが拡散することはない。

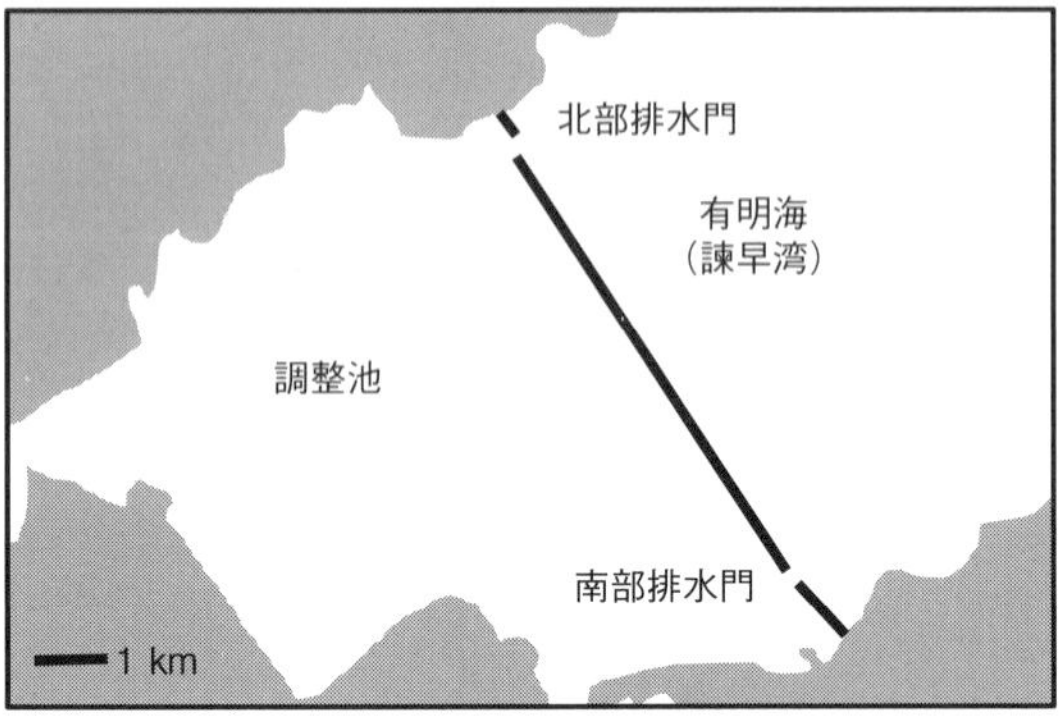

図5-10　諫早湾の潮受け堤防の位置

## 干潟の保全

諫早湾における潮受け堤防は、干拓地を造成して農業生産を向上させるための国策であった。陸地は人間にとり生活の場であり、生産の場でもある。これにたいして、海は決して生活の場ではないが、重要な生産の場である。陸地における生産にとり、海水は無用な存在であるどころか塩害をもたらす厄介ものである。他方、海における生産にとり、陸域から流入する河川水は栄養塩類を運搬して豊かな海を造りだしてくれる。ただし、窒素やリンが過剰にあると、海はその影響をまともに受けて富栄養化し、赤潮や青潮の発生する事態が生じた[30]。

　さらには、魚類の大量斃死や貝類の中毒化など、沿岸漁業や人間の食生活にも重大な影響をおよぼすこととなった。栄養塩類の海への流出だけでなく、工場からの廃液や排水が海にタレ流され、広い範囲にわたり海洋生態系にゆゆしき汚染をもたらした。それにとどまらず、人間の生命をおびやかす事態が発生することもあった。戦後の一九五六年に最初に報告された、記憶にも新しい水俣病は、熊本県水俣市にあるチッソ水俣工場が水俣湾に流した廃液がもととなって周辺住民が水俣病に罹患することとなった。タレ流された廃液中の有機水銀が食物連鎖を通じてプランクトン、魚介類、そして人間に摂取される生物濃縮の結果、四肢末端の感覚障害、運動失調、求心性視野狭窄、聴力障害、平衡機能障害、言語障害などの諸症状を併発し、重篤な場合は死にいたることがあった。しかも、胎盤を通じて胎児にもメチル水銀がおよぶことが判明し、胎児性水俣病の症例として報告された[31]。水俣と同様に、新潟県下越《かえつ》地方の阿賀野川流域で昭和電工が起こした公害病もおなじくメチル水銀による水俣病である。諫早湾におけるような土木的な潮受け堤防や全国各地における護岸工事が干潟の減少にかかわってきたことはあきらかだ。

　沿岸域では各種の養殖業が発達してきた。養殖の対象となる海藻や貝類、魚類などの生物は人間に恩恵をあたえる一方、動物性の飼料、老廃物や死骸が栄養塩類を過剰に供給することにもなった。この点で、干潟に生息する貝類や環形動物などは干潟や砂泥地の微生物やプランクトンを餌として取り込んで分解する「海の清掃者」としての役割を果たしてきた。一見して人間にとり有益とは思われない干潟は生態系の維持と物質循環、富栄養化の防止など、たいへん重要な役割を果してきた。

## 中津干潟とササヒビ再生

大分県中津市地先には、周防灘の豊前海に面する中津干潟がある。中津干潟は瀬戸内海の沿岸域が戦後の経済成長期における埋立てや産業発展にともない大きく後退したなかで奇跡的に残った。その理由の一つは中津干潟が福岡県と大分県の県境域にあり、開発をめぐる両県の政策的な合意がなされなかったことが一因となっている。中津干潟は岸から沖に約三キロ、面積一・三四七ヘクタールの大きさをもつ（図5-11、写真5-10）。この干潟には五〇〇種におよぶ生物種が生息しており、しかもその四割が絶滅危惧種という驚くべき数字がわかっている。それだけ、日本の干潟が消失し、そこに生息する生き物も危機的な状態にあるということが判明した。

中津干潟ではアサリやキヌガイ（バカガイ、あおやぎ）をはじめとする採貝漁業、ノリ養殖がおこなわれてきた。また、一九六〇年代当時、ササヒビ（笹干見）とよばれる小型の定置網漁がおこなわれ、沿岸域には十数基ものササヒビがあった。ササヒビは枝のついたマダケを垣根のようにV字形に建て、引き潮とともに沖に移動する魚やカニなどを袋網に誘導して捕獲するものである（写真5-11）。ふつうは九州や琉球列島では石を馬蹄形に積んだ類似の石干見《いしひみ》が造築される(32)。中津ではササヒビは干潟にマダケを突き立てて作られるが、地盤の硬い場所では石干見も数基造成されていたことがわかった。

中津干潟におけるアサリの漁獲量は一九八五、八六年当時、全国一を誇っていた。しかし、一九八八年以降、激減した（図5-12）。減少の要因として、底曳網による稚貝の採集圧、ナルトビエイによるアサリの捕食、海水温の上昇などの温暖化現象、貧栄養化によるプランクトンの減少など複合的な影響が指摘されている。また、ササヒビ漁に代わって、一九六〇年代より、のり養殖用のひびが共同漁業権漁場内に設置され、結果的にササヒビができなくなった経緯もある（図5-13）。

こうしたなかで「水辺に遊ぶ会」（代表：足利由紀子）を中心に干潟保全・環境教育活動を進める足利は環境省からの支援を母体に、二〇〇八年、水産庁環境・生態系保全活動支援調査・実証事業ならびに大分県森林環境保

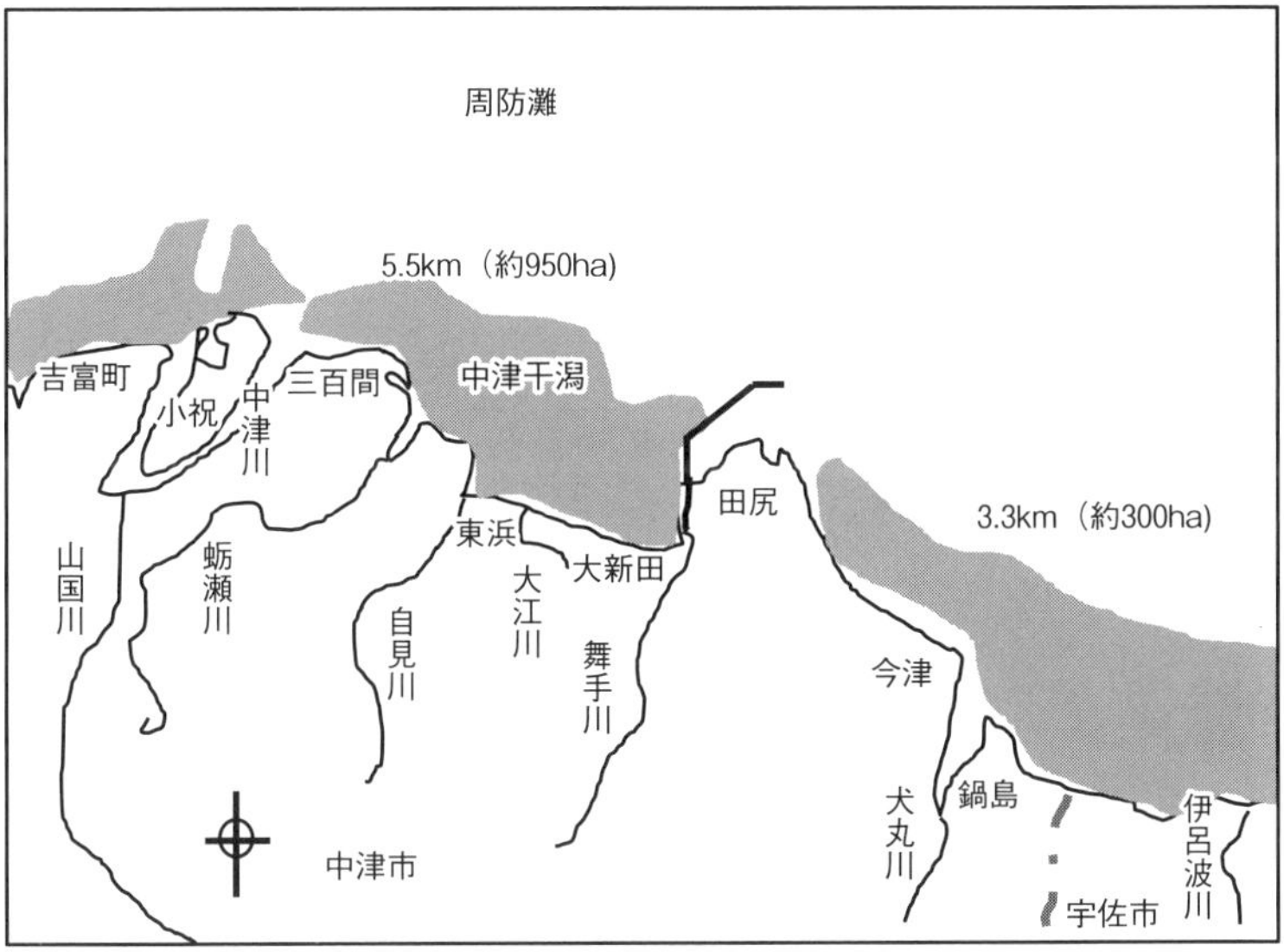


図 5 -11　中津干潟

写真 5 -10　中津干潟

写真5-11　中津干潟のササヒビ（足利由紀子氏提供）

全推進関係事業によりササヒビを新規に構築した。事業の目的は、劣化の傾向にある干潟漁場の機能向上、二枚貝の幼生の沈着促進、生物多様性の創出、伝統漁業にふれることによる子どもたちへの環境教育、里山で問題となっている竹の再利用などとした。五年間の設置期間の間、継続したモニタリング調査や啓発のための体験漁業などを計画、現在実施中である。ササヒビに沈着したアサリの稚貝はナルトビエイにより捕食されることはない。

二〇〇八年に漁業者、行政、NPOの協働事業という形で中津干潟にササヒビ（笹干見）を新規に構築し、干潟における漁撈活動を通じて干潟の生き物の観察会を実施してきた。

残念ながら、二〇一二年七月に発生した洪水で山国川の上流部から大量の流木が流れ、干潟にあるササヒビを破壊してしまった。

中津川と蛎瀬川《かきせがわ》に挟まれた三百間《さんびゃっけん》地区では砂州の発達により、河口閉塞の状況がみられるようになり、砂州が高潮被害を防ぐ役割とともに後背地の塩性湿地の保全上の意義もあり、堆積土砂を移行させる実験が

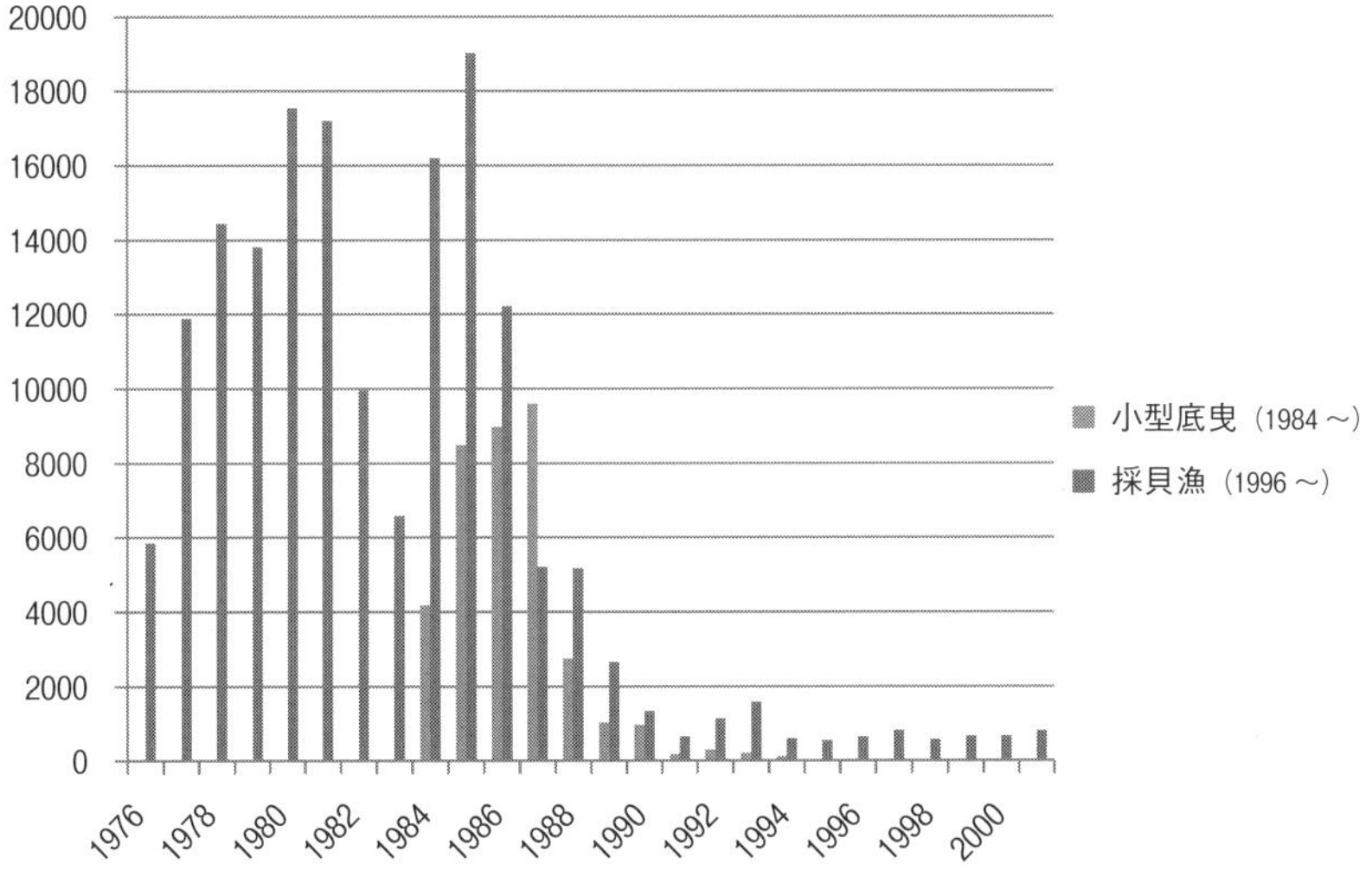


**図５-12**　大分県豊前海におけるアサリ漁獲量の推移（農林水産統計年報をもとに筆者作成）

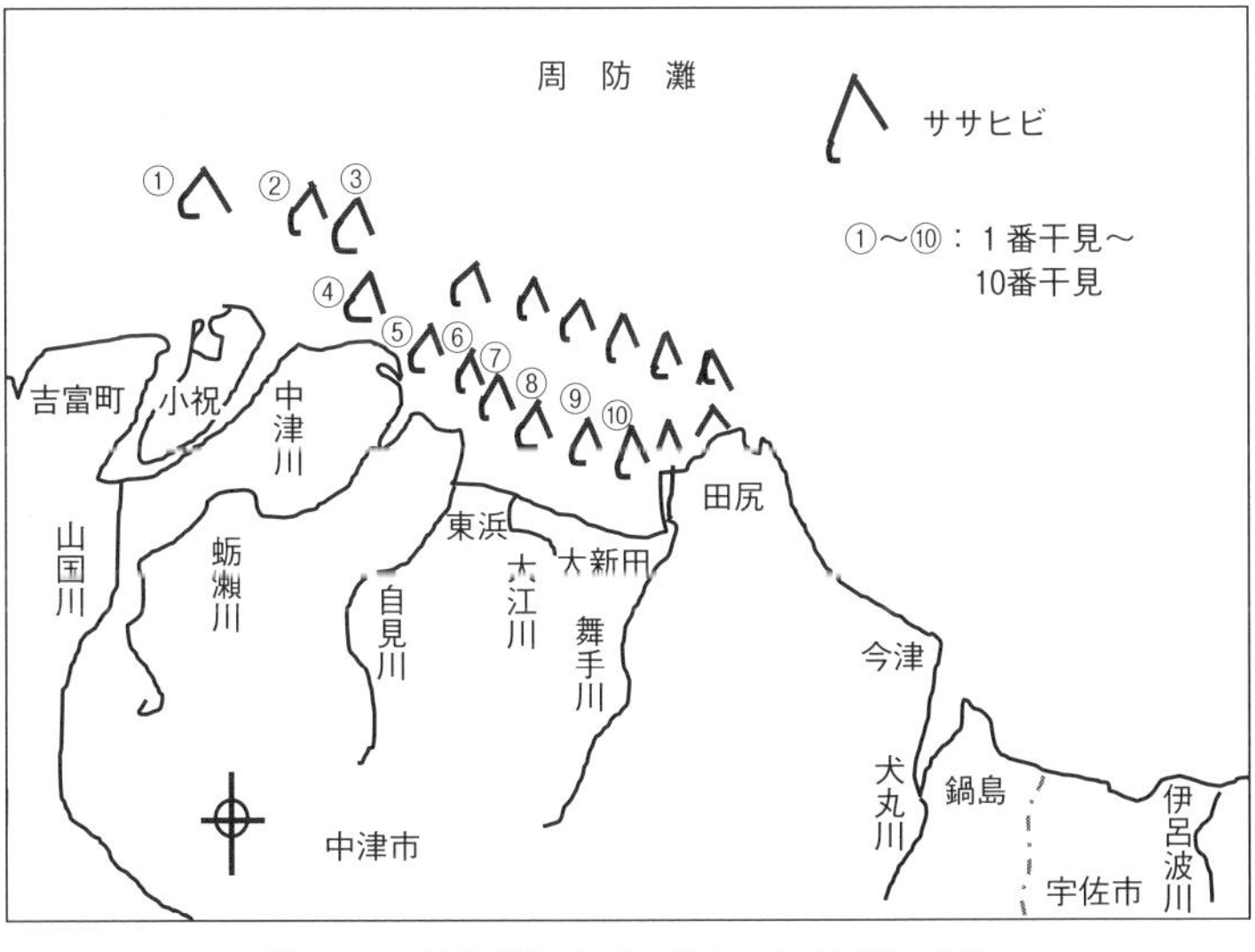


**図５-13**　中津干潟における過去のササヒビの位置
1957年2月1日調べによる「中津市干潟図」（中津市歴史民俗資料館所蔵）をもとに作成

写真5-12　和白干潟（福岡市）　左奥に見えるのが人工島。

試みられている。河口部は自然循環のかなめとなる地点にあり、微地形の時間変化を見据えたモニタリング調査がおこなわれている。(33)

## 和白《わじろ》干潟と渡り鳥の中継地

和白干潟は福岡県・博多湾の北東部にある干潟で面積は八〇ヘクタールで、日本海側で日本最大の大きさをもつ（**写真5-12**）。この干潟には多くの渡り鳥が飛来することが知られている。(34) 和白干潟は日本ユネスコ協会の主宰するプロジェクト未来遺産に二〇一四年度に登録された。そのかかわりもあって、和白干潟を訪れ、現地で「和白干潟を守る会」の代表である山本廣子と出会った。彼女とは以前、朝日新聞社による「海への貢献大賞」で受賞されたさいにお会いしているが、当時からすでに三〇年以上が経過していた。

二〇一四年に現地を訪問したさい、干潟で海底湧水の出ることを同行した新井章吾から教わった。このほか、和白干潟周辺の博多湾には多々良川、香椎《かしい》川などの中小河川が流入している。干潟の保全に尽

**写真5-13**　地元活動家との干潟保全に関する討論。

力する山本らのグループは干潟の保全活動だけでなく、干潟に流入する河川の問題についても目を向けていた。河川から汚染物質が下流部から干潟にもたらされれば、干潟の環境は劣化する。だから、河川の清掃やゴミ処理などにも注意をおこたることなく保全活動が進められていた。

和白干潟ではかつて一九七八年に全面を埋め立てる計画が立てられたが、市民団体からの反対などにより撤回された。この計画に代わる形として、和白干潟の沖に福岡市中心街の広さにも匹敵する約四〇一ヘクタールの人工島建設が決定され、市民団体から干潟環境への悪影響を懸念する声が寄せられるなか、一九九四年に着工が開始された。

人工島が着工後の翌一九九五年ころから、和白干潟では夏にアオサが大発生するようになった。この異変は人工島の埋め立てにより海水の循環が阻害されたことによる。大量のアオサによって海底の二枚貝やゴカイなどが死滅し、干潟の水質浄化機能が低下することにつながった。渡り鳥の餌も減少し、飛来数の減少が報告されている（**写真5-13**）。

干潟の環境に発生した変化は人工島の建設によることは間違いないが、問題は環境を改変するさい、元のように復元することは人間の力では限界のあること、自然は人工的に作ることができないという原則を十分に理解することが肝要である。

大発生したアオサを回収し、人工島の埋め立てに使うなどの試みもなされたが、今後、毎年発生するアオサを除去する予算的な裏付けもない。アオサをバイオエタノール用に転換する技術も効率性とコスト面で折り合わないとすれば、干潟の海水交換を実現する抜本的な方策しか先の見通しは

**写真5－14**　和白干潟を訪れる鳥の版画。ミヤコドリ（左）とクロツラヘラサギ（右）（山本廣子・作）

立たない。渡り鳥の飛来数の問題にしても、一地域だけで問題が解決するのではないことはすでにコモンズの渡り鳥モデルで指摘したとおりである。

和白干潟には季節におうじて春と秋にはシギ・チドリなどの渡りの中継地となっている。冬にはシギ類（オオソリハシシギ、チュウシャクシギ、ダイシャクシギ、ハマシギ、ミユビシギ）、カモ類（淡水性のマガモ、ヒドリガモ、オナガガモ、ツクシガモ、スズガモや海産のカモであるホシハジロ、ホオジロガモ）、カモメ類（ウミネコ、ユリカモメ、ズグロカモメ）、カイツブリ類（カンムリカイツブリ）など多種類の水鳥が越冬する。チドリの仲間であるミヤコドリも越冬する。九州北部に立地することからもわかるように、朝鮮半島や中国大陸との渡りルートと日本列島の南北渡りルートの交差点にあり、ＩＵＣＮの『絶滅の恐れのある動物―レッドリスト』記載の絶滅寸前種であるクロツラヘラサギや絶滅危惧種のズグロカモメ、環境庁の『日本の絶滅の恐れのある野生生物―レッドデータブック』記載の希少種であるヘラサギ、コアジサシ、ホウロクシギなどの希少種や、カンムリカイツブリ、ツクシガモ、ミサゴ、ハヤブサなどの危急種が飛来する（**写真5－14**）。

和白干潟では、上流域から干潟にいたる河川を通じた循環、干満差による海水の循環など、地域に独自の循環系とともに、渡り鳥の広域的な移動にかかわる循環系ともリンクしている。

和白干潟の保全の方策として水鳥と湿地に関する国際的な条約であるラムサール条約への登録が期待されているが、人工島の建設による干潟環境の劣化が大きな足かせになることが懸念される。

## 第5節　循環とコモンズ

### 1．森川海の循環

#### 「森は海の恋人」

「森は海の恋人」は気仙沼市の舞根湾でカキ養殖をいとなむ畠山重篤が産み出した用語である。豊かな海は森の生み出す栄養塩の恩恵に依存している。このことを森と海の連関として位置づけたもので、その意義は広く社会に定着したといえるだろう(35)。学術研究においても、畠山のアイディアは「森里海連環学」として推進されてきた。この研究は、京都大学フィールド科学教育研究センターの田中克、山下洋を中心に進められている(36)。

序章でふれたように、環境の用語にある「環」は、大気や水などの自然現象、生物現象、人間の社会や文化におけるつながり、連鎖に通底する普遍的な現象を示す。人間と環境との相互作用におけるつながりは、「連環」ないし「連関」にほかならない。なお、連環は「くさり」（鎖）としてのつながりを意味するのにたいして、連関は二つの事象の因果関係ないし共通性をもつ場合に用いられる。森と海とがつながっていることを栄養塩類の輸送に限定すれば連環となるが、連関は物質だけにかぎらず広義のつながりを指すことになる。

畠山の実施するカキ養殖では、森の栄養分が河川を通じて沿岸域に輸送され、植物プランクトンに取り込まれる。植物プランクトンは動物プランクトンによって消費され、さらにカキにより吸収される。したがって、森と海は栄養塩類を通じて連環することになる。カキ養殖はもともと自然界に存在するカキの種苗を人間が集め、集中的に管理して育てるいとなみであり、海の栄養塩類と太陽エネルギーを使った非破壊的で持続的な漁業である。

カキ養殖は人間による営為であり、養殖筏は個人やグループによって保有されている。日本では漁業法六条四項にある区画漁業権の第一種区画漁業であり、免許期間は一〇年となっている。養殖されたカキは従事した個人のものとなるが、森から河川を経て海にいたる循環が正常に機能することが前提となっている。森が海における人間の生産活動をささえる生態系の供給サービスを提供していることはまぎれもない。森が水源を涵養する機能を喪失した情況や河川にダムを建設し、ケイ酸塩を含む栄養塩類が下流部に運搬されない状況になると、プランクトンの発生に支障をきたす。河川が果たす生態系の維持サービスも劣化することになる。この点で、森川海の循環を一体のものとして管理することは重要なことがらである。わたしはこの循環系を人間にとりコモンズ、つまり共有財産としてあつかい、森、川、海の環境を保全する観点がたいへん重要であると考えている。つまり、循環の機能を全体として把握し、管理する視点がきわめて大切なことがらになるといえる。

### 海底湧水とサケ・イワガキ

森から海にいたる栄養物質の循環は河川を通じてのみ達成されるのではない。地下に浸透した水も沿岸部で湧出するうえ、海底湧水として噴出することがあるからだ。山形県北部から秋田県南部の日本海側は、成層火山である鳥海山（二二三六メートル）のふもとにあり、月光川《がっこうがわ》、日向川《にっこうがわ》が日本海にそそぐ。[37] 月光川の支流である牛渡《うしわたり》川《がわ》は鳥海山の湧水に由来する。牛渡川上流には箕輪《みのわ》鮭漁業生産組合（一九四九年創設）があり、サケの人工ふ化場（ふかば）での事業がおこなわれている。もっとも、江戸時代の一八〇六（文化三）年に庄内藩はサケ資源の減少を憂いて、牛渡川で捕獲されたサケを上流の荒川に放ち、そこを種川《たねがわ》とした。[38]

一九〇八（明治四一）年、箕輪村でサケふ化事業が牛渡川近くにある舟森（遊佐町直世《すぐせ》）の湧水を使って開始された。注目すべきは箕輪村の全戸がサケふ化事業の組合に参画していることである。つまり、湧水を使っておこなわれるサケふ化事業は全国的にも例がほとんどなく、湧水とサケ資源が地域のコモンズとみなされていたこと

写真5-15　遊佐町の箕輪における鮭漁業生産組合で遡上したサケから採卵する。

になる（写真5-15）。

遊佐町の海沿いにある女鹿《めが》には、湧水を使った多槽式の共同洗い場の「神泉《かみこ》の水《みず》」があり、地区によって管理されている。水槽は五つに区切られ、上部から、飲料水と炊飯用、スイカ・野菜を冷やす場、野菜や海藻の洗い場（二槽）、洗濯場、泥落としや農作業具の洗い場と、用途におうじて使い分けられている[39]（写真5-16）。

遊佐周辺で河川のない地域でも海底から大量の湧水が湧出することが谷口真人により確認されている。これは海水、河川水、湧水の電気伝導度が異なることや、沿岸域に産するイワガキに含まれるストロンチウムの安定同位体比の分析からあきらかになった[40]。その結果、海岸線から沖合二キロ以浅の海域で海底湧水の噴出が確認された山形県ではイワガキ漁が盆までの夏季におこなわれている。資源保護のため潜水具を使った漁はおこなわれ

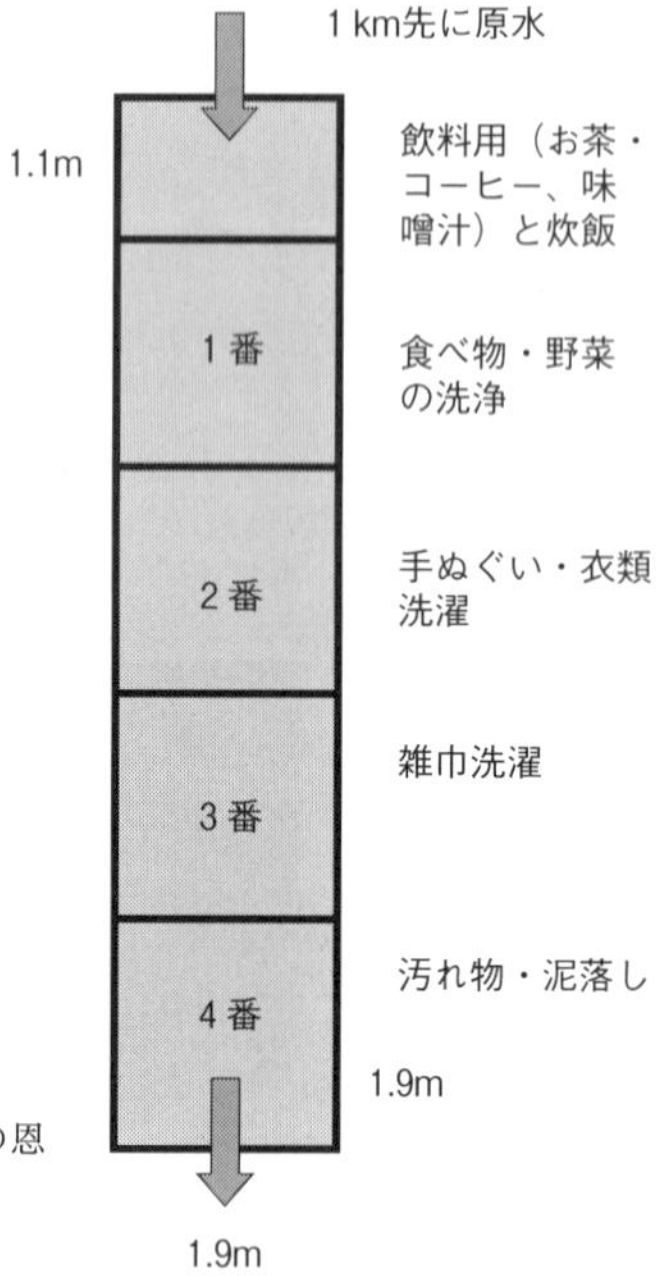


**写真5-16** 女鹿《めが》の神泉《かみご》の水の多槽式利用。神泉は「水の恩恵」を指す。お金を供える人もいる。

ず、素潜りでカギを使って岩からイワガキをはぎ取る方法が用いられる。もっとも山形県南部の温《あつ》海《み》や新潟県境の鼠ヶ関《ねずがせき》では箱眼鏡による船上からの漁がおこなわれている。湧水の出る箇所のイワガキは甘みがあっておいしいとの評価があり、地下水を通じた鳥海山からの水循環の好例となっている（**写真5-17**）。

### 森と海をつなぐ魚付き林

本章第2節で取り上げたように、富山県の山と海とは急勾配の河川によってつながれている。平野部には湧水の噴出する地域が多く、名水一〇〇選にも取り上げられている場所が四カ所ある。さらに、森の栄養分はおよそ二〇年の短時間内に湧水を通じて海に到達するとされている。

日本では、海岸部に魚付き林が古くから植林され、あるいは海辺の森を伐採することなく保全してきた地域が全国各地にある。また、湾内の小離島の森林を聖なる場所として保全することもあった。福岡県の玄界灘にある沖ノ島は世界文化遺産として登録に向けた暫定リストに加えられており、国宝八万点あまりを含む島は女人禁制やみそぎをして入島することを義務付けた禁制の島であり、植生はよく守られている。魚付き林は現在、森林法第二五条によって保安林として指定され、全国に約六万ヘクタールが指定されている（二〇一一年三月現在）。海岸における森林が魚の豊かさと関係するとみなす発想は昔からあったが、決定的な議論はまだない。

わたしはかつて下北半島の大間《おおま》で熟練漁民から聞いた民俗知を思い出す。海に出た漁民は「山を見る大切さ」を深く認識している。第一に、漁民は海上における自船の位置を確認するために「ヤマタテ」ないし「ヤマアテ」とよばれる方法を用いることが知られている。手前側と奥手側にある陸上の目標物が一致するポイントを二ないし三方向について定位することにより位置を確認できる。第二に、山によって海に影が投影されることで魚が集まりやすいので森や山を目安とする考え方である。第三は、山の様子はその延長上に海底へとつづいている。そのため、海底の地形にも反映するので魚の居場所を探る秘訣になるとする考え方である。森と海の循環論からすると、森の栄養分が海に輸送されるので、魚付き林は大間の漁民の考えをさらに補強するものである。

写真５−17　遊佐の吹浦《ふくら》港におけるイワガキの出荷風景。

魚付き林に関連して江戸時代の『日本山海名産図絵』（一七九九〈寛政一一〉年）の「鰤追網《ぶりおいあみ》」の記述に森と海のかかわりを示すブリに関する記述がある。それが、「丹後与謝の海に捕るもの上品とす。是ハ此海門にイネ（伊根）と云所ありて、椎の木甚多く、其実海に入り魚の飼養とす。故に美味なりといへり」である。ブリが美味しいのは、シイの身を食べたからとする説明は森と海の循環論とは相容れない性格の説明であるが、独自の解釈論として画期的とおもわれる。

魚付き林論は栄養塩類の輸送と密接にかかわっているが、鉄の輸送に注目したアムール川の事例は日本の急勾配の河川における例とは趣を異にする。(41) アムール川流域では、シベリアのタイガ地帯におけるフルボ酸鉄の輸送を通じたオホーツク海の生産性についての研究がある。森で腐食した木の葉や枝が微生物により分解されフルボ酸が生成される。フルボ酸は腐植土の中にある鉄分と結合してできるのがフルボ酸鉄であり、河川を通じて海洋に運搬される。プランクトンが栄養塩類を吸収するさいに、鉄が触媒の役割を果たす。フルボ酸鉄は重要な媒体となることは明白である。アムール川を「巨大な魚付き林」と規定して議論を進めたのは元地球研の白岩孝行である。(42)

北海道の襟裳《えりも》岬は日高山脈の南端にある海岸段丘面に位置する。年間を通じて風の強い地域であり、かつての森林伐採により「襟裳砂漠」とも称されたが、戦後の一九五四(昭和二九)年以降、岬の草地を造成する緑化の取り組みが進められてきた。そのさい、草地の種が風で飛ばないように、漂着した海藻(ゴタ)を肥料と重しを兼ねて活用する「えりも式緑化工法」の試みが採用された。一九七〇(昭和四五)年に一九二ヘクタールの草地緑化が完了し、翌年からクロマツを中心とした植栽が進められた。赤土の飛散や土砂の海への流入が停止し、一九五二(昭和二七)年にわずか七二トンであった漁獲量は二〇〇一(平成一三)年には二二六四トンまで回復した。沿岸域では磯根資源が増加し、サケ定置網漁もおこなわれるようになった。ゼニガタアザラシによるサケの食害も発生するようになっている。音を使ってアザラシを威嚇する試みもなされているが、捕殺か威嚇かをめぐる対立は漁業者と環境省を巻き込んで展開している。森と海の循環の構図に、人間と野生動物の関係性が問題として浮上した。陸上において、シカ、イノシシ、クマ、サルによる獣害が全国各地で深刻化している。野生の動物と人間との距離が異常に接近するようになった要因のひとつに、森林の荒廃や管理不足を挙げることができるだろ

写真5-18　ハタハタ（鰰、鱩：*Arctoscopus japonicus*）
体表面が富士山の形に類似している。

う。それは森に発する循環が破たんしてきたことにつながる。

## 2. 海底湧水と藻場

深海と浅瀬を往復する水産生物の生態は産卵期に顕著にみられる。秋田県は全国でもハタハタの生産量の高いことで知られ、県魚となっている。ハタハタはハタハタ科の底魚で普段は水温一～二度の砂地に生息している。ハタハタは鰰ないし鱩と漢字で表記される。魚偏に雷と書くのはハタハタが雷の多く発生する冬場に漁獲されるからである。またハタハタを鰰、つまり魚偏に神と書く理由としてその体表面が富士山の模様に類似することによるという（写真5-18）。一二月ころから産卵期をひかえたハタハタは浅瀬に移動をはじめ、沿岸域の藻場で産卵する。粘着卵を海藻に産みつける。冬場に塊状の卵が沿岸域に漂着することがあり、かつてはこのブリコを子どもたちがお手玉にして遊んだという話を聞いたことがある。

ハタハタは沖合での底曳き網、沿岸域では定置網や刺し網で漁獲される。沿岸域での漁は冬季にかぎられるが沖合では回遊群を対象とする底曳き網漁がおこなわれ、漁期も夏季であり、主に鳥取県で操業されている。

図5-14にある通り、秋田県下におけるハタハタの漁獲量は一九六五

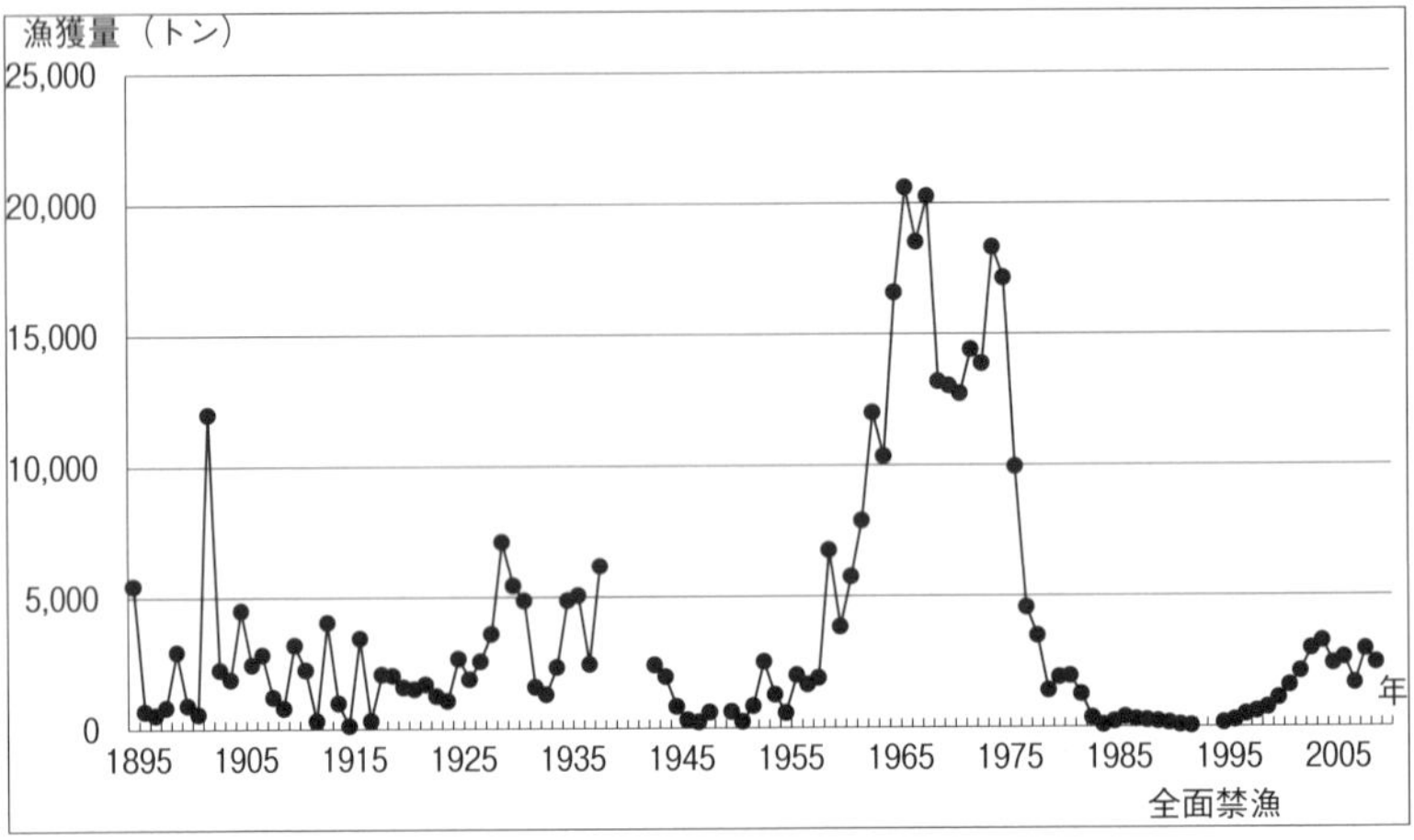


**図5-14**　秋田県におけるハタハタ漁獲量の長期変動（1895-2009年）
（Akimichi 2012; Akimichi and Sugiyama 2012）

年時から現在におけるまで大きな変化をみせている。一九六五年から一九七五年までは年間一万トンから二万トンの漁獲量があった。しかし、その後乱獲などにより漁獲量は急減し、一九八二年以降は数十トンから数百トンにまで落ち込んだ。ハタハタの激減についてはさまざまな要因が関与する。それが資源回復と有効な資源管理の方策をめぐる議論として開始された。

ハタハタ資源の急激な減少要因として、海水温の上昇などの自然環境条件の変化、乱獲ないし漁獲圧の増加、産卵群の獲りすぎによる加入群の減少、産卵場となる沿岸域の劣化などの人為的な要因とそれらの相互作用が関与することが想定された。

秋田県では一九九二（平成四）年九月から一九九五（平成七）年八月まで全面禁漁が施行された。禁漁をめぐり、多くの激論が繰り広げられ漁業協同組合から市町村、県、国の関係者を巻き込むさまざまなレベルでの会議がもたれた（表5-4）。

ハタハタの漁獲減少にとり、産卵場となる沿岸域の藻場は重要な役割をもっていた。沿岸域の主要な漁場である北浦ではかつて漁港整備のために沿岸域が埋め立てられた。藻場が

表５－４　ハタハタ資源の持続的管理を目指す活動の一環として開催された会議数
* FCA: 地域の漁業協同組合、 **WG: 県自治体のワーキンググループ。
***: 海区は、青森、秋田、山形、新潟の沿岸海域にまたがっている。

| | 漁業者 | 地区 | FCA* | WG** | 漁連 | 海区 *** | 全国 | 合計 |
|---|---|---|---|---|---|---|---|---|
| 禁漁前（1992年１～９月） | 14 | 14 | 6 | 4 | 14 | 3 | 3 | 58 |
| 禁漁期間（1992年10月～1995年８月） | 5 | 70 | 15 | 17 | 21 | 17 | 2 | 147 |
| 禁漁後（1995年９月～1997年８月） | 0 | 9 | 0 | 23 | 7 | 2 | 1 | 42 |
| | 19 | 93 | 21 | 44 | 42 | 22 | 6 | 247 |

（Akimichi and Sugiyama 2012）による。

喪失したことはいうまでもない。このことを反省する弁を関係者の漁民から聞いたことがある。

藻場の減少が魚の産卵場の喪失につながったとする例は多い。藻場に産卵する魚種については多くの種類が知られているが、ハタハタとニシンについてはとくに顕著な例がある。

海底湧水と浅羽における水産生物の意義については短報であるが、新井省吾が報告している。(43)

## ３．陸と海からの増殖

日本では天然の魚礁としての流れ藻に付く魚の稚魚を漁獲する漁が九州・四国方面でおこなわれてきた。日本では流れ藻を構成する海藻はホンダワラ、アカモク、マメタワラなどのホンダワラの仲間（*Sargassum*）を中心とした約一〇〇種の褐藻類が知られている。また流れ藻に付く魚種としては約一七〇種が報告されており、そのうちブリ、カンパチ、マアジ、メバル、イスズミなど漁業上、重要な魚種が一〇種類以上あるとされている。(44)このうち、モジャコ（全長一五センチメートル以下のブリの稚魚）を獲る漁が宮崎県、鹿児島県、大分県、高知県などでおこなわれている。春、東シナ海で生まれたブ

表5－5　2013年3、4月における流れ藻の重量とモジャコの出現尾数
（『平成25年度鹿児島県水産技術開発センター事業報告書』による）

| | 流れ藻（kg） | モジャコ（尾数/流れ藻1kg） | モジャコ以外の魚種 |
|---|---|---|---|
| 第1次調査（2013年3月4－9日） | 1.2－8.8（s=3.8） | 13.2尾 | マアジ、カンパチ、メジナ＊ |
| 第2次調査（2013年4月1－10日） | 1.9－16.8（s=6.4） | 2.5尾 | マアジ＊＊ |

＊：量は少ない　＊＊：例年より少ない

リの仔魚は三～四月に出現し、四～五月に九州西部から五島列島近海ならびに日向灘から熊野灘に移動する。六月には島根県隠岐諸島周辺で多くみられる。モジャコ漁は、モジャコが流れ藻によく付くことから、その量的な出現の動態におうじてモジャコの漁獲量も規定されると考えられている。なお、流れ藻は表5－5にあるように、三月、四月の調査で、重量は一・二～一六・八キログラムで、流れ藻一キロ当たり二・五～一三・二尾のモジャコが付くとされている[45]。

藻場に類する産卵床を作る試みが淡路島で積極的におこなわれている。ウバメガシの樹木を柴漬けとして海中に沈め、アオリイカの産卵床を作る試みがそうである。さらに、山地にウバメガシ、ヤマモモ、アキニレなどの樹木を毎年二〇〇～三〇〇本植林する活動が二〇〇九（平成二一）年以来、淡路市、洲本市、南あわじ市で、淡路水交会の漁民を中心に「漁業者による森づくり活動」として進められている。

全国的な規模でも、漁港・漁場・漁村総合研究所により、木材による魚類の増殖事業が進行中である。それによると、アオリイカが産卵を好む樹種としてタケ、スギ、ヒノキなどが用いられており、全国一七ヵ所においてアオリイカ以外のメバルやカワハギを対象として、地域の特性を生かした増殖事業が進められている。自然の循環ではなく、人工的な魚礁の造成をもとにした新規の循環創生技術として注目される。これは前節で述べた中津干潟におけるマダケを用いたササヒビの造成ともつながる発想であり、森と海をつな

ぐ新しいリンクの可能性を示すものであろう。

## 4．「水循環基本法」と循環

二〇一四年、「水循環基本法」が国会で成立し、同年七月一日に施行された。水をめぐる問題は従来からあったが、この法律ではとくに地下水や湧水のあつかいをめぐる法整備がなされたことは大きな前進であった。水の利用と管理、保全などの諸課題が省庁のなかで縦割り行政として取り組まれてきた。これを大きく一元化するものが水循環基本法である。これと同様な省庁一元化の指示が二〇〇七年の「海洋基本法」制定のさいに実施された。ただし、先にふれたとおり、施行後の五年間は政策がうまく進められたわけではなく、試行錯誤の段階となった。

水循環基本法では、五つの基本原則が提起された。それらは（1）水循環の重要性、（2）水の公共性、（3）健全な水循環への配慮、（4）流域の総合的管理、（5）水循環に関する国際協調である。（2）の公共性は、本書の主題であるコモンズと深くかかわる課題である。ただし、地下水を私水としてあつかってきた日本の民法の原則をどのように修正ないしちがう方向へと軌道修正するのかが気になる。公共財としての水を「公水」とすれば、地域の農業や生活のために水を共同で管理して利用する場合はむしろ「共水」といえる範疇に属する。公共性という意味ではそのようにみなすべきであるが、その場合でも公水と共水はおなじではない。（5）における国際協調にはおそらく二つの意味がある。ひとつはバーチャル・ウォーター（仮想水）に関する問題で、日本が世界でもっとも多くのバーチャル・ウォーターを輸入している国であり、諸外国における農業・畜産業の生産物を膨大に輸入していることのもつ生態学的、経済学的、倫理的な意味につながる。もう一つは、地球温暖化による気候変動により異常気象が起こり、洪水や干ばつが多発している。多くの生命が奪われてきたことに目を配るならば、水の管理を進める国際的な枠組作りが要請されていることに通じる。トルコはユーフラティス川の水をダムでせき止めて下流のヨルダン、イラクに流さない政策をとったことについてはすでにふれたが、国際河川についての安定的、かつ公正な利用を目指す枠組をぜひとも早急に策定することができるよう尽力すべきだ。

以上の点からも、水は地域のローカル・コモンズ、公共性の高いパブリック・コモンズ、そして地球環境問題のかなめとなるグローバル・コモンズとしての複合的な位相をもつものと位置づけるべきだろう。

谷口真人が指摘するように、水循環の管理上、最低三つのちがいに留意することが肝要である。それらは、（1）淡水、海水、雪氷など、水の存在形態のちがいに留意すること、（2）地表水と地下水におけるように滞留時間のちがいに着目して、管理する側を適切に決めること、（3）水と利害関係をもつステークホルダーの種類や業態に着目して、管理主体をきちんと決めることに尽きる[46]。

さらに（4）としての総合的な流域管理については、日本の場合でさえ、行政区分と集水域が一致する場合、行政区域を越境する場合がある。さらに海洋基本法で謳われている沿岸の総合的管理は、流域と結びつけて考えるべきテーマである。干潟、藻場などは海洋政策としてあつかわれ、河川の管理はまったく別物と考えないほうがよい。そのため、水循環基本法と海洋基本法は車の両輪としてではなく、あくまで水循環の枠組で統合されるべきであり、研究面でも里山、里地、里海の研究を統合する方向で進めるべきであろう。

# 第6章　コモンズと歴史

共有と私有の問題を中核として、コモンズ論を展開してきた。現代的な課題とともに、歴史的なプロセスや変化に言及すると、共有と私有に関する論議は過去、現在そして未来をつなぐ連鎖のなかで位置づけることが大きな作業であることを思い知るようになる。すなわち、本書の目指す課題が時代や地域を超えて、普遍的な性格をもつものであることが明白となる。歴史に立ち入れば、それだけ浮かび上がってくるのは、共有と私有の問題、あるいはコモンズとなわばりのテーマに、環境の要因とともに権力（＝ポリティックス）の要因が大きく関与することである。最終章は、生態と権力を二つのキーワードとして所有論を歴史的に俯瞰する試みと位置づけたい。

## 第1節　文明と生態史観

### 1．文明とは何か

本書の冒頭でふれたように、一九世紀にモーガン、マルクス、エンゲルスなどが人類史のなかで想定した文明段階は国家の発生と大きく関与すると指摘されている。しかし、当時の理解における文明は、精緻な比較研究の上に構想されたものではない。二〇世紀に提起された種々の文明論にしても、文明の定義はじつのところさまざまである。たとえば、所有権と生産管理に基づく階層制、領域的な中央集権制をともなう祭政一致の組織、職能集団・軍隊・役人と大多数の農民からなる複合的な分業のおこなわれている社会とする考えや(1)、五〇〇〇人以上の人口を擁する町、文書、象徴中心となる建造物の基本的な三要素をもつ社会とみなす定式、[2]（灌漑施設による）食料生産、農耕用のすき、帆走船、金属加工、暦法、度量衡、文字の使用、モニュメント、芸術などの物質文化に注目する立場、[3]さらには税収による通貨、特権的な支配階級、国家的な祭祀階層、中央集権的な政府などの経済・社会面に注目する立場がある。

文明論には、A・J・トインビーによる膨大な歴史研究をはじめ、西洋文明史批判、経済史、環境・社会史、宗教史、文明の衝突、生態史観、風土論など膨大な業績が達成されている。[4]

以上の文明論の先行研究では、コモンズの問題は所有制の議論以外、大きく取り上げられてはこなかった。公共哲学の分野では、公と私、公共性の問題を包括的にあつかった全二〇巻の論集がある。このなかで、『欧米における公と私』や『地球環境と公共性』が本論とも関連するが[5]文明とコモンズを中心に取りあつかったものではない。

## 二つの生態史観

梅棹忠夫は、生態史観の立場から文明を包括的にとらえる説を提起した。[6]梅棹はユーラシア大陸の乾燥地帯における遊牧民とその南の湿潤地帯における農耕民との間で繰り広げられた諸民族興亡史に着眼した。それをふまえ、ユーラシア大陸周縁部に形成された文明世界として東側に日本と東南アジアを、西側に東欧と西欧を位置づけた。ユーラシア大陸には乾燥地帯がななめに分布している。その外延下部には中国とインド世界があり、外延上部にはロシアと地球海―イスラーム世界がある。さらにその周縁部に日本と西ヨーロッパが位置する。日本も西ヨーロッパも中心的な文明地帯から文明を導入し、高度に発達した資本主義社会を形成したとするのが梅棹説である。

この説は、文明を形成する制度や物質文化などではなく、世界の地理や生態学的な領域の配置に着目したもの

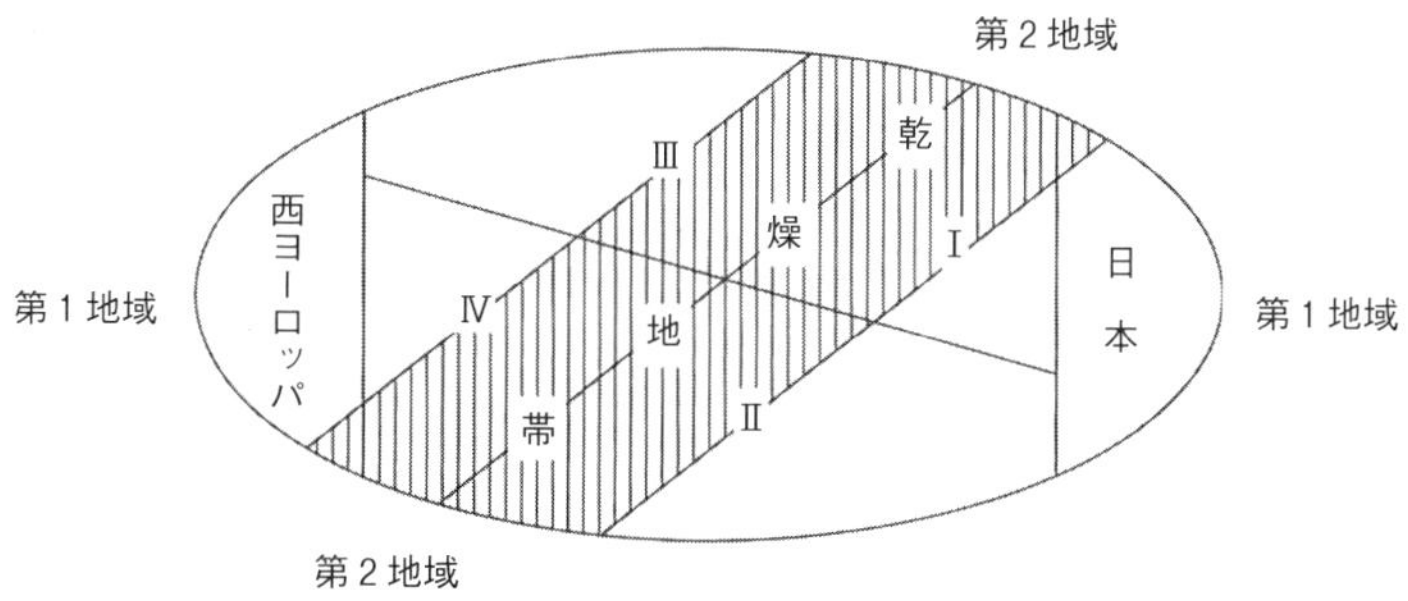


**図6－1**　文明の生態史観（梅棹 1965）
ユーラシア世界を中心に、乾燥地帯の両側に第2地域世界となるⅠ中国世界、Ⅱインド世界、Ⅲロシア世界、Ⅳ地中海・イスラム世界をおき、周縁に第1地域となる日本と西ヨーロッパを位置づけたもの。

である。しかも、古代文明だけでなく現代にいたる資本主義社会の文明までを考察の対象としており、より普遍的な説として説得性がある。付言すれば、アフリカ大陸にも多くの王国が輩出した。ただし、梅棹の文明論のなかでは、アフリカを含むアフロ・ユーラシア世界や新大陸と海洋世界の文明についてはあつかわれていない。アメリカ大陸におけるマヤ・アステカ、インカなどにおいては、中央集権的な政治組織、特権的な祭祀制度と軍隊組織、金属加工技術を有する文明が栄えたことは周知の事実である。いずれにせよ、梅棹説は人類の歴史をアジア的生産様式（原始的な共有制を元とした社会）→古代奴隷制→中世封建制→近代ブルジョア資本主義→社会主義→共産主義へ移行するとみなすK・マルクスの唯物史観に対峙するもので、文明の発展段階的な世界観にたいするアンチテーゼとなる文明論として位置づけられる（**図6－1**）。

これにたいして元・国際日本文化研究センターの川勝平太は、梅棹の生態史観は唯物史観とは相容れないものの、陸地史観としてはおなじ位相にあるものと規定した。そして、日本とヨーロッパの文明が歴史的な転機を向かえるさいに海が果たした役割を「海洋生態史観」として描き出した。そのなかで梅棹の文明地図に修正を加え、東欧の部分に北海・バルト海を、東南アジアの部分に東シナ海・南シナ海をあてはめた（**図6－2**）[7]。梅棹はユーラシア大陸の乾燥地帯に生起した遊

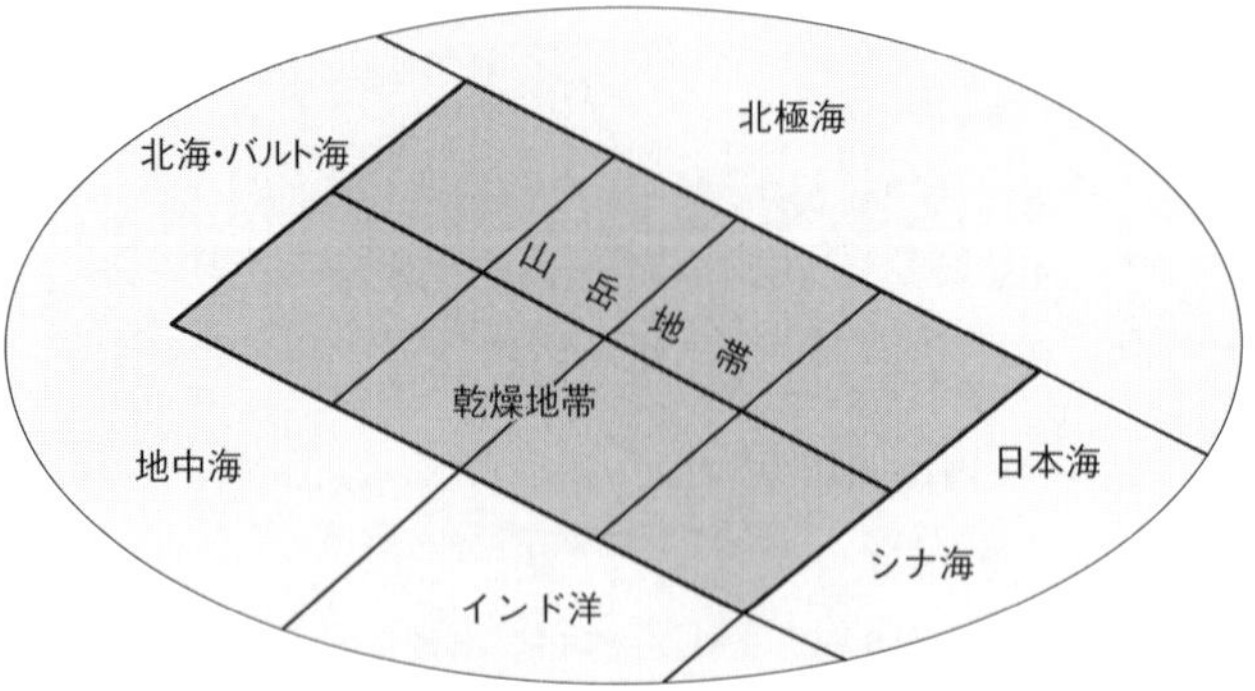


**図6－2**　海洋の文明史観をあらわす模式図（川勝 1997をもとに作成）

牧国家にたいして文明の位置をあたえていない。この点は先述したマルキシストのＧ・チャイルドも同様な見解にたっている。いずれにせよ、生態史観による文明論でもコモンズの視点は組み込まれていない。

## 周辺からみた文明

海洋世界については、地球上でもっとも広い範囲に拡散したオーストロネシア民族の建設した首長国や王国がある。たとえば、ハワイ王国（一八一〇―一八九三年）、タヒチ王国（一七九一―一八八〇年）、トンガ王国（一〇世紀中葉～現在）などのポリネシアにおける王国や、インドネシアのジャワ（シャイレーンドラ朝：七世紀中葉～八世紀前半、マジャパヒト王国：一二九三―一五二七年）、スマトラ（シュリヴィジャヤ王国：七―一一世紀）、チャンパ（林邑、占城）王国（一九二～一八三二年）、アユタヤ朝（一三五一～一七六七年）などの例がある。これらの王国は中国やエジプトにおけるような歴代の大帝国、大文明を形成したわけではない。しかし、王国の基盤となった階級制度と軍隊をもち、宗教的な職能者を擁し、数々の宗教的建造物をもっていた点で文明としての要素を備えている。ここでは王国も広義の文明としてあつかう立場をとりたい。

　さらに、ユーラシア大陸の乾燥地に出現した遊牧国家には、スキタイ、ウイグル、モンゴル帝国やアケメネス朝、セルジューク朝、イルハン朝などがあり、軍事力と移動性に優れた遊牧により広大な版図をもつことになった。また、農耕民との接触を通じた交易や略奪的な経済を特徴とし、莫大な富を蓄積した。ギリシャ・ローマ時代に達成された文明が支配した領域はモンゴル帝国の例とくらべては格段に小さい（図６-３）。

国家と文明との関係は今後さらに検討される必要があるが、ここで注目したいのは遊牧国家や海洋における広域的な支配領域を達成した国家にとって、生産手段となる農耕や牧畜、漁撈、さらには交易ネットワークの実態や土地の所有制度や資源の利用形態から、周辺世界における文明の位置づけを探る試みである。その背景として、コモンズとなわばりの問題を中核にすえて考察する立場を表明しておきたい。以下では、草原と海洋における国家とコモンズのかかわりについて検討したい。

## ２．草原とコモンズ

### 牧畜と共有制

遊牧社会における生業の基盤は家畜である。家畜の管理について、歴史学や民族誌的研究からいくつもの論点を指摘できる。たとえば、文明発生時に牧畜社会が農耕社会に先んじて財産、所有権について卓越した社会進化を遂げたとするエンゲルスの仮説があるが、確定的な証拠は提示されていない。

牧畜論では、家畜自体の所有・管理の問題と放牧地の所有を分け、しかも両者をセットとしてとらえる視点が重要とわたしは考えている。エンゲルスは歴史的に長きにわたり北方に遊牧社会が展開してきた東アジアから中央アジア、西南アジアにおける遊牧社会に言及することなく、さらに牧畜が重要な生業とはならなかった日本や朝鮮の事例を踏まえていたわけでもない。

中国の前漢時代、司馬遷により編纂された『史記』には、紀元前の匈奴《きょうど》の時代からタネオス（種牡）だけを別の群れにし、特定の人物が放牧する慣行があり、前漢の使者で匈奴に抑留された蘇武《そぶ》がその任にあたった(8)。この

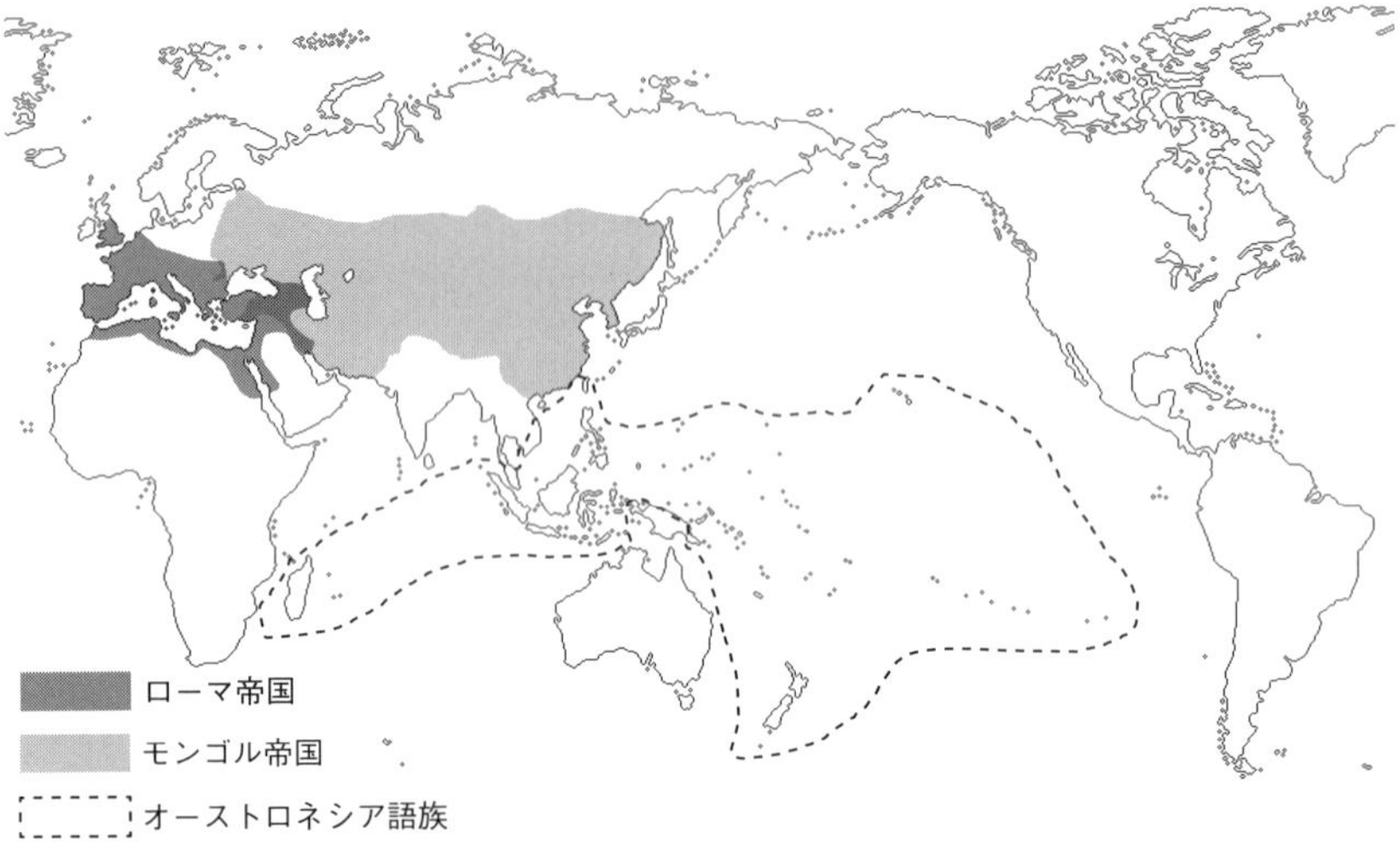


**図6－3　オーストロネシア語族の分布域、モンゴル帝国、ローマ帝国の版図**

オーストロネシアンはハワイ・イースター島に A. D. 3～5世紀、ニュージーランドに11世紀に到達した。モンゴル帝国、ローマ帝国の版図は1206年、117年のものである。

管理方式は現在でもモンゴルやチュルク（トルコ）系牧畜民の居住するカザフでおこなわれている。匈奴の社会では、家畜群のなかでも王や皇帝直属の臣下が所有する家畜は配下の属民が共同で管理した。また、天災や戦乱時には集団による共同放牧がおこなわれた。もちろん、それぞれの家畜の所有者は個人である。

モンゴル民族史を研究する楊海英は一九七〇年代初期、文化大革命の混乱期に共同放牧の実例をモンゴルにおいて実見している。モンゴルの牧畜社会では、放牧地は個人のものでなく天からあたえられたコモンズ的なもので、どこで放牧してもよいとされていた。ただし、部族ごとの放牧地は伝統的に決まっており、他部族の放牧地に行くときには交渉が必要であった。放牧地はコモンズであるが、一定のなわばりもあったということだ。

コモンズとしての牧草地の維持管理はどのようになされたのか。牧草地には草と水の豊かな条件のよい場所と、半砂漠や岩石の多い放牧に不適な場所がある。かりに牧草地へのアクセスがなわばりもなく自由（オープン・アクセス）であれば、牧民の集団間で争いが起こる可能性は高い。しかし、政治的に強力な指導者がいて、牧草地を配下の集団に配分するようなことがあれば、問題は起こらない。また強大な軍事力を背景として他集団を攻撃して新たな牧草地を奪取することもできる。コモンズとしての牧草地の管理と利用は、争奪戦とともに軍事力と権力を背景としておこなわれたとみなすことができる。じっさい、遊牧社会では古代から諸国家間で攻防が繰り返されてきた。

チンギス＝ハンによるモンゴル帝国成立期にも、牧草地をめぐる熾烈な戦いがあった（**図6-3**）。チンギス＝ハンは統一後の一二〇六年、千戸制《せんこせい》とよばれる軍事・行政制度を施行した。これは一〇戸（＝世帯）を組として一〇戸長を決め、一〇戸を一〇集めて百戸としてその長を百戸長、百戸を一〇集めて千戸とし、その長を千戸長とした十進法による集団階層制である。千戸長には地方の有力部族長が任命され、配下の集団から徴兵して軍隊を編成し、平時は行政職にあたらせた。チンギス＝ハン自らも九五の千戸（ミンガン）を保有していた。なお、千戸制はすでに匈奴の時代から存在した制度であり、遊牧社会をささえるものであった。千戸と放牧地の有機的な関係についてわたしは知識をもちあわせていないが、コモンズと遊牧国家を考察する重要なヒントになると考えている。

## 中央アジアの遊牧民と所有

有史以来、ユーラシア大陸の草原・乾燥地帯において、遊牧を生業の基盤とする民族が遊牧国家を形成してきた。地域と時代にもよるが、**表6-1**に示したように多くの国家が興亡を繰り返した（**表6-1**）。なかでも、蒙古帝国は東アジアからヨーロッパのハンガリーにいたる広大な版図を支配したことで知られている。

家畜の飼養について、遊牧国家である回鶻（ウイグル）可汗《カガン》国の例を参照しておこう(9)。回鶻自体は隋代、東方の東突厥《とっくつ》の圧迫に対抗して、袁紇《ウィユル》部を中心に九部落で同盟を結び、総称して回紇と称した。これが九姓回紇（九姓鉄勒《てつろく》）である。唐の玄宗時代、骨咄禄毘伽闕可汗（クトゥルグ・ビルゲ・キョル・カガン）が唐に遣使して懐仁可

表6-1　乾燥・半乾燥地帯における歴代の遊牧王朝

●モンゴル高原

匈奴単于国、鮮卑大人国、柔然《じゅうぜん》可汗国、突厥可汗国、東突厥可汗国、回鶻《かいこつ》（ウイグル）可汗国、モンゴル帝国

●中央アジア

マッサゲタイ、烏孫《うそん》国、康居《こうきょ》国、奄蔡《えんさい》（アオルソイ）国、大月氏《だいげっし》国、クシャーナ朝、悦般《えつはん》国、エフタル、西突厥可汗国、カルルク葉護《ようこ》国、カラハン朝、オグズ、西遼《せいりょう》、ナイマン、チャガタイ・ハン国

●西アジア

アケメネス朝、パルティア王国、セルジューク朝、イルハン朝

●キプチャク草原*

キンメリオイ、スキタイ、サウロマタイ、サルマタイ、フン、アヴァール可汗国、ブルガール、ハサール可汗国、ペチェネグ、キプチャク、ジョチ・ウルス

単于《ぜんう》、可汗《カガン》は「君主」。カガンがのちにハーンとなる。大人《たいじん》は部族長を、ウルスは「国家」を指す。

*：中央ユーラシア西北部から東ヨーロッパ南部

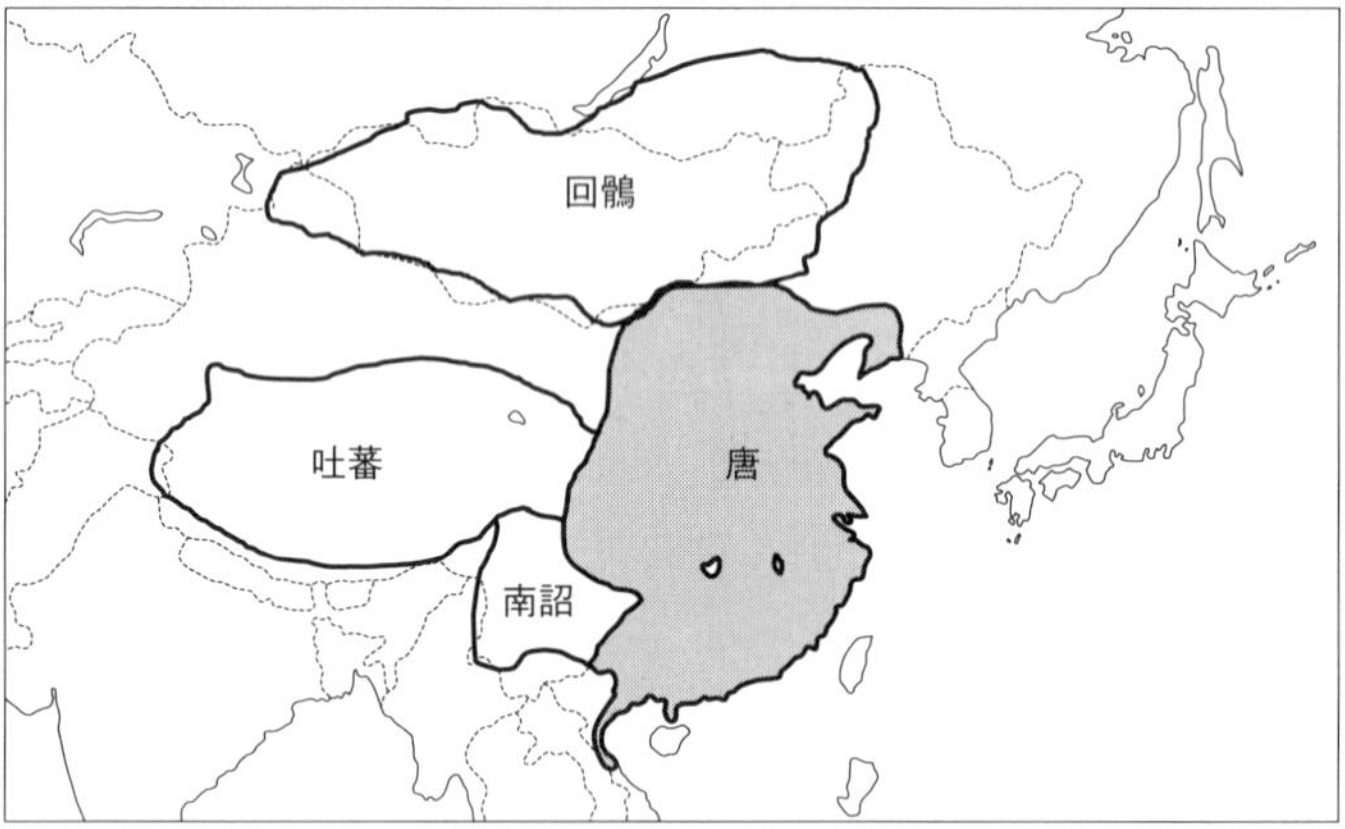


図6-4　ウイグル（回紇・回鶻）可汗国の版図

汗としての称号を賜り、翌年、東突厥可汗国の王を殺して東突厥を滅ぼした。回鶻可汗国は七四四年から八四〇年のわずか一〇〇年たらずの国家であったが、興安嶺からアルタイ山脈南麓のジュンガル盆地までの広大な版図を支配した。南部の吐蕃王朝との勢力争いや飢饉などで次第に疲弊し、八四〇年におなじチュルク系遊牧民であるキルギスにより滅亡した。なお、回紇は七八八年に回鶻と改称している（図6-4）。

回鶻の支配した地域の環境はステップから半砂漠、森林地帯を含んでおり、多様な種類の家畜が飼養された。地域により、ウマ、ヒツジ、ウシ、ラクダ、ヤギの種類ごとの飼養数は変化に富んでおり、現在のモンゴリアの北部にあるオルホン川と下流部のセレンゲ川本流域の渓谷では多くの家畜が飼われていた。回鶻の領地は唐と西方をつなぐシルクロードの中継交易路にあたり、一世帯当たりヒツジ九〇頭、ウシ一三頭、ウマ一四頭、ラクダ三頭が飼育されていたと仮定して、回鶻における当時の人口を一〇万人以上として、回鶻部だけで一千万頭以上の家畜が飼養されていたとする推定がある。唐と回鶻とは婚姻関係を通じて友好関係にある時代が続いたこともあり、ウマと絹を交易する馬絹交易がおこなわれた。毎年ウマ一〜二万頭と絹一〇〜二〇万匹（絹一匹は二反、ウマ一頭に相当）が取り引きされた(10)。

時代は下るが、『清史』には、一四〇五（永楽三）年当時、ウマと絹との交易レートはウマの質により四等級に分かれていた。「上上馬毎匹　絹八匹・布二十匹、上馬　絹四匹・布六匹、中馬　絹三匹・布五匹、下馬　絹二匹・布四匹」とある。中継交易者としてのウイグルは絹を西方の商人に転売し、利益を得た。六世紀末の東ローマ帝国における絹の相場は絹一匹が金一〜四キロであった。一方、唐では絹一匹が銀一両（金で一〇分の一両、約四・二五グラム）であり、絹一匹から膨大な利益が発生したことになる。

## アフリカの牧畜民

アフリカの牧畜社会の例を参照しよう。放牧地は一般にオープン・アクセスとされる一方、家畜が個人ないし集団の所有物とされたことを示す例は多い。ケニヤに居住する牧畜民レンディーレの調査をおこなった佐藤俊によると、レンディーレは家畜に焼き印ないし耳の切れ込みに印をつけて個人ないしクランの所有物であるかを明確にしている。もしも他人から譲与された家畜の場合、印がついていれば重ねて印をつけることはなく、それらのメス個体の子どもからはじめて自分の印をつける。同様に、ケニヤの牧畜民であるダトーガの調査をおこなった富川盛道によると、一頭のウシには五種類の焼き印が押され、それぞれ（1）すべてのウシに押されているもので、ウシの所有者が属する氏族の焼印、（2）祖父の母の実家が属する氏族の焼印、（3）父の母の実家が属する氏族の焼印、（4）母の母の実家が属する氏族の焼印、（5）母の実家が属する氏族の焼印である。[11] 太田至によると、ケニヤの牧畜民であるトゥルカナの場合、他人から入手した家畜にすでに印がつけられていてもそのうえに重ねて自分の印をつけるという。

放牧地については、レンディーレの場合、利用できる領域であれば基本的にどこで放牧してもよいことになっている。しかし、井戸のある水場は個人所有とされているため、その場所を利用するさいには所有者の許可が必要とされる。放牧地をめぐる紛争は他民族のなわばり領域に侵入した場合に発生する。注目すべきは、現在の部族放牧区は一九二〇年代にイギリス植民地政府によって確定され、ケニヤ独立後の一九六三年以降も踏襲されており、放牧地全体になわばりが設定されていることがわかる。[12] つまり、牧畜民の放牧地自体、植民地主義の政治的枠組によって大きく規定されていることになる。

放牧における水場と牧草（あるいは土壌）の位置や生育条件は重大な関心事である。序論でふれたように、飼育される家畜の種類によっても乾燥や水放牧地への適応形態が異なる。ケニヤ北西部のトゥルカナの場合、家畜を共同で保有する最小の社会集団（家父長と複数の妻とその家からなる複婚家族）が家畜の種類（ウシ・ラクダ・ヤギ・ヒツジ・ロバ）におうじて放牧する。放牧はウシごと、ラクダごとなどのように、種類別にまとめて下部集団がキャンプ地に分散して放牧する。その場合、複数の社会集団に属する下部集団が共同で放牧することがわかっ

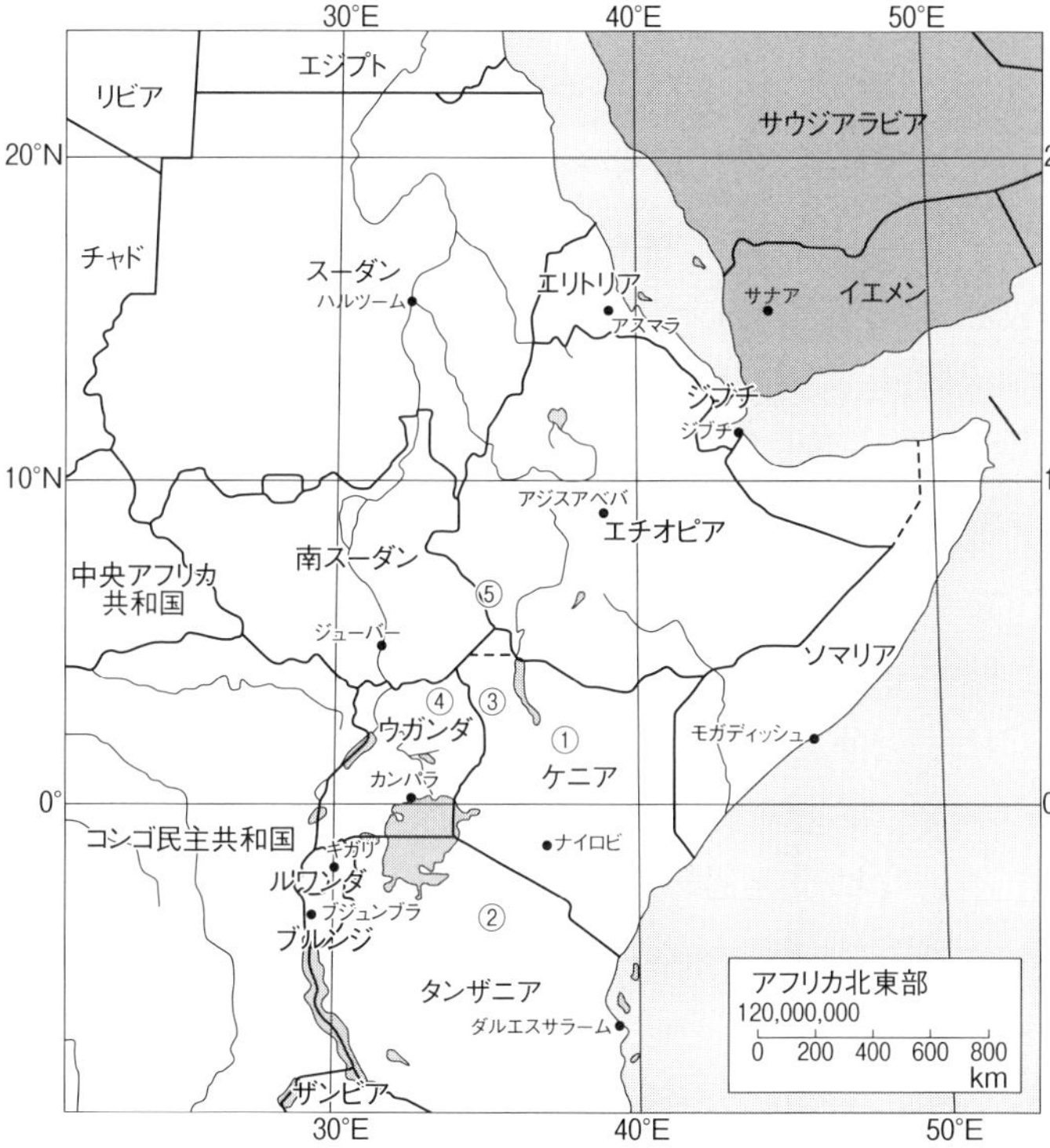


図6－5　東アフリカの牧畜民（本論で登場する部族のみ記載）
①レンディーレ　②ダトーガ　③トゥルカナ
④ドドス　⑤ダサネッチ

ている。[13]

ウガンダ北東部のカラモジャ地域にあるドドスランドでウシ群の放牧をおこなうドドスの調査をした河合香吏は、ドドスが放牧という生業上、さらには社会性や儀礼上、不可欠の地名についての知識を共有していること、「ここ」と「そこに身をおく」ことが身体感覚をあわせもつものとして、たがいに離れた現場におり他者と空間認識を共有していると分析している。[14] つねに移動と分散をともなう牧畜生活に独自の生活知であることが示唆される。

エチオピアのオモ川流域に住む半農半牧民のダサネッチは、三〜一〇月、家畜を放牧させるための土地を意味するディエト（dieto）においてキャンプを設営する。そのさいの放牧地は近隣の他民族集団と共有地として利用されることを佐川徹が報告している。武力紛争の多発するこの地域で、放牧地や家畜用の水場で他民族集団と遭遇するさい、銃で対応するのではなく、近くにある木の葉や枝を切って「葉を掲げる」ことでおたがいが平和裏に共存する。その過程で両集団間がたがいに相手を招待して食事や飲み物を提供しあう関係が生まれるという。[15]

## 3．海洋のコモンズと島嶼間関係

海洋は陸域と異なり、目安となる目標はなく見かけ上は単調な世界である。沿岸域であれば海中を透視できるうえ、重りなどを使えば水深を計ることもできる。さらに、島影を認めることができるので方位関係も容易に推定することができる。やがて島影が視界から消えると海と空だけとなる。太陽や月、あるいは星・星座などの天体現象や、海鳥やクジラ、トビウオあるいは流木など、偶然出くわす海洋現象しか位置や方位を推定する目安は何もない。

だが、いったん島嶼間での交易や航海が恒常的におこなわれるようになると、人びとの空間認識や海の領有に

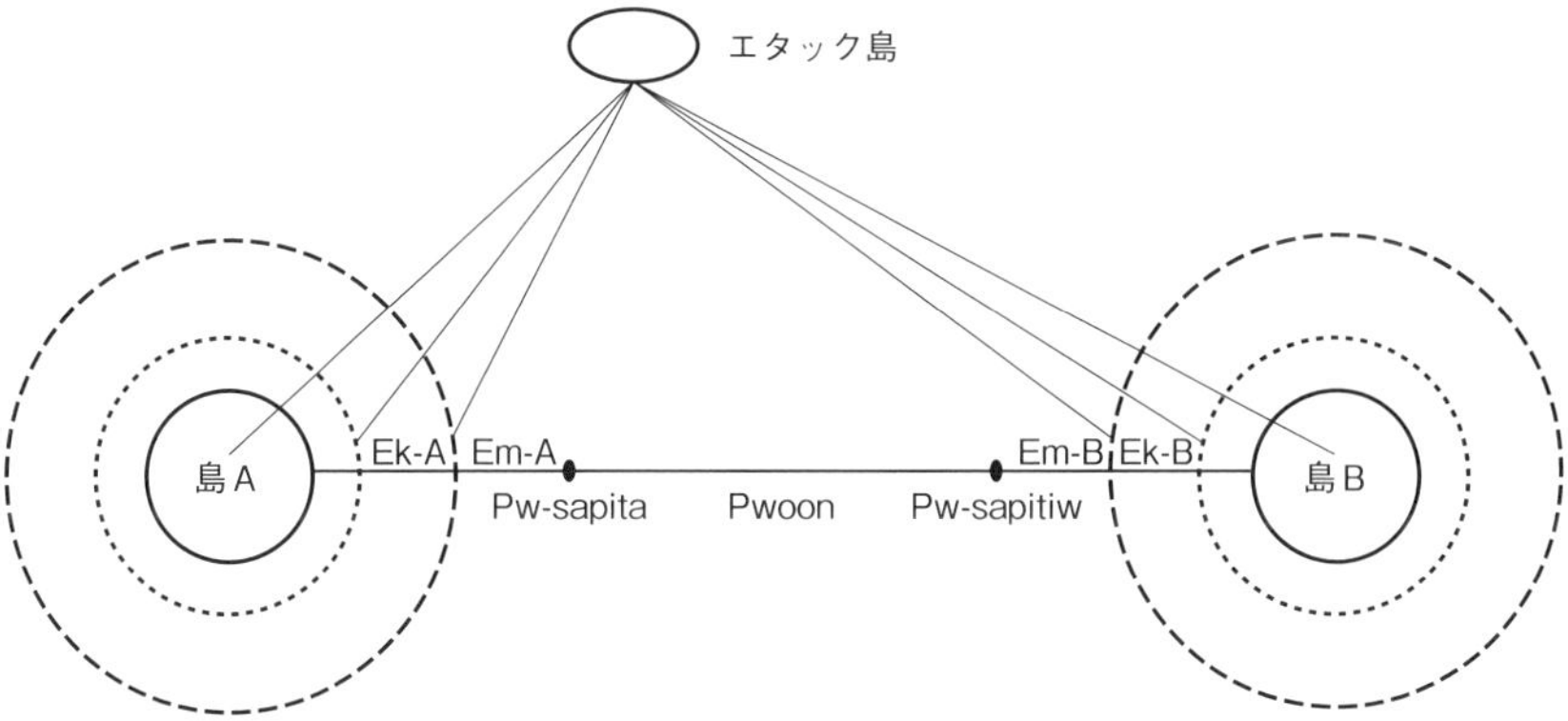


**図6－6　カロリン諸島における島嶼のなわばりとエタック航法（yeták）**
点線内が島固有の領域で、その外側は何もない（無主）の「空の領域」である。
Ek：エタキニ・ケンナ（Yetákini kenna）、Em：エタキニ・マーン（Yetákinni maan）、Pw：プォーン（Pwoon：「空の」）、Pw−sapita：プォノ・サピタ（Pwono−sapita）、Pw−sapitiw プォノ：サピティウ（Pwono−sapitiw）。サピ（sapi）：「～の近くに」、タ（ta）：「東、上に」、ティウ（tiw）：「西、下に」。南北方向で移動する場合は、サピオウ（sapiwow）、サピノン（sapinong）を使う。ウォウ（wow）：「外に」、ノン（nong）：「内に」。

ついての慣行や知識が定着し、育まれるようになる。漁撈活動の場合も、特定の海域を利用するうえでの利用権や用益権などの慣行が行き渡るようになる。すでに第2章では、ミクロネシアにおける海面の保有形態について要約した通りである。

ここでは民族誌的な資料として、ミクロネシアにおける航海術の知識を例示し、海洋空間の認識と保有に関する基本的な仮説を提示したい。以下、わたし自身が中央カロリン諸島のサタワル島において実施した調査に基づいて、エタック、ウォーノァヌー、イティメタオとよばれる伝統的航海術に関する三つの知識から検討しよう。

### 航海術とエタック（yeták）

カロリン諸島における航海術では目的とする島に向かう場合、航海中、第三の見えない島を想定し、その島があると推定される方位の時間的な変化をもとにして航海を進める技術が知られている。見えない島のことをエタック島（fanuan yetáak）と称する。[16] いまカヌーがある島Aを出発するとしよう。カヌーが進むにつれ、島影がだんだん小さくなる。そしてついに島が見えなくなる地点で、出発した島から想定されるエタック島の方位は三二ある方位コンパスで一つ分動くことになる。さらにカヌーを進めると、出発した島に帰属する海鳥に出会うか、島に固有の魚が出現する。この地点で先述したエタック島の方位はさらに一つ動く。最初の地点はエタキニ・ケンナ、つぎの地点はエタキニ・マーンとよばれる。ケンナは「見える」、マーンは「鳥や魚を含む動物」を指す。エタキニ・マーンをさらに進むとまったく目安となるものがない。航海を続け、やがて目的とする島に帰属する鳥や魚が出現する地点に到達する。さらに進むと、かすかに目的とする島Bが見える。そして、さらに進むと、島はもう間近に見える。

以上のプロセスで出発する島のエタキニ・マーンと目的とする島のエタキニ・マーンとの間はプォーン、すなわち「空の」とか「何もない」と称される。エタキニ・マーンまでの海域はその島に固有の海域とみなされていることがわかる。そして島嶼間に横たわる外洋は何もない海域とされている。この発想は、領海と公海の二元的な区分に匹敵すると考えるならば、遠洋航海が島のなわばりとでもいえる海域を超えておこなわれることがわかる（図6-6）。

### ウォーファヌー（woofanuw）

この知識はある島からみた周囲の海にどのような島やサンゴ礁が位置しているかを網羅的に示すもので、ウォーは「真っすぐかどうかを見る」を表すwori-に由来することばで、ファヌーは「島」を表す。分布する島の方位は円周上に等間隔で配置された三二の方位名称で示される[17]（図6-7）。カロリン諸島にある二八の島についての資料を検討した。その結果、カロリン諸島の周縁部に位置する島じまの資料から、北方及び西方に位置するマリアナ諸島（サイパン、グアム、ロタ、ティニアン）、パラオ諸島、フィリピン、東方に位置するマーシャル諸島（ロンゴリック、ロンゴナップ、ウジェラン、ヤルートなどの環礁島）、南方に位置するポリネシアン・アウトライヤー（辺境ポリネシアのことで、ヌクオロ環礁とカピンガマランギ環礁）が含まれていることがわかった（図6-8）。

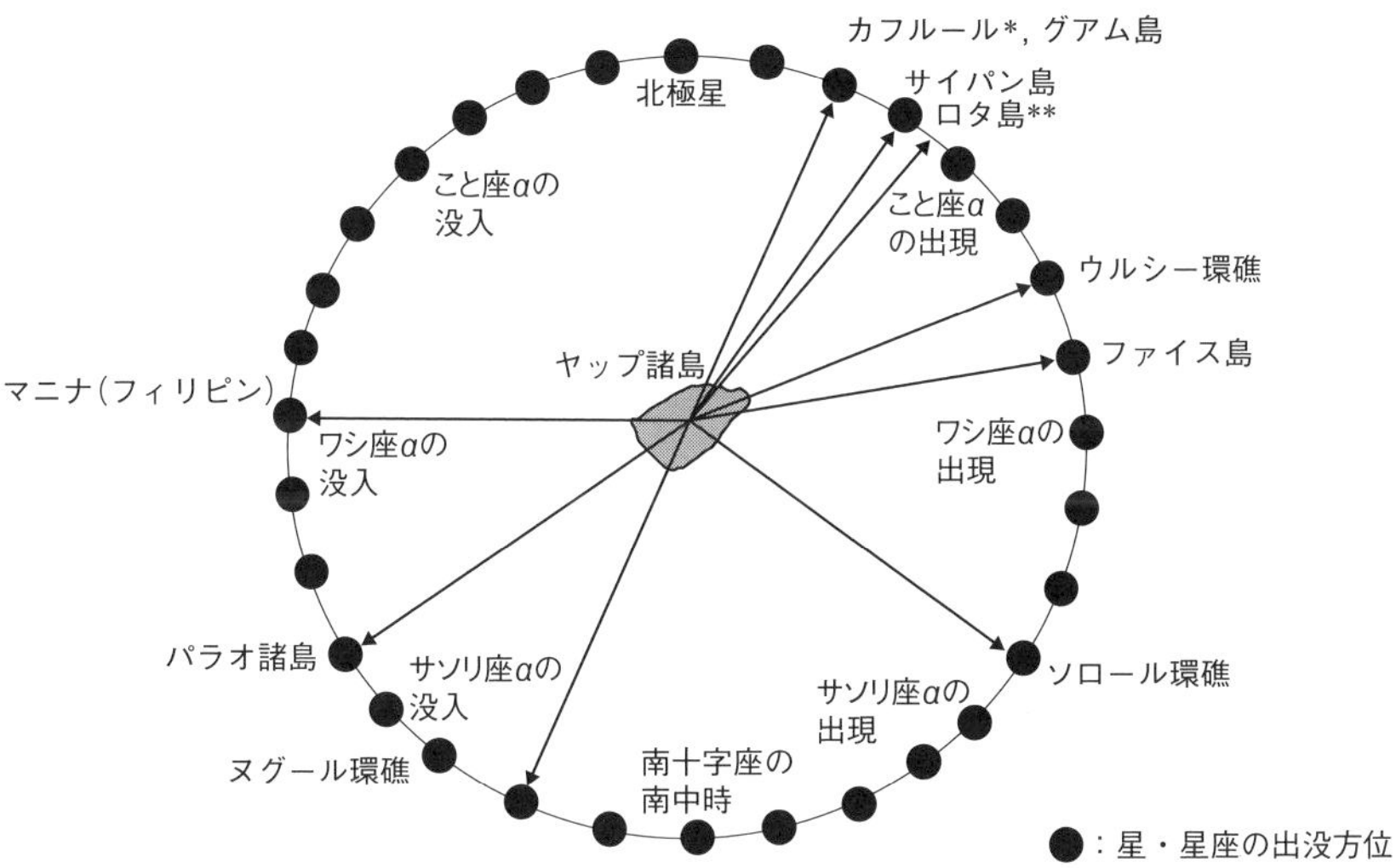


図6－7　星座コンパスとウォーファヌー（ヤップ諸島）
カロリン諸島の航海術の基本となるコンパス。円周上に等間隔で配した32の星・星座の出没位置をもとにしたもの。北極星は北、南十字座の南中時は南を示す。全部で15の星・星座が用いられる。
星座コンパスの中心に特定の島を想定して、どの方位に島やサンゴ礁があるかを島ごとに網羅したものがウォーファヌーである。図ではヤップ島の例を示した（Woofanuan Yaap）。＊：架空の島、＊＊：サイパンのある方位とこと座αの出現方位の中間の方位

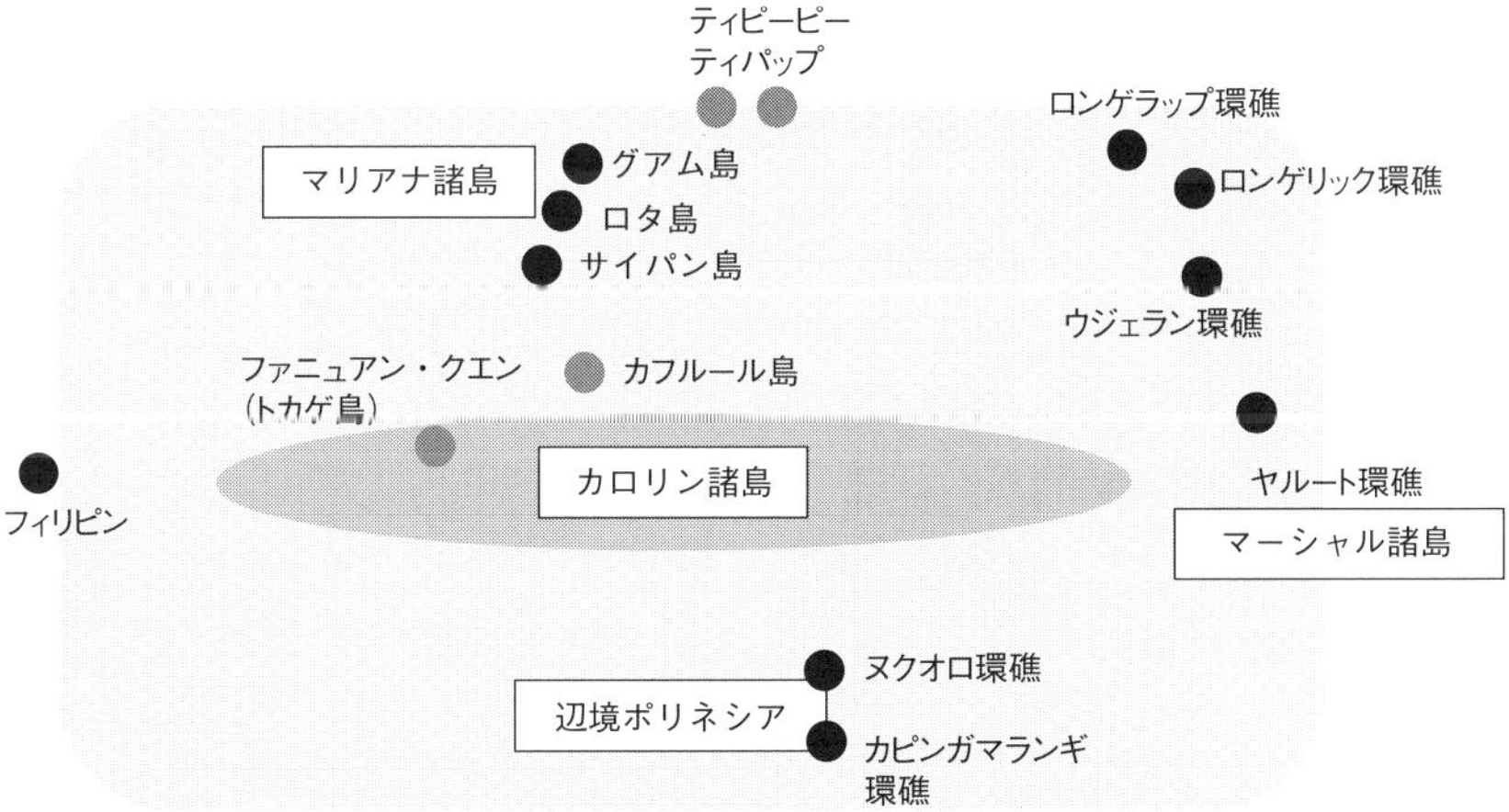


図6－8　カロリン諸島における航海術の知識の外延
●：実在する島、●：架空ないし確認できない島

さらに、架空ないし同定が不明な島やサンゴ礁がいくつもあった。たとえば、マリアナ諸島の東寄りにティパップ（Tipap）、ティピーピー（Tipipi）とよばれる島や、カフルール島（Kafurhur）、ファニュアン・クエン島（Fanuwan Kuen）（意味はトカゲの島）などが含まれていた。米国のスミスソニアン博物館のS・H・リーゼンバーグは、ウォーファヌーは実在する島やサンゴ礁の方位関係に関する知識であるとして、架空の存在は含まれないとしているが、わたしの調査では一部であるとはいえ、架空ないし同定不可能な島やサンゴ礁をいくつも含む知識であることがわかった。

### イティメタオ（yitimetaw）

イティメタオの意味は、「海の名前」であり、イティは「名前」、メタオは「海」を指す（＊メタオの古語はノーム（nómw）で、現在は礁池を指す）。この知識は島嶼間の海に関する名称を網羅したものである[18]。ここでいうメタオは先述したエタックの知識における「空の」外洋部分に相当する。調査によると、イティメタオには全部で五五の海域名称のあることが判明した。たとえば、ヤップ諸島とその南西にあるパラオ諸島の間にある海はメタオ・ムワァーン（Metaw Mwáán）とよばれる。その意味は「男の海」である。かつてパラオ諸島からヤップ諸島まで石貨を運ぶ航海がおこなわれた。非常な困難をともなう航海とされ、ヤップ諸島の男性が筏に乗って航海し、波の荒い海を越えた。艱難辛苦の末に貴重な石貨を持ち帰ったことに由来する。パラオ諸島とフィリピン、さらにパラオの南西諸島（トビ、ソンソロル、メリル）とフィリピンの間にある海はメタワン・ヤティガ（Metawan Yatinga）と呼ばれる。ヤティガは「網」のことで、航海で遭難しても太陽の沈む西に向かえば、死ぬことはなくフィリピンに到着すると考えられており、その意味で「網にかかる海」という名称がついている。マリアナ諸島とカロリン諸島の間にある広い海はメタワニウォン（Metawaniwón）とよばれる。ウォンは「上」の意味である。

一方、カロリン諸島の南側の海には名前がなく、一般名称としてメタワニヨール（Metawani yéér 南の海を表す）

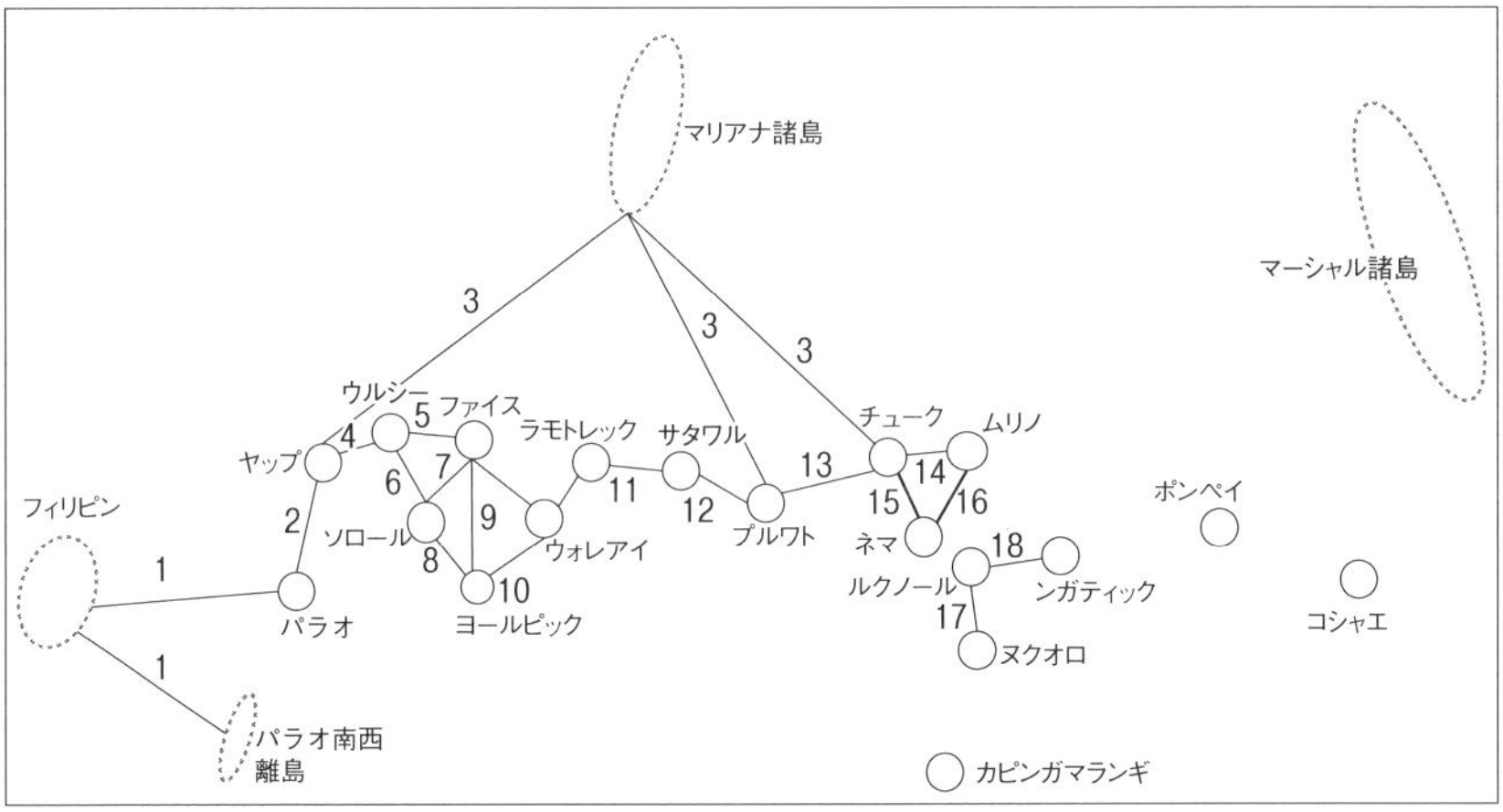


**図6－9**　伝統的航海術におけるイティメタオの知識のひろがり（秋道1985）を改変

| | | | | | |
|---|---|---|---|---|---|
| 1 Metawan yatiga | 4 Metawan rhuwpen | 7 Wanimwar | 10 Metawanipwun | 13 Yarhuwan | 16 Winafar soota |
| 2 Metaw mwáán | 5 Metaw mwarhafar | 8 Metawan kinimwar | 11 Woirhak | 14 Yapirhuw | 17 Metawan kinimwar |
| 3 Metawani wóón | 6 Fanimwar | 9 Fan mekonn | 12 Yapinanei | 15 Fainene | 18 Sarheyu |

があるにすぎない。東側も同様で、ンガティック島以東にあるポナペ島やコシャエ島などにいたる海にも名称がない。カロリン諸島ではかつてナモヌイト環礁を東端として西へとつながる島嶼間でサウェイ（sawei）とよばれる島嶼間交易がヤップ諸島までおこなわれていた。南側にあるヌクオロ環礁とカピンガマランギ環礁はポリネシア人の住む島でカロリン諸島とは文化的な交流はない。カロリン諸島とマリアナ諸島間では一九世紀、カロリン諸島から航海がおこなわれたことがわかっている（図6-9）。

以上のことから、カロリン諸島における航海術に関連した三つの知識から興味ある事実が判明した。エタックの知識にあったように、島が見える、島に固有の鳥や魚が分布するまでの範囲が島のなわばりとされており、エタキニ・ケンナとエタキニ・マーンはその外縁とみなされている。その外側にある海は誰のものでもない海であるが、島嶼間のネットワークを通じて、より広域的な異文化間の交流が実現した。このようにして、ミクロネシアにおける海域の交易圏とその歴史、接触地域と文化領域、過去における移動史までが航海術の知識のなかに埋め込まれていることがあきらかとなる。このことを踏まえ、次節では詳しく海の文明の内容を検討してみたい。

## 第2節　海の文明とコモンズ

海は、陸地と陸地をつなぐ。本書で再三述べてきたように、陸地に近い沿岸域では特定の集団が占有権を主張する事例が多くみられた。日本の近世における法令にあったように、「磯は地付き、根付き次第」、つまり磯は陸地の延長にあるものとみなされた。ただし、陸に所有権をもつとともに、海面にも占有権をもつ集団はいわゆる「半農半漁民」の所有観であるともいえる。それでは、広域にわたる海面を占有する主張はどのような根拠をもとになされたのであろうか。わたしは海洋文明論のうえで、広域におよぶ海域にたいして所有権を主張するには、強力な制海権が前提になると考える。もとより、島嶼が分散している地理的な状況を勘案すれば、島嶼間の同盟ないし服従関係がその根拠となることはこれまでのジオ・ポリティックスや島嶼間関係の実態からふつうに導き出されることである。つまり、海のなわばりの主張は、その外縁部における強力な排他主義を発動することによってしか成立しないからである。ぎゃくに、自己の制海権内であれば、その資源利用が自由であってもさして問題は発生しない。同様なことがらは、牧畜論で述べた草原の共同利用と、境界域における軍事的、戦略的ななわばり防御と類似している。

### 1．海域ネットワーク

島嶼間関係とコモンズについていくつかの例をあげよう。ミクロネシアのカロリン諸島には、西のパラオ諸島南西離島から東のナモヌイト環礁まで島嶼群は鎖状につながっており、それぞれの島嶼は言語、文化的に均質な

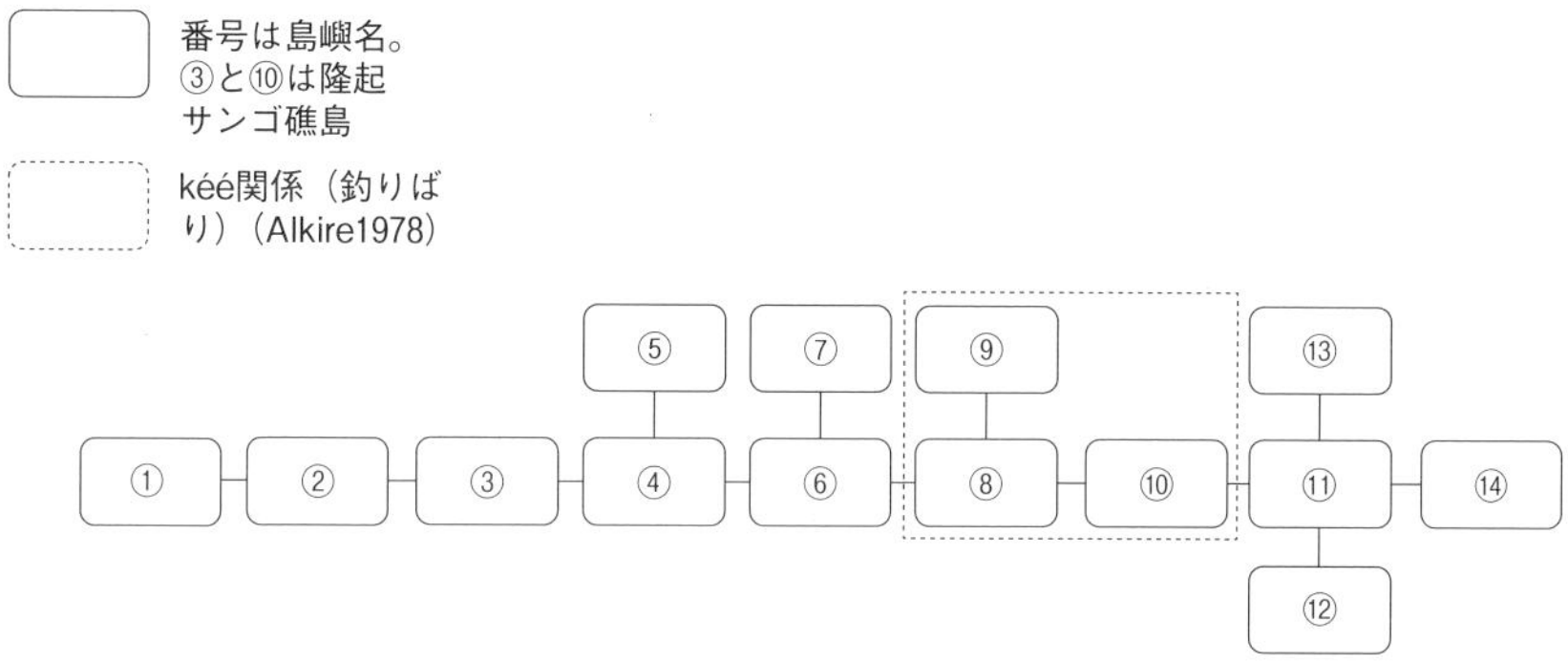


**図6-10**　ミクロネシアの政治的・儀礼的な島嶼間交易（サウェイ：sawei）のネットワーク末端部の⑫、⑬、⑭から①にいたる。

①ヤップ諸島
②ウルシー環礁
③ファイス島
④ウォレアイ環礁
⑤ヨールピック環礁
⑥イファルク環礁
⑦ファララップ環礁
⑧ラモトレック環礁
⑨エラート環礁
⑩サタワル島
⑪プルワト環礁
⑫プルスク環礁
⑬プンラップ環礁
⑭ナモヌイト環礁

傾向がある。それぞれの島嶼における文化は比較的同質であるが、たとえば、中央カロリン諸島ではラモトレック環礁、エラート環礁、サタワル島（隆起サンゴ礁）との間に、政治経済的な主従関係があり、ラモトレック環礁の首長が他の二島を服属させる関係にある。このことは、エラートとサタワルからラモトレックの首長に貢納品が提供されることからもあきらかである（図6-10）。エラート環礁からはウミガメが、サタワル島からはココヤシやパンノキの実が贈られる[19]。ただし、一方的な贈与関係だけでなく、たとえばサタワル島が一九五八年に台風によって壊滅的な打撃を受けたさい、ラモトレック環礁から救援物資としてココヤシや食料が贈られた。また、中央カロリン諸島の島じまから西方にあるヤップ島に貢納品を輸送する交易ネットワークが存在した。この交易はサウェイ（sawei）とよばれ、東端はナモヌイト環礁であり、西に行くにしたがい島嶼間での政治的な優位性が上がる[20]。首長制社会における政治的な階層性はこの例でもあきらかだが、陸上とは異なり遠隔地にある島嶼を支配することは相当困難である。

## 交易と言語

最近、先史時代における、東南アジアと太平洋のメラネシア地域間の遠距離におよぶ交易の可能性がわかった。マレーシア・サバ州のセンポルナ半島にある新石器時代（三五〇〇～二〇〇〇年ＢＰ）のブキット・テンコラック岩陰遺跡を発掘した小野林太郎によると、遺跡から出土した黒曜石は原産地の同定分析から約五〇〇〇キロ東に離れたニューブリテン島中部タラセア産のものであることがわかった。黒曜石はタラセア産（二七例）以外にインドネシア東部のタラウド諸島（二二例）とアドミラルティー諸島のロウ島（一例）のものが含まれている。しかも、時代からしてタラウド産のものがタラセアやロウのものより先行することがわかった。[21]

このことから、ボルネオとそれ以東間における海域ネットワークには、ボルネオからスラウェシ海に位置するサンギル・タラウド諸島が重要な位置を占めていたことが浮かび上がる。タラセア産の黒曜石はさらに東方にある西ポリネシアのサモアからも見つかっており、ラピタ式土器をともなう集団が黒曜石の運搬に関与したものと想定されている。[22] この場合、ボルネオ、タラウド、ロウ、タラセア、サモアにおける人類集団は過去において同一の民族であったのか、どのような言語をになったのか、直接的な接触があったのかどうか興味がつきない。

陸域では唐代におけるシルクロードの例にあるように、東方の漢民族と、ウイグル、キルギスなどの遊牧民、中東の諸民族を通じて西方の東ローマ帝国がネットワークでつながっていたことが歴史文書などからわかっている。海の世界でも、先史時代に東南アジア島嶼部から西太平洋にかけての海域で、海を媒介としたネットワークにおいて異なった言語・文化集団間で交易がおこなわれた可能性は蓋然的に高い。

時代は下るが、異民族集団間の交易において共通語が用いられた可能性があるほか、ニューギニアにおけるピジン英語（Tok Pisin）のような、交易商人と現地住民との間の共通言語が広く用いられた場合がある。パプアニューギニア南部のヒリ・モツ語はポートモレスビーとガルフ湾との間における交易で用いられたピジン言語であり、ポートモレスビー周辺で製作された土器が大型の帆走交易カヌーで搬送された（図6-11）。ニューギニア

**図６-11**　大型のラカトイ・カヌーによるガルフ湾とポートモレスビー間の交易
ポートモレスビーから土器が、ガルフ湾地方からサゴヤシ・でんぷんが交易品とされた。写真中央上は、復元されたラカトイ船上でのモツ族による儀礼。

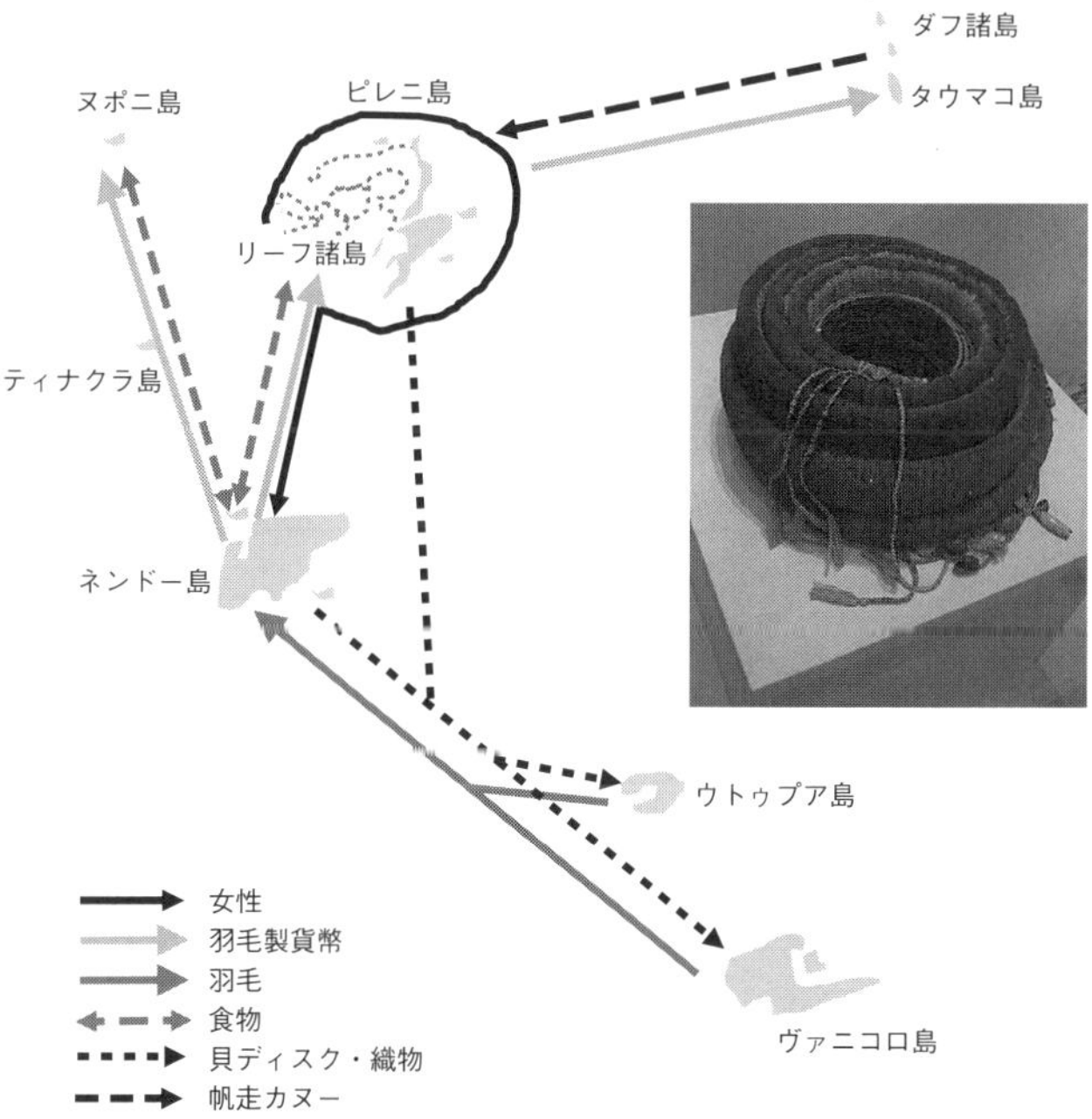


**図６-12**　サンタクルーズ諸島における島嶼間交易
ミツスイ（*Myzomela cardinalis*）製の赤い羽毛製貨幣（tevau）が交易される。

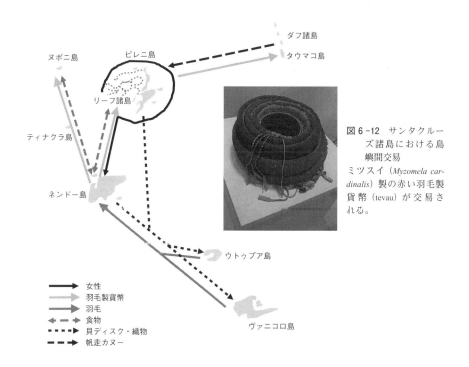

東部のマッシム地域のクラ交易においても、異なった言語集団間での交易がおこなわれた。この地域の言語は大きく北部と南部とで異なり、前者でキリウィナ語が、後者でドブ語が話される。キリウィナ語はドブ、ダントルカストー、アンフレット、トロブリアンド諸島の共通語となっているが、ドブの人びとはキリウィナ語を話さない。[23] ソロモン諸島南東部のサンタクルーズ諸島では、島嶼間で言語接触による言語的な変化が認められる[24]（図6-12）。

一方、一四～一八世紀に東南アジア沿岸域で発達した海のネットワークは、パシシル文化（pasisir culture）の一環としてH・ギアツにより論じられている。[25] パシシルはジャワ島のジャワ海に面する一帯の沿岸地域を指す。香料貿易を背景として、イスラムのスルタン王国に従属しながら、民族集団を超えた交易ネットワークが形成された。パシシル文化の特徴は、（1）ローカリズムとコスモポリタニズムの共存と（2）多様な経済戦略の併用、であり、日本の「沿海文化」を考察するうえでも参考とされている。[26] パシシル文化においては、共通語として現在のインドネシア語の前身となる言語が広く使用されたと考えてよい。また、マレーシア・インドネシア世界からナマコ・フカひれ・活魚などを香港向けに輸送する交易ネットワークにおいては、生産者である漁民はマレー・インドネシア語を使うが、集荷人は多くの場合が華人である。中国語が香港と東南アジアをつなぐ共通語となっている。[前掲26] 以上のように、広い海域における交易では共通語が用いられてきた点を特徴として挙げることができる。

## 2．海洋世界の王国

東南アジア方面からオーストラリアやソロモン諸島に到達するためには、現在より一〇〇～二〇〇メートル海水面の低かった時代でさえ、眼前に広がる海を越える必要があった。移住の年代からすると、オーストラリアへは紀元前三万年、ソロモン諸島へは紀元前二・五万年と推定されている。どのような船で、また何のために人び

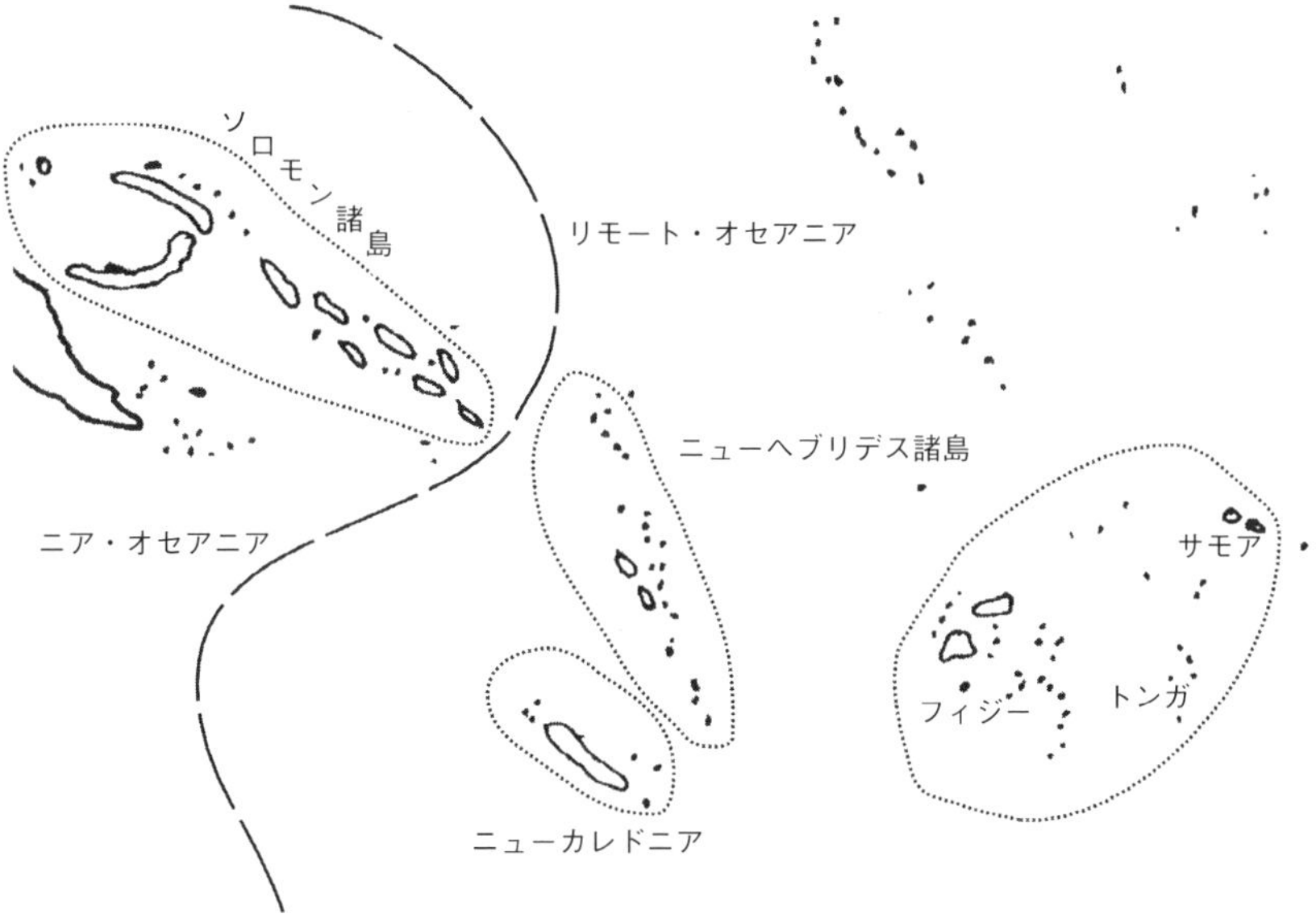


**図6-13**　ニア・オセアニア（Near Oceania）とリモート・オセアニア（Remote Oceania）

とが拡散していったのか。プッシュ、プル要因を含めてさまざまな説が語られるなかで[27]、その数万年後の紀元前五千年期にオーストロネシアン（南島語族）が登場する。かれらは南中国あたりを出て台湾、フィリピン、インドネシア北部を経由したとする説が有力である。オーストロネシアンの分布域は、東南アジア大陸部ではマレー半島、ベトナム南部、カンボジア、そして北は台湾とハワイ諸島、東はイースター島、南はニュージーランド、西はインド洋の西側にあるマダガスカル島におよんでいる。

オセアニア地域は言語・文化などのちがいにより、赤道以北のミクロネシア、赤道以南でミクロネシア東部に位置するメラネシア、メラネシア東部にあって、ハワイ、イースター、ニュージーランドの三点を結ぶ大きな三角形にほぼ含まれるポリネシアに区分される。現在では、ニューギニアからソロモン諸島までのニア・オセアニアとソロモン諸島以東のリモート・オセアニアに区別するのが定石となっている[28]（図6-13）。

これまでの研究では、更新世の三万年前に狩猟採集民はニア・オセアニアに到達していたが、オーストロネシアンがリモート・オセアニアに到達したのはいまから三五〇〇年前にすぎない。かれらの末裔はメラネシアのアドミラルティー諸島から西ポリネシアのサモア、トンガにかけてラピタ式とよばれる土器をしばしば伴って移動した。いったんサモア、トンガ諸島にしばらくとどまり、ふたたび東ポリネシアのタヒチ、マルケサス諸島に拡散し、そこから紀元三〜五世紀以降にイースター島やハワイ諸島、ニュージーランドに到達した[29]。オーストロネシアンは人類史上、世界最大の領域に拡散した。

オーストロネシアンの居住空間として、規模の大きな大陸島と比較的小さい大洋島が広大な領域に分布する。後者には火山島、隆起サンゴ礁島、環礁のほか、卓礁、離礁などが含まれる。前述したニア・オセアニアには大きな島が多いが、東進するにつれて小さい島じまが増える傾向がある。しかも、島嶼間の距離は数百キロから数千キロに達しており、外洋航海に適した航海術と船なしに到達することは不可能である。大陸島や火山島は標高が高く「高い島」、サンゴ礁島は低平であり「低い島」とそれぞれよばれる。

### 海洋世界の経済基盤—農耕

オーストロネシアンの居住地はほぼ熱帯・亜熱帯域に属する。台湾、フィリピン、マレーシア、インドネシアなどの東南アジア島嶼部では水稲・陸稲が、台湾ではヒエ、アワなどの雑穀が中心に栽培された。人びとがオセアニアへ拡散する過程でイネと雑穀は脱落した。オセアニアではイモ類の栽培とサンゴ礁や外洋における漁撈が主要な生業となっている。イモ類には東南アジア起源のタロイモ、ヤムイモ、バナナなどの栄養繁殖作物とともに、新大陸起源のサツマイモ、キャッサバなどが含まれる。ただし後者は一六世紀以降に導入された。イモ類以外に、ココヤシ、パンノキ、パンダナス、サゴヤシなどの樹木栽培作物やカンラン、タイヘイヨウクルミ、ククイノキなども重要な食料であった[30]（写真6−1）。

イネは貯蔵可能で集約的な農業経営が可能であった。稲作社会は一般に人口支持力も大きく、アジアの人口稠

a　b

c　d

e　f

**写真6－1**　オセアニアにおける主要な植物性食物

a タロイモ（*Colocasia esculenta*）　b ヤムイモ（*Dioscorea* spp.）
c パンノキ（*Artocarpus altivelis*）　d サゴヤシ（*Metroxylon sagu*）
e キャッサバ＊（*Manihot esculenta*）　f バナナ（*Musa* spp.）とサツマイモ＊（*Ipomoea batatas*）

＊；新大陸原産

密地帯を形成した。東南アジアの水田稲作地帯では、村落を基盤として播種から除草、収穫までの活動が集団的な相互扶助を介して維持されてきた。山地の焼畑地帯では世帯別の農業経営が中心であった。一方、イモ作を中心としたオセアニア社会でも村落を基盤とした農耕活動がいとなまれたが、クランや全村ごとの共有地を管理して資源の適正な利用をおこなう慣行が広くみられた。食料の平等分配や頻繁な交換も発達した。そこでは出自集団の長、村の長、島社会の大首長をもつ階層社会が実現した。

タロイモ、ヤムイモなどの栽培は焼畑や灌漑施設をともなった畑でおこなわれた。イモ類のなかで長期貯蔵可能な種類はヤムイモ、サツマイモ（新大陸原産）であるが、タロイモ、バナナはそれほど長期間の貯蔵ができない。これにたいして、パンノキの実は地下に貯蔵して発酵させ、保存食として数年間利用する工夫がミクロネシアやポリネシアで発達した。ギルバート、エリス諸島などの乾燥した島嶼ではパンダナスの果肉が乾燥後に保存された。火山島では豊かな水を利用したタロイモの灌漑田が造成され、ハワイにおけるように成熟期が季節により異なる多くの品種を栽培して周年利用する工夫がなされた。隆起サンゴ礁や環礁の土壌は肥沃ではなく、タロイモ（*Colocasia esculenta*）よりも湿地性のタロイモ（*Cyrtosperma*）が栽培された。また、稲作やイモ栽培の豊作を祈願するためのさまざまな儀礼が発達し、農耕のカミ、イネのカミなどが生み出されてきた。儀礼を執行するための専門的な祭祀者や集団も形成された。

以上のように、オーストロネシアンの農耕は大きくイネ・雑穀型とイモ・樹木栽培型に分けることができる。協同労働や共有地の管理、資源の利用規制を通じて資源利用を適正化する慣行が広くみられた。さらに、周年利用可能な品種の改良戦術も食料の安定供給を可能にした。また、貯蔵技術と灌漑施設の存在も王国の経済基盤形成に寄与した蓋然性は高い。なぜなら、食料の保存技術は食料不足を是正するとともに、遠洋航海を可能にし、さらには人口の増加の一因となった。灌漑施設はそれを造るための多大な労働力を結集する必要があり、その背景となる権力の存在を暗示している。前者が東南アジアの諸王国の形成につながり、後者ではハワイ、タヒチ、トンガなどの王国の基礎を形成した。

**海洋世界の経済基盤—漁撈**

海洋では、沿岸域から深海にいたるまでさまざまな漁撈技術が先史時代から発達してきた[31]。サンゴ礁の卓越するオセアニアにくらべて、泥海の多い東南アジア海域では定置式・移動式の敷網、えり、筌などが卓越している。オーストロネシア社会では、漁撈活動の季節や場所、さらには漁具を規制する慣行が広く知られている。過去に海産資源が枯渇した確実な証拠はないが、つぎにのべるような種々の規制が資源保全に重要な役割を演じたと思われる。

たとえば民族誌例に、特定の漁場を集団が所有してふだんは利用禁止とし、葬式、結婚式、建築物の完成などの重要な儀礼のさいに魚を大量に消費する必要から漁場を一時的に解禁する場合がマライタ島のラウ社会にある[32]。共有漁場モツを決めて利用を規制する試みもポリネシアのプカプカ環礁などでおこなわれている[33]。また、インドネシア東部においてサシ（sasi）として広く知られる資源管理慣行も共通する性格のいとなみである[34]。フィジーでは、村落共同体の首長はタンブ（tabu）とよばれる保護区を設定し、そこでの漁撈を禁止した[35]。これらは、首長の権威の証し、共同体の秩序維持、儀礼の遂行など、社会的な機能をもつ場合であり、違反者への社会的な制裁も細かく決められている。さらに、前述したマライタ島には祖先の人びとがかつて住んでいたとされる聖地があり、そこではいかなる漁撈や採集活動も禁止されている。この場合、場所の神聖性が利用規制の理由となっている。

ハワイ諸島では海岸部や内陸部に魚蓄養池（ロコ・イア loko i'a）を造成し、魚を池に誘導し、タロイモの葉、茎、根などを餌としてサバヒー（ミルク・フィッシュ）、ボラ、ユゴイ、ハゼ（海と川を回遊する）などが蓄養された。ボラやサバヒーはハワイの神がみへの供物であり、ハゼもカツオとともに儀礼には不可欠の魚であった。蓄

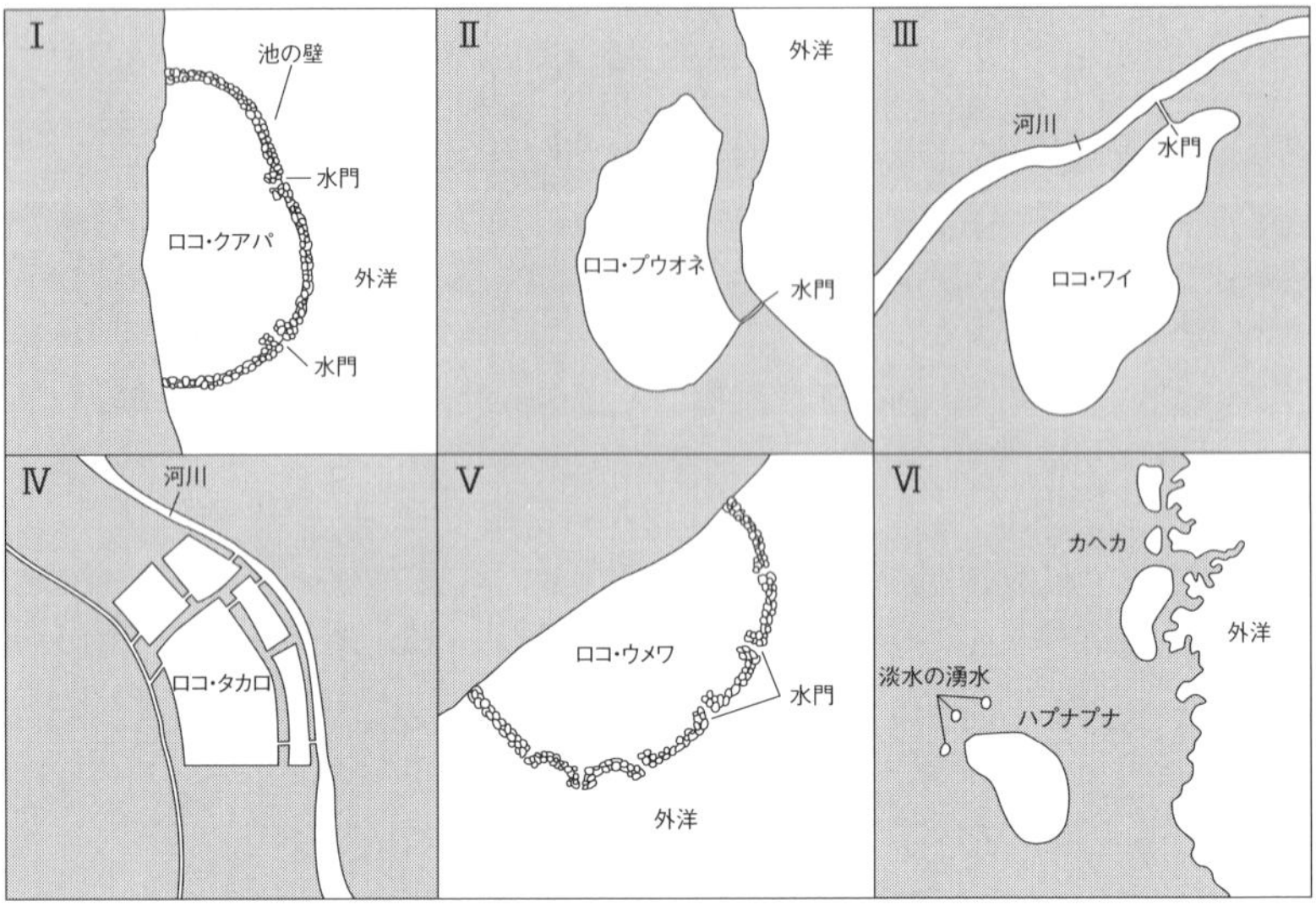


**図6-14** ハワイ諸島における魚の蓄養池（ロコ・イア loko i'a）
Ⅰ～Ⅵの6つの類型がある（DHM Inc. 1989, 1990）。

養池は王や首長が所有し、儀礼を執行し、王家や首長とかかわりのある集団の食を賄う役割をもっていた。タロイモ畑でも魚が蓄養された。一九九〇年当時、ハワイ諸島には四八八の蓄養池があり、オアフ島に一七八、ハワイ島に一三八の池があった[36]。このうち、オアフ島ではⅠとⅢのタイプの合計が八三％、ハワイ島ではⅡとⅥのタイプの合計が六六％であり、島によって蓄養池の形態が異なることがわかる（**図6-14**）。

東南アジア・オセアニア地域を通じて、海岸から沖合いまでは氏族集団や村落共同体が管理する方式が採られる場合がふつうに見られる。村長や首長が海面利用を差配する場合や村会議の合議によって利用規制を定める場合など、具体的な強制権の発動と意思決定にはいくつもの形態がある。ポリネシアのトンガでは王がすべての海面を一元的に所有しているので、王から権利を譲り受ける形で漁撈がおこなわれてきた。インドネシア東部でもイスラム教のスルタンが漁民に海面を貸しあたえ、漁獲物の一部をその見返りの税として徴収することとされた。オーストロネシア社会では水産資源の利用と管理について、王や首長のヘゲモニーが重要な役割をもっていることが海の王国における資源利用の特徴といえるだろう。

以上のように、水産資源についてはさまざまな社会的・宗教的な目的のための資源保全慣行があり、資源の乱獲を抑制する社会的なメカニズムがあった。蓄養や養殖の慣行は資源利用を安定化する試みとして注目しておきたい。その場合、首長や王、あるいは祭祀・儀礼をおこなう個人ないし集団が資源保全者（resource guardian）としての役割を演じたのである。

## 儀礼と交易

ポリネシアのハワイ諸島では、陸と海の二元的な対立にとどまらず、森のカミであり、漁撈やカヌーを司るクー神が、豊饒と農耕の神であるロノ神をハワイの雨季の開始である新年におこなわれるマカヒキ祭のさい儀礼的に殺し、代わってクー神が支配する儀礼的ないとなみがおこなわれた。そのさいに、大型のヒラアジを釣って

オキナヒメジ：*Parupeneus spilurus*

ホウライヒメジ：*Parupeneus ciliatus*

タカサゴヒメジ：*Parupeneus heptacanthus*

**写真6－2**　赤いヒメジの仲間。女性の禁忌食とされる。

神殿に奉納する初漁儀礼がおこなわれた。クー神を体現するものとして政治的な長である王が再生するのである（前掲36）。ハワイでは、女性はウミガメ、ブタ、バナナ、ココヤシ、ヒラアジ、赤いヒメジ、イルカなどが禁忌とされた。バナナはカーネ神、ココヤシはクー神の化身とされ、赤いヒメジは血を連想するために女性には禁止された（**写真6-2**）。カーネとクーはともに男性原理を象徴する神である(37)。

沿岸と内陸との間で食物の交換が広くおこなわれる一方、島嶼間ではそれぞれの島や地域に産する産物の交換が重要である。食物以外に貝製の財貨、染料、装飾品、樹脂、容器などの交易を恒常的におこなうネットワークがそれぞれの地域で発達している。ミクロネシアではカロリン諸島におけるサウェイ交易（sawei）、中央カロリン諸島における食物の貢納を基盤とするネットワークであるコー（kéé）（釣りばりの意味）がある。メラネシア地域では、ニューギニア北部のフオン半島からニューブリテン島とヴィチアス海峡における交易(38)、ニューアイルランド島と周辺離島の間の交易網(39)、マッシム地域のトロブリアンド諸島における貝製の腕輪と首飾りを循環させるクラ交易（kula）、東ポリネシア中央部に紀元一〇～一五世紀にみられた交換ネットワークなどが著名な例である。これらのネットワークは、サウェイのようにヤップ島を頂点とした高位と低位の序列をもつ階層型の場合と、クラにおけるような循環型のものがあった(40)。

以上のような交易を可能にした要件は、経済的な動機付けとともに集団間の同盟・非同盟的な社会的・政治的関係である。マヌス社会でもマライタ島社会でも、集団間の戦闘が頻発したキリスト教導入以前の時代には、首狩りや女性の略奪を含む戦闘行為が常套であった。マヌスでは戦闘終結のさい、集団の長がビンロウジの枝をたがいに携えて平和の標として利用した。平和化のさいにビンロウジが調停の標しとして使われる例は東南アジア（台湾、フィリピン、ベトナム、インドネシア）、オセアニアに広くみられる。

沿岸と内陸、島嶼間の勢力争いを通じた権力闘争の末に、より強大な政治権力を獲得した集団の長が地域の統合を果たすことができた。ハワイの王権は神官、軍隊、技能集団などを従えていたことがあきらかにされている。

**写真６－３**　イースター島のモアイ像と筆者（右）
島には建造中のものを含めて900体以上が残されている。

各地区の首長とそれを統括する大首長、さらに首長と平民の階層制があり、首長の正統性をめぐる紛争から各地区のなわばりを超えた集団間の対立、戦争へと発展したのである。この点で、ハワイには文明とよべる十分な制度と組織が備わっていた。ハワイ諸島では一八〇七年にカメハメハ大王が全ハワイを掌握して最初のハワイ王国を確立したことは周知の事実である。オセアニア地域には、エジプトのピラミッドやスフィンクス、万里の長城、アンコールワット寺院のような壮大なモニュメントがあったわけではない。しかし、宗教的な祭祀を執りおこなう場としての祭壇や崇拝の対象となる建造物が方々に残されている。

祖先霊をかたどった彫刻物を製作することも意外と広い範囲で知られており、いわゆる巨石記念物は、パラオ諸島バベルダオブ島、グアム島のラッテ・ストーン、ミクロネシア東部のポンペイ（ポナペ）島のナンマドール遺跡、コシャエ島のレレ遺跡、サモアのマウンド遺跡、トンガの石門、タヒチ・オーストラル諸島・マルケサス諸島の神像や祭壇、イースター（ラパヌイ）島のモアイ像（写真6‐3）、ハワイ諸島の祭壇遺跡などがある。なかでも、世界文化遺産であるイースター島のモアイは数々の謎を秘めた巨石人像として注目を集めてきた。重要な点は、これらの遺跡の多くは火山島にあって、安山岩や玄武岩が豊富に利用できた点である。しかも、これらを建造するために多大な労働力を必要とした。また、ハワイにおける蓄養池やタロイモ水田における灌漑施設でも多くの労働力を使役する必要があった。その背景には強大な権力や首長と平民の階級分化がすでにあったことを物語っている。宗教的な儀礼をおこなうための神官や祭祀集団がいたことも、ポリネシアではよく知られている。その背景として人身御供の実践、膨大な供物の徴収など、神の世界をつなぐ権力者としての王や首長が君臨したことは紛れもない。

## 3．オーストロネシアンと海の王権

オーストロネシアンの住む火山島では、豊かな湧水や伏流水を利用したタロイモ栽培がおこなわれ、時期をズラすことにより周年収穫が可能な農業システムが成立していた。一方、隆起サンゴ礁や環礁は、水の利用可能性からみても食料生産の規模は小さく、生産基盤も脆弱であった。利用できる資源も水産資源は多様であったが、人口支持力も限界があり、多くの首長を統合して権力を集中して統治することはそれほどできなかった。

オーストロネシアンの拡散した東南アジア・オセアニア地域においては首長制を中心とした部族社会が基盤となって、イモ栽培と漁撈を組み合わせる生活様式がいとなまれ、漁撈や航海術の技術と知識が育まれていった。一方、海と陸との相互作用を通じて、より安定した生産基盤が作られるようになった社会では、人口増加や土地所有における経済格差から次第に階層化が進んだ。集団間の宗教的、政治的、経済的な闘争が激化すると戦闘状態になり、イースター島のような悲劇をもたらした。ニュージーランドのマオリ社会やハワイ社会でも戦闘は宗教的な色彩に彩られたなかでの権力闘争としての傾向が強かった。

キリスト教が導入されるようになるまで、人びとの精神性はアニミズム的な特質をもつものであったが、ポリネシアではさまざまな神観念が発達し、生活を律する重要な規律と禁忌が輩出した。今日のタブーという用語は、ポリネシアのアプ（apu）に由来する。

一方、ニア・オセアニアより以西のオーストロネシアンの居住地では、宗教について異なる歴史的な経過を経た。マレー・インドネシア世界は古代に仏教やヒンドゥー的な影響を色濃く受け、海域間の活発な交易とともに仏教やヒンドゥー教が広まった。壮大な宗教的寺院が建立された背景には、宗教に帰依した古代国家が宗教的な優位性と政治権力を文明として昇華したからにほかならない。ジャワ島のボロブドゥール遺跡は古代の仏教遺跡としていかに多くの信徒と莫大な富を背景として建造されたかを物語っており、オーストロネシアンの文明として長く記憶に残るものだろう。ボロブドゥール遺跡のレリーフには大型のアウトリッガー・カヌーが刻まれており、海の世界の住人が文明の形成に果たした大きな役割を示している（**写真6－4**）。その後、東南アジア島嶼部がイスラム化するなかで、スルタンをいただく首長国や小王国が各地にできた。広大なイスラム圏の影響を背景として、中東から東南アジアにいたるまで、宗教とともにアジアの香料や林産物を運ぶ仲介者として、イスラム化したオーストロネシアンが文明を維持してきたのである。一方、フィリピンでは一六世紀以降に、スペインの影響でカトリック教が浸透するが、フィリピン南部以外のイスラムの影響を受けた地域以外では、依然として地域共同体を基盤とする社会が優勢を占め、文明とよべる社会を輩出しなかっ

**写真6－4**　ボロブドゥール遺跡の浮き彫りにある帆走アウトリッガー・カヌー

た。マダガスカル島に拡散したオーストロネシアンの人びとはそこで豊かな稲作を背景とした王国をつくった。

このように、オーストロネシアンの拡散した海域世界では、海への適応を果たしながら陸世界との多元的な関係を維持しながら発展し、首長制社会から王国を建設し、他方でイースター島のような孤島では生産基盤の脆弱さから文明の崩壊現象を起こした。外部の要因が一七世紀以降に島の生態系や文化にさまざまな影響をあたえてきたが、オーストロネシアンの文明にたいする影響は島ごとに異なっていた。この問題はすでに『地域の生態史』[41]のなかで取り上げたので参照していただければ幸いである。

### ハワイ王権と土地権

一八世紀末に成立したポリネシアのハワイ王国では、王権のもとに大首長・神官、平民、奴隷からなる階層社会が形成されていた。陸や海の資源は王や首長のものとして管理され、アフプア・アとよばれる共同生活圏内で共有財産として利用され、上位の階層に上納された。同様に、クック諸島でもハワイのアフアプア・アに相当するタペレとよばれる土地共有制度が広くみられた。名目上は大首長が保有する土地では、平民階級が農耕や漁撈をおこない、首長制を経済的に支えるとともに、首長のおこなう儀礼を遂行するうえでの供物を供出する役割になった。

ハワイ王国では、ハワイ島のカメハメハ（Kamehameha）によるハワイの統一（一七九五年）以前には、各島にはそれぞれ、アリイ・ヌイ（ali'i nui）とよばれる大首長がいた。大首長の側近にカラモイクという役職の人が大首長の命をうけて、島をモク（moku）とよばれる地域に分割し、それを各首長に分与する役目をはたした。火山からなるハワイ諸島はだいたい高い山を真ん中にもっている。島はその中央部から放射状に分割された。モクはさらに、アフプア・ア（ahupua'a）とよばれる区画に分けられた。アフはポリネシアで一般にみられる石積みの祭壇ないし構造物を指し、区画の境界に建造された。アフの境界標示には、木製のブタ（プァ・ア）の置物がおか

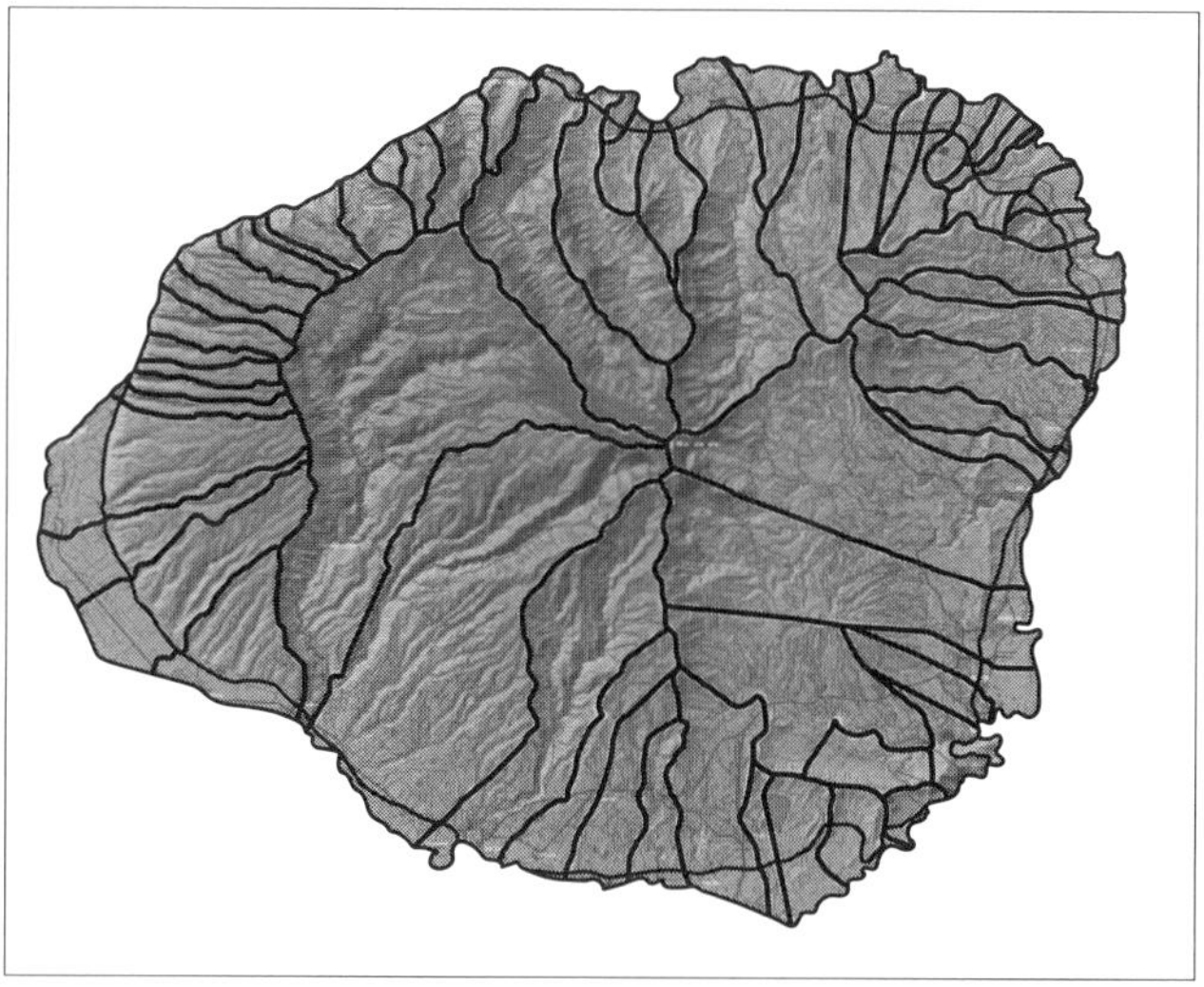

図6-15　カウアイ島のアフプア・ア（Ahupua'a）

れたことでアフプア・アの名前がある。それぞれのアフプア・アは、さらにイリ（'ili）とよばれる小区画に細分された。イリは、低位の首長や何組かの家族が共同で所有して利用した[42]。重要なことは、モク、アフプア・ア、イリはともに、生活と食料の確保に必要な資源領域が含まれていることである。つまり、これらの土地区画ごとに、森、農耕用の谷筋や傾斜地、沿岸域がセットとなっていた。各区画で獲得された森や海の資源は、より上位の首長や王へ献上する義務があった（図6-15）。

ハワイにおける平民階層は資源を利用する権利を保障されていたが、身分の低いものは土地や海面を所有するのではなく、資源を献上するために使役することとなっていた。また、平民もクレアナと称される小作地をもっていたが、もっぱら王のために使役した。王権と土地の利用、資源の献上に関する経済システムは後述するインドネシアのスルタン時代の制度と似た面がある。モクやアフプア・アの個々の名称は、現在でも現地で大変なじみのある地名である[43]。

ハワイ王国成立と同時期以降に西欧勢力が相次いでハワイに来島した。一七七八年に最初の来島者J・クックは、翌一七七九年、ハワイ島に再来島したさい、ハワイ人が信仰するロノ神としてもてなされたが、出港後、船のマストを破損し、修繕のために島にもどったところを不審に思った島民により殺害された。その後、一九世紀以降、北米のラッコ毛皮の交易中継地、ハワイのサンダルウッド（ビャクダン、白檀 *Santalum album*）の輸出、捕鯨の補給基地としてハワイに来島する西洋人が増加した。さらに、ハワイ諸島における砂糖産業が注目され、島民のキリスト教徒化と西洋化が急速に進み、一八五二年には新憲法が採択された[44]。

注目すべきは土地所有に関して大きな変革がおこなわれた点である。一八四八年に新たにマヘレ（Mahere 分配の意味）とよばれる土地法が制定され、土地は所有物・財産として位置づけられた。ハワイ諸島のすべての土地はカメハメハ王と二四五人の族長の間に分配された。また、王の領地の大半はハワイ政府の所有する官有地とされ、その結果、王の土地は二三・八％、官有地が三七％、族長の領地は三九・二％となった[45]。さらに、一八五〇年にクレアナ法（kuleana）が制定され、平民もが自分の小作農地を請求して私有化することができるようになった。もっとも、ハワイ人の平民で土地を請求したのは三割程度の八〇〇〇件であり、ハワイ全土の一％に過ぎなかった。

土地の私有化に関するクレアナ法は白人にも適用された。海外からの輸入品に大きく依存していたハワイ王国や政府は債務を大量に抱えており、白人に土地を売却せざるを得なかった。その結果、一八六二年時点で、ハワイ諸島の四分の三が白人による所有地へとかわってしまった。

**ポリネシアの王権**

ハワイ以外のポリネシアの例を検討しよう。北部クック諸島にあるプカプカ環礁では、モトゥ（motu）とよばれる共有地が決められており、首長アリキを中心とする村会議がローカル・コモンズとしてモトゥ内の資源利用を解禁する時期や採集可能な資源の量を決定した。モトゥは厳格に決められた領域にあり、密漁（養殖池のサバヒー）や密猟（鳥類）、密採取（ココヤシや野生の植物）にたいしての制裁措置が決められている。モトゥ内で採集された資源は村内で平等に分配される[46]。プカプカ環礁における共有地モトゥの資源利用規制は、インドネシア東部に広くみられるサシの慣行と類似した面がある。とくに資源利用を厳格に規制する点、村落生活における倫理的な規範の遵守が求められる点、共有地の利用に関する意思決定が村会議における合議を通じておこなわれる点などが類似しており、ローカル・コモンズにおける共通したルールのありかたとして注目すべきであろう。

ソロモン諸島東部の辺境ポリネシアに位置するティコピア島では、土地はヤシ林・果樹からなるトフィ（tofi）と農耕地であるヴァオ（vao）に区分され、父系のリニージごとに所有されている。名目上はクランの首長が所有することとなっている。しかし、実際には各個人が耕作した土地の作物は自分のものとなる。使用されていない農地を所有者以外の人間が使うこともできるが、そのさいには代償として財貨を支払うか、現物の農作物を渡す必要があった。リニージ間で土地の移譲はほとんどなく、例外的に首長の娘が婚姻のさいに土地の一部を譲り受けることがある[47]。

クック諸島のなかで、ラロトンガ、マンガイア、アティウ、アイツアキ、マウケの五島では、島を区分する地区、すなわちプナ（puna）の下位区分である小地区のことをタペレ（tapere）と称する。タペレはちょうど前述したハワイ諸島におけるアフプア・アに匹敵する区分であり、**図6-16**に示したように、島の中央の山頂部から谷筋をへてサンゴ礁のリーフにいたる領域に分割されている。島によって地区とタペレの数は異なっており、ラロトンガ（五、三四）、マンガイア（六、三八）、アティウ（六、六）、アイツアキ（八、一九）、マウケ（四、一一）となっている。括弧内の最初が地区数、あとがタペレの数である[48]（**表6-2**）。

地区であるプナの首長はマンガイア島ではパヤ（Paya）、タペレの長は有力リニージの首長であるマタイアポ（mataiapo）ないし名目上の部族長であるアリキ（ariki）とよばれる。タペレには、リニージの成員を核とする構成員がマタケイナンガ（matakeinanga）とよばれる居住集団を構成する。タペレの土地はさらにいくつものリニージ

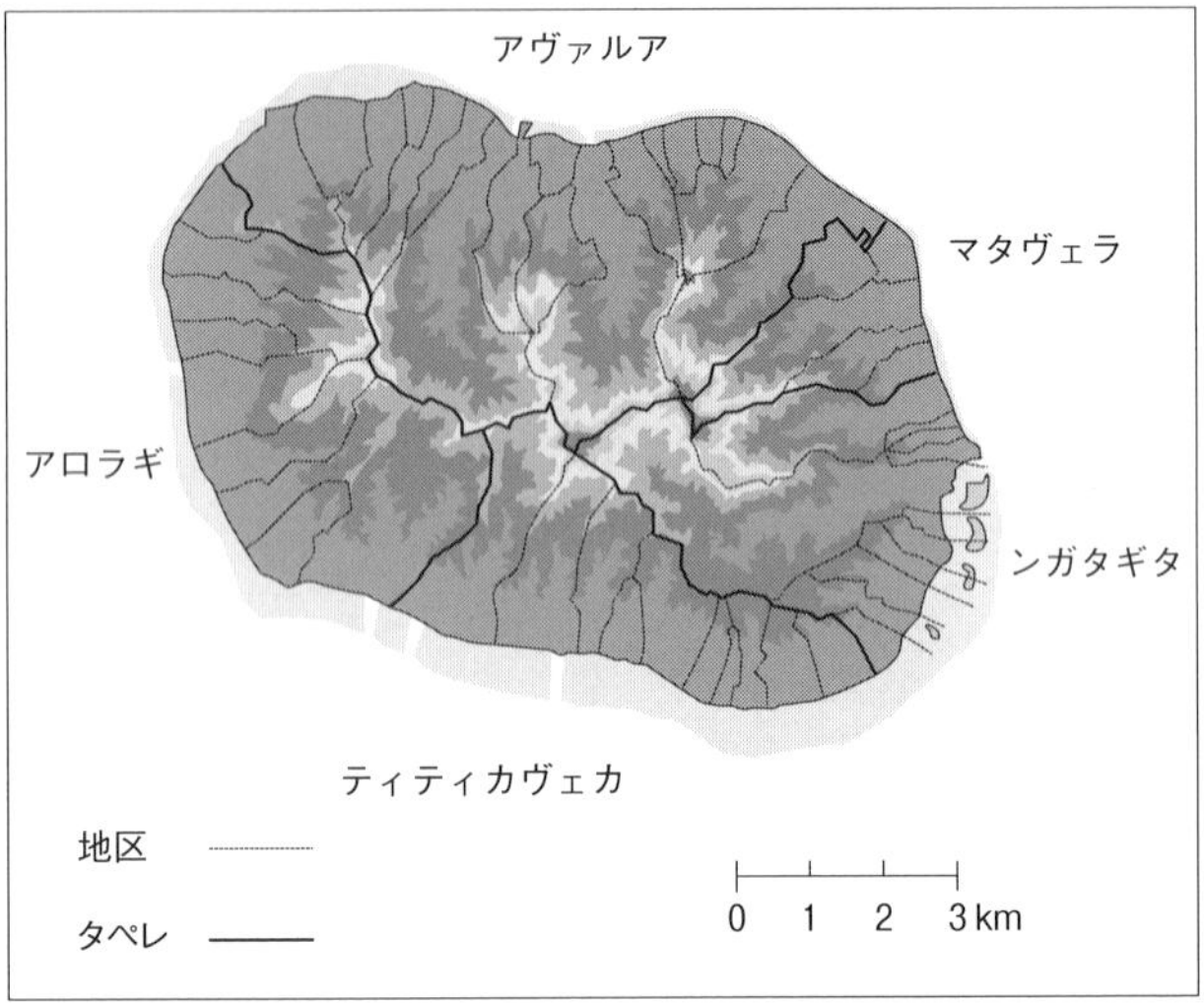


図6-16　クック諸島・ラロトンガ島におけるタペレ（tapere）

表6-2　クック諸島における地区とタペレ（tapere）の数

| 島 | 地区（村） | tapere の数 |
|---|---|---|
| Aituaki | 8 | 19 |
| Atiu | 6村 | 6 |
| Mangaia | 6 | 38 |
| Mauke | 4 | 11 |
| Rarotonga | 5 | 54 |

に下位区分され、それぞれマタイアポ、ないしアリキの本人や兄弟姉妹が長となる。タペレの長はその構成員から食物を含む資源と労働などの使役を提供される。タペレが山地から谷筋を経て海までを含むことから予想できるように、野生資源、農作物、沿岸資源をセットとして利用する自給的な経済単位となっている。

王権の有する土地権についての事情は、ポリネシア以外の地域でもみられた。たとえば、東インドネシアでは、一九四五年のインドネシア国成立まで、各地の王であったスルタンは領土内の陸域・海域を支配していた。そのさい、資源の利用権を配下の農民・漁民に借用させ、その生産物を上納させるシステムをもっていた。つまり、所有者と利用者の分離したシステムがあった。一九四五年以降は、スルタンによる海面所有制から全国を対象とした国有化により誰もが利用できる制度へとかわった。

## フィジーの首長と土地所有権

フィジーでは、一九世紀中葉、部族の乱立する時代にあり、一方で白人がココヤシやサトウキビのプランテーション農業、あるいはナマコ資源を目指して入植し、土地を買いあさっていた。一八七四年に英国領となったフィジーでは、初代総督となったＡ・Ｈ・ゴードン卿は、フィジー人によるフィジーの統治を目標として地元の首長との会議を定期的に開催して交流をおこなったことで知られている。白人による土地の収奪は顕著であり、一本の斧で小さな無人島を手に入れた例では、一本の斧自体が一六〇ガロン（一ガロン＝四・五五リットル）のナマコに相当したとされている。(49) ゴードン卿は、ニュージーランドのマオリ族の例を踏まえて植民地主義的な土地や資源の略奪を抑制し、フィジーでおなじようなことがあってはならないと考えてきた。一八八〇年に、フィジー人の土地権を確立させるための条例“National Land Ordinance”を制定した。そして、この条例によって、フィジー人以外の外国人が土地を所有することが禁止された。フィジー人に配慮した画期的な政策であったことがわかる。

現在でもこの条例はよく反映されている。すなわち、全国土の八八％はネイティブ・フンドであり、約三％は官有地（クラウン・ランド）、残りの九％がフリーホールド・テニュア、すなわちリースによって賃貸の対象となる土地である。ネイティブ・ランドは、フィジーにおける伝統的な共同体組織であるマタンガリ（mataqali）が所有する、いわば共有地となっている。それぞれのマタンガリにはトゥランガニマタンガ（turaga ni matanqali）とよばれる長がおり、土地や海面の利用について合議をおこなう。マタンガリの構成員は耕作地を借用して利用するが、このさい、個人や世帯ごとの利用権が決められている。[50] ネイティブ・ランドのうち、未使用の土地は外部者に借地として提供されることがある。とくにインド人農民が借用することが多く、NLTB（National Land Trust Board）が仲介して借地料を決める。借地期間はかつて九九年間と長期にわたることがあったが、一九六七年に「農業用地の地主・借地人条例（The Agricultural Landlord and Tenant Ordinance）」が施行され、リース期間は一〇年間になった。

クラウン・ランドは、植民地化当時、無主の土地ないし英国王室が購入したもので、いわゆる官有地となっている。クラウン・ランドのほとんどは農地向きではなく、公共目的に利用されている。

フリーホールド・テニュアは、一八七四年以前に入植した白人を中心として購入された土地であり、植民地政府が合法的に承認した土地である。この土地は現在も売買対処とされており、一部はリースされている。

英国植民地となったフィジーでは、一八七五年の時点で、国内の海面や河川、サンゴ礁、汽水域、港湾などはすべて英国の支配するところとなった。一方、海面で地域ごとに共有とされた水域には二つの性格のものが定められた。一つはゴリゴリ（qoliqoli）とよばれる伝統的漁業権の設定された海面である。もう一つは、沿岸域における水産資源の管理を目的とした海洋保護区としてのタンブ（tabu）領域である。海域はマタンガリにより維持されていた。海面全体の所有権は英国にあるが、利用する権利は各地域の首長を中心とした地域の権限に委ねられるとするものであった。

一九七〇年にフィジーが英国から独立することによって、ゴリゴリ領域もタンブ領域も地区（ヤヴサ yavusa）やそのなかに含まれる地域が管轄することになった（図6-17）。ただし、行政的に決められたゴリゴリの領域は地図にも明記されているものの、各村落が自主的に決めた詳細な利用上の規定などはいっさいふれられていない。政府と住民の相互理解を円滑にし、地域の水産資源をいかに有効に管理するかをめぐって、地域住民と政府の媒介者として、NGOsが両者をつなぐ重要な役割をはたしてきた。

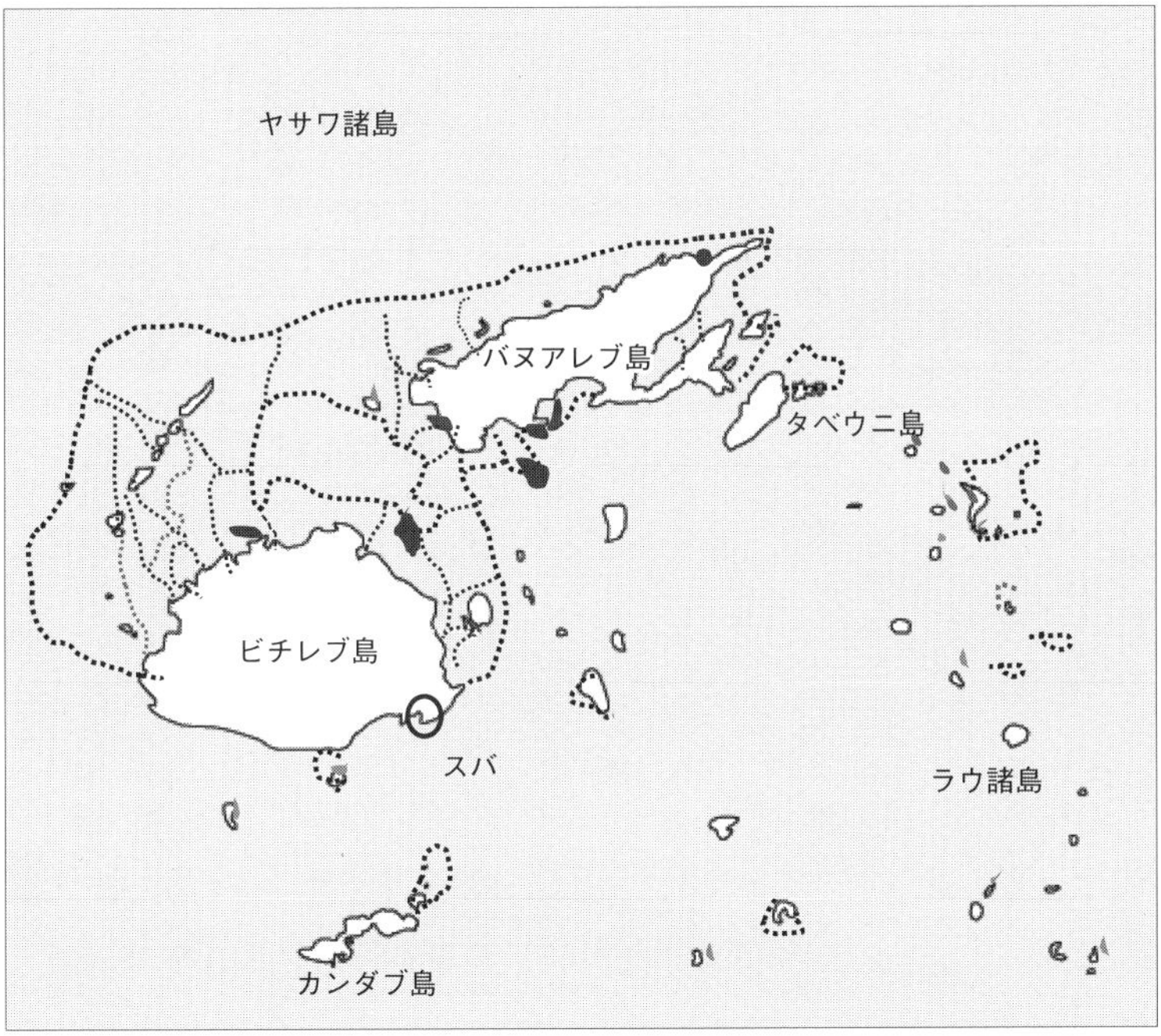


**図６−17　フィジーにおけるゴリゴリ領域とタンブ領域**

---------- ゴリゴリ（qoliqoli）の境界*　■ 永続的な禁漁区域：タンブ（tabu）**
*：管理の有無の区別は示していない　**：一次的禁漁区域は示していない

ところが、国家が保有していた海域が慣習的な権利をもつ首長や個人に返却されるというきわめてまれな事例が起こった。二〇〇六年八月一〇日、ゴリゴリ漁業法案（the Qoliqoli Bill）が議会を通過することによって、国有地が民間に移譲された。この法案を受けて、国内の海岸部ではさまざまな問題が発生している[51]。

たとえば、すでに国有地から許可を得て投資して建設された多くのリゾート・ホテルにたいして、フィジー人から支払い、賠償請求などが出されている。もともと首長の管理・所有する海岸やサンゴ礁に無断で入ったとして、外国人観光客が略奪や現金請求などの被害を受けている。白人観光客を拉致し、潜水具を奪うなどの事件も発生した。フィジー人にしてみれば、伝統的な漁業権が設定されていたにもかかわらず、英国の植民地行政府が一方的に国有化を宣言した歴史的な経緯がある。このような背景があるにせよ、一九七〇年の独立後、三〇数年を経て慣習的な権利の復権が正式に認められた以上、今後もさまざま紛争が起こることが予想される。

フィジーでは、白人による伝統的な土地利用体系を破壊する強奪的な土地の買い上げが一九世紀に起こったが、初代総督のゴードン卿はフィジー人に有利な政策を決め、しかし、おなじポリネシアのハワイでは土地権を白人へ売却することを法制化することで私有化され、ハワイの土地はかなりの部分が白人の手にわたることになったのとは好対照をみせている。

### マオリとワイタンギ条約

のちにふれるように、アメリカで数百年間、先住民であるインディンの土地が白人によって奪われるのと似たような歴史が太平洋で起こった。その象徴がニュージーランドにおいて一八四〇年二月六日に締結されたワイタンギ条約である。ニュージーランドの先住民はポリネシア人のマオリ族であるが、かれらと英国間で締結された条約では、英文とマオリ語による条文の内容に相当の齟齬があり、その解釈をめぐり多くの対立を生むことになった。とくに本論との関係で重要なワイタンギ条約の第二条に関する記述で、英語では、マオリの財産として土地、森林、水産資源などを想定し、その保有権を認めるとしたが、マオリ語ではタオンガ（taonga）は「宝物」ないし「貴重なもの」とされ、英語よりも広い意味内容を含むもので、一九八〇年以降の議論では言語や文化をも指すものと考えられた。タオンガには、マオリの祖先が居た土地や水、聖地（ワヒ・タプ wahi tapu）などが含まれる。両語における齟齬を不服として、一八四三年からはマオリによる反乱となって顕在化した。驚くべきことにその後、ニュージーランド政府は何の改善も修復もおこなわなかった。一九七五年にようやくワイタンギ審判所（Waitangi Tribunal）が作られ、順次さまざまな分野におけるワイタンギ条約の内容修正について検討された。たとえば、一九八五年六月にはマオリ語を公用語として使うことが決まった。一九九六年一一月には、ニュージーランド北島における特定の地区、森、湖、峡谷、タオンガと関連して、先住民であるマオリ（タンガタ・フェヌア tangata whenua）の聖域と、ワカトゥパパク（wakatupapaku）とよばれる洞窟に埋葬された収納箱が指定された。最近では、二〇一一年七月に、マオリ族のもつ知識（マータウラガ・マオリ mātauranga Māori）に関連して在来の植物相・動物相に関する伝統的な生態学的知識、民族植物学、知的財産法とニュージーランドの法がタオンガとして主張された。(52)

## 第3節　大地と文明

### 土地倫理について

世界の諸文明は世界各地でこれまで興亡を繰り返してきた。この節で取り上げるのは、文明がその経済的な基盤とした大地を支配したうえに成立したことを例示することではない。先住の人びとから大地を奪い、そのうえに築き上げたのが西洋の文明である。もちろん、西洋以外の集団が文明を構築した場合もあるだろう。ここでは、現代にいたる歴史過程を通じて、ノルマン征服王以降の英国、アメリカ、オーストラリア、そして日本のアイヌにおける先住民を例として、後発の西洋人や日本人による先住民の駆逐を通じた大地の支配について取り上げる。

土地権に関連して、土地倫理（ランド・エシックス land ethics）の概念を参照しておこう。これは米国のA・レオポルドが提唱した概念で、かれは土地にはそこにある土壌や生き物、ならびにその土地を利用する人間をも含む共同体の健康を維持するための倫理を提唱した。(53)土地倫理は人間が経済目的に土地を利用するための有用性に帰属するものではなく、土地のありかたについて有用性を超えた非経済的な価値をも考慮するものであり、人間は土地の支配者ではなく、ただの一構成員に過ぎないとの認識から自然の保全や保護を進めるべきとの観点に立つ現代的な思想である。ただし、現代の米国人が提唱する土地倫理は自然保護を念頭においているが、数百年前、独自の土地倫理をもっていたアメリカの先住民の土地をはく奪した歴史を忘れるべきではない。

## 1．ロイヤル・フォレストと王権

中世ヨーロッパの封建制社会では、マノリアリズム（manorialism）とよばれる荘園制が発達しており、（1）領主が直接支配する直轄地、（2）農奴が領主への労役や貢納品を上納するための保有領域、（3）自由農民による保有地からなっていた。自由農民は貢納の義務はなかったが、荘園の慣習や土地の貸借による借金の返済義務をもっていた。前記三つの土地保有の割合は多様であり、国王自らが保有する土地よりも聖職者や農奴の保有する土地面積のほうが全体として大きい時代もあった。

フランク王国時代以降、西ヨーロッパを中心にさかえたメロヴィング朝、カロリング朝、カロリング朝時代、王や領主は保有した領地でおこなわれる狩猟の権利も有していた。カロリング朝の没落後、諸侯が割拠するなかで、狩猟地を独占的に保有する傾向が強くなり、ノルマン・コンクエスト（一〇六六年）以降、ノルマン人に征服されたイングランドや一二世紀以降の南仏ガスコーニ地方では、とくに君主による森林の聖域化、すなわち「ロイヤル・フォレスト」化の傾向が顕著にみられた。

ロイヤル・フォレストはノルマン・コンクエスト以降、英国に導入された考えにほかならない。現代のフォレストという名称から受ける印象とは異なり、ヒース（低木の荒地）、草地、草沢地を指した。草食獣の生息地に適したロイヤル・フォレストでは、アカシカ、ダマジカ、ノロ、野ブタなどが狩猟の対象とされた。ロイヤル・フォレストは一二世紀後半から一三世紀前半に興隆した。南イングランドでは、土地の三分の一がロイヤル・フォレストであった。ロイヤル・フォレストにおける野生動物の個体数の管理、密猟防止、野生動物の病気管理などがキーパーにより厳重になされた。ロイヤル・フォレスト内での平民による狩猟は禁止され、密猟にたいして厳しい処罰が下された。平民は猟地の外部でワナ猟や小動物の猟をおこなうにすぎなかった。以上のように、フォレストは当時、いまのような「森林」を表わすのではなかった。

## ノルマン・コンケストと森林法

ノルマン征服王であったギョーム（英語のウィリアム）は「森林法」を定めた（図6-18）。この法は何度も改正され、一三世紀にはフォレストの植生であるヴァート（vert）への立ち入り禁止と野生獣であるヴェニソンの侵害禁止が定められた。また五種類の野生動物が保護の対象とされ、そのなかにはアカシカの雄（ハート hart）と雌（ハインド hind）、イノシシ、野ウサギ、オオカミが含まれる。[54] 森林法では、フォレストは「周囲を囲んでない広大な原野」、王侯ではなく貴族階級が保有するチェイス（chase）、「森林法」の規制を受けない囲い込まれた猟場としてのパーク（park）に区別されていた。チェイスでもダマジカの雄（buck）と雌（doe）、キツネ、テン、ノロジカや、ウサギなどが多く棲む地帯（ウォーレン warren）における野ウサギ、アノウサギ、キジ、ヨーロッパヤマウズラ、アカシャコなどが保護の対象とされていた。なお、チェイスやウォーレンの狩猟権は君主から地元の貴族に有償であたえられることがあった。繰り返すが、フォレストは「周囲を囲んでない広大な原野」を、通常、王侯ではなく貴族階級が保有するのがチェイス（chase）、「森林法」の規制を受けない囲い込まれた猟場がパーク（park）である。

図６-18　ノルマン征服王ギョーム

ロイヤル・フォレスト内で牧草地や農耕のために土地を囲い込むことや家屋を建てること、樹木の伐

**図 6 -19**　13世紀の英国におけるロイヤル・フォレストの分布
（M. Bazeley 1921, Young 1979）による

採や草地の刈取りは禁止された。ロイヤル・フォレスト内に住む住民は狩猟具や猟犬をもつことはできず、番犬であっても前脚の爪は除去しなければならなかった。

ロイヤル・フォレストの境界地はパーリュー（purlieu）と称され、農地として利用できた。また、森林から逃げてきたシカによる獣害が発生すれば、殺戮してもよかった。ただしこうした反面、王侯はロイヤル・フォレストの利用権限を縮小して、森林内に住む自由民で土地をもつ者にたいして、いくつかの権利を委譲し、その見返りを収入源とすることができると判断した。一二一七年一一月七日制定の「森林憲章」（Carta de Foresta）でそのことが明記され、地域の帰属による狩猟ライセンスの発効、平民による薪木採集権（エストヴァー estover）、ブタの放牧権（パンネージ pannage）、燃料用の採草権（ターバリー turbary）、家畜を有償で放牧する一連の権利（アジストメント agistment）などが含まれている。

以上のように、中世期の英国では王権が狩猟をおこなう森林を排他的に所有してロイヤル・ハンティングがおこなわれた。サンクチュアリの設定に関する事情は日本の古代と一見類似しているようであるが、王権の権限はとても大きく構造化されており、種々の権利に細分化されている広範な「権利の束」となっている点や、フォレスト、チェイス、パークと重層化されている点が顕著なちがいである。また、一三世紀以降に特権を縮小して平民や貴族にいくつもの権利を譲渡して、収入源とする変化のあったことにも注目すべきであろう（図6-19）。

## 2. アメリカの土地権と保留地

一七世紀にはじまるヨーロッパからのアメリカ入植は数百年以上にわたり、現地のアメリカ先住民との間で幾多の抗争を繰り返してきた。当初、米国東部に入植した英国、スペイン、フランス、オランダ、ドイツなどからの入植者は食料問題や冬季の寒冷気候、疾病などに苦しむ一方、現地の先住民とは交易・宥和・対立などさまざ

図６-20　フランスの探検家Ｓ・シャンプランは、1609年7月30日、ヒューロン族（左）とモホーク族（右、イロコイ族の一支族）の部族抗争に巻き込まれ、火縄銃でモホーク族の首領３人を殺害し、撤退させた。その後、ビーバーの毛皮交易をめぐる植民者側とインディアン諸族を巻き込んだインディアン戦争が19世紀末まで続いた。

まな関係をもっていた。入植者は海岸部に小さな入植地を建設するだけで、奥地へと入っていったのは交易商人や毛皮猟師だけであった。現在のニューヨークのあるマンハッタンには一六二〇年代に入植がはじまり、その地は先住民から買収された。オランダも同時代、イロコイ諸族と毛皮交易で同盟関係を結んでいた。

ただし、今日、イロコイ連邦（フーデノサウニー Haudenosaunee）として知られる部族連合をもつイロコイは農耕をおこなうとともに軍事力を備えた集団であり、フランス人交易者との間でビーバーを中心とする毛皮交易の利権を獲得するため、五大湖周辺のアルゴンキン語族と凄惨な戦闘を繰り返し、イロコイはアルゴンキン諸族を駆逐して勢力範囲を五大湖周辺地域を含む広大な領域に勢力を拡大した。この結果、イロコイ諸族とオランダの同盟は消滅し、代わって英仏との間で毛皮交易をめぐる同盟締結にかかわる争いに巻き込まれた。英国と同盟関係を結んだことで、フランスとイロコイ諸族との争いはその後も続き、最終的に一七〇一年にモントリオールで英・仏植民地政府とイロコイ諸族との間で「偉大なる平和」条約が締結された。イロコイ諸族による略奪と戦闘行為はこれ以降、終焉する（図6-20）。

話は前後するが、アメリカへの植民地経営のために入植者はさまざまな方策を実施した。たとえば、オランダのオランダ西インド会社は、一六二九年にニューネーデルランド植民地にパトルーン（patroon）とよばれる封建的大土地所有制度を導入し、四年間で五〇名の成人入植者を送り込んだ出資者に大規模な土地を供与することとした。パトルーンとなった出資者は荘園の地主として、漁業や狩猟の専有権や民事・刑事裁判権をもち、見返りに入植者に家畜、家財、住居などを供与した。一方、入植者はパトルーンに借地料を支払い、余剰作物の先買い権を見返りとして提供した。オランダから英国に植民地経営の権限が委譲されたのちもパトルーン制は一八四〇年代まで続いた。ヨーロッパをモデルとした地主制度がアメリカで二〇〇年間持続したのである。

## 白人の入植と先住民の対応

西欧諸国によるアメリカへの入植過程で露呈したのは、白人が先住民の保有してきた土地を占拠、ないしは多くの場合、武力的に略奪した歴史的事実である。西欧各国のとった政策は一様ではなく、また地域的にも広大な領域に分割されており、それぞれの地域に居住する先住民の対応も異なっていた。

一八世紀後半、英国本国はアメリカにおける英国一三植民地からの輸出品であった砂糖、茶、印紙などに課税する法案を適用しようとし、植民地における反発をかうことになった。茶法をめぐって植民地住民と英国との対立が先鋭化し、一七七三年に「ボストン茶会事件」が勃発した。このことに端を発して、一七七五～一七八三年に独立戦争が勃発した。前半では英国植民地と本国間の戦争の色彩が強かったが、一七七八年以降はフランス、スペイン、オランダが反英国の立場から米国側に武器輸出などを通じた米国援助勢として独立戦争に加担する事態に発展し、一七八三年にパリ条約により独立戦争は終結した。

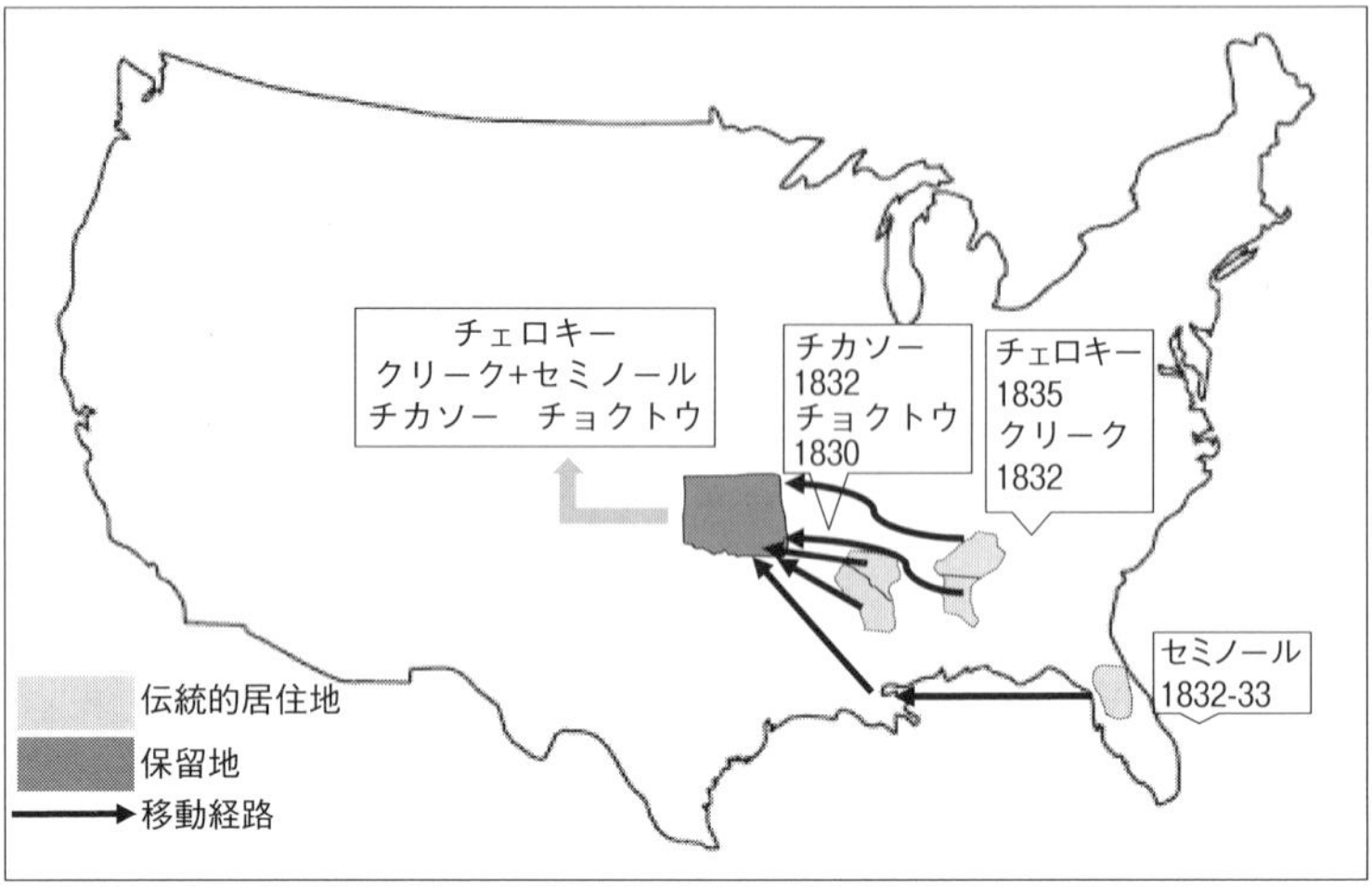


**図6-21**　ジャクソン大統領は、ミシシッピ川以東に住む、チョクトウ（Choctaw）、クリーク（Creek）、チカソー（Chickasaw）、セミノール（Seminole）、チェロキー（Cherokee）のいわゆる開化5部族、約6万人のインディアンを、必要とあらば強制手段によってミシシッピ以西の地に移住させる権限があたえられた。

アメリカは一七七六年に独立宣言を果たして国家となった。独立宣言文を起草したT・ジェファーソンは、一方で一七七八年にデラウェア州のデラウェア・インディアンと「インディアン条約」を締結し、インディアン諸族から土地を購入し、先住民を保留地（リザベーション）に隔離する政策を進めた。保留地では、米国政府の内務省とインディアン諸族が共同で所有する制度が適用された。

時代はさかのぼるが、入植当初から、白人入植者と先住民との間では小競り合いから虐殺事件が頻発していた。のちに「インディアン戦争」（一六二二～一八九〇年）として語られる凄惨な殺戮戦争が二七〇年以上にもわたって繰り広げられた。最初の虐殺事件は一六二二年三月二二日、バージニア植民地のジョージタウンおよび周辺地域で白人入植者と現地のポウハタン族（Powhatan）との間で発生した。その後に発生した戦闘・殺戮行為のなかで決定的に重要であったのは、先住民の土地にたいする観念や集団の構成に関する白人社会の西洋中心主義的な発想による誤解であった。

誤解はさらにエスカレートした。一八三〇年、軍人あがりの第三代大統領であったＡ・ジャクソンは「インディアン強制移住法」を定め、インディアンをミシシッピ川以西に移住させる計画を提案して実施した（図６−21）。この提案は、インディアンを移住させ、社会体制を整えさせた後に白人社会に同化させる。またこれに従わない部族は絶滅させる、という民族浄化政策であった。

一八三三年の一般教書演説でジャクソン大統領は、「……（中略）インディアン部族がわれわれの定住地に囲まれ、我々の市民と接触し共存するなど不可能だ。……（中略）……これまでのインディアンの運命がそうだったように、インディアンたちが消滅しなければならない事態が避けられない場合、かれらは我々白人の領土の外へ出ていくことが必要だ。その場合、我々が求める新しい関係に沿った政治体制をかれらが受け入れた場合のみ、これは可能となるのだ。」と述べ、インディアン迫害を表明している。

これにたいして、インディアンも抵抗し、フロリダでは三次にわたるセミノール戦争（一八一七〜一八五八年）が勃発し、ジャクソンの実施した焦土作戦は「インディアンのベトナム戦争」とまで語り伝えられている。また、米国東部のチェロキー、チカソー、クリーク、チョクトーの五部族はミシシッピ川以西のオクラホマまで移住を強要された（図６−21）。

一八四四年に領土膨張主義を主張するＪ・Ｎ・ポーク大統領は、翌年と翌々年にテキサス、オレゴンを併合した。一八四六年、英国と同盟協定を結び、メキシコとの間での米墨戦争に勝利し、ニューメキシコとカリフォルニアを領土とした。

一八四八年にカリフォルニアで金鉱が発見され、いわゆるゴールド・ラッシュが起こり、西部への白人移住者が大きく膨らんだ。当時まで捕鯨船で活動していた捕鯨船員も大挙してカリフィルニアに殺到した。

一八七一年になると、西部の先住民も保留地へと追いやられた結果、それまでのインディアン条約は意味をなさないとまで政府にいわしめた。つまり、インディアンを保留地に押し込めて隔離し、もともとあった土地を没収することができた。西部ではスーやアパッチの抵抗があったが、残念ながら白人に屈することになった。決定的な法が一八八七年二月八日に成立した「ドーズ法」つまり「インディアン一般土地割当法（General Allotment Act）」である。それまでの共同所有制が適用された保留地を、インディアンの部族を構成する個人に土地を割り当てて分割する政策がおこなわれた。(55) 共同体的所有から個人所有へと切り換えた図式は、事情がちがうにせよ、かつてモーガンが想定した共有から私有への移行をほうふつとさせる大きな転換であった。問題はそこに白人社会とインディアンとの差別観が介在したことである。政府は一八九〇年に「フロンティアの消滅」を宣言した。

じっさい、保留地を個人ごとに割り当てた残りの広大な広い大地は白人の農民に開放されることになり、インディアンへの割当地も賃貸しやすいように修正が加えられた。こうして一八八七年から五〇年足らずの間に約一億三八〇〇万エーカーあった保留地の面積は三六％たらずに激減した。結果的に約一億エーカーが白人の手中におさまり、白人の思惑通りとなった。個人割当地を譲渡・賃貸することは当初禁止されていたが、徐々に緩和され、一九〇〇年以降は事実上解禁された。インディアンは強制的に小土地所有の農民として白人のもとで生活するしかなかった。

その後、一九三四年に「インディアン再組織法」によって土地の個人割当制を廃止し、部族共有制と部族自治が復活した。一方、インディアンの経済や教育向上を目指す試みもあったが、回転資金や教育基金を供与して経済状態の改善と教育の向上を目指す努力にもかかわらず、保守派の妨害や第二次世界大戦の勃発により中途で挫折した。大戦後、反共・保守主義の強まる風潮のなかで、一九五三年連邦管理終結（ターミネーション）政策が始まった。これは部族の自治権を奪って先住民諸部族を連邦と州の立法権に従わせる同化政策の一種であり、新型の「清掃」政策であった。これにたいする反対が引き金となって、一九六〇年代以降、インディアン復権運動が高揚するにいたった。以上は米国のインディアン史に詳しい富田虎男の論説に依拠して土地をめぐる歴史をまとめたものである。(56)

人間同士の土地争いが起こった結果、主権が変換された例は、征服による例を通覧すれば、人類史のなかでつねに起こってきたことかもしれない。その場合、平和的に土地の所有権が移行した例はきわめてまれであり、暴力と武力による覇権主義が大勢を占めていた。

## 自然と大地への観念

先住民の経済は、狩猟・採集をおこなう種族や、移動式の焼畑農耕と漁撈・狩猟・採集を組み合わせておこなう種族など多様であったが、利用される大地は特定の氏族ないし集団が分割して所有するのではなく、多くの場合、誰のものでもないとみなされていた。したがって、土地の売買に関する観念などあるはずもなく、あくまで西洋的な契約としての「取り引き」がおこなわれた。白人は先住民に銃やナイフなどの武器、、鉄製のやかん、織物類、そしてアルコール類などをあたえ、毛皮と交換し、あるいは証文にサインさせることで土地を買い取ることが平然とおこなわれた。

しかも対応した先住民の「代表」は集団の長にあたるのではなかった。集団的な合議制によって意思決定をする先住民社会の制度や慣習がまったく理解されないまま、集団の長と交渉が成立したから問題ないとみなされた。ふつうに考えても、誰のものでもない土地だから、簡単に売買できるなどと考えるのは大いなる誤謬であり、先住民は誰のものでもないが、みんなのものでもあるとする観念をもっていた。生活の基盤であり、精霊の加護のもとに資源を利用する人びとの立場からすれば、土地を明け渡してほしいとする白人の理不尽な要求は拒絶の対象でしかなかった。

## 大地と神話

白人が西部開拓をおこなったさいに遭遇したスー、コマンチ、シャイアンなどのインディアンは狩猟民族であり、かれらにとり大地は「狩り場」であり、所有者が決まっているのではなく、誰のものでもなかった。たとえ

図 6 -22　スー族のティーピー（簡易式テント）

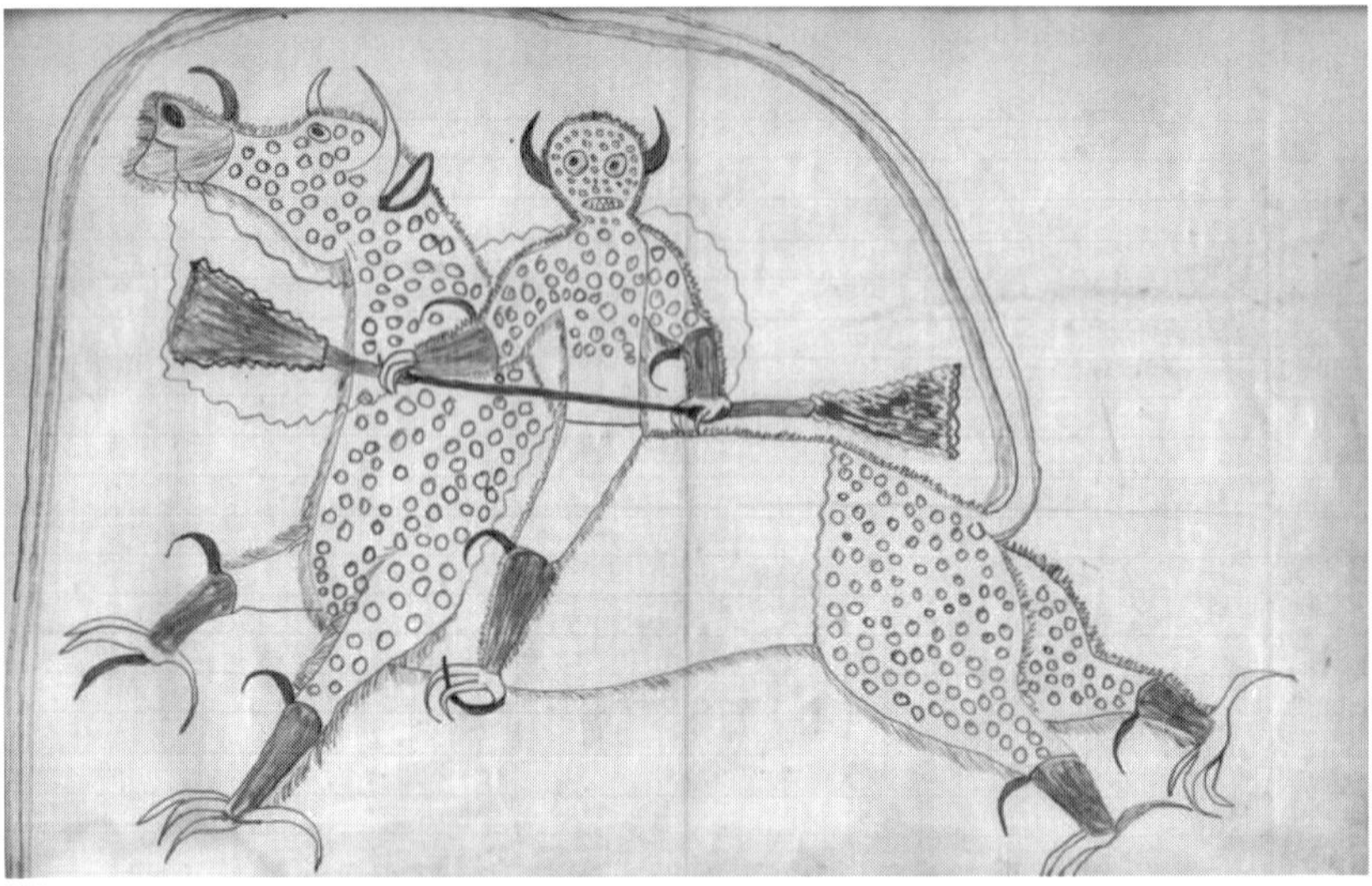

図 6 -23　ワカン・タンカの想像図

ば、スー族あるいはラコタ族は大きくダコタ（Dakota）、ナコタ（Nakota）、ラコタ（Lakota）の三部族に分かれ、さらに小さなバンドに分散居住する平原インディアンである。夏はティーピー（tee-pee）とよばれる簡便なテント式の住居をたずさえ（図6-22）、移動しながらバッファローを狩猟し、冬は越冬地に定着した。スーの人びとによると、すべての事物は宇宙の真理であり、創造主である「ワカン・タンカ」（wakan tanka）から生まれたとされる。ワカンは「神秘」、タンカは「大いなる」の意味である。ワカン・タンカには始まりも終わりもない。人間や動物、植物、石や水、さらにはいくつもの精霊などあらゆるものは平等であり上下・優劣関係がなく、たがいにつながっている。人間以外のものも、「木のひとたち」、「石のひとたち」、「鳥のひとたち」のようによばれる（図6-23）。このような考えは安藤昌益の『自然真営道』にも通じる面があり、注目すべきだろう。

以上のような観念は、人びとの創世神話に如実に示されている。ラコタ（スー）の人びとのもつ神話によると以下のような内容の話がある。

「すべての存在の元となったワカン・タンカの魂がイヤンにあった。イヤンは非常に柔らかく、彼の力は、彼の青い血液をくまなくめぐっていた。イヤンは、たいへん力ある存在であったが、常に一人でいるのが寂しくなり、身を揺すって、マカ（大地）を生んだ。それから自らの血管を開いて、青い血を大地に流して、それがムニ（水）となった。ムニは流れて川となり、溜まって海となった。イヤンは、ムニから青い色を取り出し、上方に投げた。すると、マピア（空）ができた。こうしてイヤンは、自分のあらかたをあたえ尽くし、縮んで石となった。

イヤンに宿るワカン・タンカの、聖なる偉大な力を分けあたえられたマカ（大地）とムニ（水）とマピア（空）は、たがいの力を出しあって、光を作った。しかし光に熱はなく、マカが寒がるので、協力してウィ（太陽）を生んだ。マカは、自分が裸のままであったので、自分を覆うさまざまなものを生んだ。育つもの（植物）を生み、地を這うもの、翼をもつもの、四本足で動くもの、二本足で動くものを誕生させた。二本足で動くものは熊で、彼に智恵をあたえ、その象徴とした。マカはそれから、女と男を創造し、かれらに物事を判断する能力をあたえた。[57]

以上のように、マカすなわち大地は動植物とともに人間の母となる存在とされていることがわかる。神話的な存在でもある大地が白人により没収されることは、世界を否定されることにもつながったわけだ。

### 3. オーストラリアにおける土地権問題

オーストラリアへのヨーロッパ人による入植は、一七八八年以降に開始された。当初、大陸の中央部を占める広大な砂漠では入植もままならなかったが、一八二〇年代以降、牧羊業が大きく発展した。一九七〇年以降には鉱山開発が進み、大陸の中央部にも開発の手が伸びるようになった。ヨーロッパ人による開発にたいして、オーストラリアの先住民であるアボリジニは自分たちの土地に関する権利や先住民としての権利をさまざまな形で主張してきた。

オーストラリア移民の端緒となったのは一八世紀後半に英国のJ・クックによる太平洋探検航海で、一七七〇年四月二九日に、シドニー南のボタニー湾に上陸した時点から始まる。クックはこの土地をニュー・サウス・ウエルズと命名し、領有を宣言した。当時、英国内にあふれていた囚人を送る土地としてオーストラリアが選ばれた。一七八八年一月一八日に囚人を含めた船団が入植を開始し、船団の上陸した一月二六日が今でも「オーストラリアの日」となった。元々、オーストラリアへの入植当時、白人は広大なオーストラリア大陸が誰もいない無主の土地、つまりテラ・ヌリウス（terra nullius）と考えた。誰も所有していない大地に手をくわえるうえで許可など必要でないとみなされた。しかし、入植当時から先住者の存在は誰の目にもあきらかであった。

当初、東部からの開発が拡大した結果、一八二七年には全大陸におよんだ。オーストラリアの主要な産業は本国向けに送る羊毛用の牧羊業であり、多雨の東部では農業と牧羊業を組み合わせた農牧業が、農業ができない内陸平原ではヒツジの牧畜業が発展した。そのために必要な土地は、未開の公有地を無断で開拓するスクォッティング（squatting）つまり、無断占拠によって開発されていった。そのさい、現地にいたアボリジニは土地を追われ、あるいは白人のもたらした病気に倒れるか、流血をともなう紛争の犠牲となった。豪州総督府は無法な占拠を制限しようとしたがそのかいもなかった。

こうしたなかで数世紀が経過し、三〇万人いたとされるアボリジニの人口は一九二〇年代には六万人に激減した。一九六〇年代以降、アボリジニによる先住民権運動が次第に大きな力となり、北部のノーザン・テリトリー州では、一九七六年に「アボリジニ土地権法」（Aboriginal Land Rights Act）が制定された。この法を通じて、アボリジニは自分たちの土地権を回復するための申請が可能となった。この手続きを通じて、同州の約二割の大地がアボリジニの人びとによって所有されることとなった。

## マボ判決

アボリジニにとり土地権をめぐる大きな転機となったのは、一九九二年に連邦最高裁判所が下した判決であり、ふつうマボ（Mabo）判決とよばれる(58)。もともとは北部のトレス海峡諸島におけるマレー島の土地権をめぐる紛争から、エディ・マボらが一九八二年に訴訟をクイーンズランド州政府に起こした訴訟が発端である。マレー島の住民は海域で狩猟・採集・漁撈をおこなってきた。海岸部には石干見（石を積んだ魚垣、第5章第4節を参照）を造成することで知られている。マレー島民はサンゴ礁海域を占有して漁撈をおこなうが、こうした海の所有に関する権利は考慮されなかった。

マボ判決では、一八世紀のオーストラリア大陸領有宣言当時から、アボリジニが狩猟・採集・漁撈を通じた生業をいとなんでおり、聖地に関する神話的な世界を通して大地とのつながりを維持してきたことを認めた。これには二つの大きな意味があった。一つ目はオーストラリアが無主の地ではないことが認められたことである。もう一つは、当時の英国におけるコモン・ロー（Common Law）とよばれる慣習法に照らし合わせても認定できる有効な土地利用体系であることを承認したことである。一〇六六年のノルマン・コンクエスト以来、英国で確立されてきた法体系に適合すると判断されたのである。

マボ判決の翌年、「先住権原法」（Native Title Act）」（連邦法）が制定される。この法によって、アボリジニの慣習法に基づいて大地の管理や利用について法的な根拠が認められることとなった。もっとも、土地一般についての慣習権が認められたが、個別の事例についてはその都度、司法的な判断をすることとなった。

先住民の権限を認定するさい、先住民集団ごとに特定の大地との永続的なつながりを証明することが求められた。アボリジニの神話的な世界観では、太古の時代に祖先である精霊が創造したあらゆるものについて、ドリーミングタイム（The Dreaming-time）がその内容をつぶさに伝えている。ドリーミングは英語であるが、アボリジニは広くアルトジェリンガ（Altjeringa）として伝承される概念で、中央砂漠のアリススプリングに住むアレルンテ（Arrernte ないしアランダ Aranda）族の使う用語であるが、ほかの部族もさまざまなことばをもっている。[59] ドリーミングのなかで、それぞれの地域ごとに人間や動植物や精霊がその大地を利用することを義務としている。したがって、大地は人間が所有するものであるとはみなされていないことになる。

一九九三年に制定された先住権原法は、全面的にアボリジニの慣習的な思想を取り入れたものというよりも、英国のコモン・ローと融合したものである。[60] 土地を利用する排他的な権利というよりは、土地の利用権に関する法として位置づけられている。土地にかかわる利害関係者の間で利用ないし制限する権利を協議することが重視された。

その後、一九九六年に連邦最高裁判所は、従来、放牧のために公有地を借地として利用してきた白人による牧畜貸借（パストラル・リース Pastoral Lease）の土地さえ先住権原法が適用されるとする判決を下した。これがウィク判決（Wik decision）であり、大きな問題となっている。

## 神話的世界と土地権

アボリジニにとり、乾燥地帯にある水場は生活にとり重要な意味をもっている。しかも、アボリジニの神話的な世界観によると、天空にかかる虹と地上の水場をつなぐのが「虹蛇」であると考えられている。虹蛇（rainbow serpent）とは、アボリジニ各部族が崇拝する蛇の精霊で、泉や湖底に棲む。虹が天空の雨と関連するように、虹蛇は水をつかさどる精霊でアボリジニはもっとも重要な精霊と考えられている（図6-24）。

ウィク裁定では牧畜業者が水場を含む土地の権利を借用してきたが、アボリジニにとり水場は多くの場合、聖地とされており、その場を利用する権利が失われることはかれらの生きざまと世界観を否定されるようなものであった。

**図6-24**　蛇の夢（Snake Dreaming）
Peter Blacksmith Japanangka
（1986年作、アクリル画）
National Gallery of Victoria 所蔵
同心円は水場、3本の長い線はヘビを表す。
ヘビ（人間）は西オーストラリアの海水から火をもち水場を求めてムンドゥルル（Mundululu）にきた。そこでバラマンディやナマズなどの先祖に出会う。魚は水場を占拠したヘビにブーメランを投げて追い出そうとした。驚いたヘビは25キロ離れた場所に移動した。ヘビの逃げた後に虹がかかり、雨が降った。ヘビは大地に恵みをあたえる存在であり、その体から多くのヘビが誕生した。

牧畜業だけでなく、鉱山開発をめぐる土地利用権が大きくクローズアップされるようになる一九七〇年代以降、ウラン、鉄、金、銅、ボーキサイトなどの鉱物資源開発を進める企業は先住権原法が認定された場合に発生する事業の遅れや阻害要因を排除したかったが、現在でも各地域で係争中の事案が数百以上ある。(61) 陸域だけでなく、アーネムランドの沿岸においても、エビ・トロール漁業で入漁しようとした企業がアボリジニの聖地を侵犯したとして係争の対象となることが起こっており、前述したマボ判決と類似した判例は現在も続いているといってよい。

一方、鎌田真弓によると、(62) アーネムランドにあるカカドゥ国立公園では、一九九一年の公園管理計画で、「公園管理評議会(Board of Management)」の設置が決められ、一四名のうち公園内に土地の権利をもつアボリジニ一〇名、国立公園管理庁から二名、観光業界から一名、環境保護団体から一名の構成になっている。こうした構成員からもわかるように、国立公園を国家とアボリジニが中心になって共同で管理するモデルができた。この方式は各地にも採用されており、協働による管理と伝統的な土地利用を実現することとなった。一方、カカドゥ国立公園の指定区域外に想定されたジャビルカ鉱山開発はそこにアボリジニの聖地があることから反対運動が起こり、二〇〇五年二月に開発会社とアボリジニの当事者間で合意がなされ、アボリジニの許諾なしに開発することはできなくなった。オーストラリアにおける白人と先住民との闘争は、米国の例と好対照をなしている。米国では一九世紀に鉱山開発のためや農地の強奪にも似た動きがあったが、オーストラリアでは二〇世紀終末に鉱山開発企業が参入してきたこと、国立公園に近接した地域での問題でもあり、環境保護団体や世界的な生物多様性の動きがあり、土地権をめぐる世界史的な動態を知ることができる。(前掲62)

## 4．アイヌの土地権と社会史

アイヌの近現代史を検討すると、日本の異域としての蝦夷地が土地の保有と支配に関して搾取から国内化される変化として起こってきた。とくに、幕府の植民地から明治以降の近代に発布された「土民法」はアイヌ社会の土地問題に決定的な影響をあたえた。この問題をなわばりと共有地、土地の買収にいたる過程として検討してみたい。

### イウォルと生態・儀礼

北海道アイヌは伝統的にコタンとよばれる集落を基盤として定住生活を送ってきた。民族誌による研究から、近現代の伝統的なアイヌ文化では、コタンはふつう一～一〇戸以上の家屋群からなり、ふつう川沿いに分布している。コタンを構成する各世帯は核家族としてのまとまりをもち、一戸の家屋（チセ）に居住する。いくつかのコタンは一定の広がりをもつ地縁集団として社会的・政治的なまとまりをもっている。このなかで、男性の系譜を元とする父系出自集団はシネ・イトクパとよばれ、地縁集団の中核的な存在となっている。さらに、川筋ごとにまとまった集団が河川利用を共有する社会集団として構成されていた。

アイヌ社会では、コタンを中心とした伝統的な生活領域をイウォル（iwor）と称し、山から海にいたる川筋をまとまりとして生活をいとなんでいた。各コタンの成員は同一性をもち、たとえばサル・ウン・クル（沙流川の人）、モペ・ウン・クル（門別川の人）のようによばれる。サル・ウンは「沙流川」、モペ・ウンは「門別川」を、クルは「人」の意味である。それぞれのコタン集団が利用するイウォルは、先ほどの例にしたがえば、サル・ウン・クル・イウォル（沙流川の集団が利用するイウォル）、モペ・ウン・クル・イウォル（門別川の集団のイウォル）とよばれた(63)。

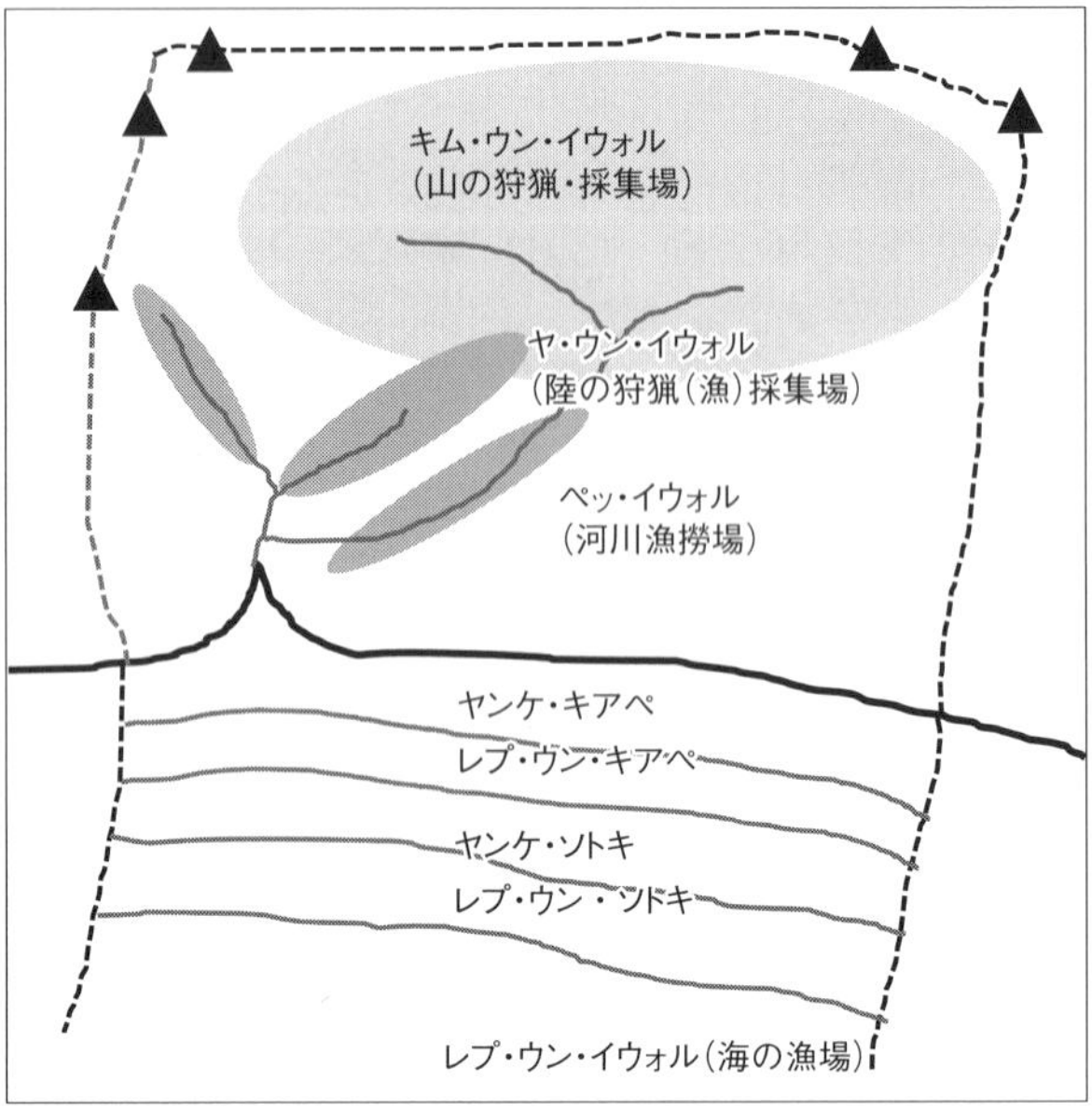


**図6-25**　アイヌのイウォルとなわばり（泉 1962）をもとに筆者作成

イウォルには、いくつもの資源領域が区分されている。それらは河川流域（漁撈）、河岸低地（植物の採集と栽培）、河岸段丘面（コタンの立地する場所、植物採集、秋のエゾジカ猟）、河岸両岸の後背地にある山地（初冬・春のエゾジカ猟、ヒグマ猟）、河川源流域の山地（ヒグマ猟、オヒョウ樹皮の採集）である[64]。集落周辺の河川本流域にはサケ漁のなわばりが形成されていた。陸地における狩猟・採集・漁撈域はまとめてヤ・ウン・イウォルとよばれ、さらに山の領域であるキム・ウン・イウォルと、河川漁場であるペッ・イウォルに分かれる。一方、海の領域はレプ・ウン・イウォルと称され、さらに細かく海岸部から順にヤンケ・キアペ、レプ・ウン・キアペ、さらに沖のヤンケ・ソトキ、レプ・ウン・ソトキと区別してよばれた（図6-25）。

河川支流には、遡上するマスを獲るための小屋や、山地にはエゾジカ猟やヒグマ猟用の小屋がかけられた。こうして、イウォル内において、年間の季節におうじて野生動植物を中心とした生態資源を採捕し、ヒエ、アワ、ソバなどの雑穀類を栽培する畑作がいとなまれてきた。

陸のイウォルはコタンが占有する領域であるが、海ではレプ・ウン・キアペまでの海域はいくつかのコタンが入会で利用し、それよりも沖の海域は誰もが利用できるオープン・アクセスの領域とされた。

イウォルにおける生業にはいくつもの規制があった。たとえば、山ではヒグマの冬眠に前後して秋と春には仕掛け弓矢猟が川の支流域でおこなわれ、家族ごとに複数の猟場が占有とされた。冬眠中の穴熊をねらう猟では、穴の第一発見者がその利用権をもった。秋田のマタギでは、新規に発見された穴熊の場所が翌年から村の共有とされた例と顕著に異なる。エゾジカの場合、河川沿いに木の柵を作ってシカを誘導し、仕掛け弓で獲る場所が特定の家族によって占有されていた。以上三種類の狩猟は、特定の家族により占有された猟場が決められたが、それら以外の狩猟法は対象の別なく自由におこなうことができた。

山野における植物の採集に関しては基本的に自由であるが、矢毒の原料となるトリカブト（エゾトリカブト *Aconitum* spp.）や、衣服に用いるオヒョウなどは山奥で他のコタンの成員と入会で採集することがあった。[65]

河川漁には、サケ・マスのやな漁、遡上するマスを川に作った仮小屋から銛で突く漁、サケの産卵場における銛突き漁、冬季に川で氷穴を開け、たも網でウグイ、アカハラなどをすくう漁などは特定の家族によって一時的ないし長期間占有された。[66]船を用いた流し網漁は自由であった。海では、四～九月に家族ごとに漁小屋を作り、刺し網漁、はえなわ漁、銛漁などがおこなわれた。これがアイヌのイウォル領域におけるなわばりの概要であり、アイヌの生態系に関する基本的なモデルとなる。

ただし、その生態系を構成するのは自然的な要因にとどまらない。渡辺仁によると、アイヌが認知し、なわばりをつくっていとなまれる生業の場としての山野河海は、カムイのすみかであり、そこで採集・捕獲される資源はカムイが仮装した姿にほかならない。資源の開発・分配・消費行為はカムイとの相互交渉を具現するもので、扮装したカムイを消費したのち、そのカムイをもとの神の国に送り返す儀礼なしには完結しない。クマ送り儀礼がその端的な例であるが、サケについても川筋から海へとカムイの国に送り届ける儀礼がおこなわれた。サケに扮したカムイへの正当な取り扱いを怠ると、サケは翌年からは遡上しないと考えられていた。

## アイヌの歴史と土地領有

イウォルを基盤とする生活圏だけで、アイヌの文化と歴史が読み切れるわけではない。擦文《さつもん》時代（七～一三世紀）、同時代の道東部におけるオホーツク文化やその流れで擦文文化の影響も受けたトビニタイ文化が生まれた。一三世紀後半以降には現在に通じるアイヌ文化が展開する。鎌倉時代以降を取り上げても、アイヌと外界との接触はさまざまな形で進んだ。アイヌは道内だけでなく、本州の和人や大陸との交易を通じて、商品ないし財となる産物の交易をいとなんできたのである。すでによく知られているように、アイヌと和人はつねに平和的に交渉してきたわけではない。

日本の室町時代中期にあたる一四五七（康正三、長禄元）年、アイヌの首領であるコシャマインの率いるアイヌの人びとと和人との衝突が発生した。この蜂起は前年に起こったアイヌ人殺害に端を発した。アイヌの人びとは和人とたたかったが、一四五八年、コシャマインが武田信弘により殺害され、蜂起は終焉した。これを契機として松前藩[67]が形成されることとなったが、アイヌと和人との抗争は依然としておわることはなかった。一方、アイヌ同士の対立関係が続いており、蠣崎季広《かきざきすえひろ》の時代、一五五〇年に松前藩はアイヌと講和を締結し、道南東部の首長にチコモタインを、道南西部首長にハシタインをそれぞれ尹《いん》（代表者）として任じ、松前半島西部の上ノ国天《あま》の川《がわ》と、半島東部の知内《しりうち》川間を結ぶ線を和人地と蝦夷地の境界とした。ちなみに、江戸期に幕府に献上された産物の多くは知内産のものであった。アイヌとの融和政策のなかで、一五五二年、蝦夷地に来航する船に課税し、その上がりの一部をアイヌの首長に配分する「夷狄の商船往還の法度」を定めた。

## 松前藩と商場知行制・場所請負制

江戸時代になると、一六〇四（慶長九）年正月二七日、徳川家康は初代松前藩主の松前慶広《よしひろ》にアイヌとの交易独占権を認める黒印状《こくいんじょう》を送っている[68]。なお、黒印状のなかで、「夷之儀者　何方へ往行候共　可致夷次第事」と

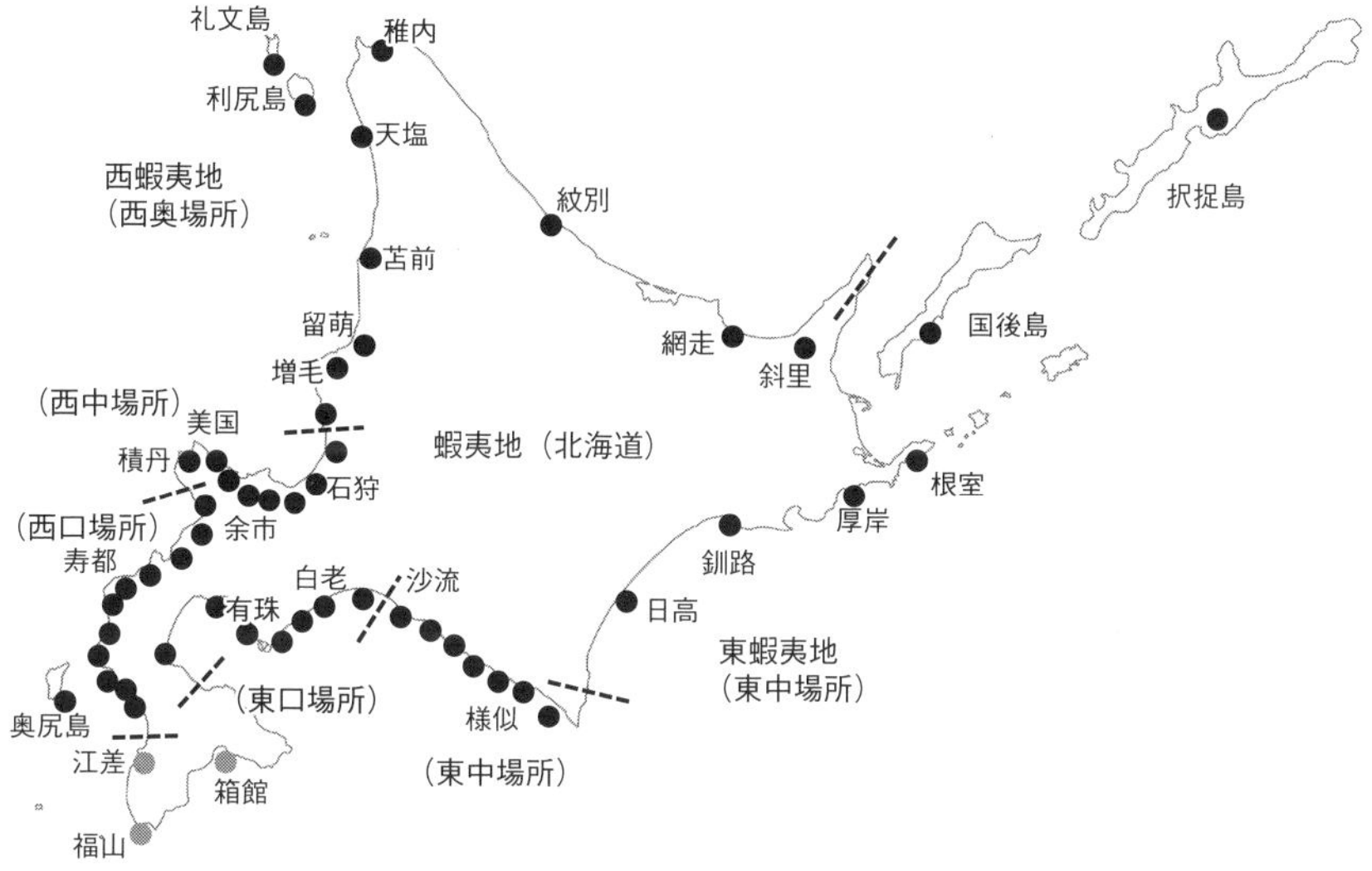


**図６-26**　近世の蝦夷地における場所と松前三湊

●場所の位置
●松前三湊《さんそう》

して夷人（アイヌ）はどこでも行くことができた。アイヌの人びとは松前だけでなく、津軽地方や南部方面まで交易舟を出して和人と交易した。ところが黒印状によりアイヌとの交易独占権を得た松前藩の家臣は、知行主として蝦夷地六一ヵ所に交易地となる商場、つまり場所を設け、その場所を管轄することで交易をおこなった。えられた交易品は商人に売却された。この交易システムは「商場《あきないば》知《ち》行制《ぎょうせい》」とよばれ、一六三〇年ころに確立した。このなかで、アイヌの人たちは道外やロシアとの間での自由交易を禁止されることとなり、松前藩による独占的な交易に吸収され、やがては不利益な交易を強いられる搾取体制が強化されていくこととなった（図６-26）。

重要なことは、こうしたなかでアイヌ社会自体、川筋を基盤とする集団がさらに政治的に統合されて階層化が進んだことである。その背景には和人による交易の開始、鉄器を含む武器の導入なども関与したことが考えられる。和人との交易では、アイヌからはサケ、ニシン、クジラ、獣皮、トド（皮と脂）、鷹の羽、白鳥、鶴などがあり、一方和人側からはコメ、鉄製品、漆器、木綿が提供された。河川の集水域が一つのユニットであるとすれば、さらに複数の集水域を含む領域の政治的な統合は、狩猟・漁撈・採集の基盤となった生業領域の支配にもつながった。

また、道央から道東にかけての太平洋沿岸地域では、東部のメナシクル（東の人）と西部のシュムクル（西の人）との間では、シブチャリ（日高の静内地方）における狩猟・漁撈の権利をめぐる争いがあった。当時、アイヌの首長は和人から惣大将《そうだいしょう》とよばれた。争いは惣大将間の権力闘争の様相を帯びていた。この年、松前藩では松前高広《たかひろ》が第四代藩主となった。シュムクルとメナシクルの対立は続き、すぐのちの一六五三（承応二）年、メナシクルの副首長であったシャクシャインは首長が殺されたことで新たにメナシクルの首長となった。松前藩による仲裁もあったが、今度はシュムクルの首長がメナシクルにより殺害された。両者の抗争は復讐の連鎖となったが、その背景には和人との交易権をめぐる土地の領有権拡大があった。

一八世紀前半になると、松前藩の知行主が自ら交易に参画するのではなく、商人に交易を請け負わせ、業務委託を条件として運上金を徴収する傾向が増した。これには知行主の財政難が関与したようだ。商人による搾取は場所ごとに拠点化することとなり、道内には運上屋とよばれる場所が八〇数ヵ所あった。こうして商人による場所の支配が進み、交易物のレートもアイヌに人びとにとり不利となり、不平等な交易が余儀なくされた。また、蝦夷地における和人の砂金採取、サケの大量捕獲、鷹狩など、アイヌの生活をも脅かす事態になり、こうした動きへの反発から、一七八九年には「クナシリ・メナシの反乱」が起こった。一方、松前藩の知行主の間でも、場所の境界争いが江戸中期の享保・宝暦年間に発生している。しかし、松前藩が「夷次第」の原則をもとに藩内の紛争に対処するうえで、先住民のアイヌの慣習を勘案し、場所の境界はアイヌのイウォルを尊重するように指示したことは注目すべきだろう。

また、江戸幕府による蝦夷支配体制が浸透し、場所請負制を通じたアイヌへの搾取体制によってイウォルを中心としていとなまれてきたアイヌの暮らしは、自給的な生活から大きく変容を余儀なくされてきた。たとえば、大西秀之は河川におけるサケ漁で和人のもたらした留網が使用され、河口部でサケを大量に漁獲することができ、サケの遡上量が減少し、上流部の住民と対立することとなった。さらに場所請負制はアイヌ同士の入会的な利用を形骸化した。水産物を生産する場が生計主体から商品生産へと移行することで、場所ごとに河川を占有する変化が起こった。じっさい、一九世紀には道東で河川の領有をめぐるアイヌ間の紛争が発生した。それらは、一八〇七（文化四）年のイサリ・ムイサリウラエ請願事件（石狩アイヌと勇払アイヌの漁業権の紛争）、一八二五（文政八）年のフウレン・ベトカ両川論（厚岸アイヌと根室アイヌの漁業権の紛争）、一八五六（安政三）年のニシベツ川論（釧路アイヌと根室アイヌの漁業権の紛争）である[69]。

この間の事情は、前節でみたような、アメリカ、豪州、ニュージーランドのような植民地体制とは一見異なるようにみえるが、土地を含めた搾取と文化と財産のはく奪という点では何ら変わりはなかった。もっとも重要と思われるのは、明治期以降、政府が近代化を進めるうえで、アイヌの人びとが培ってきた土地権や慣行をまったく無視して実施されたことである。

### ロシア帝国とアイヌ

クナシリ・メナシの反乱から数年後、一七九二（寛政四）年、ロシア帝国の使節Ａ・Ｋ・ラクスマンが根室に来航し、鎖国下の日本に通商をせまった。一八〇四（文化元）年にＮ・Ｐ・レザノフが、一八一一（文化八）年にクナシリ島で測量中のＢ・Ｍ・ゴローニンが松前藩に捕捉され、日本に約二年数ヵ月間抑留される事件が起こった。この事件はロシアに拿捕され、ペトロパブロフスク・カムチャツキーに幽閉されていた高田屋嘉兵衛の尽力で解決した。この時代、北方からのロシアの脅威をめぐり、幕府は一七九九（寛政一一）年、東蝦夷地を幕府直轄領とし、その後も相次ぐ樺太・択捉《エトロフ》におけるロシアの襲撃に対処するため、西蝦夷地も同様に幕府直轄領とした。先述したゴローニン事件の解決により、日ロ関係が修復し、一八二一（文政四）年、蝦夷地はふたたび松前藩に返還された。ただし、一八五三（嘉永六）年のM・C・ペリーやロシアのJ・V・プチャーチン来航を契機として、幕府直轄領とする政策が提示された。幕末期、一八五五（安政元）年、下田で日露和親条約（下田条約）が締結され、択捉島と得撫《ウルップ》島の間が国境となったが、樺太はとくに境界線を定めず両国国民雑居の地とされた。こうした国際的な状況下で、アイヌの人びとにとり、外圧にたいする日本の国策のなかで、日本への同化は近世期とはまったく異なるアイヌの歴史を産みだすことになった。

## 土民法の功罪

明治政府は一八九九（明治三二）年、「北海道旧土人保護法」を制定した。このなかの第一条で、「北海道旧土人ニシテ農業ニ従事セムト欲スル者ニハ一戸ニ付土地一万五千坪以内ヲ限リ無償下付スルコトヲ得」の規定として、アイヌの人びとに土地を給与した。上からの土地給与は「天からの授かりもの」であったわけでは決してない。いまでこそ土地を所有することは財産権を獲得したことと同義の印象をもつが、それは土地とのかかわりが生きざまと乖離した場合にあてはまる。ここにきて、日本が農本主義を盾にし、地域に埋め込まれた文化や慣習を無視した政策を押しつけた功罪は、前代、松前藩による搾取とは質的にちがうことを明確にすべきであろう。

アイヌは若干の栽培をおこなってきたことが知られているが、生業の基本は狩猟・漁撈・採集であり、生態系と密接にかかわった土地利用の体系は、農耕社会とは峻別される。イウォルにたいする権利関係にしても、なわばり、共有の概念は農耕社会の事例とは異質である。こうしたなかで、農耕社会の権利関係を持ち込んでアイヌを同化させようとした明治政府の政策が問題であった。しかもさらにアイヌにとり許しがたかったのは、アイヌに分配された土地はまず和人である本土からの植民者、屯田兵に優先的に分割・譲渡されたことである。北海道の分領支配に関する政策は明治初期の一八六九（明治二）年七月から一八七一（明治四）年八月までの短期に北海道開拓使により実施された。一八七一年の「戸籍法」により、アイヌは平民として編入され、アイヌ文化を否定され、日本語教育を含めた同化政策が開始された。同時に、江戸時代の場所請負制は廃止されたが、「鹿猟規則」によってアイヌの伝統的な仕掛け弓矢による猟法も禁止され、猟銃が貸与された。一八七八年にはアイヌを「旧土人」と称することとなり、札幌郡（札幌市・江別市・北広島市にほぼ相当、一九九六年消滅）におけるサケ漁の全面禁漁が決められた。一方、アイヌに分配されたのは不毛の土地であり、農民として生活をはじめたわずかなアイヌも生活に困窮し、土地を手放さざるをえなかった。それ以外のアイヌも一八九九年の永代小作契約を和人の富農と結ぶ従属的な関係を強制された。戦後になっても、アイヌを「日本国民」として扱いながら、その差別は絶えることがなかった。ようやく先述した「北海道旧土人保護法」から一〇〇年足らずの一九九七年七月一日、旧弊の法律が廃止され、新たに「アイヌ文化の振興並びにアイヌの伝統等に関する知識の普及及び啓発に関する法律」が制定された。同年、「アイヌ文化振興・研究推進機構」が設置された。

幾多の抑圧と差別を経験してきたアイヌの人びとにとり、北米やオーストラリアにおける植民地政府による征服の場合とは趣を異にするが、土地権の剥奪とイウォルを核とする生態系とのかかわりの否定は同根の問題を提起している[70]。日本を単一民族国家とする発想の誤謬を日本の歴史のなかで正しく認識しておく必要がある。

## 5. モンゴルの土地政策とコモンズの崩壊

遊牧民の伝統をもつモンゴルでは、放牧地は古くから共有地とされてきた。遊牧が草地に大きく依存するため、大地は特定の集団が囲い込んで利用する制度はまったくそぐわない。放牧地は天からあたえられものとする観念は遊牧という生業に裏打ちされたものであった。

中華人民共和国成立の一九四九年以降、内モンゴルでは社会主義化政策が進められた。しかし、一九六六～一九七六年の文化大革命を通じて人民公社を基盤とする体制は崩壊し、市場経済が導入されるようになる。遊牧社会にとって決定的な影響が放牧地の所有問題として起こった。もともと放牧地（モンゴル語のベルチュール）は共有財とされてきた。しかし、一九八〇年代にいたり、モンゴル政府は放牧地の使用権を牧民に三〇年を最大として貸与する制度を施行した。具体には村（ガチャー）の共有する放牧地が牧夫に契約として貸与された。

一九九二年一二月二五日、ソビエト連邦の大統領M・S・ゴルバチョフの辞任により、ソ連が崩壊した。モンゴルでも親ソ的な政権が終焉し、一九九〇年に民主化が達成された。ソ連崩壊をうけて一九九二年、モンゴル人民共和国はモンゴル国となり、新たにモンゴル国憲法が策定され、社会主義は放棄された。この時点で、憲法のなかでモンゴル国民が牧草地や公共利用地などを除いて土地を私有化することが可能となることが条文に謳われた。さらに一九九四年、土地に関する法律が制定された。ただし、土地の所有権は国にあり、国民は土地を売買などする処分権はもたずに占有権のみをもつこととなった。

二〇〇〇年以降、国内の砂漠化による環境劣化を案じた政府は（1）草原の封鎖と放牧の禁止（＝禁牧）、（2）水源のある農耕可能地域における家畜の畜舎飼養（＝舎飼）、それ以外の荒地における（3）牧民の強制移住（＝生態移民）を政策として実施した。[71]

二〇〇三年五月一日に「土地所有に関する法律」が施行された。この時点でも、牧草地は私有の対象外であった。一方、土地の私有化はおもに都市部や開発地域で急速に進行した。一九九〇年代を契機とする私有化政策の背景として、世界銀行やアジア開発銀行などの国際金融機関による積極的な政策介入のあったことはモンゴル研究者の指摘する通りである。

**ネグデルからホトアイルへ**

これにたいして、牧草地の所有に関しては社会主義体制下から民主化の過程で紆余曲折の変化がみられた。すなわち、一九五〇年代までは、牧畜業の集団化策として、全国の牧民はネグデル（negdel）とよばれる牧畜生産共同組合に所属し、個人所有の家畜はすべてネグデルの共有財産となった[72]。ネグデルでは、ソーリとよばれる非親族的な関係にある数世帯が生産隊を組織し、家畜の種類や性別におうじて分けられた家畜群ごとに放牧をおこなっていた。一九九〇年代の民主化によりネグデルは解散され、かわってホトアイル（宿営地集団 khot ail）とよばれる親族関係や社会経済関係の紐帯で結ばれた二～一〇世帯からなる集団によって放牧がいとなまれる変化が生じた[73]。

モンゴルでは、季節におうじて家畜を春営地、夏営地、秋営地、冬営地と宿営地を移動させる形態がふつうである。ホトアイルでは夏営地と秋営地におけるキャンプ地にたいする用益権が認められており、冬営地と春営地では小屋や家畜用の柵を含む用益権と土地のリース権が保証されている。ホトアイルには放牧地の所有権、すなわち処分権は認められていないが、キャンプ地を利用し、占有する権利がホトアイルもしくは家族ごとに認められていることになる。

一九九八年、モンゴル国政府はこのうち、冬営地と春営地におけるリース権を発効した。このことにより、より富裕な牧夫がリース権を取得し、貧困状態にある牧夫が取得できない経済格差が生じることとなった。また家畜数の多い富裕層はほかの集団が宿営地を利用しないよう監視するため、一部で定住化する変化も起こっている。遊牧はモンゴルの行政単位である郡に相当するソム（sumu）を超えておこなわれるのがふつうであったが、ソム内での管理が中心的におこなわれるため、適正な遊牧範囲としては不適切とされている。水場の確保や気候変動に応じた遊牧の領域を策定することは、エコ・コモンズとしての共有論につながる。さらに、羽鳥徳郎らはモンゴルにおいて国立公園的な遊牧地を創生する提案をしており、私有化のなかでの遊牧のありかたはさらにいくつもの課題をかかえる過渡期にあることが理解できる[74]。

以上みたように、モンゴルでは放牧地（漢語の草地）をめぐる激的変化がここ数十年に起こってきた。放牧地が私有化される動きは何千年以上続いてきた遊牧の伝統を破壊するものであった。放牧地は家畜を飼養するためだけでなく、政治的な支配のおよぶ領域であり、清朝期には八旗《はっき》制のもとで牧民の放牧域を規定するものであった。モンゴルにおける各王侯の領有する土地はノタク（nutag）、ノタクごとに従属する臣下の人びとはオトク（otog）とよばれ、封建領主的な支配がなされていた。ノタクの中心部や境界領域にはオボと呼ばれる石塚がおかれていた。(75) オボは境界標示装置であるだけでなく、山、水神や「土地の主」などを祀る場所とされ、ノタクを中心に祭祀がいとなまれた。ノタクは祭政一致の権威者であった。土地の私有化は、土地の管理者である王侯とだけでなく、儀礼を通じた超自然的世界とのかかわりをも変質させてしまうことになる。しかしその一方、明確な境界を設定して遊牧をおこなおうとすれば、序章でオストロムの提起した共同体基盤型の資源管理の原則のもつ限界はあきらかである。「ルースななわばり」として他者の侵入にたいする寛容性や排他性など、なわばりに連動する議論がなされる必要があるだろう。(76)

## 第4節　水とコモンズ

### 1．水とコモンズ

水は地球上を循環し、あらゆる物質や生命体の維持や運動にとって重要な媒介物である。人間にとってみても、水は生命の維持に欠くべからざるものである。水は、農業や工業に不可欠であり、生活上多様な目的に利用される。水はさまざまな儀式や清めに重要な役割を果たす。水の織りなす景観は人びとに癒しをあたえる。このように、水の意味とその用途の範囲は無限に近く、その恩恵も計り知れない。

そうかと思えば、水は恩恵だけでなく災禍をもたらす。水が多過ぎても少な過ぎても、人間生活に支障が起こる。大雨による洪水は人びとの暮らしと環境を破壊する。他方、渇水で作物が枯れ死に、深刻な飢饉が発生することがある。

水の確保をめぐる紛争やもめごとも絶えることがなく、水を安定的に確保すること、あらゆる人びとの要求におうじて水を公平に分配することが大きな社会的要請であった。洪水や渇水を制御することは、いつの時代も大きな政治的課題であった。

水の利用によってさまざまな環境問題が引き起こされた。地下水を汲み上げ過ぎたために発生する地盤沈下や、地下に集積した塩類が地上に噴出する塩害はその例である。水の適切な利用と管理はそれぞれの社会にとり大きな課題であることは間違いない。以上のような水の性質と人間とのかかわりを踏まえて、水とコモンズの問題を考えてみたい。

## 公水と私水

水はいったい誰のものといえるだろうか[77]。この問題を日本の例から取り上げよう。水は国民すべてがその恩恵を享受する公共財としての性格をもっている。この意味で水は「公水」ということになる。この考えは地表水が基本的に河川法の適用を受け、さまざまな公的規則をくわえられてきたことによる[78]。公有水面埋立法（公水法）（大正一〇年施行、最終改正は平成一六年）によれば、「本法ニ於テ公有水面ト称スルハ河、海、湖、沼其ノ他ノ公共ノ用ニ供スル水流又ハ水面ニシテ国ノ所有ニ属スルモノヲ謂ヒ埋立ト称スルハ公有水面ノ埋立ヲ謂フ」とある。河川の場合、国が管理主体となる一級河川と、地方自治体が管理する二級河川の区別がある。それ以外は、地元の市町村が管理主体となる。さらに共同体のレベルでは水を構成員に配分する場合、水は共有のものとされるのがふつうで、構成員が使用したのちに排水する場合、きれいな状態で公の水路にもどすのがいわば掟として遵守されてきた。

地表水ではなく、地下水についてはどうか。民法二〇七条によると、「土地ノ所有権ハ法令ノ制限内ニ於テ其

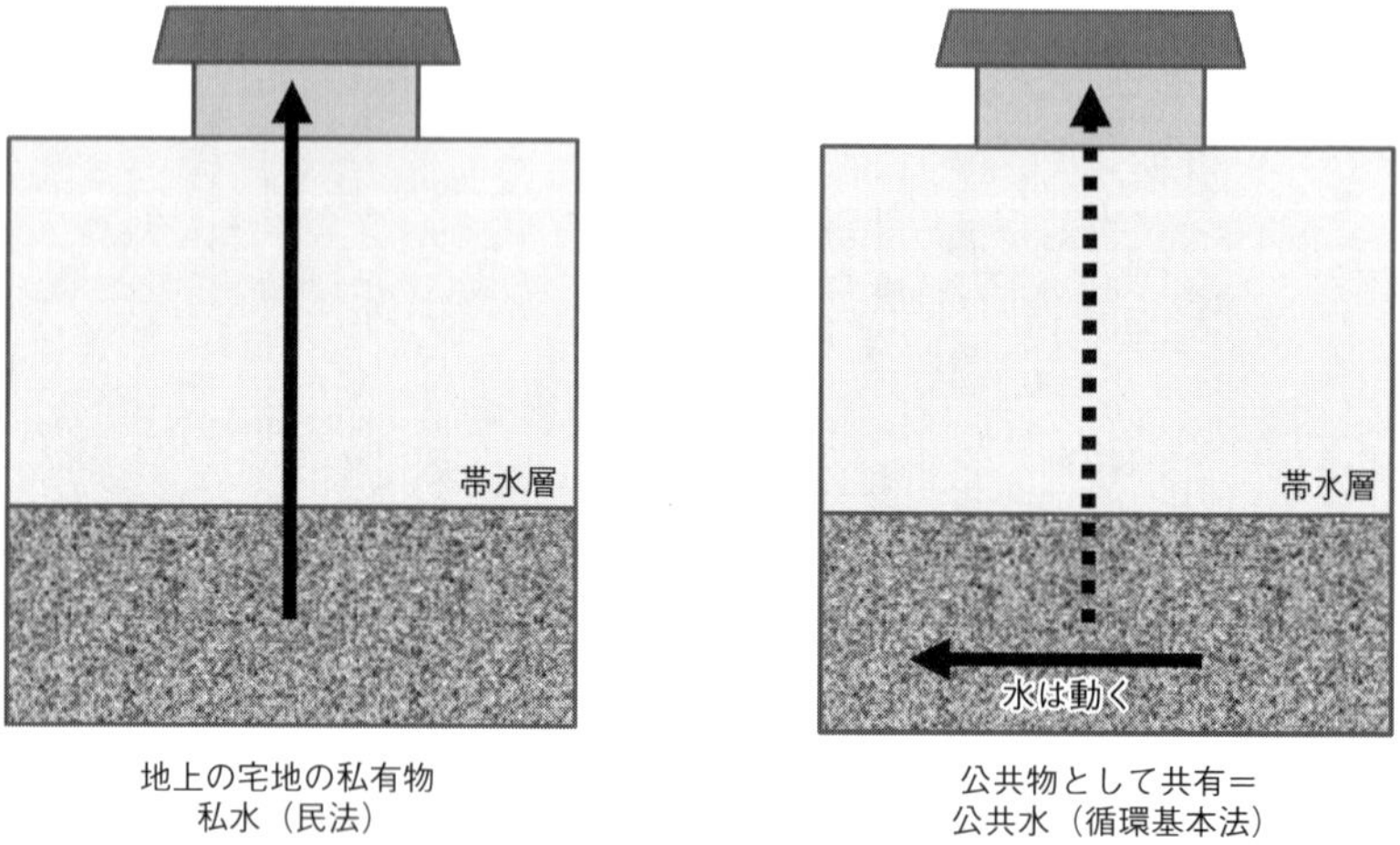


図6-27　私水と公水の考え方

ノ上下ニに及フ」の規定があり、地上の所有者が井戸を掘って得た地下水はその家主の私物、つまり「私水」とされてきた（図6-27）。

ただし、地下水は普段可視化されない存在であり、ある場所に滞留しているのでなく速度を別とすれば不断に移動している。また、地下水の過剰な取水によって地盤沈下や地下水の枯渇をもたらす場合があり、その影響は広範囲におよぶ。沿岸部では地下水の過剰な利用によって海水が浸透する塩害をもたらすことがある。企業の排出した廃棄物や汚染物質が地下に浸透して広範囲な汚染をもたらすこともある。二〇一一年の三月一一日に発生した地震津波により、福島第一原子力発電所で重大な放射線モレの事故があり、地下水を通じて海に流出した。この場合など、一企業だけの責任ではとてもすまないことはあきらかだろう[79]。

こうした点から地下水は私水であるよりも、公的な性格をもつ社会的な共通資本として位置づけることができる。第5章の最後でふれたように、日本では二〇一四年に「循環基本法」が施行された。この法律は地下水や湧水などが水循環のなかで果たす役割を評価したもので、地下水が水循環のなかでもつ公的な意義づけが認められたことになる。

**水資源の地域配分**

国際河川や行政単位を越えた地下水の配分はさらに複雑な問題を示している。地下水の場合、帯水層（アキファー aquifer）にはふつう浅い層と深い層があり、それぞれの帯水層の動態は時間的、空間的に異なることがある。つまり、どこから地下水が流れてくるのか、どれくらいの時間をかけて地下水が移動するのかは一様ではない。行政単位を越えて地下水が利用される場合、取水の権利や水使用にともなう支払い料はどのようにして決まるのか。この問題をW・T・ジャルヴィスが地球研の国際シンポで取り上げた。米国南部の州境を接するミシシッピ州とテネシー州における報告でのタイトルは"Blurring the boundary"つまり「境界をあいまいにする」であった。発表で、地下水の境界はあいまいであり、その権利や所有主を決めることはむつかしいとする見解が提示された。(80)

こうした水資源の地域における配分問題は、共有資源の管理に関するコモンズ論の応用問題でもあり、篭橋一輝は渇水期におけるため池の水資源の配分をめぐる事例をオストロムの「八つの設計原則」に即した分析をおこない、設計原則の改編を指摘している。この点は第1章でふれたとおりである。(81)また遠藤崇浩は、米国カリフォルニア州における「水銀行」を例として、渇水時における水資源を市場価値におうじて地域に配分する独自のシステムの運用について分析をおこなっている。(82)

## 2. 過剰取水と環境問題

**アラル海と灌漑**

中央アジアにあるアラル海は、北側をカザフスタン、南側をウズベキスタンが領有する。アラル海にそそぐアムダリア川（ウズベキスタン領）とシルダリア川（カザフスタン領）周辺では旧ソ連時代から「自然改造」計画のも

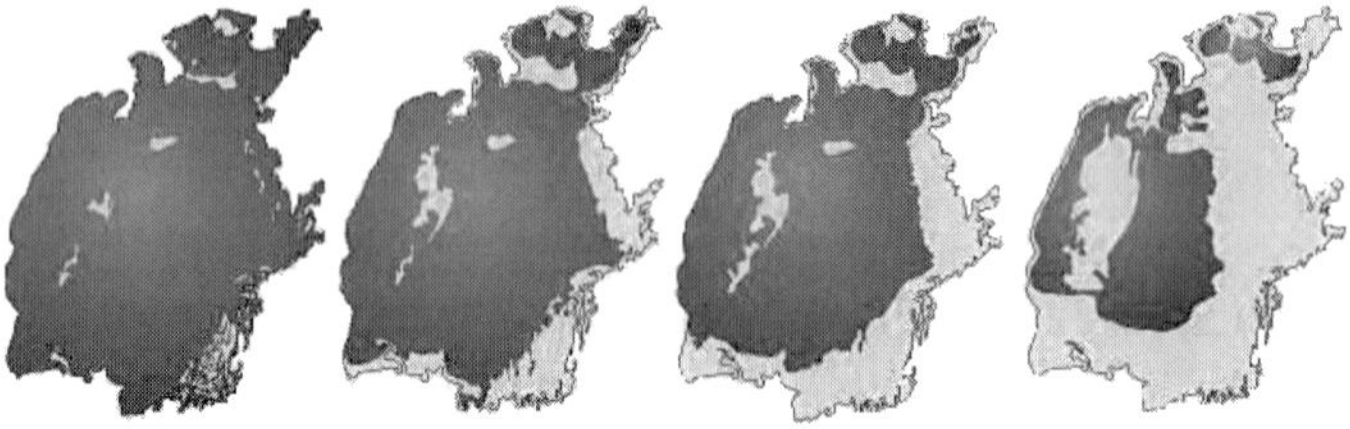

1957*　1977**　1984**　2000**

図6-28　アラル海の面積の変化
＊：地形図、＊＊：衛星画像　©UNEP: Vital Water Graphics

と、綿花栽培が大規模に進められた。その背景としては社会主義的な政策を貫徹するための強引ともいえる運河建設と灌漑農業発展が進められた。綿花栽培と紡績産業の発展が国是とされ、環境破壊、アラル海の漁業は顧みられなかった。結果として河川からの過度な取水によってアラル海の水位が大きく低下して干上がり、面積は極端に減少した。もともと海であったアラル湖は塩分を多く含んでおり、乾燥化により深刻な塩害が発生した。チョウザメを産してきたアラル海漁業が壊滅的な打撃を受けた。まして、アラル海の自然保護区が形骸化し、生物多様性は極端に劣化した。アラル海は二〇世紀最大の環境破壊とされるにいたった[83]（図6-28）。

　ただし、アラル海の水位は農業生産の拡大と反比例して右下がりで時代的に変化してきたとばかり理解すべきではない。二〇一〇年、地球研の窪田順平がおこなった現地取材で、アラル海の湖底から一二～一四世紀のものとおもわれる廟や埋葬遺跡が見つかった。つまり、アラル海の水位は過去においても低かった時期があり、これには気候変動や地殻変動などの要因が関与したと推定されている。アラル海に流れ込んだ河川流路も相当変化してきたとおもわれるのは、過去における遺跡の分布が現在の流路とはまるで異なっていたからだ。

　シルダリア川とアムダリア川の上流部にはそれぞれいくつもの国があり、これらの国家間で流域管理を達成することは現状ではいくつもの問題がある。干上がったアラル海では、石油や天然ガスの採掘が進められており、人間は劣化した環境を修復するのではなく、新たな開発の道を進んでいる。農が衰退して

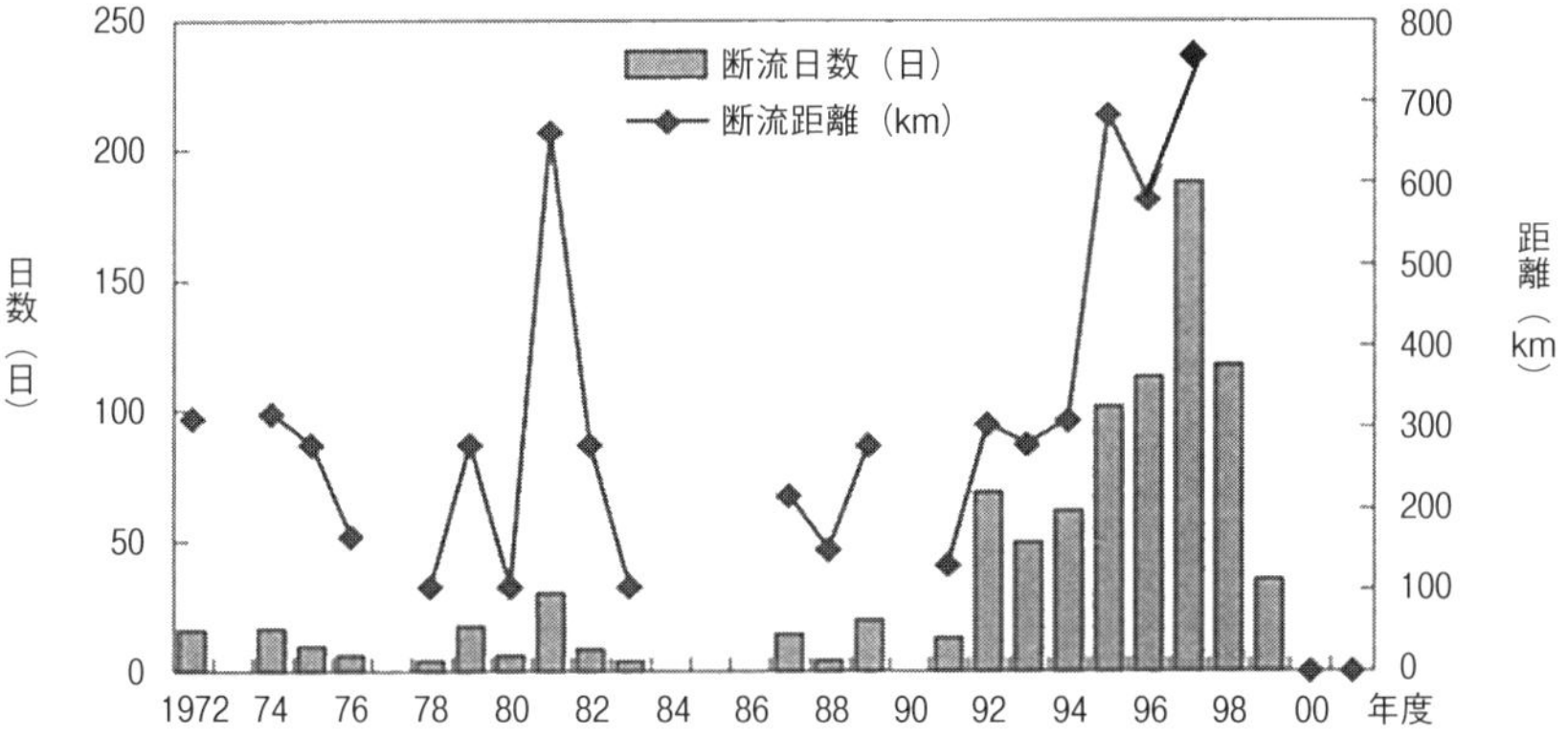


図６−29　黄河断流（福嶌 2008）による。

工の世界がこの地域の将来を暗示しているとすれば、末恐ろしいといわなければならない。

## 黄河断流

一国内における水配分の例を中国における国家政策の観点からながめてみたい。黄河は長江につぐ中国第一の大河であり、上流部から四川省、青海省、甘粛省、陝西省、内蒙古自治区、山西省、河南省、河北省、山東省を経由して渤海湾にそそぐ。近年、広大な灌漑農地用への過剰な取水、地下水の汲み上げ、流域外の都市向けの用水などにより、黄河が渤海湾に流出することなく途中で断絶する「黄河断流」が生じた[84]（図6-29）。黄河最下流部の利津《りしん》における断流日数は一九九〇年代以降に急増し、一九九七年には年間二二六日に達した。しかも、利津からの断流距離はこの年、約七〇〇キロメートル上流にまで達した。人間による取水がなければ、黄河の流量は年間で五八〇億トンと推定されている。じっさいには、灌漑農地へ約三一〇億トンなどのほか、天津、青島など都市部への給水が約一〇〇億トン、合計で黄河全体の八割の水を人間が利用してきたことになる。

かつて黄河流域は土砂の流出と洪水により常習的な氾濫に見舞われた。ところが、三門峡ダムが一九六〇年に完成後、二〇〇〇年までに流域で六基のダムが稼働するようになった。これらのダムは黄河の洪水と土砂の調節、都市部への利水に大きな役割を果たした。もともと洪水と氾濫は広大な華北平野に肥沃な土をもたらし、小麦、大豆、トウモロコシ、米などの大生産地帯を生み出した。ところが、大量の農業用取水は洪水による氾濫の恩恵をはるかに凌駕する形で農業生産増をもたらした。比喩的にいえば、「農業のダム」が黄河断流のもととなった。ただし一九九〇年代以降、コムギ、コメ、トウモロコシなどの農業生産は華北平原だけでなく全国的に横ばいの傾向にある。水は限界に達したのだ。

黄河断流により、河川水と水が運搬する土砂や栄養塩類は海に到達しなかった。そして、断流は一時的にせよ沿岸生態系にも影響をおよぼした。渤海湾では魚類やカニ、エビなどの養殖がいとなまれている。中国研究者の調査によると、渤海湾では硝酸態、アンモニア態の窒素量が増加しつつある。窒素の増加が黄河流域の農業起源であるのか、渤海湾の養殖漁業に起因するのか、あるいは大気汚染によるのかはあきらかにされていない。

一方で、河口部にある山東省の東営《とうえい》市は黄河のはこぶ土砂で埋め立てられ、広大な干潟が広がっている。地下の石油やニガリの資源量も豊富であり、経済発展が期待されている。デルタの開発が今後、黄河河口部の環境にあたえる影響に注目しておきたい。

ある企業が川に汚染物質をタレ流した場合、その企業が社会的な責任をとるべきと考えるのがふつうである。しかし、中国ではその責任は国家や地方政府が負うことになっている。北京大学の包茂紅によると、中国では国営、集体（＝半官半民）、民間を問わず環境問題を発生させた企業はいずれも国政とつながっている。民間企業も地方政府が誘致し、税収は政府に還元される。したがって、企業の社会的責任は軽減されているか、構造的に問題にならない。

### 黄河の水配分

黄河断流の要因を水配分の政策面から考えてみよう。一九八七年、中国政府水利部の派出機関であり黄河流域、新疆ウイグル自治区、内蒙古自治区を管轄する黄河水利委員会は黄河流域の各省にたいして、河川水の利用権益を「供給水量分配法案」を通じて譲渡してきた。つまり、黄河の水利用は省政府の裁量とされていた。しかし一九八八年に施行された中華人民共和国水法は二〇〇二年に「新水法」として改正され、そのなかで河川水の利用権は黄河流域の九省から国に移管された。水の権利が地方から中央集権化された背景には、黄河断流にたいする政府の危機感があった。この新法により灌漑農地用の取水量を直轄の水文局が直接測定して総量を特定し、さらに季節的な配分を決める水利用の効率化がはかられた。河川、湖沼、地下水からの取水権を国家の許可制度とする点が強調されたのである。[85]またこの年から、「デジタル黄河」プロジェクトが発足し、コンピュータにより黄河の水量に関する全流域的な情報を収集して一元管理するシステムが稼動しはじめた。

新法は黄河断流に終止符を打つうえで画期的な意味をもった。水の管理を中央集権的におこなう方策は、河川の上流、下流における対立や資源配分の不均衡を未然に防止するものとして評価できるだろう。ただし、黄河水利委員会は省レベルまでしか権限をもたない。つまり、省の下部にあたる市、県、鎮・郷（日本の町や村に相当）の行政組織までをも管理するのではない。じっさいは鎮レベルで水利用の実質的な運用が決まることになり、鎮に含まれる村の協同作業が重要な役割を演じる。

中国では、水は政府、つまり国のものとされているが、その具体的な運用は末端部の行政組織がになう。このやり方は、地域ごとの慣行的な水利権と、工業・上下水道、大規模灌漑、発電用水をめぐる許可水利権が並存している日本の場合とは異なる。もっとも、雲南省の少数民族が盆地や棚田でおこなう水田稲作では、慣行的水利権や詳細な水配分の規則が決められていた。[86]二〇〇二年に発布されたこの政策が、各地域の村むらでどのように具体化されるのか。何の樹種をどれだけ植林するのかを誰が決めるのか。前述した包教授に聞くと、地域の行政や村の実情にできるだけ忠実に合わせるのだという。ただし、地域の決定がどれだけ有効であるかは植林後の評価次第となるだろうか。

もう一点指摘すべきは、縦割り行政の弊害についてである。黄河の取水管理が黄河水利委員会を通じておこなわれているが、いったん取水してもとに戻す水が汚染されていたことや、塩害による塩分を含んでいる場合があり、水量はともかくも水質の管理までが徹底しておこなわれてはいない。つまり、河川管理の担い手である水利委員会が水質管理の責任を負っているわけではない。水質については国家環境保護局が管轄しているが、黄河全体としても水質の悪化が指摘されている。実際、五段階評価による黄河の水質調査結果では、飲料として使用可能な水、処理を必要とする水、使用不可能の水は、黄河流域でそれぞれ三割見当となっている。つまり、黄河の水の三割が泥水なのだ。このように、黄河の例は水の量と質の統合的な管理が大きな課題であることを教えてくれる。先述したデジタル黄河の情報収集で、水量とともに水質と汚染状況の管理を実現することが期待されている。

## 地下水の評価

地表水とともに地下水についても、その持続的な利用可能性について危惧する意見が出始めている。地下水の過剰な汲み上げが未来の水利用に深刻な課題となっているからだ。たとえば、米国中西部にあるオガララでは広大な面積にわたって分布する帯水層で、総面積四五万平方キロあり、地下水は農業用水として大量に利用されてきた。このために地盤沈下などが発生している。こうした状況は、華北平原の北部やインドのガンジス川上流域、北アラビア、メキシコ西部などでも報告されている。地下水の過剰な取水傾向は世界全体ではまだまだ少ないとはいえ、地域に固有の水問題として顕在化しており、将来的な不安は隠せない。次節でのべるように、食料の持続的な利用についてエコロジカル・フットプリントの考え方に依拠して、地下水のフットプリントを世界で調べた研究によると、地下水の涵養量を維持するための涵養面積が現状とおなじである場合を一とした場合、世界平均ですでに三・五という数字が試算されており、平均値としても現在の三・五倍の涵養面積がないと地下水を持続的に維持できないと結論づけられている。[87] これまでみたように、帯水層は地上部との関係だけで理解すべきでなく、流動する地下水の動向はローカルな次元だけで解決できる問題ではない。帯水層の涵養面積が広大な領域に広がっていること、したがってその影響も広範囲におよぶことから、「動く地下水」をコモンズとして管理する発想は不可欠であろう。

## 3．水と文明

### 水の制御と文明

水を地域や流域のコモンズととらえ、地表水だけなく地下水をも視野に入れる発想はきわめて現代的な課題である。前項でみたように、地表水や地下水の配分や過剰利用は世界各地で深刻な問題を引き起こしているからである。翻ってみれば、古代においても水の管理と制御は時の為政者にとり、地元で農業に従事する農民にとってもつねに大きな課題であった。

世界における諸文明は河川の流域に発達したとする説がこれまで主流をなしてきた。じっさい、世界の四大文明であるエジプト文明、メソポタミア文明、インダス文明、黄河文明は、それぞれナイル川、ティグリス・ユーフラティス川、インダス川、黄河流域の平野部で栄えた。だから、古代文明＝大河川流域の平野部とする図式は定説であるかの印象をあたえてきた。

それでは、なぜ河川の流域で文明が発祥したのか。それは水のもたらすさまざまな恩恵によるのだ、とする説明がある。すなわち、水は肥沃な栄養塩類を上流から運搬する。川の増水は「自然灌漑」とみなす考えがある。[88] 水は農耕にとり不可欠である。家畜の飼育にとっても水場の確保は重要な案件である。農耕と牧畜の発展により人口が増加し、都市が発生した。そして河川を通じた水運は、物資の集散と交易を飛躍的に発展させた。

ただし、大河流域に住む人間にとり、川は豊穣をもたらす女神のような存在であるだけではなかった。周知のとおり、大河川では洪水が頻繁に発生した。洪水の常襲地帯では何が起こったのか。これまで第1章第2節のモンスーン・モデルでふれたように、洪水にはプラスとマイナスの両面がある。洪水は上流から豊かな栄養塩類を運び、肥沃な土壌をもたらす。洪水は湿地における農耕に不可欠であり、一定の攪乱は生態系の再生にとっても重要であった。ただし、洪水はあらゆる財を破壊し、生命を奪う。そこに定住して農耕をいとなむには、洪水を制御する戦略が不可欠であろう。灌漑や堤防を造成するには、卓越した技術と多大な労働力を投入する必要があった。洪水を予知し、あるいは軽減するための儀礼や占いが発達し、それを執行する職能者が生まれることにもなった。

それでは、文明は洪水のマイナス面を克服して、プラス面を産み出すことに成功した結果、生まれたといってよいだろうか。そして、人類はいつも洪水を征服すべき対象と考えてきたのだろうか。日本の歴史をみても、時の権力は水害を防ぐための防災技術を発達させた。現代でいえば、堤防技術とダム建設は国是とされ、治水に巨額の国費が投入されていることにも如実に示されている。水害を防ぐ高度な技術と人的な投入があれば、それだけ政治的な統治力も効を奏したのだ。

しかし、洪水は天の恵みであるとともに天災でもあるとして、あるがままに諦める境地にたてば、人間が自然をねじ伏せようとする意思がいかにむなしいことであるか。洪水は毎年襲来するわけではない。襲来の間隔は地域によってちがう。熱帯・亜熱帯の東南アジアでは、数年から数十年の開きがある(89)。洪水を完全に制御しようとする立場と、数十年に一度の災害であれば、我慢しようという立場では雲泥の差がある。であるとして、前者の場合に文明が発祥し、後者では文明が起こらなかったわけではない。

**写真６－５**　棚田（西双版納・哈尼族彝族自治州、ルソン島ボントック・イフガオ族）

## 水を引いてきた文明

大河のほとりに文明が発祥したことは間違いではない。水が文明成立の重要な契機になったとしても、河川以外の湖や海岸部、山地などの環境下で文明が生まれなかったのではない。たとえば、中米のマヤ文明（一世紀―一五一九年）、アステカ文明（一二世紀―一五一九年）は熱帯雨林のなかで誕生した。南米のインカ文明（一三世紀―一五三三年）やそれに先行するナスカ文明（紀元前三〇〇―九〇〇年）、モチーカ文明（紀元前二〇〇～九〇〇年）も大河流域とはちがう環境下に生まれた文明である。インダス文明（紀元前二三〇〇～紀元前一一〇〇年）も、ハラッパ、モヘンジョダロだけが教科書で取り上げられてきたためか、あたかもインダス川流域だけに分布する文明と考えられてきた。しかし、長田俊樹が指摘するように、インダス文明は広範な地域間のネットワークによって結ばれた文明である。たとえば、インダス川中流域にあるハラッパやモヘンジョダロとは異なって、インダス川から離れたインド洋沿岸地域にあるグジャラート地方でインダス文明が栄えた。遺跡からは、ペルシャ湾を越えてメソポタミアから交易品として運ばれたと思われる遺物が出土している。[90]中米のマヤ文明は熱帯の密林に誕生した。マヤ文明を支えた食料はトウモロコシである。熱帯では森林を開墾した焼畑で農耕がおこなわれたとされてきたが、集約的な灌漑農耕がいとなまれていたことが水路網の存在によりのちに判明した。マヤ文明を支えた農耕では水の徹底した管理がおこなわれていたのである。[91]

海抜三〇〇〇メートル級の高地にあるインカ文明においても、水の利用が徹底的になされた。遠くの山地から石で造られた水路が建造され、水はクスコまではるばると輸送されたのである。氷河から湧出する水は一七ある水汲み場まで運ばれた。ここでは、季節による水の変動を気にすることがなかった。高地から運ばれた水は山の斜面に造成された畑でジャガイモ栽培に利用された。

文明とはいえないが、中国雲南省南部の紅河哈尼（ハニ）族・彝（イ）族自治州では見事な水稲耕作用の棚田をみることができる（**写真6-5**）。ここでも、山の頂上まで水を引き、田越しに水を分配する高度な灌漑技術が発達している。どうやら、水を引くための土木建設技術は文明を支えるもっとも重要な要素のひとつであった。

### 水を運ぶ技術と装置

水のあるところに文明が発生すると考えるのは短絡である。では、人間の生命や生活を維持していくうえで不可欠な水はどのようにして供給されたのか。たとえば、東西文明の十字路に当たるトルコのイスタンブールには、巨大な地下貯水池があり、東ローマ帝国のユスティニアヌス帝時代の六世紀に建造された。イスタンブールへの水は一九キロメートル離れたベオグラードの森（ユーゴスラビア）から水路を経て運ばれた。水をたたえた貯水池には大理石の太い列柱が整然とならんでおり、地下空間を支えている。この地下貯水池は古代ローマ時代からビザンツ帝国にいたる時代まで、コンスタンチノーブル（イスタンブールの旧名）に水を供給するライフ・ラインで

**写真6-6**　イスタンブール市内にある地下貯水場。6世紀、東ローマ帝国のユスティニアヌス帝時代に建造。

**写真6-7**　南禅寺水路閣（京都）

あった。イスタンブールでは、水は遠隔地から巨大な水道装置によって輸送された。水道がイスタンブールの文明を支えるインフラ・ストラクチャーであったわけだ（写真6-6）。

水道技術は古代ローマの文明を支える基本的な装置であった。水道は紀元前の四世紀から紀元三世紀にかけて建設された。紀元前一四二年当時、ローマに一一本の水道橋が通じており、新鮮な水をローマ市内に送り込む重要な役割を果たした。もっとも古いものがアッピア水道で約一六キロの工程を三〇メートルの高さから高度二〇メートルのローマ市内まで水を運んだ。水道橋は一メートルで一ミリの傾斜がつけられ、水がゆるやかにローマへと流れる工夫がなされていた。安全な水、恒常的な水の供給は現代の水問題にも通じることがらであり、古代の文明はすでにその問題を技術的に解決していたのである。ローマやイスタンブールに行かずとも、日本で水道橋を見ることができる。京都の南禅寺にある水路閣《すいろかく》がそうだ（写真6-7）。

地上部ではなく、地下に水道をもつ社会が乾燥地帯に発達している。それが、カナートあるいはカレーズ、フォガラなどとよばれる地下水路である。地下にあれば、地上部におけるような水分の蒸発を防止できるほか、水の略奪を防ぎ、安全な水を確保することもできる。中国の甘粛省、西部の新彊ウイグル自治区からアフガニスタン、イラン、パキスタン、ウズベキスタン、カザフスタン、中東、北アフリカのいわゆるイエロー・ベルト地帯に広く見られる。水が地上部に出る場所ではオアシスを作り、人びとが集住し、オアシス農耕がおこなわれる。ラオスは東南アジアの内陸国であり、国を北から南に縦断するメコン河流域にはかつていくつもの王国が栄えた。たとえば、アンコールワット遺跡はメコン河支流のサープ川をさかのぼったトンレ・サープ湖近くにあり、かつてのアンコール王朝の栄華を偲ばせる。ここでも、城内へと水を運ぶために微妙な傾斜を備えた水路網が発達していた。大きな貯水池や田越し灌漑のための高度な土木技術の存在について、石澤良昭をリーダーとする上智大学チームがあきらかにした（前掲91）。遠隔地を含めて、水を移動させる技術と装置系が文明の大きな礎となったのである。

### 文明の生成と崩壊をめぐる水

文明の生成と崩壊に関与する水の要因をプラスとマイナスの両面から検討してみよう。第一に、文明形成を促進した要因として、水場に人口が集中する点を挙げることができる。水場には植物が生育し、野生動物が水を求めてやってくる。さらに水を利用した灌漑農業の発展と生産力の発達は文明の稼動力となった。洪水を制御する堤防や土木工事の発達、大量の労働力などを通じた水の管理と制御には絶大な政治力を必要とした。また、雨をめぐる信仰や雨乞い儀礼が発達した。

これにたいして、水が文明の生成と持続を抑制した要因として、農耕への過剰取水による塩害、気候変動・乾燥、不適切な農耕管理、地震などの地殻変動、洪水による生産基盤の破壊など都市における燃料や建築、金属加工などのために森林の破壊が起こることや、農耕民と牧畜民との間における水をめぐる紛争、地下水の取水をめぐる水争いなどが考えられる。本来、コモンズとしてあるべき水資源の私有化と独占が文明を崩壊させる要因となった。

注目すべきことは、文明を維持ないし発展させるうえで、水の管理と関連施設の補修と維持が重要な案件となっていることである。さらに、農業、工業のための灌漑施設や水道施設の維持についても同様なことがいえる。文明の歴史を通覧すると、水の管理と供給は人間のあらゆる英知と技術をもった挑戦であることがわかる。

## 第５節　食とコモンズ

世界の貿易は現在、グローバル時代にある。世界各国の商社は商品として利益を生む産物を買い、自国へと運ぶ多国間ネットワークを作り出した。現地では安く買い、利潤を生み出すべく高く売る商いは時として現地住民の搾取と環境破壊をもたらした。日本は食料自給率がカロリー換算でいまだ四〇パーセントに満たない状況にあるにもかかわらず、世界最大の食料輸入国となっている。自給率は一九六五年には七三パーセントであったが、二〇〇八年度には四〇パーセント程度まで落ち込んだ。わずか二〇年間であれ、その変化は異常である。この間、日本はマグロ、エビ、タコ、ウナギなどの魚介類をはじめ、食肉、乳製品、生鮮野菜、穀物、油脂類、嗜好品にいたるまで世界各地から食料資源を買いあさった。成田漁港、関西漁港の名は空輸海産物の膨大な輸入量をたとえたものである。輸入食品は人間の食用だけでなく、家畜や養殖業における飼料を含んでいる。エルニーニョ現象でペルー沖のペルーカタクチイワシ（アンチョベータ）が減産になるとハマチの価格に影響する。米国のトウモロコシ価格が上昇すると、日本国内の鶏卵の値段も上がる。

輸入食品のなかには、基準値以上の残留農薬や違法な捕獲方法によるもの、国際的に保護や輸出入が禁止されているもの、違法な取り引きによるものが含まれている。高く売れるからと、違法な取り引きをおこなう業者があいついで摘発される事態はとどまることがない。これを未然に防止するために認証制度を導入し、安全で安心できる食品を輸入業者や消費者があつかうことのできる試みがようやく端緒につきつつある。現状では、世界の食はとてもコモンズとして多くの人間が分かちあうのとは逆行する傾向にあるともいえる。ここでは、現状認識の手立てを確認し、今後に向けての問題を洗い出してみよう。

## 1．食と文明環境史

ホモ・サピエンスとしての人類は、その数百万年の歴史上、ほとんど大半を自然界に食料を依存する狩猟採集生活をおくってきた。現世の狩猟採集民の実態をそのまま一万年前に当てはめることには注意を要するが、先史時代の狩猟採集民は小さな集団から構成され、資源の量と分布におうじてなわばり（テリトリー）をもち、離合集散と移動をくりかえしたことが推定されている。(92) 定住集団では、時期・季節におうじて資源利用を組み合わせ、食料の貯蔵と交易を通じて食料資源を安定的に確保したものと考えられている。

食を切り口にすると、人類文明史のなかで地球環境問題をどのように考えることができるだろうか。食の人類史のなかで画期的であったのが、ドメスティケーション（栽培化、家畜・家禽化）である。人類はイネ、ムギ、雑穀、トウモロコシ、イモ類（サトイモ、ジャガイモ、サツマイモ、キャッサバ、ヤムイモなど）、バナナ、堅果類などの主食となる植物や多くの野菜、果物を栽培化してきた。そして、ウシ、ブタ、ウマ、ヒツジ、ヤギ、イヌ、ニワトリなどを家畜・家禽化した。人類はドメスティケーションを通じて食料をより多く、安定的に確保することに成功した。では、その位置づけはどうか。

食料生産の増大は人口の集中、増加、拡散という新たな局面を生み出すとともに、環境への負荷を新たに増大させた。農耕は地球の環境を劣化させ、塩害、砂漠化、野生生物の多様性の減少や自然界の循環の分断などをもたらしてきた。一方、安定した生産基盤をもとに文明が誕生し、技術革新が達成された。しかし、多くの文明は永続することなく、崩壊する運命にあった。その原点にドメスティケーションがあった。農耕と家畜飼育が現在の地球環境の劣化にあたえた影響は計り知れない。農耕がなければ、人類の歴史上、比類ない人口爆発も環境破壊も生じなかった。こうした意見を農耕原罪説とよぼう。

農耕原罪説にたいして、人類の進化と拡散に農耕の果たした役割を積極的に評価する立場がある。この意見では農耕が人類の繁栄に寄与したことはまちがいなく、文化の発展は人類進歩の重要なステップであり、未開と文明を区別するものである。一九世紀のモーガンやマルクス・エンゲルスによる人類史の位置づけはこの考えに立脚している。しかも、キリスト教的な世界観からは野生の生き物を殺すのは意に反するが、栽培作物と家畜は人間が支配・管理するから問題ないと言明される。人類の人類らしさを「野蛮な」狩猟採集民には求めない近代主義的な人間観にもとづく農耕礼賛説である。あえていえば、西洋中心主義ということになる。

第三は、食料が移動、拡散した歴史的な変化をあるがままに認める立場であり、前記ふたつの中間に位置する

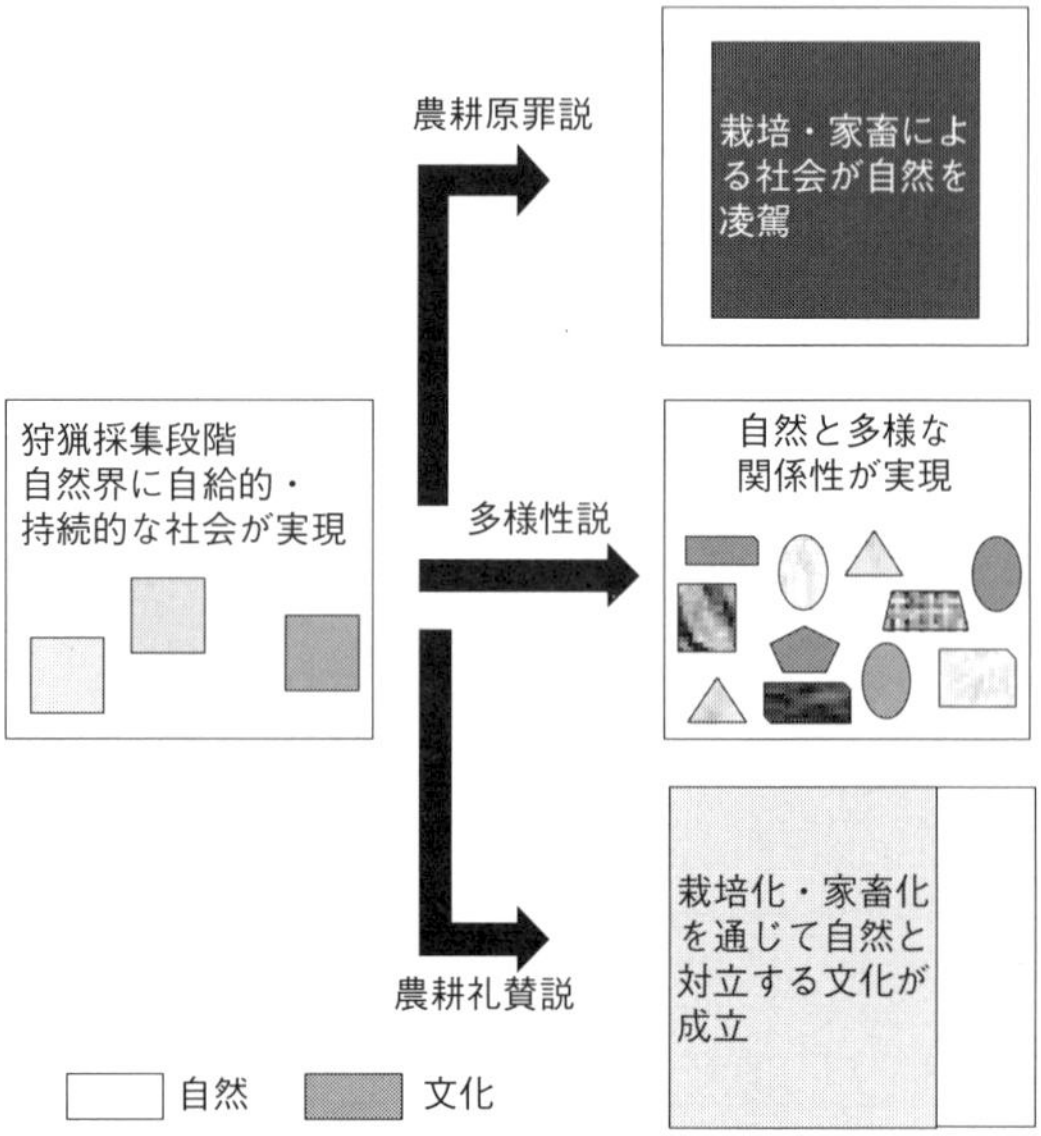


図6-30　ドメスティケーションの文明史的位置づけ

考え方である。野生生物が栽培化・家畜化された結果、じつに多様な品種群が生み出され、これと共振する形でさまざまな種類の生物が新たな生息の場を獲得する変化が歴史的に繰り返し生じた。二次的、三次的な多様性が生成されたのである。栽培作物や家畜は栽培化・家畜化のセンターから人間を介して世界中に拡散した。その結果としてコスモポリタンとしての外来種や侵入種が生まれた。食料のなかには海流、漂流性・回遊性の物体や動物、さらには船舶の船底への付着、船のバラスト水、貨物、人間とともに移動、拡散したものがある。一般論からすると、いかなる栽培種、野生種も移住先の環境では恩恵とともに危害をもあたえる可能性をもっており、功罪相なかばする。栽培種・家畜の利用史を考えると、個別の作物や家畜が新たな多様性を生み出し、人類の歴史のなかで多様な役割を果たしてきたことは間違いない。これを多様性説とよぼう。

以上の三つの説の関係を示したのが図6-30である。ドメスティケーションを原罪とするか、礼賛するかは極論といえようが、多様性の変化については世界各地でさまざまな変化があり、一般論としては納得がいくものであろう。ただし、生業複合説の立場からすると、たとえば、農耕民であっても、農耕以外に、採集、狩猟、漁撈、家畜飼育などのさまざまな生業活動を組み合わせている。自給的な活動だけでなく、交換、交易などを通じた外

表6-3　フード・マイレージ
トン（ton）×キロメートル（km）（2001年農水省）

| 国　名 | 総量（トン・キロ） | 国民一人当たり（トン・キロ） |
|---|---|---|
| 日本 | 9002億800万 | 7093 |
| 韓国 | 3171億6900万 | 6637 |
| 米国 | 2958億2100万 | 1051 |
| イギリス | 1879億8600万 | 3195 |
| ドイツ | 1717億5100万 | 2090 |
| フランス | 1044億700万 | 1738 |

部世界との交流が資源の移動に大きな役割を演じることもあった。

食が時代を経て多様化したかといえば、いちがいにはいえない。先史時代は多様な資源利用を組み合わせた生業があったという常識も疑問が呈されるようになっている。大規模なプランテーションの導入により、地域住民の生業は単純労働者として現金で食料を購入する変化が生じた。換金作物の導入で、従来の耕地で栽培されていた在来の作物が姿を消す変化も生じてきた。したがって、歴史や地域の実態を精査すると、多様性説にくわえて、変容ないし社会経済変化を重視することが食料を基盤とする文明史観につながるといえるだろう。

## 2. フード・マイレージとバーチャル・ウォーター

海外からある食料を運ぶことは、それだけ輸送に必要なエネルギーが消費されることを意味する。このことを数量化した考えがフード・マイレージである。(93) これは、食料の重量（トン）に移動距離（キロメートル）をかけた数字（トン・キロメートル）で示される。多くの食料を遠距離から輸送するほど、フード・マイレージの値は大きくなる。日本のフード・マイレージは約九千億トン・キロメートル（年）となり、世界でも群を抜いて高い数字をもっている。日本についで韓国や米国は三千億トン・キロメートル前後である（表6-3）。日本や米国の国民一人当たりのフード・マイレージも、世界でもっとも大きい点をよく自覚しておくべきだろう。

**表6-4　日本におけるバーチャル・ウォーター輸入量（2002年度）**

| 国　名 | VW km³/年 |
|---|---|
| 米国 | 38.9 |
| オーストラリア | 8.9 |
| カナダ | 4.9 |
| ブラジル・アルゼンチン | 2.5 |
| 中国 | 2.2 |
| EU | 1.4 |
| タイ | 1.3 |
| サウジアラビア | 0.3 |
| 南アフリカ | 0.3 |
| その他 | 3.3 |
| 合計 | 64.0 |

VW: Virtual Water（仮想水）。穀物・肉類・工業製品（Oki *et al.* 2003）による

輸入食料の多さについて、沖大幹や鼎信次郎は、仮想水（バーチャルウォーター）を指標として、日本が世界最大の水輸入国であることを示した。[94] それによると、年間の水輸入量は六四〇億立方メートルであり、米国から三八九億立方メートル、オーストラリアから八・九億立方メートル、カナダから四・九億立方メートルを輸入しており、米・豪・加の三国だけで八割以上を占める（表6-4）。自給率の低い分、海外のどこかの国の資源と水を「食いつぶしている」ことは誰の目にもあきらかだ。「食育」とは、まずもってこうした世界の現状を理解することも視野に入れるべきだ。

食については、T・フラナリーがオーストラリアのアボリジニを例としてヒューチャー・イーターズ（The Future Eaters）について論じた。このなかで、フラナリーは「未来を食いつぶす」人間の生き方を批判している。[95] かつてフランスの哲学者であるJ・P・サルトルはアフリカ大陸の上空を飛行機で移動中に豪華な機内食を食する同時間に、地上で飢餓により餓死するアフリカの子どもへの思いをどのように共有するのかと問いかけた。食の不公平性は動物としてのヒトが向きあうべき根源的な課題である。

## 3. 食の倫理を問う

二〇〇八年一一月、中国・南京市で地球研と南京大学、河海大学共催の国際シンポジウムがあった。このシン

ポジウムでは水をめぐる中国の開発と環境保全の問題について、水文学、生態学、人類学、環境科学などの研究者による活発な討論がおこなわれた。

総合討論の最後に、日本側から最近の中国における食品汚染をめぐる発言があった。すると、中国側のある先生から反論があった。そのなかで、たしかに一部でそのようなことがあったかもしれないが、中国すべての食に問題があるとか、あらゆる食品が汚染されているというような誤解を招く風潮をあおることは心外であると発言された。そして、輸出向けの食品が汚染されているというけれども、中国市場を開拓してきたのは日本企業ではないですか、とも指摘された。会場からは大きな拍手が巻き起こり、それで当日のシンポは幕を閉じた。

食の汚染についていえば、日本で由々しい事態が戦後に起こった。一九六〇年代、日本では高度経済成長のかげで多くの公害や環境破壊が進行した。水俣病はその典型であり、水銀汚染はチッソによるメチル水銀のタレ流しが魚介類を通じて人間に生物濃縮され、多くの人命と人びとの暮らしを奪っただけでなく、環境に大きな負荷をあたえた。一九六五年に発覚した阿賀野川流域におけるメチル水銀のタレ流しも水俣病の教訓を国、企業が軽視したことが訴訟のなかであきらかにされた。今の中国が高度経済成長期の日本の状況を経験しているとはいいきれないが、中国は一九六〇~七〇年代の日本よりもはるかに急速な勢いで経済成長を遂げつつあることはたしかである。経済発展の陰で進む環境破壊や大気汚染は昨今のＰＭ２・５の異常値からも想定できる。

先にふれた中国の先生の発言は、日本が他国の環境を犠牲にして利益を得てきた歴史を批判したものでもある。日本は東南アジアで食をめぐる問題を起こしてきた。たとえば、タイではマングローブ林を破壊して大規模なブラック・タイガー（ウシエビ）の養殖業がいとなまれてきた。フィリピンではバナナ農園で多くの貧困層が従事し、かれらの食事用に提供される塩干魚は違法なダイナマイトで漁獲されている。栽培されたバナナの輸出先は日本である。[96] マレーシア、インドネシアでは、熱帯雨林を油脂用のアブラヤシ農園に改変した結果、森の生き物は追い出され、住民の暮らしや文化は衰退した。タイ北部の山地においては、焼畑農耕に従事してきたカレン族

**写真6-8**　ナマコ料理
中国料理で、かつては大皿で提供されていたナマコのうま煮料理は銘々皿でだされるようになった。(南京市内の料理店)

が日本向けの野菜をつくり、使用した農薬が流出して下流部を汚染することとなった。このように、日本のために犠牲にされたアジアの環境や住民の暮らしの例は枚挙にいとまない。

何気なく日常的に口にする食品がどれだけの犠牲と破壊のうえに作られたものであるのかが語られることがないとしたら、由々しいことである。かつて、エビの輸入とマングローブ林破壊の問題で日本の資本主義を批判した村井吉敬や、バナナの輸入とフィリピンの貧困問題を取り上げた鶴見良行らの指摘はいまも生きている[97]。

南京でのシンポジウムの開催日前夜、食事会でナマコが出された(**写真6-8**)。一〇センチほどの小ぶりのナマコのうま煮が銘々皿にのっている。中華料理でナマコ料理といえば、ナマコのうま煮が定番であり、大皿にだされるものを各自が自分の皿に取り分けるのがふつうだ。最近は小さなサイズのナマコを出すのが流行のようだ。単なるはやりのレシピであるというだけなら、長い歴史をもつ中国のナマコ食になんら疑義をはさむことはない。しかし、小ぶりのナマコをレストランで銘々皿で出す背景には、小型のナマコを海で選択的に採集することを意味する。すなわち、ナマコの種類にもよるが、未成熟の個体を採りすぎると資源としての再生産量に影響をおよぼす。現に、北海道、東北地方ではアンダー・サイズのナマコ密漁が横行していることを水産庁から聞いたことがある。中国向けの輸出用に違法に採集されるナマコは小型のものが多く、これにかかわる流通面で不透明な部分があり、水産庁はその動向に目を光らせている。高値で売れるからといって将来的な予測もなしに未成熟なナマコを採りつづければ、儲けるどころの話ではなくなる。食のファッションは、とんでもないところで影響をあたえるわけであり、国際的にもナマコの乱獲はＦＡＯ（国連食料農業機構）やＩＵＣＮ（国際自然保護連合）でも危機感をもってとらえられている。食が人体だけでなく、環境や生物多様性の保全ともかかわる地球環境問題であることはあきらかであろう。

## 4．テロと環境問題

本章の最後に地球時代のコモンズ論を考えるうえで、昨今のテロ問題と環境とのかかわりについて取り上げよう。二〇一五年一一月一三日、パリで同時多発テロが発生し、多くの市民を巻き添えにする悲劇となった。直後、イスラム国（ＩＳ）による犯行声明が出され、西側諸国にたいする挑戦があきらかとなった。折しもパリではＣＯＰ21会議が開催され、温暖化をめぐる二酸化炭素の排出規制をめぐる合意形成が討議された。フランスでは極右政党が外国人難民の受け入れを拒否する声明を出し、米国でもシリア人の受け入れを拒否する露骨な発言が次期大統領選とからめて連日取りあげられた。こうした状況下で、地球規模の環境問題とＩＳによるテロの問題とが根深い部分で通底するとの論調が浮上した。ここ数年、中東に蔓延した干ばつや食料不足は地球環境問題であり、ＩＳの政治問題とは無関係な次元のことと考える風潮に釘をさした。

シリアでは二〇〇六年の後半に始まった干ばつがその後三年にわたり、史上最悪の食料不足をもたらした。農村地帯に住む一五〇万人もの住民は大挙して都市部へと流入し、職もないまま七〇〇万人以上の国内難民となり、この間、死者数も大きく膨れ上がった。シリアにおける干ばつは異常気象による天災とばかりいってはいられない。乾燥・半乾燥地帯にある中東では、水は生活と農業用に不可欠の資源である。この地域では、トルコに端を発するティグリス・ユーフラティス川、レバノンやゴラン高原に発して南流し、ガリレア湖を経て死海にそそぐレバノン川、アフリカ東北部からエジプトを経て地中海にそそぐナイル川が重要な国際河川である。中東ではイスラエル、レバノン、ヨルダン、シリア、トルコ、イラクを含む国ぐにが宗教をめぐる長い対立を繰り返してきた。とくにイスラエルでは第二次大戦後当時、ほとんどパレスティナ人が居住していたが、次第にイスラエルのユダヤ人によって居住地を奪われ、ヨルダン川西側（左岸）地域と地中海側のガザ地区に追われた経緯がある。イスラエルによるレバノン侵攻、中東戦争などを通じたイスラエルの周辺諸国への侵攻が宗教・政治的な対立であるとしても、背景に水をめぐる争奪戦があった。

二〇一四年五月、トルコはユーフラティス川のダムから下流域にあるシリア、イラクに水を供給することを停止した。ユーフラティス側の上流部にあるトルコと下流部のシリア・イラクとの間で水をめぐる戦争が発生したことになる。このように、温暖化による異常気象とともに、中東各国における水資源の配分をめぐる確執と政治的な対立が干ばつとシリア国内の矛盾を増幅した。その延長上にシリアのアサド政権への反対勢力がＩＳを生む基盤となった。こうして水戦争の進展と温暖化が相まって難民の急増と社会不安、政情不安につながった。水をめぐる相克は日本の村落社会でもこれまで多くの矛盾を生んできたが、国際河川における水の配分はいまやグローバルな政治課題となった。かぎられた水資源の配分はコモンズの中心的なテーマでもあり、ひいては食料の安全保障（フード・セキュリティー）につながることはあきらかだろう。

# 結論　地球時代のコモンズ

本書の冒頭で、おいしそうな肉を前に人間がどのように振舞うべきかについての話題を取り上げた。単独であれば独占できる。自分以外に空腹の人が九人いれば、一〇人で平等に分配するか、肉をめぐる熾烈な奪い合いが起こるかの極論を想定した。いずれの場合であれ、人間は独占欲と、他者と共有して平穏でいたいとおもう心が同居しているとの見方を提示するための例であったが、さてこうした問いかけは本書の結論に有効であるだろうか。本稿を終えるにあたり、本論で議論したもろもろの点をひとまず整理したうえで結論を導いてみたい。以下、五点に論点をまとめてみた。

## 1．存在論と主体性論

本書の序論で、自然と文化を二元的にとらえる西洋思想の限界とそれを乗り超える知のありかたについて、人類学と哲学の観点から論じた。自然を支配する思想が文化であるとする教条的なとらえ方から脱却するうえで、ドメスティケーション論は自然と文化の連続性・非連続性に貴重な視点をあたえてくれるものであった。この点で、フランスの人類学者であるＰ・デスコラが『自然と文化を超えて』と題する書のなかで展開した存在論は、自然と文化を超える思想を解読するランドマークとなった。自然を含む世界をどのようにとらえるかという問題意識から析出されたデスコラのパラダイムでは、身体性と内面性を弁別的特徴として抽出し、自然と人間存在との類似性と異質性を参照した四つのコラムに、アニミズム、トーテミズム、類推主義、自然主義を当てはめたも

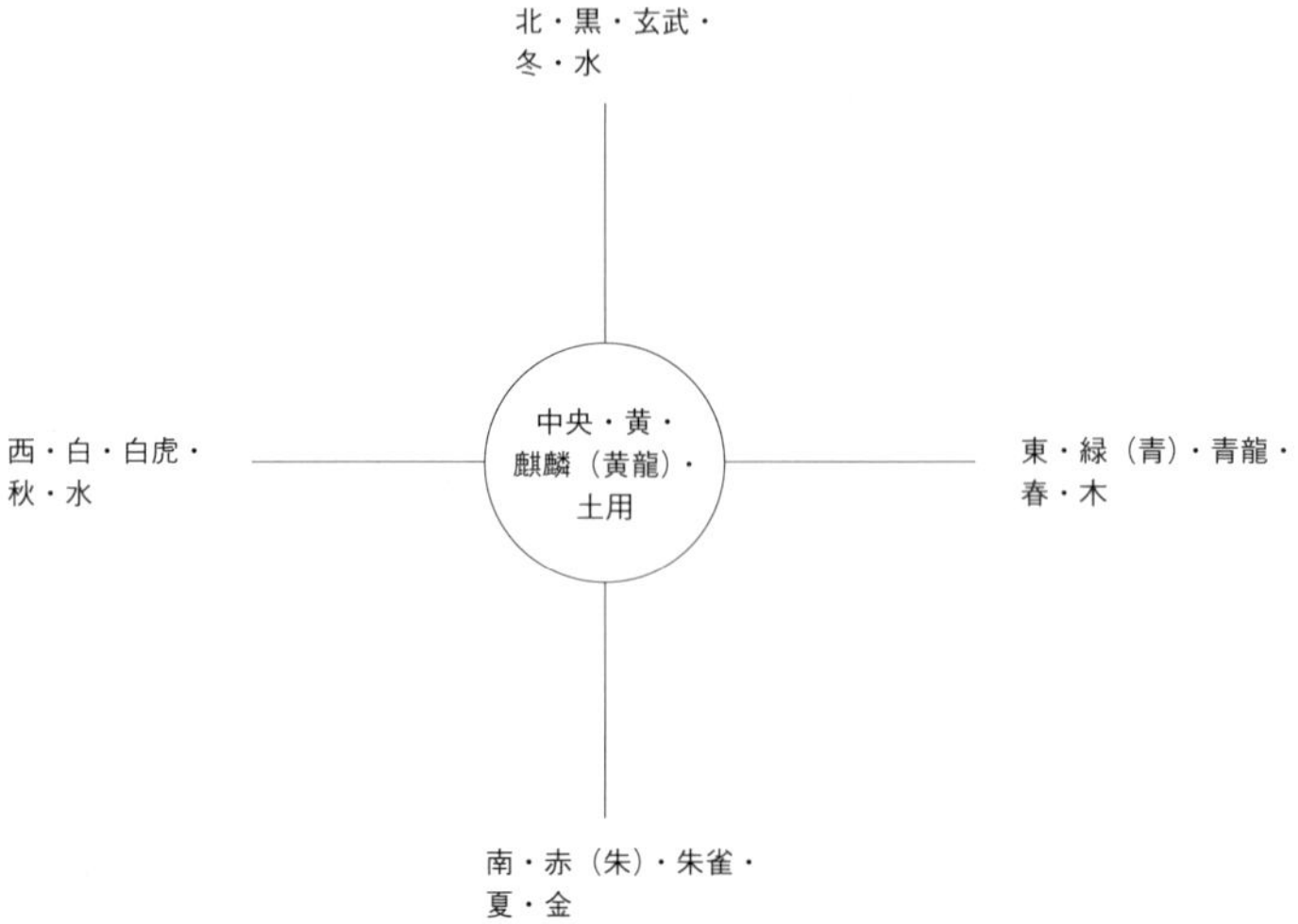


**図結-1**　中国古代思想における四神と方位・季節連関
方位・色・神獣・季節・五行のセットを表す。

A. Descola

| | | | |
|---|---|---|---|
| | | 身体性 | |
| | | 類似 | 異質 |
| 内面性 | 類似 | トーテミズム | アニミズム |
| | 異質 | 自然主義 | 類推主義 |

A. デスコラのモデル
B. ベルクのモデル
C. ユクスキュルのモデル

B. Berque

| | | |
|---|---|---|
| | | 身体性 |
| | | 類似／異質 |
| 内面性 | 類似 | 主体性<br>Subjectivity |

C. Uexküll

| | | |
|---|---|---|
| | | 身体性 |
| | | 類似／異質 |
| 内面性 | 異質 | 環世界<br>Umwelt |

**図結-2**　存在論に関する3つのパラダイム

のであった。西洋科学さえもがこのパラダイムに自然主義として位置づけられており、そのほかの三つのうちアニミズムとトーテミズムは非西洋の民族科学あるいは人類学の成果に依拠したものである。類推主義、つまりアナロジズムは先述した身体性、内面性の面でいずれも人間存在とは類似性も近縁性もないものと位置づけられている。中国由来の色・方位連関の例を挙げると、**図結-1**に示したような、色と方位、ならびに支配する神獣、季節、五行の連関は類推（＝アナロジー）に基づくものであることがわかる（**図結-1**）。

ここで注目したのがベルクによる主体性論とユクスキュルの環世界論である。自然を認識する人間の主体性については、「我思う、ゆえに我あり」の言説で知られるデカルトに代表される近代の知があきらかにしたとおりである[1]。しかし、ベルクは自然にも主体性があるとする考えを提示した。この線上で考えると、デスコラの提唱する身体性と内面性に関する論の立て方が大きく変わってくる。人間を中心にして自然との類似性と異質性をまとめあげたのがデスコラの到達点であるとして（**図結-2A**）、ここで問題にすべきは内面性の位置づけである。かりに自然に主体性があるとして、自然が内面性でも人間と類似した特質をもつ、すなわち、ベルク流にいえば、自然と人間は主体性をもつ点で類似した存在である（**図結-2B**）。身体性についてベルクの言及はない。デスコラは身体性で人間と類似している場合を「トーテミズム」、類似していない場合を「アニミズム」と規定した。しかし、ベルクにとり自然の主体性論は、トーテミズムやアニミズムを超えた自然認識が背景にある。したがって、デスコラのパラダイムにある身体性と内面性は弁別的に意味がなくなることになる。

一方、ユクスキュルの環世界論は可視化される身体性についての議論に有益な視座をあたえる。ユクスキュルの指摘どおり、人間がみる自然は客観的、普遍的であり、完全とおもってはならない。人間が自然物を人間との対比で類似しているか異質かと判断するそのしかたはあくまで相対的である（**図結-2C**）。とすれば、デスコラの規定した身体性は人間中心に考えただけの判断である。

デスコラ説は間違ってはいないが、自然による環世界を参照したものではない。環世界論では、自然界の生物種によってその世界像は異なっており、自然における内面性は人間にとり異質であることになる。デスコラの世界観は人間中心主義であるともいえる。一方、身体性についても人間がみた自然は類似性と異質性をあわせもつものであり、環世界論では差異化は弁別的な要素とはならない。結論からいうと、身体性と内面性の二元的な区別自体を仮定すればデスコラ論に帰着するが、自然に主体性を認める立場や環世界論からすると、身体性と内面性の二項対立の図式は相対化されることになる。ベルクとユクスキュルの思想に通底するのは非人間中心主義である。この発想が今後の思想や地球における人間の位置を考える大きなインパクトとなることが本論の第一の大きな帰結である。

## 2. 共有と私有の二元論

一九世紀のモーガン、マルクス、エンゲルスらは人類の発展段階説で、先行する共有制から私有制が生まれたとする説を提示した。本論は共有から私有へという時系列的な発展段階論に疑義をもち、単線的な所有論の発展を否定した。もとより、起源に立ちもどって議論してはいないと指摘されればたしかにそうだが、わたしは人類(ホモ・サピエンス)を超えた議論を試みたといいたい。なによりも、所有概念だけに拘泥しても、分配や平等・非平等主義など、類人猿を含む領域にまで拡張して考えたかったからだ。人間を中心に考えるのではなく、行動学や進化学などの成果を踏まえた所有論の展開の可能性を示唆しておきたい。

そのうえで、所有とコモンズについて考えてみた。これまでみたように、近代法学的には所有権は処分権(*jus-disponendi*)をともなわない使用権、用益権などとは一線を画する。共有に関しては、共同で所有されるドイツ法学で処分権の有無や構成団体員の性格によって、総有、合有、共有に区分されることはふれたとおりである。ただし、近代法が前提とする法的な権利関係だけで人類すべてがもつ所有観念を説明できるとはかぎらない。

共有制と私有制を、所有と非所有の区別を含めた保有形態としてみると、一方から他方に移行したのではなく、相互に変わりうることもわかった。このことを歴史的な事象や民族誌的事実をもとに示すことができた。端的な例が、焼畑農耕における土地保有形態の交替である（コモンズ論の焼畑モデル参照）。ヨーロッパ中世の三圃制や隠岐諸島の牧畑などは三～四年をサイクルとして共有地としての牧場が私有農地に転換される。

しかしほかの場合には、共有地が私有化される歴史的な変化が起こったことも事実である。たとえば、二〇〇〇年頃以降にラオス南部における共有池が私有池になった例では、共同体の公的な便益を向上させるために、村民の合意で私有化が決定された（第1章第4節）。モンゴルにおける近年の変化は伝統的な共有制と環境保全を軸とした遊牧文化の正統性を謳うものであるが、私有制の導入は経済発展を旨とするもので、両者はモンゴル国の近い将来にとって依然として二元論的な対立としてある[2]。両者の矛盾を超克する思想はまだ政策としても生み出されていない。遊牧の長い歴史を勘案すれば、性急な私有化と経済主義はまだまだ社会を革命的に変えるにはいたっていないとみなすべきだろう。モンゴルでは少なくとも法制化に議論が偏向してはいまいか。遊牧世界の流動性、融通性、共有への広範囲な親和性こそ学ぶべきとわたしは考えている。また、共有から私有化へ、私有から共有へと変化する事例がラオスの共有池やトンレ・サープ湖でみられたが、権力サイドと地域住民サイドがともに自然としてのため池やトンレ・サープ湖の所有権・用益権のありかたに介入してきたことがあきらかとなり、単線的な理解ではすまないこともわかった。自然の文化化としての所有問題は生態学と政治学のはざまにある境界領域的な問題でもある。しかも、ラオスのため池やトンレ・サープ湖における所有権の変化はいずれも二一世紀以降に起こっている点も見逃せない。経済発展、近代化とともに資源枯渇、資源管理などの現代的な課題がかかわっていると考えられるからである[3]。

## 3．分配をめぐる進化論

行動学者でありエソロジストのアイブル・アイベスフェルトは所有論に関して、所有者と非所有者双方にとり、他者にたいして尊敬と敬意をはらうことのもつ積極的な意義を挙げている。かれはチンパンジーにおける食物の分配において、劣位のチンパンジーが食物を占有している優位の相手に手を差しだすような行為をすることで食物の分け前を受けることに注目した。なわばり内の他者であれば「物乞い」は許容されるが、他集団の個体には無視するか攻撃をしかけるほどの大きな振舞いのちがいがあるということだ。

ところが、人間の場合、北村光二の指摘どおり、ブッシュマンは食物の所有者は相手から要求されなくとも食物を持ち帰り、非所有者に分配する。この例示は決定的にチンパンジーとはちがっている。モノを自己目的のために私物化する観念が希薄であるとして、集団内での所有者と非所有者の差異化を平準化する（レベリング leveling）機能がどのようにして生まれ、そして維持されてきたのだろうか。

分配の行動ないし作法は、原理的にいえば類人猿と狩猟採集民だけの議論ではすまない。ひなや幼獣を抱える鳥類の親が採集ないし捕獲した獲物を巣に持ち帰り、新生児にあたえる行動は霊長類だけに特異的なものでは決してない。であるとしても、分配や共食は人間に身体化されたハビトゥス的な行為と考えて差し支えないだろう。原始共産制や狩猟採集民に所有観念が希薄であるとする意見が近代主義の研究者により提起されたが、[4] 議論にもならない考えとして受け入れがたい。

## 4．アクセス権の三極モデルとその動態

資源へのアクセス権を（1）オープン・アクセス、（2）リミテッド・エントリー、（3）サンクチュアリの三

極から構成されるものとした仮説について具体例をもとに検証した。すでに指摘したとおり、三つのアクセス権は空間的な枠組にもよるが、併存しているのが常態である。小さな共同体から県、郡などの大きな行政単位にいたるまで、アクセス権がモザイク状に配置されているとして、コモンズの場となわばりの場が隣接していることを多くの例からあきらかにすることができた。しかも、これら三つの極は不変ではなく政治的、経済的、あるいは内発的な相克を通じて動態的に変わることも、もろもろの事例からわかった（第1章、第2章参照）。

肝要な点は、変化を駆動ないし抑制する諸要因をつぶさにあきらかにすることである。たとえば、海洋についてのオープン・アクセス領域は、一七世紀当時の海洋ではごく当たり前のことと されていた。しかし、二〇世紀に二〇〇海里排他的経済水域が認められて以降、世界の海は国家による権益の主張により、窮屈な世界に変貌した。その背景には海洋資源の持続的な利用と国家による利権の正統化、安全保障など複合的な要因が絡まっている。

聖域についても同様な時代的変化が発生しているため、聖域を最大化する意思がますます強化されるようになってきた。ただし、時代の変遷にもかかわらずかたくなに保全、ないし守られてきた聖域もあり、そこに介在する宗教的・文化的な価値について正当に評価すべき余地がある。

再度、強調しておきたいのは、「共有地の悲劇論」のシナリオはじつは共有ではなく、アクセス権が自由であった。この点に注目し、新しい「コモンズの悲劇論」として「三極モデル」として提案したい。つまり、共有地、自由領域、聖域に共通するアクセス権とその可変性は普遍的な属性をそなえており、モデルとして汎用性が高いと考えられる。さらにいえば、所有権の概念自体が相対的であり、所有権以外の保有権、用益権、使用権、処分権など、近代法の範疇のみによって議論することが限界をもつといえる。

## 5. 共食とグローバル・コモンズ

共食ということばがある。字義のとおり「ともに食べる」ことは、人類にとり過去から現代にいたるまでさまざまな意味をもってきた。一家団欒の食事、花見や宴会での会食、カミにささげた神饌や御神酒の「お下がり」を参加者がいっしょに飲食する直来《なおらい》まで、共食は日常から儀礼まで幅広くおこなわれる食の基本である。共食を通じて、人間と人間が結ばれ、人間とカミが交流する。そのつながりを、石毛直道は「共食縁」とよんだ(5)。

共食縁の意義はグローバル時代の今日、非常に大きい。そのわけは、食をめぐるさまざまな問題が家庭や地域、そして世界で起こっているなかで、人間が本来もってきた共食の思想と実践が食にかかわる諸問題を改善する一つの突破口になると期待されるからだ。

現代における食を評価するうえで、いくつもの指標が存在する。フード・マイレージやバーチャル・ウォーターのような指標からは、日本がグローバル化した世界のなかで環境への大きな負荷をもたらす食料の輸入大国であることが明白となる。日本は東南アジアで環境と地域住民の生活を犠牲にして自らの胃袋を満腹にすることに躍起になってきたこともあきらかとなった。おそろしいのは、農薬や添加物の混入した食品が人間の身体を蝕むことである。まして、鳥インフルエンザ、コイヘルペス・ウイルス、BSE（牛海綿状脳症）のような感染症が時として爆発的に流行し、人類の食と生命に大きな打撃をあたえることもある。

感染症のアウトブレイクとともに、津波などの自然災害や、水俣病などの循環に由来する公害が地域の暮らしと食と水に多大な影響をあたえたことがわかった（第4章）。地域の復興にとり、生活の基盤となる食と水の安全性と、国家や企業の加害者としての責任も明確にすべきことが明確となった。「水循環基本法」がトップダウン方式にしろ、日本の水と地域の生活にとり朗報となるように期待したい。

自然との付き合いでいえば、自然の循環を分断することのない政策が長期的展望に立てば不可欠であることを指摘した（第5章）。その場合、外部からの政策や提言のみを鵜呑みにするのではなく、地域住民の主体的な参画と合意形成に依拠した地域の知恵をコモンズの応用とすることが未来へとつながる。外部からの政策が地域住民とその環境に由々しい悪影響をあたえたことは歴史が証明している。学ぶべきはそうした負の経験と遺産である。たとえば、第二次大戦後に世界各地で実施された「緑の革命」では、ある地域の外部ないし上からの政策による高収量品種の導入、灌漑設備の整備、流通面での合理化などが、時として地域に固有の栽培品種を抹殺し、作物の栽培に連動した儀礼や文化的な価値観を喪失させた。コモンズとしての土地利用や協同慣行もが経済優先主義のもとに払しょくされたが、その功罪はこれまでの歴史が物語っている。巨大なダムや小さくとも灌漑施設の造営が利便性とは裏腹に長期にわたる環境劣化と広域的な負の影響を拡散させたことについても、「革命」と称される施策がもつ幻想を打破すべき点が多々ある。

飢餓の慢性的発生についても、降水量不足や干ばつによる自然要因ではなく、国家による農業政策の欠落や失敗、国際援助計画の未浸透、集団間の民族紛争による農耕地の破壊などの人為的要因が大きく関与している。したがって、飢饉、食料自給率の不均衡、食料生産の地域的な大変動などを、気候変動や異常気象による自然的な要因とともに、社会経済要因や国際市場の動向、国際河川における水配分の政治力学を踏まえた統合的な理解と解決策の提示が必要である。ただし、食料や水が十分にあっても権力者や敵対勢力による私物化が進むとらちがあかない。これらは生々しい国際政治の課題であるが、まさにコモンズ論の中核をなす問題群である。

たらふく美味しいものを食べたい欲望は誰もがもっている。そのうえで、コモンズとしての食を議論するならば、世界における「食の分配」について新しいビジョンをうちたてる必要があるのではないか。すでに「食の安全保障」に関する問題意識は一九九二年のリオ・サミットで打ち出されている。日本では食に関する変化はそれほど前からはじまったものではない。前述したように、カロリーベースでの総合食料自給率は一九六五年の七三パーセントから、二〇〇八年度には四〇パーセント程度まで落ち込んだ。わずか四〇数年間であれ、その変化は異常である。食の不公平感が世界で渦巻くなか、食の倫理にたいする洞察と行動が日本の食育教育だけに限定されたものとならないためにも、共食の思想の広がりを期待したい。

人間の場合、なわばりをつくることと、資源や食物あるいは空間領域を共有することは対立するようにみえるが、文化、イデオロギー、政治制度などのバイアスが関係することによって融通無碍に変化する。望むべくは、「悲劇の回避」であるが、それはハーディンの予測した「共有の悲劇」[6]からの回避ではない。なぜなら、少なくとも近代以降の世界史のなかで、共有制のもっていた豊かさを破壊し、消滅に追いやった国家や権力のありかたを糾弾し、共有制やある場合にはなわばり制を復活することを目標としてかかげる必要がある。

先史時代以来、人類社会は共有制から私有制へと進化、発展したとする一九世紀のテーゼが古代以降にも存続していた共有制を否定してきた人類の歴史にとって皮肉と映る。

共有の思想は他者の尊厳を尊重することから始まる。これは人間存在にたいしてだけでなく、自然を構成する生き物への思いにも通じるものである。共生とか持続性の用語を取り出すまでもなく、今後の世界にとり、共有の思想は「重し」としてあらゆる地域や社会階層に広く理解がおよぶことを願わずにはおれない。

食は人間の生存にとり、不可欠のものだ。すべての人間は食べなければ生きてはいけない。人類史上、食用可能な食物を自然界から選択し、加工する技術開発は何度も何度も繰り返されてきた。今日の食は、一万年以上にわたって投入されてきた人類の知恵の結晶である。このことを思えば、現在あまりにも安易に食を考えることこそが問題であり、反省すべき時なのだ。また、都市に生きる現代日本人にとり、生産者と消費者とが乖離し、食における他者依存性は、個人から国家全体にいたるまで蔓延しており、その傾向はとどまることがない。自ら食材を求めて、調理・加工し、食べるという基本的な行為ははるかむかしのことか、自給生活を送る一部の人びとのものだけになってしまった。不透明な食の世界の霧は、今後、風とともに消え去ることがあるのだろうか。生産者と消費者を結ぶ細くて長い糸をこの先しっかりととらえつづけていくことができるだろうか。

以上、五点について本論の総まとめを試みた。1．から4．は理論面での帰結であり、歴史を踏まえたコモンズとなわばり論である．5．は現代の食と水に関する応用問題であり、結論では、第4章と第5章をふまえた未来への提言とした。コモンズとなわばりを統合した取り組みはこれまでなされてこなかった。本論を地域や歴史を超えて、この分野に取り組む諸学の人びとのみならず広くコモンズと境界論を学びたい人びとへのメッセージとしたい。

# 註

## 序章

（1）平等主義（エガリタリアニズム）には、経済、法、宗教、政治などいろいろな領域に関連した議論や、それらを超えた人間存在自体にかかわる問題もあり、多様である。
（2）秋道 一九九九
（3）秋道 一九九五b
（4）モーガン 一九五八
（5）プナルア婚（Punaluan marriage）自己の配偶者がそのキョウダイと性関係をもち、夫が妻の姉妹を、妻が夫の兄弟を共有する集団婚の一形態。
（6）対偶婚（the syndyasmian family）プナルア婚から単婚にいたる過渡的段階の結婚形態で、配偶者とつねに同棲するわけでなく、気が変われば他の異性と性関係をもった。
（7）ブロック 一九九六
（8）エンゲルス 一九六五
（9）分譲マンションを例にすると、各戸の専有空間は所有物として自由に使用し、収益を得て処分できることを指し、マンションのエントランス、屋根、廊下などは共用となる。したがって、専有権は共用ないし共有される空間領域との関連で使うほうがわかりやすい。
（10）松村 二〇〇八
（11）Goodenough 1951; 須藤 一九八四
（12）Lundsgaarde 1974
（13）河野 一九六二a・一九六二b・一九六三、橋村 二〇〇九
（14）Bohannan and Bohannan 1968; Gluckman 1965

（15）熊本 一九九九、五十嵐・野口・萩原 二〇〇九、五十嵐 二〇一四、秋道 二〇一四
（16）寺嶋 二〇〇四・二〇一一
（17）サーリンズ 一九八四、岸上 二〇〇三、北西 二〇〇四、Ingold 2005
（18）市川 一九九一、Ichikawa 2003
（19）Woodburn 1982, 1998
（20）Testart 1982; Kent 1993; Bahuchet 1990; Wenzel 1991
（21）北村 二〇〇二、Silk *et al.* 2013
（22）土地制度については（杉島 一九九九）を参照。物質文化に注目した研究ではオセアニアにおけるトーマスの研究がある（Thomas 1991）。
（23）「禁止された」という意味には、聖域ないし不可侵の領域である場合や、王権をもつものや宗教的な職能者にかぎって入ることが許される場合などがある。
（24）川那部 一九七二
（25）濱尾 二〇一五
（26）Sack 1986; ホール 一九六六
（27）岸上 二〇〇八
（28）秋道 一九九五b
（29）本書の元となったシンポジウムがシカゴで一九六六年に開催されている（Lee and DeVore 1968.）。
（30）Watanabe 1968
（31）Lee 1968
（32）Cashdan 1983; Dyson-Hudson and Smith 1978
（33）Peterson 1975
（34）Sack 1983, 1986
（35）セリエ 一九九七
（36）Goodall 2010
（37）二〇一〇年のウガンダにおけるキバレ国立公園内のウゴゴに生息する約一五〇頭の集団についての調査から、この集団

はこ一〇年ほどの間になわばりを拡大してきた。そのさいに、集団から送りだされたおもにオスからなる個体が二一頭の近隣集団を殺した。なわばりを拡大した結果、その集団は新たな領域にあるアフリカグワを採食しはじめたようだ。なわばりの拡大にともなう同種のチンパンジーを襲って殺す例はほとんどない。同種殺戮の事例をもって、人類における攻撃性や殺人行為の起源に資する報告とするのは危険であるとしている（Watts 2004; Mitani, Watts, and Amsler 2010）。

（38）Eibl-Eibesfeldt 2009

（39）秋道一九九五b

（40）黒田一九八六、黒田二〇〇七

（41）岸一九八三

（42）保立一九八七

（43）木炭は変質しないので木や草を用いるよりも、半永久的な装置として活用された。現代においても、電磁波障害の中和や竹炭による新たな生活空間の創出を目指すために炭を結界に用いる試みがある。

（44）網野一九九六

（45）日本だけでなく、市が海と陸の境界領域において開かれた例をパプアニューギニアのマヌス島やソロモン諸島のマライタ島で。それぞれウシア（usia）、ペイ（pei）とよばれる市のあったことがわかっている（秋道一九九五a・二〇〇二b）。

（46）遊興の場であったことは、一六九五（万治二）年、吉原の遊女二代目高尾太夫が中洲近くの船上で惨殺され、遺体が北新堀河岸（現在の箱崎町新堀川）に漂着し、高尾稲荷に祀られたという逸話からもあきらかである。

（47）糸満市史編集委員会一九八三

（48）三圃制は、耕地を三区分し、春播き（大麦・燕麦）、秋播き（小麦・ライ麦）、放牧地として輪作する農法。

（49）Hardin 1968

（50）Gordon 1954

（51）Cole 2002

（52）Feeny *et al.* 1990

（53）Ruddle and Akimichi 1984

（54）Ostrom 1990

（55）Bromley 1992; Edwards and Steins 1998・1999a・1999b, Husain and Bhattacharya 2004; Klooster 2000; McCay and Jentoft 1998;

Morrow and Hull 1996, Singleton and Taylor 1992; Agrawal 2001

（56）Heller 1998

（57）こうした例以外にも、ペレストロイカ以降のロシアにおける経済的混乱と利権の過剰な台頭、鉄道・道路建設における収用権問題など、現代の先進国の都市部に適用できる問題提起が多々ある。

（58）宇沢 二〇〇〇

（59）川島 一九八三、中尾 二〇〇九、渡辺 一九七五・二〇〇九

（60）戒能 一九六四

（61）鬼頭 一九八七

（62）井原 二〇一二

（63）小物成のレンコンの場合、関東の農民は蓮根運上《れんこんうんじょう》として、一定の金銭を支払い、三～七年間、特定の沼地からレンコンの採集権を獲得した。

（64）野本 二〇一四

（65）ヤマブドウ（*Vitis coignetiae*）は会津・只見地方の運搬用民具として、背負い運搬具、セカアテ（背中当）、コシコ（腰籠）、あるいは桧枝岐《ひのえまた》村ではサンショウウオ用の漁具（ムシリ　筌）などに利用される（佐々木 二〇一五）。

（66）菅 二〇〇五

（67）秋道 一九九五b、Akimichi 2011; McKean 1992

（68）秋道 二〇一一

（69）安倍 二〇〇五、二〇〇八

（70）イリイチ 二〇一五、榊原 二〇一六（印刷中）

（71）人間と生物との共生関係については、シンバイオーシスではなく、共存、つまりコ・エクジステンス（co-existence）の用語も使われる。「共に存在する」の意味ではシンバイオーシスと類似するが、利害関係が明確に意味づけされた概念ではない。

（72）桂 二〇一五

（73）おなじ動物であっても、有害とされる一方、霊性をあたえられる両義的な事例も指摘されている（野本 二〇〇八）。

（74）ユクスキュル・クリサート 二〇〇五、ユクスキュル 二〇一二

（75）和辻 一九七九

（76）ベルク 一九九二・二〇一六（印刷中）

（77）Dasein はドイツ語の副詞 da（そこにある）と動詞 sein（存在する）からなる名詞で、「現存在」の意味をもつ人間存在を表す用語としてハイデッガーが独自に用いた（ハイデガー 二〇〇三）。

（78）Harris 1996

（79）佐藤・石川 二〇〇四

（80）中尾 二〇〇四

（81）山本編 二〇〇九

（82）今西 一九八〇

（83）Ingold 1996, 2000

（84）構造主義言語学で、弁別的要素を特徴としてもつ有標と、特徴としてもたない無標に区別される。欠性対立の例として、英語のデイ（day）は一日を表す（無標）とともに、夜（ナイト）と対立する意味の昼を表す（有標）。人間を表すマン（man）が男性（マン man）と女性（ウーマン woman）とに分かれる場合、マンには分類の段階で二つの意味があることになる（大橋 二〇一〇）。

（85）Strathern 1980

（86）末木 二〇一二

（87）丸山 一九五二・一九六一

（88）安永 一九七六、源 一九八五、林 二〇〇二

（89）孫 二〇〇七

（90）秋道 一九九九

（91）Ingold 1987

（92）帰化に要する滞在年数は国によって大きくちがう。二年（アルゼンチン）から二〇年（アンドラ）までがある。

（93）Hampson 1963

（94）Descola 2005; Descola 2013

（95）ソロモン諸島東部の辺境ポリネシアに属するティコピア島では、R・ファースによるトーテミズムやスピリッツ（spirits）に関する論文がある（Firth 1938, 1939a, 1967）。

（96） Malamoud 1996

（97） 稲畑・大岡・鷹羽（監修）二〇〇五

（98） 田淵 一九八一、斉藤 一九九八

（99） 小林 一九九六

（100） Wissler 1927. アフリカについてはハースコヴィッツ、アジアについてはベーコン、クローバーなどの研究がある（Herscovits 1923; Bacon 1946; Kroeber 1947）。

（101） 秋道 二〇一六ａ

（102） アウエハント 二〇一三

（103） 秋道 二〇一四

## 第1章

（1） 勝本町漁業協同組合 一九八〇

（2） 秋道 一九八八、須藤 二〇一四、Te Rangi Hiroa 1971

（3） 秋道 一九九五ａ、Carrier 1981

（4） マヌス島では、ウミブドウが漁撈民から農耕民に塩の原料として交換の対象とされてきた（秋道 一九九五ａ）。南米ではアンデス高地と海岸部との間で海藻の交易がいとなまれた（Masuda 1985; Shimada 1982）。

（5） それらは大西洋（ICCAT）、熱帯アメリカ（IATTC）、西・中部太平洋（WCPFC）、インド洋（IOTC）、オーストラリア海域のミナミマグロ（CCCSBT）であり、WCPFC はマグロとともにカツオ資源の管理を含んでいる。

（6） Kalland 1993

（7） Feeny *et al.* 1990

（8） 秋道 二〇〇四ａ、Tisdell 1999

（9） Davis 1984; Peterson 1975

（10） Gordon 1954; Grotias 1609; Selden 1635

（11）秋道一九九五a・一九九六。インドネシアのマカッサル海峡域では、地元漁民と外部漁民との間で入漁をめぐる紛争が絶えなかった（Zerner 1990, 1991, 2003）。

（12）接続水域は本来、公海であるが、沿岸国が拿捕や逮捕をおこなうことができるかについては議論がある。一方で、検査や警告など予防的警察活動にとどめるべきとする立場と、領海と同様に強制措置もおこなうことができるとする立場のちがいがある。一般には前者の立場が支持されている。

（13）自然公園法によると、国立公園の指定地域では、三種の特別地域、特別保護地区、海域公園地区、普通地域がそれぞれ指定されている。

（14）山口一九八一、秋道二〇一三a・二〇一三b

（15）最重要保全区域は、良好かつ漁業や観光資源としても価値の高い海域のサンゴ礁を確実に保全するためのものとされている。ダイビング禁止区域は、一九九四年に渡嘉敷漁業協同組合より、沖縄県ダイビング安全対策協議会に渡嘉志久湾とチンナマガイおよびヒナクシ地先（沈船）において、ダイビング行為の禁止制限を実施することを言明している。また座間味村漁業協同組合も優良な漁場であるニシハマ、安慶名敷、安室島東の三カ所について、一九九八年七月から三年間を目安として漁業もダイビングもおこなわず休ませることと決定している。このうちニシハマについてはサンゴ被度が三〜五割まで回復したことで、三年後の二〇〇一年に閉鎖を解除し、その後の荒廃を避けるため、コンクリートブロックと係留用ブイを二基設置し、一度にアクセスできる船の数を制限するとともに、アンカーによる被害を防止した。

（16）慶良間地域エコツーリズム推進全体構想渡嘉敷村エコツーリズム推進協議会・座間味村エコツーリズム推進協議会。

（17）Hardin 1968

（18）Berkes 1985; McCay and Acheson 1987; Ostrom 1990, 1992; Feeny *et al.* 1992; Berkes *et al.* 1989

（19）Cole 2002; Berkes ed. 1998; Feeny *et al.* 1996; McCay and Acheson 1987; Berkes *et al.* 1993

（20）秋道二〇〇七a

（21）Netting 1976

（22）野本一九九六b。中世ヨーロッパの三圃式農耕以前は、二圃式農耕がいとなまれたが、次第に三圃式へと変化し、領主は農牧地の管理権を増大させる要因となった。

（23）二〇〇五年農林業センサスによると、「耕地以外で採草地・放牧地として利用した土地」の総面積は日本全国で五万六二九七ヘクタールであり、一九八〇年時の一五万ヘクタールから約三分の一に激減している。都道府県別にみると、北海道、岩手、青森、熊本、大分、長野、秋田などに多い。熊本県・阿蘇草原は牧野二万一六九三ヘクタールのうち、約七割の一万五千ヘクタールが草地で、牧草地は二二パーセント、のこりが林地となっている。

(24) 阿蘇草原再生協議会 二〇〇七

(25) 田中・川村 二〇〇三

(26) 大津市歴史博物館江戸時代の藻刈り船「琵琶湖眺望真景図」。

(27) 芳賀・大塚・松田・芦谷 二〇〇六

(28) 佐野 二〇〇四

(29) 塚本 二〇〇七

(30) 平塚・山室・石飛 二〇〇六

(31) 呂ほか 一九九六

(32) 曽 二〇〇六

(33) 林 二〇〇〇

(34) 尹・深尾 二〇〇三、郭 二〇〇六

(35) 郭 二〇〇六

(36) 李 二〇〇六

(37) 秋道 一九九五b

(38) 市川 二〇〇七

(39) 杉島 一九九九

(40) 中尾 二〇〇四、Harris 1996

(41) 宮内 一九九八、宮内編 二〇〇九

(42) 笹岡 二〇〇一

(43) 市川 二〇〇八

(44) コンクリンによれば、半栽培ないし初期の栽培段階では、the first-degree wild plants は保存・管理されるが、the second-degree wild plants は新規に開墾された畑地では保存されない。ただし、あえて刈り取るようなことはない。たとえば、開墾中の耕地に分散して生えている若いカナリウム（*Canarium* カンラン）の木は放置し、森林を焼くさいに残る木灰がカ

ナリウムの生長に寄与するので、このことが the first-degree semi-domesticates につながる（Spencer 1966; Conklin 1954, 1957）。

（45）Dwyer and Minnegal 1995, 1997; Suda 1990; Ohtsuka 1983, 1994

（46）Baird and Flaherty 1999

（47）Sithirith 2011; Degen and Thouk 2000

（48）西川 二〇〇二

（49）池谷 二〇〇三、斎藤・三俣 二〇〇七

（50）浜本 一九九八

（51）まな出版企画 二〇〇六

（52）尾崎 二〇〇六

（53）岩崎 二〇〇二

（54）村井 一九九四、秋道 二〇〇四

（55）秋道 一九九五b

（56）Thornton *et al.* 2010

（57）Akimichi 2003, 鹿熊 二〇〇七

（58）Evans 1987

（59）クジラの禁漁、捕獲対象の体長制限などをもりこんだ規制が適用された。たとえば体長制限として、シロナガスクジラは七〇フィート、ナガスクジラは五五フィート、ザトウクジラとマッコウクジラ三五フィートがきめられた。コククジラとセミクジラは乱獲のためにその捕獲が禁止された。

（60）シロナガスクジラを基準として、たとえばシロナガスクジラ一頭には、ナガスクジラ二頭、ザトウクジラ二・五頭、イワシクジラ五頭がそれぞれ相当するものとして換算することが合意された。そして年間総数一万六千頭を最上限として、それまでならばどのようなクジラであっても捕獲することができるとされた。この方法は、競争をもとに捕鯨をおこなう点でオリンピック方式ともよばれ、戦後の一九四八年から効力をもつこととなった。

（61）大隅 二〇〇三

（62）Stoett 1997

(63) Feeny *et al.* 1990
(64) 秋道二〇〇七b・二〇〇七c
(65) 秋道二〇〇四、大西二〇〇八b
(66) 秋道二〇〇八b。ラオス中部では、稲の生育中であっても小型の刺し網で水田の所有者とは別の個人が自由に漁をおこなっていた（橋村 私信）。水田漁撈には、魚伏籠、投網、すくい網、ザル、たも網、刺し網、カエル取り用の置きばりなどがふくまれる。
(67) ラオス南部アタプー県におけるオイ人のランナオ・ヌア・カオ村の例では、罰金は一〇万キープ（約一〇米ドルに相当）とされていた。また、水田内の池における漁撈や水草の採取は自由であるが、ラオス南部ではハスの実を採集することはできないとされている。ハス池では、私有、共有にかかわらずハスの実を撒いて半栽培するのがふつうであり、その実は現金収入源となる。
(68) 秋道二〇〇七b。水田内ではなく、湿地や池にルムが造成されることがある。湿地や池はふつう村の共有とされるが、ルムの利用権はそれを造成した個人にあることはいうまでもない。
(69) 調べると、用水路には五〇〜一〇〇メートル間隔で五カ所にトーンが仕掛けられていた。上流部に設置した人のほうが有利であることは目にみえているが、そのことでいさかいはない。子どもたちが用水路で小型の引き網で小魚をすくいとる漁法も制限がなかった。
(70) 秋道二〇〇七b
(71) また、共有池でスイギュウを放し飼いにし、そのスイギュウがルムに落ちて死亡する事故が過去に発生し、ルムの保有者が名乗り出なかった例があった。損害賠償金を支払うことを恐れたためと思われる。じっさい、ルムにスイギュウが落ちて、ルムの所有者がスイギュウの弁償金を払い、そのルムを埋め戻した例もある。
(72) 柴漬け漁の設置場所は小河川の場合、岸辺と河川中央部との微妙なちがいが入漁形態に反映している。この慣行は村独自に決められたものであり一般的ではない。現にメコン河本流域でカーの設置場所についてきいたところ、家の前あたりの岸に仕掛けるという返答をえた。この場合は、居住地と漁具の設置場所が近接している例といえるだろう。
(73) 赤木ほか一九九六、秋道二〇〇八b
(74) Baird *et al.* 1999; Poulsen *et al.* 1994
(75) Baird and Flarthey 1999

（76） Daconto ed. 2001; Baird 2001

（77） チャンパサックの村における罰則規定が非常に緩やかであるのにたいして、アタプー県、セコン県における罰則は厳しい内容になっている。このことは、密漁を侵す対象を村落内部の人間よりも外部の人間を想定しているからにほかならない。じっさい、内部の人間であれば密漁などをおこなうはずがないか、よしんば違法な操業が発生してもそれを見逃すような場合もあるだろう。さらに、主要な民族である低地ラオ人が密漁をおこなった場合、モン・クメール系の人びとの対応には温度差があった。堂々と違反金を徴収する場合と、報復を恐れて提訴しない泣き寝入りの場合があった。民族間の階層化と差別の実態が資源の管理と違反操業の問題に介在していることに留意しておきたい。

（78） 石澤二〇〇九。アンコール・トム遺跡のバイヨン寺院第一回廊には当時の生活を示す浮き彫り（レリーフ）が残されており、トンレサープ湖における漁撈の様子が示されている。

（79） Degen and Thouk 2000

（80） Deap, Degen, and Zalinge 2003; Mekong River Commission 2004.

（81） Keskinen 2006; Fisheries Law 2006

（82） Say 2004; Thompson and Thay 2003

（83） Gum 1998 また、フィッシュング・ロットは全体の約半分にあたる約五六万五四〇〇ヘクタールが小規模漁業者に再配分され、共同体基盤型の漁業を奨励する政策が実施されている（Ratner 2006; Vanna and Gallardo 2011）。

（84） Araral 2014; Dina and Sato 2015

（85） 秋道二〇〇七b、二〇〇七c。ラオス南部の河川における水産資源を管理するための方策が一九九〇年代前半からこ十年ほどの間に急速な変化のなかで進められてきた。上からの方策は部分的に成功をおさめたが、住民主体のものでなかったので、新しい保全方法への取り組みがなされ、いまその端緒についたといえる。このなかで、村落の公共目的のために閉鎖されていた保全区を開放する新しい試みは、本来の村落基盤型の資源管理のありかたとして注目すべきである。罰金の規定がこと細かく決められていることも、常態化した密漁の背景には漁具を所持する人間の数が増えたことや、魚を売って現金を獲得する市場が整備されてきたことと関係するだろう。あるいは、密漁にたいする国家や地方政府の規制が十分に浸透していないことを示しているかもしれない。この点は、共有池が個人に売却され、池の漁業権を利権として譲渡する傾向にも相通じる。

（86） Nicolás, Gutiérrez, Hilborn, Defeo 2011; Pereira, Pinto, Mohan, and Atkinso 2013.

(87) Jones *et al.* 2004; Sithirith 2011

(88) 学名はサラサバテイラ（*Trochus niloticus*）である（以下、本文ではタカセガイと称する）。タカセガイは、インド洋東部（スリランカ、アンダマン・ニコバル諸島）から西太平洋のソロモン諸島、ヴァヌアツ、フィジー、ウォリス諸島に、北は奄美諸島以南、南はニューカレドニア、豪州のグレート・バリア・リーフ南端のスワイン礁までが自然分布領域である。しかし、タカセガイはオセアニア各地への移植が二〇世紀に進んだ。

(89) 片岡 一九九一

(90) 山口 一九八一、片岡 一九九一

(91) 南洋庁 一九三五、秋道 二〇〇二a

(92) 一六世紀以降、アメリカ大陸とフィリピンを結ぶガレオン航路が開かれ、スペインはアジアにおける権益を一五六五年以降、スペイン領東インドとして確定した。フィリピンのセブを本拠地として一七世紀にはグアム島、カロリン諸島、北マリアナ諸島、台湾、モルッカ諸島を植民地化した。一八九八年に勃発した米西戦争に敗北したスペインは同年、ほとんどの植民地を翌年ドイツに割譲した。ドイツは一八八八年にドイツ領ニューギニアを植民地化しており、一八八五年にカロリン諸島、マリアナ諸島、パラオ諸島はドイツ領（保護領）として併合された。

その後、一九一四年に第一次世界大戦が勃発し、一九一八年に終結する。戦後、日本はヴェルサイユ条約を受けて、赤道以北のミクロネシアを委任統治領として統治することが国際連盟の発足する一九二〇年に決められた。一九二二年には南洋群島として南洋庁をパラオのコロールにおいた。一方、赤道以南のニューギニア領はオーストラリアとニュージーランドが委任統治することとなった。

オランダは現在のインドネシアにほぼあたる広大な領域を併合し、蘭領東印度を植民地化した。とくに東方との交易による利益を獲得するため、すでに一七世紀初頭、ジャワ島のバンテンを基地とする東インド会社（ＶＯＣ）を一六〇二年に設置している。その後、一八一四年にオランダと英国はロンドン条約を締結し、マラッカ海峡をはさんでマレー半島側を英国が、スマトラ島はオランダが支配下におくことが決められた。一〇年後の英蘭条約でこの合意が確定された。

(93) 片岡 一九九一、永田 二〇一一

(94) 一九一〇年代以降にタカセガイの価格は高騰するが、一方で資源量が少なくそれほど有望な産業ではなく、タイマイ漁やナマコ漁の補完的な意味合いをもつにすぎなかった。

(95) フィリピンでは一九一〇年代からタカセガイ漁がモロ族によっておこなわれるようになった。モロ族は正確ではなく、

バジャウと同系のサマないしサマ・バジャウが相当するとおもわれ、やはり潜水漁に秀でた漁撈民である。
(96) ちなみに黒タバコ二本は一シリング相当であったという。つまり、低賃金で採取されたタカセガイが、ドイツ人ないしはオーストラリア人の商人に売却されていたことはあきらかである。
(97) 秋道 二〇〇六
(98) 秋道 二〇〇四b・二〇〇六。一九七八年に独立した隣国のソロモン諸島においても、ナマコやタカセガイなどの域外交易商品となる資源利用が進み、現地社会の資源利用に変化が生じている。
(99) Bailey and Zerner 1992; 村井 一九九四、秋道 一九九五b、Sasaoka 2003
(100) Sopher 1977. スラウェシ島中部のバンガイ諸島では、漁撈民のバジャウがボネ王国の王から「サンゴ礁の権利」を獲得して比較的自由に漁をおこなっていた。スラウェシの西部に位置したスールー王国も軍事力増強のための銃器を獲得することを目的として海産物交易を積極的におこなった。Warren 1981を参照。
(101) Monk *et al.* 1997; 秋道 二〇〇四b
(102) Arifin and Puruwati 1993
(103) 秋道 二〇〇六

## 第2章

(1) テニュアは大学関係者などの間で在職する身分保障がなされることを意味する。つまり、テニュアを獲得することは身分が保証されることにほかならず、安定した職をもつことを指している。土地や海面についても、一定の条件を充足したうえで利用が保障されることを意味する。
(2) 鬼頭 一九九八
(3) 市川 二〇〇八
(4) スマトラ島のスマトラオランウータン (*Pongo abelii*) と、ボルネオ島の ボルネオオランウータン (*Pongo pygmaeus*)。
(5) 市川 二〇〇八
(6) コンセッション (concession) は、ある地域における事業を、企業ないし業者などが国や政府から免許や契約を通じて独占的な利権を取得して営業をおこなう方式を指す。

（7）稲垣二〇一二。このことからチップ化して紙パルプの原料として利用されている。ただし、水分を多く含む点に配慮した技術的な対応が現在、検討されている。

（8）逸見一九四一

（9）Burkill 1966

（10）村井一九九八a

（11）百村二〇〇八

（12）秋道二〇〇四a

（13）混合養殖（silviculture）は、おもに魚介類と海藻をおなじ養殖池で養殖し、飼料の供給、人工飼育による環境負荷の低減、汚染防止、栄養塩類の低減などを図る方法で、タイではウシエビとミドリイガイの混合養殖がおこなわれている。

（14）尹・深尾二〇〇三

（15）尹一九九二

（16）王ほか一九九七a

（17）王ほか一九九七b、怡・白一九九九

（18）王ほか一九九七b

（19）王・龍一九九五

（20）王ほか二〇〇〇

（21）タロイモで五八キロカロリー、サツマイモ一三二キロカロリー、ヤムイモ一〇八キロカロリー、バナナ八六キロカロリーである。

（22）人類の生業適応に関する調査研究を東京大学の大塚柳太郎のグループと一九八〇年、一九九八年に実施した。

（23）秋道二〇〇四a

（24）大塚二〇〇二

（25）大塚一九九四

（26）採集にはサゴ・ビーターを用いてかきとり、ろ過装置ででんぷんを分離する。

（27）姉妹交換婚（シスター・エクスチェンジ）は、二つの集団間で男性の姉妹と、妻となる相手の兄弟が婚姻関係を結ぶ場合を典型的な例として、世代を越えた該当者をも含む場合もある。

（28）　サディには二種類あり、*D.eliptica* と *D.trifoliata* が用いられていた。元々からあった後者のものはサディ・ジョグ（sadi jog）、外部から導入された前者のものはポイズン・サディ（poizun sadi 英語の借用語）とよばれる。ジョグは「本当の」の意味である（秋道 一九九五c）。

（29）　秋道 二〇一六b

（30）　Akimichi 1984; Akimichi and Ruddle 1984

（31）　Roig and Muza 1952

（32）　調査は石垣島にある環境省のサンゴ礁モニタリング・センターのスタッフと共同でおこない、乗船にさいしてはジャコトエー漁に従事してきた漁民六名のご協力を得た。調査は自然環境研究センターの年次調査の一環として実施した。調査にご協力いただいたサンゴ礁モタリング・センターの濱崎克哉氏、自然環境研究センターの木下史夫氏、木村匡氏、八重山漁業協同組合長、同参事をはじめ同組合所属の多くの方がたに衷心より感謝申し上げたい。またジャコトエー漁に従事する与儀恵次氏、与儀正氏にはたいへんお世話になった。心からお礼を申し上げたい。

（33）　秋道 一九七六

（34）　Maranda et Maranda 1970

（35）　里見 二〇一四。マリノフスキーはCoral Garden（サンゴ礁の庭）という書を著しているが、サンゴ礁のことではなくサンゴ礁に囲まれた島（トロブリアンド諸島）における農耕の意味である（Malinowski 1935）。

（36）　Akimichi 1991

（37）　Cooper 1971; Ross 1973

（38）　たとえば、大型のサカタザメ（タイファソロ　taifasoro）一尾、ないし大型のエイ一尾ないし小型のエイ二尾は赤色の貝貨一ヒロ、コビ・マレフとよばれる貝貨（kobi malefu）一〇本に相当した。同様に、赤色の貝貨一ヒロ分は、大型のカマス一〇尾（*Sphyraena picuda*）、サバヒー一〇尾（hakwa initoo: *Chanos chanos*）、一〇尾の大型アジ（alia: Caranx sp.）、一〇尾のサワラ（alinga: *Scomberomus solandari*）、一〇尾のマグロ（*Thunnus* sp.）、五〇～六〇尾のスマ（haukale: *Scomber* sp.）、六〇尾のボラ（hakwasuli）、一〇〇尾のブダイ（marato'ou: *Scarus* sp.）、五〇尾の大型ブダイ（mara dikwali: *Scarus* sp.）に相当した。

（39）　Davis 1984

（40）　Johannes 1978a

（41）Johannes 1981

（42）Akimichi 1978, 秋道 一九七六

（43）Carrier and Carrier 1989

（44）Akimichi 1978; Hasse *et al.*, 1977; Johannes 1978b, 1981

（45）Johannes 1978a

（46）須藤 一九八四

（47）須藤 一九八九

（48）バンヤン（*Ficus carolinensis*）はサタワル島でアーウ（aaw）とよばれ、カロリン諸島一帯でもアーウ、アウである。なお、F・R・フォスバーグによるサタワル島の植生調査では*Ficus tinctora*としてアワル（awal）の記載がある（Fosberg 1969）。

（49）この二つの島以外に、利用される暗礁として、アユタ礁、ファイ・ニ・カラガップ礁、ウォニピク礁、ウォラニパル礁がある（Akimichi 1986）。なお、陸上のタロイモ、ココヤシ、パンノキなどと、サンゴ礁の裾礁内で獲れるタコや小魚などを含めて、モゴ・ノ・ファヌー、つまり「島の食料」とよばれる。これにたいしてリーフの外で獲れる食料は、モゴ・イ・サート、つまり「海の食料」とよんで区別されている。モゴは「食料」を意味する。

（50）秋道 一九八〇ａ

（51）須藤 二〇一四

（52）秋道 一九八〇ｂ

（53）Alkire 1978

（54）Sudo 1984

（55）秋道 一九八一

（56）清水 一九八九、Fischer 1958

（57）Tobin 1952, 1958; Mason 1968

（58）竹峰 二〇一五

（59）Nason 1975

（60）牛島 一九八七

(61) Lessa 1966; Akimichi and Sauchomal 1982

## 第3章

(1) 秋道 一九九五b
(2) Descola 2013
(3) 三清《さんせい》には、元始天尊《げんしてんそん》、太上道君《たいじょうどうくん》、で別名で霊宝天尊《れいほうてんそん》ないし上清天尊《じょうせいてんそん》と、道徳天尊《どうとくてんそん》、別名で太上老君《だじょうろうくん》、混元老君《こんげんろうくん》、降生《こうせい》天尊《てんそん》、太清大帝《たいせいたいてい》がふくまれる。
(4) Tylor 1871; レヴィ＝ストロース 二〇〇〇
(5) 佐々木 二〇〇六
(6) 柳田 一九六三
(7) 桜井 一九九〇
(8) 佐々木 二〇〇七
(9) 大林 一九九七
(10) 佐々木 二〇〇六
(11) 赤坂 二〇〇二
(12) 堀田 一九八〇
(13) 堀 二〇〇〇
(14) 山口 一九九九
(15) 渋澤 一九九二
(16) 背古 一九九二、野本 二〇〇七、野本 二〇一四
(17) 八幡神社以外にも、近隣の布川（天王神社）、月（槻神社）、小林（諏訪神社）でもおこなわれる。
(18) 小野 一九七〇
(19) 田口 二〇一四
(20) 『古事記』、『日本書紀』にあるように、大山祇神は伊弉諾と伊弉冉の間に生まれた。大山祇神は、磐長姫《いわながひめ》と木花開耶姫《このはなのさくやびめ》

の父である。また、木花開耶姫命は瓊瓊杵尊《ににぎのみこと》の嫁であり、二人の間に火照命《ほでりのみこと》（海幸彦）、火須勢理命《ほすせりのみこと》、彦火火出見尊《ひこほほでみのみこと》（山幸彦）の三子を生んだ。

（21）田口二〇一四
（22）宇仁二〇一二
（23）名取一九九七
（24）児島二〇〇〇
（25）河野一九三二
（26）山田一九九四、宇田川二〇〇四
（27）秋道二〇一三c
（28）岡田一九九八
（29）岡田一九九九
（30）末木一九九五
（31）岡田二〇〇二、岡田二〇一二
（32）中峰二〇一三
（33）レヴィ=ストロース一九七六
（34）伊藤二〇〇八
（35）伊藤二〇〇九
（36）中世の若狭浦における『大音正和家文書』によると、一六世紀中葉、三方郡御賀尾浦（三方町神子）などで獲れた魚介類のなかで「美物」と称され、都の武家や公家から珍重され、若狭武田氏も将軍家への初物や歳暮などのために浦から調達した。そのなかには、鱈、塩はまち、たい、鰐、大いか、ゐい、大小鯛、ふくらぎ、いそうお、貝鮑、鮑（小）、さゝゐなどがふくまれている（福井県編一九九四）。
（37）小峯二〇一〇、春田二〇〇八、二〇一〇、高橋・高橋・高橋・古辞書研究会編二〇〇四
（38）サクラでも、シダレザクラ、ヤマザクラ、サトザクラが含まれている。
（39）秋道一九八一・一九八九
（40）根深二〇一四、工藤二〇〇三

（41）牧田二〇〇五、牧田二〇〇七
（42）宇仁二〇〇七
（43）松田二〇一二、牧野二〇一四
（44）本計画は、文化庁、環境省、林野庁、山梨県・静岡県、富士吉田市・身延町・西桂町・忍野村・山中湖村・鳴沢村・富士河口湖町・静岡市・沼津市・三島市・富士宮市・富士市・御殿場市・裾野市・清水町・長泉町・小山町が、地元関係者等の意見の集約をおこないつつ、学識経験者からなる山梨県学術委員会、静岡県学術委員会、二県学術委員会および各委員会のもとに設置された山梨県保存管理計画策定協力者会議、静岡県保存管理計画協力者部会、包括的保存管理計画検討部会による審議を経て策定された。
（45）小山二〇〇七、杉本二〇一二
（46）貞観大噴火後に良香本人が登頂したか、登頂した人から聞いた話しとおもわれる貴重な資料。
（47）西岡二〇〇三・二〇〇四・二〇〇六
（48）上垣外二〇〇九
（49）遠藤一九七八、竹内二〇一一、大高二〇一二
（50）有坂二〇〇八・二〇一二
（51）岡本二〇一四a・二〇一四b・二〇一六

**第4章**

（1）後藤・伊勢一九六五、鷲見二〇一六
（2）わたしは同研究会の代表として六月に現地を訪れ、佐々木健（当時、大槌町企画課長）と知り合い、研究会実施に向けての計画を提案し、研究会を秋に実施することとした。研究会には相生啓子、秋篠宮文仁殿下、佐々木健、宮崎信之、森誠一、湯浅浩史、高畑尚之、野澤謙ほか多数の参加があった。
（3）秋道編二〇〇二
（4）秋道編二〇〇七b
（5）近縁種のハリヨは木曽三川（揖斐川・長良川・木曽川）と鈴鹿山系を水源とする河川と琵琶湖にそそぐ湖東南部にのみ

分布する。おなじくトミヨ属にはエゾトミヨ、トミヨ、イバラトミヨ、ムサシトミヨが分布する。このうちエゾトミヨは北海道北部・東部、石狩川流域およびサハリンに、トミヨは日本海側では石川県以北、太平洋側では青森県以北に分布する。北海道ではオホーツク海沿岸と渡島半島を中心とした河川に生息する。イバラトミヨも日本海側では新潟県以北、太平洋側では青森県以北、北海道では太平洋側の河川を中心に分布する。ムサシトミヨは現在、埼玉県元荒川にのみに分布している。

(6) 秋道編 二〇〇七b・二〇一〇a、総合地球環境学研究所編 二〇一二
(7) 桑子 二〇一二
(8) 赤坂 二〇一六
(9) 末永 一九八六
(10) 森 二〇一三・二〇一六
(11) 星野・星野・深町 二〇一五
(12) 大槌町 二〇一四
(13) 秋道 二〇一六a、森編 二〇一二
(14) Jarvis 2012
(15) 秋道 二〇一三b
(16) 同一の津波外力を設定しうると判断される一連の区間。
(17) 勝川 二〇一一
(18) 熊本 一九九九
(19) 嘉田 一九九五
(20) 斎藤 二〇一二
(21) 庄子・水野・森・鈴木 二〇一二
(22) 秋道 二〇一二
(23) 牧野 一九八一
(24) 杉本 二〇一二
(25) 鷲見 二〇一六

## 第5章

（1）ミネラル・ウォーター類は、地下水などで飲用に適する水で、水道法第四条に適合する水を容器に詰めたもので、ナチュラル・ウォーター（NW　地下水を原水とし、沈殿、ろ過、加熱殺菌以外の処理をおこなわないもの）、ナチュラル・ミネラル・ウォーター（NMW　地下を移動、滞留中に地層の無機塩類が溶解したもの）、ミネラル・ウォーター（MW　品質を安定させる目的などのためにミネラル調整、ばっ気、複数の水源から採水したナチュラル・ミネラル・ウォーターの混合などによるもの）、ボトルド・ウォーター（BW　前記以外の水道水・蒸留水・純水など）、海洋深層水（SW）などに区分される。日本ミネラルウォーター協会によると、二〇一四年度の都道府県別生産量は、山梨県（四〇・八％）、静岡県（一六・九％）、鳥取県（一一・四％）、鹿児島県（五・三％）、富山県（四・一％、兵庫県（四・〇％）、北海道（三・二％）、熊本県（二・二％）、岐阜県（二・一％）とつづく。

（2）日本では、水中のカルシウム塩とマグネシウム塩の濃度（総硬度）を炭酸カルシウムに換算した値として、mg/L（＝g/m³）を単位とするアメリカ硬度を用いる。

（3）Millennium Ecosystem Assessment 編 二〇〇七

（4）鷲谷 二〇一二、日本生態学会編 二〇一六

（5）河村 二〇一六

（6）小松・大瀧・澤山・阪本 二〇一一、小松 二〇一四

（7）生化学的信号物質のうち、異種個体間に作用するもので、この場合、石灰藻が利益を受けるアロモンに相当する。

（8）山田 一九九四

（9）森 二〇一〇

（10）ウェストン 一九九七、高野 二〇一四

（11）ナウマン 一九九六

（12）本部はフランスのヴァンヌ市のモルビアン観光局であり、ユネスコの後援を受けている。

（13）重杉 一九五五

（14）秋道 一九七九

（15）野本 一九九六a、野本 一九九九、佐々木 一九九七、赤羽 一九九九、橘 二〇〇五、野本 二〇〇九

（16）富山県生活環境文化部環境保全課 二〇〇六

（17）張 二〇〇七
（18）岡村・佐竹・竹内 二〇〇二、加藤・浅田・春日 一九九〇
（19）藍甕は、底部から湾曲して立ち上がりそのまま口縁部にいたる形状のものを指し、ちょうど、浅海から急激に深海底にいたる富山湾の地形に類似している。
（20）Zhang and Satake 2003
（21）中村編 二〇〇〇
（22）秋道 二〇一一
（23）馬場 二〇〇〇
（24）上野 一九三七
（25）田村 二〇〇〇
（26）二〇一三年四月現在、十三湖シジミ漁業以外に以下の物品が対象とされている。日本海べにずわい漁業、さくらえび2そう船曳き網漁業、愛知県いかなご船曳網漁業、近海かつお一本釣り漁業、遠洋かつお一本釣り漁業、摂津しらす・いかなご船曳網漁業、南かやべ定置漁業、高知県カツオ曳縄釣漁業、高知県キンメダイ流し釣漁業、高知県キンメダイ手釣（餌）漁業、高知県キンメダイ手釣（毛ばり）漁業、高知県サバ立縄釣漁業、大船渡さんま棒受網漁業、北海道猿払サケ定置漁業、北海道猿払小型定置漁業、愛知県しらす船びき網漁業、青森県三厩あぶらつのざめ延縄漁業、宿毛湾きびなご中形まき網漁業。
（27）坂井 二〇〇〇
（28）安富・渡辺・寶吉・新谷 二〇〇八
（29）中村 二〇〇〇
（30）富栄養化により、栄養塩を光合成により取り込む植物プランクトンとそれを消費する動物プランクトンが大量に発生する。なかでも、渦鞭毛藻、ラフィド藻、珪藻などが赤潮の元となる。光合成のおこなわれない夜間には、生物の呼吸作用により海中の溶存酸素の消費が増えるうえ、海底に沈殿した大量のプランクトンの死骸が光合成細菌により分解されるさいにも溶存酸素が大量に消費される。こうして貧酸素状態になった海底では有機物の分解が停滞し、嫌気性細菌が繁殖する。このなかの緑色硫黄細菌などが硫化水素を発生する。硫化水素を含む水が酸素と結合して硫黄、屋硫黄酸化物となり、海水中で微粒子として漂う。これが青潮である。

(31) 原田 二〇〇九
(32) 田和 二〇〇七
(33) 酒井・宇多・足利・清野・山本・三原・沖 二〇一一
(34) 逸見 一九九四
(35) 畠山 二〇〇六・二〇一二
(36) 田中 二〇〇八、京都大学フィールド科学教育センター編 二〇一一
(37) 江戸時代、月光川と日光川をつなぐ全長七キロの西通川が掘削され、遊佐の年貢米を酒田に運ぶために利用され、船通川とも称された。
(38) 鈴木 二〇〇五、菅 二〇〇五
(39) 中国雲南省の大理でも二層からなる共同井戸があり、飲料と野菜の洗い場に区分されていた。
(40) 谷口 二〇〇八
(41) シルカ川とアルグン川の合流する周辺の中国黒竜江省漠河《ばくが》県の標高は五六五メートルで、アムール川は全長四三六八キロである。
(42) 白岩 二〇一一・二〇一二・二〇一三
(43) 新井 二〇一三
(44) 久保 二〇〇四
(45) 宍道 二〇一三
(46) 谷口 二〇一五

## 第6章

(1) Adams 1956
(2) Kluckhohn 1958
(3) Childe 1936
(4) トインビー 一九七五、シュペングラー 二〇〇七a・二〇〇七b、ハンチントン 一九九八、ポランニー 二〇一五、ブ

ローデル 二〇〇四、和辻 一九七九、Friedman 1982
（5）佐々木・金編 二〇〇二a・二〇〇二b
（6）梅棹 一九六七
（7）川勝 一九九七
（8）司馬 二〇一一
（9）可汗《かがん》は中国語の皇帝、匈奴の単于《ぜんう》に相当する。
（10）中国文献によると、「雙方的馬絹交易較為繁榮，回紇『歳以數萬（匹馬）求售』、而且往往以『馬一匹易絹四十匹』。在持續八〇年的馬絹貿易中、回紇從唐朝取得了所需要的絹帛、增加了財富」とあり、ウマ一頭は絹四〇匹とに相当し、交易が八〇年間継続したことがうかがえる（王 二〇〇九）。
（11）富川 一九六九、富川 二〇〇五
（12）佐藤 二〇〇〇
（13）太田 一九八〇
（14）河合 二〇〇二
（15）佐川 二〇一一、佐川 二〇一五
（16）秋道 一九八六
（17）秋道 一九八五
（18）秋道 一九八五
（19）Alkire 1978
（20）牛島 一九八二
（21）Tykot and Chia 1997
（22）Bellwood and Koon 1989; Bellwood 1989; Ono 2002, 2004
（23）Malinowski 1922
（24）Tryon 2012
（25）Geertz 1963; Vickers 1993
（26）大林 一九九六、後藤 二〇〇八・二〇一〇、秋道 二〇一三b、Akimichi 1998

(27) 小山 一九九八
(28) Green 1991
(29) ベルウッド 二〇〇八、Kirch 1986
(30) Kirch 1997a, 1997b
(31) Reinman 1967, 1970; Anell 1955; Emory 1975; Akimichi 1991; Ono 2002, 2004; 近森 一九八八
(32) 秋道 一九七六
(33) 近森 二〇〇八
(34) 秋道 一九九五a・二〇〇四a、Bailey and Zerner 1992
(35) Techera 2009; DHM Inc. 1989, 1990
(36) Titcomb 1972
(37) 後藤 二〇〇八
(38) Harding 1967
(39) Terrell 1985
(40) 民族誌的な交易の存在から、先史時代の交易を探る研究も進められている (Lilley 2004)。
(41) 秋道 二〇〇〇。Thomas 1991も参照。
(42) Kirch 1997
(43) Titcomb 1972
(44) 中嶋 一九九三
(45) Linnekin 1975; Neil 1975
(46) 近森 二〇〇八
(47) Firth 1936; Firth, 1939b
(48) Crocombe 1964 (2012)
(49) France 1969
(50) Tanner 2007
(51) Sano 2008a, 2008b; Ruddle 2008; Techera 2009; Techera and Tronniak 2009

(52) 内藤 二〇一〇
(53) レオポルド 一九九七
(54) Grant 1991
(55) ドーズ法第1条によると、すべての世帯主は一六〇エーカー(六四万七千平方メートル)、すべての一八歳以上の単身者と孤児は八〇エーカー(三二万四千平方メートル)、すべての未成年者は四〇エーカー(一六万二千平方メートル)を受け取ることとされていた。
(56) 富田 一九八二、富田 スチュアート・ヘンリー編 二〇〇五
(57) 阿部 一九九四・二〇一一・二〇一四
(58) 安田 一九九九
(59) 松山 一九九六。エアーズロック(現地語でウルル Uluru)の住民はトゥジュクルパ(Tjurkurrpa)、他の地域でも、ドリーミングのことをパラネリ(Palaneri)、ブガリ(Bugari)、ウォンガル(Wongar)、ウングッド(Ungud)などと称する。
(60) コモン・ローは、英国の法体系であり、教会法とは区別されるとともに、大陸法とのちがいも顕著である。コモン・ローは英国の植民地であった国々でも適用されたが、それぞれの地域における英国以外の植民地行政の影響でかならずしもコモン・ローがそのまま適用されたわけではなかった。たとえば、スコットランドでは、地域独自の慣習との融合した傾向があった。米国のカリフォルニア州、ルイジアナ州やカナダのケベック州、ニューヨーク州、南アフリカではスペイン、フランス、オランダの大陸系の法体系が継承された。また、インドは、コモン・ローとヒンドゥー法が融合した法体系が発達した。
(61) 細川 一九九七
(62) 鎌田 二〇〇五
(63) 泉 一九五二
(64) Watanabe 1968, 1972; 渡辺 一九七七
(65) ニレ科ニレ属の落葉高木で、繊維がアッツとよばれる衣服になる。
(66) アカハラは降海型のウグイ。北海道にはエゾウグイ、マルタ、ウグイの三種のウグイ属の魚が生息する。海に下る陸海型と一生河川で過ごす淡水型があり、マルタは降海型で、エゾウグイは淡水域のみに生息する。
(67) 松前藩の名については、家康の旧姓である松平野「松」と、前田利家の「前」をとって松前とされた。

(68) 朱肉による朱印状は将軍による文書であったが、墨を用いた黒印は旗本や大名が文書を発行するさいに用いられた。
(69) 大西 二〇〇八
(70) 瀬川 二〇〇五
(71) テクスバヤル 二〇一五 小長谷・シンジルト・中尾編 二〇〇五
(72) 飯島・神澤 一九七八
(73) 冨田 二〇〇八
(74) 羽鳥・岡・佐藤 二〇一五
(75) 滝口 二〇〇四
(76) 坂本・滝口・大沼 二〇一五
(77) 秋道 二〇〇九b
(78) 遠藤 二〇一〇
(79) 金子 一九八四、谷口 二〇一五
(80) Jarvis 2012
(81) 篭橋 二〇一五
(82) 遠藤 二〇一三
(83) 石田 一九九五
(84) 福嶌 二〇〇八
(85) 窪田・中村 二〇一〇
(86) 同様な政策浸透における協治のありかたは中国の退耕還林政策（国務院退耕還林条例）についてもいえそうだ。
(87) Glesson, Wada, Bierkens, and van Book 2012, 谷口 二〇一五
(88) 高宮 二〇〇六
(89) Mekong River Commission 2001
(90) 長田 二〇一〇
(91) 八杉 二〇一〇
(92) Lee and DeVore 1968

（93）Rees 1992
（94）沖 二〇〇三、沖・鼎 二〇〇七
（95）Flannery 2002
（96）赤嶺 二〇〇六・二〇一〇
（97）村井・鶴見 一九九六、村井 一九九八ａ、鶴見 一九九八・一九九九ａ・一九九九ｂ

**結論**

（1）デカルト 二〇一〇、安孫子 一九八二
（2）坂本・滝口・大沼 二〇一五
（3）秋道編 二〇一四
（4）サーリンズ 一九八四
（5）石毛 二〇〇五
（6）二〇〇七年に成立した「食育基本法」では、生きるうえで基本となる「食」にたいする知識と「食」を選択する力を習得して、健全な食生活をおくる人間形成を目指すことが謳われている。この法律制定の背景には、過熱した美食グルメへのブーム、栄養バランスの偏向、肥満や生活習慣病の増加、食の安全への不安、食の過剰な海外依存、伝統食文化の喪失など、環境から身体、文化にわたり、食が危機にあるとの認識がある。

# 文献

アウエハント・C　二〇一三『鯰絵―民俗的想像力の世界』（岩波文庫）岩波書店
赤木攻・秋道智彌・秋篠宮文仁・高井康弘　一九九六「北部タイ・チエンコーンにおけるプラーブック（*Pangasianodon gigas*）の民族魚類学的考察」『国立民族学博物館研究報告』二一（二）：二九三―三四四頁
赤坂憲雄　二〇〇二『東西／南北考―いくつもの日本へ』（岩波新書）岩波書店
赤坂憲雄　二〇一六「海辺の風景が蘇るとき」谷口真人編『大槌町の自然と文化―津波からの復興を考える』昭和堂、二二五―二三七頁
赤羽正春　一九九九「河川開発と民俗変容―三面川を中心に」赤羽正春編『ブナ林の民俗』高志書院、一七九―一九九頁
赤嶺淳　二〇〇六「ダイナマイト漁の政治生態誌」北原惇・竹内隆夫・佐々木衞・高田洋子編『地域研究の課題と方法―アジア・アフリカ社会研究入門・実証編』文化書房博文社、二三三―二五〇頁
赤嶺淳　二〇一〇『ナマコを歩く』新泉社
秋道智彌　一九七六「漁撈活動と魚の生態―ソロモン諸島マライタ島の事例」『季刊人類学』七（二）：七六―一二八頁
秋道智彌　一九七九「明治初期・飛騨地方における生産魚類の分布論的研究」『国立民族学博物館研究報告』四（二）：二八五―三三九頁
秋道智彌　一九八〇a「サンゴ礁の島―食料資源の保護と利用考」『季刊民族学』一三：四七―五四頁
秋道智彌　一九八〇b「〝嵐の星〟と自然認識」『季刊人類学』一一（四）：三―五一頁
秋道智彌　一九八一「〝悪い魚〟と〝良い魚〟：Satawal 島における民族魚類学」『国立民族学博物館研究報告』六（一）：六六―一三三頁
秋道智彌　一九八五「サタワル島における伝統的航海術の研究―島嶼間の方位関係と海域名称」『国立民族学博物館研究報告』九（四）：六五一―七〇九頁
秋道智彌　一九八六「サタワル島における伝統的航海術の研究―洋上における位置確認方法とエタック（yeták）について」

『国立民族学博物館研究報告』一〇（四）：九三一―九五七頁
秋道智彌　一九八八　『海人の民族学―サンゴ礁を超えて』（ＮＨＫブックス）日本放送出版協会
秋道智彌　一九八九　「サタワル島における食物カテゴリー」松原正毅編『人類学とは何か』日本放送出版協会、一九九―二六九頁
秋道智彌　一九九五ａ　『海洋民族学―海のナチュラリストたち』東京大学出版会
秋道智彌　一九九五ｂ　『なわばりの文化史―海・山・川の資源と民俗社会』小学館
秋道智彌　一九九五ｃ　「魚毒漁の分布と系譜」吉田集而編『生活技術の人類学』平凡社、六六―九八頁
秋道智彌　一九九六　「インドネシア東部における入漁問題に関する若干の考察」『龍谷大学経済学論集』三五（四）：二一―四〇頁
秋道智彌編　一九九九　『自然はだれのものか―「コモンズの悲劇」を超えて』昭和堂
秋道智彌　二〇〇〇　「オセアニアの地域史」川田順造・大貫良夫編『生態の地域史』（地域の世界史４）山川出版社、二六八―三〇九頁
秋道智彌　二〇〇二ａ　「序・紛争の海―水産資源管理の人類学的課題と展望」秋道智彌・岸上伸啓編『紛争の海―水産資源管理の人類学』人文書院、九―三六頁
秋道智彌　二〇〇二ｂ　「海辺のエスノサイエンス」寺嶋秀明・篠原徹編『講座生態人類学７　エスノサイエンス』京都大学学術出版会、一二一―一五二頁
秋道智彌編　二〇〇二　『野生生物と地域社会』昭和堂
秋道智彌　二〇〇四ａ　『コモンズの人類学―文化・歴史・生態』人文書院
秋道智彌　二〇〇四ｂ　「海の資源はだれのものか」大塚柳太郎編『講座地球に生きる３　資源への文化適応』雄山閣出版、二一九―二四二頁
秋道智彌　二〇〇六　「トロカス・コネクション―西部太平洋におけるサンゴ礁資源管理の生態史」印東道子編『環境と資源利用の人類学―西太平洋の生活と文化』明石書店、一五―三五頁
秋道智彌　二〇〇七ａ　「コモンズ論の地平と展開―複合モデルの提案」内堀基光編『資源と人間』（資源人類学第１巻）弘文堂、二〇九―二四〇頁
秋道智彌　二〇〇七ｂ　「アジア・モンスーン地域の池とその利用権―共有資源の利権化と商品化の意味を探る」秋道智彌編

『資源とコモンズ』（資源人類学第8巻）弘文堂、二四五―二七八頁
秋道智彌　二〇〇七c「メコン河集水域における水産資源管理の生態史」秋道智彌監修・責任編集『論集モンスーンアジアの生態史―地域と地球をつなぐ　第3巻くらしと身体の生態史』弘文堂、二〇九―二二八頁
秋道智彌編　二〇〇七a『水と世界遺産―景観・環境・暮らしをめぐって』小学館
秋道智彌編　二〇〇七b『大槌の水、人、自然』東北出版企画
秋道智彌　二〇〇八a「アジア・モンスーン地域におけるエコトーン研究の展望―ベトナム北部クワァンニン省の事例を中心として」前畑政善・宮本真二編『鯰と人の博物誌』八坂書房、二三三―二四六頁
秋道智彌　二〇〇八b「資源管理とメコン開発―メコンオオナマズをめぐって」秋道智彌・黒倉寿編『人と魚の自然誌―母なるメコン河に生きる』世界思想社、二二〇―二三六頁
秋道智彌　二〇〇九a『クジラは誰のものか』（ちくま新書）筑摩書房
秋道智彌　二〇〇九b「水は誰のものか」総合地球環境学研究所編『水と人の未来可能性―しのびよる水危機』昭和堂、一四三―一七六頁
秋道智彌編著　二〇一〇a『鳥海山の水と暮らし―地域からのレポート』東北出版企画
秋道智彌編著　二〇一〇b『水と文明―制御と共存の新たな視点』昭和堂。
秋道智彌　二〇一一『生態史から読み解く環・境・学―なわばりとつながりの知』昭和堂
秋道智彌　二〇一二「序章　災害をめぐる環境思想」秋道智彌編『日本の環境思想』岩波書店、　―二二頁
秋道智彌　二〇一三a『漁撈の民族誌―東南アジアからオセアニアへ』昭和堂
秋道智彌　二〇一三b『海に生きる―海人の民族学』東京大学出版会
秋道智彌　二〇一三c「生き物のいのち再考―生命観の歴史と民俗」岡田真美子編『小さな小さな生きものがたり―日本的生命観と神性』昭和堂、三九―七一頁
秋道智彌　二〇一四「総有をめぐる学際的交流：日本におけるコモンズの素地―人類学的考察」五十嵐敬喜編『現代総有論序説』ブックエンド、一二三―一四一頁
秋道智彌編　二〇一四『日本のコモンズ思想』岩波書店
秋道智彌　二〇一六a「大槌町のローカル・コモンズ」谷口真人編『大槌発　未来へのグランドデザイン―震災復興と大槌の自然・文化』昭和堂、一二五―一五三頁

秋道智彌　二〇一六b　『サンゴ礁に生きる海人―民族魚類学と生態史』榕樹書林〈印刷中〉
阿蘇草原再生協議会　二〇〇七　『阿蘇の草原を未来に　阿蘇草原再生全体構想』平成一九年三月　阿蘇草原再生協議会
安孫子信　一九八二　「「コギト・エルゴ・スム」の一解釈」『哲学論叢』九：一一〇頁
安倍浩　二〇〇五　「共生（きょうせい）から共生（ぐうしょう）の存在論へ」竹市明弘・小浜善信編『哲学は何を問うべきか』晃洋書房、六三―八九頁
安倍浩　二〇〇八　「地球環境学の構想と予防原則の形而上学的基礎づけ―H・ヨナスの「未来の倫理学」の一解釈」『文明と哲学』第一号、日独文化研究所、一三八―一五二頁
阿部珠理　一九九四　『アメリカ先住民の精神世界』（NHKブックス）日本放送出版協会
阿部珠理　二〇一一　「アメリカ先住民から学ぶ―その歴史と思想」（NHK出版より引用）（NHKシリーズNHKカルチャーラジオ歴史再発見）
阿部珠理　二〇一四　『聖なる木の下へ―アメリカインディアンの魂を求めて』（角川ソフィア文庫）角川書店
網野善彦　一九九六　『無縁・公界・楽―日本中世の自由と平和』（平凡社ライブラリー）、平凡社
新井省吾　二〇一三　「海底湧水が育む浅海域生態系の仕組み」『エブオブ』四八：二―五頁
有坂蓉子　二〇〇八　『ご近所富士山の「謎」富士塚御利益散策ガイド』（講談社新書）講談社
有坂蓉子　二〇一二　『古くて新しいお江戸パワースポット 富士塚ゆる散歩』講談社
飯島正・神澤有三　一九七八　「モンゴルにおけるネグデル制度の発展とその現状について―ザーマル・ソム・ネグデルの組織とその運營の實態を中心として」『アジア研究所紀要』五：七七―九五頁
五十嵐敬喜編　二〇一四　『現代総有論序説』ブックエンド
五十嵐敬喜・野口和雄・萩原淳司　二〇〇九　『都市計画法改正―「土地総有」の提言』第一法規株式会社
池谷和信　二〇〇三　『山菜採りの社会誌―資源利用とテリトリー』東北大学出版会
石井幸造　二〇〇九　「日本でも広がり始めた海のエコラベル」『Ship & Ocean Newsletter』二〇三：六―七頁
石毛直道　二〇〇五　『食卓文明論』中央公論新社
石毛直道、ケネス・ラドル　一九九〇　『魚醤とナレズシの研究―モンスーン・アジアの食事文化』岩波書店
石澤良昭　二〇〇九　『興亡の世界史11　東南アジア多文明世界の発見』講談社
石田紀郎　一九九五　「アラル海の悲劇」水文・水資源学会編集・出版委員会編『地球水環境と国際紛争の光と影：カスピ

海・アラル海・死海と二一世紀の中央アジア・ユーラシア』信山社サイテック、六三―七一頁
泉靖一　一九五二「沙流アイヌの地縁集団におけるＩＷＯＲ」『季刊民族学研究』一六（三・四）：二九―四五頁
市川昌広　二〇〇七「ボルネオ・イバン人の「里山」利用の変化と日本とのかかわり」日高敏隆・秋道智彌編『森はだれのものか』昭和堂、六一―八三頁
市川昌広　二〇〇八「島嶼部　うつろいゆくサラワクの森の一〇〇年―多様な資源利用の単純化」秋道智彌・市川昌広編『東南アジアの森に何が起こっているか―熱帯雨林とモンスーン林からの報告』人文書院、四五―六四頁
市川光雄　一九九一「平等主義の進化史的考察」田中二郎・掛谷誠編『ヒトの自然誌』平凡社、一一―三四頁
逸見重雄　一九四一『佛領印度支那研究』日本評論社
逸見泰久　一九九四『和白干潟の生きものたち』海鳥社
伊藤信博　二〇〇八「植物の擬人化の系譜」『言語文化論集』三〇（一）：三―三四頁
伊藤信博　二〇〇九「果蔬涅槃図」と描かれた野菜・果物について）『言語文化論集』三一（一）：三―二四頁
糸満市史編集委員会　一九八三『糸満市史』糸満市役所
稲垣昌宏　二〇一二「マレーシアサバ州におけるアカシアマンギウム人工林の養分利用と荒廃地回復機能に関する研究」二〇一二年度学位論文（東京大学）、一―三七頁
井原今朝男　二〇一二「中世における生業とコモンズ」秋道智彌編『日本のコモンズ思想』岩波書店、一一一―一三四頁
稲畑汀子・大岡信・鷹羽狩行監修　二〇〇五『現代俳句大事典』三省堂
今西錦司　一九八〇『主体性の進化論』（中公新書）中央公論社
イリイチ・イヴァン　二〇一五『コンヴィヴィアリティのための道具』（渡辺京二、渡辺梨佐・翻訳）（ちくま学芸文庫）筑摩書房
岩崎グッドマンまさみ　二〇〇二「カナダ北西海岸におけるサケをめぐる対立」秋道智彌・岸上伸啓編『紛争の海　水産資源管理の人類学』人文書院、一六八―一八八頁
ウェストン・ウォルター　一九九七『日本アルプスの登山と探検』（青木枝朗・翻訳）（岩波文庫）岩波書店
上野益三　一九三七「藻琴湖とその生物」『植物及動物』五：一二六二―一二六八頁
宇沢弘文　二〇〇〇『社会的共通資本』（岩波新書）岩波書店
牛島巌　一九八二『ヤップ島の社会と交換』弘文堂

宇田川洋編　二〇〇四『クマとフクロウのイオマンテ―アイヌの民族考古学』同成社
宇仁義和　二〇〇七「水と自然遺産、歴史的自然としての知床の海」秋道智彌編『水と世界遺産』小学館、六七―七八頁
宇仁義和　二〇一二「アイヌの鯨種認識と捕獲鯨種」『北海道民族学』八：一六―二六頁
梅棹忠夫　一九六七『文明の生態史観』中央公論社
エンゲルス・F　一九六五『家族・私有財産・国家の起源』（岩波文庫）岩波書店
遠藤崇浩　二〇一〇「地表水と地下水の統合管理―愛媛県西条市を事例に」秋道智彌・小松和彦・中村康夫編『人と水第1巻　水と環境』勉誠出版、二〇九―二三二頁
遠藤崇浩　二〇一三『カリフォルニア水銀行の挑戦―水危機への〈市場の活用〉と政府の役割』昭和堂
遠藤秀男　一九七八「富士信仰の成立と村山修験」『富士・御嶽と中部霊山』（山岳宗教史研究叢書9）名著出版
大隅清治　二〇〇三『クジラと日本人』（岩波新書）岩波書店
太田至　一九八〇「トゥルカナ族の家畜所有集団と遊動集団」『アフリカ研究』一九：六三―八一頁
大高康正　二〇一二「参詣曼荼羅試論」『参詣曼荼羅の研究』岩田書院
大塚柳太郎　一九九四「多様な植物資源の利用戦略」大塚柳太郎編『講座地球に生きる③資源への文化適応』雄山閣出版、四七―六八頁
大塚柳太郎編　二〇〇二「沿岸低地―サゴヤシ採集民ギデラの生態史」『ニューギニア：交錯する伝統と近代』京都大学学術出版会、五一―八六頁
大槌町　二〇一四『大槌町の郷土財としての湧水環境に関する研究』（事業名：イトヨ湧水調査研究事業）大槌町
大西秀之　二〇〇八ａ「アイヌ社会における川筋集団の自律性」加藤雄三・大西秀之・佐々木史郎編『東アジア内海世界の交流史―周縁地域における社会制度の形成』人文書院、二三七―二六一頁。
大西秀之　二〇〇八ｂ「イン川の漁場管理のロジック―天の恵みと人の恵み」秋道智彌・黒倉寿編『人と魚の自然誌―母なるメコン河に生きる』世界思想社、二二〇―二三六頁
大橋克洋　二〇一〇「有標、無標の言語学」『ポリグロシア』一九：一五一―一六四頁
大林太良　一九九六『海の道・海の民』小学館
大林太良　一九九七『葬制の起源』中央公論社
岡田真美子　一九九八「仏教説話におけるエコパラダイム：仏教説話文献の草木観と環境倫理」『印度學佛教學研究』四七

（一）：二八五―二八一頁
岡田真美子　一九九九　「仏教における環境観の変容」『姫路工業大学環境人間学部研究報告』一：一〇五―一〇九頁
岡田真美子　二〇〇二　「東アジア的環境思想としての悉有物性論」『木村清孝博士還暦記念論集―東アジア仏教―その成立と展開』春秋社、三五五―三七八頁
岡田真実子　二〇一二　「虫送りの生命観―中日の棲み分け共生思想」秋道智彌編『日本の環境思想の基層―人文知からの問い』岩波書店、二四九―二七三頁
岡村行信、佐竹健治、竹内章　二〇〇二　「富山深海海底谷最下流部の海底地形」『歴史地震』一八：二二一―二二五頁
岡本喜久子　二〇一四ａ　「明治期日本文化史における記念植樹の理念と方法―本多静六『学校樹栽造林法』の分析を中心に」『総研大文化科学研究』一〇：六九―九七頁
岡本喜久子　二〇一四ｂ　「富士山信仰と近代日本の森づくり」『ＢＩＯＳＴＯＲＹ』二二：三四―四一頁
岡本喜久子　二〇一六　『記念植樹と日本近代：林学者本多静六の思想と事績』（日文研叢書53）思文閣出版
沖大幹　二〇〇三　「地球をめぐる水と水をめぐる人々」嘉田由紀子編『水をめぐる人と自然―日本と世界の現場から』有斐閣、一九九―二三〇頁
沖大幹・鼎信次郎　二〇〇七　「地球表層の水循環・水収支と世界の淡水資源の現状および今世紀の展望」『地学雑誌』一一六（一）：三一―四二頁
尾崎清明　二〇〇六　「ベニアジサシの渡りで判明した沖縄とオーストラリアの関係」『Ship & Ocean Newsletter』一三七号、四―五頁
長田俊樹　二〇一〇　「インダス文明は果たして大河文明か」秋道智彌編『水と文明』昭和堂、五二―七四頁。
小野重朗　一九七〇　『農耕儀礼の研究』弘文堂
戒能通孝　一九六四　『小繫事件―三代にわたる入会権紛争』（岩波新書）岩波書店
鹿熊信一郎　二〇〇七　「サンゴ礁海域における海洋保護区（ＭＰＡｓ）の多様性と多面的機能」ＧＡＬＡＸＥＡ八：九一―一〇八頁
篭橋一輝　二〇一五　「地域共同体を基盤とした渇水管理システムの持続性―一九九四年渇水時の讃岐平野を事例として」『彦根論叢』四〇三：一三六―一五二頁
加藤茂・浅田昭・春日茂　一九九〇　「富山トラフの変動地形と地質構造」『地学雑誌』九九（一）：三―一二頁

嘉田由紀子　一九九五　『生活世界の環境学―琵琶湖からのメッセージ』農山漁村文化協会
片岡千賀之　一九九一　『南洋の日本人漁業』同文舘
勝川俊雄　二〇一一　『日本の魚は大丈夫か―漁業は三陸から生まれ変わる』（ＮＨＫ出版新書）日本放送出版協会
勝本町漁業協同組合　一九八〇　『勝本町漁業史』勝本町漁業協同組合勝本町漁業史作成委員会
桂紹寿　二〇一五　「鈴虫の音をきく」『ＢＩＯＳＴＯＲＹ』二四号：三〇―三五頁
金子昇平　一九八四　「地下水の法律問題」『駒澤大學法學部研究紀要』四二：一―三二頁。
鎌田真弓　二〇〇五　「土地資源管理と先住民族―カカドゥ国立公園を事例として」『ＩＰＳＨＵ研究報告シリーズ』三五：一〇七―一二九頁
上垣外憲一　二〇〇九　『富士山―聖と美の山』（中公新書）中央公論新社
河合香吏　二〇〇二　「「地名」という知識―ドドスの環境認識論・序説」佐藤俊編『遊牧民の世界』（講座・生態人類学４）京都大学学術出版会、一七―八五頁
川勝平太　一九九七　『文明の海洋史観』（中公叢書）中央公論社
川島武宜　一九八三　『川島武宜著作集　第８巻　慣習法上の権利　１入会権』岩波書店
川那部浩哉　一九七二　「アユの社会構造の進化史的意義について：付　分布南限における社会構造」『日本生態学会誌』二二（三）：一四一―一四九頁
河村知彦　二〇一六　「大槌湾の環境と海洋生物」谷口真人編『大槌発　未来のグランドデザイン―震災復興と地域の自然・文化』昭和堂、九六―一二四頁
環境省自然保護局　二〇一一　『平成23年度モニタリングサイト1000磯・干潟・アマモ場・藻場調査報告書』環境省自然環境局生物多様性センター
岸俊男　一九八三　「東大寺山堺四至図について」『正倉院年報』五：一―二〇頁
岸上伸啓　二〇〇三　「狩猟採集民社会における食物分配―諸研究の紹介と批判的検討」『国立民族学博物館研究報告』二七（四）：七二三―七五二頁
岸上伸啓　二〇〇八　「文化人類学的生業論―極北地域先住民による狩猟漁撈採集活動を中心に」『国立民族学博物館研究報告』三二（四）：五二九―五七八頁
北西功一　二〇〇四　「狩猟採集民における食物分配と平等―コンゴ北東部アカ・ピグミーの例」寺嶋秀明編『平等と不平等

をめぐる人類学的研究』ナカニシヤ出版、五三―九一頁
北村光二　二〇〇二「牧畜民の認識論的特異性―北ケニヤ牧畜民トゥルカナにおける「生存の技法」」佐藤俊編『遊牧民の世界』（講座・生態人類学４）京都大学学術出版会、八七―一二五頁
鬼頭清明　一九八七「古代における山野河海の所有と支配」朝尾直弘・網野善彦・山口啓二・吉田孝編『日本の社会史　第2巻　境界領域と交通』岩波書店、一〇三―一三六頁
鬼頭秀一　一九九八『自然保護を問いなおす』（ちくま文庫）筑摩書房
京都大学フィールド科学教育センター編　二〇一一『森里海連環学―森から海までの統合的管理を目指して』京都大学学術出版会
工藤茂美　二〇〇三『世界遺産 白神山地』秋田魁新報社
久保満　二〇〇四「鹿児島県におけるモジャコ漁業のための流れ藻調査についての現状報告」『海洋』三六（六）：四五八―四六三頁
窪田順平・中村知子　二〇一〇「中国の水問題と節水政策の行方―中国北西部・黒河流域を例として」秋道智彌・小松和彦・中村康夫編『人と水第1巻　水と環境』勉誠出版、二七五―三〇三頁
熊本一規　一九九九「海はだれのものか―白保・夜須・唐津の事例から」秋道智彌編『自然はだれのものか―「コモンズの悲劇」を超えて』昭和堂、一三九―一六一頁
黒田日出男　一九八六『境界の中世　象徴の中世』東京大学出版会
黒田日出男　二〇〇七『増補　絵画史料で歴史を読む』（ちくま学芸文庫）筑摩書房
桑子敏雄　二〇一二「「空間の履歴」から読みかえる環境思想―「安全神話」の真実」秋道智彌編著『日本のコモンズ思想』岩波書店、二四―四六頁
児島恭子　二〇〇〇「アイヌの捕鯨文化」『国際常民文化研究機構シンポジウム報告書Ⅰ』一一四―一二一頁
河野広道　一九三三「アイヌとトーテム的遺風：特にレプンカムイシロシとキムンカムイシロシに就て」『民族学研究』二一：四五―五三頁
河野通博　一九六二a『漁場用益形態の研究』未来社
河野通博　一九六二b「専用漁業権漁場における共同用益の諸形態―瀬戸内海水域を中心に」『史林』四五（四）：五九〇―六一三頁

河野通博　一九六三「漁場用益形態の研究」—明治期における瀬戸内海漁民の漁場用益形態と漁業制度との矛盾に関する実証的研究」『漁業経済研究』一一（三）：五七—六一頁
後藤明　一九九八「ハワイの海と王権」秋道智彌編『海人の世界』同文舘出版、六三—八八頁
後藤明　二〇〇八『カメハメハ大王—ハワイの神話と歴史』勉誠出版
後藤明　二〇一〇「『海人・海民』論と造船について」『国際常民文化研究機構　国際シンポジウム報告書Ⅰ：一五　Ⅱ—2—3』一六七—一七二頁
後藤達夫・伊勢国男　一九六五「岩手県大槌町の地下水の水質」『岩手大学学芸学部研究年報』二五（三）：五—四〇頁
小長谷有紀・シンジルト・中尾正義編　二〇〇五『中国環境政策 生態移民』昭和堂
小林達雄　一九九四「縄文文化における資源の認知と利用」大塚柳太郎編『講座地球に生きる3　資源への文化適応』雄山閣出版、一五—四五頁
小林達雄　一九九六『縄文人の世界』朝日新聞出版
小松輝久・大瀧敬由・澤山周平・阪本真吾　二〇一一「大槌湾および船越湾の藻場に及ぼした津波の影響」二〇一一年六月二九日（プレスリリース）(aori news) 東京大学大気海洋研究所
小松輝久　二〇一四「三陸における藻場生態系の復活」『Ocean Newsletter』三三七：五—六頁
小峯和明　二〇一〇「お伽草紙と狂言—料理・異類・争論」『Asian Cultural Studies, Special Issue』一八：一五—二一頁
小山修三　一九九八「先史時代の航海」秋道智彌編著『海人の世界』同文舘出版、二一—四六頁
小山真人　二〇〇七「富士山の歴史噴火総覧」荒牧重雄・藤井敏嗣・中田節也・宮地直道編集『富士火山』山梨県環境科学研究所、一一九—一三六頁
斎藤暖生・三俣学　二〇〇七「コモンズのメンタリティー京都におけるマツタケ入札制度の成立と変容」秋道智彌編『資源とコモンズ』弘文堂、一六三—一八六頁
斎藤裕彦　二〇一二「仙台平野中北部における弥生時代・平安時代の津波痕跡と集落動態」東北芸術工科大学東北文化研究センター編『平成19年度～平成23年度文部科学省私立大学学術高度化推進事業「オープン・リサーチ・センター整備事業」東北地方における環境・生業・技術に関する歴史動態的総合研究　研究成果報告書Ⅰ』二二五—二五七頁
斉藤義信　一九九八『図説 雪形』高志書院
坂本剛・滝口良・大沼進　二〇一五「モンゴル牧畜社会の資源管理における環境心理学的考察—コモンズをめぐる境界と社

会的アイデンティティ」『環境心理学研究』三（一）：一―一〇頁
坂井伸司　二〇〇〇　「1．天塩川・パンケ沼」中村幹雄編『日本のシジミ漁業―その現状と問題点』たたら書房、三三―四一頁
酒井和也・宇多高明・足利由紀子・清野聡子・山本真哉・三原博起・沖靖広　二〇一一　「中津川干潟三百間砂州における袋詰め石突堤による沿岸漂砂の制御実験」『土木学会論文集B3（海洋開発）』六七（二）：I一〇七五―I一〇八〇頁
佐川徹　二〇一一　『暴力と歓待の民族誌―東アフリカ牧畜社会の戦争と平和』昭和堂
榊原健太郎　二〇一五　「紛争多発地域における草の根の平和実践と介入者の役割」『平和研究』四四：一―一〇頁
桜井徳太郎　二〇一六　「共生と共死」秋道智彌編『交錯する世界―自然と文化の脱構築』京都大学学術出版会（印刷中）
桜井徳太郎　一九九〇　「山岳信仰の構造―山宮と里宮の成立をめぐって」『桜井徳太郎著作集4　民間信仰の研究　下』吉川弘文館
笹岡正俊　二〇〇一　「コモンズとしてのサシ―東インドネシア・マルク諸島における資源の利用と管理」井上真・宮内泰介編『コモンズの社会学―森・川・海の資源共同管理を考える』（シリーズ環境社会学2）新曜社、一六五―一八八頁
佐々木毅・金泰昌編　二〇〇二　『欧米における公と私』（公共哲学第4巻）東京大学出版会
佐々木毅・金泰昌編　二〇〇二　『地球環境と公共性』（公共哲学第9巻）東京大学出版会
佐々木高明　二〇〇六　『山の神と日本人―山の神信仰から探る日本の基層文化』洋泉社
佐々木高明　二〇〇七　『照葉樹林文化とは何か―東アジアの森が生み出した文明』（中公新書）中央公論社
佐々木長生　一九九七　「只見上源流域における鱒漁について」『民具研究』一一五：二九―四五頁
佐々木長生　二〇一五　『会津・只見の民具』『国際常民文化研究叢書』九、神奈川大学国際常民文化研究機構
佐藤俊　二〇〇〇　「レンディーレランドの画定」『歴史と地理』五三六：三一―四一頁
佐藤仁　二〇一四　「自然の支配はいかに人間の支配へと転ずるか―コモンズの政治学序説」秋道智彌編『日本のコモンズ思想』岩波書店、一七六―一九四頁
佐藤洋一郎・石川隆二　二〇〇四　『〈三内丸山遺跡〉植物の世界―DNA考古学の視点から』裳華房
里見龍樹　二〇一四　「ソロモン諸島マライタ島北部のアシ／ラウにおける「海に住まうこと」の現在：別様でありうる生の民族誌」東京大学大学院総合文化研究科、博士論文
佐野静代　二〇〇四　「琵琶湖内湖をめぐる歴史的利用形態と民俗文化―その今日的意義」『滋賀県琵琶湖研究所所報』二一：

一三一―一三六頁
サーリンズ・マーシャル　一九八四『石器時代の経済学』（山内昶訳）法政大学出版局
司馬遷　二〇一一『史記列伝3』（野口定男訳）（平凡社ライブラリー723）平凡社
重杉俊雄　一九五五『神通川誌』富山漁業協同組合
渋澤敬三　一九九二「オコゼについて」『日本魚名の研究』（渋澤敬三著作集第2巻）一四六―二一七頁、「オコゼに関する資料抄」平凡社、三四八―三七〇頁
清水昭俊　一九八九「ミクロネシアの首長制」牛島巌・中山和芳編『オセアニア基層社会の多様性と変容―ミクロネシアとその周辺』（国立民族学博物館研究報告別冊6号）一一九―一三九頁
清水昭俊　一九九九「慣習的土地制度の外延―ミクロネシアの比較事例から」杉島敬志編『土地所有の政治史』風響社、四〇九―四二八頁
庄子裕美・水野一夫・森元彦・鈴木憲夫　二〇一二『沓形遺跡第2・3次調査』（仙台市文化財調査報告書　三九七）仙台市教育委員会
白岩孝行　二〇一一『魚附林の地球環境学』昭和堂
白岩孝行　二〇一二「オホーツク海の命運を握るアムール川」田畑伸一郎・江淵直人編『環オホーツク海地域の環境と経済』北海道大学出版会、一一七―一三八頁
白岩孝行　二〇一三「鉄が結ぶ「巨大魚附林」―アムール・オホーツクシステム」桜井泰憲・大島慶一郎・大泰司紀之編『オホーツクの生態系とその保全』北海道大学出版会、四七―五二頁
宍道弘敏　二〇一三「沿岸・近海漁業資源調査―I（浮魚資源調査：モジャコ調査）」『平成二五年度鹿児島県水産技術開発センター業務報告書』六〇―六五頁
シュペングラー・オスヴァルト　二〇〇七a『西洋の没落―世界史の形態学の素描〈第1巻〉形態と現実と』（村松正俊訳）五月書房
シュペングラー・オスヴァルト　二〇〇七b『西洋の没落―世界史の形態学の素描〈第2巻〉世界史的展望』（村松正俊訳）五月書房
末木文美士　一九九五『平安初期仏教思想の研究―安然の思想形成を中心として』春秋社
末木文美士　二〇一二「宗教と自然」平川南編『環境の日本史①　日本史と環境―人と自然』吉川弘文館、二〇二―二三〇

頁
末永博　一九八六「谷沢浦干拓事業と山田貞策を支えた人々」『農業土木学会誌』五四（二）：一六一―一六四頁
菅豊　二〇〇五『川は誰のものか―人と環境の民俗学』吉川弘文館
杉島敬志　一九九九「序論―土地・身体・文化の所有」杉島敬志編『土地所有の政治史―人類学的視点』風響社、一―五二頁
杉本悠樹　二〇一二「延暦・貞観の富士山噴火―古代の富士山の溶岩流と火山灰災害」『富士山世界遺産講演会―山梨県立大学』
鈴木正崇　二〇〇五「鮭と人の生活史―山形県飽海郡遊佐町の事例から」『慶應義塾大学社会学研究科紀要』六一：八七―一〇八頁
須藤建一　一九八四「サンゴ礁の島における土地保有と資源利用の体系―ミクロネシア・サタワル島の事例分析」『国立民族学博物館研究報告』九（二）：一九七―三四八頁
須藤健一　一九八九「ミクロネシアの土地所有と社会構造」『国立民族学博物館研究報告』別冊六号：一四一―一七六頁
須藤健一　二〇一四「ミクロネシアにおける海面保有と資源保護の様式」『国立民族学博物館研究報告』三九（二）：一七五―二三五頁
鷲見哲也　二〇一六「水文学からみた大槌の湧水」谷口真人編『大槌発　未来へのグランドデザイン―震災復興と地域の自然・文化』昭和堂、三二―五一頁
瀬川拓郎　二〇〇五『アイヌエコシステムの考古学』北海道出版企画センター
背古真哉　一九九二「模造獣狩猟の分布」『歴史地理学』一五七：八五―九七頁
セリエ・ハンス　一九九七『生命とストレス』（細谷東一郎訳）工作舎
孫彬　二〇〇七「安藤昌益における自然（池田温教授三浦弘万教授退任記念号）」『創価大学人文論集』一九：一二一―一三八頁
総合地球環境学研究所編　二〇一二『未来へつなぐ人と水―西条からの発信』創風社出版
高野靖彦　二〇一四「明治時代の外国人が見た立山信仰」（二〇一四年度第三回日本海学講座）（二〇一四年一〇月二五日、高岡市生涯学習センター）
高橋忠彦・高橋久子・古辞書研究会編　二〇〇四『御伽草子精進魚類物語　研究・索引篇』汲古書院

高宮いづみ　二〇〇六　『古代エジプト文明社会の形成―諸文明の起源〈2〉』京都大学学術出版会
滝口良　二〇〇四　「「史上初」の土地所有―モンゴル国における土地所有法をめぐって」『相関社会科学』一四：五七―七〇頁
田口洋美　二〇一四　「マタギの狩猟とカミの世界」秋道智彌編『日本のコモンズ思想』岩波書店、三二―五〇頁
竹内靭負　二〇一一　『富士山と女人禁制』岩田書院
竹峰誠一郎　二〇一五　「マーシャル諸島にみる「サブシステンス」―コモンズとしての土地と暮らし」松島泰勝編『島嶼経済とコモンズ』晃洋書房、一七一―一九四頁
橘礼吉　二〇〇五　「手取川源流域におけるマス・イワナ漁について―奥山人の渓流資源の利用例―その1」『石川県白山自然保護センター研究報告』三二：五五―六六頁
田中克　二〇〇八　『森里海連環学への道』旬報社
田中玄洋・川村誠　二〇〇三　「公有林野入会の存続とコモンズ―岡山県蒜山地区を事例に」『日本林学会大会学術講演集』一一四：一一頁
谷口真人　二〇〇八　「鳥海山の海底湧水」秋道智彌編『鳥海山の暮らしと水―地域からのレポート』東北出版企画、五〇―六九頁
谷口真人　二〇一五　「水循環基本法と地下水」『地下水学会誌』五七（一）：八三―九〇頁
谷口真人　二〇一六　「地球と社会と人をつなぐ大槌の湧水」谷口真人編『大槌発　未来へのグランドデザイン―震災復興と地域の自然・文化』昭和堂、三―三二頁
田淵行男　一九八一　『山の紋章　雪形』学習研究社
田村眞通　二〇〇〇　「6．十三湖」中村幹雄編『日本のシジミ漁業―その現状と問題点』たたら書房、七四―八三頁
田和正孝　二〇〇七　『石干見（いしひみ）最古の漁法』（モノと人間の文化史135）法政大学出版局
近森正　一九八八　『サンゴ礁の民族考古学―レンネル島の文化と適応』雄山閣出版
近森正　二〇〇八　「島のおきて―環礁社会の資源管理と危機対応」近森正編『サンゴ礁の景観史―クック諸島調査の論集』慶應義塾大学出版会、一七七―二一一頁
塚本善弘　二〇〇七　「「コモンズ」としてのヨシ原生態系活用・保全の論理・展開・課題―北上川河口域をフィールドとして」『アルテスリベラレス（岩手大学人文社会科学部紀要）』八一：一七〇―二〇二頁

鶴見良行　一九九八　『鶴見良行全集6　バナナ』、みすず書房

鶴見良行　一九九九a　『鶴見良行著作集4　マングローブ』みすず書房

鶴見良行　一九九九b　『鶴見良行著作集9　ナマコ』みすず書房

張競　二〇〇七　「陸と海がつながる自然の循環系」『日本海学の新世紀 総集編』角川学芸出版、二三四―二五八頁

デカルト・ルネ　二〇一〇　『方法序説』（山田弘明訳）（ちくま学芸文庫）筑摩書房

テクスバヤル　二〇一五　「21世紀の遊牧離れ―梅棹図譜の意義」娜仁格日勒編『梅棹忠夫の内モンゴル調査を検証する』（国立民族学博物館調査報告）一三〇：一一三―一二五頁

寺嶋秀明　二〇〇四　「人はなぜ、平等にこだわるのか―平等と不平等の人類学的研究」寺嶋秀明編『平等と不平等をめぐる人類学的研究』ナカニシヤ出版、三―五二頁

寺嶋秀明　二〇一一　『平等論』ナカニシヤ出版

トインビー・アーノルド・J.　一九七五　『歴史の研究1』（長谷川松治訳）　社会思想社

富川盛道　一九六九　「ウシの焼き印（1）」『アジア・アフリカ言語文化研究』二：一―二八頁

富川盛道　二〇〇五　『ダトーガ民族誌―東アフリカ牧畜社会の地域人類学的研究』弘文堂

冨田敬大　二〇〇八　「ポスト社会主義モンゴル国における遊牧民と土地私有化政策―地方社会における土地利用に関する方法論的考察」『Core ethics』四：二一三―二二五頁

富田虎男　一九八二　『アメリカ・インディアンの歴史』雄山閣出版

富田虎男、スチュアート・ヘンリー編　二〇〇五　『北米』（講座世界の先住民族 ファースト・ピープルズの現在）明石書店

富山県生活環境文化部環境保全課　二〇〇六　『とやま水紀行「とやまの名水」』富山県

内藤暁子　二〇一〇　「未来への指針―再評価されたワイタンギ条約とマオリの戦略」吉岡政徳・林勲男編『オセアニア近代史の人類学的研究―接触と変貌、住民と国家』（国立民族学博物館研究報告別冊21）、三二九―三四六頁

ナウマン・エドムント　一九九六　『日本地質の探究』（山下昇翻訳）東海大学出版会

中尾英俊　二〇〇九　『入会権―その本質と現代的課題』勁草書房

中尾佐助　二〇〇四　『中尾佐助著作集Ⅰ　農耕の起源と栽培植物』北海道大学出版会

中嶋弓子　一九九三　『ハワイ・さまよえる楽園』東京書籍

永田憲史　二〇一一　「研究ノート　南洋群島の刑事司法制度」『関西大学法学論集』六一（四）：一―一九頁

中峰空　二〇一三「伊勢国長島藩主増山雪斎の『虫豸帖』に描かれた虫たち」岡田真美子編『小さな小さな生きものがたり―日本的生命観と神性』昭和堂、一〇七―一二五頁
名取武光　一九四〇「北海道噴火湾の捕鯨」『北方文化研究報告』三：一三七―一六一頁
名取裕光　一九九七「噴火湾アイヌの捕鯨」谷川健一編『鯨・イルカの民俗』（日本民俗文化資料集成第18巻）三一書房、一三―二七頁
南洋庁　一九三五『蘭領東印度水産業調査書』南洋庁
中村幹雄編　二〇〇〇『日本のシジミ漁業―その現状と問題点』たたら書房
中村靖人　二〇〇〇「7．小川原湖」中村幹雄編『日本のシジミ漁業―その現状と問題点』たたら書房、八四―九二頁
西岡芳文　二〇〇三「中世の富士山―「富士縁起」の古層をさぐる」『日本中世史の再発見』吉川弘文館、一〇八―一三一頁
西岡芳文　二〇〇四「新出『浅間大菩薩縁起』にみる初期富士修験の様相」『史学』七三（一）：一―一四頁
西岡芳文　二〇〇六「富士山をめぐる知識と言説―中世情報史の視点から」『立教大学日本学研究所年報』五：六四八―六五二頁
南村雅志　二〇〇九「マリン・エコラベル・ジャパン―川下から資源管理を促進する」『Ship & Ocean Newsletter』二〇八：二―三頁
日本生態学会編　二〇一六『生物学が語る東日本大震災』文一総合出版
西川嘉廣　二〇〇二『ヨシの文化史―水辺から見た近江の暮らし』サンライズ出版
根深誠　二〇一四『白神山地マタギ伝：鈴木忠勝の生涯』七つ森書館
野本寛一　一九八四『焼畑民俗文化論』雄山閣出版
野本寛一　一九九六ａ「始原生業複合論―秋山郷・伊那谷から」『信濃』四八（一）：三三―六一頁
野本寛一　一九九六ｂ「隠岐島牧畑民俗素描」『民俗文化』八：一一一―一五〇頁
野本寛一　一九九九「サケ・マスをめぐる民俗構造」『民俗文化』一一：一一―一二二頁
野本寛一　二〇〇七「大型獣捕獲儀礼の列島鳥瞰―熊・猪を事例として」『季刊東北学』一〇：四五―六三頁
野本寛一　二〇〇八『生態と民俗―人と動植物の相渉譜』（講談社学術文庫）講談社
野本寛一　二〇〇九『野本寛一著作集２　山地母源論２―マスの遡上を追って』岩田書院
野本寛一　二〇一四「コモンズと自然」秋道智彌編『日本のコモンズ思想』岩波書店、一二一―一三〇頁

ハイデガー・マルティン　一九八〇　『世界の名著74　ハイデガー』（原佑・渡邊二郎共訳）（中公バックス）中央公論新社
ハイデガー・マルティン　二〇〇三　『存在と時間』（Ⅰ・Ⅱ・Ⅲ）（中公クラシックス）（原佑、渡邊二郎・訳）中央公論新社
ハンチントン・サミュエル・P　一九九八　『文明の衝突』（鈴木主税訳）集英社
芳賀裕樹・大塚泰助、松田征也、芦谷美奈子　二〇〇六　「二〇〇二年夏の琵琶湖南湖における沈水植物の現存量と種構成の場所による違い」『陸水学雑誌』六七（二）：六九―七九頁
羽鳥徳郎・岡大樹・佐藤信吾　二〇一五　「モンゴルにおける遊牧と土地所有―国立公園的遊牧システムの提案」『法律学研究』五三：三六九―三九一頁
橋村修　二〇〇九　『漁場利用の社会史―近世西南九州における水産資源の捕採とテリトリー』人文書院
濱尾章二　二〇一五　「ウグイスのさえずりの単純化」『BIOSTORY』二四：一四―一九頁
羽鳥徳郎・岡大樹・佐藤信吾　二〇一五　「モンゴルにおける遊牧と土地所有―国立公園的遊牧システムの提案」『法律学研究』五三：三六九―三九一頁
畠山重篤　二〇〇六　『森は海の恋人』（文春文庫）文藝春秋
畠山重篤　二〇一二　『鉄で海がよみがえる』（文春文庫）文藝春秋
馬場勝寿　二〇〇〇　「3．網走湖」中村幹雄編『日本のシジミ漁業―その現状と問題点』たたら書房、四八―五六頁
浜本幸生　一九九九　『海の「守り人」論―徹底検証・漁業権と地先権』まな出版企画
原田正純　二〇〇九　『宝子たち 胎児性水俣病に学んだ五〇年』弦書房
春田直紀　二〇〇八　「モノからみた15世紀の日本」『日本史研究』五四六号：二二―四五頁
春田直紀　二〇一〇　「魚介類記事から見えてくる世界」『琵琶湖博物館研究調査報告』二五：七三―八一頁
林和治　二〇〇二　「「土の思想」安藤昌益の思想を問い直す（下）」『日本大学総合社会情報研究科紀要』三：二九九―三一〇頁
林行夫　二〇〇〇　『ラオ人社会の宗教と文化変容―東北タイの地域・宗教社会誌』京都大学学術出版会
隼田嘉彦・白崎昭一郎・松浦義則　二〇〇〇　『県史　福井県の歴史』山川出版社
平塚純一・山室真澄・石飛裕　二〇〇六　『里湖（さとうみ）モク採り物語―五〇年前の水面下の世界』生物研究所、八六―九五頁
百村帝彦　二〇〇五　「ラオスの土地森林分配事業における地域住民の対応―サワンナケート県の丘陵地域における事例―」

『林業経済研究』五一（一）：七九―八八頁
百村帝彦　二〇〇六「地方農林行政による土地森林分配事業への〝目こぼし〟運用―ラオスにおける保護地域での事例研究」『アジア・熱帯モンスーン地域における地域生態史の統合的研究：1945-2005　２００５年度報告書』総合地球環境学研究所・研究プッロジェクト4―2、一三九―一四二頁
百村帝彦　二〇〇八「東南アジア大陸部の雨緑樹林と農の生態」、秋道智彌（監修）、河野泰之（責任編集）『論集モンスーンアジアの生態史 第1巻 生業の生態史』弘文堂、九―二七頁
百村帝彦　二〇一三「地域住民による土地・森林利用の実態とその変遷―ラオス・サワンナケート県の丘陵地の村落の事例」『地域研究』一三（一）：一五一―一六六頁
福井県編　一九九四『福井県史　通史編2　中世』福井県
ブロック・モーリス　一九九六『マルクス主義と人類学』（山内彰・訳）法政大学出版局
ブローデル・フェルナン　二〇〇四『地中海1』（浜名優美・訳）藤原書店
ヘディン・スヴェン　一九六八『さまよえる湖』（岩村忍・訳）（角川文庫）角川書店
ベルウッド・ピーター　二〇〇八『農耕起源の人類史』（佐藤洋一郎・長田俊樹監訳）京都大学出版会
ベルク・オギュスタン　一九九二『風土の日本―自然と文化の通態』（ちくま学芸文庫）（篠田勝英・訳）筑摩書房
ベルク・オギュスタン　二〇一六「自然と主体性」秋道智彌編『交錯する世界―自然と文化の脱構築』京都大学学術出版会（印刷中）
星野義延・星野順子・深町篤子　二〇一五「東日本大津波の被災地に誕生した湿地の植生と植物」『ＢＩＯＳＴＯＲＹ』二三：七八―八三頁
細川弘明　一九九七「先住権のゆくえ」長谷川長夫他編『多文化主義・多言語主義の現在』人文書院、一七七―一九九頁
堀田吉雄　一九八〇『山の神信仰の研究』光書房
保立道久　一九八七「中世における山野河海の領有と支配」『日本の社会史第2巻』岩波書店、一三八―一七一頁
ポランニー・カール　二〇一五『ポランニー・コレクション　経済と自由―文明の転換』（福田邦夫、池田昭光、東風谷太一、佐久間寛・訳）筑摩書房
堀一郎　二〇〇〇『堀一郎著作集第7巻　民間信仰の形態と機能』未来社
ホール・エドワード・T　一九七〇『かくれた次元』（日高敏隆・佐藤信行・訳）みすず書房

牧田肇 二〇〇五 「世界遺産・白神山地とエコツーリズム」池谷和信・長谷川政美編『日本の狩猟採集文化―野生生物とともに生きる』世界思想社、二〇六―二三四頁
牧田肇 二〇〇六 「ブナの山 白神山地」『地理』六〇九：一八―二六頁
牧田肇 二〇〇七 「白神山地の人と水」秋道智彌編『水と世界遺産』小学館、七九―九二頁
牧野清 一九八一 『八重山の明和大津波』城野印刷所
牧野光琢 二〇一四 「コモンズとしての海洋生態系と水産業」秋道智彌編『日本のコモンズ思想』岩波書店、二一三―二二九頁
松浦義則 一九九四 「第1章第六節六 網場漁業の成立と製塩」『福井県史通史編2 中世』福井県、二三三―二四一頁。
松田裕之 二〇一二 『海の保全生態学』東京大学出版会
福嶌義宏 二〇〇八 『黄河断流』昭和堂
松尾容孝 二〇一五 「焼畑、狩猟、信仰からみた米良地域の生活―既存研究の整理と西米良村歴史民俗資料館展示資料による検討―」『専修大学人文科学研究所月報』二七七：一九―六〇頁
松村圭一郎 二〇〇八 『所有と分配の人類学』世界思想社
松山利夫 一九九六 「現代アボリジニの神話―精霊たちのメッセージ」（角川選書）角川書店
源了圓 一九八五 「日本の自然観」『新岩波講座哲学5：自然とコスモス』岩波書店、三四八―三七四頁
まな出版企画 二〇〇六 『季刊 里海』まな出版企画
丸山真男 一九五二 『日本政治思想史研究』東京大学出版会
丸山真男 一九六一 『日本の思想』岩波書店
宮内泰介 一九九八 「重層的な環境利用と共同利用権―ソロモン諸島マライタ島の事例から」『環境社会学研究』四：一二五―一四一頁
宮内泰介編 二〇〇九 『半栽培の環境社会学―これからの人と自然』昭和堂
Millennium Ecosystem Assessment 編 二〇〇七 『国連ミレニアム エコシステム評価 生態系サービスと人類の将来』（横浜国立大学二一世紀COE翻訳委員会責任翻訳）、オーム社
村井吉敬 一九九四 「東インドネシア諸島における伝統的資源保護慣行―サシについての覚え書き」『社会科学研究』一一七：九五―一二二頁

村井吉敬　一九九八ａ　『エビと日本人』岩波書店
村井吉敬　一九九八ｂ　『サシとアジアと海世界―環境を守る知恵とシステム』コモンズ
村井吉敬・鶴見良行　一九九六　『エビの向うにアジアが見える』学陽書房
森誠一　二〇一〇　「日本川国論」秋道智彌・小松和彦・中村康夫編『人と水第1巻　水と環境』勉誠出版、二三三―二七三頁
森誠一編　二〇一二　『天恵と天災の文化誌』東北出版企画
森誠一　二〇一三　「津波震災を乗り越えた大槌町のイトヨ」『魚類学雑誌』六〇（二）：一七七―一八〇頁
森誠一　二〇一六　「「郷土財」湧水魚イトヨから見る復興まちづくりのかたち」谷口真人編『大槌発　未来へのグランドデザイン―震災復興と地域の自然・文化』昭和堂、七一―九五頁
モーガン・ルイス・Ｈ　一九五八　『古代社会』（上下）（青山道夫・訳）（岩波文庫）岩波書店
八杉佳穂　二〇一〇　「水とマヤ・アステカ文明」秋道智彌編『水と文明』昭和堂、一二六―一五二頁。
安田信之　一九九九　「土地の領有と所有―オーストラリア・一九九二年マボ判決を手がかりに」杉島敬志編『土地所有の政治史』風響社、三七五―三九〇頁
安富亮平・渡辺智治・寶吉隼人・新谷康二　二〇〇八　「天塩パンケ沼でのシジミ漁場環境調査」『魚と水』四五（一）：四―六頁
安永寿延　一九七六　『安藤昌益』平凡社
山口正士　一九八一　「日本のサンゴと世界のサンゴ礁」『動物と自然』一一：四―八頁
山口保明　一九九九　「女猪狩りと猟犬の葬送儀礼」『自然と文化』六〇：五八―六三頁
山田孝子　一九九四　『アイヌの世界観―「ことば」から読む自然と宇宙』講談社
山本紀夫編　二〇〇九　『ドメスティケーション―その民族生物学的研究』（国立民族学博物館調査報告）八四
柳田國男　一九六三　「山宮考」『定本　柳田國男集』第十一巻神樹篇、筑摩書房、二九五―三五八頁。
ユクスキュル・ヤーコブ・フォン、クリサート・ゲオルグ　二〇〇五　『生物から見た世界』（日高敏隆・羽田節子・訳）（岩波文庫）岩波書店
ユクスキュル・ヤーコブ・フォン　二〇一二　『動物の環境と内的世界』（前野佳彦・訳）みすず書房
レオポルド・アルド　一九九七　『野生のうたが聞こえる』（講談社学術文庫）（新島義昭・訳）講談社

レヴィ＝ストロース・クロード　一九七六　『野生の思考』（大橋保夫・訳）みすず書房
レヴィ＝ストロース・クロード　二〇〇〇　『今日のトーテミスム』（仲澤紀雄・訳）みすず書房
鷲谷いずみ　二〇一二　『震災後の自然とどうつきあうか』岩波書店
渡辺仁　一九七七　「アイヌの生態系」渡辺仁責任編集『人類学講座12　生態』雄山閣出版、三八七—四〇五頁
渡辺洋三　一九七五　『林野入会と村落構造　北富士山麓の事例研究』（北條浩共編）東京大学出版会
渡辺洋三　二〇〇九　『慣習的権利と所有権』（北條浩・村田彰編）御茶の水書房
和辻哲郎　一九七九　『風土—人間学的考察』（岩波文庫）岩波書店

ADAMS, Robert McCormick 1956. Some hypotheses on the development of early civilizations. *American Antiquity* 21（3）: 227–232.

AGRAWAL, A. 2001. Common property institutions and sustainable governance of resources. *World Development* 29（10）: 1649–1672.

AKIMICHI, T. 1978. The ecological aspect of Lau（Solomon Islands）ethnoichthyology. *The Journal of the Polynesian Society* 87（4）: 301–326.

AKIMICHI, T. 1984. Territorial regulation in the small-scale fisheries of Itoman, Okinawa, In K. Ruddle and T. Akimichi eds., *Maritime Institutions in the Western Pacific*, Senri Ethnological Studies No.17, Osaka: National Museum of Ethnology, pp. 89–120.

AKIMICHI, T. 1986. Conservation of the sea: Satawal, Micronesia. In A. Anderson ed., *Traditional Fishing in the Pacific: Ethnographical and Archaeological Papers from the 15th Pacific Science Congress*. Honolulu: Department of Anthropology, Bernice P. Bishop Museum, pp.15–33.

AKIMICHI, T. 1991. Sea tenure and its transformation in the Lau of north Malaita, Solomon Islands. *South Pacific Study* 12（1）: 7–22.

AKIMICHI, T. 1998. Live grouper trade and ethno-networks in Southeast Asia. *Proceedings of the APEC Workshop on the Impacts of Destructive Fishing Practices on the Marine Environment, 16-18 December 1997*. Hong Kong: Agriculture and Fisheries Department, Hong Kong, pp.240–248.

AKIMICHI, T. 2003. Species-oriented resource management and dialogue on reef fish conservation: a case study from small-scale fisheries in Yaeyama Islands, Southwestern Japan. In J.R. McGoodwin ed. *Understanding the Cultures of Fishing Communities: A Key to Fisheries Management and Food Security*, FAO Fisheries Technical Paper 401, pp.109–131.

AKIMICHI, T. 2011. Changing Coastal Commons in a Sub–Tropical Island Ecosystem, Yaeyama Islands, Japan. In: *Island Futures: Conservation and Development Across the Asia-Pacific Region*. Global Environmental Studies. Springer, pp.125–137.

AKIMICHI, T. 2012. Satoumi ecosystems and a new commons: ecological and institutional linkages between human and nature. *Global Environmental Research* 16 (2): 163–172.

AKIMICHI, T. and K. RUDDLE 1984. The historical development of territorial rights and fishery regulations in Okinawa inshore waters. In: *Maritime Institutions in the Western Pacific*. Senri Ethnological Studies No.17. Osaka: National Museum of Ethnology, pp.37–88.

AKIMICHI, T. and S. SAUCHOMAL 1982. Satawalese Fish Names. *Micronesica* 18 (2): 1–34.

AKIMICHI, T. and H. SUGIYAML 2012. *Satoumi* to integrate resource conservation and use: sandfish fisheries in Akita Prefecture. In: *Biological and Cultural Diversity in Coastal Communities* (CBD Technical Series No.61). Montreal: Secretariat of the Convention on Biological Diversity, pp.24–29.

ALKIRE, W. H. 1978. *Coral Islanders*. Arlington Height: AHM Pub. Corp.

ANELL, Bengt 1955. Contribution to the History of Fishing in the Southern Seas. *Studia Ethnographica Upsaliensia* 9.

ARARAL, E. 2014. Ostrom, Hardin and the Commons: A critical appreciation and a revisionist view. *Environmental Science and Policy* 36: 11–23.

ARIFIN, Z. and P. PURWATI 1993. *Conservation and sustainable use of lola gastropod* (*Trochus niloticus* L.) *in Banda Islands, Indonesia*. Division of Marine Resources Research and Development Research and Development Center for Oceanology. Jakarta: Indonesian Institute of Science (LIPI).

BACON, E. 1946. A preliminary attempt to determine the culture areas of Asia. *Southwestern Journal of Anthropology* 2: 117–132.

BAILEY, C. and C. ZERNER 1992. Community–based fisheries management institutions in Indonesia. *Maritime Anthropological Studies* 5 (1): 1– 44.

BAIRD, I. G. *et al.* 1999. *The Fishes of Southern Lao. Lao Community and Dolphin Protection Project*. Vientiane: Ministry of Agriculture and Forestry.

BAIRD, I. G. 2001. Towards sustainable co–management of Mekong River aquatic resources: the experience in Siphandone wetlands. In Daconto, G. ed. *Siphandone Wetlands*. Environmental Protection and Community Development in Siphandone Wetlands Project. Bergamo: CESVI, pp. 89–111.

BAIRD, I. G. and M. S. FLAHERTY 1999. Fish conservation zones and indigenous ecological knowledge in Southern Laos: A first step in monitoring and assessing effectiveness, environmental protection and community development in Siphandone Wetland, Champassak Province, Lao PDR. Project report Project Lao/ B1–B7/ 6200–IB/ 96–012. Vientiane: CESVI Cooperation and Development Wetlands Environmental Protection.

BAHUCHET, S. 1990. Food sharing among the Pygmies of Central Africa. *African Studies Monographs* 11 (1): 27–53.

BELLWOOD, P. 1989. Archaeological investigations at Bukit Tengkorak and Segarong, southeastern Sabah. *Bulletin of the Indo-Pacific Prehistory Association* 9: 122–162.

BELLWOOD, P. and P. KOON 1989. Lapita colonists leave boat unburned. The question of Lapita links with Island Southeast Asia. *Antiquity* 63: 613–622.

BERKES, F. 1985. Fishermen and 'tragedy of the commons'. *Environmental Conservation* 12 (3): 199–206.

BERKES, F. ed. 1998. *Common property resources: ecology and community-based sustainable development*. London: Belhaven Press.

BERKES, F., D. FEENY, B.J. McCAY, and J.M. ACHESON 1989. The benefits of the commons. *Nature* 340: 91–93.

BERKES, F., C. FOLKE and M. GADGIL. 1993. *Traditional Ecological Knowledge, Biodiversity, Resilience and Sustainability*. Stockholm: Beijer International Institute of Ecological Economics.

BOHANNAN, Paul and Laura BOHANNAN 1968. *Tiv Economy*. Evanston: Northwesterm University Press.

BROMLEY, D.W. ed. 1992. *Making the Commons Work: Theory, Practice and Policy*, San Francisco: ICS Press.

BURKILL, I.H. 1966. A *Dictionary of the Economic Products of the Malay Peninsula*. Published by Ministry of Agriculture and Co-Operatives.

CARRIER, James G. 1981. Ownership of productive resources on Ponam Island, Manus Province. *Journal de la Société des Océanistes* 37 : 205–217.

CARRIER, James G., and Achsah H. CARRIER 1989. *Wage, Trade, and Exchange in Melanesia: A Manus Society in the Modern State*. Berkeley: University of California Press.

CASHDAN, E. 1983. Territoriality among human foragers: ecological models and an application to four Bushman groups. *Current Anthropology* 24 (1): 47–66.

CHILDE, G.V. 1936. *Man Makes Himself*. London: Watts.

COLE, D. H. 2002. *Pollution and Property Comparing Ownership Institutions for Environmental Protection*. Cambridge: Cambridge University Press.

CONKLIN, Harold C. 1954. The Relation of Hanunóo Culture to the Plant World. Ph.D. dissertation, Yale University.

CONKLIN, Harold C. 1957. *Hanunóo Agriculture: A Report on an Integral System of Shifting Cultivation in the Philippines*. United Nations, FAO Forestry Development Paper no. 12.

COOPER, M. 1971. Economic context of shell money production in Malaita. *Oceania* 41 (4): 266–276.

CROCOMBE, R. G. 1964 (2012). *Land Tenure in the Cook Islands*. Oxford University/ Australian National University. Appendix A—Schedule of Laws and Other Provisions Relating to Land in the Cook Islands. Wellington: Victoria University of Wellington, Pacific Rim Law & Policy Journal Association.

DACONTO, G. ed. 2001. *Siphandone Wetlands*. Environmental Protection and Community Development in Siphandone Wetlands Project. Bergamo: CESVI.

DAVIS, S. 1984. Aboriginal claims to coastal waters in north–eastern Arnhem Land, northern Australia. In K. Ruddle and T. Akimichi eds., *Maritime Institutions in the Western Pacific* (Senri Ethnological Studies. No.17), pp.231–251.

DEAP, L., P. DEGEN, and N. van ZALINGE 2003. *Fishing Gears of the Cambodian Mekong*. Cambodian Fisheries Technical Paper Series Vol IV. Inland Fisheries Research and Development Institute of Cambodia. Phnom Penh: Inland Fisheries Research and Development Institute, 269pp.

DEGEN, P. and N. THUOK 2000. Historical, cultural and legal perspectives on the fishing lot system in Cambodia. In M. Ahmed and P. Hirsch eds. *Common Property in the Mekong: Issues of Sustainability and Subsistence*. Penang: Australian Mekong Resources Center, Sydney University, and World Fish Center, pp. 49–60.

DESCOLA, Philippe 2005. *Par-Delà Nature et Culture*. Paris: Gallimard.

DESCOLA, Philippe 2013. *Beyond Nature and Culture*. Chicago: The University of Chicago Press.

DHM Inc. 1989. *Hawaiian Fishpond Study: Islands of O'ahu, Moloka'i and Hawai'i*. Honolulu: Bishop Museum.

DHM Inc. 1990. *Hawaiian Fishpond Study: Islands of Hawai'i, Maui, Lana'i and Kaua'i*. Honolulu: Bishop Museum.

DINA, Thol and J. SATO 2015. The cost of dividing the commons: overlapping property systems in Tonle Sap, Cambodia. *International Journal of the Commons* 9 (1): 261–280.

DYSON-HUDSON, Rada and Eric Alden SMITH 1978. Human territoriality: an ecological reassessment. *American Anthropologist* (n.s.) 80 (1): 21-41.

DWYER, P. and Monica MINNEGAL 1995. Ownership, individual effort and the organization of labour among Kubo sago producers of Papua New Guinea. *Anthropological Science* 103 (2): 91-104.

DWYER, P. and Monica MINNEGAL 1997. Sago games: cooperation and change among sago producers of Papua New Guinea. *Evolution and Human Behavior* 18 (2): 89-208.

EDWARDS, V. and N. A. STEINS 1998. Developing an analytical framework for multiple-use commons. *Journal of Theoretical Politics* 10 (3): 347-383.

EDWARDS, V. and N. A. STEINS 1999a. A framework for analysing contextual factors in common pool resource research. *Journal of Environmental Policy and Planning* 1: 205-221.

EDWARDS, V. and N. A. STEINS 1999b. Special Issue introduction: the importance of context in common pool resource research. *Journal of Environmental Policy and Planning* 1: 195-204.

EMORY, Kenneth P. 1975. *Material Culture of the Tuamotu Archipelago*. Pacific Anthropological Records. No. 22. Honolulu: Department. of Anthropology, Bernice Pauahi Bishop Museum.

EIBL-EIBESFELDT, Irenäus 2009. *Human Ethology*. Piscataway: A division of Transaction Publishers, Aldine Transaction.

EVANS, Peter, G.H. 1987. *The Natural History of Whales & Dolphins*. Kent: Cristopher Helm.

FEENY, D., F. BERKES, B. McCAY, and J. ACHESON 1990. The tragedy of the commons: twenty-two years later. *Human Ecology* 18 (1): 1-19.

FIRTH, Raymond 1936. *We, The Tikopia: A Sociological Study of Kinship in Primitive Polynesia*. London: Allen & Unwin.

FIRTH, Raymond 1938. Totemism in Polynesia. *Oceania* 1 (3): 291-321.

FIRTH, Raymond. 1939a. Totemism in Polynesia. *Oceania* 1 (4): 377-398.

FIRTH, Raymond 1939b. *Primitive Polynesian Economy*. London: Routledge.

FIRTH, R. 1967. Sea creatures and spirits in Tikopia belief. In G.A. Highland, R.W. Force, A. Howard, M. Kelly and Y.H. Sinoto eds. *Polynesian Culture History*. Bernice P. Bishop Museum Special Publication 56, pp.539-564.

FISCHER, J. L. 1958. Contemporary Ponape Island land tenure. In J. E. de Young, ed. *Land tenure patterns in Trust Territory of the Pacific*

*Islands*. Guam: Trust Territory Government, pp. 76–159.

FISHERIES LAW 2006. *Fisheries Law*. Fisheries Administration, Ministry of Agriculture, Forestry and Fisheries, Royal Government of Cambodia.

FLANNERY, Tim 2002. *Future Eaters: An Ecological History of the Australasian Lands and People*. New York: Grove Press.

FOSBERG, F.R. 1969. Plants of Satawal Island, Caroline Islands. *Atoll Research Bulletin* No. 132.

FRANCE P. 1969. *Men of Property' in the Charter of the Land: Custom and Colonisation in Fiji*. Melbourne: Oxford University Press.

FRIEDMAN, J. 1982. Catastrophe and continuity in social evolution. In M.J. Rowlands, & B.A. Segraves eds., *Theory and Explanation in Archaeology*, New York: Academic Press, pp. 175–196.

HARRIS, David R. 1996. Domesticatory relationships of people, plants and animals. In R. Ellen and K. Fukui eds., *Redefining Nature: Ecology, Culture and Domestication*. Oxford: Berg, pp. 437–463.

GEERTZ, Hildred 1963. Indonesian cultures and communities In R. McVey ed. *Indonesia*. New Haven: HRAF Press.

GLEESON, T., Y. WADA, BIERKENS, M.F.P. and van BEEK, L.P. H. 2012. Water balance of global aquifers revealed by groundwater footprint. *Nature* 488: 197–200.

GLUCKMAN, Max 1965. *Politics, Law and Ritual in Tribal Society*. Oxford: Basil Blackwell.

GOODALL, Jane 2010. *Through a Window: My Thirty Years with the Chimpanzees of Gombe*. New York: Mariner Books (Houghton Mifflin Harcourt).

GOODENOUGH, W. H. 1951. *Property, Kin and Community on Truk*. Yale University Publications in Anthropology No. 46.

GORDON, H.S. 1954. The economic theory of a common-property resource: the fishery. *Journal of Political Economy* 62: 124–142.

GRANT, Raymond K. J. 1991. *The Royal Forests of England*. Sutton: Phoenix Mill.

GREEN, R. C. 1991. Near and remote Oceania–disestablishing "Melanesia" in culture history. In A. Pawley ed. *Man and a Half: Essays in Pacific Anthropology and Ethnobiology in Honour of Ralph Bulmer*, Auckland: Polynesian Society. pp. 491–502.

GROTIUS, Hugo 1609. *Mare Liberum, sive de jure quod Batavis competit ad Indicana commercial dissertatio*. Leuven: Lodewijk Elzevir

GUM, W. 1998. Natural resource management in the Tonle Sap biosphere reserve in Battambang province. *Consultancy report for the European Commission Support Programme to the Environmental Sector in Cambodia (SPEC)*. Phnom Penh: SPEC.

GWYNNE, M. D. 1977. Land use by the southern Turkana. Paper presented for seminar on Pastoral Societies of Kenya, Institute of African

Studies, University of Nairobi.

HAMPSON, Norman 1963. *The Social History of French Revolution.* London: Routledge & Kegan Paul.

HARDIN, G. 1968. The Tragedy of the Commons. *Science* 162: 1243–1248.

HARDING, T. G. 1967. Voyagers of the Vitiaz Strait: A Study of a New Guinea Trade System.（American Ethnological Society Monograph series No.44） Seattle: University of Washington Press.

HARRIS, David R. 1996. Domesticatory relationships of people, plants and animals. In Ellen R. and K. Fukui eds. *Redefining Nature: Ecology, Culture and Domestication*. Oxford: Berg, pp.437–463.

HASSE, J. J., B. B, MADRAISAU., and J. P. McVEY 1977. Some aspects of the life history of *Siganus canaliculatus*（Park）（Pisces: Siganidae） in Palau. *Micronesica* 13: 297–312.

HELLER, Michael A. 1998. The tragedy of the anticommons: property in the transition from Marx to Markets. *Harvard Law Review* 111 (3): 621–688.

HERSCOVITS, M. J. 1923. *The Cattle Complex in East Africa- Culture- Area Approach*. Ph D. Dissertation（Columbia University）.

HUMPREY, C. and D. SNEATH 1999. *The End of Nomadism? Society, State and the Environment in Inner Asia*. Durham: Duke University Press.

HUSAIN and BHATTACHARYA 2004. Common pool resources and contextual factors: Evolution of a fishermen's cooperative in Calcutta. *Ecological Economics* 50: 201–217.

ICHIKAWA, M. 2005. Food sharing and ownership among the central African hunter–gatherers: an evolutionary perspective. In: T. Widlok and Wolde Gossa Tadesse eds., *Property and Equality vol.1, Ritualisation, Sharing, Egaritarianism*. Vancouver: Berghahn Books, pp. 151–164.

INGOLD, T. 1987. *The Appropriation of Nature: Essays on Human Ecology and Social Relations*. Iowa City: University of Iowa Press.

INGOLD, T. 1996. Hunting and gathering as ways of perceiving the environment. In R. F. Ellen and K. Fukui eds., *Redefining Nature: Ecology, Culture, and Domestication*. Oxford: Berg, pp. 117–155.

INGOLD, T. 2000. *The Perception of the Environment: Essays on Livelihood, Dwelling and Skill.* Oxford: Routledge.

INGOLD, T. 2005. Time, memory and property. In: T. Widlok and Wolde Gossa Tadesse eds., *Property and Equality vol.1, Ritualisation, Sharing, Egaritarianism*. Vancouver: Berghahn Books, pp. 165–174.

JARVIS, W.T., 2012. Integrating groundwater boundary matters into catchment management. In: M. Taniguchi and T. Shiraiwa eds. *Dilemma of Boundaries – Toward a New Concept of Catchment*, Springer, pp. 161–176.

JOHANNES, R.E. 1978a. Traditional marine conservation methods in Oceania and their demise. *Annual Review of Ecological Systematics* 9: 349–364.

JOHANNES, R.E., 1978b. Reproductive strategies of coastal marine fishes in the tropics. *Environmental Biology of Fishes* 3(1): 65–84.

JOHANNES, R.E. 1981. *Words of the Lagoon: Fishing and Marine Lore in the Palau District of Micronesia*. Berkeley: University of California Press.

JONES, M., R. JONES, and M. WOODS 2004. *An Introduction to Political Geography*. London and New York: Routledge.

KALLAND, A. 1993. Whale politics and green legitimacy. *Anthropology Today* 19 (6):3–7.

KENT, Susan 1993. Sharing in an egalitarian Kalahari community. *Man* (n.s.) 28 (3): 479–514.

KESKINEN, Marko. 2006. The lake with floating villages: socioeconomic analysis of the Tonle Sap lake. *Journal of Water Resources Development* 22 (3): 463–480.

KIRCH, Patrick V. 1986. Rethinking east Polynesian prehistory. *Journal of the Polynesian Society* 95 (1): 9–40.

KIRCH, Patrick V. 1997a. *The Lapita Peoples: Ancestors of the Oceanic World. The Peoples of South-East Asia and the Pacific*. Oxford: Wiley–Blackwell.

KIRCH, Patrick V. 1997b. *Feathered Gods and Fishhooks: An Introduction to Hawaiian Archaeology and Prehistory*. Honolulu: University of Hawaii Press.

KLOOSTER, D. 2000. Institutional choice, community, and struggle: a case study of forest co–management in Mexico. *World Development* 28 (1):1–20.

KLUCKHORN, Clyde. 1958. The scientific study of values and contemporary civilization. *Proceedings of the American Philosophical Society* 102: 469–476.

KROEBER, Alfred L. 1947. Culture groupings in Asia. *Southwestern Journal of Anthropology* 3(4): 322–330.

LEARCH, E. R. 1964. Anthropological aspects of language: Animal categories and verbal abuse. In Eric H. Lenneberg ed. *New directions in the study of language*. Indianapolis : Bobbs–Merrill, pp. 23–63.

LEE, Richard B. 1968. What hunters do for a living, or, How to make out on scarce resources. In R.B. Lee and I. DeVore eds., *Man the*

*Hunter*. Aldine Publishing, pp. 30–48

LEE, Richard B. and Irven DEVORE eds. 1968. *Man the Hunter*. Chicago: Aldine Publishing Company.

LESSA, W. 1966. *Ulithi: A Micronesian Design for Living*. New York: Holt, Rinehart, and Winston.

LILLEY, Ian 2004. Trade and culture history across the Vitiaz Strait, Papua New Guinea: the emerging post–Lapita coastal sequence. *Records of the Australian Museum, Supplement* 29: 89–96.

LINNEKIN, Jocelyn 1975. The HUI lands of KEANAE: Hawaiian land tenure and the great MAHELE. *The Journal of the Polynesian Society* 92 (2): 169–188.

LUNDSGARRDE, H. P. ed. 1974. *Land Tenure in Oceania*. Honolulu: University of Hawaii Press.

MALAMOUND, Charles 1996. *Cooking the World: Ritual and Thought in Ancient India*. Oxford: Oxford University Press.

MALINOWSKI, B. 1922. *Argonauts of the Western Pacific*. Oxford: Routledge and Kegan Paul

MALINOWSKI, B. 1935. *Coral Gardens and Their Magic: A Study of the Methods of Tilling the Soil and of Agricultural Rites in the Trobriand Islands*. Oxford: Routledge.

MARANDA, P. et E.K. Maranda 1970. Le crâne et l'utérus: deux théorèmes nord–Malaitains. In J. Fouillon and P. Maranda eds.*Echanges et Communications*. Paris and The Hague: Mouton, pp. 829–61.

MASON, L. E. 1968. The ethnology of Micronesia. In A. P. Vayda ed. *Peoples* and *Cultures of the Pacific*, New York: Natural History Press. pp.275–298.

MASUDA, Shozo 1985. Algae collectors and Lomas. In Shozo Masuda, Izumi Shimada, and Craig Morris eds., *Andean Ecology and Civilization*, Tokyo: The University of Tokyo Press. pp.233–250.

McCAY, B.J. and J.M. ACHESON eds. 1987. *The Question of the Commons: The Culture and Ecology of Communal Resources*. Tuscon: The University of Arizona Press.

McCAY, Bonnie J. and Svein JENTOFT 1998. Market or community failure? Critical perspectives on common property research. *Human Organization* 57(1): 21–29.

McKEAN, M. A. 1992. Management of traditional common lands (*Iriaichi*) in Japan. In Bromley, D. W. ed *Making the Commons Work: Theory, Practice, and Policy*. San Francisco: CNS Press, pp.63–98.

MEKONG RIVER COMMISSION 2001. *MRC Strategy on Flood Management and Mitigation*. Phnom Penh: Mekong River Commission.

MEKONG RIVER COMMISSION 2004. *An Introduction to Cambodia's Inland Fisheries.* (Mekong Development Series No. 4) Phnom Penh: Mekong River Commission.

MITANI, John C., David P. WATTS, and Sylvia J. AMSLER 2010. Email Article: Lethal intergroup aggression leads to territorial expansion in wild chimpanzees. *Current Biology* 20 (12): 507–508.

MONK, A., .de RETES, and REKSODIHARJO-LILLEY 1997. *Ecology of Nusa Tenggara and Maluku* (The Ecology of Indonesia Series Volume V). Hong Kong: Periplus Editions.

MORROW, C.E. and R.W. HULL 1996. Donor-initiated common pool resource institutions: the case of the Yanesha Forestry Cooperative. *World Development* 24: 1641–1657.

NASON, J. D. 1975. The strength of the land: community perception of population on Etal atoll. In V. Carroll ed., *Pacific Atoll Population*, Honolulu: The University Press of Hawaii. pp. 117–159.

NEIL M. Levy 1975. Native Hawaiian land rights. *California Law Review* 63(4): 848–885.

NETTING, R. 1976. What Alpine peasants have in commons: observation on communal tenure in a Swiss village. *Human Ecology* 4: 135–246.

NICOLÅS L. Gutiérrez, Ray HILBORN, and Omar DEFEO. 2011. Leadership, social capital and incentives promote successful fisheries. *Nature* 470: 386–389

OKI, T., M. SATO, A. KAWAMURA, M. MIYAKE, S. KAYANE, and M.MUSIAKE 2003. Virtual water trade to Japan and in the world. In A.Y. Hokstra ed., *Virtual water trade. Proceedings of the international expert meeting on virtual water trade*. Delft: IHE Delft, pp. 221–235.

ONO, R. 2002. Prehistoric Austronesian fishing strategies: A comparison between Island Southeast Asia and Lapita cultural complex. In: C. Sand ed. *Pacific Archaeology: Assessments and Prospects*, pp.191–201.

ONO, R. 2004. Prehistoric fishing at Bukit Tengkorak, east coast of Borneo Island. *New Zealand Journal of Archaeology* 24: 77–106.

OSTROM, E. 1990. *Governing the Commons*. Cambridge: Cambridge University Press.

OSTROM, E. 1992. The rudiments of a theory of the origins, survival, and performance of common-property institutions. In D.W. Bromley ed. *Making the Community Work, Theory, Practice, and Policy*. San Francisco: ICS Press, pp. 293– 318.

OHTSUKA, R. 1983. *Oriomo Papuans: Ecology of Sago Eaters in Lowland Papua*. Tokyo: University of Tokyo Press.

OHTSUKA, R. 1994. Subsistence ecology and carrying capacity in two Papua New Guinea populations. *Journal of Biosocial Science* 26 (3): 395–407.

PASCHT, Arno 2011. Land rights in Rarotonga (Cook Islands): traditions and transformations. *Pacific Studies* 34 (2/3): 195–221.

PEREIRA, Claudia Costa, Rui PINTO, Candice MOHAN, and Scott ATKINSO 2013. *Guidelines for Establishing Co-Management of Natural Resources in Timor-Leste*. Jakarta: Conservation International for the Timor-Leste National Coordinating Committee.

PETERSON, Nicholas 1975. Hunter-gatherer territoriality: the perspective from Australia. *American Anthropologist* (n. s.) 77 (1): 53–68.

POULSEN, A.F., K.G. HORTE, J. VALBO-JORGENSEN, SD. CHAN, C.K. CHHUON, S. VIRAVONG, K. BOUAKHAMVONGSA, U. SUNTORNRATANA, N. YOORONG, T.T. NGUYEN, and B.Q. TRAN. 1994. *Distribution and Ecology of Some Important Riverine Fish Species of the Mekong River Basin*. Vientiane: Mekong River Commission.

RARNER, B. D. 2006. Community management by decree? Lessons from Cambodia's fisheries reform. *Society and Natural Resources* 19 (1): 79–86.

REES, W. E. 1992. Ecological footprints and appropriated carrying capacity: what urban economics leaves out. *Environment and Urbanization* 4: 121–130.

REIMAN, F. M. 1967. Fishing: An aspect of Oceanic economy-an archaeological approach. *FIELDIANA: Anthropology* 56 (2): 101–208.

REIMAN, B.K.1970. Fishhook variability: implications for the history and distribution of fishing gear. In R. C. Green and M. Kelly eds. *Studies in Oceanic Culture History*, Volume 1, (Pacific Anthropological Records 11). Honolulu: Department of Anthropology, Bishop Museum, pp.47–59.

ROIG, M. S, and F. G. dela MUZA 1952. *La Pesca en Cuba*. Habana: Seoane, Fernandez y cia, Impresores Compostela, pp. 141–151.

ROSS, Harold M. 1973. *Baegu: Social and Ecological Organization in Malaita*, Solomon Islands. Urbana-Champaine: University of Illinois Press.

RUDDLE, Kenneth ed. 2008. *SPC Traditional Marine Resource Management and Knowledge Information Bulletin* 24: 19–32.

RUDDLE, K. and T. AKIMICHI 1984. Maritime Institutions in the Western Pacific. *Senri Ethnological Studies* 17. Osaka: National Museum of Ethnology.

SACK, Robert D. 1983. Human territoriality: a theory. *Annals of the Association of American Geographers* 73 (1): 55–74.

SACK, Robert D. 1986. *Human Territoriality: Its Theory and Historical Archive*. Cambridge: Cambridge University Press.

SANO, Y. 2008a. The role of social capitalism a common property resource system in coastal areas: a case study of community–based coastal resource management in Fiji. *SPC Traditional Marine Resource management and Knowledge Information Bulletin* 24: 19–32.

SANO, Y. 2008b. Social and institutional arrangements in coastal common pool resource systems: preliminary results of a study of community–based coastal management in Fiji. *TROPICS* 17（4）: 295–314.

SASAOKA, M. 2003. Customary forest resource management in Seram Island, central Maluku: the “seli kaitahu” system. *TROPICS* 12（4）: 247–260.

SAY, S. 2014. Limited state and strong social forces: fishing lot management in Cambodia. *Journal of Southeast Asian Studies* 45（2）: 174–193.

SELDEN, John 1635. *Mare clausum: seu de dominio maris, libri duo*. London: excudebat Will. Stanesbeius, pro Richardo Meighen.

SILK, Joan B., Sarah F. BROSNAN, Joseph HENRICH, Susan P. LAMBETH and Steven SHAPIRO 2013. Chimpanzees share food for many reasons: the role of kinship, reciprocity, social bonds and harassment on food transfers. *Animal Behaviour* 85（5）: 941–947.

SIMADA, Izumi 1982. Horizontal archipelago and coast–highland interaction in North Peru: archaeological models. *Senri Ethnological Studies* 10: 137–210.

SINGLETON, Sara and Michael TAYLOR 1992. Common property, collective action and community. *Journal of Theoretical Politics* 4: 309–324.

SITHIRITH, Mak  2011. Political Geographies of the Tonle Sap: Power, Space and Resources.（Ph D. dissertation）National University of Singapore.

SOPHER, D. 1977. *The Sea Nomads: A Study of the Maritime Boat People of the Southeast Asia*. Singapore: The Museum.

SPENCER, J. E. 1966. *Shifting Cultivation in Southeaster Asia*. Berkeley: University of California Press.

STOETT, Peter J. 1997. *The International Politics of Whaling*. Vancouver: University of British Colambia Press.

STRATHERN, M. 1980. ‘No nature, no culture: the Hagen case’. In C. MaCormack and M. Strathern eds., *Nature, Culture and Gender*. Cambridge: Cambridge University Press.

SUDA, K. 1990. Leveling mechanisms in a recently relocated Kubor village, Papua New Guinea: A socio–behavioral analysis of sago–making. *Man and Culture in Oceania* 6: 99–112.

SUDO, K. 1984. Social Organization and Types of Sea Tenure. In K. Ruddle and T. Akimichi eds., *Maritime Institutions in the Western Pacific*. Senri Ethnological Studies No.17, pp. 203–230.

TANNER, A. 2007. On understanding too quickly: Colonial and postcolonial misinterpretation of indigenous Fijian land tenure. *Human Organization* 66 (1): 69–77.

TECHERA, Erika J. 2009. Customary law and community-based fisheries management across the South Pacific Region. *Journal of the Australasian Law Teachers Association* 2 (1 and 2): 279–292.

TECHERA, E.J. and TRONNIAK, S. 2009. *Marine Protected Areas Policy and Legislation Gap Analysis: Fiji Islands*. Suva: IUCN Regional Office for Oceania.

Te RANGI HIROA 1971. *Samoan Material Culture*. Bernice P. Bernice P. Bishop Museum Bulletin 75. Honolulu: The Bishop Museum Press.

TERRELL, J. 1985. *Prehistory in the Pacific Islands*. New York: Cambridge University Press.

TESTART, Alain 1982. The significance of food storage among hunter-gatherers: residence patterns, population densities, and social inequalities. *Current Anthropology* 23 (5): 523–537.

THOMAS, Nicholas 1991. *Entangled Objects: Exchange, Material Culture, and Colonialism in the Pacific*. Cambridge: Harvard University Press.

THOMPSON, David and Somony, THAY 2003. *Management System for Inland Fisheries*. Section 5. Draft Annex D: Review of Fisheries. Tonle Sap Environment Management Project (TSEMP): Fisheries Administration, Cambodia.

THORNTON, Thomas F., Madonna L. MOSS, Virginia L. BUTLER, Jamie HEBERT and Fritz FUNK 2010. Local and traditional knowledge and the historical ecology of Pacific herring in Alaska. *Journal of Ecological Anthropology* 14 (1): 81–88.

TISDELL, Clem. 1999. Economics, aspects of ecology and sustainable agricultural production, In A. K. Dragun and C. Tisdell eds., *Sustainable Agriculture and Environment Globalisation and the Impact of Trade Liberalisation*. Cheltenham: Edward Elgar, pp. 37–56.

TITCOMB, M. 1972. *Native Use of Fish in Hawaii*. Honolulu: Bishop Museum Press.

TOBIN, J. A. 1952. *Land Tenure in the Marshall Islands*. Atoll Research Bulletin No. 11. The Pacific Science Board, National Academy of Science-National Research Council.

TOBIN, J. A. 1958. Land tenure in the Marshall Islands. In J. E. de Young ed., *Land Tenure Patterns in Trust Territory of the Pacific Islands*. Guam: Trust Territory Government, pp. 1–75.

TRYON, D. 2012. Linguistic encounter and responses in the South Pacific.' In M. Jolly, S. Tcherkézoff, D.Tryon, and H.J.M. Claessen eds. *Oceanic Encounters- Exchange, Desire, Bijdragen tot de Taal-, Land- en Volkenkunde* 168 (1): 136–140.

TYKOT, R. H. and S. CHIA 1997. Long–distance obsidian trade in Indonesia. *Mat. Res. Soc. Symp. Proc*. 462: 175–180.

TYLOR, Edward, B. 1871. *Primitive Culture: Researches into the Development of Mythology, Philosophy, Religion, Art, and Custom*. (Two volumes). London: J. Murray.

VICKERS, A. H. 1993. From Bali to Lampung on the Pasisir. *Archipel* 45 (45): 55–76.

VANNA, N and GALLARDO, W 2011. Perceptions of the local community on the outcome of community fishery management in Krala Peah village, Cambodia. *International Journal of Sustainable Development and Ecology* 18: 453–460.

WARREN, J. F. 1981. *The Sulu Zone*. Singapore: Singapore University Press.

WATANABE, H. 1968. Subsistence and ecology of northern food gatherers with special reference to the Ainu. In R.B. Lee and I. Devore eds., *Man the Hunter*. Aldine Publishing Company, pp. 79–77.

WATANABE, H. 1972. *The Ainu ecosystem: environment and group structure*. Tokyo: University of Tokyo Press.

WATTS, David P. 2004. Intracommunity coalition killing of an adult male chimpanzee at Ngogo, KIbalre National Park, Uganda. *International Journal of Primatology* 25 (3): 507–521.

WENZEL, G. W. 1991. *Animal Rights, Human Rights: Ecology, Economy and Ideology in the Canadian Arctic*. Toronto: University of Toronto Press.

WILLIAMSON, G. and W.J.A. PAYNE eds. 1978. *An Introduction to Animal Husbandry in the Tropics*. London: Longman.

WISSLER, Clark 1927. The Culture–area concept in social anthropology. *American Journal of Sociology* 32 (6): 881–891.

WOODBURN, James C. 1982. Egalitarian societies. *Man* (n.s.) 17: 431–451.

WOODBURN, James C. 1998. Sharing Is Not a Form of Exchange: An Analysis of Property–Sharing in Immediate–Return Hunter–Gatherer Societies. In C.M. Hann ed. *Property Relations: Renewing the Anthropological Tradition*, Cambridge: Cambridge University Press. pp.48–63.

ZERNER, C. 1990. Marine tenure in Indonesia's Makassar Strait: The Mandar raft fishery. Paper presented at the first annual meeting of the

International Association for the Study of Common Property, Duke University. Durham, North Carolina, September 1990.

ZERNER, C. 1991. Sharing the catch in Mandar: Changes in an Indonesian raft fishery（1970–1989）. In J.J. Porgie and R.B. Pollnac eds., *Small Scale Fishery Development: Sociocultural Perspectives*. ICMRD: University of Rhode Island.

ZERNER, C. 2003. Sounding the Makassar Strait: the poetics and politics of an Indonesian marine environment. In C. Zerner ed., *Culture and the Question of Rights to Southeast Asian Environments: Forests, Sounds, and Law*. Durham: Duke University Press.

ZHANG, J. and H. SATAKE 2003. The chemical characteristics of submarine groundwater seepage in Toyama Bay, Central Japan. M. Taniguchi *et al*., eds. *Land and marine hydrogeology*, Tokyo. Elsevier, pp.45–60.

中国語

郭家驥　二〇〇六　「西双版納傣族水文化的変遷与可持続発展」尹紹亭・秋道智弥主編『人類学生態環境史研究』中国社会科学出版社、三一三七頁

曽益群　二〇〇六　「勐宋生態環境変遷簡史」尹紹亭・秋道智弥主編『人類学生態環境史研究』中国社会科学出版社、三七二—四〇四頁

李建欽　二〇〇六　「烏苦寨哈尼草果種植与生態文化変遷影響研究」尹紹亭・秋道智弥主編『人類学生態環境史研究』中国社会科学出版社、一九七—二二六頁。

刘怡・白忠明　一九九九　『基諾族文化大観』雲南民族出版社

呂律星・許建初・周鉅乾主編　一九九六　『中国雲南村社林業管理現状』雲南大学出版社

王淑寧　二〇〇九　「昔為兄弟、今為子婿—唐朝回紇的和親及民族融合」『中国民族新聞网中国共産党新聞・民族歴史』二〇〇九年一二月二一日

王洁如・龍春林　一九九五　「基諾続伝統食用植物的民俗植物学研究」『雲南植物研究』一七（二）：一六一—一六八頁

王洁如・裴盛基・許建初・楊立新・楊樟惟　二〇〇〇　「基諾山森林小産品資源的開拓与保護」許建初主編『民俗植物学与植物資源可持続利用的研究』雲南科学出版社、一二二—一三三頁

王洁如・裴盛基・龍春林・李延輝　一九九七ａ　「現代経済開拓対基諾族伝統文化的影響」裴盛基・許建初・陳三阳・龍春林主編『西双版納休閑農業生態系統生物多様性研究論文報告集』雲南教育出版社、一四九—一五四頁

王洁如・龍春林・李延輝・裴盛基　一九九七b「基諾族土地制度的変化及其対刀耕火种農業的影響」裴盛基・許建初・陳三阳・龍春林主編『西双版納休閑農業生態系統生物多様性研究論文報告集』雲南教育出版社、一四三―一四八頁
尹紹亭　一九九二「基諾続的刀耕火種―兼与雲南其他刀耕火種民族的比較」『国立民族学博物館研究報告』一七（二）：二六八―二七四頁
尹紹亭・深尾叶子主編　二〇〇三『雨林啊胶林』雲南教育出版社

# 索　引

凡例――括弧内は英語表記、民族名には the をつけ、それ以外は省略。
イタリック体は、学名（属・種）・現地語・ラテン語を指す。

## あ

アイゴ（rabbitfish: Siganidae）　*201, 215, 217, 223*
アイヌ（the Ainu）　*16, 69, 116, 239, 248, 255, 256, 258, 259, 334, 351, 425, 443–451, 523, 524, 527, 531, 534, 538, 539*
アオウミガメ（green turtle: *Cheloina mydas*）　*226, 230, 234, 236, 240*
アオサ（sea lettuce: *Ulva* spp.）　*369*
商人場知行制（land-holding unit in trading with the Ainu）　*446–448*
アクセス権（access rights）　*27, 69, 75, 77, 78, 83, 90, 91, 111, 116, 122, 127, 128, 132, 142–144, 153, 241, 280, 484, 485*
アサリ（Manila clam: *Ruditapes* spp.）　*44, 306, 333, 364, 366, 367*
アシ・アブー（*asi abu*）　*214, 215*
アシ・モラー（*asi mola*）　*214, 215, 223*
阿蘇草原（Aso Grassland）　*95, 155, 498, 522*
アチュア族（the Achuar）　*56, 57*
アニミズム（animism）　*48, 57–59, 248, 261, 263, 277, 415, 479–481*
アーネムランド（Arnhem Land）　*221, 442*
網走湖（Abashiri Lake）　*347, 349–352, 535*
アフプア・ア（*ahupua'a*）　*239, 416, 417, 419*
アブラヤシ（oil palm: *Elaeis* spp.）　*159, 161, 162, 475*
アプロプリエーション（appropriation）　*52*
アボリジニ（the Aborigine）　*12, 17, 78, 156, 221, 248, 334, 438–442, 474, 537*
アボリジニ土地権法（Aboriginal Land Rights Act）　*439*
アマモ（*Zostera* spp.）　*95, 97, 332, 333, 526*
アラル海（Aral Sea）　*457, 458, 523*
アルゴンキン・インディアン（the Algonquin）　*17, 430*
アンチ・コモンズ論（anti-commons）　*29, 30*
安藤昌益（ANDOH Shoueki）　*50, 51, 437, 531, 535, 538*
アンブシ（*ambushi*: stake-net fishery）　*187–189, 191–197, 199–204, 207, 208, 244, 245*

## い

イオマンテ（*iomante*）　*256, 258, 524*
移行地域（transitional zone）　*87, 88, 278*
いさば（五十場）（market place）　*303*
諫早湾（Isahaya Bay）　*362, 363*
石干見（stone tidal weir）　*239, 364, 439, 532*
イシヤー（territory in *ambushi* fishery）　*188–190, 192, 194, 196, 197, 199, 200, 203, 208*
イースター島（Easter Island）　*264, 265, 388, 405, 406, 413, 414, 416*
イスラム化（Islamization）　*415*
市（market place）　*23, 212, 220, 493*
イティメタオ（*yitimetaw*）　*395, 398, 399*
伊藤若冲（ITOH Jakuchu）　*266*
糸満（Itoman city）　*25, 64, 187–189, 196, 202, 204, 208, 244, 245, 523*
イトヨ（stickleback: *Gasterosteus aculeatus*）　*278, 294–298, 300–302, 305, 326–328, 335, 524, 538*
イノー（礁池・礁原）（reef flat）　*110, 186–188, 195, 196, 202, 204*
イバン（the Iban）　*101, 104, 159, 523*
入会権（*Iriai* rights）　*10, 25, 30, 95, 96, 155, 525, 526, 533*
イルカ（dolphin, porpoise: Odontoceti）　*72, 73, 77, 137, 256, 270, 412, 534*
イロコイ諸族（the Iroquois）　*430, 431*
イウォル（*iwor*）　*239, 443–446, 448, 450, 451*
イワガキ（rock oyster: *Crossostrea nippona*）　*372–375*
イン川（Ing River）　*105, 128, 162, 524*
インゴルド（Tim INGOLD）　*48, 49, 52*
インディアン戦争（Indian War）　*430, 432*

## う

ウィク判決（Wik decision）　*440, 441*
ウイグル（the Uighur）　*386, 389–391, 402, 461, 468*
ウエスト・ファーユ島（West Fayu Island）　*226, 230, 234*
ウェストン（Walter WESTON）　*336–338, 523*
ウォニキー礁（Weniky Reef）　*230, 271*
魚付き林（fish-breeding forest）　*374–376*
ウォニモン礁（Wenimóng reef）　*229–231, 271*
ウォーファヌー（*woofanuw*）　*395–398*
ウォーレン（warren）　*427*
産土神（land guardian god）　*251, 252*
ウムゲーブング（Umgebung）　*35, 36*
ウムヴェルト（Umwelt）　*36*
ウルシー環礁（Ulithi Atoll）　*240, 397, 399, 401*

## え

エコトーン（ecotone）　*107–109, 300, 521*
エコロジカル・フットプリント（ecological foot-print）　*462*
エスキモー（the Eskimo）　*17*
エゾイソシジミ（*Nuttallia ezonis*）　*346, 350–352*
エタック（*yeták*）　*395, 396, 398, 399, 519*
エビ養殖（shrimp culture）　*164–166, 169, 171*
エラート環礁（Elato Atoll）　*235, 401*
エンゲルス（Friedrich ENGELS）　*8, 9, 13, 383, 387, 471, 482, 524*

## お

大槌町（Otsuchi town）　*294–297, 299, 304, 309, 311, 317, 318, 324–326, 332, 335, 509, 519, 521, 524, 528, 538*
大山祇神（mountain god）　*254, 507*
岡田真美子（OKADA Mamiko）　*261, 262, 277, 524, 525*
小川原湖（Ogawahara Lake）　*347, 356, 357, 534*
送りの儀礼（sacrificial rites）　*255, 258*
オーストロネシアン（民族・語族）（the Austrone-sian）　*388, 405, 406, 408, 414–416*
オストロム（Erinor OSTROM）　*10, 27–29, 325, 454, 457*
オトガイ（*otogai*）　*218, 220*
オーナー制（owner system）　*308, 309*
オープン・アクセス（open access）　*26, 78, 79, 81, 87, 91, 92, 104, 111, 115, 120, 122, 126, 128, 130, 131, 136, 141, 143, 144, 160, 182, 196, 214, 243, 245, 274, 278, 283, 388, 393, 445, 484, 485*
オホーツク文化（Okhotsk culture）　*256, 258, 350, 446*
オランウータン（orang hutan）　*19, 158, 159, 503*
恩賜林組合（Onshirin forest conservation cooperate association）　*34*

## か

カー（*khah*）　*133, 134, 500*
貝貨（shell money）　*218–221, 505*
海底湧水（marine groundwater）　*329, 331, 342–345, 368, 372, 373, 377, 379, 522, 532*
貝ボタン（shell button）　*345, 346, 353*
海洋自由論（*Mare Liberum*）　*79, 81, 122–124*
海洋閉鎖論（*Mare Clausum*）　*80, 81*
海洋保護区（MPA: Marine Protected Area）　*113, 121, 243, 422, 525*
核心地域（core zone）　*87, 88, 278–280*
かぐや姫（a princess Kaguya）　*289*
カキ養殖（oyster culture）　*306, 308, 309, 313, 333, 371, 372*
華人商人（overseas Chinese merchant）　*150, 153, 160, 224*
果蔬涅槃図（a nirvana picture of fruits and vegetables）　*286, 523*
片害共生（antagonism）　*41, 44*
可処分権（*jus disponendi*）　*9*
カナート（カレーズ）（qanat）　*468*
ガバナンス（governance）　*27, 325*
カミ（god, goddess）　*15, 20, 33, 39, 54, 57, 69, 72, 101, 119, 155, 159, 247–250, 255, 256, 259, 268, 270, 272, 280, 285, 302, 408, 411, 486, 532*
カムイ（*kamuy*）　*255, 256, 258, 334, 445*
鴨長明（KAMONO Chomei）　*322, 323, 334*
ガリ（*ngali*: *Canarium* spp.）　*218, 219*
カレンダリング（calendaring）　*62, 64*
カロリン諸島（Caroline Islands）　*226, 238, 268, 395–401, 412, 502, 506*
緩衝地域（buffer zone）　*87, 88, 278–280*
環世界（Umwelt）　*45, 46, 49, 334, 480–482*

## き

擬人主義（anthropomorphism）　*48, 263*
寄生（parasitism）　*39, 40, 43, 44*
季節学（phenology）　*60, 61, 65, 68*
ギデラ族（the Gidra）　*98, 102, 103, 180, 181, 183, 185, 242*
休閑（fallow）　*98, 101, 159, 160, 173, 175, 176, 178, 245, 553, 554*
共水（communal water）　*305, 381*
共生（symbiosis）　*39–44, 55, 294, 295, 488, 494, 522, 525, 529*
匈奴（the Hsiung= Nu）　*387–390, 514*
共同管理（collaborative management）　*105, 143, 152, 153, 529*
共同体基盤型（community-based）　*27, 151, 325, 454, 501*
共有（Miteigentum）　*5–13, 20, 25–30, 33, 34, 55, 65, 66, 68, 77–79, 90–92, 95, 97–102, 104, 105, 107, 110, 111, 116, 118, 119, 123, 124, 126, 127, 130, 131, 142–144, 154, 160, 166, 174, 176, 177, 179, 183, 188, 205, 210, 217, 223, 227, 228, 230, 236, 238, 240, 241, 243–245, 294, 298–300, 303, 305, 314, 326, 328, 335, 372, 383, 385, 387, 394, 408, 409, 416, 418, 419, 421, 422, 434, 443, 445, 450–453, 455–457, 474, 479, 482, 483, 485, 488, 491, 500, 501, 520*
共有化（communization）　*6, 142, 243*
共有林（community forest）　*34, 98–100, 126, 176, 177*
魚毒（fish poison）　*34, 185, 213, 520*
魚類保全区（fish conservation zone: *vang sanguwane*）　*137–139, 143*
儀礼的狩猟（ritual hunting）　*252, 253*
禁河（closed river）　*33*
キングス・プロジェクト（the King's Project）　*169*
禁野（closed field）　*32, 33*

## く

共生（ぐうしょう）（existence of self and by the other）　*41, 522*
クジアナ（registered fishing spots）　*206–210*
クジラ（whale: Cetacea）　*43, 44, 60, 64, 74, 76, 77, 90, 117, 118, 122–125, 255, 256, 258, 259, 263, 270, 394, 447, 499, 521, 524*
クチ（口）（reef channel）　*120, 121, 186, 202, 215*
クック諸島（the Cook Islands）　*416, 418–420*
クナシリ・メナシの反乱（Kunasili Menashi revellion）　*448, 449*
クラ（kula）　*37, 38, 404, 412*
クラウン・ランド（Crown Land）　*421, 422*
クラン（clan）　*102, 103, 149, 181–184, 228, 231, 236–238, 240–242, 392, 408, 419*
グリーン・カーペット・プロジェクト（the Green Carpet Project）　*167*
クレアナ法（Kuleana Act）　*418*
グレイザー（grazer）　*93, 94*
グレート・バリア・リーフ（Great Barrier Reef）　*112, 113, 277, 502*
グロティウス（Hugo GROTIUS）　*79–81, 123, 124*
グローバル・コモンズ（global commons）　*166, 486*
クロマグロ（Pacific bluefin tuna: *Thunnus orientalis*）　*76, 345*

## け

経済特区（special economic zone）　*312, 313*
鯨油（whale oil）　*76, 123*
結界（ritual/ political boundary）　*15, 16, 20–23, 493*
慶良間諸島（Kerama Islands）　*88–90*

## こ

コー（釣りばり）（*kéé*）　*412*
黄河断流（Yellow River's run-down）　*459–461, 537*
公私共利（common benefits among the public and the private sections）　*7, 31–33, 79*
公水（public water）　*305, 381, 455, 456*
洪水埋没林（flood forests）　*106, 107, 141, 142*
ゴウナ・アラータ（*gouna alata*）　*215–217*
合有（Gesamthandseigentum）　*10, 482*
国連海洋法条約（UNCLOS）　*86, 344*
ココヤシ（coconut palm: *Cocos nucifera*）　*22, 103, 218, 226–235, 239, 269, 401, 406, 412, 419, 421, 506*
コタン（*kotan*）　*219, 258, 259, 443–445*
小繋事件（Kotsunagi issue）　*30, 525*
混み合い（crowding）　*17, 18, 121*
ゴム（para rubber tree: *Hevea brasiliensis*）　*99, 160, 161, 163, 164, 172, 174, 175, 178, 231, 330*

ゴリゴリ（*qoliqoli*） 422, 423
ゴリゴリ漁業法案（the *Qoliqoli* Bill） 423
ゴリラ（gorilla: *Gorilla* spp.） 19
墾田永年私財法（act of privatizing paddy fields） 31
コンヴィヴィアリティー（conviviality） 42, 523
コンセッション（concession） 160, 161, 166, 167, 242, 503

## さ

災因論（cause of hazard） 68, 322
採草地（meadow） 95, 96, 497
サウェイ（*sawei*） 399, 401, 412
サクラマス（masu salmon: *Oncorhynchus masou*） 278, 280, 282, 340
サケ（salmon, dog salmon: *Oncorhynchus keta*） 34, 64, 115, 116, 119, 163, 281, 282, 294, 295, 298, 303, 304, 306, 309, 326, 331, 339, 341, 350, 372, 373, 376, 444, 445, 447–449, 451, 512, 523, 534
サケふ化事業（salmon breeding project） 294, 303, 331, 372
サゴヤシ（sago palm: *Metroxylon sagu*） 102–104, 127, 179, 180, 182–185, 243, 403, 406, 407, 524
サゴヤシ・でんぷん（sago starch） 180, 183–185, 403
ササヒビ（bamboo fence weir） 364, 366, 367, 380
サシ（*sasi*） 80, 103, 116, 149, 150, 152, 153, 409, 419, 529, 537, 538
砂仁（*Amomum villosum*） 178, 179
サタワル島（Satawal Island） 74, 226–231, 233–236, 268–272, 395, 401, 506, 519, 520, 531
サトウキビ（sugarcane; *Saccharum officinarum*） 174, 421
三極モデル（tri-polar model） 83, 127, 484, 485
サンクチュアリ（sanctuary） 78, 79, 82, 138, 139, 143, 144, 274, 429, 484
山川藪沢（mountains, rivers, bush and valley） 7, 31, 79
サンタクルーズ諸島（Santa Cruz Islands） 403, 404
山中他界（the believed other world in the mountains） 248–251
三定政策（three principles policy） 176, 177, 179, 244, 245
三圃制（three field system） 26, 127, 483, 493
山野河海（mountains, fields, rivers and the sea） 7, 31–33, 336, 445, 527, 536
産卵回遊（spawning migration） 64
産卵群遊（spawning aggregation） 119–121, 126, 186

## し

四至（four sides of the boundary） 22, 23, 526
西双版納傣族自治州（Xishuangbanna Dai autonomous prefecture） 98, 99, 177
シジミ（*Corbicula* spp.） 184, 185, 346–361, 512, 529, 532, 534, 535, 538
自生（じしょう）（self-existence） 41
私水（private water） 305, 381, 455, 456
自然化（naturalization） 52, 53
自然主義（naturalism） 57, 58, 479–481
自然領域（natural area） 66
注連縄（sacred straw festoon） 15, 21–23
標野（closed field） 32
シマ（community） 14, 15
社会進化（social evolution） 8, 13, 387
ジャコトゥエー（敷網漁）（lift net fishery） 205–208, 210, 244, 245
私有化（privatization） 6, 9, 12, 13, 26, 30, 31, 33, 91, 92, 131, 142–144, 149, 154, 169, 179, 243–245, 418, 424, 452–454, 469, 483, 533
私有権（private ownership） 174
十三湖（Jusanko Lake） 347, 352, 353, 512, 532
収益権（revenue rights） 9, 10
修験道（Japanese mountain asceticism-shamanism） 249, 251, 287–289, 291
ジュゴン（dugong: *Dugong dugon*） 108, 320, 322
主体性（subjectivity） 43, 45–47, 54, 263, 479–482, 523, 536
酋長の魚（fish for the chief） 74
所有権（ownership） 9, 53, 72, 75, 91, 98, 101, 106, 110, 117, 119, 127, 155, 156, 160, 174, 182, 214, 228, 229, 241–243, 245, 305, 383, 387, 400, 421, 422, 435, 452, 453, 455, 482, 483, 485, 539
狩猟採集民（hunter-gatherers） 11, 12, 15–17, 19, 102, 157, 159, 160, 245, 470, 471, 484, 526
貞観噴火（eruption in the Jogan period） 285, 323
精進魚類物語（a parody of a war between vegetables

and fish)　266, 531
礁嶺（reef crest）　194–196, 199, 202
白神山地（Shirakami Mountain）　275, 278–282, 527, 534, 537
知床半島（Siretoko Peninsula）　275, 278, 281, 350
知床方式（Shiretoko method）　282
シロエビ（*Pasiphaea japonica*）　345, 346
シロナガスクジラ（blue whale: *Balaenoptera musculus*）　77, 124, 125, 499
宍道湖（Shinjiko Lake）　347, 358, 359
新水法（New Water Law）　461
神通川（Jinzu River）　337, 339–341, 530

## す

水田稲作（paddy cultivation）　64, 99, 128, 139, 172, 249, 250, 408, 461
水田漁撈（fishing in the paddy fields）　106, 107, 128, 130, 143, 500
スズ（tiin）　163, 164, 166, 242
ストレス説（stress theory）　17, 18, 25
スーパーホエール（superwhale）　77
スルタン（Sultan）　150, 152, 153, 242, 404, 410, 415, 417, 420, 421

## せ

聖域（sanctuary）　78, 79, 82, 83, 87, 90, 99, 137, 138, 143, 221, 248, 249, 274, 277, 280, 282, 285, 290, 291, 425, 426, 485, 492
生態学的移行帯（ecotone）　107–109
生態系サービス（ecosystem services）　107, 330–334, 343, 537
生態史観（ecological theory of the world history）　69, 383–386, 524
生態資源（ecological resources）　91, 444
生物圏保存地域（BR: Biosphere Reserves）　87, 88
生命誌絵巻（a picture of the Bio-history）　60, 61
世界遺産（World Heritage）　274–285, 290, 291, 521, 524, 527, 531, 537
セルデン（John SELDEN）　80, 81
浅間神社（Sengen shrine）　284–286, 288, 290, 291
千戸制（thousand unit system）　389
占有権（the rights of possession）　9, 10, 155, 400, 452

## そ

草果（*Amomum tsua-ko*）　300, 553
草木國土悉皆成佛（plants and land enter the Buddhist world）　261, 262, 266
総有（Gesamteigentum）　10, 11, 314, 482, 521, 522
ソウラヴァ（*soulava*）　37, 38
ソコラー（*sokola*）　215, 217
相利共生（mutualism）　40, 41, 44
ゾーニング（zoning）　82, 87, 88, 144, 274
存在論（ontology）　48, 49, 51, 55, 57, 58, 479, 480, 522

## た

大海嘯記念碑（*tsunami* memorial monument）　317, 318
傣族（the Tai Lue, Tai）　98, 99, 172, 174–177, 553
退耕還林（restoration of agricultural land to forest）　176, 177, 517
帯水層（aquifer）　305, 456, 457, 462, 463
台風（typhoon）　199, 200, 207, 208, 232, 233, 235, 401
タイ・ルー族（the Tai Lue）　98, 105, 172
タオンガ（taonga）　424, 425
タカセガイ（*Trochus niloticus*）　127, 144–153, 224, 225, 237, 502, 503
ダサネッチ（the Dasanetch）　393, 394
ダトーガ（the Datoga）　392, 393, 533
田の神（god of the paddy field）　65, 248, 249, 251
タペレ（*tapere*）　239, 416, 419, 420
タロイモ（taro: *Colocasia esculenta*）　173, 179, 180, 211, 226, 227, 229, 232–234, 239, 269, 271, 272, 406–410, 414, 504, 506
淡水化事業（desalination project）　356, 359
タンブ（*tabu*）　409, 422, 423

## ち

チェイス（chase）　427, 429
チーク材（teak wood: *Tectona* spp.）　162, 163
基諾族（the Jinuo）　99, 172–174, 176–179, 553, 554
チービシ（慶伊瀬）（coral reefs in southern Okinawa）　113
チューク（トラック）諸島（Chuuk Islands）　240, 399

鳥獣戯画（a picture of animals' palody）　*264*
鳥人（birdman）　*264, 265*
直耕（direct cultivation）　*51*
チンギス＝ハン（GENGHIS Khan）　*389*
チンパンジー（chimpanzee: *Pan troglodytes*）　*12, 19, 20, 484, 493*

## つ

津波石（tsunami boulders）　*320–322*

## て

ティーチ（a territory in stake-net fishery）　*189, 190, 192–196*
天塩川（Teshio River）　*347, 354, 355, 529*
デスコラ（Philippe DESCOLA）　*55–58, 60, 247, 479–482*
テリトリー（territory）　*14, 470, 522, 535*
デ・レイケ（Johannis de RIJKE）　*338*
テロワール（terroir）　*65*
天然更新資源（renewable natural resources）　*71*

## と

トゥルカナ（the Turkana）　*94, 392, 393, 524, 527*
ドーズ法（Dawes Act）　*434, 516*
土地倫理（land ethics）　*425, 426*
トーテミズム（totemism）　*48, 58, 247, 248, 479–481, 495*
ドドス（the Dodos）　*393, 394, 526*
鳥羽僧正（TOBA Buddhist priest）　*264*
トビニタイ文化（Tobinitai culture）　*446*
土民法（北海道旧土民保護法）（Aboriginal act）　*443, 450*
ドメスティケーション（domestication）　*9, 46, 52, 54, 55, 102, 471, 472, 479, 538*
富山湾（Toyama Bay）　*335, 338, 342–346, 512*
ドリーミングタイム（dreaming-time）　*440*
トリンギット（the Tlingit）　*119, 120*
トンレ・サープ湖（Tonle sap Lake）　*105–107, 128, 139–142, 144, 154, 468, 483, 501*

## な

中海（Nakaumi）　*97, 359*
中洲（sandbank）　*23, 24, 493*
中津干潟（Nakatsu Mudflat）　*364–367, 380*
ナマコ（sea-cucumber: Holothuroidea）　*44, 81, 145–147, 149, 150, 153, 224, 225, 404, 421, 476, 477, 502, 503, 519, 533*
ナモヌイト環礁（Namonuito Atoll）　*237, 399–401*
なわばり（territoriality）　*5–7, 14–25, 32, 35, 40, 55, 57, 58, 68, 69, 83, 90, 102, 128, 139, 142, 144, 155, 156, 158, 186, 187, 189, 190–192, 194–197, 245, 247, 248, 330, 383, 387, 388, 392, 395, 396, 399, 400, 413, 443–445, 450, 454, 470, 484, 485, 488, 489, 493, 520, 521*

## に

ニア・オセアニア（Near Oceania）　*405, 406, 415*
匂いの三角形（tripolar model of odour）　*270*
二項対立（binary opposition）　*48, 49, 56, 482*
虹蛇（rainbow serpent）　*441*
西山芳園（NISHIYAMA Houen）　*263, 264*
ニシン（Pacific herring: *Clupea pallasii*; Atlantic herring: *C. harengus*）　*80, 116, 119, 120, 350, 379, 447*
日本三大実録（Nihon-sandai-jitsuroku）　*285, 286, 317*
入漁（entry rights of piscary）　*25, 81, 84–86, 105, 106, 110, 111, 119, 120, 139, 146, 148, 149, 153, 236, 237, 442, 497, 500, 520*
人間中心主義（anthropocentrism）　*45, 47, 53, 157, 260, 482*
人間と生物圏計画（MAB）　*87*

## ぬ

ヌアウル人（the Nuaulu）　*103*

## ね

ネグデル（*Negdel*）　*452, 453, 522*
ネズミ落し式（筌）（*chane*）　*132*

## の

農耕原罪説（theory of agriculture as an original sin）　*471, 472*
農耕礼賛説（theory of agriculture as praise）　*471, 472*
野本寛一（NOMOTO Kanichi）　*33, 534*
ノルマン・コンクエスト（Norman Conquest）　*426, 440*
ノルマン征服王ギョーム（William the Conqueror）　*427*
ノン（*nong*）　*105, 107, 130, 131*

## は

ファーンの土地（*faang*）　*228*
バイオエタノール（bioethanol）　*161, 162, 369*
排他的経済水域（Exclusive Economic Zone）　*82, 84, 85, 243, 485*
ハイブリッド（hybrid）　*58, 59*
バエグ（the Baegu）　*219, 226*
バエレレア（the Baelelea）　*219, 220*
パーク（park）　*427, 429*
バジャウ（the Bajau）　*147, 503*
ハタ（grouper: Epinephelinae）　*43, 63, 64, 119–121, 169, 171, 236, 240*
ハタハタ（Japanese sandfish: *Arctoscopus japonicus*）　*119, 345, 377–379*
バーチャル・ウォーター（virtual water）　*381, 473, 474, 486*
ハーディン（Garrett HARDIN）　*26, 27, 29, 77–79, 90–92, 124, 126, 488*
パトルーン（patroon）　*431*
哈尼族（the Hani）　*98–100, 172, 465, 466*
パブリック・コモンズ（public commons）　*165, 166, 303*
ハヌノー・マンギャン（the Hanunóo Mangyan）　*104*
パラオ諸島（Palau Islands）　*236, 237, 396–398, 400, 413, 502*
ハワイ（Hawaii）　*74, 117, 223, 386, 388, 405, 406, 408–414, 416–419, 424, 528, 533*
パンケ沼（Panke Lake）　*347, 354, 355, 529, 538*
半栽培（semi-domestication）　*34, 46, 102–104, 182, 498, 500, 537*
班田収授法（allotments of rice cultivation）　*31*
パンタタカー（A small-scale fish drive）　*188, 194, 202*
パンノキ（breadfruit: *Artocarpus* spp.）　*226, 227, 232–234, 269, 271, 272, 401, 406–408, 506*

## ひ

干潟（mudflat）　*95, 112, 114, 239, 277, 332, 360, 362–370, 380, 382, 460, 523, 526, 529*
BWU 方式（Blue Whale Unit）　*124, 125*
ピシ（礁嶺）（reef crest）　*194–196, 199, 202*
ヒメジ（goatfish: Mullidae）　*411, 412*
平等主義（egalitarianism）　*5, 12, 482, 491, 523*
琵琶湖（Lake Biwa）　*95–97, 109, 346, 347, 498, 509, 526, 529, 535*
ヒンドゥー（Hindu）　*54, 247, 248, 415, 516*

## ふ

ファー・ノン（*phaa nong*）　*130*
ファー・パー（*phaa paa*）　*130*
普洱茶（pu-erh tea）　*178*
フィッシング・ロット（fishing lot）　*139–142, 144*
風土論（climate theory）　*45, 384*
プカプカ環礁（Pukapuka Atoll）　*409, 418, 419*
ブギス人（the Bugis）　*150*
富士講（religious cooperative for Mt. Fuji）　*289–291*
富士山（Mt. Fuji）　*249, 251, 277, 278, 282–291, 323, 377, 522, 525, 526, 528, 531, 532, 534, 539*
復興（rehabilitation）　*11, 67–69, 290, 293, 294, 299, 300, 306–309, 312–314, 317, 324–326, 332, 333, 486, 519, 521, 526, 531, 532, 538*
ブッシュマン（the Bushmen）　*12, 16, 17, 484*
仏性（Buddha's nature）　*259–262, 277*
フード・セキュリティー（food security）　*478*
フード・マイレージ（food mileage）　*473, 486*
プナン（the Punan）　*157, 159–161, 245*
ブラウザー（browser）　*93, 94*
プラー・ブック（*pla beuk*; *pla buk*）　*134–136*
ブルック一族（James BROOKE family）　*160*
プロクセミクス（proxemics）　*14*
ブン（*bung*）　*130, 131*
文化化（cultural appropriation）　*51–53, 55, 65, 264, 483*
文化領域（culture area）　*66, 399*
文治地震（Bunji earthquake）　*323, 334*
フンペサパアノミ（sacrificial ritual for whale）　*255, 256, 258*
文明（civilization）　*8, 53, 60, 66, 69, 275, 276, 383–387, 400, 413, 415, 416, 425, 463–466, 468–473, 521, 522, 524–526, 529, 532, 535, 536, 538*

## へ

平家物語（tale of Heike）　*323, 334*
ベニアジサシ（roseate tern: *Sterna dougallii*）　*112, 113, 525*

ヘラー（Michael HELLER）　*29*
ベルク（Augustin BERQUE）　*43, 45–47, 60, 263, 480–482, 495, 536*
片利共生（commensalism）　*40, 44*

### ほ

ボーウィン（prior occupation using a pole）　*188, 190*
防潮堤（tide preventive breakwater）　*67, 310, 311, 324*
母川回帰（mother-river migraation）　*116*
ホタルイカ（firefly squid: *Watasenia scintillans*）　*345*
ホトアイル（宿営地集団）（*qota ayil*）　*452, 453*
ボノボ（bonobo: *Pan paniscus*）　*19*
保有（tenure）　*9, 10, 31, 69, 98, 131, 142, 155, 156, 165, 177, 179, 187, 202, 211, 214, 217, 221, 224, 226–228, 236–242, 245, 246, 268, 372, 389, 392, 395, 416, 423, 424, 426, 427, 431, 443, 483, 485, 500, 531*
ボロブドゥール（Borobudur）　*415*
ポーンペイ島（Phonpei Island）　*236, 237*

### ま

前川善兵衛（MAEKAWA Zembei）　*304*
マオリ（the Maori）　*117, 414, 421, 424, 425, 533*
牧畑（four field system in Oki Islands）　*93, 94, 127, 483, 534*
マスアミ（small-scale set net）　*188, 202, 203*
マタギ（Matagi hunter）　*252–255, 279, 280, 282, 445, 532, 534*
マッコウクジラ（sperm whale: *Physeter macrocephalus*）　*74, 117, 118, 123, 124, 499*
松前藩（the Matsumae fief）　*446–450, 516*
マヘレ（Mahere）　*418*
マボ判決（Mabo decision）　*439, 440, 442, 538*
マルクス（Karl MARX）　*13, 383, 385, 471, 482, 536*
マングローブ（mangrove: Rhizophoraceae; Verbenaceae; Sonneratiaceae）　*107, 108, 113, 114, 127, 163–172, 181, 211, 214–216, 221, 239, 475, 476, 533*

### み

水草（water weeds）　*95–97, 128, 330, 500*
水循環基本法（Water Cycle Act）　*381, 382, 486, 532*
ミドリイガイ（green mussel: *Perna viridis*）　*169, 170, 504*
水俣病（Minamata disease）　*363, 475, 486, 535*

### む

無縁（indifference）　*23, 24, 522*
虫行列図（a picture of insects parade）　*263, 264*
無主の土地（*terra nullius*）　*422, 438*
無主物（*bona vacantia*）　*74*
村の淵（*vang xumexone*）　*138*
ムワリ（*mwali*）　*37, 38*

### め

メコンオオナマズ（Mekong giant catfish）　*134–136, 143, 521*
メコン河（Mekong River）　*64, 105, 127, 128, 130, 132–134, 136, 137, 143, 162, 468, 500, 521*

### も

モアイ像（moai）　*413, 414*
舞根湾（Moune Bay）　*306, 333, 371*
モーガン（Lewis H. MORGAN）　*8, 13, 383, 434, 471, 482, 491, 538*
藻琴湖（Mokoto Lake）　*350–352, 523*
藻場（sea-grass beds）　*95, 97, 188, 215, 217, 304, 324, 331, 333, 335, 360, 377–380, 382, 526, 528*
モロ（the Moro）　*147, 502*
モンゴル帝国（Mongolian Empire）　*386–390*
モンスーン林（monsoon forest）　*162, 173, 180, 523*

### や

焼畑（horticulture）　*56, 98, 100–102, 104, 126, 159, 160, 165, 172–179, 245, 250, 252, 253, 408, 435, 466, 475, 483, 534, 537*
ヤップ諸島（Yap Islands）　*238, 239, 397, 398, 401*
柳田國男（YANAGIDA Kunio）　*248, 538*
ヤニュー（*yanú*）　*226, 268, 269, 271, 272*
山の神（mountain god or goddess）　*33, 69, 248–256, 258, 334, 529, 536*
ヤマブドウ（crimson glory vine: *Vitis coignetiae*）　*34, 494*

## ゆ

湧水（groundwater） *68, 291, 294, 295, 297, 298, 300–305, 325–329, 331, 335, 341–345, 368, 372–374, 377, 379, 381, 410, 414, 456, 522, 524, 531, 532, 538*
ユクスキュル（Jakob Johann Baron von UEXKÜLL） *36, 45, 46, 49, 334, 480–482, 494, 538*
遊佐町（Yuza town） *296, 372, 373, 331*
ユピック（the Yupik） *59*

## よ

用益権（usufruct） *9, 10, 91, 155, 156, 242, 395, 453, 482, 483, 485*
ヨシ（reed: *Phragmites* spp.） *24, 95–97, 107–109, 127, 300, 324, 532, 534*

## ら

ラウ（the Lau） *211, 213–216, 218, 221–224, 238, 243, 409, 529*
ラヴェー人（the Lave） *132, 133*
ラクスマン（Adam LAXSMAN） *449*
ラピタ式土器（Lapita pottery） *402*
ラピンの土地（*rapin*） *227*
ラムサール条約（Ramsar treaty） *370*
ラモトレック環礁（Lamotrek Atoll） *235, 401*

## り

リニージ（lineage） *104, 214, 215, 217, 238, 240, 241, 419*
リミテッド・エントリー（limited entry） *78–81, 83, 130, 143, 144, 274, 484*
リモート・オセアニア（Remote Oceania） *405, 406*
領海（territorial waters） *81, 82, 84, 148, 243, 344, 396, 497*
良寛和尚（RYOKAN Buddhist priest） *42*

## る

類推主義（analogism） *58, 479–481*
ルム（*lum*） *129–131, 500*

## れ

レジリエンス（resilience） *201, 232, 235, 324, 333*
レンディーレ（the Rendille） *392, 393, 529*

## ろ

ロイヤル・フォレスト（Royal Forest） *426–429*
ローカル・コモンズ（local commons） *34, 68, 102, 165, 166, 182, 184, 185, 236, 302, 325, 327, 328, 418, 419, 521*
ローカル・ルール（local rule） *27, 28, 110*
ロコ・イア（*loko i'a*） *409, 410*
ローマ帝国（Roman Empire） *388, 391, 402, 466, 467*
ロン（*rong*） *105, 107*

## わ

ワイタンギ審判所（Waitangi Tribunal） *424*
ワカメ養殖（wakame seaweeds culture） *307, 308*
ワカン・タンカ（*wakan tanka*） *436, 437*
和白干潟（Wajiro Mudflat） *112, 368–370, 523*
和辻哲郎（WATSUJI Tetsuro） *45, 46, 539*

**秋 道 智 彌**（あきみち　ともや）

1946年京都市生。総合地球環境学研究所名誉教授、山梨県立富士山世界遺産センター所長。生態人類学。理学博士。京都大学理学部動物学科卒、東京大学大学院理学系研究科人類学修士課程修了、同博士課程単位修得。国立民族学博物館民族文化研究部長、総合研究大学院大学先導科学研究科客員教授、総合地球環境学研究所教授、同副所長などを経て現職。
主な著書に、『なわばりの文化史―海・山・川の資源と民俗社会』（小学館、1995年）、『コモンズの人類学―文化・歴史・生態』（人文書院、2004年）、『コモンズの地球史』（岩波書店、2010年）、『漁撈の民族誌―東南アジアからオセアニアへ』（昭和堂、2013年）、『海に生きる―海人の民族学』（東京大学出版会、2013年）、『日本のコモンズ思想』（岩波書店、2014年）（編著）などがある。

越境するコモンズ
資源共有の思想をまなぶ

二〇一六年七月三十一日　初版発行

著　者　秋　道　智　彌
発行者　片　岡　　敦
印刷 製本　亜細亜印刷株式会社

発行所　606-8204 京都市左京区田中下柳町八番地
株式会社 臨　川　書　店
電話（〇七五）七二一―七一一一
郵便振替　〇一〇七〇―二―八〇〇

落丁本・乱丁本はお取替えいたします
定価はカバーに表示してあります

ISBN 978-4-653-04116-0 C0039

# アラブのなりわい生態系

**全10巻**

責任編集―縄田浩志　編―石山俊・市川光太郎・坂田隆
中村亮・西本真一・星野仏方

1『自然と人間の相互作用環』
2『ナツメヤシ』　本体 3,600円+税
3『マングローブ』　本体 3,600円+税
4『外来植物メスキート』　本体 3,600円+税
5『サンゴ礁』　本体 3,600円+税
6『ヒトコブラクダ』
7『ジュゴン』　本体 3,600円+税
8『モロコシとトウジンビエ』
9『篤農家と地域社会』
10『現生人類はキーストーン種か？』

＊四六判上製 平均320頁／白抜は既刊
＊タイトルは一部変更になる場合がございます

ISBN978-4-653-04210-5（セット）